"十二五"国家重点图书出版规划项目

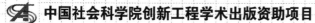 中国社会科学院创新工程学术出版资助项目

总主编：金 碚

经济管理学科前沿研究报告系列丛书

THE FRONTIER RESEARCH REPORT ON
DISCIPLINE OF
FINANCIAL MANAGEMENT

何 瑛 主编

财务管理学学科前沿研究报告

经济管理出版社

ECONOMY & MANAGEMENT PUBLISHING HOUSE

图书在版编目（CIP）数据

财务管理学学科前沿研究报告 2013 / 何瑛主编. —北京：经济管理出版社，2017.7
ISBN 978-7-5096-4935-0

Ⅰ . ①财…　　Ⅱ . ①何…　　Ⅲ . ①财务管理—研究报告　　Ⅳ . ①F275

中国版本图书馆 CIP 数据核字（2017）第 025208 号

组稿编辑：张　艳
责任编辑：杨　雪
责任印制：黄章平
责任校对：董杉珊

出版发行：经济管理出版社
　　　　　（北京市海淀区北蜂窝 8 号中雅大厦 A 座 11 层　100038）
网　　址：www. E-mp. com. cn
电　　话：（010）51915602
印　　刷：玉田县昊达印刷有限公司
经　　销：新华书店
开　　本：787mm×1092mm/16
印　　张：26.5
字　　数：596 千字
版　　次：2017 年 7 月第 1 版　　2017 年 7 月第 1 次印刷
书　　号：ISBN 978-7-5096-4935-0
定　　价：89.00 元

《经济管理学科前沿研究报告》
专家委员会

《财务管理学学科前沿研究报告》
编委会成员

序　言

为了落实中国社会科学院哲学社会科学创新工程的实施，加快建设哲学社会科学创新体系，实现中国社会科学院成为马克思主义的坚强阵地、党中央国务院的思想库和智囊团、哲学社会科学的最高殿堂的定位要求，提升中国社会科学院在国际、国内哲学社会科学领域的话语权和影响力，加快中国社会科学院哲学社会科学学科建设，推进哲学社会科学的繁荣发展具有重大意义。

旨在准确把握经济和管理学科前沿发展状况，评估各学科发展近况，及时跟踪国内外学科发展的最新动态，准确把握学科前沿，引领学科发展方向，积极推进学科建设，特组织中国社会科学院和全国重点大学的专家学者研究撰写《经济管理学科前沿研究报告》。本系列报告的研究和出版得到了国家新闻出版广电总局的支持和肯定，特将本系列报告丛书列为"十二五"国家重点图书出版项目。

《经济管理学科前沿研究报告》包括经济学和管理学两大学科。经济学包括能源经济学、旅游经济学、服务经济学、农业经济学、国际经济合作、世界经济、资源与环境经济学、区域经济学、财政学、金融学、产业经济学、国际贸易学、劳动经济学、数量经济学、统计学。管理学包括工商管理学科、公共管理学科、管理科学与工程三个学科。工商管理学科包括管理学、创新管理、战略管理、技术管理与技术创新、公司治理、会计与审计、财务管理、市场营销、人力资源管理、组织行为学、企业信息管理、物流供应链管理、创业与中小企业管理等学科及研究方向；公共管理学科包括公共行政学、公共政策学、政府绩效管理学、公共部门战略管理学、城市管理学、危机管理学、公共部门经济学、电子政务学、社会保障学、政治学、公共政策与政府管理等学科及研究方向；管理科学与工程包括工程管理、电子商务、管理心理与行为、管理系统工程、信息系统与管理、数据科学、智能制造与运营等学科及研究方向。

《经济管理学科前沿研究报告》依托中国社会科学院独特的学术地位和超前的研究优势，撰写出具有一流水准的哲学社会科学前沿报告，致力于体现以下特点：

（1）前沿性。本系列报告能体现国内外学科发展的最新前沿动态，包括各学术领域内的最新理论观点和方法、热点问题及重大理论创新。

（2）系统性。本系列报告囊括学科发展的所有范畴和领域。一方面，学科覆盖具有全面性，包括本年度不同学科的科研成果、理论发展、科研队伍的建设，以及某学科发展过程中具有的优势和存在的问题；另一方面，就各学科而言，还将涉及该学科下的各个二级学科，既包括学科的传统范畴，也包括新兴领域。

（3）权威性。本系列报告由各个学科内长期从事理论研究的专家、学者主编和组织本领域内一流的专家、学者进行撰写，无疑将是各学科内的权威学术研究。

（4）文献性。本系列报告不仅系统总结和评价了每年各个学科的发展历程，还提炼了各学科学术发展进程中的重大问题、重大事件及重要学术成果，因此具有工具书式的资料性，为哲学社会科学研究的进一步发展奠定了新的基础。

《经济管理学科前沿研究报告》全面体现了经济、管理学科及研究方向本年度国内外的发展状况、最新动态、重要理论观点、前沿问题、热点问题等。该系列报告包括经济学、管理学一级学科和二级学科以及一些重要的研究方向，其中经济学科及研究方向15个，管理学科及研究方向45个。该系列丛书按年度撰写出版60部学科前沿报告，成为系统研究的年度连续出版物。这项工作虽然是学术研究的一项基础工作，但意义十分重大。要想做好这项工作，需要大量的组织、协调、研究工作，更需要专家学者付出大量的时间和艰苦的努力，在此，特向参与本研究的院内外专家、学者和参与出版工作的同仁表示由衷的敬意和感谢。相信在大家的齐心努力下，会进一步推动中国对经济学和管理学学科建设的研究，同时，也希望本系列报告的连续出版能提升我国经济和管理学科的研究水平。

金碚

2014 年 5 月

目 录

第一章　财务管理学科2013年国内外研究综述

从远古物品交换中的结绳计数到现代商品经济中投融资交易，财务管理思想经历几千年的发展，实现了从萌芽到成熟的变迁。但是，财务管理作为一门独立的学科出现仅有百余年的历史。财务管理理论成型于美国财务学者格林所著的《公司理财》一书，期间经过以筹集资本、降低资本成本为目标的"筹资财务管理阶段"；以保护投资人利益，解决企业破产、清偿、合并等问题为目标的"法规财务管理阶段"；以提高资产管理效率、提升公司整体价值为目标的"资产财务管理阶段"；以注重投资效益、规避投资风险为目标的"投资财务管理阶段"。20世纪70年代后，随着经济市场的进一步发展，财务管理在企业管理中的核心地位日益凸显，进一步推动了财务管理理论的精细化。集团企业财务管理、国际企业财务管理、企业并购财务管理、企业破产财务管理等理论又丰富了财务管理理论宝库，但其作为一种管理工具服务人类社会的本质自始至终并未改变。我国财务管理理论起步较晚，但发展迅速。20世纪90年代后期大批中国学者引进西方范式研究中国问题，取得了丰硕的研究成果（王化成，2006）。截至目前，财务管理理论思想、结构的发展已日趋成熟和稳定，内容、方法等方面还在不断实现创新突破。为了系统地梳理2013年财务管理理论研究的最新进展，本书精选了国内外与财务管理理论相关的94种期刊中的904篇文章、112种图书及10次重要的国内会议进行文献述评和比较分析研究，希望对促进中国财务管理体系的完善和建设中国特色社会主义市场经济具有积极意义。

第一节　财务管理理论结构

理论，是对事物内在本质、必然规律的反映，是指在某一领域中联系实际推演出来的概念或原理；结构，是事物各组成要素之间稳定的排列顺序、组合方式，相互联系和相互作用的总和。理论是观点从感性到理性的认识，结构是体系从无到有的搭建。建立科学的财务管理理论结构不仅能够指导财务管理实践和理论研究，而且能够对复杂的客观事物进行抽象，以便更深刻地理解认识客观事物（王化成，2006）。通过综述国内外财务管理的研究成果，可以对现有的财务管理的理论架构进行补充和完善，以达到博采众长、兼收并蓄的效果，避免拘于一家一派，成一知一见。

综观国内外现有的财务管理相关文献或书籍，不同的学者基于不同的视角构建财务管理理论结构，并没有形成统一的认识。国外具有代表性的观点有：Aswath Damodaran（1998）提出财务管理理论主要包括筹资决策、投资决策和股利决策，其余大多数学者重点从应用角度提出了许多有见地、有深度的财务理论，如美国佐治亚州立大学 William Megginson 将其归纳为 12 项，成为财务管理理论的核心。国内关于财务管理理论结构的文章数量虽然不多，但仍有学者提出了比较有代表性的观点：刘恩禄等（1990）将财务管理理论体系分为基本理论和应用理论两个部分。其中基本理论包括经济效益理论、资金时间价值理论、资金保值理论、财务控制理论、财务分析理论、财务公共关系理论、资金运动规律、资金成本理论、财务系统理论、财务信息理论、财务机制理论。应用理论又包括按环节划分的应用理论和按工作对象划分的应用理论两种。按环节划分的应用理论主要包括财务预测理论、财务决策理论、财务计划理论、财务调控理论、财务分析诊断理论；按工作对象划分的应用理论主要包括资金筹措理论、资金投资理论、资金日常管理理论和资金分配理论等。王庆成（1991）将财务管理理论体系的构成要素概括为以下几个方面：财务管理对象、财务管理职能、财务管理主体、财务管理环境、财务管理目标、财务管理原则、财务管理体制、财务管理环节、财务管理方法。他还指出：对象、职能、主体、环境主要是从财务本质出发展开的；目标、原则、体制主要是从资金运动规律性出发展开的；而环节和方法主要是从资金运动规律的运用展开的。李相国等（1991）认为，遵循理论与实践辩证关系的原理，作为财务管理实践的系统化的认识，财务管理基本理论体系，可按认识的不同层次划分为以下五个组成部分：描述财务管理及其基本特征、目标的理论；描述财务管理的主体、客体和理财环境的理论；描述财务管理职能、研究财务管理运行机制的理论；研究财务管理规范的理论和关于财务管理方法原理的理论。郭复初等（1997）提出财务理论体系包括财务基本理论、财务规范理论和财务行为理论三个组成部分。其中，财务基本理论包括财务本金理论、财务对象理论、财务职能理论、财务假设理论和财务发展史；财务规范理论则包括财务法规理论、财务政策理论、财务管理体制、财务人员管理和财务组织管理；财务行为理论包括财务管理的目标、筹资理论与方法、投资理论与方法、资金耗费理论与方法、收益理论与方法和分配理论与方法。王化成等（2010）从财务管理环境出发，将财务管理理论划分为基础理论、通用业务理论、特殊业务理论和其他理论四个部分，四者都包含若干子理论。张先治（2011）认为可将财务管理分为理论范畴（基本理论、基础理论和拓展理论）和应用范畴（应用主体和应用领域）两个部分，在此基础上，进一步提出了按照财务管理依赖的基础理论，将其划分为基于经济学的财务学、基于管理学的财务学、基于会计学的财务学和基于统计学和数学的财务学四个方面。李心合（2012）认为传统财务管理在数理的新古典框架内发展，形成了数理财务理论体系，包括一个目标函数（公司价值最大化）、四个模块（投资决策、融资决策、股利决策和营运资本管理）和一个财务工具箱（会计报表与比率、现值、风险收益模型、期权定价模型），但是随着财务管理实践的发展，传统数理财务学的现实偏离性、学科断裂性和环境滞后性表现得更加明显，因此就需要不断拓展财务研究视角和研究领域，向制度财务学、利益相关者财务学、行为财务学、生态财务学、财务社会学等学科领域拓展。

本报告借鉴了王化成、李志华、卿小权、于悦、张伟华和黄欣然在《中国财务管理理论研究的历史沿革与未来展望》一文中提出的对财务管理理论研究的分类标准，并根据需要对分类标准进行了局部修改和细节补充，在此基础上构建了财务管理理论结构。本报告将财务管理理论结构划分为基础理论、通用业务理论、特殊业务理论和其他领域四个部分，并以此结构为基础，对 2013 年国内外发表的财务管理理论方面的期刊、图书和会议进行了梳理和分类。财务管理理论结构按内容分类如表1所示。

表 1　财务管理理论结构

理论结构	一级内容	明细内容
基础理论	基本范畴	财务管理的内涵、目标、环境、假设、本质、职能、内容、出发点等
	财务管理方法	财务预测方法、财务决策方法、财务控制方法和财务分析方法、财务预警方法、财务指标设计、财务工具研究等
	代理理论	基于代理理论的业绩评价系统、非效率投资行为、股权激励、岗位薪酬设计、内部控制和盈余管理、会计信息披露等
	市场效率	—
	治理结构	公司治理机制、公司治理模式等
通用业务理论	筹资理论	资本结构、资本成本、控制权收益、融资顺序、融资方式、融资战略、融资决策、融资约束、融资风险等
	投资理论	资本预算、投资管理、价值评估与管理、投资者行为、投资效率等
	营运资本管理理论	营运资本筹资、营运资本投资、营运资金管理绩效、现金管理等
	分配理论	股利分配、对企业其他利益相关者的分配问题、股利分配与管理者激励、股份回购等
特殊业务理论	集团公司财务管理	集团公司财务管控模式、集团公司财务管理战略、集团公司对子公司的内部控制、集团公司财务治理结构、集团公司激励与约束机制、集团公司资金管理模式、内部银行制度、内部金融服务体系构建、企业集团的股权设计、内部资本市场理论、集团公司绩效管理、集团企业财务风险等
	企业并购财务管理	并购战略的确定、并购过程中换股比率的确定、资产重组中的交易费用问题研究、并购的协同效应、并购的风险管控、对被并购企业负债的管理和资金杠杆的利用、控制权的落实、并购税制问题、并购价值、并购绩效、并购信息披露、跨境并购、并购支付方式等
	国际企业财务管理	国际结算与信用管理、跨国企业资金管理、跨国企业财务管理战略、跨国企业财务管理模式、跨国企业税务筹划、跨国企业资本运营、跨国企业转移价格制定、跨国企业治理结构、跨国企业绩效等
	企业破产财务管理	破产企业资金管理、破产企业治理结构、破产会计信息质量监控、节税收益、破产成本与最优资本结构、破产财产清理估价、破产财产管理、破产财产出售、破产费用管理、破产财产分配等
其他领域	其他	财务管理发展理论、财务管理比较理论、财务管理教育理论、行为财务、非营利组织财务、绿色财务等

第二节　财务管理理论 2013 年国内外研究综述

改革开放后，中国市场逐渐与国际接轨，不同社会制度的国家的企业联系日渐紧密，国家经济环境变得错综复杂。大环境的变化使得学术界对财务管理的重视程度越来越高，促进了财务管理理论的蓬勃发展。与此同时，经济学、管理学、心理学以及会计学等相关学科的不断发展进一步丰富了财务管理理论。随着市场环境的不断变化，为了适应形势的新要求，财务管理学科不断面临新的问题，在综述国内外优秀研究成果的基础上，不断吸收新的理论成果，有助于财务理论的健康发展。

通过归纳总结前文的财务管理理论结构框架，本报告梳理了 2013 年国内外与财务管理理论相关的文献资料，并对框架内容进行了补充，使之更系统、更完善。在本次文献资料收集整理过程中，共得到与财务管理理论相关的期刊文章 904 篇，其中国外期刊文章 221 篇，国内期刊文章 683 篇（见表 2）；图书 112 种，其中国外图书 37 种，国内图书 75 种；在国内共召开与财务管理理论相关的重要会议 10 次。

表 2　2013 年财务管理理论期刊文章统计

检索地域	理论结构	小计	合计
国外期刊	基础理论	80	221
	通用业务理论	97	
	特殊业务理论	36	
	其他领域	8	
国内期刊	基础理论	310	683
	通用业务理论	272	
	特殊业务理论	80	
	其他领域	21	

财务管理是一门综合性学科，财务管理理论涉及多门学科内容，包括管理学、经济学、统计学等。在进行文献检索时，文献来源的权威性和专业性非常重要，为保证文献的质量，本次文献资料整理的检索来源为：期刊方面，国内期刊主要来自 CSSCI 检索的 78 种期刊，包括管理学、经济学、统计学和高校学报，另外考虑到专业的特殊性，加上了《中国会计评论》，共计 79 种；国外期刊则挑选了上海财经大学会计学院公布的"会计财务英文期刊目录"中的 14 种，另外增加了 *Financial Management*，共计 15 种；图书方面，英文图书主要来自亚马逊英文网站和 Wileyson 数据库，中文图书则以从亚马逊中文网站和当当网上搜索到的 2013 年财务管理理论图书为准（见表 3）。

表3　文献检索来源

文献类别	检索地域	检索范围
期刊	国外	1. *Accounting Review* 2. *Accounting Organization and Society* 3. *Behavioral Research Accounting* 4. *Financial Management* 5. *Journal of International Financial Management and Accounting* 6. *Journal of Management Accounting Research* 7. *Journal of Business Financial & Accounting* 8. *Journal of Corporate Finance* 9. *Journal of Empirical Finance* 10. *Journal of Financial Management & Analysis* 11. *Journal of Finance* 12. *Management Accounting Quarterly* 13. *Management Accounting Research* 14. *Review of Quantitative Finance and Accounting* 15. *Review of Financial Studies*
	国内	1. CSSCI 来源的 20 种管理学期刊 2. CSSCI 来源的 44 种经济学期刊 3. CSSCI 来源的 4 种统计学期刊 4. CSSCI 来源的 10 种高校综合性社科学报 5.《中国会计评论》
图书	国外	亚马逊英文网站、Wileyson 数据库
	国内	亚马逊中文网站、当当网
会议	国外	—
	国内	1. 中国会计学会 2013 年学术年会 2. 中国商业会计学会 2013 年学术年会 3. 中国会计学会管理会计与应用专业委员会 2013 年学术研讨会 4. 2013 年营运资金管理高峰论坛 5. 中国对外经济贸易会计学会 2013 年学术年会 6. 第十二届全国会计信息化年会 7. 中国会计学会会计教育专业委员会 2013 年年会暨第六届会计学院院长论坛 8. 中国会计学会会计基础理论专业委员会 2013 年学术研讨会 9. 中国会计学会英文期刊 CJAS 首发式暨 2013 年第一次研讨会会议 10. 中国会计学会财务成本分会 2013 年学术年会暨第 26 届理论研讨会

一、基础理论

本报告所谓的基础理论指的是和财务管理基本问题相关的理论，包括财务管理基本范畴、财务管理方法、代理理论、市场效率、治理结构等。2013 年国内外公开发表的期刊中，内容涉及财务管理基础理论的文章共有 390 篇，其中国外的文章有 80 篇，主要来源于 *The Accounting Review*、*Financial Management*、*Journal of Financial*、*Review of Financial Studies*、*Journal of Corporate Accounting & Financial* 等期刊；国内的文章共有 310 篇，主要来源于《会计研究》、《管理世界》、《金融研究》、《中国会计评论》等期刊。在基础理论方面，国内外的研究重点都集中在代理理论和治理结构这两部分，具体的研究成果如下详述：

（一）国外研究成果

2013 年，国外研究成果中，涉及基础理论的文章共有 80 篇，主要侧重于财务管理方法、代理理论、市场效率和治理结构四个方面，其中重点研究了代理理论、治理结构、财务管理方法三个方面。

1. 代理理论

在代理理论方面，国外公开发表的文章共有 35 篇，研究的内容主要包括基于代理理论的股权激励、岗位薪酬设计、盈余管理和信息披露等，其中重点研究了股权激励、岗位薪酬设计两个方面。

在股权激励方面，Alok Bhargava 以 700 家美国上市公司为研究对象，将高管平均薪酬、奖金、股票期权纳入一个内部动态关系模型中，探究股票期权的授予和行使对公司股份回购、研发支出及投资的影响。实证结果得出：公司的总资产、无形资产、市场价值、股份回购均与授予期权的价值呈显著正相关关系；股票期权在过去年度的行使状况是公司是否进行股份回购的重要预测因素，因为公司会尽量避免每股收益被稀释；股份回购和股票期权的授予都和 R&D 支出、长期投资呈显著的负相关关系。这些研究结论表明高管股票期权的授予量及股份回购的规模越大，对提高公司未来的生产力越不利。Dimitris Vrettos 的实证研究提供的证据表明，CEO 的激励契约中 RPE（相对业绩评价）的使用取决于一个企业和同行之间的战略竞争类型。具体来说，当企业扮演战略替代（互补）角色时，CEO 薪酬的多少与同行业群体表现有关，随着行业竞争的加剧，企业在业绩评价时相较于自身绩效来说更看重其替代或者互补同行的绩效。此文还论证了随着行业竞争的加剧，相对于企业自身绩效的权重绝对值，在战略替换和战略互补时，同行业绩效权重绝对值都会增加。最后，公司如果披露详细的相对业绩评价，不会影响研究结果。有关盈利预测的信息含量问题，学者倾向于将企业未来业绩的预测和高管激励对企业未来业绩的影响当作两个截然不同的领域来进行研究，但两个领域之间的联系是显而易见的：一家公司通过激励契约解决代理问题的成功程度有效地决定了管理者行为，进而最终决定公司能否为股东带来利润和现金流。股权激励是否影响盈余持续性？股权激励是否对业绩预测有提供增量信息的作用？该作用是否与盈余管理有关？James Jianxin Gong 和 Siyi Li 发现与其他企业相比，高股权激励企业的当前盈利比未来盈利信息含量更丰富；在盈利预测模型中，企业往往会在未来盈利预测信息中展示 CEO 激励条款作为盈利预测的增量因素；管理层通过操控经营活动现金流和非操控性应计利润预测未来盈利，从而影响股票期权的价格，进一步影响管理层未来薪酬；而分析师在预测未来盈利时并没有将管理层激励信息纳入预测模型中。先前的研究表明股权激励本质上既有利益一致性效果，又有对机会主义财务报告的影响。Scott Duellman、Anwer S. Ahmed 和 Ahmed M. Abdel-Meguid 通过使用三个不同的盈余管理变量发现，股权激励对激励一致性效果（财务报告机会主义动机的影响）随着监管强度的增加（或减少）而增加（或减少）。通过使用基于权责发生制的盈余管理和达到或超出分析者的预测模型，发现对于低监管强度的企业来说，相对股权激励对激励利益一致性的影响而言，股权激励对财务报告机会主义动机的影响是占主导地位的；通过使用实际盈余管理变量，发现对于高、中监管强度的企业来说，比起股权激励对财务报告机会主义动机的影响，股权激励对激励一致性的影响是占主导地位的。然而，对于低监管强度的企业来说，财务报告机会主义动机的减轻并未完全抵消激励一致性效果的溢出。

在岗位薪酬设计方面，学者普遍认为有效的薪酬契约管理是通过薪酬政策和激励方案来解决代理问题的。管理者风险厌恶会增加股东实施业绩薪酬激励的成本，Michael K. Fung 基于风险激励和委托代理责任之间的相互作用推测：相较于系统风险来说，非系统风险占总风险比重较大的公司与 CEO 薪酬业绩敏感度的负相关关系更强。为了验证以上推测，文章建立了 ARIMA 模型进行实证研究，分析结果发现非系统风险与 CEO 薪酬业绩敏感度的负相关关系显著，系统风险与 CEO 薪酬业绩之间的正相关关系不显著。Zhihong Chen、Yuyan Guan 和 Bin Ke 以 1990~2005 年在境外注册、在中国香港上市的国有红筹股公司为样本研究董事股票期权报酬的决定因素和实施效用。实证结果发现国有红筹股公司为了应对外部投资者的需求，给予董事们大量的股票期权。然而，由于高昂的股票期权报酬与国有红筹股公司独特的管理劳动力市场的冲突，这些公司强迫董事放弃大部分既定的低价期权。研究发现，没有证据表明董事股票期权报酬改变了国有红筹股公司的行为，很多国有红筹股公司给董事的股票期权不是真正的报酬。企业风险怎样影响 CEO 的薪酬绩效敏感度？CEO 薪酬的增长幅度是否与企业价值增长保持一致？Melanie Cao 和 Rong Wang 对管理者薪酬和公司经营业绩之间的关系进行研究，结果表明 CEO 薪酬与公司业绩的关联程度在过去 15 年不断提高；最优的薪酬绩效敏感度一般是低于 1 的，即使在 CEO 风险中立的情况下也不例外；薪酬绩效敏感度与企业非系统风险呈显著正相关关系，与系统风险负相关。过去的 10~15 年见证了大型企业在企业战略上的两个重要发展趋势。一是资产证券化，企业将其作为一种手段来增加流动性。销售有价值的资产支持证券，能够使公司取得现金投资或减少其营运资金。资产抵押证券（ABS）涉及各类资产，包括应收账款、汽车贷款、消费者债务和信贷卡索赔等。二是基于绩效的 CEO 薪酬制度越来越多地被使用，如执行股票期权计划和年度奖金。Ilham Riachi 和 Armin Schwienbacher 探究了这两个趋势的关联性，即企业资产证券化的管理补偿效果，研究发现企业资产证券化后 CEO 的薪酬会增加，这符合两个不同的理论观点：当企业实施基于绩效的薪酬制度时，资产证券化提高了企业的效率，且薪酬通常作为企业业绩变得更好的信号会被市场所接收；企业资产证券化可减轻公司的流动性约束，从而使企业可以进行更有效的投资。他们的研究发现证券化主要影响企业的短期会计部分（即奖金）和 CEO 基于绩效的薪酬。Henri C. Dekker、Tom Groot 和 Martijn Schoute 探索了企业绩效评价系统对公司混合战略的影响，尤其是绩效考核和薪酬激励机制对以低成本战略和差异化战略为主导的公司战略的影响。387 家企业的调查分析数据表明，从低成本战略向混合战略转移的过程会伴随着激励强度逐渐增大、财务和非财务考核指标的维度逐渐增多的变化。

盈余管理并非只是单一的会计行为，它还涉及诸多管理甚至是经济问题，但究其本

质，它是公司治理问题。到目前为止，大部分盈余管理的研究都是建立在"理性人"假设前提之下的，而在现实的资本市场中，投资者并不能一直保持理性，由于个体认知偏差而导致的行为非理性是经常存在的，这种个体认知上的偏差被认为是投资者情绪。Ana Simpson 以 1976~2005 年的数据研究了投资者情绪对盈余管理的影响，研究发现：投资者情绪与盈余管理之间呈显著正相关关系，即投资者情绪高涨时，企业管理者进行盈余管理的动机更为强烈，盈余管理相对激进，而投资者情绪低迷时，盈余管理更为保守；正向盈余管理的可能性与投资者情绪之间存在显著相关关系，随着投资者情绪水平的增加，企业采取正向盈余管理的可能性提高，采取负向盈余管理的可能性降低；企业管理者为了避免出现负盈余而进行盈余管理的动机与投资者情绪之间存在正相关关系，即企业的盈余在达到或超过分析师预测前提下，正向盈余管理的条件概率随投资者情绪的增加而增加。大股东与小股东之间是否存在利益冲突或利益联盟？许多学者认为如果大股东利益与小股东利益一致，大股东所拥有的权益越多，盈余管理水平就会越低；反之，如果大股东利益与小股东利益不一致，大股东会利用小股东增加盈余管理水平。但是 Jaimin Goh、Ho-Young Lee 和 Jung-Wha Lee 的研究结果显示大股东持股比例与真实的盈余管理水平之间没有显著的相关性，但是当大股东持股比例增加时，向上的盈余操纵中真实的盈余管理水平会显著降低。这表明大股东持股比例越大，他们在真实盈余管理中发挥的作用就越大。Gary K. Taylor 和 Randall Zhouhui Xu 通过使用三个标准确定公司有极大的可能从事真实盈余管理活动。随后，他们调查了真实盈余管理活动是否会导致这些公司未来经营绩效显著的下降。实验结果表明，被确定开展了真实盈余管理活动的公司的未来业绩并没有很大程度的降低。这一发现提高了公众对管理评估费用的过程和真实盈余管理优势的理解，同时帮助降低了投资者对真实盈余管理活动中成本增加的担心，而这些现象的出现都归因于萨班斯法案的实施所加强的会计监管。

在信息披露方面，充分、透明的高管薪酬信息披露将提高董事会对高管人员薪酬制定的有效性，增强公众对资本市场的信心，促进资本市场的稳定发展。近年来，美国证券交易委员会在高管薪酬信息披露的制度建设上取得了一系列重要进展，对于强制性薪酬披露的理论研究也百花齐放，但是学者的观点却不尽相同。Grey 认为强制披露高管的隐秘薪酬信息，能够使企业高管薪酬得到媒体和大众的监督，公司高管私自制定工资等攫取企业利益的行为手段都将会产生社会"公愤成本"，这将让董事会在制定高管的工资合同时会考虑到社会的公愤而采取谨慎的方法行事。Angelis 和 Grinstein 反对强制披露，认为管理者只会披露好的隐秘信息，正确地披露出好的隐秘信息将会提高企业的价值，进而提高管理人员的工资；有不良信息的公司可以对公众隐瞒不好的信息，但是如果不披露也将会被视为不良消息。Pascal Frantz、Norvald Instefjord 和 Martin Walker 从大样本的角度发现近年来上市公司高管的薪酬业绩敏感性有所增强，但具体到每个公司而言，股东根本无从知晓所投资的公司的高管们领取的薪酬在多大程度上反映了公司的业绩；在没有薪酬披露计划时高管会表现得更好；强制披露是为了向股东提供更好的信息，但分析结果表明，披露不一定达到这一目的。Qiang Cheng、Ting Luo 和 Heng Yue 认为管理者基于自我服务的目的会策略性地选择业绩预告精度。通过实证检验发现，内部人减持股票前，相比其他方面的预测，管理层发布的积极业绩预告会更为精确。而内部人增持股票之前，管理层发布的消极业绩预告会更为精确。同时，他们还发现，在机构投资者多或者披露风险高的情况下，管理层选择预测精度动机的影响会降低，而当投资者难以评估管理者信息的精确性时，这种影响会增大。Jian Zhou 和 Gerald J.Lobo 研究探讨信息披露质量与盈余管理之间的关系。上市公司信息披露与盈余管理都受制于管理人员的自由裁量权，因此，当行使管理自由裁量权时，管理者们可能会考虑他们之间的相互作用。本研究采用联立方程模型来检验信息披露质量与盈余管理呈负相关关系的假设。他用 AIMR 指数来衡量公司信息披露，用修正的琼斯模型计算可操纵性应计利润来衡量盈余管理程度。与理论预测相一致，实证分析表明，公司信息披露与盈余管理之间有一个统计上显著的负相关关系。公司信息披露得越少，盈余管理的可能性越大；反之亦然。即使控制了潜在的混杂变量的影响和公司信息披露的三个组成部分——年报披露、季报披露、股东关系披露，这个结果依然成立。通过记录公司信息披露与盈余管理的负相关关系，研究提供了管理者如何通过最低水平的信息披露对报告盈余实施操纵的证据。这影响到报告的会计盈余所传达的信息，越多的公司信息披露则越有少的盈余管理，这个结论和美国证券交易委员会鼓励公司披露更多的信息的目标也是一致的。

2. 治理结构

治理结构方面，2013 年国外公开发表的论文共有 23 篇，研究的内容主要是公司治理机制、公司治理模式等。在公司治理模式方面，重点研究了内部治理，包括董事会特征、外部董事、管理层等；而在公司治理机制方面，主要的研究内容是公司的激励机制、监督机制以及公司治理的效率分析。

在公司治理机制方面，传统的大股东治理主要集中在大股东管理决策干预理论上，但最近的研究发现，即使大股东没有干预能力也能控制公司。因为他们可以通过退出威胁，约束经理人的自利行为。Sreedhar T. Bharath、Subarshan Jayaraman 和 Venky Nagar 发现由于大股东对企业经营及财务状况拥有内部信息，如果经理人进行有损企业价值的行为，他们可以选择"用脚投票"，卖出公司股票。而作为知情交易者，大股东的退出行为会向市场传递不利信号，从而对股票价格产生负面影响，这将直接损害持有较多公司股票的管理层的利益，甚至会招致敌意并购行为的发生。因而，大股东这种潜在退出威胁能够约束经理人的机会主义行为。进一步的实证研究也证明了以上观点，即大股东可以通过退出威胁来约束经理人，降低股东与经理人之间的代理冲突。公司治理的实质是通过建立一套完备的治理机制保障公司的经营行为，除满足市场效率的要求外，同时满足实现社会公平的要求。而在实现效率与公平的过程中，道德机制具有不可替代的治理效应。Bruce I. Davidson 和 Douglas E. Stevens 通过实证的方式探索了道德机制对公司治理的影响，发现道德规范会在一定程度上促进管理者的回馈行为以及提升投资者信心。但是如果道德规范没有得到机构认证，则这种积极的影响会不复存在。因此，在公司设立之初，嵌入公司治理之中的道德因素应符合企业发展的内在价值原则；反之，道德治理只有通过其他治理机制的实现才能表现出普遍的有效性。企业财务报告是传统贷款人评估企业财务状况进而决定贷款利率的重要标准，而公司治理状况是评价企业财务报告质量的重要依据。Pascal Frantz 和 Norvald Instefjord 研究了公司治理与企业借款成本之间的关系，通过实证检验发现提高公司治理水平可以降低公司违约概率，进而降低企业的借款成本。同时，强化公司治理机制能够影响进行风险转移的激励机制。Pornsit Jiraporn 和 Kimberly C. Gleason 通过研究股东权利如何影响资本结构决策，从而将代理成本与资本结构联系起来。考虑到代理冲突是在所有权和控制权的分歧中产生的，股东权利受到严格限制的公司可能面临的代理成本更高，因为管理人员能够更好地利用股东权利的弱势，把自己的私人利益放在股东利益之前。实证证据表明杠杆率和股东权利之间成反比关系，这表明企业采用较高的负债比率，会使股东权利受到较大的限制。这与代理理论预测杠杆率有助于缓解代理问题的结论是一致的。但是，这种负相关关系没有在受监管的企业（即公共事业单位）中被发现。由此表明，监管有助于缓解代理冲突、减轻杠杆率在控制代理成本的作用。Edith Ginglinger 和 Khaoula Saddour 探究现金持有、公司治理水平与融资约束之间的关系，研究发现当公司的股东拥有更雄厚的实力及权利时，公司会持有更多的现金，这违背了代理理论的预测。造成这个结果的一部分原因是公司采取的治理措施质量和面临的融资约束程度之间存在正相关关系。公司治理在不受融资约束的公司，对现金持有量并无影响；而对于明确受到融资约束的企业特别是家族企业而言，公司治理对于现金持有有很明显的积极作用。反收购条款给予受融资约束的企业额外的灵活性，使它们能够发行股票，在不失去控制的同时拥有较高的现金持有量。

在公司治理模式方面，学者主要从管理层和董事会两个角度探讨治理问题。在对董事会的研究上，一方面，Jonathan B. Cohn 和 Uday Rajan 认为，最优的内部董事会治理水平取决于代理冲突的严重程度以及外部治理强度。内部治理创造了一个监督环境，因此董事会的更多干预会导致管理者更差的行为表现。当外部治理较弱时，内外部治理是一种互为替代的关系，当外部治理比较强时，内部治理是外部治理的补充完善。Fich 和 Shivdasani 根据"忙碌假说"认为，一家公司的董事若身兼多职，对于每一家公司所投入的监督程度、承诺以及所提供的咨询功能将相应下降，这将恶化代理问题，公司经理阶层有可能承担过高的风险，对于公司价值与企业风险有负面影响，反映在较高程度的风险承担与较高的债务资金成本上。另一方面，部分学者根据"声誉假说"认为一位身兼多职的董事有他的声誉，有他经历多家公司的专业、经验与人脉，这些皆有助于提升其对于管理阶层的监督并发挥影响力，有助于减轻代理成本，对于降低公司风险与提升公司价值皆有正面效益，反映在较低的风险承担程度与较低的债务资金成本上。Christian Andres、Inga Van Den Bongard 和 Mirco Lehmann 以 2003~2006 年 133 家德国上市公司为例，探究了公司治理水平与董事忙碌程度之间的关系。研究发现，对于在多家公司身兼职务的董事来说，此董事所在的公司一般会有较低的公司业绩，并且会给高管支付较多的薪酬。David Cicero、M. Babajide Wintoki 和 Tina Yang 发现，在 SOX 法案颁布之前董事会的结构调整十分频繁，大约 2/3 的企业平均每两年董事会的大小和独立性就会发生一次变化。董事会的调整与公司基本面变化有关，但是结构的变化频率与 CEO 的影响力大小呈显著的负相关关系。自从 SOX 法案颁布之后，董事会的调整频率有所下降，并且公司很少根据基本面要求减少董事会独立性而进行董事会结构调整。在对管理层的研究上，学者专注于对高管离职和变更的探讨。Fang Hu、Sidney C. M. Leung 使用 2001~2005 年 916 家在中国上市的国有企业（SOEs）作为样本，发现高层管理人员的流动性与公司业绩呈负相关关系，这表明在新兴经济体中政府高度控制下的有效公司治理机制是存在的。他们还发现，当国有企业直接由中央政府或地方政府控制，并且它在地方经济或在一个战略/受管制的行业中处于垄断地位时，高层管理人员的流动性与公司业绩的负相关关系更加明显。结果表明，这种由于糟糕的业绩表现而惩罚高管的、以市场为基础的公司治理机制普遍存在于中国国有企业中，并且政府控制地位越强，治理强度就会越大。以上研究结果支持了这样的观点，即政府控制是加强而不是削弱了绩效治理机制。

3. 财务管理方法

在财务管理方法方面，2013 年在国外期刊上公开发表的文章共有 19 篇，主要集中在财务分析、预测的方法上。

资产定价是金融学中最核心和最基本的问题之一，其在投资预测和规避投资风险方面无疑发挥着重要的作用。Alan Gregory、Rajesh Tharyan 和 Angela Christidis 为英国市场上对资产定价和事件研究感兴趣的人构建并测试了 Fama-French 三因子模型和 Carhart 四因子模型，认为市场组合收益率与股票收益率的协同变动测度值 β 不能完全解释股票收益率变动的全部风险，也就是说，还存在能表示股票投资风险的其他因素。他们运用英国市场上的几个股票投资组合进行实证研究，研究结果显示出英国股市中存在着较为明显的价值效应、规模效应和趋势效应，并以此为数据基础，将规模因子、价值因子和动量因子作为市场风险因子的补充，引入模型中作为解释变量进而验证同股票收益率的关系。过去许多资产定价研究都使用样本回归的 R^2 作为检验模型拟合效果的测度。Raymond Kan、Cesare Robotti 和 Jay Shanken 将截面回归误差变化的影响纳入考虑的范围内，对数据的渐近分布与趋势线拟合模型进行对比实验。通过分析发现，CAPM 模型在跨期资产定价中的拟合表现最好，其次是 Fama-French 的三因子模型。CAPM 的表现对试验中的变量设计十分敏感。Francisco PéRez-GonzáLez 和 Hayong Yun 的研究表明，积极的风险管理政策会带来企业价值的提升，但是对于这种价值提升的内在路径，不同的学者有不同的看法。Smith 和 Stulz 指出，由于企业税负函数的凸性，对冲可以通过降低企业税前价值的波动有效减少公司的预期税负。在实际中，企业因为累进税制、课税扣除以及亏损结转的存在，其税收函数往往都存在凸性。此时，由于税收总是按照当年收入的税率征收，所以应税收入的上升所带来的税务损失会大于下降带来的税收结余。Lisa K. Meulbroek 指出，对冲可以增加公司的举债能力、改变公司资本结构，债务融资的税盾效应可以增加公司的价值。从理论上讲，由于企业所得税的存在，借款费用属于税前抵扣项目，因而在其他条件不变的情况下，借款费用可减少纳税费用，使企业享受到税收上的好处，从而间接改善企业的现金流状况、增加企业的价值。

（二）国内研究成果

在 2013 年国内研究成果中，涉及基础理论的文章共有 310 篇，主要侧重于代理理论、治理结构、财务管理方法、基本范畴和市场效率四个方面，其中重点研究了代理理论和治理结构两个方面。

1. 代理理论

在代理理论方面，2013 年在国内期刊上公开发表的文章共有 181 篇，内容与国外研究一样，重点涵盖了非效率投资、股权激励、岗位薪酬设计、内部控制与盈余管理、会计信息披露和代理理论基本问题六个不同的领域。

（1）非效率投资。在非效率投资领域，学者们从不同的角度来探讨代理问题与非效率投资的关系。一部分学者基于股权结构和产权性质等公司治理结构的视角进行研究。由于不同的股权结构的委托代理成本不同，投资支出水平也会受到影响。韦琳、石华发现，如果控股股东为国有股，因为国有股的主体地位缺失，难以有效地监督企业的管理人员，所以管理人员就很可能通过扩大投资支出来满足自己的私人利益；如果法人股的持股比例较高，由于法人股涉及的企业当中的利益较多，使得法人股股东有加大对企业管理人员和控股股东的监督的动机，进而减少代理冲突，有效地抑制企业的投资支出水平，降低企业的过度投资，但是容易造成投资不足。佟爱琴、马星洁的研究也得出类似的结论，他们将产权性质纳入企业非效率投资的影响因素中，利用我国上市企业的全样本数据进行实证检验。研究表明，总体上投资过度和投资不足并存于上市企业，投资过度的企业数量多于投资不足，而企业投资不足的程度甚于投资过度；国有企业投资过度较为严重；民营企业投资不足较为严重，并且宏观环境趋紧会进一步加剧民营企业这一产权性质本身所导致的投资不足。罗琦、张标以 2005~2011 年中国上市公司为样本，研究得出：控股股东持股比例低时，投资者情绪与企业投资不足负相关性更强，而控股股东持股比例高时，投资者情绪与企业过度投资正相关性更强；相较于国有企业，非国有企业非效率投资受投资者情绪影响更大；终极控股股东两权不发生分离时投资者情绪与非效率投资无关，而两权分离时投资者情绪会加剧过度投资。

一部分学者基于监督、激励两个重要的公司治理机制对非效率投资进行了深入的探索。以方红星、金玉娜为代表的学者们普遍认为上市公司的投资意愿偏误主要由两类代理问题引起：第一类代理问题是股东和管理者之间的代理问题。管理者可能出于机会主义动机，按照个人利益最大化的标准进行决策，使公司投资偏离最优水平，发生非效率投资。第二类代理问题是大股东和中小股东的代理问题，大股东有动机通过其控制的管理者进行非效率投资，以侵占中小股东的利益。为了使代理人和委托人的目标更趋于一致，需要设计一系列公司治理机制，对代理人进行监督和激励，以降低代理成本，抑制非效率投资。詹雷、王瑶瑶以 2005~2010 年的沪深 A 股上市公司为样本，得出管理层货币性激励不足会诱使管理层通过过度投资增加未来货币薪酬的结论。股权激励对过度投资行为的影响与货币性激励的作用效果正好相反。汪健、卢煜和朱兆珍以 2005~2011 年 257 家中小板制造业上市公司的财务数据为样本，检验实行股权激励计划能否减少上市公司过度投资行为以及能否显著地降低经理人代理成本。研究发现，实行股权激励计划的中小板制造业上市公司相对来说更容易出现过度投资行为，其过度投资比例与自由现金流正相关；研究还发现，实行股权激励计划后并没有显著降低中小板制造业上市公司的代理成本。同样的结论也在陈其安、李红强和徐礼的文章中出现，即公司过度投资行为与公司管理者股权激励负相关，与公司管理者控制权私利正相关。李彬认为管理层权力配置决定了组织的投资决策效率和运行结果。他采用主成分分析方法测度管理层权利，运用个体随机效应模型、固定效应模型和极大似然随机效应模型等回归分析方法，将管理层权力、过度投资与公司价值纳入同一实证框架中。研究发现管理层权力与过度投资呈现 U 型曲线关系，过度投资降低了公司价值；在 U 型右侧曲线上，管理层权力对过度投资与公司价值之间的负向关系具有正向调节效应；在 U 型左侧曲线上，管理层权力的调节效应并不明显。由此可见，改善公司治理水平，缓解委托人与代理人之间的矛盾，抑制上市公司过度投资行为更具现实意义。

还有一部分学者基于投融资关系的视角主要探究负债融资对过度投资的影响。从理论分析角度来看，负债融资对投资行为的影响具有双重性，第一种是负债融资给股东和债权人之间带来了利益冲突，从而可能导致企业的过度投资；第二种是负债融资能够抑制股东和经理之间的冲突，具有治理作用。胡元林、徐军和潘华以 2007~2011 年 A 股上市公司的经验数据为样本，运用 Richardson 残差度量模型证实我国上市公司存在过度投资行为，过度投资导致企业价值下降；负债率的提高恶化了企业的过度投资行为，并使企业价值显著下降。文章指出，导致公司过度投资和债务治理机制失效的重要原因在于公司治理制度缺陷和债务的软约束，并从宏微观两方面提出相应的治理措施。但黎来芳、叶宇航和孙健的研究却支持双重关系的另一面，结论表明，从整体上看负债融资可以抑制过度投资，这种抑制作用受到市场竞争强度的影响，市场竞争强度越高，则负债对过度投资的抑制作用越强；反之，市场竞争强度越低，负债对过度投资的抑制作用越弱。此外，还有一小部分学者对过度投资企业的管理特性做了研究。李彬、张俊瑞发现具有过度投资行为的上市公司基于现金流量的需要，明显"做低"了实际活动盈余管理程度，基于会计盈余的需要，显著增加了应计项目盈余管理程度，存在着实际活动盈余管理方式与应计项目盈余管理方式的"合谋"现象。上市公司的实际活动盈余管理加剧了过度投资对公司价值的负面影响，具有严重的经济后果。

（2）股权激励。股权激励是降低经理人代理成本的一种重要的治理途径，2013 年对股权激励的研究主要集中在其治理效应和对公司绩效的影响上。关于高管股权激励治理效应的研究很多，但并未得出一致结论。一些学者对高管股权激励的治理效果持肯定态度，认为股权激励可以使公司管理层和股东的利益趋于一致，从而降低高管与股东之间的代理成本。但也有部分学者质疑股权激励的有效性，认为股权激励可能沦为高管实施自利行为的手段，引发公司高管的短视行为，为自身谋利，从而损害公司长远利益。国内目前的研究结构更倾向于积极的结论。黄健柏、徐珊和刘笃池借鉴 F-S 模型，将公平偏好理论融入股权激励的双重委托代理理论框架中，通过概率化模型的参与约束条件进行分析，得出在双重委托代理分析框架中，股权激励的引入使得经理人同时具备所有者和经营者双重身份，能有效地激励经理人。并且，经理人的公平偏好感会使这种激励效果更加显著，一个具有较高公平偏好感的经理人愿意接受的股权比例也相对较高。在以股权相对集中或高度集中为主要特征的上市公司中，给公平偏好的经理人授予适度的股权激励，使其与中小股东保持一致的利益关系，在一定程度上能起到抑制控股股东掏空行为的作用。罗付岩、沈中华以产权属性作为调节变量、代理成本作为中介变量，实证检验股权激励是否影响投资效率。结果表明股权激励能够抑制上市公司的非效率投资，代理成本的中介效应显著，但所占比重很小，非国有企业的抑制作用大于国有企业，非国有企业的中介传导机制畅通；国有企业"期权激励"方式能够显著抑制非效率投资，非国有企业的非效率投资通过实施"股票激励"方式能够得到显著抑制；实施股权激励计划能够显著抑制上市公司的投资不足，非国有企业的抑制作用大于国有企业，非国有企业的代理成本中介效应机制畅通，国有上市公司的代理成本中介效应不显著。周军、翟燕按照代理冲突程度的高低将研究样本划分为两类，在此基础上实证研究会计稳健性与高管股权激励的治理效应。研究结果表明：在低代理冲突样本组中，会计稳健性能显著降低代理成本，而高管股权激励的治理效果不显著；在高代理冲突样本组中，高管股权激励能显著降低代理成本，而会计稳健性的治理效果不显著。

高层管理者薪酬结构对公司绩效有重要影响，尤其是实施股权激励的企业，其管理者股权激励结构直接影响到企业绩效。范合君、初梓豪利用计量经济学分析方法构建回归模型，对 2012 年上市公司的数据进行实证分析，研究发现高管持有股权和期权占其总薪酬比率偏低，而该比率对公司每股收益存在显著的倒 U 形影响。牛雪、张玉明以主营业务利润率、每股收益、净资产收益率作为衡量企业绩效的指标，结果显示管理层持股比例对主营业务利润率、每股收益和净资产收益率产生显著影响，而且对总资产收益率的促进作用明显。由此得出结论管理层股权激励对经营绩效的影响是正向的。鉴于中国上市公司 2006 年才开始实行真正意义上激励相容的股权激励机制，刘广生、马悦以 2006~2011 年公司年报中公布实施股权激励的上市公司为样本，运用独立样本 T 检验、配对样本 T 检验以及多元线性回归的分析方法，对股权激励与公司业绩的关系以及不同激励模式的激励效果进行实证研究。结果表明：实施股权激励对上市公司的业绩提升具有一定效果，但影响不显著；股票期权的激励效果略好于限制性股票。

（3）岗位薪酬设计。企业高层管理者的薪酬问题受到广泛的关注，一方面，存在激励不足、长期激励缺失的质疑；另一方面，股市高涨时的"天价年薪"也曾引发激励过度、管理层权力过大的议论。从国有企业改制到民营经济的繁荣，中国经济的高速增长和市场化进程的深入带来了企业治理结构的逐步改善；我国的高管薪酬激励机制是否建立，薪酬对绩效的反应是否灵敏，目前还没有统一的结论。自现代企业制度的委托代理分析框架确立以来，越来越多的研究从制度环境的特殊性入手，探讨新兴市场国家高管薪酬的影响因素及其激励计划的合理性。在影响因素方面，公司业绩、规模、资本结构、行业等是学者普遍认同的主要因素。李晓创、高文书的研究发现财务绩效和市场绩效是高管薪酬的主要影响因素，治理结构和企业特征对高管薪酬也有显著影响，但受教育程度对高管薪酬没有

显著影响。研究还发现，资本密集度对高管薪酬有显著的正向影响，资本密集度每提高
1%，高管薪酬将随之提高 0.064%~0.155%。刘绍娓、万大艳选取 2003~2010 年沪深两市
296 家国有和 176 家非国有 A 股上市公司为样本，在控制了高管持股比例、公司规模、股
权集中度和两职兼任等因素之后，实证分析了不同所有权结构的公司高管薪酬对公司绩效
影响的差异。研究结果表明，高管薪酬水平与公司绩效呈显著正相关，且随着高管持股数
量的增加，非国有上市公司高管薪酬对公司绩效的影响程度更高，但国有上市公司则相
反；公司规模的扩大会降低高管薪酬对公司绩效的影响，且只有当国有上市公司和非国有
企业的股权集中度在不同的区间范围内，高管薪酬与公司绩效才表现出显著正相关关系。
高管薪酬的行业差距也是显著的，李斌、郭剑桥发现不同行业的薪酬业绩敏感度有很大差
别，且在业绩短期变化时，对高管薪酬的调整速度也不同，不同行业在企业业绩指标的选
取上有所取舍。

在合理性方面，张瑞君、李小、许年行从"风险承担"这一新的视角深化了有关高管
薪酬激励降低代理问题并提升公司绩效的研究，结果表明货币薪酬激励的增加能提升高管
承担风险的水平；最终控制人性质和公司成长性会影响两者之间的关系，在国有企业以及
公司成长性较低的公司中，货币薪酬激励与风险承担之间的正相关关系较弱。马强、孙剑
平采用 2000~2010 年上市公司的样本数据，基于完全竞争企业的对比考察垄断企业薪酬制
度有效性。实证结果发现：垄断企业高管人员薪酬激励与公司当期短期业绩显著正相关的
证据，与完全竞争行业的企业相比较，垄断企业高管人员薪酬激励与公司当期短期业绩相
关系数更高；由于垄断企业股权激励受政府严格管制，股权激励的"金手铐"未起作用，
垄断企业高管人员股权激励与公司业绩不相关，完全竞争行业的股权激励的薪酬激励相对
于垄断行业更有效。薪酬激励的设计伴随着高管盈余管理活动的发生，盈余管理行为在一
定程度上降低了薪酬激励制度的有效性。傅颀、邓川证实，在全流通时代公司完全有可能
诱使管理层为满足激励函数而操纵会计盈余，以实现股票期权收益；在薪酬业绩挂钩的激
励机制下，管理层权力大的公司其盈余管理行为更加明显，说明管理层权力的大小确实能
够影响企业的盈余管理行为。

（4）内部控制与盈余管理。内部控制是解决公司内部不同层级之间代理问题的一种制
度安排，内部控制的完善有助于改善管理环境，控制公司的经营和发展风险。从代理理论
角度对内控的研究主要集中在内部控制与公司治理问题的关系上。刘启亮、罗乐和张雅曼
研究表明公司内部控制对会计信息质量的提升作用受制于公司内部高管的权力配置结构。
在高管权力集中的情况下，内部控制的改善对会计信息质量并没有明显的提升作用。赵
息、张西栓利用主成分分析法构造出高管权力结构的四个维度，并就高管权力构成对内部
控制的作用关系进行了回归分析。研究发现高管组织权力、能力权力会对企业内部控制的
有效性产生显著的负面影响，而高管所有权权力会对内部控制的有效性产生积极作用，且
有效的外部监管机制也会对高管权力产生重大影响，进而提高企业内部控制的有效性。李
志斌、卢闯发现金融市场化程度和股权集中度对企业内部控制有效性存在显著的正向影
响；相对于股权集中度较高的公司，金融市场化对股权集中度较低公司的内部控制有效性

提升作用更强。李志斌理论分析了内部控制对投资者关系管理的影响，以及作为公司治理重要机制和内部控制环境要素的股权集中度对两者关系的调节效应。在理论分析的基础上，利用投资者关系管理的问卷调查数据、内部控制指数和相关数据进行了实证检验。研究发现，内部控制对投资者关系管理水平存在显著的正向影响，且在股权集中度较低的公司，内部控制对投资者关系管理水平的正向作用更强。

在代理理论下，代理人很可能在激励机制的作用下通过盈余管理传递错误信息来满足自身利益需求。因而内部控制的存在会抑制盈余管理行为的泛滥，维护公司和市场的健康发展。对盈余管理的研究大致可以分为三大类。其中一类是盈余管理的目的，有的被解释为管理激励引起的盈余管理。在管理激励引起的盈余管理中，又有多种具体的解释，如报酬契约、代理人竞争和债务契约等。有的被解释为政治成本激励引起的盈余管理。在政治成本激励引起的盈余管理中，也存在多种多样的具体情况，如院外游说、政府管制，甚至劳资谈判。此外，还有其他一些特殊的解释，如以股利为基础的盈余管理、以节税为目的的盈余管理、困境企业的盈余管理、运用盈余管理进行风险管理、IPO过程的盈余管理等。另外两类分别是盈余管理的可能手段以及盈余管理行为对企业绩效的相关影响。在国内以代理视角解释盈余管理行为的研究比较普遍。于富生、张颖选取2004~2010年上市公司为样本，为薪酬差距与业绩及盈余管理之间的关系提供经验证据。研究表明，薪酬差距与企业业绩之间存在倒U型关系，在薪酬差距较小时，企业业绩随着高管与员工之间薪酬差距的增加而增长，当薪酬差距到达一定程度时，企业业绩随着薪酬差距的增加而降低；薪酬差距与盈余管理之间存在着正相关关系，高管通过可操控盈余修正业绩，扩大薪酬差距。李增福、林盛天和连玉君研究发现，国有控股公司的真实盈余管理水平显著高于非国有控股公司；机构投资者能在一定程度上抑制公司的真实盈余管理行为，但国有控股公司的机构投资者对真实盈余管理的抑制作用显著小于非国有控股公司。由此，从真实盈余管理的角度来说，国有控股不利于公司治理；机构投资者能够改善公司治理，但其作用在国有公司中受到一定程度限制。丁方飞、李苏和何慧也与上述研究达成一致的结果，认为机构投资者比个人投资者更能从会计信息中识别公司的盈余管理行为，并将其反映到市场价格机制中去。

（5）会计信息披露。高质量的信息披露可以使所有者更好地监督企业经营以及投资情况，对经营者的业绩做出合理的评价，约束企业经理层偏离股东价值最大化的自利行为、降低代理成本，从而可以有效地缓解信息问题与代理问题并且高质量的信息披露对国有及非国有控制公司中的代理问题均产生了治理作用。国外学者对不同国家和地区公司的自愿披露做了大量的研究，其研究内容涉及自愿性信息披露的影响因素、发展过程、动机、效果、监管机制等。国内对于自愿性信息披露的研究较晚，我国学者主要从公司特征角度和公司内部治理结构角度分析公司自愿性信息披露的影响因素及其内部治理特征，也得到了一些有价值的研究成果。顾群、翟淑萍利用深圳证券交易所一年上市公司的数据，实证检验了信息披露质量的提高可以减轻企业的信息不对称程度，降低企业的代理成本，并认为降低企业的代理成本企业普遍存在融资约束现象，但信息披露质量的提高能够显著缓解企业的融资约束。李慧云、郭晓萍和张林以 2011 年上市的 396 家沪深两市制造业上市公司为样本，研究自愿性信息披露水平高的公司的治理特征，研究表明其特征有以下几个方面：在公司基本特征方面，公司规模较大，财务杠杆水平也相对偏高，且盈利水平表现一般；在股权特征方面，实际控制人属于国有控股的居多，且股权相对比较集中；在董事会特征方面，公司董事的薪酬较高，并且董事会规模的设置较合理，但是董事会会议次数略显不足；在高管特征方面，大部分公司董事和 CEO 两职不合一；自愿性信息披露水平高的公司与自愿性信息披露水平低的公司相比，可以体现其不同治理特征的主要有财务杠杆水平、实际控制人类别、前五大股东持股比例之和及其金额最高的前三名高管薪酬总额。

（6）代理理论基本问题。作为委托代理理论的核心，代理问题研究承载着重要的理论价值。过去学者对于第一类代理问题即股东与管理者的代理问题研究较多，但中国市场上股权结构高度集中且控股股东控制权和现金流权严重偏离，处于优势地位的控股股东和中小股东之间经常出现严重的利益冲突，第二类代理问题变得颇为重要，相关理论研究也日益增多，双委托代理模式的研究成为趋势。张宁在国内首次采用因子分析法对沪深两市中的 118 家农业上市公司两类代理问题的严重程度进行测度，并建立固定效应变截距模型实证分析两类代理问题严重程度对公司价值的影响。结果发现，样本公司中同时存在第一类代理问题和第二类代理问题，第二类代理问题的严重性低于第一类代理问题，两类代理问题对公司价值产生显著的负向影响，且第一类代理问题对于公司价值的影响程度高于第二类代理问题。左晶晶、唐跃军和眭悦发现被第二类代理问题左右的控股股东缺乏进行持续高水平公司创新投资的动力；提高其他大股东持股比例有助于推动上市公司更多地进行研发和创新投资；民营上市公司其他大股东制衡有助于提高研发与创新投资，而国有控股上市公司的其他大股东则未能发挥其应有的监督与制衡作用。刘晓霞、饶育蕾利用 2007~2010 年沪深两市民营上市公司的 A 股数据，将所有者与经营者的关系嵌入分成亲人、熟人和外人三类，并实证检验了这种关系嵌入对代理能力和代理成本的影响。结果发现，民营企业所有者聘用外人关系的经营者比亲人和熟人关系的经营者能显著提高代理能力，而其代理成本和聘用熟人关系的经营者没有显著差别，聘用亲人关系的经营者比非亲人关系的经营者能显著降低代理成本。从实证结果我们还发现，民营上市公司现行的公司治理制度没有发挥有效作用。

2. 治理结构

在治理结构方面，2013 年国内公开发表的文章共有 89 篇，国内研究的侧重点主要是公司治理机制和公司治理模式，以及治理结构与财务管理其他方面的关系，包括公司治理对企业绩效的影响、公司治理与企业投融资、公司治理与盈余管理。由于公司治理机制和治理模式是近几十年来引起各界广泛关注的问题，其涉及领域之广泛、理论基础之差异、研究成果之丰富有目共睹，所以按照治理主体对治理机制和治理模式进行归纳会更加清晰明了。

公司治理的主体包括董事会及管理层两大部分。有些学者主要针对董事会特征进行研究。唐建新、李永华和卢剑龙以 2003~2010 年民营上市公司为样本，选取关联交易作为衡量大股东掏空行为的变量，研究股权结构（控股股东、股权制衡）和董事会特征（第一大股东对董事会的控制力度）对大股东掏空行为的影响。研究结果表明，大股东首先通过获取上市公司的股权控制权来达到掏空上市公司的目的，股权制衡能够抑制这种掏空行为。当大股东不能通过股权对上市公司形成实质性控制时，他们转而通过对董事会的控制来达到控制上市公司，侵害中小股东利益的目的。第一大股东对董事会的控制能够作为股权控制的一个替代，使得第一大股东对上市公司的经营活动进行控制，从而达到掏空的目的。卓敏、姚清认为独立董事比例与公司成长性之间呈现出负相关关系。对于大多数中小企业，独立董事的任命权掌握在大股东手里，独立董事的报酬也是来自所任职的公司，因此独立董事难以有效监督公司的运作。独立董事对公司的日常经营管理不够熟悉，与公司内部董事相比，存在信息不对称的问题，不利于独立董事职能的有效履行，从而对中小企业的成长有一定的负向作用。从理论上说，独立董事是公众股东利益的人格化代表，公众股东的股权是独立董事进入董事会的股权基础，就像内部执行董事是控股股东的人格化代表、控股股东的股权是内部执行董事进入董事会的股权基础一样。陈永忠在实践上证明我国独立董事制度存在明显的制度性缺陷，表现在独立董事的提名权由控股股东操控，独立董事在董事会中的数量少、比例低。因此，必须保障公众股东不容剥夺的提名权，必须提高独立董事在董事会中的数量比例，使其与公众股东的股权比例相适应。徐向艺、汤业国对董事会结构与技术创新水平的关联性进行实证检验得出，董事会规模与技术创新投入与产出均具有显著的倒 U 型关系，董事会独立性、两职合一与技术创新产出之间存在显著的正相关关系。因此，中小上市公司应保持合理董事会规模，在董事会多样化与决策效率之间寻找平衡点，同时加强董事会独立性，并强化独立董事监督的积极性。李彬、张俊瑞和马晨以 2002~2010 年中国 A 股上市公司为研究样本，实证检验了董事会特征、财务重述与公司价值之间的关系。研究发现，董事会规模和董事会会议频率与公司发生财务重述的概率显著正相关，董事会独立性和董事会成员持股比例与公司发生财务重述的概率显著负相关，而且发生财务重述行为的公司价值显著低于无财务重述行为的公司价值。研究结果表明，公司财务重述行为不仅受到董事会特征的影响，而且该行为具有严重的经济后果。

在我国资本市场中，诸多制度安排决定了上市公司第一大股东普遍拥有上市公司的相对控制权或绝对控制权。因此，在众多董事会研究中，大股东或次大股东往往也是重要的研究方向。郑国坚、林东杰和张飞达认为目前国内外关于大股东掏空的文献存在一个重要缺陷，即往往集中于关注被掏空方，对掏空方控股股东的关注严重不足，仅仅是简单地从一些静态的结构特征，如家族、国企、控制权、现金流量权等方面去刻画其动机，这在很大程度上限制了该文献对现实世界的解释力。因而，他们在国内首次基于掏空方的时务状况这一动态的、更直接的视角分析其掏空行为，并实证检验各种常见的治理机制在公司处于非正常状态即大股东面临财务困境时的有效性问题。借助全国工业企业数据库关于上市公司第一大股东的独特财务数据并定量判定其财务状况，郑国坚等提供了有力的证据表明面临财务困境时大股东对上市公司的非法资金占用行为异常明显，显示其强烈的掏空动机，此时各种治理机制在抑制大股东掏空行为的有效性方面存在系统性差异，法制监管的治理作用非常明显，且不受其他治理因素的影响，外部审计、大股东所有权和董事持股只能在一定范围内发挥作用，其他治理机制、其他股东制衡和独立董事比例等均未奏效。张旭辉、李明和贾阳以我国 2010 年上市公司为研究对象，分析了次大股东对公司价值的影响。通过实证研究发现次大股东存在着治理效应，在多个大股东股权结构和股权分散的股权结构下，Z 指数越小，公司价值越高；次大股东性质不同时，其对公司价值的影响也存在着显著的不同。叶松勤、徐经长以我国上市公司为研究对象，结合我国特殊的制度背景，从投资效率角度研究机构投资者对大股东控制权私利的治理效应，以及机构投资者与大股东控制在公司治理方面的交互作用。结果发现，大股东持股比例与非效率投资正相关，但在两类不同产权公司中存在差异；机构持股变化在两类公司中均与非效率投资显著负相关，但其程度在非国有公司中更为显著。这一结果表明机构投资者能有效抑制大股东的非效率投资行为，但其在国有公司中的治理效应受到限制。文章的研究结论对进一步推进国有企业产权制度改革，提升企业投资效率及决策质量具有极其重要的价值，同时也为我国大力发展机构投资者的相关决策提供依据。陈红、杨鑫瑶和王国磊通过深入探讨发现终极控制人的利益侵占与控制权复杂度、两权分离度正相关，家族控制的上市公司终极控制人的掏空行为要比中央控制的和地方政府控制的上市公司更为严重，地方政府控制的上市公司终极控制人的掏空行为并不是很明显；被 ST 的上市公司比非 ST 的上市公司更容易发生利益侵占行为，主板市场、中小板市场和创业板市场发生的终极控制人利益侵占行为在程度上存在着差异，主板市场很可能要比中小板市场和创业板市场利益侵占程度更为严重。要遏制终极控制人利益侵占行为，就必须不断完善内部制衡机制和外部制衡机制。

作为治理结构中的另一大主体，高层管理者的相关研究也备受学者关注。徐静选取2007~2009 年 97 家房地产上市公司为样本，以高管层在职消费分析为切入点，分析高管层权力强度、其他大股东制衡对公司高管层在职消费的影响。研究发现高管层权力越大，在职消费水平越高；国有企业高管层权力强度对在职消费的影响和非国有企业高管层权力强度对在职消费的影响无显著差异，但是其他大股东对高管层权力强度下在职消费的抑制效应在国有企业中表现得更为明显。李维安、李慧聪和郝臣选取截至 2011 年底高管所持股票已过禁售期的 90 家创业板公司作为研究样本，采用最小二乘法分析高管减持和股权结构对创业板公司成长性的影响，研究一股独大的股权结构下公司治理机制对成长性的作用。研究结果表明，核心管理者减持对公司成长性的负面影响显著，初始股权结构是影响处于成长期的创业板公司成长性的主要因素；加强对核心管理者减持行为的监管和优化股权结构有利于提升公司成长性，而创业板公司治理的高起点、高合规性在未来能够成为创业板公司真正实现高成长的制度保障。赵佳、罗瑾琏和张洋以 2010 年和 2011 年为时间窗口，以沪市 A 股上市公司为研究对象，用 Logistic 回归模型先分析公司治理特征对高管人员更换的影响，然后进一步分析公司治理特征对高管人员更换业绩敏感度的影响，并且将高管人员中的董事长和总经理分别进行样本研究，全面探讨具有何种治理特征的上市公司能够更加积极有效地监督和约束高管人员，从而为完善我国的公司治理和高管人员约束机制提供有益的建议。顾亮、刘振杰利用高阶理论从高管团队、董事长及高管团队的特征差异三个层面探讨了高管特质与公司治理违规的关系。基于沪深两市高管和公司治理违规数据的分析表明，高管团队的受教育水平和年龄与公司治理违规显著负相关，董事长年龄和企业社会资本与公司治理违规显著负相关，进一步的研究表明，董事长与高管团队特质差异在性别和受教育程度方面与公司治理违规显著相关。

股权结构决定着企业控制权的分布，进而决定所有者与经营者之间委托代理关系的性质，因而股权结构是决定企业治理结构的基础；而企业治理效率最终体现在企业绩效上。因此，从理论和实证研究的角度来探讨股权结构同企业绩效之间的关系对企业治理改革具有重要指导意义。颜爱民、马箭从企业生命周期视角探讨股权结构与企业绩效的关系，在模型中加入企业生命周期阶段变量，以期对当前国内外学者在这一问题上研究结果的不一致进行解释。借鉴产业经济学增长率产业分类法来界定企业所处的生命周期阶段，利用上市企业2002~2007年的面板数据实证研究不同生命周期阶段股权集中度、股权制衡与企业绩效的关系。研究表明：股权集中度在企业成长和衰退阶段与企业绩效具有显著的正向线性关系，而在成熟阶段影响不显著；股权制衡在企业成长阶段对企业绩效具有显著的负面影响，其负面影响逐渐减弱，在成熟阶段具有显著的正面影响，而在衰退阶段影响不显著；股权集中度、股权制衡与企业绩效不具有显著的曲线关系。股权制衡理论认为，多个大股东相互制衡的股权结构不仅可以减少经理的私人收益，还有助于保护中小股东的利益。黄淑和也曾指出，改善公司治理结构，必须建立合理制衡的股权结构。但是，中国在如此特殊的资本市场环境下，制衡式的股权结构是否仍然能有效约束大股东损害中小股东利益的行为呢？基于以上问题，龚光明、张柳亮从股权结构外生和内生双重视角，探讨股权制衡与公司绩效的关系。结果表明，在外生性视角下，股权制衡对公司绩效有显著的促进作用，但促进作用的强弱与绩效指标的选取有关；考虑内生性的影响后，股权制衡对公司绩效的显著促进作用仍然存在，与外生性视角下的促进作用相比明显增强。研究还发现，公司绩效对股权制衡存在显著的正向反馈效应。宋炜在分析公司治理目标对公司绩效影响的基础上，建立了以股东利益最大化、利益相关者利益最大化、股东利益为主导的利益相关者利益最大化三维目标的公司绩效评价模型，并以沪市A股500家上市公司为样本进行了实证检验。结果显示，股东利益最大化目标对公司绩效具有显著的负向效应，利益相关者利益最大化目标对公司绩效的正向效应不显著，股东利益为主导的利益相关者利益最大化目标对公司绩效具有显著的正向效应，通过选择适宜的公司治理目标有助于公司绩效的提升。

终极控制人的各种决策行为必然受到投融资方式和渠道的影响，因此投融资问题在公司治理中有着同样重要的作用。现有关于公司治理机制对投资效率影响，主要从公司内部结构出发，检验对投资效率的治理效果。谭利、杨苗的研究从外部制度环境的三个指标（政府干预程度、金融市场化程度、中介市场发育与法律环境）出发，利用2003~2011年上市公司数据，系统探究影响公司治理与投资效率关系的制度因素。结果表明，较低的政府干预程度和较高的金融发展水平，能增加公司治理对投资效率的促进作用，但这一促进作用并没有随地区法律环境改善而有所增强。蒲茜、余敬文认为股权集中度的提高、股权制衡的削弱，一方面使大股东侵害外部投资者利益的情况更容易发生，企业外部融资成本变大；另一方面使企业委托代理问题得到一定程度的缓解，从而降低企业的外部融资成本。他们利用结构性方程研究中国 A 股上市企业股权集中度对信贷约束的影响，并对以上假说进行验证，结果表明对于上市企业而言，股权集中度的提高伴随着信贷约束程度的降低，这意味着由股权集中度导致的企业委托代理问题缓解对信贷约束的影响占主导。陈春华以国有上市公司为样本，实证检验了不同层级政府控制的国有上市公司的现金持有价值的差异。研究发现，地方政府控制的上市公司的现金持有价值显著低于中央政府控制的上市公司的现金持有价值，这种差异的产生源于两类企业的公司治理和财务特征的差异：中央政府控制企业的公司治理更为有效，根据债务期限结构认定的中央政府控制企业融资约束程度相对更高，对提升现金持有价值有正向影响。

股权结构作为治理结构的一部分，对盈余质量起着举足轻重的作用，它在很大程度上决定了企业的治理效率，并通过影响企业筹资、投资、分配等重要理财行为使经营业绩发生变化。陈宋生、赖娇以沪深股市 ERP（企业资源管理系统）用户为样本，观察 ERP 是否影响了盈余质量。由于用户管理层持股比例偏低、股权集中度较高、股权制衡能力较弱，使得 ERP 内部使用者——管理层有较强的盈余操纵动机；ERP 技术的先进性，为用户操纵盈余提供了便利。因而，ERP 应用可能加剧用户的盈余操纵，降低盈余质量，这一假设得到了实证支持。与已有研究不同，考虑了 ERP 使用者动机；选取与会计基础相关的可操控应计指标、与市场相关的盈余反映系数、会计稳健性指标多重检验；以新兴经济体国家中国公司为样本，改变了国际上主要研究美国的局面。苏文兵、吕晶晶和王蓉蓉研究 CEO 变更前后公司盈余管理程度的变化，发现我国上市公司在 CEO 变更当年进行显著的负向盈余管理，调低利润；在变更次年进行正向盈余管理，调高利润，并进而恢复到变更前一年的水平；其中，外部继任者在继任当年的负向盈余管理程度更大，而在继任次年的正向盈余管理程度更大；并且来自大股东的外部继任与内部继任企业之间的盈余管理政策类似，但来自经理人市场的外部继任与内部继任企业之间的盈余管理政策有明显差异。刘博、干胜道和王宏昌以 2002~2009 年我国 A 股发生控制权转移的上市公司为样本，从股东特质的视角，考察了控制权转移、盈余管理与业绩变化的关系。研究结果表明，在控制权发生转移的当年和第二年，当控制权从国有企业转为民营企业或者从民营企业转为民营企业时，盈余管理与业绩变化呈现负的相关关系；在控制权发生转移的第三年，盈余管理与业绩变化之间呈现较强的正相关关系；当控制权转移发生在国有企业之间时，盈余管理与业绩之间没有呈现出显著关系。

3. 财务管理方法

在财务管理方法方面，国内公开发表的文章共有 26 篇，主要研究了财务预测方法、财务决策方法、财务控制方法、财务分析方法、财务预警方法、财务指标设计、财务工具研究等，其中重点研究了财务分析方法和财务危机预警两个方面。

在财务分析方法方面，EVA 和 BSC 均是较常见的财务分析和绩效评价方法。国务院国有资产监督管理委员会（以下简称国资委）自 2010 年开始在中央企业实施 EVA（经济增加值）考核办法。该项办法是在充分吸收 EVA 理念基础上并结合中国实际进行本土化改造的一项制度安排，旨在改变中央企业管理层的经营理念与决策行为，以提升企业价值，促使企业由利润管理转向价值管理。那么，在中国特殊制度背景下，EVA 考核能否在提升企业价值方面实现预期的效果？池国华、王志和杨金以 2010~2012 年的国有上市公司为研究对象，考察了 EVA 考核对国有企业价值创造的影响后果及其影响机理。研究发现，EVA 考核整体上有利于企业价值的提升，这为国资委推行与深化 EVA 考核提供了直接的经验证据。同时发现，EVA 考核目前主要是通过影响管理层的投资决策行为进而达到提升企业价值的目的，其具体情况又取决于非效率投资的不同类型：对于存在过度投资的公司，EVA 考核的实施能够显著降低过度投资，进而提升企业价值；而对于存在投资不足的公司，实证检验的结果与预期相反，EVA 考核的实施反而加剧了投资不足，进而减损了企业价值。以上研究为我国的管理实践提供了依据，在我国当前的制度背景下，国资委经过本土化改造的 EVA 考核办法的实施对国有企业过度投资的抑制和企业价值的提升具有非常显著的作用，但与此同时，也带来了一定的负面效应，主要表现在可能导致国有企业的管理层矫枉过正，为压缩资本占用规模而一味放弃投资机会造成投资不足。因此，一方面国资委需要进一步完善 EVA 考核办法及其配套措施，从制度上正确引导国有企业的管理层合理进行投资决策，尽可能避免非效率投资；另一方面应进一步加大 EVA 考核的力度，不断拓展 EVA 考核的广度和深度。袁晓玲、白天元和李政大构建年度 EVA 模型和三年 EVA 模型，从短期和长期两个视角对央企控股企业 2007~2011 年的研发投入与 EVA 绩效关系进行研究，进而探讨 EVA 考核是否能够起到鼓励企业加大研发投入、提高创新能力的作用。研究表明：短期视角下年度内 EVA 与研发投入负相关，年度考核无助于提高企业创新能力；而长期视角下三年 EVA 与研发投入正相关，长周期考核有助于提升企业创新能力。王雍君则认为 EVA 体系在央企的全面实施和扩展应用，为解决中国企业长期以来两类经典的"管理病"——目标不一致和共用资源池问题提供了相对而言最为合理和最有希望的选择。但只有在必要的技术性矫正的基础上，将 EVA 尽可能扩展到所有决策的制定并充分整合到管理控制系统（MCS）的三个模块中，从会计利润体系到 EVA 体系转型所引发的管理革命才能真正成功。诞生于 1992 年的平衡计分卡（Balanced Score Card，BSC）以其集管理思想、管理工具之大成的面貌在短短 20 年里迅速受到管理界的关注，在企业组织和公共组织中被广泛运用。曹玉红、尤建新和胡伟的研究认为 BSC 虽然以其财务和非财务之间的平衡获得美誉，然而 BSC 非财务指标的选择原则和方法却一直是管理实践中的难题。研究基于智力资本管理的角度重新审视 BSC 的非财务指标体系，将智力资本与 BSC 非财务指标体系进行整合，解决 BSC 非财务指标体系难以建立的问题，同时也使组织内部的智力资本管理变得可操作、可监控。王文文则以案例的形式，以菏泽烟草为例，从平衡计分卡四个角度为企业构建了质量绩效综合评价指标体系，并设置了基于层次分析法的指标权重，以为企业进行全面持续改进提供新的思路。

财务预警问题一直是实务界和理论界关注的重点。财务预警研究主要包括预警建模研究和预警指标研究两个部分。关于预警建模方法的研究已经比较成熟，传统统计方法和数据挖掘方法均被不同程度地引入预警研究领域。对预警指标的研究主要集中于预警指标的选取，目的是选择更具预测效力的指标，进而提高模型的效率和精度，指标选取的方法包括单变量分析法、神经网络模型、多元判别分析法等非参数方法。房琳琳选择 2004~2012 年被证监会处罚的 48 家处于财务困境中的财务报告舞弊上市公司和 48 家正常公司为样本，以舞弊前三年到舞弊年度为研究区间，利用配对样本检验和符号秩检验在选取的 31 个财务指标中筛选存在显著差异的指标，通过回归技术构建基于财务困境的上市公司财务报告舞弊预警模型。模型对舞弊公司预警的有效性取得了显著的预警效果。李小琳、葛金鑫和钟余对财务预警指标筛选方法进行系统性研究。两阶段的实验设计说明，预警指标筛选对基础模型的改进作用，并在此基础上分析不同预警指标筛选方法对基础模型的改进方式和改进效果，为预警指标筛选方法的使用找到了现实的实验依据。同时，为区别于以往的研究，他们着重采用了预测准确率作为是否进行预警指标筛选的判断标准，认为模型的预测准确率是真正应当考察的，也更具实际意义。另外，该研究也为主流的预警建模方法逻辑回归方法进行预警指标的匹配研究，在对比分析 T 检验、VIF 检验、逐步回归和主成分分析四种方法的基础上，以预测准确率、一类错误和二类错误比率、预测稳定性为衡量标准，发现 VIF 检验在上述四个方面均有比较优势，与逻辑回归方法最为匹配，能够有效改善逻辑回归方法的建模效果。刘蓉晖、雷怀英和付景莉从我国 A 股市场上以随机抽样方式选取了 900 家上市企业作为研究样本，构建了一套能全面反映企业财务状况、评价企业经营业绩的多指标的财务评价体系，运用因子分析和聚类分析对企业的财务困境程度进行分类，并运用单因素多因变量方差分析检验其分类效果；通过分析比较各类别样本的财务状况确定各类别的困境程度，同时归纳出困境企业共有的财务特征，最终得到上市公司财务困境程度划分，加强企业经营风险管控。魏金萍基于单变量分析和神经网络模型等非参数方法不能处理时间序列数据的非相关性、不一致性等问题，构建了卡曼滤波的财务预警风险模型，该模型便于处理财务预警的多变量、非平稳等时间序列的滤波性问题。运用此方法，企业财务状况恶化的程度，如恶化的暂时性抑或永久性、恶化拐点等问题都能观测到，这对辨识企业财务风险状况，制定企业财务风险规避措施具有重要意义。以上学者的财务预警体系构建均针对企业短期财务危机预警，蒋尧明、章丽萍和张旭迎从企业长期偏离可持续增长率的角度界定财务危机，引入直接融资变量和间接融资变量，利用 Fisher 判别分析逐步判别的方法，建立了中长期财务危机判别分析模型，并采用交互检验和回代检验的方法进行模型检验。研究结果表明，可持续增长率的四个驱动因素可以概括财务危机发生的原因，融资安排是导致企业财务危机的主要原因，融资与可持续增长视角下的企业财务危机预警模型具有更早的预测提前期和更好的判别准确率。未来在财务预警方面主要有两大方向：一是，可针对新的预警建模方法，如数据挖掘中的神经网络方法，研究其预警指标筛选方法的匹配问题；二是，随着越来越多新的指标筛选方法的涌现，可考虑将更多方法引入预警指标筛选研究领域，通过类似的实验设计和衡量标准去分析和评价新引入指标筛选方法的效果。

成本控制和风险控制是企业财务控制两大重要研究方向。孟凡生、张明明提出双重成本控制标准，基于该标准的企业成本核算系统是一个能够同时提供财务成本信息和管理成本信息的二元成本核算系统。这个成本核算系统由成本控制标准制定子系统、成本计量子系统和成本控制考评子系统三部分构成。成本控制标准制定子系统能够生成"基准"成本控制标准和"样板"成本控制标准，为计量与评价成本水平提供基础信息；成本计量子系统在计量并提供产品实际成本指标的同时，反映产品实际成本脱离成本控制标准的差异；成本控制考评子系统揭示责任中心成本控制差异，评价双重成本控制标准的作用效度。王普查、李斌通过分析企业面临的新环境，剖析传统成本控制存在的不足，从价值流循环和产品生命周期两个角度入手，根据成本控制的要求，将两者结合，寻找出一条新的成本控制路径，即对产品生命周期的各个阶段分别设置若干价值流中心，并将价值流中心作为成本中心，借鉴作业成本法，对各阶段分别进行分析，优化增值作业，剔除非增值作业，从而对循环经济下企业成本进行控制。廖阳以经典概率学中的贝叶斯决策理论模型为基础展开了风险管控研究；确定了以模糊数学中的隶属度原理作为突破口，将离散的、间隔的数据转化为概率空间的连续数据，并基于连续的隶属度函数对概率空间进行了正交划分；随后选择实证对象，并进行对应的基础调研，获得研究所需的基础数据，从而利用构造的理论模型进行了实证研究，针对不同风险类型的企业提出了不同的治理、决策建议。

在财务预测方法方面，刘斌、杨晋渝和孙蓉以2007~2011年的沪深A股企业为样本，对公允价值变动产生的损益是否影响利润波动性以及如何影响企业盈余预测能力进行了实证检验。结果表明：公允价值会计作为一种新的计量属性，给公司利润带来了很大影响，加剧了公司利润的波动；剔除公允价值变动后，样本的盈余预测能力强于原样本的盈余预测能力。在对总样本按照公允价值变动损益占净利润比重大小进行分组检验后发现，在公允价值计量下，公允价值变动损益占净利润比重越大，样本的盈余预测能力越弱。苏治、魏紫从证券分析师的视角出发，研究了财务报表对无形资产反映的充分程度，即无形资产资本化对分析师盈余预测的影响。检验的结果表明，企业无形资产资本化程度与分析师盈余预测跟随、盈余预测误差、盈余预测分散性皆呈负相关关系。企业无形资产资本化程度越高，分析师盈余预测跟随次数越少，分析师盈余预测误差越小，分析师之间的盈余预测分歧越小，并且对于无形资产价值占公司总价值比例较高的公司，这种负相关关系更为显著。

4. 基本范畴

在财务管理的基本范畴方面。曹越认为有效率的企业是经济增长的关键，为指导财务实践，提升公司价值，有效保护利益相关者的财产权益，助推经济发展，有必要在不同流派财务理论体系中抽象出高度认可的基本概念，形成公司财务概念框架，财务概念框架就是财务理论体系中认可度高的一系列基本概念的凝结，旨在为财务活动开展提供逻辑一致的理论指导，为发展高质量的财务规范奠定坚实的基础，企业财务行为具有的内部私密性、自主性、创造性等个性化特征，并不是否定建立统一、一致认可的"公司财务概念框架"的充分条件。金怡运用案例研究法，对上市公司财务管理的理论基础进行了分析，结合财务工程魔方与目标管理法提出了"5S"管理理念，并对徐工集团进出口有限公司"5S"

管理体系的实践经验进行了总结，认为"5S"管理体系是一种动态平衡的管理模式，能够通过不断的自我调节，保障企业高速平稳发展。孙光国和杨金凤主要从财务报告质量标准、财务报告质量的衡量方法及财务报告质量评价指标三方面对财务报告质量评价的相关文献进行回顾，着重论述了关于财务报告质量衡量方法的研究，即从财务报告总体质量衡量方法、财务报告质量特征的衡量方法、财务报告透明度及披露质量的衡量方法三方面对财务报告质量的衡量方法进行归纳，分析了财务报告质量评价研究的现状与不足，并在此基础上提出了进一步研究的方向：建立一套行之有效的财务报告质量评价指数。

5. 市场效率

在一个经济体中，市场运行的目标主要是效率和公平，其中市场效率从结果看就是资源能有效配置，从前提来看就是经济决策的正确性或有效性；而经济决策的有效性以真实可靠的会计信息为重要基础。换言之，市场效率归根结底植根于会计信息的真实性。在现代成熟的资本市场（如美国证券市场）上，会计盈余信息发挥着"定价"功能，通过投资者自发的"用脚投票"机制，自发地对优质公司给予高价认购，对劣质公司给予低价甚至不认购等，引导社会资金的流向和流量，进而实现社会资源的有效配置。即使在中国这样的新兴加转型市场经济国家，市场也是借助会计盈余信息的"选拔"功能，通过会计盈余信息"选拔"优质公司并给予上市或配股资格，从而引导社会资金投向选拔出来的优质公司，最终实现社会资源的有效配置。任世驰、陶晶认为真实可靠的会计盈余信息是引导社会经济资源有效率配置的基础。历史成本计量基础和公允价值计量基础在引导社会经济资源实现有效率配置方面都存在缺陷。历史成本计量基础由于不能保证账面价值和计量时点与现行市价一致，所确定的会计盈余脱离"现在的经济真实"，因此不能引导社会资源实现有效率配置；公允价值计量基础虽然保证了账面价值与计量时点与现行市价一致，但是当现行市价不能反映资产内在价值时，同样不能保证所确定的会计盈余真实可靠，不能引导社会资源实现有效率配置。真实可靠的会计信息不仅要求账实形式上的一致，还包括账实实质上的统一。历史成本计量向公允价值计量的过渡，保证了账实形式上的一致；公允价值计量面临的关键难题是如何在会计反映结果形式一致的基础上，进一步实现实质上的统一。蒋海涛、周国斌通过改进 Jeffrey Wurgler 提出的模型，研究了中国资本配置效率。通过构建混合横截面模型，面板数据模型和截面数据模型，从不同角度研究了中国资本配置效率。研究发现，2002~2011 年，中国整体资本配置效率水平呈先上升后下降的趋势，总体水平不高。在此背景下，政府应该进一步推进市场化改革，努力打破行业垄断，营造公平合理的制度环境，实现资本在不同行业、不同区域间的自由流动，提高资本的配置效率。

二、通用业务理论

本报告所谓的"通用业务理论"是指与企业通常的财务管理活动相关的理论，通常的财务管理活动包括筹资管理、投资管理、营运资金管理和分配管理，接下来就从这四个方面进行研究成果总结。在 2013 年国内外公开发表的期刊中，涉及财务管理通用业务理论的文章共 369 篇，其中国外公开发表的文章共 97 篇，主要来源于 *The Accounting Review*、*Behavioral Research Accounting*、*Journal of Corporate Finance*、*Management Accounting Research* 等期刊；国内公开发表的文章共 272 篇，主要来源于《会计研究》、《管理世界》、《财经研究》等期刊。从统计的文章数量来看，2013 年国内外通用业务理论的研究重点仍然是筹资理论和投资理论两部分，具体研究成果如下：

（一）国外研究成果

1. 筹资管理理论

2013 年，国外公开发表的与筹资理论相关的文章共有 51 篇，研究的主要内容包括资本结构、资本成本、融资方式等，其中资本结构、资本成本和融资方式是国外研究的重点。

在资本结构方面，国外的研究现状表明，市场时机资本结构理论研究取得了一定成果，并已成为理论界普遍关注的焦点，为资本结构研究开辟了一条很有前途的路径。但是，对该理论的研究还处于起步阶段，没有形成统一的研究框架。企业融资结构到底是由资本预算决定的还是由市场时机决定的？Graham 和 Harvey 的调查数据以及公司融资决策后的股票长期收益表明了市场时机的重要性。管理者在股价处于高位时发行股票，处于低位时回购股票，从而实现现有股东利益的最大化。Chen 和 Zhao 研究了美国 1971~2009 年市账率和收益率对企业融资决策的影响，结果发现市账率较高的公司更偏好股权融资，它们这样做不是为了向下调整企业目标资本结构，而是因为市值账面比较高的企业可以利用较低的股权融资成本优势。Stefano Dellavigna 和 Joshua M. Pollet 采用人口统计学评估方法发现市场时机和资本预算在企业融资决策中都起着至关重要的作用，由于人口因素而导致的短期市场需求变化与市场上 IPO、股票增发的发生呈显著的正相关关系；由于人口因素而导致的长期市场需求的变化与 IPO 的股份发行量呈显著的负相关关系；投资和 R&D 支出与资本预算中的短期需求相关。Chemmanuretal 等以 1980~2004 年发行债务和增发新股的公司为样本，运用分析师预测分歧和异常换手率作为投资者异质信念的代理变量，采用最大似然回归框架，实证检验了投资者异质信念和乐观程度对于公司资本结构的影响。研究发现，投资者异质信念越大，公司越倾向于发行股票。分析师预测分歧每增加 1%，会导致发行股票的概率增加 6.5%；异常换手率每增加 1%，会使得发行股票的概率增加 20%。实证结果表明投资者异质信念是公司融资决策的重要因素。Baozhong Yang 根据 Dittmar 和 Thakor 提出的"管理层自主投资"理论，即当公司管理者认为投资者对项目的预期回报与他们一致时，管理者会选择权益融资；反之，则选择负债融资。利用一般公司和 IPO 公司作为对比样本，进一步考察了管理者和外部投资者的异质信念对公司资本结构的数量效应。研究发现，管理层乐观程度越大，则长期债券发行越少，而管理者的内部股权份额和短期债券发行增加。实证表明，IPO 公司的管理者比一般公司的管理者更为乐观，IPO 公司的盈利性不确定程度也更高，并认为异质信念是公司融资决策的重要决定因素。如果存在最优资本结构的话，公司一旦偏离这个最优资本结构就会面临破产或者被收购的风险。Y. Peter Chung、Hyun Seung Na 和 Richard Smith 采用石油公司的数据进行实证研究，发现资本结构政策对收购或破产没有显著的影响，当面临有吸引力的增长机会、糟糕的经营业绩损害了股东价值迫使其借款时公司就会提高财务杠杆。那么在不被收购的情况下，持续的低负债水平是否会威胁到公司经营和生存呢？结果证实资本结构政策对公司的存亡并没有显著影响，这为 Miller 的资本结构无关论提供了有力的证据。

在资本成本方面，Vic Naiker、Farshid Navissi 和 Cameron Truong 探究期权交易如何影响投资者的预期报酬率（权益资本成本）。通过截面数据的分析表明，拥有上市期权的公司，其股权资本成本比没有上市期权的公司要低，并且期权交易量越高的公司，其股权资本成本越低。这可能是由于期权交易提高了信息的精准度，降低了信息不对称程度，从而导致了较低的预期资本回报率。多元化问题一直是产业组织理论、战略管理和公司财务领域关注的热点问题，也是一个一直存在着极大争议的话题。在这一领域，学者们主要是从两个角度进行研究的：一个角度是多元化动机的研究，即企业为什么要进行多元化经营；另一个角度是多元化的经济后果，即多元化为公司创造了价值，还是损害了公司价值。Rebecca N.Hann、Maria Ogneva 和 Oguzhan Ozbas 验证公司多元化对资本成本是否有重要影响，并预测多元化公司不同业务单元产生的不相关现金流可以降低系统风险进而降低企业的资本成本。实证结果也证实了以上预测，即多元化与公司的总资本成本呈显著的负相关关系。Guenther 等认为股东税收的减少能够降低权益资本成本，Zhonglan Dai、Douglas A. Shackelford 和 Harold H. Zhang 在此基础上进行了更进一步的研究，探索股东税收对权益资本成本及融资约束之间的调节作用。实证发现，在有融资约束的企业中，股东税赋的减少使股权资本成本的降低幅度比其他企业更大。因为股权投资者与其他股东共同承担权益税赋，他们会要求更高的税前报酬率，税前权益报酬率的增长取决于权益资本的供需关系。广告能够提高公司的曝光度进而提高公司的股票流动性。但是，债券投资者可能对广告持有怀疑的态度。在没有强有力的证据证明广告有效性的前提下，大量的广告支出被认为削弱了公司的偿债能力。Ali Nejadmalayeri、Ike Mathur 和 Manohar Singh 研究发现，即使广告提高了公司债券在市场上的流动性，也很难降低其债券的资本成本，无效的广告支出更是降低债券的流动性并且提高了负债成本。如果没有宏观经济的正面影响，广告对债券投资者几乎没有任何价值。

在融资方式方面，Bayar 等从理论上论证了异质信念和卖空限制下公司的融资决策问题。假设公司外部投资者与内部投资者存在异质信念，内部投资者基于价值最大化原则选择股权、债权或者可转换债券为净现值为正的项目进行投资。在不考虑发行成本及财务危机成本时，外部投资者（乐观投资者）的平均信念以及信念的离差是公司融资方式选择的关键因素。当外部投资者的信念与内部投资者相比较为乐观且离差较大时，公司只发行股票；当外部投资者不那么乐观并且离差不大时，公司发行股票和债券；在此框架下，只发行债券或者可转债都不是最优状态。而当发行成本及财务危机成本显著存在时，理论推导证实公司当外部投资者信念乐观且离差较大时依旧应该选择发行股票；当外部投资者信念悲观且离差较小时选择发行债券；当外部投资者处于上述两种极端情况时，发行可转换债券。当然，融资方式的研究主要有债务融资和股权融资两个方向。在对债务融资的探索上，Vikrant Vig 以印度证券市场改革为背景，探究改革对企业债务结构的影响。调查发现，改革导致担保债务、总负债以及资产增长率的下降和企业流动性的提高。以上这些变化在有形资产比例较高的企业中更加明显，因为这些企业受担保交易法的影响更大。债务优先结构安排是优先级债和次级债的不同组合，Barclay 和 Smith 基于信息不对称理论认为，价值被低估的公司将会发行更多的优先级债，价值被高估的公司偏好发行较多的次级债。Sami Attaoui 和 Patrice Poncet 探究企业资本结构与债务优先级结构之间的关系，实证发现：相比高杠杆企业，低杠杆企业更多地依赖次级债融资；当高杠杆企业面临流动性和偿债风险时，它们会增加优先级债务的比例。这些结果遵循了破产成本和税收减免收益间的权衡，对于一个给定的总债务水平，当两者的边际效应一致时，企业达到最优的优先级结构。Hong-Da Wang 和 Chan-Jane Lin 以中国台湾地区上市公司为样本，从内部资本市场的视角研究债务融资和盈余管理的关系，研究发现企业集团内部成员企业债务融资杠杆与盈余管理程度呈正相关关系。企业集团内部资本市场可以将内源融资与外源融资筹集到的资金聚集到一起发挥"蓄水池"作用，集团总部利用内部信息优势掌握成员企业准确的财务状况，最终控制人通过对附属企业控制权和现金流权的分离能够将集团内多余现金流向处于财务困境的成员企业转移。Rauh 和 Sufi 以美国 1996~2006 年 305 家上市公司为样本，发现有 3/4 的公司会采用两种以上的债务工具，剩下 1/4 的公司负债水平的年度变化并不显著。此外，信用评级较高的公司一般会采用股权和高级未担保债券的方式融资，而信用评级较低的企业更倾向于采用多种债券组合的形式融资，包括担保债券、高级未担保债券以及相应的衍生产品。租赁和负债在很长一段时间内都被认为具有补充和替代效应。为了探究两者之间真正的关系，James Schallheim、Kyle Wells 和 Ryan J. Whitby 将样本分成了两组，一组是补充效应组，提高租赁水平使负债增长 43%；另一组是替代效应组，提高租赁水平使负债降低 57%。对于补充效应组的公司，租赁水平与公司规模、边际税率有显著的负相关关系；对于替代效应组的公司，租赁水平和边际税率、现金变动率呈显著的正相关关系。

股权融资的主要方式是 IPO。Qigui Liu、Jinghua Tang 和 Gary Gang Tian 研究了在中国特有的背景环境下，政治资本能否在 IPO 市场上创造价值。研究发现，政治资本可以帮助 IPO 公司获得较高的股票发行价格。Chemmanur 和 Krishman 研究了投资者异质信念对 IPO 股票估值的影响，他们通过分析 IPO 承销商的信誉对投资者信念的影响以及卖空限制的松紧程度，提出了市场力假说。实证研究发现，相较于低信誉度的承销商，高信誉度承销商所承销的 IPO 股票具有比内在价值更高的一级及二级市场估价，运用交易量和换手率作为投资者异质信念的代理变量，结果表明，更高的投资者信念异质性、更严的卖空限制以及更高质量的市场参与者会导致高信誉度的承销商进行更高的 IPO 估价。Halil D. Kaya 以美国资本市场的数据探究了市场条件与 IPO 的关系。研究发现平均年度利率水平能够解释 IPO 发行规模；在市场利率较低的时候企业倾向于实施大规模的 IPO 并且 IPO 市场会更加活跃；首次公开发行的时机对公司的资本结构并没有长期的影响。Hui Ling Lin、Kuntara

Pukthuanthong 和 Thomas John Walker 研究在 1991~2011 年 40 个国家 13759 家上市公司的 IPO 抑价与诉讼风险间的关系。虽然大多数的单一国家研究并没有为避免法律诉讼假说找到支持，但他们发现在跨国框架下诉讼风险和抑价之间有显著正相关关系。以上实证结果支持在国际背景下避免法律诉讼假说的保险效应，这与 Tinic、Lowry 和 Shu 的研究结论是一致的。这一研究暗示了某个国家的诉讼风险程度影响公司在该国家公开发行的抑价水平。此文得出结论：法律风险因素的不同会在一定程度上解释国家间抑价不同的问题。尽管产业多元化理论认为多元化的成本超过其收益，但多元化公司在经济中依然扮演着很重要的角色。Thomas J. Boulton、Scott B. Smart 和 Chad J. Zutter 研究多元化对 IPO 抑价的影响，结果发现多元化公司的 IPO 抑价现象会显著减少，对于这一结果有两个可能的解释：一是多元化降低了信息不对称程度进而降低了抑价成本；二是业务集中度高的企业（非多元化企业）很可能通过提高 IPO 抑价水平来传递企业价值信号。目前，大部分实证结果还是更偏向于第二种信号假说。IPO 价格通常会与信息不确定联系在一起，因为在股票发行之前没有可以观测到的确切的市场价格，并且有些 IPO 公司上市准备时间太短以至于没有时间进行较为准确的未来现金流预测。Trueman 和 Titman 发现由于投资者和分析师一般利用公司的会计信息进行股权价值评估，所以公司的管理层会高估盈余以抬高发行价格。Morsfield 和 Tan 通过实证研究发现股票发行通常伴随着较高的操纵性应计利润和报告收益。Sheng-Syan Chen、Wen-Chun Lin 和 Shao-Chi Chang 探究 IPO 公司的信息不确定性如何影响盈余管理和长期股票业绩。对于信息不确定程度低的发行公司，发行时的盈余管理与随后的托管收益呈显著的正相关关系，但与盈余公告后的市场反应及 IPO 后的长期股价表现没有关系；对于信息不确定程度高的发行公司，发行时的盈余管理与随后的托管收益无关，但是与盈余公告后的市场反应及 IPO 后的长期股价表现呈显著的负相关关系。由此认为，在信息不确定程度低的公司，管理者更倾向于以提供信息为目的进行盈余管理；在信息不确定程度高的公司，管理者更倾向于以投机为目的进行盈余管理。Jarl Kallberg、Crocker H. Liu 和 Sriram Villupuram 分析了股东和债权人对发行优先股的反应，并对优先股发行后的市场效应进行记录。债券市场的反应与企业信誉度、透明度有显著的正相关关系，权益市场的反应与可转换性、公司对发行证券的会计处理有显著的负相关关系。研究发现，发行公告宣布之后平均信用违约互换利率下降 50%，在信息更透明、信誉度更高的企业中下降幅度会更大。总体来说，与发行人的债务价值增加相比，股票价值下降要少得多。

融资约束一直是阻碍企业发展壮大的重要因素。在理想的资本市场中，企业可以从外部获得充足的资本，因而不存在融资约束的问题。但在现实的市场经济下，资金供求双方存在信息不对称的情况非常普遍。同时，有限的外部资源使得上市公司外部融资成本增大，进而引发融资约束问题。有众多学者对盈余管理和融资约束之间的关系进行研究，但得出的结论却大相径庭。以 Chane 和 Lewis 为代表的信息传递论学者认为，进行盈余管理操作后的财务报表可以向信息使用者传达出更为稳定的经营信息，对企业的发展有积极的作用。但另一部分学者认为过度的盈余管理会成为报表粉饰、盈余操纵或会计舞弊的工具，使会计信息失去其应有的公允性、可靠性和可比性，从而使信息的质量被严重破坏。会计信息质量的下降，会加大会计信息风险，给投资者和债权人带来风险。为了弥补这一风险，投资者或债权人会提高企业的融资成本，从而使企业面临更大的融资约束。为了验证盈余管理行为是否能够缓解企业的融资约束，James S. Linck、Jeffry Netter 和 Tao Shu 以 1987~2009 年 Compustat 和 CRSP 数据库中的上市公司为样本，研究发现：融资约束高的企业的盈余管理行为显著高于融资约束低的企业；融资约束程度相同的企业，公布盈余多的企业会获得更高的市场正向收益，从而获得更多的债权和股权融资，并将其投资于能够提升业绩的投资项目。因而，盈余管理行为能够帮助缓解有价值项目的融资约束并提升企业价值。财务困境会降低一个耐用消费品生产商的售后服务水平，比如提供有关维修、保养或零部件，这会降低顾客对核心产品的需求进而带来财务困境的间接成本。Ali Hortaçsu、Gregor Matvos 和 Chad Syverson 以通用、福特两家公司为例，通过二手车销售市场的批发、拍卖行为验证上述假说，结果发现批发商的信用违约次数增加会显著降低汽车的拍卖价格，尤其是那些预期寿命更长的汽车，会带来巨大的财务困境间接成本，这些间接成本甚至会超过公司税收优惠的益处。Joseph P.H. Fan、Jun Huang 和 Ning Zhu 探究了机构投资者怎样影响处于财务困境中的上市公司的行为。通过研究两个来自中国的处于财务困境中的公司样本，发现机构条约规制和公司的所有权结构是公司能否顺利走出财务困境的重要影响因素：机构条约规制强有力、所有权结构合理和经营业绩良好的公司更容易走出财务困境。

2. 投资管理理论

2013 年，国外公开发表的关于投资理论的文章共有 31 篇，主要集中于价值评估、投资效率以及投资决策等方面。

在价值评估方面，Malcolm J.、Beynon Mark A.和 Clatworthy 认为购买、持有或出售股票的决策取决于该股票当前市价是否反映了其内在价值或基本价值。剩余收益评估模型是一种基于账面价值和未来收益的估价模型，该模型将公司内在价值表述为当前权益账面价值以及预期剩余收益的贴现值总和。虽然过去和现在的收益、账面价值等信息是已知的，但该模型里的一些基本参数的获取却比较困难，尤其是资本成本（或者说折现率）及剩余收益，因此该模型的估计值有较大的误差，甚至在模型输入时会有轻微扰动，并且决策者往往面对的是不确定的情况，很多因素无法量化。针对以上问题，此文根据综合模糊理论，建立了基于综合模糊理论的企业价值评估模型，通过一个典型的例子引入模糊基本资产价值的概念，将固有的不确定模糊因素纳入评价体系中，进而拓展了先验模糊理论。文章最后以部分英国公司为案例对该模型进行检验，从检验结果可以看出基于综合模糊理论的企业价值评估模型具有较强的可操作性和有效性。企业经营多元化的优劣势已经被学者广泛研究，大部分学者认为多元化经营会毁灭企业价值，同样多元化与生产效率也有同样的负相关性。Hsihui Chang、Guy D. Fernando 和 Dhinu Srinivasan 重新验证了企业多元化与生产效率之间的关系以及相关多元化和非相关多元化之间的区别。研究发现相关多元化会提升企业生产效率，而非相关多元化则恰恰相反，同时发现生产率扮演着多元化与企业价值之间的部分中介作用，即相关多元化通过提升企业生产效率进而提升企业价值。

在投资效率方面，Guochang Zhang 以拓展的资本资产定价模型为基础，检验会计信息质量如何通过影响最低投资报酬率进而影响投资水平。会计准则对投资的影响不仅是因为信息质量影响到投资项目的风险溢价程度，也因为信息质量会影响到企业总投资水平。高质量会计信息能通过改善契约、监督降低道德风险和逆向选择，从而提高公司投资效率。首先，高质量会计信息能减少投资者间的信息不对称，提高资本市场的流动性，从而降低因逆向选择造成的融资成本。其次，它能长期方便且高收益性地选择投资项目，同时降低公司与投资者间的信息不对称，降低投资者错误推断发行证券公司的类型的概率，从而导致资金供给方正确评估公司当前发行证券的价格，进而降低公司的融资成本。最后，作为公司异质信息的一个重要来源渠道，会计信息有助于发挥股票市场的监督功能，从而有利于降低公司股东与管理层之间的代理问题，增加股东监督管理层的能力，改善项目选择和降低融资成本，进而提高公司投资效率。研究发现，会计信息质量与上市公司投资不足和过度呈显著负相关。Jongmoo JayChoi、Connie X.Mao 和 Arun D.Upadhyay 研究了 2001~2006 年美国生物制药企业在 R&D 方面的金融套期和对冲操作，这些企业普遍存在信息高度不对称问题。研究证实了对冲可以帮助减缓投资不足的问题。金融衍生品的使用可以帮助公司提升价值，对于有好的成长机会但是面临信息不对称问题的公司，这种价值提升作用会更大。金融套期保值与对冲操作有协同效应，后者用于降低产品研发风险。Huson 等发现在过度投资和投资不足的企业中 CEO 变更的影响是非对称的，CEO 职业初期过度投资现象会很严重，变更期间会减少投资并大幅增加花费。Abigail S. Hornstein 采用横截面数据和时间序列数据来研究 CEO 变更对投资效率的影响，结果表明 CEO 变更并没有改善投资不足或过度投资的上市公司的投资效率，反而加剧了 CEO 变更当年公司的非效率投资现象；在过度投资的公司中，随着 CEO 任职期限的延长，公司的过度投资现象越严重，非效率投资越严重。R&D 投资是企业成长的主要驱动力，但是创新企业与外界的信息不对称使得它们常常面临外部融资困境和代理冲突。因此，应该怎样缓解企业投资不足的同时限制企业在 R&D 方面的过度投资行为呢？Gang Xiao 发现股东的法律保护能够显著提高投资不足企业的投资水平，并且显著减少企业的 R&D 过度投资行为，使得企业的资源配置更加有效。

在投资决策方面，Kissan Joseph 和 M. Babajide Wintoki 通过处理从 1986~2011 年超过 12000 家公司的广告和内部交易数据，发现内部收益在有广告投资的公司中会更大。具体来说，长期净内部交易和广告投资，以及短期净内部交易和避免广告投资的零成本的证券投资组合，两者都能获得 5.5% 的年超额收益。此外，我们发现在有广告投资的公司，投资者对内部交易消息的反应会更明显，在这些公司投资者将理性地辨识更多关于内部交易的信息内容。Donghua Chen、Saqib Khan 和 Xin Yu 采用中国的数据研究了政府干预对投资的协同效应的影响以及这些影响是否会因产权的不同而存在差异。实证结果显示：政府干预与投资协同效应是显著正相关的；相对于非国有企业，国有企业的这种正相关关系更加显著；但是在国有企业和民营企业中，投资的协同会阻碍公司绩效。在不完美市场条件下，来源于信息不对称的外部融资约束会迫使企业放弃有价值的投资项目而支付股利。Santhosh Ramalingegowda、Chuan-San Wang 和 Yong Yu 发现高质量的财务报告能够缓和股利政策对投资的消极影响，尤其是在 R&D 投资上。高质量财务报告的这种缓和作用在期权增长带动企业价值增长的公司十分重要，并且在股息逐年减少的公司比股息逐年增长的公司中更加显著。以上结论表明财务报告信息质量在减缓企业投资和股利发放决策间的矛盾冲突方面发挥重要作用。

3. 营运资本管理理论

在营运资本管理理论方面，国外公开发表的文献共有两篇，主要集中于对现金流的研究。

Sai Ding、Alessandra Guariglia 和 John Knight 使用一组不同所有制类型的中国上市公司 2000~2007 年的数据，以此来分析固定资产和营运资本投资之间的联系和融资约束。研究发现这些企业都有这样一个特点，那就是高营运资本对营运资金现金流的投资更为敏感，而对固定资产现金流的投资不那么敏感。通过构建和分析公司级的固定资本现金流和营运资本现金流的数据发现，尽管存在严重的外部融资约束，那些保持较低固定资本现金流和较高营运资本现金流的公司表现出的固定资产投资率仍然最高，这表明积极的营运资本管理可以帮助公司缓解融资约束对固定资产投资的影响。Sonia Banos-Caballero、Pedro J. García-Teruel 和 Pedro Martínez-Solano 对中小型企业（SME）之间的营运资金的管理和盈利能力的关系进行研究。不同于以往的研究，他们考察这两个变量之间的非线性关系。研究结果表明，营运资金水平和企业盈利之间的关系是非单调的。中小企业有一个最佳的营运资金水平，能够最大限度地提高其盈利能力。此外研究还证实，企业的盈利能力下降，是由于偏离了自己的最佳营运资金水平。具体来说，一个激进的营运资金政策（低投资的营运资本）是高回报和高风险相结合的，而一个保守的营运资金政策（高投入的营运资金）则具有较低的收益和风险。

4. 分配管理理论

在分配管理理论方面，国外公开发表的文献共有 14 篇，主要集中于对分配政策以及股份回购的研究。

国外对上市公司股利分配政策的研究始于 Miller 和 Modigliani 的股利无关论（MM 理论），在完全的资本市场条件下，股利政策不会影响公司的价值，公司价值的增加与否完全由其投资决策决定。后来的学者进行了一系列的拓展性研究。从总体上看，这些研究沿着两条主线进行。一条主线的研究不同程度地放松了 MM 理论的前提假设，形成了税收假说、信号传递假说及代理假说。这些理论研究着眼于股利政策是否与公司价值有关。另一条主线的研究则从上市公司中存在着控股股东和中小股东的利益冲突前提出发，提出了股利迎合假说、利益输送假说及自由现金流量假说。上市公司为什么要支付股利？美国学者 Baker 和 Wurgler 从行为公司财务角度出发提出了股利迎合理论，该理论放宽了 MM 股利无关论中关于"市场有效性"的假设，认为如果市场是有效的，则现金股利政策应该由企业特征决定；如果市场不是完全有效的，则理性的管理层会为了提高股价，以迎合股东对股利不断变化的偏好。Manoj Kulchania 基于股利迎合假说探究股份回购与股利支付之间的替代效应，股利迎合假说认为管理者的股利支付方式总是理性迎合投资者需求，基于某些心理或制度因素，投资者往往对公司的股票有较强的需求，从而导致这类股票形成所谓的股利溢价，即支付股利的公司与不支付股利的公司在市账率上产生一定的差额。当存在股利溢价时管理者便会迎合投资者需求进行股份回购，当投资者认为分配股利的公司更有价值时，管理者则更倾向于分配股利。以股利溢价代表投资者偏好，实证研究表明股利支付决策依据这个溢价水平，溢价水平越高管理者越倾向于股份回购。尽管 MM 提出股利无关论，但 Hand 和 Landsman 认为股利在企业会计价值评估中有积极正向的影响。Zhan Gao、James A.Ohlson 和 Adam J.Ostaszewski 认为股利无关论的实质在于：在新增投资需求给定的情况下，如果企业决定提高其当期股利，则企业需要发行新股以取得资金，这就意味着未来的每股股利由于股权稀释而减少，结果使现有股东的现金流既不增加也不减少，因为当期增加的股利收入正好弥补以后期间减少的股利收入；反之，如果企业决定降低其现行股利水平，企业随后可用闲置资金回购部分股权，未来每股股利将因股票数量减少而增加；最终，当期减少的股利收入刚好为以后期间增加的股利所弥补，现有股东的现金流入总体上不会改变。为了进行数据论证，William Rees 和 Aljosa Valentincic 选取了英国近 22 年的面板数据，检验得出股利与传统价值模型计量下的企业价值呈显著正相关关系，但是如果把样本限制在所有有利润分红的公司或者加入核心利润指标以及其他指标信息限制时，这种相关性的显著程度会下降；分别检验股利与核心利润、预期盈利、其他信息的关系，发现股利和预期盈利之间的关系是企业价值的主要驱动因素。Hamed Mahmudi 和 Michael Pavlin 采用一个动态的支付模型帮助人们更好地理解企业的支付政策是怎样与其他决策很好地结合的。在一个理想的模型中，管理者会通过选择最优的投资、融资、股利分配和现金持有政策来最大限度地提高股权价值。一般情况下，企业会平滑支付水平保留盈余，管理者支付的一致性偏好解释了支付的平滑性和现金持有的高波动性。之前的一系列研究表明公司特征、管理者偏好是上市公司股利分配政策的重要影响因素，Shefrin 和 Thaler 提出特定特质的投资者尤其是老年人会更偏好现金股利，但是 Kevin Krieger、Bong-Soo Lee 和 Nathan Mauck 以 1980~2008 年美国资本市场上的上市公司为研究对象，发现投资者年龄与股利偏好并没有显著的相关关系，而公司特征的演变包括公司规模、成立年限以及收益变动是对股利分配政策最好的解释。Tyler J. Hull 基于股利信号论研究上市公司股利变化方向（增加或是减少）究竟向市场传递了怎样的信息。研究发现股利信号具有一定的市场价值，并不是所有的股利减少都是坏消息，也不是所有的股利增加都是好消息。传递利好信息的股利减少会导致正的市场反应，而传递利空信息的股利增加会导致负的市场反应。股利信号的作用则与公司披露事项的多少及一致性相关。如果公司披露的信息足以揭示公司的经营状况，而且所披露的各类信息对公司经营状况的揭示具有高度一致性，那么股利增加信号所起的确定性作用对市场的影响就不强，因为所传递信息中非预期信息太少。但如果公司披露的信息较少或所披露信息之间一致性不强，那么股利信号所传递的信息价值就较高，它有利于消除投资者判断上的不确定性，所以更能引起市场的反应。

近年来对股份回购的研究越来越多，Hyo Jin Kim、Hoje Jo 和 Soon Suk Yoon 研究在一个新兴市场中控股股东如何影响公司的股份回购和股利政策。他们认为控股股东很可能会利用股份回购开展一系列机会主义行动，尤其是当他们所行使的投票权超过现金流量权的时候。他们通过对韩国上市公司的实证研究发现，随着投票权和现金流量权之间差异的扩大，股份回购的规模或概率会越来越大，而现金股利分配的规模或概率会越来越小。同时，研究还发现经营业绩并不能总是支持股份回购，这表明公司可能将股份回购作为一种帮助控股股东实现个人私利的手段，它不能作为现金股利分配的替代措施，因此也不是真正意义上的分配。进一步研究发现，股份回购中两权份额的差距会降低企业价值。Nan-Ting Kuo 以中国台湾资本市场为例研究股利分配给未来盈余传递了怎样的信息。虽然多数学者认为股利政策向市场传递了公司未来盈利的信息，但也有人认为股利政策实际上传递的是以前年度的股利信息，还有人认为股利政策传递的是公司投资不足或投资过度的信号。他采用未来盈余反映系数（FERC）表示现在股票回报与未来盈余的关系，结果表明应税股息会提高 FERC 而非应税股息则不会提高 FERC，这与基于税负的信号假说的观点一致；有严重自由现金流问题的公司的现金股利与 FERC 呈显著正相关关系，表明现金股利支付缓和了高管的过度投资问题，因此未来盈利的价值会更高，这与代理理论的观点一致。Devra L. Golbe 和 Ingmar Nyman 以 1996~2001 年美国 950 家上市公司为研究对象，探索股份回购如何影响股权集中度，结果发现股份回购会降低外部股权集中度，每回购 1% 的普通股，外部大股东所占的股权比例就会降低 1.5%，这会降低外部股东对公司决策的影响。释放股价被低估的信号时常被认为是公司进行股份回购的动因，宣告回购一般会产生异常收益并且这些异常收益会持续三年左右。但是这些回购公司的内幕交易行为往往和股价低估状态不一致，Fried 认为如果高管在股份回购时卖出股票，则股份回购行为不一定传递积极的信号，这种股份回购很可能被认为是让高管以一个合适的价格抛售他们手中所持有股票的一种手段。Alice A. Bonaimé 和 Michael D. Ryngaert 采用多元 Logit 回归模型，研究发现股份回购更多出现在内幕人股票买入卖出交易比较频繁的季度，在内幕人交易不频繁的季度股份回购不常出现；并且一旦宣告股份回购，内幕交易人的股票购买行为会加强股份回购传递的积极信号，而股票卖出行为则会削弱信号的积极作用。Walter I. Boudry、Jarl G. Kallberg 和 Crocker H. Liu 采用 1996~2010 年 139 家房地产信托企业的样本数据研究股份回购和投资机会的关系。研究发现，不景气的投资机会与高水平的股份回购相关；在没有好的投资机会的企业，现金持有水平与股份回购可能性呈显著的正相关关系；股份回购宣告收益与投资机会呈显著负相关关系。

（二）国内研究成果

1. 筹资管理理论

2013 年，国内公开发表的与筹资理论相关的文章共有 118 篇，研究的主要内容包括资本成本、资本结构、融资约束、融资方式、融资决策、筹资渠道多元化、融资风险等，并在各个研究领域对中小企业融资问题进行了关注，其中，资本结构、资本成本、融资方式、融资约束是国内研究的重点。

（1）资本成本。对于资本成本的研究主要分为股权资本成本和债务资本成本两个主要方向，其中，股权融资成本的研究集中在信息披露对融资成本的影响上。有学者认为信息披露与资本成本呈负相关关系，其影响路径主要有两条：其一是通过减少企业和投资者之间的信息不对称，降低投资者的估计风险，从而降低公司的资本成本；其二是通过减少投资者之间的信息不对称，提高股票的流动性，从而降低资本成本。另外一些学者所持态度则刚好相反或认为两者的关系是不确定的。王艳艳以 2001~2009 年 A 股市场数据为研究数据，从管理层盈余预测的视角，通过考察管理层盈余预测、信息风险与权益资本成本之间的交互影响，可对盈余预测与权益资本成本之间的关系做有益的探索。研究表明，前期的权益资本成本越高，管理层后期发布盈余预测的概率越大；管理层盈余预测可以降低权益资本成本，但这种降低的效果呈现明显的"滞后效应"；盈余预测和权益资本成本之间的关系受信息风险的影响，在信息风险高的企业中，盈余预测对于权益资本成本的降低作用更加明显。李姝、赵颖和童婧以上市公司披露社会责任报告的动机为出发点，以权益资本成本为落脚点，探讨社会责任报告对企业权益资本成本的影响及作用机制。研究表明，公司披露社会责任报告有助于降低企业的权益资本成本，并且社会责任报告披露对权益资本成本的影响存在"首次披露效应"；但是对于同样披露了社会责任报告的公司而言，社会责任报告质量的高低对权益资本成本的影响并不显著，机构投资者持股比例对于社会责任报告与权益资本成本的关系也无显著影响。这说明我国投资者已经开始关注社会责任报告信息披露，投资者普遍认为发布社会责任报告传递的是一个有利的信号，但是由于我国企业社会责任报告的质量普遍较低，这些报告给投资者传递的信号未能降低他们对企业风险的评估。王静、郝东洋和张天西基于中国上市公司的信息披露现状，证实了存在于会计稳健性水平与公司权益资本成本之间的负相关关系，同时发现会计稳健性水平与投资不足水平、投资过度水平均存在负相关关系，这表明稳健会计作为一项有效的信息呈报机制，在增进中国上市公司投资效率、提高公司价值方面发挥了重要作用。

除了与信息披露的相关关系外，对于股权资本成本的研究也有从其他角度入手的。徐晟认为会计信息质量是影响股票交易的重要参数，它的提高能显著降低流动性风险溢价。经由股票流动性的传导，会计信息质量能够降低企业权益资本成本，进而实现企业价值最大化，因此他通过构建企业会计信息质量与流动性风险的混合面板回归模型，以我国沪深A 股中的上市公司为样本，对上市公司会计信息质量与流动性风险、市场风险之间的关系进行了实证分析。研究结果表明，公司可以通过加强自身建设，完善内部控制机制，提高企业会计信息质量，降低公司权益资本成本，进而实现公司价值最大化。盈余质量的经济后果是资本市场会计研究的核心问题，囿于变量测度和模型估计等问题，学术界还较少关注真实活动盈余管理与隐含权益资本成本之间的关系，王亮亮在此方面做了开拓性研究，他基于 Roychowdhury 行业—年度预测模型估计真实活动盈余管理程度，基于 GLS、OJN、GGM 和 CT 等估计模型通过矩阵运算得到隐含权益资本成本，运用 1999~2011 年中国上市公司样本，检验真实活动盈余管理对隐含权益资本成本的影响。研究结果表明，销售操控、生产操控和酌量性费用操控三类真实活动盈余管理的幅度都与权益资本成本正相关，基于三类真实活动盈余管理构建的综合指标与权益资本成本正相关,在控制应计项目盈余管理因素的影响下,真实活动盈余管理与权益资本成本之间的关系依旧存在。此研究结论为探讨隐含权益资本成本影响因素提供了经验证据。张晓明、李金耘和贾骏阳基于约束理论研究了中美交叉上市是否会降低 A 股公司的权益资本成本,通过构建包含立法水平和执法水平的投资者法律保护指数,检验赴美上市对我国 A 股公司权益资本成本的作用效果。结果表明,中美交叉上市部分降低了权益资本成本,以投资者法律保护指数为代表的约束理论具备一定的解释力,但是由于融资规模等因素的干扰,交叉上市对权益资本成本的降低作用受到某种程度的不利影响。尽管如此,交叉上市对改善公司治理机制具有积极的作用,A 股公司的治理结构有所优化。一般来说,如果以全体投资者预期收益率界定股权融资成本,那么投资者利益保护越充分,投资者预期风险越低,股权融资成本就越低。然而,王晓梅基于原始股东视角研究融资成本,发现中小投资者利益保护与股权融资成本呈正相关。原始股东为获得更多发行者剩余和控制权私人收益,在新股定价以及制定现金股利政策时,存在侵占中小投资者利益的动机和可能性。中小投资者利益保护得越好,原始股东获得的私人收益越低,融资成本则越高。

在债权融资成本方面,徐浩萍、杨国超研究了股票市场投资者情绪对债券融资成本的影响。基于股票市场和债券市场的联动机制,或者使股票市场过度乐观的投资者情绪传染到债券市场,或者使理性投资者为规避泡沫风险而投资债券套利,两者都会提高债券的需求,从而降低债券的融资成本。实证结果表明,债券发行决策时股票市场投资者情绪越高,债券发行利率就越低;这一作用对信用等级高、经营业绩好、政府控股的企业以及含股权选择的债券影响更加显著,从而支持了理性套利假说;股票市场投资者情绪与企业债券融资倾向正相关,从而进一步支持了投资者情绪更高时债券融资成本更低的结论。如何有效缓解借贷双方的信息不对称对降低公司债务融资成本至关重要,陆贤伟、王建琼和董大勇在构建公司董事联结网络的基础上,从社会关系网络信息传递功能角度出发,分析董事网络影响债务融资成本的作用机理,进一步探讨在面临融资约束、代理成本以及两者交互作用下董事网络对债务融资成本影响的差异,采用社会网络分析、多元回归分析和二元 Logistic 回归分析等方法,以 2006~2010 年中国沪深 A 股上市公司为研究对象进行实证分析。研究结果表明,总体上看中国上市公司董事网络位置对债务融资成本的降低作用不显著;相较于非融资约束公司,存在融资约束时处于董事网络中心位置的公司债务融资成本降幅显著更大,说明信息不对称程度越高的公司更能从董事网络中获益;在融资约束和代理成本的相互制衡下,越处于董事网络中心位置的公司,其债务融资成本越低。董事网络的信息传递功能和治理效应在信息不对称公司的融资能力中扮演重要角色。郑军、林钟高和彭琳以中国 2007~2011 年的上市公司为样本,考察货币政策波动和内部控制质量对企业债务融资成本的影响。研究发现在货币政策紧缩时期,企业债务融资成本显著增加,相对于国有企业,非国有企业的债务融资成本更高;进一步研究发现,高质量的内部控制在货币政策紧缩时能有效降低企业的债务融资成本,但这种效用仅发生在金融发展相对发达的地区,而在金融发展相对落后的地区,这种效用不显著;并且在金融发展相对发达地区,对于非国有企业来说，高质量的内部控制在货币政策紧缩时显著地降低债务融资成本，对于国有企业来说，这种效应不显著。

中小微企业在我国经济社会发展中具有十分重要的战略地位，但融资难长期制约中小微企业的生存和发展，而小微企业融资难的实质在于融资成本高。祝健、沙伟婧认为发展产业集群能解决银企信息不对称问题，提高小微企业整体信用和保证资金安全，解决小微企业抵押担保物不足问题，降低小微企业融资评估成本和申请费用。通过完善银行风险定价机制，探索创新互助抵押贷款、互助合作基金、网络联保贷款融资模式以完善融资制度与优化融资环境，能够有效降低小微企业融资成本，缓解其融资难问题。在信息不对称等外部融资条件约束下，中小企业除了通过银行、资本市场等正规途径融资外，还依赖准金融机构、民间借贷等影子信贷市场进行融资。李建军、胡凤云以企业融资结构理论为基础，通过调查样本中小企业来考证我国企业融资结构、融资成本与影子信贷市场发展的内在关系问题。研究发现，样本企业通过银行信贷等正规融资渠道融资的比例为59.4%，通过影子信贷融资的比例为40.6%；通过正规银行等渠道的平均融资成本为9.7%，影子信贷市场的平均融资成本为18.28%，综合平均融资成本为13.21%，企业融资成本比较高。由于正规金融系统的资金难以进入中小企业，民间闲置资金难以通过正规金融渠道投资，中小企业面临结构性资金供给不足的困境，这种"三难"困境推动了影子信贷市场的发展。

（2）资本结构。资本结构的研究内容广泛、方向复杂，总体上研究的重点在资本结构的影响因素、资本结构动态调整以及资本结构与企业价值、企业绩效的关系三个方面。资本结构的影响因素有很多，其中内部治理对资本结构有着决定性影响。张会丽、陆正飞以我国资本市场中的集团型上市公司为研究对象，考察了其内部负债主体安排的影响因素，以及负债主体安排对公司资本结构适度性的影响。研究发现，在控制其他因素的前提下，母公司对集团的整体控制力越强，子公司负债占比越低；子公司负债占比越高，资本结构偏离目标值的程度越大，即资本结构的适度性越差。进一步研究发现，母公司对集团的整体控制力越强，子公司负债占比对资本结构适度性的负向影响越小。此研究丰富和发展了集团公司融资和资本结构理论的研究文献，同时也对我国集团公司提高财务决策效率具有重要的借鉴意义。在中国，由于证券市场起步较晚，保护中小股东利益的法律机制尚不健全，加之约束大股东行为的市场机制尚未建立，证券市场上的诸多不规范问题大多数情况下都与终极控制人的存在有关。目前上市公司股权分置改革工作已经基本完成，除部分仍处于限售期的股票外，上市公司的股票基本实现了全流通，非流通股股东获得了其所持股份的流通权。上市公司的控制权市场的竞争程度将会更加激烈，而公司控制权争夺的结果又会影响着财务政策的选择和财务决策的进行，进而会影响到公司资本结构的选择。韩亮亮、吕翠玲以2002~2009年我国民营上市公司的1720个观测值为样本，实证研究终极股东控制权防守和利益侵占动机对资本结构决策的影响。结果发现：终极股东控制权与资本结构显著负相关，终极股东控制权、现金流权偏离度与资本结构显著正相关；进一步考虑控制权防守和利益侵占动机的交互影响后发现，相对于高控制权、现金流权偏离度组，终极股东控制权与资本结构在低偏离度组中更敏感，相对于高控制权组，终极股东控制权、现金流权偏离度与资本结构在低控制权组中更敏感。闫华红、王安亮基于终极控制人框架,以资本结构为对象研究中国上市公司终极控制人特征对公司融资决策的影响。研究结果表明,相对于国有终极控制人,非国有终极控制人选择较高比例的负债掏空上市公司的动机更加明显,终极控制人至上市公司之间控制链层级的增加将导致公司资本负债率的提高。除了公司治理结构的影响外,公司规模、市场环境、政策也对资本结构有不同程度的影响。邢天才、袁野采用固定效应的面板分析方法,实证研究了2001~2010年我国669家上市公司资本结构的决定因素,并通过进一步研究检验政府管制和公司治理变量对其他各因素的影响和制约。其中,行业杠杆率中值对杠杆率的影响最为显著,但政府管制和公司治理因素对上市公司资本结构的调整速度却产生了明显的负面影响。微观结构研究认为,二级市场的信息状况是决定投资者行为最重要的因素,投资者投资行为与市场环境密不可分。由于不同投资者对于上市公司的了解程度不同、对于数据和信息处理能力不同,因此信息在投资者间并不是均匀分布的,部分投资者拥有其他交易者没有的信息,不具有信息优势的投资者在交易时面临着信息风险,而信息风险会通过影响投资者的投资行为进而影响到企业资本结构的选择。易建平、焦阳利用PIN作为信息风险的代理指标,研究二级市场信息风险对企业资本结构以及融资方式选择的影响,实证结果表明:即使考虑到其他因素,信息风险对资本结构的影响系数依旧显著;信息风险对上市公司资本结构有重要影响;信息风险高的企业在进行融资活动时,会较少选择股权融资,这进一步导致了公司杠杆变高。伍中信、张娅和张雯以2001~2010年846家中国上市公司为样本,分别构建了企业资本结构的静态和动态面板数据分析模型,研究了信贷政策对企业资本结构及其调整速度的影响。结果表明,信贷政策作为宏观金融供给层面因素显著地影响企业资本结构,并且对流动负债的影响程度远远大于长期负债。其中,法定存款准备金率的影响效果最为显著,其次为存贷利差的利率结构政策和商业银行资本监管制度。进一步地,资本监管制度变迁促使企业调整资本结构的速度最快,存款准备金政策次之,利率政策下的调整速度最为缓慢。张东祥、刘斯文和张标以我国上市公司2002~2011年的季度数据为样本,以包含傅里叶级数的非线性面板SPSM单位根检验为基本方法,考察了我国上市公司资本结构的稳定性,旨在找出资本结构静态权衡理论和优序融资理论的经验证据。研究发现,不同公司资本结构的变化特征存在较大差异,并且这种差异在不同行业间表现得更加明显,单一的静态权衡理论或优序融资理论不能解释我国上市公司资本结构的变化规律。此文所采用的方法不仅提高了单位根检验的功效,还在考虑面板数据横截面相关性基础上分离出资本结构稳定和非稳定的公司,并且分离出的两组公司资本结构的变化规律分别支持了静态权衡理论和优序融资理论。

资本结构动态调整理论是在静态权衡理论的基础上发展而来的,静态权衡理论认为公司存在一个最优的资本结构,这个最优的资本结构是公司债务税盾的收益和破产成本相权衡的结果,但其局限性在于不能准确地衡量出公司的最优资本结构。随着计量经济学在动态面板数据方面的发展,学者们开始关注资本结构的动态调整问题,并取得一系列的研究成果。党建兵、卢斌和曹启龙利用中国上市公司2003~2010年的数据,采用差分广义矩估计以及连接函数为 Logit 的广义线性模型拟最大似然估计两种方法对资本结构的调整速度与不同资产负债率水平之间的关系进行了探讨。研究结果表明：较高负债率水平的公司有着相对较快的调整速度，并且其公司规模也较大；与此相反，低水平负债率的公司不仅调整速度较慢，而且公司规模较小。研究还发现高负债率的公司对于资本结构的调整主要是通过债务行为来达到的。李彬剖析了非理性投资行为对资本结构动态调整产生的影响，发现过度投资公司的资本结构调整速度显著高于投资不足公司；经过前两期的资本结构调整后，资本结构偏离程度在过度投资公司与投资不足公司之间已不存在显著差异，资本结构调整效果较为明显；相对于投资不足公司而言，过度投资公司更倾向于通过负债调整方式调整资本结构。研究结果表明，上市公司的非理性投资行为对债务稳健性具有重要影响，而且在不同的投资行为下资本结构调整速度、调整效果和调整方式迥然不同。张亮亮、黄国良在最优契约假说和管理者权力假说的框架下，从资本结构调整速度和实际资本结构偏离目标资本结构程度两个方面，实证考察管理者超额薪酬对资本结构动态调整的影响。研究发现：管理者超额薪酬越高，资本结构调整速度越快；非国有上市公司的管理者超额薪酬越高，实际资本结构偏离目标资本结构的程度越低，但这一关系在国有上市公司中并不成立，这可能是由于预算软约束等原因导致国有上市公司资本结构异化所引起。整体而言，管理者超额薪酬更多地反映了管理者能力的大小，领取高薪的管理者更有可能根据内外部环境的变化迅速调整公司的资本结构决策，表明最优契约假说仍然具有很强的适用性。常亮、连玉君以 1999~2009 年中国上市公司面板数据为研究对象，围绕融资约束对资本结构调整行为的影响，以公司规模和现金持有水平作为衡量融资约束的指标，采用动态面板门限模型展开研究。结果表明，大规模和高现金持有的公司会表现出更快的调整速度，非融资约束公司比融资约束公司的调整速度要快 30% 以上。邢天才、袁野选取 2001~2010 年我国 669 家上市公司平衡面板数据，通过系统 GMM 估计方法证实了我国上市公司具有较快的资本结构调整速度，但高杠杆率公司和低杠杆率公司的资本结构调整速度具有非对称性。黄辉通过比较企业目标资本结构与实际资本结构加权平均资本成本测度资本结构调整效率，并利用 2007~2011 年我国沪深上市公司面板数据，实证检验了管理者自利行为对资本结构调整效率的影响。研究结果发现，由于管理者的自利倾向，企业调整其资本结构并非一定有效率，并且管理者自利程度与资本结构调整效率显著负相关。

资本结构反映企业各种资本的价值构成，公司绩效体现一定时期内公司的经营效益。研究两者之间的关系，对公司的融资决策有重要的理论和现实意义。阮素梅、杨善林基于多元线性回归模型和 Heckman 两阶段模型，根据平衡的面板数据实证检验了经理激励和资本结构对上市公司绩效的综合影响效果。结果表明：实施激励措施可以显著提高上市公司绩效，但不同的激励方式对公司绩效的影响并无显著差异；股权激励与薪酬激励两者没有形成积极的配合效应，股权激励、薪酬激励与资本结构三者形成了积极的配合效应；产权比率增加能优化资本结构和提高上市公司绩效。从上市公司融资偏好的情况推测基于欧美国家上市公司得出的资本结构理论可能并不适用于中国。为此，张红、杨飞以中国上市公司为研究对象，考虑资本结构和绩效的内生性，探讨两者的关系。在讨论上市公司整体状况的同时，对比分析国有上市公司和民营上市公司的情况。研究发现，中国上市公司的负债率与其绩效之间存在显著的负相关关系。进一步分析表明，资本结构与绩效的相互作用程度与公司性质有关。同民营上市公司相比，国有上市公司负债率对绩效影响较小，但绩效状况对负债率影响较大。罗琦、张标发现公司价值与资本结构之间因成长机会不同而呈现非线性关系。在成长机会较低的情况下，公司价值与资本结构呈正相关关系，随着成长机会增加，这种正相关关系逐渐减弱。当成长机会超过一定值时，公司价值与资本结构之间的关系变为负相关。李勇、李鹏以中国上市公司为例，运用面板数据，分析了转型经济中公司资本结构对企业价值是否存在以及存在何种影响，同时对影响上市公司企业价值的其他因素进行了分析。研究结果显示：中国上市公司资本结构对其企业价值有着显著的影响，资本结构的提高可以在很大程度上促进企业价值的提升。同时，国有股比例、股权集中度以及企业规模等因素对上市公司企业价值也会产生一定的影响。此外，资本结构以及其他影响因素对上市公司企业价值的影响具有截面固定效应和时期固定效应。

（3）融资约束。根据融资约束理论，当企业现金流有限而外部融资成本又较高时，企业会放弃一些 NPV 为正的投资项目而发生融资约束。缓解融资约束的途径有很多种，作为会计信息质量特征之一的会计稳健性在公司融资活动中的经济后果，近年来受到学者们的关注。张金鑫、王逸基于四种计量模型度量样本公司的会计稳健性水平，实证发现稳健性的提高总体上有助于缓解公司的融资约束；进一步地，将会计稳健性区分为事前的非条件稳健和事后的条件稳健，对比回归后发现：内生于会计制度的非条件稳健性的提高，比条件稳健性这种事后稳健能更好地缓解公司的融资约束，其效果在 2008 年金融危机后尤为显著。肖翔、孙晓琳和谢诗蕾试图通过研究企业社会责任（CSR）对降低公司所面临融资约束的作用，从而揭示 CSR 与企业价值的关系，同时进一步研究股权性质的不同是否对两者的关系存在影响。研究表明，我国资本市场中 CSR 绩效越好的企业，其融资约束越小。除企业自身因素外，一国的金融结构及金融政策也会缓解或约束企业融资行为。王文华、张卓运用年高新技术上市公司的面板数据对金融发展、政府补贴缓解研发融资约束的效应进行了实证研究。研究发现：中国高新技术上市公司普遍存在研发融资约束，表现出显著的研发投资现金流敏感性；金融发展水平能显著缓解研发融资约束；政府补贴缓解研发融资的直接效应总体上显著，而间接效应不显著；在金融发展水平高的地区政府补贴缓解研发融资约束的间接效应显著，反之不显著。胡杰、秦璐基于我国高新技术上市公司财务数据和各地区金融发展指标，实证检验发现：我国高新技术上市公司 R&D 投资普遍存在融资约束；总体上看，金融发展能够缓解企业面临的融资约束程度，股票市场的发展水平在缓解 R&D 融资约束方面的作用显著；另外，金融发展的这种减缓作用对非国有股份企业更加显著。成力为、严丹和戴小勇以公司规模和利息保障倍数为标志划分企业融资约束，用金融结构规模和结构活跃程度反映一国的金融结构，基于 20 个国家制造业上市公司面板数据对企业融资约束（现金—现金流敏感性）的影响因素分析得到：从微观角度看，规模大、利息保障倍数高的公司不易受融资约束；从宏观角度看，金融结构相对规模越大、金融活跃程度越高的市场主导型金融系统，投资者可选择的投资工具种类更多，风险更小，受到融资约束相对较小。因此，金融市场在金融体系中的作用越来越重要，缓解中国中小企业融资约束的根本出路在于积极推动中国权益融资市场发展。魏亚平、宋佳基于文化创意企业特征，对外源融资约束时投资支出依赖内源融资能力的敏感性进行了研究。结果表明：文化创意企业内源融资能力和投资机会对投资支出具有显著的促进作用，外源融资约束对投资的影响与企业的成长性有关，低成长性企业外源融资约束对投资支出有显著的抑制作用，且外源融资受限时投资支出主要依赖于内源融资能力，而对高成长性企业，外源融资约束与投资支出正相关。曾爱民、魏志华从财务柔性视角理论分析并实证检验了融资约束和财务柔性对企业投资—现金流敏感性的影响。结论表明：企业的投资—现金流敏感性在融资约束较大的情况下与财务柔性水平正相关，在融资约束较小的情况下则与财务柔性水平负相关。张莉芳引入投资机会集和产品市场竞争的概念，发现融资受到约束的公司的现金持有率高于融资不受约束的公司，其现金持有量随着内部现金流的增加而增加；融资不受约束的公司，其现金持有量与内部现金流不敏感，此结论仅适用于企业按规模和所有权性质分组，不适用于企业按成长性和市场竞争程度分组；在高额现金持有下，融资约束较弱的公司的现金持有量越多，过度投资的可能性越大，融资约束可以缓解这一现象，融资约束较强的公司持有现金的目的则是为了抓住有利的投资机会。卢馨、郑阳飞和李建明同样也发现中国的高新技术上市公司存在一定程度的融资约束，从而限制了R&D 投资；R&D 投资强度和现金持有量之间呈显著正相关，充足的资金具有一定的缓解融资约束的对冲效应。

（4）融资方式。企业所有的融资方式中股权融资、债务融资占到了相当大的比例。其中，股权融资的主要方式包括首次公开发行股票、交叉上市、定向增发。首次公开发行股票（Initial Public Offerings，IPO）是指企业第一次通过股票市场公开向投资者发行股票，将社会大量闲置资金募集到自己手中的过程。具有成长性的优质企业能够通过 IPO 获取所需的资金，从而得到发展壮大。为此，IPO 是实现资本市场优化资源配置功能的重要途径。夏芸、徐欣针对中国资本市场特有的 IPO 超募融资现象，以 2006~2010 年深市 A 股上市公司为研究对象，探讨了 IPO 超额融资企业的投资行为及其经济后果。研究发现，我国上市公司在使用 IPO 超募资金过程中普遍存在着严重的过度投资行为，其中，非国有控股上市公司的过度投资问题比国有控股公司更为严重，并且这种过度投资行为会导致企业长期资本收益率显著下降，进而负面影响企业的未来业绩。这说明，过剩的 IPO 募集资金会导致企业资本配置效率和投资效率的扭曲。同时研究 IPO 超募融资的还有龚靓、张志宏，他们基于行为金融学中市场"非理性"情绪对公司投资行为影响的视角，对创业板上市公司管理者短视和超募资金迎合性投资行为的关系进行研究。结果显示，创业板上市公司会迎合投资者的非理性情绪进行投资，而超募资金提供的充裕现金流为管理者的迎合行为提供了条件，管理者短视加剧了这一行为。魏霄、孟科学通过分析询价制下 IPO 各参与方的行为特征，借助设计出的融资契约，从理论上分析了 IPO 定价实现帕累托有效的标准和条件。研究认为，询价对象区分发行人真实品质的困难，导致 IPO 定价的混同均衡不存在，分离均衡不一定存在。实际中的 IPO 定价有很大可能是非帕累托有效的，公司信息披露的质量和询价对象的信用使用效率是询价制下 IPO 定价实现帕累托有效的关键方面。胡丹、冯巧根以中国 A 股市场 2009~2011 年非金融类 IPO 公司为研究样本，对上市前审计质量与 IPO 抑价率之间的关系进行了讨论。与过去文献不同，此次讨论引入了信息环境的考虑，并得到了上市前审计在新股发行时发挥信号作用，这会提高 IPO 抑价率；首发市场的信息环境可以较有力地影响审计市场效力等结论。朱红军、陈世敏和张成从情绪交易产生的客观原因出发，以 IPO 为背景，研究了会计信息在降低新股"情绪溢价"中的作用。研究发现，高质量会计信息能够显著降低市场情绪对 IPO 首日回报的影响，表明信息不对称是情绪交易产生进而影响股票价格的重要原因；会计信息的上述作用仅在市场上涨时期和定价市场化时期显著，而在市场下跌时期和定价管制时期则不显著，表明投资者关注和发行机制市场化是会计信息有效发挥作用的前提。

交叉上市是另一种备受关注的融资方式，有关交叉上市的研究认为海外上市主要可以给企业带来两个方面的好处：第一，海外上市可以克服市场分割，帮助企业进入国外的资本市场；第二，海外上市可以帮助企业与上市地先进的制度实现"绑定"，即让企业受约束于法律环境更好的市场。但在实践中，国外交叉上市融资方式的使用比较普遍，而我国海外上市的企业绝大多数只在国外上市。李培馨、李发昇和陈运森从投资者信息获取的角度分析了海外单独上市的成本、理论，为我国企业海外上市的研究提供了一个新思路。实证分析表明，相对于那些在国内和国外同时上市的企业而言，海外单独上市企业面临的信息环境、股票流动性较差、股价较低。陈学胜、覃家琦在市场微观结构的理论框架下，对交叉上市股票的价格发现过程进行了分析。在 Hasbroouck 信息分成技术的基础上，提供了一种新的方法使其能够对市场交易过程中的公开信息和私有信息含量进行分解和测度。陈培如、田存志首次以沪深两市年股市场家上市公司的非平衡面板数据作为研究样本，以股价信息含量为切入点，实证研究了交叉上市与公司价值的关系。结果表明：交叉上市能有效提高公司的股价信息含量；提高公司股价信息含量能增加公司价值，但交叉上市降低了公司价值对股价信息含量的敏感性。从整体上看，交叉上市仍可以通过提高公司股价信息含量进而增加公司价值。

定向增发指的是向特定对象、采取特定方式、接受特定规范的不公开发行股票的一种股份公司实施再融资的手段，这种融资方式由于其固有的便捷特点而受到众多股份公司的欢迎，筹资金额远远超过人们的一般预期。我国上市公司存在强烈的股权融资偏好，而定向增发融资偏好是股权分置改后制度变迁的产物，其偏好主要来源于外部政策导向下该方式本身存在的优势及上市公司内部利益驱动。郭巧莉研究认为定向增发的优势在于融资"门槛"较低，可以确保控制权且融资成本小、操作空间大。国内学者对定向增发做了诸多研究，但主要是关注定向增发与企业绩效、公告效应、增发折价和大股东利益输送等方面的问题。李传宪、骆希亚以 2009 年成功实施定向增发的上市公司为样本，通过比较分析定向增发前后各两年上市公司财务质量的变化，从分析结果中得出以下结论：上市公司通过定向增发进行股权再融资，从总体上看对其财务绩效产生负面影响。上市公司实施定向增发后，其收益能力表面上看来有所上升，但是从其现金流层面看，营业收入现金比率呈现下降趋势。而上市公司在实施定向增发后，企业资产负债率下降，企业当年的偿债能力有所增强，但从第二年开始偿债能力有所减弱后又开始回升。上市公司在实施定向增发当年，企业融入大量资金，从短期看能降低企业资产负债率，增强其短期偿债能力。但从长期看，企业的资产负债率却呈现上升趋势，公司的流动比率和速动比率刚好相反。上市公司的成长能力在其实施定向增发后，当年都有所提升，总体来说，上市公司实施定向增发的项目还是有助于提升企业整体实力的，但是从第二年开始成长能力均呈现下降态势，这说明再融资投资项目的运营状况可能不是很好，或是企业整体发展不是很稳健。有些再融资投资项目不仅不能提升企业的实力，反而由于企业的盲目扩张，阻碍了企业的进一步发展。田昆儒、王晓亮分别对 2010 年、2011 年定向增发前后各一年的股票流动性和股权结构变化进行研究。研究发现，定向增发之后股票流动性显著下降；机构投资者持股比例、股权集中度、股权制衡度明显增加。就股权结构变化对股票流动性变化进行截面回归分析后发现，机构投资者持股比例与股票流动性负相关；股权集中度与股票流动性正相关；股权制衡度、管理者持股比例与股票流动性没有显著关系。俞静、徐斌和吴娟从分析定向增发的概念入手，对体现定向增发制度本身以及制度的市场环境进行了分析，对我国审核制环境下的市场异象进行了分析，分析过程中与以美国为代表的注册制进行了对比，指出我国定向增发产生种种市场异象的原因在于制度本身的缺陷以及制度市场环境的不到位，在此分析的基础上提出了可行的改革路径。叶陈刚、武剑锋和萧蔚基于信息不对称理论，探讨信息不对称和上市公司控制权对上市公司再融资方式选择的影响，并解释上市公司对于证监会引入定向增发作为可选再融资方式的各种反应便具有重要意义。研究结果显示，虽然信息不对称理论能够在一定程度上解释上市公司的再融资方式选择；但是股东控制权考虑对定向增发偏好具有重要影响。郭思永、刘春江研究了市场时机对上市公司定向增发发行价格的影响。当证券市场处于股市下行周期时，上市公司定向增发折价程度相较于股市上行周期时要大。在股市上行周期，大股东借助增发折价进行了更多的财富转移。这一研究为政府监管部门如何进一步放松股票发行的审核程序、突出证券发行的市场价格约束和投资者约束机制、强化保护公众投资者权益，提供了重要的监管思路和理论基础。

在债务融资方面，李洋、吕沙以 2007~2011 年中国上市公司为样本，对债务融资的税盾效应、财务杠杆效应、公司治理效应进行关联性分析。无论盈利能力的强弱，我国上市公司均能在不同程度上发挥债务融资的积极作用。盈利能力较强的公司，提高资产负债率会同时增大税盾效应、财务杠杆正效应、公司治理效应，进而增强了债务融资综合效应，可以适度扩大负债比例。其中，税盾效应、公司治理效应与综合效应之间具有更大的关联性。盈利能力较弱的公司，提高资产负债率会增大税盾效应、财务杠杆负效应，减小公司治理效应，但税盾效应的强化程度大于财务杠杆负效应、公司治理效应的弱化程度，同样增强了债务融资综合效应，但需要谨慎对待负债，防止将来弱化程度增大而出现的不确定性。其中，税盾效应与综合效应之间具有更大的关联性。潘越、王宇光和戴亦一以 2003~2011 年沪深两市符合条件的上市公司为研究样本，通过双维度度量税收征管力度，研究了地区税收征管环境对中国上市公司债务融资能力的影响，并进而考察了政企关系对税收征管治理效应的影响。研究发现，在税收征管力度越强的地区，企业越容易获得债务融资，并且长期负债的比例更高，债务融资的成本也更低；政企关系与税收征管在改善企业债务融资方面具有替代作用：与民营企业相比，税收征管对国有企业，尤其是央企债务融资能力的改善作用较弱；而对于有政治关系的民营企业，税收征管对其债务融资能力的改善作用也较其他民营企业更不明显。杜颖洁发现银企关系、政治联系均与民营上市公司的银行借款显著正相关；银企关系与政治联系均与民营上市公司的长期借款显著正相关，但仅有银企关系显著增加了民营上市公司的短期借款。林宇、邱煜和高清平分别从一线、二线、三线城市随机抽取了沪深交易所 39 家房地产上市公司作为样本，采用三阶段数据包络分析（DEA）模型分离出影响投入变量的环境因素，并对房地产调控政策下各公司债务融资效率评价进行研究。研究结果表明：上市公司的债务融资技术效率较投入变量调整前有所上升；各房地产上市公司债务融资纯技术效率水平参差不齐而表现出明显的差异性；76.92%的企业处于规模报酬递减状态，可以通过缩小债务融资规模来改善这种状态，进而在一定程度上提高其债务融资效率。

可转换债券是一种介于债券和股票之间的混合融资工具，它既包括固定收益证券的特征，也包括权益特征。可转换债券可以保障投资者的基本收益，即固定收益证券的利息和到期偿还的本金，同时它还赋予投资者依据自身需求将可转换债券换成公司普通股票的权益。中国和美国的可转换债券市场的规模、条款、风险收益特征和套利机会不尽相同，吴海燕、兰秋军和马超群通过对比分析发现中国可转债市场规模仍远不及美国，尤其对创新性中小企业融资需求的支持上差距更大。中国可转债的条款设计更多替发行人考虑，而较少关注投资者的需求，具有明显的扩股融资动机。从风险收益特征和套利机会来看，发现美国可转换债券市场的债性凸显，股性较弱，而中国可转换债券市场具有偏股性。蒋致远、张顺明和李江峰利用对冲的方法建立付息的可回售、可赎回、可转换债券定价模型，并利用反应扩散方程得到其解析式，并在此基础上得到了零息的可回售、可赎回、可转换债券以及付息的可赎回、可转换债券定价模型及其解析式。鲍继业、张恒以 2010 年 9 月 16 日上市的塔牌可转换债券为例，借助数值算法和相关数据，计算出可转换债券价值，通过对比并结合持有者的最优策略，解释赎回公告期和巴黎期权特性对可转换债券价值的影响。研究结果表明，巴黎期权的引入降低了可转换债券的价值；随着公告期长度越长，可转换债券的价值越大。

2. 投资管理理论

2013 年，国内公开发表的与投资理论相关的文章共有 104 篇，研究的主要内容包括投资管理、价值评估与管理、投资者行为等，其中投资管理、投资者行为是国内研究的重点。

投资活动是企业财务管理的核心之一，是管理层通过主观能动行为对企业资源进行配置的过程，它与企业的长远发展休戚相关。然而委托代理及信息不对称问题的存在使得企业内部人为了满足特定利益需求，可能从自身角度出发利用公司冗余的资金投资非盈利项，导致企业投资过度。过度投资会对外界投资者造成较大的损害，使其对公司产生较大的不信任，从而提高公司的外部融资成本。融资成本的提高又会迫使公司放弃一些原本净现值为正的投资项目，导致投资不足。投资过度或投资不足都是抑制投资效率的制约因素，严重阻碍了企业的全面可持续发展。因此，基于代理理论和信息不对称视角对投资机会和投资效率的研究日益增多。郑立东、程小可和姚立杰探讨沪深股上市公司独立董事背景特征对企业投资效率的影响，发现独立董事在性别、年龄及财务专业背景等方面与企业总体投资效率、投资不足和投资过度呈现出显著的相关关系；独立董事背景特征在一定程度上会对企业价值产生深远影响。罗付岩以 2003~2011 年 A 股上市公司为样本，使用规模和深度两个变量来表示银企关系，实证检验了银企关系对公司投资效率的影响。研究发现，银企关系对过度投资的影响不显著，但是能够显著地抑制投资不足；银企关系与现金缺口具有替代效应，银企关系趋于紧密时，银企之间信息不对称程度将会减弱，企业贷款的可获得性就会增加，现金缺口减小，从而缓解公司的融资约束，增加了投资效率。进一步分组研究发现，非国有企业、中小企业、西部区域的上市公司银企关系相对于对应组能够显著抑制投资不足。蔡吉甫认为国有控股公司的投资扭曲程度显著高于民营控股公司。从形成动因来看，两者之间的差异主要源于过度投资而非投资不足。高质量的会计信息能够降低民营控股公司的投资不足，但对公司的过度投资和国有控股公司的投资不足则不具有治理效应。避税活动往往会加剧企业内外部的信息不对称程度，且会扭曲激励契约而引发代理问题，而信息不对称和代理问题是导致企业非效率投资的重要原因。因此，刘行、叶康涛考察了企业避税活动对投资效率的影响，研究发现企业的避税程度与非效率投资额显著正相关，且这种正相关关系主要表现为避税引发了过度投资，而完善的公司治理机制可以抑制避税对过度投资的影响。社会资本是一种非常重要的资源配置方式，企业通过社会网络寻求稀缺资源的配置方式在当代中国已成为一种主流方式。赵瑞将社会资本理论嵌入公司投资行为中进行分析，梳理公司投资行为与企业社会资本之间的互动关系，从微观视角实证检验了企业社会资本对公司的投资机会有显著的提升作用，并能提高投资效率。陈红兵、连玉君以中国 A 股 1998~2011 年上市企业为样本，基于财务弹性两个主要来源——内部现金和借债，从企业现金持有和财务杠杆双重视角对财务弹性做出界定。以企业融资成本为切入点，不仅研究了财务弹性对企业投资水平的影响，而且研究了财务弹性对不同融资约束企业投资水平影响的差异，最终考虑到委托代理问题，将财务弹性对企业投资的影响研究深入到对投资效率的影响。结果表明，财务弹性能显著提高企业投资水平；财务弹性对融资约束企业投资水平提升尤为显著；由于委托代理问题，财务弹性企业投资效率显著低于无弹性企业投资效率。步丹璐、文彩虹认识到高管薪酬黏性越大，公司重奖轻罚越严重，高管的冒险精神就越强，从而越可能新增投资。同时，这种正向影响在国有企业比在民营企业、地方政府控股企业、中央政府控股企业中更加显著，说明 2004 年以来国有资产监督管理委员会有关央企负责人薪酬的规定以及有关投资规模的规定起到了一定作用。周铭山、王春伟和黄世海考察了国有控股公司控制权转移后投资绩效提高的原因，即公司控制权转移通过改善公司治理效率降低了代理成本。

风险投资机构有着融资、管理、监督的职能，这些职能的发挥是为了帮助企业健康发展，从而能够获取高水平的投资回报，但企业引入风险投资如果管理不当也会存在诸多隐患。风险投资家和风险企业家之间的控制权分配以及风险企业股权结构形成了风险投资的有效激励机制。费文颖、杨扬在风险企业家拥有完全控制权的情况下，讨论了事前合约中风险投资家的持股比例问题。与传统的风险投资激励机制研究不同，他们综合考虑了控制权分配以及持股比例对激励机制的影响，关注在一定控制权分配下，能规避事后再谈判的风险投资家持股比例的约束条件。理论研究结果表明，当风险项目满足一个强约束时，不会发生道德风险；当风险项目满足一个弱约束而不能满足强约束时，存在一定约束下的持股比例以规避道德风险；而当风险项目甚至不能满足弱约束时，则事前持股比例的约定并不能规避道德风险，此时事后再谈判成为可能。黄福广、彭涛和田利辉发现，相对于无风险资本支持的企业，有风险资本支持的企业具有更高的投资水平、更快的投资速度。进一步检验发现，当风险资本参与创业企业公司治理风险资本的持股比例较高，风险资本采取联合投资时风险资本的作用更加明显，而风险资本的背景特征等其他变量对企业投资影响不显著。以上结论表明，风险资本通过投资契约影响企业投资行为，从而顺利退出企业。胡张滔、罗华伟以风险投资对上市公司财务困境的影响为切入点，分析以下三个相互联系、层层推进的问题：有风险投资背景的上市公司，风险投资机构能否帮助公司改善财务状况，降低陷入财务困境的可能性？如果相对而言具有风险投资背景的上市公司确实有着更为良好的财务状况，那么这一优势是如何反映的？国有背景的企业由于存在委托代理等问题，是否可能导致其运行效率低于其他形式的企业？研究表明：风险投资的加入对上市公司仍然有着积极影响，具有风投机构背景的上市公司陷入财务困境的可能性更低。风投机构能显著地作用于代表盈利能力、营运能力、现金流量能力、成长能力的18个财务报表指标，从而降低财务风险；而对三个偿债能力指标的作用并不显著。相比国有背景的风险投资，非国有背景的风投机构对财务困境的抑制作用表现得更为强烈；而样本中，国有背景的风险投资对财务困境的抑制效果并不明显。上市、并购或清算是风险投资退出企业的三种重要方式，汪炜、于博以风险投资退出事件为研究对象，从信息不对称的视角系统考察了风投退出方式的选择机制。研究发现，当满足企业处在成熟期、融资需求较高，或风投为有限合伙制、风投出资人具备银行背景等条件时，则风投能更有效地缓解企业与外部投资者间的信息不对称问题，增大上市退出概率。此研究同时发现，阶段投资、联合投资等合同条款有助于风投控制投资后风险、增大上市退出概率；但风投对企业的控制度越高，并购退出的概率越大。叶小杰、沈维涛选取我国 2002~2009 年 5780 个风险投资机构的投资案例作为样本，检验了风险投资机构声誉、联合投资对其成功退出的影响，实证结果表明，这七年间我国风险投资机构的成功退出率（即投资项目最终 IPO 的比率）为23.44%，风险投资机构的声誉越高，则其成功退出的可能性越大。进一步研究还发现，联合投资会降低风险投资机构声誉和成功退出关系的敏感性，这可能是因为联合投资的风险投资机构具有更多的机制来影响其投资绩效。沈维涛、叶小杰和徐伟研究我国风险投资机构在企业过程中的择时行为及其影响机理。研究发现，虽然风险投资机构整体上并未帮助提高企业通过发行审核和选择市场较好的时期进行 IPO 的概率，但是经验丰富以及外资背景的风险投资机构具备这样的择时能力。进一步研究发现，风险投资及其特征并不影响样本企业在短期内的择时行为，这表明 IPO 择时更有可能是一个基于中长期预测的规划过程。

创新是企业获得可持续发展的根本途径，尤其对处于创业期、成长期的中小创新型企业而言，面临激烈的市场竞争，追求产品、服务甚至商业模式的创新，增强原始创新、集成创新和引进消化吸收再创新的能力是其不断发展的原动力。具有高投入风险的研究开发（R&D）作为创新过程的关键环节，对企业提升创新能力、培育企业核心竞争力起着至关重要的作用。国内学者将研究的重点集中在高管对研发投入的影响方面。郭葆春、张丹基于高阶管理理论，选用我国创业板上市公司 2009~2012 年的研发数据为样本，实证检验了中小创新型企业高管团队特征对 R&D 投入行为的影响。研究发现：高管团队的平均年龄与 R&D 投入强度负相关，平均受教育水平、平均任期和职业经验与 R&D 投入强度正相关，离职组高管持股与 R&D 负相关，具有"离职效益"，而非离职组高管持股与 R&D 正相关。王燕妮、李爽以 2007~2010 年披露研发投入且数据完整的 1134 家上市公司为样本，构建多元线性回归模型，实证检验了自由现金流对高管激励（长期股权激励和短期薪酬激励）与研发投入关系的中介效应。研究结果表明，长期股权激励和短期薪酬激励均与研发投入显著正相关；自由现金流不仅是长期股权激励与研发投入关系的中介变量，同时也是短期薪酬激励与研发投入关系的中介变量；高管激励、自由现金流、研发投入三者之间存在传导关系。韩鹏以 2008 年新认定或复审后的上市高新技术企业为样本，考察了高管变更对研发投资的影响。回归结果显示高管变更的前一年与当年对研发投资没有显著影响，高管变更后一年对研发投资有显著影响，高管变更的前一年与后一年，流程研发下的高管变更对研发投资影响小于"大厨式"研发下的高管变更对研发投资的影响。由此，韩鹏认为高管变更对研发投资的影响不具有必然性，是否削减研发支出受制于有无追求短期业绩最大化的动机与研发模式的影响；高管持股在高管频繁变更下失去了应有的激励作用；提高研发机构的地位与管理水平，促进研发产业的发展，是我国高新技术企业研发能力提升的必由之路。

融资渠道是影响企业 R&D 投资的关键因素。卢馨、郑阳飞和李建明选取 2007~2009 年在沪深交易所上市的并披露 R&D 费用的高新技术企业作为样本，检验这些企业是否存在融资约束问题以及对 R&D 投资的影响，并研究 R&D 投资和现金持有量之间的关系。研究结果表明：中国的高新技术上市公司存在一定程度的融资约束，从而限制了 R&D 投资；目前，中国的高新技术上市公司在缺少债务融资的支持下，研发资金主要来源于内部现金流和股票融资；R&D 投资强度和现金持有量之间呈显著正相关关系，充足的资金具有一定的缓解融资约束的对冲效应。

对价值评估的理论研究集中在价值观念、估值的影响因素及估值方法上。价值观念集中于研究企业价值以及财务风险价值。企业价值最大化是财务管理的目标，学者们以企业价值为研究主题，从不同角度来研究企业价值。赵蓓、张小三探究品牌权益如何影响股东价值。他们以中国七大类制造业企业为研究对象，以企业个体特征和行业特征为控制变量，对这一问题进行实证研究。结果表明：一方面，品牌权益对股东价值具有显著正向影响；另一方面，企业的现金流量起到部分中介作用。此外，多层线性回归模型（HLM）结果则表明：行业需求增长率越高，品牌权益与股东价值的正向关系就越强烈。王欣从社会责任融合的视角切入，构建了一个社会责任驱动的企业综合价值创造模型，并进一步分析其内在的价值创造机理。此研究表明，社会责任与企业运营全过程的融合，有利于促进企业经济、社会和环境价值创造的路径选择；社会责任与企业运营相融合的本质是两套制度体系的融合。通过社会责任理念的融入改变企业原有的行为惯例，建立符合社会期望的企业行为惯例，最终固化为企业价值体系的重要组成部分；基于社会责任融合的企业综合价值创造过程包括价值认知、价值主张、价值融合、价值实现以及价值沟通等多个环节，并且彼此之间存在紧密的互动机制。其中，企业与利益相关者的沟通机制非常重要，对价值创造的其他环节均会产生积极或者消极的影响。她以国家电网公司的实践为例，详细分析了其社会责任全面融合与综合价值创造过程。最后结合国家电网公司的实践经验针对我国企业社会责任实践中存在的典型问题，如价值认知不足、信号失灵以及制度冲突等，并提出以下对策建议：加强示范企业领导人的社会责任理念培育，建立覆盖广泛、行之有效的社会监督机制，加快推进企业社会责任制度化进程。万寿义、刘正阳基于《企业内部控制应用指引第 4 号——社会责任》，根据利益相关者理论和产权理论，将社会责任成本信息评价指标分为三个层次，构建了企业社会责任成本信息评价体系，以 382 家沪深 300 指数上市公司 2008~2009 年的数据为样本，从样本总体和分行业两个角度研究了企业社会责任成本与公司价值的相关关系。结果表明，当期是否发生安全生产支出、销售费用支出率、纳税贡献率与公司价值显著正相关，当期是否发生环保支出、欠款未偿付率与公司价值显著负相关，而其他评价指标代表的企业社会责任成本对公司价值的影响并不显著；各行业回归差异较大，应充分考虑不同行业社会责任履行的差异。他们的研究为监管机构制定相关政策、上市公司完善社会责任报告和投资者优化投资决策提供了新的经验证据。杜勇、陈建英的研究分析了中国亏损上市公司财务价值的概念与特征，并以中国资本市场 2003~2009 年发生亏损的 1122 家 A 股上市公司为样本，运用主成分分析法所得的因子综合得分值来度量亏损上市公司的财务价值，并基于负债情况、成长能力、亏损程度以及亏损频率的不同分析了各类上市公司在财务价值上的亏损异质性。

在财务风险价值方面，一方面，任歌基于供应链金融的视角，结合供应链管理理论，构建出一套中小企业信用风险评估指标体系，综合考虑了中小企业在供应链中的地位、贸易关系等情况，加入反映核心企业支付意愿的核心企业自身资信状况以及供应链企业间合作关系等影响因素，有效解决了如何降低第二类错误率，即解决银行错将履约企业判断为违约企业的问题，改善中小企业融资过程中的信贷配给状况，为解决信用好的中小企业亦难从银行取得贷款的问题提供突破口。另一方面，任歌构建信用风险评估模型时创新采用 LSSVM 模型，并通过与 BP 神经网络模型的对比得到 LSSVM 分类模型，这样更为准确、稳定性也更高。首先，LSSVM 评估模型能够在历史数据积累少、评估指标不断增多的条件下有效降低第一类错误发生的概率，在很大程度上降低银行信贷风险及损失；其次，LSSVM 模型不但能提高预测准确率，模型本身的鲁棒性也较强，学习泛化能力强，有助于推广；最后，在对中小企业的信用状况进行评估时，选择考虑核心企业资信状况和供应链关系状况的指标体系，用 LSSVM 模型进行分类，准确率较高，是进行中小企业信用风险评估的较优选择；而传统的商业银行信用风险评估指标体系，用 BP 神经网络模型进行评估，其准确率较低。因此，在我国商业银行供应链金融业务发展尚缺乏数据积累的情况下，基于 LSSVM 的供应链金融信用风险评估模型在我国商业银行对中小企业的信用风险管理中具有较好的发展前景。乔坤元通过模型化公司的资产积累路径给出了公司相对风险厌恶系数的表达式，并由此得到资产回报率溢价与加权资产回报波动率之间的量化关系。该研究还借助我国上市公司的数据对模型进行检验，发现上市公司相对风险厌恶系数在 5 和 9 之间，高于美国的风险厌恶区间，并且非国有上市公司和在非垄断行业中的上市公司更加厌恶风险，这些现象说明我国的资本市场有待进一步完善。此文对政府、监管者、金融机构、投资者以及学术界都有一定的意义。在资产定价理论中，资本资产定价模型 CAPM 在很长时间内起着主导作用，并成为估价风险资产和衡量投资绩效的重要标准。在 CAPM 模型中，资产的风险被划分为系统风险和非系统风险，而系统风险是指市场风险，用 β 系数来度量，资产的风险回报可由市场风险（β 系数）全部解释。这些传统的资产定价模型虽然都从某一侧面解释了资产的风险回报，但同时也都忽略了资产的不流动所带来的风险。近年来，由流动性问题所导致的危机，越来越多地引起了人们对流动性风险的关注。周芳、张维和周兵在现有的资产定价理论基础上，研究了考虑流动性风险因素的风险资产定价问题。首先在无套利下对流动性风险进行定价，然后再从风险构成的角度给出了流动性风险的测度和市场价格，推导出两种形式的基于流动性风险的资本资产定价模型（以相对量表示风险的 LBCAPM 和以绝对量表示风险的 LBCAPM），并揭示了资产期望回报的形成过程。

企业估值受内外部诸多因素影响，谌鹏借助 OSI 模型对该行业按照产业特征进行分层归类，然后研究其企业估值和后市表现，实证结果表明企业业务模式、规模效应、企业治理以及科研技术这些指标对估值都有一定影响，但在后市表现上，主要受企业业务模式和企业治理指标的影响。基于此，在对 TMT 行业进行资产配置的时候，可投资于 TMT 和互联网行业中业务趋于多元化的、家族式且没有风险资本入股的企业。现金流贴现法、实物期权法、剩余收益法等都是当前价值评估的主要方法。黄涛珍、陈昕和李公根对传统方法进行了综合，使用拓展 NPV 方法对企业价值进行了估算，在初始计算价值的基础之上，运用灰色评估方法，对待评估企业的初始计算的价值进行修正。经营发展状况不良的企业初始计算值会下降，经营发展状况好的企业，企业初始价值得到提高，这种方法兼顾了计算方法的一般性以及评估企业的个别性，从而使得出的结果更有公允的特点。张燃、徐爽和王凤敏使用期权定价方法研究库存质押贷款质押率的确定问题。质押贷款超额收益现值可看作一个看跌期权的价值。在此框架内，首先分析固定利率零息贷款的质押率和贷款期限、超额收益率以及质物价值波动特征的相互关系。同样的分析被扩展到付息贷款和组合质物等情形，并针对固定利率零息贷款情形给出了数值算例。数值模拟结果给出了质押率的期限结构：贷款期限不同，质押率不同；质押率是贷款期限的凸性减函数。研究结果还表明：质押率是质物价值波动率的凹性减函数，质物价值波动越大，质押率越低，这可用来分析不同金属做质押物时质押率的变化；质押率是风险溢价的凹性增函数，风险溢价越大，银行的风险承受能力越强，质押率越高。丁度基于中国资本市场的特殊制度背景，研究中国股市泡沫的着眼点应当是新股发行全过程，即新股从定价、发行至上市的完整过程。IPO 泡沫是股市泡沫的重要组成部分，但是研究 IPO 泡沫的核心问题是 IPO 估值方法的选择。通过剩余收益法和股权自由现金流量法对 IPO 样本公司进行估值，从理论和估值结果两个方面分别进行分析比较，发现剩余收益法比自由现金流量折现法更适合于中国股市 IPO 估值。

大量的心理学理论表明，投资者并非"理性人"，而是"正常人"，他们信念中的系统性偏差会导致他们并非根据基础性信息进行交易，研究者们称之为"情绪"。我国近年来也出现了一些关注投资者情绪与上市公司投资行为的研究。张庆、朱迪星放松了行为公司金融理论中关于经理人长短期目标权衡外生的假设，构建了考虑股权结构影响下企业迎合投资行为的理论模型。推论表明，国有控股上市公司的经理人由于任命制的约束，会更关注短期价格的影响，从而有更强的迎合投资倾向，另外，实际控制人的持股比例也对企业的迎合投资行为有正向影响。朱朝晖以 2003~2010 年我国上市公司为对象，证实了公司在投资决策时对投资者情绪的迎合效应，并且这种效应受到市场状况、个体投资者短视程度以及企业自身融资约束的影响。姜毅以 2005~2011 年沪深两市 A 股 391 家上市公司为样本，研究投资者保护、大股东持股比例和现金持有量的关系，研究结果表明，大股东持股比例与现金持有量之间呈倒 U 型关系。进一步按照投资者保护程度的高低对样本进行分组，研究发现，当大股东持股比例小于 48%时，投资者保护程度高的组，大股东持股比例和现金持有量呈显著正相关关系；当大股东持股比例大于 48%时，投资者保护程度高的组，大股东持股比例和现金持有量呈显著负相关关系。马健、刘志新和张力健以投资者异质信念为切入点，分析公司融资决策与投资者及管理者信念的关系，讨论异质信念下投资者和原股东的投资收益及公司过度投资。模型结论表明投资者相对于管理者的信念越高，投资者之间异质信念越大，则公司越倾向于发行股权融资；投资者相对于管理者的信念越高，投资者之间异质信念越大，则股权融资的公司越可能发生过度投资，而债权融资公司的过度投资不受影响。

3. 营运资本管理理论

2013 年，国内公开发表的与分配理论相关的文章共有 17 篇，研究的主要内容包括营运资金管理、现金管理、库存管理和应收应付管理等，其中前两项为研究的重点。

在营运资金管理方面，有效的营运资金管理对于防止企业资金链断裂和预防债务危机起到了至关重要的作用。为此，王竹泉、孙莹和王秀华对 2011 年、2012 年中国 4374 家上市公司做了调查研究，结果发现上市公司营运资金配置仍以投资活动为主，且有进一步向投资活动倾斜的趋势；短期金融性负债比例上升，营运资金筹资风险有增加趋势；中国上市公司营运资金管理绩效继续恶化；营运资金管理的地区性差异仍然较大；战略性新兴产业营运资金管理绩效下降，营销渠道营运资金和应收账款管理绩效下降是主要原因；与民营上市公司相比，国有上市公司经营活动营运资金管理水平更高，但国有上市公司的短期财务风险也较大。曹玉珊以沪深两市 2007~2011 年没有发生过重大投融资行为的上市公司作为研究样本，通过实证分析发现：中国上市公司的经营性营运资金整体管理效率与企业绩效之间具有一定的正相关关系；与净经营性营运资金性质相同的应收账款和存货，其管理效率与企业绩效之间也具有一定的正相关关系；但与净经营性营运资金性质相反的应付账款，其管理效率与企业绩效之间的相关性不明确，或为非显著的负相关关系（全行业样本和制造业样本），或为非显著的正相关关系（零售业样本）。其中，关于应付账款管理的证据与一般的财务观念以及同类研究发现的证据不完全一致。高的调整成本和不稳定的融资来源制约着企业的创新活动，鞠晓生、卢荻和虞义华检验了营运资本在突破创新约束中所起的作用，发现营运资本对缓冲企业创新投资波动有重要作用，而且这种作用与企业的融资约束程度密切相关。研究按照 Hadlock 和 Pierce（2009）指出的 SA 指数法测量了企业的相对融资约束程度，发现企业受到的融资约束越严重，营运资本对创新的平滑作用越突出。这表明，虽然中国资本市场不发达，中国企业仍然可以通过内部资金积累和营运资本管理持续地进行创新活动。经济周期、融资约束与营运资本的相机协同选择是研究和化解债务危机的重要基础理论，也是现实政策选择中亟待解决的重要问题。虽然国外对于该方面的理论研究已取得了一定的成果，但是由于国内已有的研究主要是从企业内生性视角对其进行考察，忽视了经济周期特征对融资约束与营运资本管理的内在影响机理和作用，从而使融资约束对企业营运资本管理的效应未能达到预期目标。因此，吴娜运用经济周期理论和融资约束理论对经济周期、融资约束与营运资本的相机协同选择机理进行研究，力图构建不同经济周期下的融资约束与营运资本管理的协同选择模型，并检验营运资本需求是否在不同的经济周期和融资约束下向目标营运资本需求调整，调整速度如何，调整速度与融资约束是否相关。

在现金管理方面，现金持有量一直是财务领域研究中非常热门的话题，其整个发展过程可以分为两个阶段，第一阶段是 20 世纪 50~80 年代，学者们提出了相关的现金持有决策模型，例如米勒—奥尔模型等，这一阶段主要围绕交易成本和权衡理论进行讨论分析；第二阶段是 20 世纪 80 年代至今，随着融资优序理论和代理理论的盛行，从公司特征和公司治理等角度研究现金持有量的影响因素的相关实证研究文献不断出现，使得现金持有的相关理论研究和实证研究相互推动并快速发展。袁卫秋、于成永和邹苏苏通过对过去相关文献的分析整理，对我国上市公司现金持有量的影响因素进行了综述。概括地说，公司特征层面的因素主要包括公司的成长性、公司规模、财务杠杆、债务期限结构、资产的流动性、流动资产的机会成本、股利分配、现金替代物、现金流量及现金流量的波动性等方面；其中也包括公司财务层面的因素，例如财务杠杆、债务期限结构、资产流动性、现金流量等，有些学者就专门从公司财务的角度来研究现金持有量的影响因素。公司治理层面的因素主要包括股权结构、管理层机制和董事会特征。其中，股权结构一般从高管持股比例、第一大股东持股比例、外部大股东比例以及控制权性质等角度来进行实证研究；管理层机制一般用经理层对董事会控制程度、经理层激励约束机制以及总经理任职方式等指标来衡量；董事会特征主要包括董事持股比例、独立董事工作所在地、董事会会议频数、董事会规模、独立董事比例等。公司治理因素的研究一般以代理理论为基础，这方面的研究主要说明了代理冲突对现金持有量的影响。而代理理论分为自由现金流说、现金花费说和股东权力说。根据这三种不同的理论分析得出的结果截然不同，其中：自由现金流说认为较好的公司治理能迫使经理人将自由现金流返还给股东，现金持有水平会较低；而现金花费说和股东权力说认为公司治理好的情况下，公司的现金持有水平会更高。就目前的实证研究结果而言，国外的大部分实证研究结果验证了自由现金流说，但国内大部分的研究是以现金花费说和股东权利说为支撑的。钟海燕、茂盛采用中国上市公司2005~2008年812家公司3248个样本的横面板数据对产品市场竞争及其变化与企业现金持有动态调整之间的关系进行研究。实证研究的结果表明，从静态角度看，产品市场竞争对现金持有调整速度的影响不显著，但是从动态角度看，企业的现金持有水平将随着产品市场竞争的动态变化做出调整，产品市场竞争越激烈，企业现金持有水平调整的速度越快。进一步研究发现，产品市场竞争的动态变化与现金持有调整速度之间的上述关系在非国有企业和高成长企业中更为明显。叶松勤、徐经长以2004~2011年中国A股上市公司为分析样本，从管理防御角度，考察了经营者管理防御的机会主义行为对公司现金持有价值的影响。研究结果表明，管理防御程度与现金持有价值负相关，其程度为国有企业强于民营企业。为了抑制管理防御行为对现金持有价值的不利影响，此文进一步从管理防御的激励约束机制视角，研究了经营者持股和大股东治理对公司现金持有价值的影响。通过分组回归分析，研究结果发现，经营者的高持股激励和大股东的高持股控制均能有效减轻管理防御的代理问题，从而能够显著提高公司现金持有价值。谭艳艳、刘金伟和杨汉明从融资约束的角度，以2007~2010年沪深两市的上市公司为样本，分析了融资约束与企业超额现金持有之间的关系，探讨了融资约束对超额现金持有价值的影响，并对国有企业和民营企业以及不同货币政策下的异同进行了分类检验。结果发现融资约束与超额现金持有呈正相关关系，融资约束对企业超额现金持有的影响在货币紧缩时期和民营企业中更大；我国上市公司的超额现金持有能提升公司价值，民营企业持有的超额现金价值显著大于国有企业，但融资约束对超额现金持有的价值影响不显著。陆正飞、韩非池从产品市场和资本市场两个角度，研究了宏观经济政策如何影响公司现金持有的市场竞争效应与价值效应。研究发现，受到产业政策鼓励发展的企业，其持现水平与企业在产品市场上的成长显著正相关；在行业中持现水平较高并受到产业政策支持的企业，其现金持有与企业价值显著正相关；长期性的宏观经济政策能够影响企业现金持有的市场竞争效应和价值效应，而短期性的宏观经济刺激计划虽然能促进企业现金持有的市场竞争效应，但由于其引发的投资机会不可持续，并没有显著影响企业现金持有的价值效应。总之，宏观经济政策主要是通过投资机会路径影响企业现金持有的市场竞争效应和价值效应。

在库存管理方面，禹爱民、刘丽文通过一个库存模型探讨该模式背后的机理。研究表明，转运模式下两零售商的最优库存水平存在，且随转运价格的升高而升高；当转运价格适中时，网络零售商的库存水平低于无转运的库存水平，实体零售商的库存水平高于无转运的库存水平，网络零售商和实体零售商均能有所获益；在实体零售商主导下，两部定价机制能使两零售商实现双赢。邵晓峰从资源有效分配的角度研究了大规模定制生产系统中各零部件的最优订货点，分析了零部件的库存持有成本与零部件加工时间，以及产品定制环节生产时间等因素对零部件的最优订货点和大规模定制生产系统收益的影响。通过数值分析，发现任何一种零部件库存持有成本的增加将导致所有零部件订货点的下降，并导致整个系统的期望收益的下降；零部件加工时间的增加将导致该零部件订货点的上升，导致其他零部件订货点的下降，并导致整个系统的期望收益的下降。为分析实体店零售商建立自己网络渠道存在的基本库存与定价问题，金磊、陈伯成和肖勇波探讨了为满足网络渠道需求网络渠道是自持有库存还是共享实体店的库存问题，以及如何解决网络渠道与实体渠道的销售冲突问题。在总结动态库存配给策略相关研究基础上，采用了动态定价策略的思路分析解决渠道冲突的问题，通过对双渠道是否共享库存的两种方案进行模拟对比，分析讨论了相关库存决策问题，并评价了共享库存所带来的共享效应的大小，以期使实体店零售商建立网络销售渠道取得更大的收益。研究结果表明，共享库存有比较显著的优势，库存共享效应能使需求波动更平滑、需求预测更精准，动态定价会带来更大的收益。在验证该结果时，对动态定价策略也进行了结构特征的分析。

4. 分配管理理论

2013 年，国内公开发表的与分配理论相关的文章共有 33 篇，研究的主要内容包括股利分配、对企业其他利益相关者的分配问题等，其中，股利分配是国内研究的重点。

近年来，国内学者纷纷从不同角度来研究现金股利的生成过程，这些研究多集中在股权结构、控制人性质、宏观经济和资本市场等方面。在公司治理与股利分配方面，武晓玲、翟明磊基于我国股权分置改革的特殊背景，从大股东利益侵占和委托代理理论的角度出发，利用股权分置改革前后 642 家上市公司的数据，研究了股权结构对上市公司现金股利政策的影响。结果显示：我国上市公司大股东出于利益侵占的目的，具有较强的现金股利偏好，而机构投资者和管理层持股并不能有效地限制大股东的利益侵占行为；股权分置改革优化了股权结构，减少了大股东的利益侵占行为，从而增加了对中小股东利益的保护。彭珏、郑开放和卢介然采用股权分置改革后 2006~2010 年沪深两市的经验数据，对证券投资基金持股能否通过现金股利参与公司治理进行了实证研究，通过统计分析发现有基金持股公司的每股现金股利发放水平显著高于无基金持股公司；高基金持股比例公司的每股现金股利发放水平显著高于低基金持股比例公司；通过回归分析发现：基金持股比例与每股现金股利显著正相关，该结论在控制了模型的内生性因素后仍然稳健，证明了证券投资基金能够积极参与公司治理，基金持股有助于提高我国上市公司的现金股利发放水平。徐寿福采用面板数据 Logit 模型和 Tobit 模型，从信息披露的角度实证检验了上市公司股利政策与公司治理机制之间的关系。发现上市公司现金股利支付倾向和支付水平均与信息披露质量显著正相关；信息披露质量较高的上市公司，现金股利支付水平与其成长性显著负相关，而信息披露质量较差的上市公司并不存在这种关系。此研究结果表明，我国上市公司现金股利政策是公司信息披露质量提升的结果，信息披露质量的提升有助于增强上市公司的现金股利支付意愿，提高上市公司现金股利支付水平。陆位忠、林川以 2007~2010 年沪深 A 股的 568 家公司的 2383 个减持事件为样本，实证检验现金股利分配倾向、公司业绩与大股东减持规模间的关系。研究发现：较之不分配现金股利的公司，分配现金股利的公司中大股东减持规模更小；而较之业绩较差的公司，业绩良好的公司中大股东减持规模也更小；进一步地，现金股利分配倾向与大股东减持的关系会依赖于公司业绩，在分配与不分配现金股利的公司中，随着公司业绩的提升，大股东减持行为的变化会明显不同。胡国强、张俊民基于中国高管股权激励契约中股利保护性条款的特殊制度安排，采用模型与多元线性模型实证分析中国上市公司股权激励对其现金股利支付政策的影响。研究发现，在未控制公司规模的情况下，实施股权激励的公司相比未实施激励的公司更具有现金支付倾向，且现金股利支付水平更高。冯慧群、马连福基于代理理论和信号理论，以 2008~2011 年中国上市公司为研究对象，考察董事会特征的三个方面——独立性、网络性和稳定性对现金股利政策的影响，结果发现：董事会独立性对现金股利分配倾向没有影响；而董事会网络性和稳定性均对现金股利分配倾向具有显著正影响。此外，文章通过构建 CEO 权力指数，发现 CEO 权力在董事会特征作用于现金股利政策中具有调节作用，其效果是减弱董事会网络性和稳定性对现金股利分配倾向的影响。曾东海依据代理理论和社会网络理论，详细研究了董事会独立性、多重独立董事身份、独立董事任期对公司支付现金股利可能性的影响，发现董事会独立性越强，公司支付现金股利的可能性就越大；董事会中具有多重独立董事身份的董事所占比例越高，公司支付现金股利的可能性就越低；董事会中独立董事的任期越长，公司支付现金股利的可能性就越低。杨宝基于委托代理理论分析上市公司高管报酬对分红的影响机理，进而以 2003~2010 年沪深 A 股上市公司为样本，检验高管报酬与公司分红的关系。研究发现：高管货币薪酬、高管持股对公司分红具有显著正向影响，并且两者对分红的影响具有替代效应。相比于国有企业，这种报酬—分红敏感性关系在民营上市公司中更为突出；另外，我国上市公司高管薪酬契约并不能对高管效率进行有效识别，高管激励与分红优化，需要从高管报酬契约设计这一源头抓起。李彬、张俊瑞对产权性质差异、现金分红与公司业绩的关系提出了理论假设，即国有性质上市公司的现金分红可能性和现金分红程度上都显著高于非国有性质上市公司的对应水平；非国有性质上市公司的现金分红行为对公司业绩的提升程度要显著高于国有性质上市公司的提升程度。研究表明，在我国特有的经济背景下，企业产权性质的差异不仅对上市公司的现金分红行为产生显著影响，而且现金分红行为对公司业绩的提升程度在不同产权性质中存在明显的差异。

资本市场视角下的股利政策研究方面，祝继高、王春飞分析了金融危机对上市公司现金股利政策的影响。研究发现，在金融危机期间，上市公司会降低现金股利支付水平，以应对未来的不确定性。但是，相比非流通股比率低的公司，非流通股比率高的公司在金融危机期间更有可能支付更多的现金股利，以满足非流通股股东对于现金的需求。研究还发现，如果公司在金融危机期间发放现金股利，则市场反应更积极，这说明公司通过股利政策向市场传递了积极的信号。但是，非流通股比率高的公司支付现金股利的市场反应要显著小于非流通股比率低的公司，这可能是市场担心非流通股股东利用现金股利侵害中小股东利益。郭露、范德维和戴志敏认为会计信息披露制度和股利分配制度作为证券市场两大重要制度，对促进证券市场的发展具有关键的作用，与发达国家证券市场相比，我国该两大制度并没有发挥出有效的作用，上市公司隐瞒重大不利信息以及股利分配形式化等问题普遍存在。文章以金融抑制论作为指导思想，以会计信息披露和股利分配两者之间的关系作为研究对象，在自由金融市场假设前提下，从理论研究出发论证了两者之间存在显著的正相关性；接着又运用会计信息披露指数和股利支付率两个指标对两者关系进行实证分析，指出在实践中两者比较孤立且不存在联系。最后结合金融抑制论指出了产生理论和实证分析差异的原因，即我国证券市场中存在的金融抑制，其作为外生变量影响了股利分配和信息披露的背景环境，从而破坏了两者的均衡关系，相关性也随之消失。林奇根据《上海证券交易所上市公司现金分红指引》（征求意见稿），鼓励上市公司通过股票回购的方式来回报投资者，特别是对于股价被低估等原因而无法进行现金分红的上市公司而言，股票回购等同于现金股利。但是在当前我国资本市场的环境和规章制度尚不成熟、亟须改善的情况下，为了保护投资者，我国上市企业实施的分红制度应当以长期、稳定的现金股利为主，而股票回购只是一种补充，并且是在特殊目的下短期使用的手段。余亮、梁彤缨借助双边随机前沿分析方法，构建用于衡量融资约束与代理成本共同作用下股利政策有效性的模型，并以我国上市公司为对象进行实证分析。结果表明，融资约束与代理成本分别使得实际股利支付朝过低和过高的方向偏离，而前者是造成当前我国股利政策治理效应损失的主要原因，两者共同作用使得股利支付整体水平偏低。故而，当前增强我国上市公司股利政策治理效应的关键在于增强资本市场透明度、拓宽融资渠道等方面。

还有学者从其他视角讨论股利分配问题。严太华、龚春霞结合股利的迎合理论，融入新近出现的股利的生命周期理论的思想，基于沪深两市 2000~2010 年中国 A 股上市公司财务数据，对我国上市公司现金股利支付倾向与我国投资者的现金股利需求的关系进行了实证研究。同时，引入现金股利溢价指标，研究了公司股利支付意愿与现金股利溢价的关系。研究表明：对处于同一生命周期的上市公司而言，投资者的现金股利需求对上市公司的股利支付倾向有较显著影响，但不及盈利能力以及股利政策的连续性指标强；面对更高的股利溢价时会更倾向于支付现金股利。不仅如此，股利迎合理论对我国资本市场的现实情况具有较强的解释能力。钟勇、陆贤伟利用中国证券市场现金股利公告数据，考察代理成本和融资约束双重制约下现金股利政策的市场反应。实证研究结果表明：相比于融资约束样本和低代理成本样本的现金股利公告，非融资约束样本和高代理成本样本的现金股利公告对市场的负向冲击更弱；在融资约束与代理成本的相互组合不同样本中，现金股利政策公告在同时存在高代理成本和非融资约束时对市场的冲击最小，对市场冲击最为强烈的为同时存在低代理成本和融资约束时进行的现金股利发放。张子健、陈效东以 2007~2010 年我国沪深两市 A 股上市公司为研究样本，实证检验了现金股利分配动机、现金股利支付水平与会计稳健性之间的关系。研究发现：受监管部门股利政策驱动的影响，分配了现金股利的上市公司的会计稳健性显著低于未分配现金股利的上市公司；控制股东受到有效监督时，其"隧道挖掘"行为得到了抑制，股利支付水平与会计稳健性显著正相关；一旦控制股东失去约束，控制股东便能利用现金股利形式进行"隧道行为"，且以降低会计盈余稳健性来掩盖其掏空真相，从而使会计稳健性随着现金股利支付水平的上升而逐渐下降，因此，上市公司现金股利支付水平与会计稳健性之间存在着倒 U 型关系。刘衡、苏坤和李彬认为现金分红行为对上市公司盈余管理方式的选择具有显著影响，即现金分红降低了实际活动盈余管理的程度，增加了应计项目盈余管理的程度，存在着实际活动盈余管理方式与应计项目盈余管理方式的"共谋"现象。进一步研究表明，现金分红有助于企业价值的提升，盈余管理方式在现金分红与企业价值之间的关系中起到了显著的中介作用。胡秀群、吕荣胜和曾春华以股改后 2007~2011 年 A 股上市公司为样本，考察融资约束对高管过度自信与现金股利支付关系的影响。结果发现：高管过度自信与上市公司现金股利支付之间具有负相关关系，但这种负相关关系只有在非国有上市公司中较为显著。进一步研究表明，高管过度自信与现金股利支付关系在不同股权性质下存在差异的主要原因是外源融资约束的影响，较强的外源融资约束加剧了高管过度自信对现金股利支付的降低效应，而外源融资环境的改善可以在一定程度上抑制高管过度自信对现金股利支付的降低效应。

三、特殊业务理论

本报告所谓的特殊业务理论是指只在特定企业或者某一企业的特定时期采用的财务管理业务的理论，特殊业务理论主要包括集团公司财务管理、企业并购财务管理、国际企业财务管理、企业破产财务管理等。2013 年国内外公开发表的期刊中，涉及特殊业务理论的文章共有 111 篇，其中，国外公开发表的文章共有 31 篇，主要来源于 *Financial Management*、*Journal of Finance*、*The Accounting Review* 等期刊，国内公开发表的文章共有 80 篇，主要来源于《会计研究》、《管理世界》、《管理科学》等期刊。在特殊业务理论方面，国内外的研究重点主要集中在企业并购财务管理方面，具体研究成果如下：

（一）国外研究成果

2013 年，特殊业务理论方面，国外公开发表的文章共有 36 篇。其中，国际企业财务管理和企业并购财务管理方面的研究文献较多，分别为 5 篇和 25 篇；企业破产财务管理和集团公司财务管理方面的文献较少，各有 3 篇。

1. 企业并购财务管理

企业并购财务管理的研究主要涉及并购方式的选择、加速股权激励对于并购溢价的影响、首席执行官对于并购的影响和并购溢价等。

关于并购方式的研究，Henock Louis 在文章中指出现存的研究结果假定目标企业的私有制能减缓收购方的激励和股票融资收购的机会，并且证据表明：对收购方来讲，如果目标公司为上市公司且以换股并购的方式合并，平均异常收益率为负；对收购方来讲，当目标公司为非上市公司时，以换股并购的方式合并，平均异常收益率为正。因此，现存研究表明当标的企业为非上市公司时，换股并购的公告声明传递的是关于并购方有利的私有信息。然而，关于换股并购方的股价表现、应计利润、净经营资产、内部交易的分析则是相反的。相较于对上市公司的收购，对非上市公司的收购通常更加容易被高估。Lee Pinkowitz、Jason Sturgess 和 Rohan Williamson 研究现金充裕的企业在并购中的支付方式，即是否会采用现金储备去进行企业并购。相较于现金不充裕的企业，现金充裕的公司使用现金投标比用股票投标报价低 23%。而且，现金充裕的公司更倾向于使用股票投标而非现金。作者检查了一些潜在的解释变量遗漏偏差和内生性，结果仍然成立，证据表明现金储备和现金收购之间的联系并不明显。

关于并购溢价的研究，George Alexandridis、Kathleen P. Fuller、Lars Terhaar 和 Nickolaos G. Travlos 研究探讨了关于并购溢价和交易规模之间的关系。研究表明，溢价和目标企业规模存在强负相关的关系，即收购方更倾向于向大型企业支付更少的收购溢价。同时研究表明，对于大公司的并购，支付溢价的可能性更低，因为在大型企业的并购中存在很多不可观测的影响因素。Nihat Aktas、Eric de Bodt 和 Richard Roll 研究了超额竞标的缘由。以 2008 年微软 437 亿美元收购雅虎为例，这次报价对于微软和谷歌在网络搜索行业的竞争具有里程碑式的意义。公告发出之后，微软股价大幅下跌。投资者显然认为出价过高，质疑微软能否利用雅虎创造出价值。Weihong Song、Jie（Diana）Wei 和 Lei Zhou 整理数据发现 1995~2006 年大约有 1/4 的合并公司聘请精品银行作为它们的并购顾问。精品银行的顾问有着专业的行业知识，通常比全能型银行更小、更独立。该研究调查了公司对于精品银行和全能型银行的选择，以及银行的选择对交易结果的影响。研究发现收购方和目标企业两者更倾向于选择精品银行作为完成交易的顾问，因为精品银行有着更专业的技能和知识。收购方雇佣精品银行作为顾问能够降低收购溢价，此外，精品银行的顾问会花费更多的时间进行调研和谈判去完成交易，即选择精品银行作为投资顾问对完成交易更有利。Susan Elkinawy 和 David Offenberg 用 2005~2009 年 107 个并购样本，研究了加速对目标企业的 CEO 的限制性股票或股票期权激励对收购溢价的影响。研究发现，加速进行股权激励与收购溢价呈正相关关系，并且研究结果表明，加速行权使股东财富增加有利于收购的完成。

对并购活动的影响因素研究方面，Jens Hilscher 和 Elif Şişli-Ciamarra 调查研究了在公司董事会中债权人董事（Creditor-director）的存在对公司收购的影响。他们利用收集来的关于美国大公司的董事会的数据集，发现有债权人董事的公司更有可能从事有利于债权人而不利于股东的收购（更多样化和更少现金的收购）。与这些模式相一致，有债权人参加的收购公告降低了整体股东和公司的价值，增加了债权人的价值。这些结果支持了这一假设，即股东和债权人之间的利益冲突会导致并购的价值破坏。此外，没有借贷关系的商业银行不受利益冲突的影响。Serdar Dinc 和 Isil Erel 用收集来的关于欧盟 1997~2006 年的数据研究了政府对大型公司合并的影响，研究表明，有广泛民族主义倾向的政府更喜欢将并购中的目标企业国有化而非让外商独资。如果这个国家的极右派政党很强大且政府软弱的话，这种现象会更加强烈。民族主义政府的直接反应和间接反应会对并购产生经济影响，这些反应不仅会对并购的后果产生影响，同时也阻碍了外资企业在未来对该国其他公司的竞标。Elena Skouratova 和 John K. Wald 研究发现相较于没有进行交叉上市的公司，发行美国存托凭证的公司更可能从事收购交易活动。这个结果看起来不是自我选择的驱动，而与 Heckman 的校正和固定效应分析有着稳健的关系。分析发现，交叉上市公司增加收购的原因主要是由于母国公司股东的权利的弱势。公司所在国家的法律环境差会使并购活动增加，然而有一个好的法律环境并不能促进并购活动的增加。Kauny Lee 和 Keeh Chung 分析了股票市场流动性对目标企业超额收益的影响。作者预测股票市场流动性较差的目标公司能得到较高的超额收益率基于以下几点：第一，股票市场流动性不佳的公司在合并或股权收购之后股票的流动性显著提高；第二，交易中如果包含较少的流动性资产则交易更容易完成；第三，股票的流动性越低，股东的定价越多样化，因此会有较高的收购回报。与这些预期相符，目标公司股东的超额收益与股票市场流动性显著正相关。Vojislav Maksimovic、Gordon Phillips 和 Liu Yang 研究发现在并购浪潮中上市公司的参与度明显高于私营企业，并且它们的参与度明显受到信贷息差和市场估值的影响。当上市公司股票有着较好的流动性和较高的估值时，则其并购能够实现生产效率的大幅提高，尤其是在并购浪潮中，产生这一结果的原因并不仅仅是上市公司能够更好地获得资本。根据公司以前的生产率数据，发现营运能力较好的私营企业更倾向于上市成为公众公司。Ulf Axelson、Tim Jenkinson、Per Stromberg 和 Michaels Weisbach 利用 1980~2008 年的 1157 个国际并购事件为样本，研究在日益增加的收购交易中财务结构的决定因素。当实施杠杆收购的时候，私募股权基金特别关注资本结构，这为研究资本结构理论创造了一个有趣的背景。传统资本结构理论显示杠杆收购并不是驱动上市公司采用财务杠杆的决定性因素，反而整体经济信贷环境的变化是杠杆收购的主要决定性因素，即杠杆收购几乎完全由与时间序列相关的债务市场驱动。更高的交易价格和更低的收购基金的回报与高杠杆交易有关，这表明收购出价过高时容易获得信贷。用标准权衡理论预测上市公司资本结构的收购没有解释力，相反，影响收购的资本结构的主要因素是收购价格和可用性的债务：当信贷资源丰富且成本较低时，企业更加倾向于采用杠杆收购。

关于并购模型的研究，Matthew Spiegel 和 Heather Tookes 通过在产品市场竞争和动态的寡头投资估值之间建立了交互模型，该模型是第一个关于产品异质性的多元化公司融资模式的连续时间模型，同时该模型易于处理和评估。用该模型把关于企业估值的行业特点和财务决策联系起来，与多数公司的财务模型不同，它能根据产生的迹象预测参数的大小。模型参数的估值表明模型预测和实际值之间有着较强的联系。作者用该估值模型预测竞争对手在并购前的收益。

关于反向并购对于估值的影响，Sudip Datta、Mark Gruskin 和 Mai Iskandar-Datta 用 1978~2006 年的纯粹的关于反向并购的样本，研究调查了这段时期的重组活动以及这些公司估值产生的变化。与此前的研究相比，此研究结果表明，在私有化之前这些公司的效益比同行更好。此外，这些样本企业在收购前比它们的同业竞争对手持有更多的债务。尽管样本公司收益良好，但依然被低估，这看起来是收购的动机之一。这项研究有助于了解在私有化的这段时期中反向杠杆收购在通过各种类型的重组活动创造的价值。

关于并购前后运营效率的研究，Jamal Ali Al-Khasawneh 运用非参数数据包络分析法结合 1992~2003 年的 359 个并购样本，对没有合并的银行和合并之后的银行的长期运营效率进行研究。研究结果发现，大型的收购方通常比没有合并的银行有着更高的效率。研究结果表明，不同于其他的并购交易，银行间的并购交易可以提高低效率的收购方和低效率的目标企业在并购之后四年内的利润效率。研究结果表明，低效率的并购方和低效率的目标企业在合并之后效率有着显著的提高，而高效率的并购方和高效率的目标企业在并购后效率有着显著的降低。关于企业并购对研发和创新的影响，Gordon M. Phillips 和 Alexei Zhdanov 通过模型和实证检验证明并购活动和竞争会对研发活动和创新造成怎样的影响，并得出市场的收购活动会影响研发决策的结论，通过模型得出小型公司比较倾向于选择在自身创新能力最强的时候将自身出售给规模较大的企业。大型企业与小型企业相比，自身不利于进行研发，因此大型企业会通过并购来增强自身的创新能力，并且模型和证据也显示公司需求的增加、竞争、行业的并购活动等会引起公司研发的响应。这些影响因素对小型企业的作用大于对大型企业的作用。Jeffrey Jaffe、David Pedersen 和 Orben Voetmann 验证并购企业收购方式的不同对并购的影响，通过对比并购方最近的收购活动和以前的收购活动，并通过并购方发出合并公告前后并购方的股票收益来检验并购效果。研究发现，如果之前的并购和最近的并购活动都是由同一个 CEO 所主导，并购公司则表现出绩效的持续性；反之，如果前后两次并购活动由收购方的不同 CEO 所主导，则不能表现出绩效的持续性。因此，并购效果的差异显然是由并购企业 CEO 的能力引起的。

Paige Parker Ouimet 认为对于目标公司少数股权收购（对于目标公司少于 50%的股权收购）代表一种不同的组织形式的选择。少数股权收购能够缓解由于契约关系所引起的激励问题。并购方对于少数股权收购和完全收购之间权衡的问题，当为了保持管理层激励和目标企业面临融资约束时，少数股权的收购更为普遍。同时，当目标公司的估值存在很大的不确定性时、整合内部资本市场成本较高和财务合并之后将会降低每股收益时，并购方更倾向于选择少数股权收购。当目标公司有着大量的自由现金流和低增长的期权，收购方会选择多数股权收购。Alexei V. Ovtchinnikov 研究发现管制放松是内生性的，而且内生性可以从放松管制行业的业绩变化来预测，这一结果暗示在放松管制行业的并购活动中，并购活动应该和不良的业绩表现联系起来。根据这一假设，发现加强管制对并购活动有消极影响。在加强管制后，投标人和目标企业在合并之前都有着不良的市场表现和严重的产能过剩问题。与假设一致，加强管制后的合并代表一种形式的退出，而放松管制之后的破产合并显著增加、提供的溢价显著降低。

2. 国际企业财务管理

国际企业财务管理方面的研究主要涉及国际企业财务杠杆、跨国公司内部资本市场、超预算的研究等。其中，具有代表性的研究有：

关于国际企业财务杠杆的研究，Soon Hong Park、Jungwon Suhb 和 Bernard Yeung 研究了跨国公司和国内公司对杠杆的利用情况。前人的研究结论是跨国公司的杠杆水平较低，然而他们利用 1981~2010 年这段时期美国公司的数据揭示了跨国公司的杠杆水平并不是显著低于国内公司的。研究同时还发现，跨国公司和国内公司在债务期限结构、杠杆的调整速率和发行债券和股票的倾向方面没有显著的差别。研究结果表明，相较于国内企业，跨国企业在公司层面的财务政策并没有因为要面临更大的风险（税收或监管导致的市场缺陷）而受到影响。补充分析发现，相对于美国国内企业，非美国本土的跨国公司更频繁地发行有价证券和调整杠杆的速度更快。

关于跨国公司内部资本市场方面，Markus Glaser、Florencio Lopez-de-silanes 和 Zacharias Sautner，利用独特的面板数据集、业务区域的分配和关于区域 CEO 的调查，分析了大型跨国公司的内部资本市场。关于意外所得，能力强的管理者会分配更多的资源，然后大幅增加投资。研究发现，关于意外所得的分配是一种错误的资本分配，它造成能力强的管理者的过度投资，导致所在业务部门表现出较低的生产率和出口业绩。此研究的发现有助于读者理解公司内部资源分配的矛盾以及造成低效的原因。

关于超预算研究，Anatoli Bourmistrov 和 Katarina Kaarbøe 探讨了管理控制系统中基于超预算的准则设计实施是怎样把决策者从管理松弛过渡到弹性管理的，同时探讨了这种转变是如何改变管理信息的供给和需求的。此文的证据表明，管理组织中存在的很多问题和预算使用有关。在两种情况下，他们论述了管理控制系统设计的改变能够创新管理实践。此文详细阐述了如何利用管理控制系统的设计提供新的信息，这是基于新的原则，将决策管理者的心态和行为过渡到"弹性管理区域"。同时，他们还论述了在谈判和学习的过程中如何将目标设定、预算、动态资源分配做到最优和具有前瞻性。

3. 集团公司的财务管理

Hae-Young Byun、Sunhwa Choi、Lee-Seok Hwang 和 Robert G. Kim 探讨了企业集团的隶属关系和债务资本成本的关系，发现与企业集团相关联的共同保险效应可以降低债务成本，而控股股东的侵占行为提高债务成本。研究发现，隶属于韩国企业集团（即财阀）的公司享有的公共债务成本远低于自身独立的公司，这与共同保险的观点相一致。他们还研究了影响集团隶属关系和债务成本的几个因素，其中包括企业债权人未来回报的不确定性、未来收益、集团层面的资源和组织架构。所有的结果都和共同保险的解释相一致。研究发现，对于成员公司来说，企业集团通过提供风险共担或共同保险在债务融资中发挥积极作用。

Jia He、Xinyang Mao、Oliver M. Rui 和 Xiaolei Zha 研究在一个政府干预水平高、法律制度不完善和金融市场不发达的环境下，中国企业集团是否起到了作为内部资本市场的作用。他们研究了最终控制人、市场发展水平和企业集团的角色塑造等制度因素。研究发现，企业集团在帮助成员公司克服融资约束时，企业集团的内部资本市场更有可能是国有企业而非民营企业的替代性的融资渠道。研究还发现，企业集团的内部资本市场更倾向于帮助那些隶属的私营企业、国营企业和存在于发达制度环境中的企业，而且加入集团对公司的绩效并无显著影响。

4. 企业破产财务管理

Francois Marini 分析了破产诉讼对关系型借贷的影响，在模型中法院关于破产诉讼可能会犯第一类错误，即宣判无偿债能力的公司具有偿债能力；同时他们也可能犯第二类错误，即宣判有偿债能力的公司无力偿还。模型提供了四种结果，第一，当破产法庭的判决使第二类错误增加时，银行的债务成本降低；第二，当破产法庭的判决犯第一类错误时，银行的价值关系增加；第三，当破产法庭使第二类错误增加时，信用中介的成本降低；第四，多元化的机制并不能完全解决委托监管问题。

Nick Wilson 和 Mike Wright 建立了一个 1995~2010 年的数据集，包括 800 万家以上英国私营企业，其中超过 15000 家已经正式进入破产程序。研究发现，有私募股权投资参与的业绩较差的公司未来一般有较好的利润和现金增值；同时还发现，管理层换购增加了破产的风险，但私募股权的参与降低了管理层换购失败的风险。杠杆比率对所有类型公司来说是增加破产风险的一个重要因素。根据平均边际效应分析，PE 杠杆比率增加导致的破产风险显著低于管理层换购所导致的破产风险。他们比较了随着时间推移公司数量的变化、并购类型、破产风险的范围以及公司预收购的风险概况。控制企业规模大小、生存时间、行业和宏观经济等条件，发现相较于非收购和其他类型的收购，私募股权支持的收购不易于破产。

（二）国内研究成果

2013 年，在特殊业务理论方面，国内公开发表的文章共有 80 篇。其中，企业并购财务管理方面的文献较多，共有 57 篇；集团公司财务管理理论、国际企业财务管理、企业破产财务管理方面的文献相对较少，分别为 14 篇、7 篇、2 篇。

1. 企业并购财务管理

企业并购财务管理方面的研究主要涉及并购绩效、并购动机、管理层结构对并购的影响、并购的价值、并购中的支付方式、并购税制、横向并购、跨境并购、并购的风险、并购的协同效应、资产重组、并购的投融资方式等，其中具有代表性的研究有：

关于管理层结构对并购的影响，张洽和袁天荣首先依据代理理论从 CEO 权力和私有收益的视角研究企业并购动因，探寻 CEO 在并购中的主观动机及对并购的影响；其次通过对企业 CEO 私有收益的分离与计量，研究了 CEO 私有收益对企业并购与否、并购规模和并购频率的影响，在一定程度上可以避免已有研究中并购与管理层薪酬之间关系的内生性问题；最后引入了管理权力指数度量 CEO 权力，并检验了权力在 CEO 为获取私有收益而推动并购过程中的作用，为完善 CEO 权力制衡和监督等公司治理机制提供了经验证据。他们选取 2002~2011 年发生并购的上市公司为样本，研究了中国上市公司 CEO 权力、私有收益与并购动因之间的关系。研究发现，CEO 权力和私有收益是企业并购的主要推动力，对企业并购与否、并购规模及并购频率具有重要影响；权力较大的 CEO 更可能推动并购，进而获得较高的私有收益。他们的研究体现了 CEO 通过权力推动并购进而获取私有收益的过程。陈仕华、姜广省和卢昌崇基于并购双方之间信息不对称的研究视角，检验了并购双方之间的董事联结关系对目标公司选择和并购绩效的影响，结果显示：与并购方存在董事联结（包括间接董事联结）关系的公司更可能成为并购的目标公司，当这种董事联结关系是由内部董事形成时，以及当目标公司与并购方地处不同区域时，与并购方存在董事联结关系的公司成为目标公司的可能性更大；当并购方与目标公司之间存在董事联结关系时（与不存在董事联结关系相比），并购方获得的短期并购绩效并无显著差异，但获得的长期并购绩效会相对较好；并且当这种董事联结关系是由内部董事形成时，以及当目标公司与并购方地处不同区域时，董事联结关系对长期并购绩效的正向影响更强。这些发现意味着，并购双方之间的董事联结关系对并购行为产生重要影响，但其影响程度大小同时还依赖于联结关系类型、并购双方空间距离，特别地，董事联结关系的正向绩效效应需要在并购一段时间之后才得以体现。刘淑莲、杨超和李井林通过对公司并购与 CEO 薪酬之间交集的实证文献回顾构建了一个二维综合框架图：并购阶段和公司在并购交易中的角色；并区分了文献中的三个主要研究流派以及五种因果关系。此文旨在了解该领域的新兴知识，辨析不同研究流派间的矛盾，厘清并购决策、特征与管理者薪酬间的关系，从而为将来的研究方向提出建议。曹廷求、张钰和刘舒从董事网络能够减少公司并购时信息不对称的角度出发，研究了董事网络对并购参与双方财富效应的影响。与现有的文献不同，在对 2007~2011 年共 2401 起并购事件的研究中发现，收购公司向董事网络中心位置靠近的过程中，公司的并购财富先增加，在达到一个最优点后开始下降，呈现倒 U 型关系。而单纯改变目标公司在董事网络中的位置，并不能明显提高其财富效应，只有通过董事网络获取高质量的信息才能对其财富产生明显作用。深入验证董事网络对降低信息不对称的作用的实证结果表明，在信息披露质量差的公司中，董事网络发挥的作用更显著。李善民、史欣向和万自强利用 DEA-SFA 二次相对效益模型评价中国上市公司的关联并购绩效及估计影响因素对关联并购绩效的作用。实证结果表明，关联并购无论对企业短期绩效还是长期绩效均具有显著的提升作用，而并非传统观点所谓的会表现出"先升后降"的特征。事实上，真正"先升后降"的是关联并购对企业绩效的提升程度。现阶段关联并购对上市公司绩效主要是发挥"支持之手"的作用，不过这种提升作用会随着时间的推移而逐渐减弱。乐琦和华幸研究探讨了在中国情境下主并企业在收购后对被并企业管理层更替的程度与主并企业的收购绩效之间的关系。实证分析结果证实了收购后的管理层更替与收购绩效之间存在正相关关系，但这种正相关关系受到多重因素的调节作用影响。具体来说：跨区域收购时管理层更替的程度与收购绩效之间的正相关作用要强于同区域收购的时候；收购双方的业务相关程度越高，则收购后管理层更替对收购绩效的积极作用会越弱；被并企业与主并企业相比的相对规模越大，则收购后管理层更替的程度与收购绩效之间的正相关程度会越高；收购前被并企业的绩效表现越好，则收购后对其管理层进行更换的程度越高，越有利于主并企业的收购绩效。张洽和袁天荣通过对 2002~2012 年发生并购的我国上市公司进行分样本检验，以期研究 CEO 在并购中获取薪酬、寻租收益和构建"管理帝国大厦"的权力寻租行为，以及国企和民企 CEO 在并购过程中寻租的差异。研究发现：①并购给 CEO 带来了更高的奖金、薪酬、寻租收益和管理权力等私利；②CEO 权力寻租的结果是提高了自己的薪酬和寻租收益；③权力在企业并购、获取私利过程中起到了关键作用；④民企 CEO 更偏好显性的货币性薪酬，国企 CEO 更偏好权力的提升和隐性的寻租收益。陈仕华和卢昌崇从企业间网络视角基于组织间模仿理论研究企业间高管联结对并购溢价决策行为的影响。他们基于我国 A 股上市公司 2004~2010 年 917 家企业的并购溢价数据，研究发现：①公司的并购溢价决策存在组织间模仿行为，即联结企业在之前并购中支付的溢价水平对目标企业之后进行并购的溢价水平有显著的正向影响。②在进一步考察"模仿三定律"对并购溢价决策的组织间模仿行为的调节效应时发现，并购溢价决策的组织间模仿行为服从"逻辑模仿律"和"先内后外律"，即联结企业支付的并购溢价水平越低，或者联结企业与目标企业属于同一行业，联结企业并购溢价与目标企业并购溢价之间的正相关关系越强。③并购溢价决策的组织间模仿行为不服从"模仿级数律"，即目标企业在企业网络中的集中度并不调节联结企业并购溢价与目标企业并购溢价之间的关系，而是对目标企业并购溢价有显著的主效应影响（即目标企业的网络集中度越高，并购中支付的溢价水平越高）。

关于企业并购绩效方面，姜军、刘艳和郑阿杰以具有战略性和高度不确定性的并购交易为研究对象，针对传统 EVA 考核的事后、静态、忽略过程牵引等问题，通过并购参数的转化，从交易和整合重组两阶段讨论 EVA 模型的变化，从而使 EVA 更适合当前以并购为主要扩张手段的企业绩效约束，进而采用案例研究法对 EVA 修正模型应用进行了再分析，展示了 EVA 修正模型的应用过程和效果。周绍妮和文海涛提出企业并购动机并非全部是为了直接获取财务绩效，并购动机不同，并购绩效的评价与衡量指标也应该有所区别；而企业并购动机又在很大程度上受其产业环境即产业演进阶段的影响。因而，并购绩效的评价应遵从"产业演进阶段—企业并购动机—并购绩效评价"的逻辑。在此基础上，作者逐一分析了产业演进各阶段的并购动机，并设计相应指标体系来衡量其各阶段并购动机的实现，以此作为企业并购绩效评价的基础。田高良、韩洁和李留闯以社会镶嵌理论为基础，选择 2000~2011 年并购公司和目标公司均是我国沪深两市 A 股上市公司的并购事件为样本，主要探索并购双方的连锁董事关系是否会影响并购绩效。研究发现，并购双方的连锁董事关系会减损并购公司、目标公司以及将两者作为一个整体考虑的并购后实体的并购绩效。进一步研究发现，当并购公司的公司治理质量较高时，这种减损作用会降低。当并购双方存在连锁董事关系时，目标公司更易接受股票作为并购支付方式。赵息和张西栓分析了内部控制与高管权力的相互作用关系及其对并购绩效的影响，利用中国上市公司数据，运用结构方程模型进行了实证分析。研究发现，内部控制对并购绩效具有显著的正向影响，而高管权力与并购绩效负相关，并且内部控制与高管权力之间存在反向的相互作用关系。当高管权力缺乏制衡时，并购成为高管实现个人收益的手段，而企业本身并不能实现预期的并购价值，内部控制是针对高管权力的制衡机制，对并购绩效的实现具有重要作用。于成永系统回顾了融资约束下并购绩效、规模与方向的最新研究成果，探讨了变量间的逻辑关系，梳理了该领域的文献脉络，并对主要发现和结论进行了总结和评论。研究发现，融资约束、并购规模、并购方向及其绩效相互影响，但是存在研究空白和诸多争议。结合中国产业升级整合的实践，他指出了未来的研究方向。李汉君、张丽和艾杰以2008 年我国上市公司并购中的并购方公司作为研究样本，采用因子分析法对并购方公司2005~2010 年的绩效进行实证分析，结果发现，我国上市公司并购案例中大部分并购方绩效上升，但仍有相当部分公司绩效下降。刘星和蒋弘通过建立理论模型，对异质预期下股权制衡对公司并购绩效的影响进行了分析。研究结果发现：二级市场投资者的异质预期会引发并购交易后公司股价的下行调整，造成以股价反映的并购绩效出现下滑；在适当的异质预期下，公司大股东之间的股权制衡能够减小并购绩效的下降幅度，股权制衡程度越高，并购绩效越好。但是，当投资者的异质预期逐渐增强，超出适当的范围时，股权制衡对并购绩效的影响呈现出非线性的特征。张雯、张胜和李百兴以我国上市公司为研究样本，研究了政治关联对企业并购行为的影响。研究结果表明，中国上市公司的政治关联显著影响了它们的并购行为。政治关联企业实施了更多的并购，并购规模也更大。政治关联对并购的这种影响主要是通过政府对国有企业施加影响实现的。同时考察了政治关联对并购绩效的影响，发现无论是以会计业绩还是以市场业绩作为衡量指标，政治关联对并购绩效都有着显著的负面影响，其并购绩效显著低于其他公司；并购了国有控股企业的政治关联企业因为并购而遭受的损失最大。中国上市公司的政治关联在一定程度上导致了资源的错误配置，使得有限的资源浪费在低效甚至是无效的并购行为上。曾春华和胡国柳以2007~2009年我国非金融上市公司扩张性并购事件为研究对象，对治理环境、终极股东控制与公司并购绩效的关系进行了实证研究。结果发现，终极股东的两权分离度及政府控制性质与公司并购绩效负相关；治理环境的改善在提高公司并购绩效的同时，还能抑制两权分离对公司并购绩效带来的负面影响；终极控制股东的政府控制属性会弱化治理环境的这种治理效应。张洽采用财务研究法对我国2002~2011年发生并购的上市公司并购前后的绩效进行了检验，实证研究结论为并购产生了正的财务绩效；而后又对总经理薪酬、控制权收益等私人收益与并购绩效的关系进行实证检验，发现总经理薪酬与并购绩效正相关，控制权收益与并购绩效负相关。陈旭东、曾春华和杨兴全以2007~2010年我国非金融上市公司扩张性并购事件为研究对象，对终极控制人两权分离、多元化并购与公司绩效的关系进行了实证研究。研究结果发现：终极控制人的现金流权与控制权的分离程度越大，公司越容易进行多元化并购，多元化并购的绩效明显低于同业并购的绩效，并且这种现象在非政府控制的公司中更明显。他们不仅发现了终极控制人以盲目多元化扩张作为传导机制导致并购绩效恶化的证据，也拓展了大小股东之间"第二种代理冲突"与多元化并购后果方面的研究。

在企业并购的投融资方式方面，金玮从简要的理论与文献回顾入手，阐述了PE参与我国上市公司并购正在成为趋势，并结合实际案例分析了PE参与上市公司并购的作用和影响，提出了一些需要注意的风险与问题，在此基础上，展望了未来并购基金将成为我国PE参与上市公司并购的主要形式的发展趋势。余鹏翼和李善民选取了2010~2012年中国上市公司并购事件作为研究对象，获取样本338家，根据并购公司所在国家的不同，把样本分为国内并购样本（271家）和海外并购样本（67家），运用Logit回归分析法对上市公司并购融资偏好的内部因素进行分析。研究结果表明：上市公司在并购融资中是否选择股权融资方式受很多因素的影响，但是从实证结果真正起作用的因素是资本结构、盈利能力、成长性等因素，而企业规模、股权结构对国内并购融资决策存在影响，抵押价值对海外并购融资决策存在影响。

在并购的协同效应方面，孟庆丽根据中国2007~2011年全部A股工业行业上市公司的年报数据，对并购的协同效应能否给并购公司带来持续的超额利润进行实证检验，检验结果表明：只有是为了获得被并购公司无法入账的自创商誉而进行并购，或者是为了并购后能够形成协同效应而进行并购的时候，商誉比率与超额利润率才显著正相关，作为计量并购协同效应的商誉才是创造超额利润的源泉。

在并购价值研究方面，陈玉罡、陈文婷和李善民通过对 1999~2009 年的 11718 个被收购公司样本进行分组比较后发现，掏空程度高的样本组公司业绩更差。全体样本被收购前的掏空程度显著高于被收购后的掏空程度，说明这些上市公司被收购后的掏空行为得到了收敛。掏空程度最低的样本组被收购时给股东带来的财富效应是负的，而掏空程度最高的样本组被收购后给股东带来的财富效应是正的。通过回归分析，发现控制权与现金流权的分离度越大，掏空对业绩的负面影响更大；大股东受到的制衡度越小，掏空对业绩的负面影响越小；被收购前如果董事长与总经理两职合一，那么被收购后因改善掏空而获得的财富效应将弱化；目标公司在被收购前的控制权与现金流权的分离度越大，目标公司被收购时获得的财富效应越小。韩忠雪、王闪和崔建伟利用 2004~2010 年发生股权交易并购的 171 家公司为样本，考察了并购类型、股权安排与公司长期财富效应之间的关系。实证结果发现，与同业并购相比，多元化并购在当年和之后第一年有着较高的股票年度回报率，但随后则表现出较差的市场财富效应；与上市公司直接控制相比，金字塔结构的股权安排有着较差的股票年度回报率。进一步的并购类型分组考察发现，多元化并购下的金字塔结构反而因为有助于缓解公司多元化带来的运营风险而表现出较高的市场价值，但从长期来看，它依然有着较差的市场表现。实证结果表明，公司多元化并购、股权金字塔结构安排均存在较大的代理问题风险。程凤朝、刘旭和温馨针对收益法评估值作为并购重组交易定价的合理性问题，对 2009~2011 年上市公司并购重组案例中收益法预测值与实际值进行了 T 检验，并结合实践经验，推导出以评估值为交易定价的唯一依据既不科学也不合理，并详细阐述了企业价值评估与交易定价是两种不同性质的工作，应促进企业价值评估与交易定价的有机结合，正确发挥评估在并购重组各阶段的作用。最后他们分别针对评估领域、并购交易主体双方以及监管部门提出建议：推动评估结论由单一绝对值向价值区间转变、注重博弈过程、精简行政审批以及并购重组市场化等。

关于资产重组问题的研究，尹筑嘉、杨晓光和黄建欢利用会计研究法、分类加权的 FA-DEA 法、事件研究法以及 Tobit 回归模型等方法，对整体上市前后样本公司的效率变化及其影响因素进行实证研究，并建立理论模型解释实证发现。多方面证据表明：尽管短期内整体上市大幅度提高了大股东对上市公司的控制力，并实现了上市公司经营规模的快速扩张，但未能带来中长期收益和效率的提高，公司股票也并未给长期投资者带来显著的超额收益；大股东的国有属性对公司效率具有负面影响。理论模型的分析表明，整体上市这类表面上的大股东"支撑行为"实际上可能侵占了小股东利益。这意味着整体上市成为大股东侵占小股东利益的新途径，有必要完善相关政策，切实保护中小投资者的合法权益。

关于并购中支付方式问题的研究，谢纪刚和张秋生以 2007~2012 年 A 股中小板公司非同一控制下并购为样本，定量分析股份支付与现金支付两种情形的标的评估增值差异、标的可辨认净资产评估增值差异及其与商誉的关系，发现股份支付比现金支付的标的评估增值率显著更高、但标的可辨认净资产评估增值率差异不显著。进一步统计发现，收益法评估依据的预测收益明显高于实际收益，由此推断股份支付的标的定价虚高，导致商誉高估。他们分析认为，问题根源在于股份支付的交易制度，该制度产生的流动性受限等股份折价因素驱使了标的定价虚高，从而使得商誉高估。研究结论表明，在商誉会计信息的使用中，应注意股份支付和现金支付的商誉会计信息质量差异。张自巧和葛伟杰从收购方的视角，以 2008~2010 年在并购过程中采用股份支付方式的中国上市公司为样本，实证考察了中国上市公司在股份支付并购中的盈余管理机会主义行为以及对并购绩效的影响。研究结果发现：收购方在并购前半年存在显著正向应计盈余管理机会主义行为；在并购当期存在显著正向真实盈余管理机会主义行为；并购后一年公司业绩的下降程度受到应计盈余管理与真实盈余管理的交替影响；股份支付并购是促使公司管理层产生盈余管理的动机之一，并且对并购后一年绩效显著下降具有一定的解释力度。孙世攀、赵息和李胜楠以 2008~2011 年发生并购的企业为样本，研究了股权控制和债务容量对支付方式的影响。结论表明，高管持股比例越大，企业使用现金支付的比例越高；在大股东持股的中等区间内，股权比例越大，并购企业较多地使用股票支付，在股权分置改革的背景下，借助并购重组的机会，出资人有明显的稀释股权的动机，在很低和很高的区间内，股权比例对支付方式影响不显著；债务容量更大的企业，由于具有更大的举债能力，现金支付的比例更高。李井林、刘淑莲和杨超从控制权稀释威胁与委托代理的视角分别研究家族控制对并购支付方式选择以及并购绩效的影响。对 505 家中国家族上市公司于 2007~2009 年发起的 347 起并购事件构成的研究样本进行实证检验表明：家族终极控股股东持股比例与现金支付方式的使用呈正相关关系，家族终极控股权与现金流权分离度与股票支付方式的使用呈正相关关系，控制权稀释与强化机制对并购支付方式的选择产生了显著影响；家族终极控股股东持股比例与并购绩效正相关，利益协同效应占主导地位；并购支付方式对家族上市公司的并购绩效并无显著影响。李井林、刘淑莲和杨超以我国上市公司 2007~2009 年发起的并购事件为研究样本，建立二值 Probit 潜变量模型，利用主并公司并购前一年的股票年累积收益与并购后的投资水平分别作为市场错误定价与投资机会的替代变量，检验市场错误定价与投资机会对并购对价方式选择的影响。研究结果表明，市场错误定价与投资机会对主并公司并购对价方式的选择产生了显著影响，主并公司并购对价方式选择的市场错误定价效应与投资机会效应同时存在。陈涛、李善民和周昌仕从信息不对称理论出发，结合中国并购活动中的关联性特征，研究支付方式对收购公司股东收益的影响；并选取我国上市公司收购非上市公司的 569 个事件为研究样本，采用事件研究法进行实证分析。实证结果表明：股改后中国并购交易中收购公司股东获得正的超常收益；采用股票支付时收购公司股东收益显著为正，而现金支付对收购公司股东收益没有显著影响；关联并购比非关联并购能够为收购公司创造更大收益，关联并购中采用股票支付的股东财富提升更为显著，但是对于股权高度集中的收购公司而言，没有显著的正财富效应。

关于横向并购的研究，黄勇和王晓茹对横向并购中的单边效应进行经济分析，得出以下结论：横向并购中单边效应的经济分析能够较好地评估合并后企业独立涨价的可能性，是竞争分析的一个重要方面，但是它只是竞争分析的一部分，通常没有考虑市场进入和效率的因素。因此，在经营者集中审查的实践中，需要将单边效应和竞争分析的其他方面（如市场界定、市场集中度、强有力的买方、市场进入、协调效应及效率等）相结合，进行综合考量。在选用单边效应的经济分析工具时，需要基于个案具体问题以及可利用的文件数据进行具体分析，找出适当的分析方法。

关于跨境并购方面的问题，齐善鸿、张党珠和程江从经济与文化两个维度，分别在国家、企业两个层面对企业跨国并购进行剖析，提出了"经济—文化"综合博弈模型。中国企业的跨国并购大多处于"经济顺势"和"文化逆势"的特定情境下，其并购后的整合具有"经济—文化"不对称博弈的特点。基于"以道为本"的企业文化观，在相关案例研究的基础上，他们提出了破解这一不对称博弈困局的策略和建议，以期丰富和发展企业跨国并购理论，为中国企业跨国并购的文化整合提供有效途径。李善民和李昶通过构建三阶段实物期权模型，分析了影响外商直接投资（FDI）进入模式选择的因素。研究发现：东道国工程建设速度、经济增长率、市场需求的不确定性影响 FDI 进入模式的选择；东道国对 FDI 投资的政策引导直接并显著地影响 FDI 进入模式的选择。模型分析同时表明，FDI 投资者通过跨国并购方式获得的目标企业相对于绿地投资方式获得的目标企业具有更大的规模。最后，他们通过对全球 175 个国家或地区数据的实证检验，证实了上述结论。方刚、崔新健和刘小元认为境内外制度间的制度距离对并购后企业运行的后果具有重要影响，董事会制度是企业首要的问题解决制度，董事会的能力代表着解决问题的能力。在整合相关研究的基础上，他们构建了"制度距离—董事会能力—董事会任务绩效—企业绩效"逐层递进的逻辑关系，将制度距离分解为管制距离、规范距离和认知距离，董事会能力分解为静态的董事会资本和动态的董事会动力，董事会任务绩效分解为控制绩效、服务绩效和战略绩效，企业绩效分解为财务绩效、系统绩效和社会绩效，构建了各要素间的影响关系和传导路径框架。薛有志、吴超和周杰以 2011~2012 年发生跨国并购的中国上市公司为研究样本，以经济相对发达的北美国家的选择为研究对象，检验了控股股东性质、资产性质和契约规模对北美地区选择偏好的影响。研究结果表明：国有控股企业更加愿意选择北美地区作为跨国并购的目标国；而随着无形资产比例以及企业规模的提升，企业选择北美地区的可能性显著下降。最后，他们分别从能力和动力两个维度分析了企业选择进入经济相对发达国家的原因，并构建了"逆势"跨国并购模式的驱动因素。林季红和张璐通过实证方法研究了中国企业海外并购的股权策略，对所选样本进行了单因素方差分析和回归分析，并检验了关于海外并购股权策略影响因素的若干假设。实证分析表明，东道国与我国文化距离越大、市场开放度越高，我国企业海外并购越倾向于选择高控制的股权策略；国有企业实施的海外并购，以发达国家企业为标的的并购更多地选择低控制的股权策略；此外，涉及自然资源与能源行业、东道国商业环境等因素对于海外并购的股权策略也具有显著影响，但影响方式不确定。林季红和刘莹通过选取 2001~2011 年中国 A 股上市公司的 110 个海外并购事件作为研究样本，采用连续持有超常收益（BHAR）法对中国企业海外并购绩效进行研究和评价。研究表明：①长期内中国并购企业股东整体上从海外并购中造成了显著的财富损失；②中国企业海外并购中不存在管理者"自大"所造成的负面影响；③长期内国有企业的海外并购绩效并不明显高于民营企业；④中国企业在能源与资源行业的战略性资源类海外并购绩效整体上要明显高于在其他行业的海外并购绩效；⑤文化差异的存在长期内有助于中国企业海外并购绩效的提升。

关于并购动机的研究，苏敬勤和刘静选择 2006~2011 年 78 篇西方一流学术期刊上有关企业并购的论文和当今中国 10 个具有影响力的企业跨国并购案例的公开资料作为研究样本，对所得文本资料进行内容分析，比较西方理论与中国企业对并购动机认识的异同。研究发现：虽然两者都着重从资源基础理论考虑企业并购的动机，但西方理论强调有效利用企业的管理能力、经验和品牌资产等无形资源，而中国企业强调获取外部知识产权、管理经验、技术、品牌和销售渠道等资源；行业冲击理论对中国企业并购动机的解释度高于西方理论，市场势力理论和交易费用理论对西方理论的解释度高于中国企业。

2. 国际企业财务管理

国际企业财务管理方面的研究主要涉及国际企业投资决策、国际合资企业控制权问题等。其中，具有代表性的研究有：

在国际企业投资决策方面，王疆和陈俊甫系统梳理了关于企业国际投资决策中的组织间模仿行为的相关国外文献，并总结和分析了影响企业采取模仿行为的相关因素。企业的一系列国际投资决策中确实普遍存在模仿现象，如国际市场进入决策、进入方式选择和区位选择等，模仿是影响企业国际投资决策的一个重要因素。企业采取模仿行为的主要驱动因素是环境不确定性，其主要目的是为了获得合法性。但同时也发现，由于企业自身特点和环境因素的影响，并非所有的企业都采取相同程度的模仿行为。企业的经验、行为惯性以及制度环境等因素也会对企业采取模仿行为的程度产生影响。樊增强和李捷研究了跨国公司在华投资的新特点和趋势。研究发现，在美国次贷危机引发的全球金融危机爆发后跨国公司经营风险不可控程度上升，市场流动性水平下降，使跨国公司减少了对外直接投资的项目与金额。但随着中国大规模投资计划的推出，跨国公司为了提升竞争力和保住中国市场而进行了相应战略调整，对华投资出现了新趋势和新特点，主要表现为跨国公司投资资金技术密集型项目增加，服务业成为跨国公司投资的重点，跨国公司投资的集群化和独资化倾向上升。跨国公司通过更合理、高效的经营战略和方式调整以保持公司可持续发展和对利润的最大化诉求。王凤彬和杨阳认为现有的文献关于跨国企业对外投资的两种基本战略（传统型 FDI 和战略资产寻求型 FDI）的研究大多停留在探析战略资产寻求型 FDI 较之传统型 FDI 的动机差异方面；对两者在效应产生过程机制方面的异同及其潜在的组合或整合优势方面缺乏应有的探究。他们借鉴组织学习理论尤其是两栖性理论关于探索与利用关系的研究成果，将按战略动机角度区分的传统型 FDI 和战略资产寻求型 FDI 这对前因变量，转换为更具有机理分析可操作性的两个行为变量——利用型 FDI 和探索型 FDI，然后在从项目层面对这两类 FDI 的分化表现及其价值创造效应进行理论分析和实证检验的基础上，进一步从作为项目集合的跨国企业层面展开双元平衡及协同关系的整合研究。洪联英、刘兵权和张在美从国际生产组织控制视角，将 Rajan 和 Zingales 的进入权思想融入国际生产与贸易模型中，研究跨国公司专用性投资激励问题。研究发现，在进入权的机会控制和数量调整机制作用下，跨国公司通过限制进入、替代竞争来激发当地供应商做出事前定制投资、分摊投资和事后最优专用性投资，确保获取合意投入品和预期最大化利润。当前政府要引导外向企业致力于微观企业主体的制度建设和组织能力培养，构建起中国国际生产网络及其组织机制，为推进对外直接投资和企业国际化经营提供微观保障。

在国际合资企业的控制权方面，崔淼、欧阳桃花和徐志以跨国公司在华合资企业控制权的冲突与调整为主线，采用探索性单案例研究方法，以德国科隆公司收回在华合资企业控制权的案例为样本，采用动态视角，探讨合资企业控制权与资源相互演化的过程与模型。研究结论表明：跨国公司在华合资企业控制权的配置是由合资双方资源的动态博弈决定的，跨国公司之所以能够收回合资企业的实际控制权是由其具有优势的技术资源、快速增长的市场资源和获取的关键性人力资本决定的；关键性人力资本拥有专有性人力资本和强联结资本两个关键属性；跨国公司的资源与合资企业控制权之间的因果模糊性经历了由模糊到清晰再到模糊的转变，促使跨国公司的控制权意识出现从"共生"到"排他"再到"共生"的转变。

3. 集团公司财务管理

集团公司财务管理方面的研究主要集中在集团家族企业的管理、集团公司对外投资、集团资本成本、集团财务共享服务、集团财务预警、集团关联交易等问题上，具有代表性的研究有：

关于集团家族企业管理问题，陈德球、魏刚和肖泽忠从股东大会剩余控制权和董事会决策控制权两个层次，将家族企业控制权结构分解为金字塔结构和家族超额董事席位实现机制，并以 2003~2010 年家族上市公司为研究样本，从法律制度效率和金融深化两个维度实证检验家族控制权偏好背后蕴含的策略动机和机会主义行为。结果发现，地区法律制度效率和金融深化显著降低家族控制权结构中的控制权与现金流权分离度以及家族董事席位超额控制程度，其影响家族控制权偏好的机理分别是降低控制权私人收益和缓解融资约束。即在法律制度较好、司法体系对投资者的权益实施有效保护和金融深化程度较高的地区，家族企业股东大会层面控制权和现金流权分离度、董事会层面家族董事席位超额控制程度较低。法律制度影响家族控制权偏好的机理是降低控制权的私人收益，金融深化影响家族企业控制权偏好的机理是缓解所在地家族企业的融资约束。这些结果表明，在转型经济中的家族企业控制权结构是一种对制度蕴含机会的利用和对制度风险规避的机制。李新春和宋丽红基于组织二元性研究框架剖析了家族企业面临的多重二元平衡问题，对国内外研究中相互矛盾且互为影响的六大重要研究议题进行了梳理。家族企业的二元性可谓是与生俱来，家族目标与企业目标的协调、长期导向还是短视主义的时域权衡、家人和外人的差异化管理、家族治理与公司治理的协同作用、守业还是创业的成长抉择、保持控制还是追求成长的困境等一对对矛盾贯穿于家族企业的持续运营中。运用二元性视角审视家族企业问题，对深入理解和指导家族企业的行为实践具有重要价值。陈德球、杨佳欣和董志勇以 2002~2008 年上市公司为研究样本，从 CEO 变更的视角，考察了家族控制和职业化经营特征对不同类型家族企业公司治理效率的影响。研究发现，由于家族所有权与管理层的分离以及家族控制对管理层的有效监督，相对于非家族企业和家族 CEO 企业，在职业经理人担任 CEO 的家族企业中，代理问题较少，CEO 变更与公司业绩之间具有较强的敏感性，公司治理效率较高。家族职业化治理效率的实现机制主要是所有权监督和董事席位控制。进一步研究发现，在公司经营业绩较差时，CEO 变更决策所导致的代理问题会影响公司价值。上述研究结论说明，在 CEO 变更的情境中，家族控制特征降低职业化经营的家族企业中的代理问题，加重家族成员担任 CEO 的企业中的代理问题。陈德球、肖泽忠和董志勇以 2003~2010 年沪深两市家族上市公司样本为研究对象，实证研究了家族控制权异质性特征与银行信贷合约之间的关系，以检验家族控制权寻租效应和效率效应的适应性情景。结果发现，家族通过金字塔结构和超额董事席位两种控制权增强机制对上市公司的控制程度越高，其获得银行信用借款的比例越低，担保借款比例越高。家族对企业的超额控制权传递着公司未来预期和信息风险，增加了银行面临的代理成本，体现了"寻租"观而非"效率"观。进一步研究发现，家族控制程度与银行信用借款之间的负相关性在具有政治关联、较高公司声誉和公司透明度高的企业中会降低。提高地区法律制度水平会降低家族超额控制引发的代理成本和信贷违约风险。地区银行业腐败会降低银行对借款企业超额控制所引发的信贷风险的评估能力。此外，家族对企业的超额控制影响企业信用借款的机制通过提高企业债务违约风险来实现，家族对企业超额控制程度越高，企业债务违约概率越高。魏明海、黄琼宇和程敏英研究家族企业关联大股东的治理角色，以关联大股东对公司价值的影响为切入点，从关联交易的视角为关联大股东的治理作用提供证据。通过对 2003~2008 年家族上市公司的分析，发现关联大股东以关联交易为途径对企业价值产生负面影响。家族关联大股东持股越多，在董事会或监事会、高级管理人员中所占席位的比例越大，家族企业的关联交易行为越严重，公司价值折损也越厉害。关联交易对公司价值影响不显著，关联大股东的持股和决策管理明显加深了关联交易对公司价值的损害效应。区别于由家族控股股东单一控股的家族企业，关联大股东的持股和参与决策管理为家族股东侵占中小投资者利益提供了更强烈的动机和更大的操作空间。进一步分析发现，不同类型的关联大股东在公司治理中的角色存在一定差异，机构投资者及"四大"审计师分别作为内部与外部治理机制，可对关联大股东的行为产生一定的监督和制约作用。吴炯针对家族因素如何导致家族企业分家的问题，建立理论框架：家族企业分家所对应的战略概念是企业分拆，是企业产权的再配置。决定家族企业产权结构的重要因素是监控成本、风险承担成本和集体决策成本等构成的所有权成本。由于家族权威、家族信任等家族社会资本条件影响着家族企业所有权成本，由此也影响着家族企业分拆模式，并就此对宗申摩托、希望集团、苏宁企业等兄弟创业型企业进行了多案例比较分析，分析结果为家族企业产权制度安排提供了新的理论依据。

对于集团公司对外投资的研究，江凌燕结合已有的内部控制理论、实际操作方法和对外投资理论，以一个国有集团公司为研究对象，运用《COSO 报告》中的内部控制框架理论和财政部内部控制规范等理论，从内部控制理论入手，结合该国有集团公司对外投资内部控制的实际情况，分析国有集团公司投资内部控制系统的控制环境、投资业务风险评估的内容及方法，提出投资业务循环各个环节的内部控制活动目标、控制方法与手段以及内部控制监督与评价的目标和方法。刘星、计方和付强以 A 股上市公司 2003~2010 年的季度数据为样本，并从政府宏观调控政策中的货币政策为研究视角，在宏观经济学理论、企业组织理论与投资理论相融合的统一分析框架下，考察了集团内部资本市场运作对成员企业投资规模和投资效率的影响，以及货币政策调整对集团内部资本市场运作与成员企业投资决策关系的影响。研究发现：当央行实施紧缩货币政策时，集团内部资本市场运作对成员企业投资规模的促进作用受到弱化；但由于集团内部资本市场的缓冲作用，与独立企业相比，集团成员企业投资规模受货币政策的冲击程度较小。在投资效率方面，紧缩的货币政策降低了独立企业的投资效率，但有利于集团成员企业抑制过度投资，而宽松的货币政策缓解了独立企业的投资不足，却降低了集团成员企业的总体投资效率。

关于企业集团资本成本，王春飞、陆正飞和伍利娜通过关注在同一实际控制人控制下的企业集团中多家上市公司选择同一家事务所的审计，即集团统一审计的经济后果。研究发现，整体而言，集团统一审计不但不能降低资本成本，反而会提高资本成本；进一步研究发现，不同的事务所进行统一审计对资本成本的影响存在明显不同；从事务所规模来看，选择小事务所进行统一审计可能会提高资本成本，而大事务所统一审计对资本成本则没有影响。从地域来看，选择本地事务所进行统一审计提高资本成本，而异地事务所进行统一审计对资本成本则没有明显影响。法律环境的变化对统一审计的后果也存在明显影响。实证研究结果表明，企业集团统一审计与权益资本成本显著正相关，说明总体上来看集团统一审计提高了公司的权益资本成本。

集团财务的其他相关研究有以下几个方面：关于集团财务预警理论，吴战篪和李晓龙发现传统财务预警理论通过财务指标体系预警单一企业主体的渐进型财务困境，难以预警企业集团的突发型财务困境。内部资本市场配置活动给企业集团的资金运动带来了类金融机构的特征，使其操作风险大于普通企业的操作风险。为此，他们将传统财务预警理论中的指标预警和内部控制理论中的流程预警有效耦合，构建了企业集团资金安全预警理论体系，并通过 PDCA 循环实施该理论体系，以期动态地、全过程地防范企业集团资金风险。关于集团财务共享服务，何瑛、周访以我国已经实施财务共享服务的企业集团为样本，基于流程再造的视角设计了财务共享服务关键因素分析模型，实证检验我国企业集团实施财务共享服务的关键成功因素及其相互之间的关系，并得出各关键因素对财务共享服务的价值的影响程度依次为：战略规划、信息系统、流程管理、组织结构设计、绩效管理、人员管理。以流程再造理论为基础，大样本实证检验中国企业集团实施财务共享服务的关键成功因素，从各关键因素对财务共享服务的直接影响和间接影响两个方面深入揭示关键因素之间的相互影响关系，并得出了影响程度排序，弥补了国内外目前对财务共享服务关键因素研究过多局限于文献研究和案例研究的不足，以推进和完善财务共享服务相关理论的发展。同时，模型的提出和验证结果可以让实践者聚焦重点、厘清关系和思路，旨在实现降低成本、提高服务质量与效率、促进核心业务发展、整合资源实现战略支撑等目标。何瑛、周访和李娇以 2004~2008 年中国实施财务共享服务的 35 家企业集团为样本，采用 Wilcoxon 秩和检验和 Panel 面板数据分析相结合的研究方法，对中国企业集团财务共享服务实施前后的绩效变化进行实证研究，研究结果表明，财务共享服务对企业绩效的影响具有延迟效应、区分效应和短期波动效应。关于集团关联交易，冯照桢和温军以 2004~2010 年中国 A 股上市公司机构投资者持股数据、企业集团与上市公司关联交易数据为样本，研究两者之间的关系。结果表明：机构投资者持股对减轻企业集团关联交易现象影响显著，并存在着 U 型关系，即随着机构持股比例的上升，其对企业集团关联交易的抑制作用先增强后减弱；民营企业中机构投资者对企业集团关联交易的抑制作用强于国有企业；不同类型的机构投资者与关联交易之间的关系存在差异，即证券投资基金和险资能够有效地抑制关联交易，而合格的境外机构投资者几乎对关联交易不存在抑制效果。

4. 企业破产财务管理

张晓建、沈厚才、李娟和陈一凡基于由供应商、保理商和零售商组成的供应链，建立了无追索权保理和有追索权保理的决策模型。在这些模型的基础上，求解最优的保理折扣率，并给出分散决策和集中决策模式下的保理选择算法。最后，通过算例和数值分析研究了零售商的破产管理成本和运作资金对保理折扣率的影响，以及供应商和保理商对保理的选择。

和丽芬、朱学义和杨世勇以 2003~2011 年沪深 A 股 ST 公司为样本，分析财务困境公司的重组选择与其困境恢复之间的关系。研究表明，重组选择对 ST 公司的财务困境恢复具有相应影响，大股东对财务困境公司的支持在我国资本市场上显著存在。资产重组的时间越早、成本越高，ST 公司摘帽恢复的可能性就越大。同时，ST 公司的摘帽并非只靠单一某种资产重组方式，但是，最终起决定作用的方式在摘帽与未摘帽公司中存在差异，实证结果是摘帽 ST 公司较明显采取了资产剥离与股权转让方式。此外，困境程度对财务困境恢复负相关，对重组摘帽公司的重组策略选择具有显著影响。

四、其他领域

本报告所谓的财务管理其他领域主要包括财务管理发展理论、财务管理比较理论、财务管理教育理论、中国香港地区、中国台湾地区和西方国家的介绍，以及行为财务、绿色财务、财务协同理论、非营利性组织财务管理等理论。在 2013 年国内外公开发表的期刊中，涉及财务管理其他领域的文章共有 29 篇，其中国外公开发表的文章有 8 篇，主要来源于 *Journal of Empirical Finance* 等期刊；国内公开发表的文章共有 21 篇，主要来源于《会计研究》、《经济管理》等期刊。财务管理其他领域的研究重点主要是行为财务、财务管理理论的发展，具体研究成果如下：

（一）国外研究成果

Michelle H. Yetman 和 Robert J. Yetman 研究了税收对于不同类型非盈利组织捐赠的影

响，先前的研究大多数限制非营利组织税收价格弹性常数，主要是因为有些非盈利组织不提供捐赠数据。利用非盈利组织的数据和不同年份及国家的平均边际税率，他们估计了不同类型的非盈利组织的价格弹性。研究发现，公共慈善机构的弹性约为-1.0，而私人的慈善机构的弹性约为-2.0。这些结果显示慈善捐助扣除成本后就是慈善机构所得收益，当作者区分弹性在 24 类慈善机构中的作用，发现在六种类型的机构弹性为-1.0 或者更大。这一结果表明，慈善捐助扣除的影响在不同类型的非盈利组织中的差异显著。

Marie Pasekov、Aylin Poroy Arsoy、Bars Sipahi 和 Jiri Strouhal 研究探讨了四个新兴经济体（捷克共和国、匈牙利、罗马尼亚和土耳其）的财务报告中所涉及的对于利益相关者的看法，以及关于国际财务报告准则中的成本、效益和战略的采用在小型企业中实施的可能性。在深度上，对利益相关者的代表（制表人、审计、监管者、专业机构和使用者）进行了半结构化面试。相比 2010 年欧盟会议的讨论结果，他们的发现更支持财务报告准则在上述四个国家的中小企业的实施。访谈显示了利益相关者群体之间的差异和国家之间首选的实施办法（强制采用、自愿接受或者与采用国际财务报告准则中小企业的国家趋同）。访谈结果显示，更多人支持趋同性之一说法。然而，反对趋同性的使用者，更加倾向于自愿接受这一准则。采用趋同性的方法使监管者的注意力从用户需求转移到编制者的偏好和准备工作。这一发现与国家监管机构的决策过程有关，应平衡各利益相关者的需要，也应符合国家的政治和经济目标。

（二）国内研究成果

在财务管理理论方面，何瑛、周访和郝雪阳以 2010 年国内外高水平专业期刊发表的财务管理理论文章作为研究对象，对财务管理理论研究成果在既定理论结构的基础上进行系统梳理和内容划分，并进行文献述评和比较分析研究，以使据以分析的数据更加全面系统，所反映的国内外对于财务管理理论研究的重心和差异更加客观，为财务管理理论未来可能的研究趋势和方向提供有价值的建议。同时，经过研讨认为，随着相关学科和财务管理实践的不断发展，应用多学科的基本理论、研究视角和分析工具，合理、适当地综合运用多种研究方法，以加强对财务管理理论的研究，必将成为财务管理学科创新的重要路径之一。李心合和叶玲依据经济人模型建构的主流财务学理论把供应链作为外生性变量来处理，现实的变化需要改造经济人模型，将供应链关系概念和模型嵌入财务学的各个主要领域，包括营运资金管理、投融资管理和利润分配等领域，构造供应链内生的公司财务学理论。对经济人模型的改造或修正需要个体与集体兼容、个体价值与整体价值共生、冲突与合作并存。

在行为财务方面，姜付秀和黄继承以发生 CEO 变更事件的中国上市公司为研究样本，利用双重差分模型，检验了 CEO 的财务经历对资本结构决策的影响。实证结果表明：有财务经历的 CEO 显著提高了公司的负债水平，加快了资本结构的调整速度，并降低了资本结构偏离目标的程度，这说明有财务经历的 CEO 对公司资本结构决策具有重要且正面的影响。同时发现，只有在第一大股东持股比例较低的情况下有财务经历的 CEO 才能对资本结构决策有显著影响，这表明有财务经历的 CEO 对资本结构的优化是有一定条件的。

许晓芳和方略通过研究 CEO 性别对公司现金持有行为的影响，并考察其影响在政府干预程度不同条件下的差异。结果发现，在政府干预程度较高的环境中，CEO 为女性的公司现金持有水平较高，但是在政府干预程度较低的环境中，CEO 为女性的公司现金持有水平较低。研究结果表明，CEO 的性别对公司现金持有行为的影响存在两种相反的效应，CEO 的性别与公司现金持有水平之间的关系依赖于公司所处地区的政府干预程度。黄继承和盛明泉以 2002~2009 年的中国上市公司高管变更事件为研究样本，通过检验高管背景特征对股价反应的影响，研究了高管背景特征是否具有信息含量，以检验高管背景特征的价值相关性。研究结果表明，高管变更事件的宣告效应与高管背景特征具有显著相关性，具体表现在：高管的年龄与股价反应负相关；高管学历与股价反应呈倒 U 型关系；相比于内部提拔，高管为外部选聘时股价反应更好。在控制了离任高管背景特征的影响以及对继任与离任高管背景特征的差异进行的检验中，上述关系仍然稳健地成立，从而表明高管背景特征具有显著的信息含量。同时还发现，高管背景特征对股价反应的影响依赖于资本市场的发展阶段：只有在资本市场较为成熟的 2005 年后这一阶段，高管背景特征才具有明显的信息含量。朱国军、吴价宝、董诗笑和张宏远以 2010~2011 年我国 153 家创业板上市公司的年报数据为样本，研究创业板上市公司高层管理团队（TMT）的内部人口特征与外部激励特征对公司创新绩效的影响。结果表明：TMT 专业背景异质性、年龄异质性及任期异质性显著促进企业创新技术绩效；TMT 教育程度、专业背景异质性、任期异质性显著促进企业创新财务绩效；TMT 教育程度异质性显著促进企业创新战略绩效；TMT 年度薪酬对公司绩效影响极不显著；TMT 股权比例对技术绩效及战略绩效显著抑制。杨林选取 2006~2010 年我国中小企业板上市公司为研究样本，实证考察了创业型企业高管团队异质性对创业战略导向的直接影响，以及两者关系如何受到企业所有制的调节作用。层级回归分析结果表明：除教育背景测量指标外，高管团队年龄、性别和职业经历的异质性均会对创业战略导向产生显著正向影响。分析回归结果表明：在国有企业所有制和非国有企业所有制下，高管团队异质性对创业战略导向均产生了显著影响效应，且国有企业所有制下的调节效应大于非国有企业所有制。不过，针对高管团队异质性的分项测量指标分析结果却揭示，在不同的企业所有制下，不同高管团队异质性测量指标的影响效应存在显著差异。王雪莉、马琳和王艳丽以 2004~2010 年我国信息技术行业上市公司为研究样本，加入企业绩效的动态性和多样性，基于社会类化理论和信息决策理论，较为全面地探讨了高管团队职能背景对企业绩效的影响。研究结果表明，社会类化理论更能解释高管团队对企业绩效产生的影响。高管团队职能背景异质性不利于企业绩效的提升，尤其对短期绩效和创新绩效有显著的负向影响。在三种基本职能背景中，以"生产型"职能背景为主的高管团队对短期绩效、长期绩效、创新绩效和海外绩效均有正向影响，且影响最大。以"多职能背景"为主的高管团队有助于企业海外绩效的提升，但对企业创新绩效有显著的负向影响。从三种特殊职业经历来看，具有海外背景的高管对企业短期绩效、长期绩效、创新绩效和海外绩效均有显著的正向影响；而外部空降的高管，会严重阻碍企业的创新发展；有政府背景的高管则会提高企业的海外绩效。龚光明和曾照存基于中国资本市场 2007~2011 年上市公司经验数据，研究了公司特有风险以及管理者风险特质对企业投资效率影响的经济后果。在区分了过度投资组合投资不足的基础上，发现公司特有风险大的企业更容易出现投资不足，而特有风险与过度投资更多地表现出显著负相关关系；风险偏好型管理者更加倾向于增加投资，容易出现过度投资趋势，而风险规避型管理者则会更加注重寻求稳健保守型的投资策略，并且为了降低因资产大幅度波动而引起的公司风险，他们往往会尽可能地减少投资，从而导致企业投资不足。叶玲和王亚星以我国 2003~2010 年的 A 股上市公司为研究样本，分析了管理者过度自信与企业投资行为之间的关系及其通过投资决策对企业绩效产生的影响。研究发现，管理者过度自信的企业与管理者理性的企业相比，其内部投资、并购投资和总投资的水平更高，但投资规模的扩大并未带来业绩的提升，投资行为导致了企业绩效的下降。余明桂、李文贵和潘红波以沪深股上市公司 2001~2010 年的数据作为样本，研究结果发现，管理者过度自信与企业风险承担水平显著正相关。对风险承担经济后果的检验发现，更高的风险承担水平有利于提高企业的资本配置效率和企业价值。研究结论意味着，管理者过度自信在企业投资决策中的作用并不完全是消极的。结论也为风险承担能促进经济的持续增长提供了微观层面的证据。王山慧、王宗军和田原基于行为金融理论的管理者过度自信假设，以 2002~2010 年沪深两市非金融行业上市公司为样本，实证检验管理者过度自信对企业技术创新投入的影响，进而考察这种影响是否受企业所属行业和企业所有权性质的影响。研究结果表明，管理者过度自信对企业技术创新投入有显著的正向影响，而进一步研究表明，管理者过度自信对企业技术创新投入的影响仅存在于高科技企业和国有企业中，而在非高科技和非国有企业中影响并不显著。查博和郭菊娥研究过度自信 CEO 项目价值预判能力对其投资心理的影响作用以及激励 CEO 主动承担项目的薪酬契约特点后发现：在预判结果与项目期望价值相同的条件下，当项目价值预判能力足够大时，CEO 会认为进行投资能使公司获得收益；随着项目价值预判能力与过度自信水平的不断提高，激励 CEO 主动承担项目的高水平薪酬的最大值会不断提高，而其相对于中等水平薪酬的增量的最小值会不断降低。李小荣、刘行和傅代国研究女性 CFO 对公司现金持有量和现金持有价值的影响，深入考察了女性 CFO 影响区现金持有量和现金持有价值的具体路径和条件。实证研究发现，相比男性 CFO，拥有女性 CFO 的企业现金持有量和现金持有价值更高；女性 CFO 对公司现金持有量和现金持有价值的正向影响，主要存在于货币政策紧缩时期、高成长性或融资约束程度较严重的公司。李世刚以 2007~2011 年沪深交易所上市的公司为样本，实证研究了女性高管对上市公司过度投资和企业价值的影响。研究结果表明，女性高管显著地抑制了上市公司的过度投资行为，在控制了内生性后，女性高管比例与企业价值显著负相关。进一步研究发现，过度投资行为显著降低了上市公司的企业价值。

五、国内外财务管理理论研究重点的比较

通过以上分析可知，2013 年国内外财务管理理论在基础理论、通用业务理论、特殊

业务理论和其他领域四个方面的研究各有侧重，与 2012 年的研究重点相比变化不大。如在基础理论方面，国内外学者主要聚焦于代理理论和治理结构上，但是国外在代理理论方面重点关注管理层的股权激励、岗位薪酬设计、盈余管理以及信息披露，而国内重点关注非效率投资、股权激励、岗位薪酬设计、内部控制和信息披露；在治理结构方面，2013年国外倾向于公司激励、监督机制以及公司治理效率分析，国内倾向于公司治理机制、公司治理模式以及治理结构与财务管理其他方面的关系研究。

总体来看，国内外的研究重点基本一致，但由于各国国情不同，研究重点也存在些许差异，这也体现了财务管理理论的研究须与实践相结合的特点，具体如表 4 所示。

表 4　2013 年国内外财务管理理论研究重点

理论结构	国内外研究重点	国外研究重点	国内研究重点
基础理论	代理理论	股权激励、岗位薪酬设计、盈余管理以及会计信息披露	非效率投资、股权激励、岗位薪酬设计、内部控制与盈余管理、会计信息披露
	治理结构	公司激励机制、监督机制以及公司治理的效率分析	公司治理机制、公司治理模式以及治理结构与财务管理其他方面的关系
通用业务理论	筹资理论	资本结构、资本成本和融资方式	资本结构、资本成本、融资方式、融资约束
	投资理论	投资效率、价值评估、风险投资以及投资决策	投资管理、投资者行为
特殊业务理论	企业并购财务管理	并购方式、并购溢价、并购对企业绩效的影响	并购绩效评价、管理层对并购的影响、并购的价值创造以及并购中支付方式

此外，在 2013 年国内外公开发表的文章中，与财务管理理论相关的英文文章主要来源于 *Accounting Review*、*Financial Management*、*Journal of Business Financial & Accounting*、*Journal of Corporate Finance*、*Review of Quantitative Finance and Accounting*、*Journal of Finance* 等期刊，中文文章主要来源于《会计研究》、《管理世界》、《财经研究》、《中国会计评论》等期刊。

第三节　财务管理理论 2013 年国内外研究评述

一、研究内容

基于对 2013 年国内外样本文献的全面收集和系统整理，结合上文对财务管理理论的分类，我们可以得出 2013 年财务管理理论各研究方向的分布情况（如表 5、图 1、图 2 所示）。总体来看，2013 年国内外财务管理研究内容更加丰富、触角更加广泛。涉及财务管理基础理论的文献所占比重依然最大,国内外共 390 篇次,占比 43.14%;其次是通用业务领域,国内外共 369 篇次,占比 40.82%;特殊业务领域和其他领域占比较少,但环比略有提升。

从分块的内容来看,在财务管理基础理论的研究中,代理理论和治理结构是学者关注的重点。过去关于股权激励、岗位薪酬设计等解决第一类代理问题的研究较为广泛,近两年来大小股东之间的第二类代理问题日益凸显,促使公司治理结构、内部控制和盈余管理领域的相关研究不断发展,2013 年样本中相关文献就有 202 篇,所占比重达到 22.35%。除了代理理论和治理结构的相关文献外,样本中还有部分文章涉及财务管理基本范畴、财务管理方法、市场效率、信息披露等,研究方法多为在原有的基础上更深入的量化分析或者横向联系,比如,对于信息披露的探讨并非传统的单独解析,而是将其与绿色财务管理、企业社会责任等问题结合在一起。通用业务理论是财务管理领域的主体理论,虽然经历了较长的发展历程,但一直维持着较高的研究热度。近年来,通用业务理论的研究内容呈现两方面的趋势。一方面,研究内容更加务实。国外财务管理理论研究一直偏重于分析如何展开财务活动,寻找财务活动的规律,即从财务管理活动本身入手进行研究,具有强烈的实用主义倾向。随着国内外研究思想的交流撞击,针对我国企业特有财务管理活动的研究越来越多,比如,对中小企业的融资问题与中国式民间借贷关系的研究,对我国企业收入分配在平衡效率与公平上的探索以及不同的分配结构对我国国民经济可持续发展的影响等均具有较为浓厚的中国特色。另一方面,交叉研究现象较为普遍。研究中常出现通用业务理论的具体内容之间或通用业务理论与其他财务管理理论的交叉研究现象。例如,分配管理中企业股利分配、薪酬分配等内容常与股权激励、货币薪酬激励相结合;营运管理问题与企业投资效率、企业分配政策等内容相结合;债务期限约束对高管薪酬激励强度的影响、企业再融资资格与企业股利政策的关系等。特殊业务理论和其他理论的研究内容较为零散,涉及该类别的样本文章数量也相对较少,但其中包含的研究内容不乏目前财务管

表 5　2013 年国内外财务管理理论研究内容分布情况一览表

理论结构	内容分类	合计		国内		国外	
		数量(篇)	占比(%)	数量(篇)	占比(%)	数量(篇)	占比(%)
基础理论	基本范畴	11	1.22	11	1.22	0	0.00
	财务管理方法	45	4.98	26	2.88	19	2.10
	代理理论	216	23.89	181	20.02	35	3.87
	市场效率	6	0.66	3	0.33	3	0.33
	治理结构	112	12.39	89	9.85	23	2.54
通用业务理论	筹资理论	168	18.58	118	13.05	50	5.53
	投资理论	135	14.93	104	11.50	31	3.43
	分配理论	47	5.20	33	3.65	14	1.55
	营运资本管理	19	2.10	17	1.88	2	0.22
特殊业务理论	企业并购财务管理	82	9.07	57	6.31	25	2.77
	国际企业财务管理	12	1.33	7	0.77	5	0.55

续表

理论结构	内容分类	合计		国内		国外	
		数量（篇）	占比（%）	数量（篇）	占比（%）	数量（篇）	占比（%）
特殊业务理论	集团公司财务管理	17	1.88	14	1.55	3	0.33
	企业破产财务管理	5	0.55	2	0.22	3	0.33
其他领域	其他	29	3.21	21	2.32	8	0.88
	合计	904	100.00	683	75.55	221	24.45

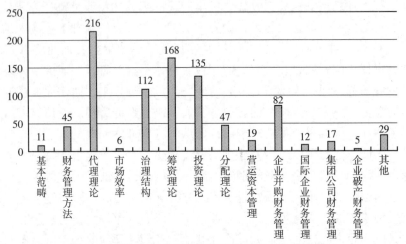

图1　2013年国内外财务管理理论研究内容分布情况

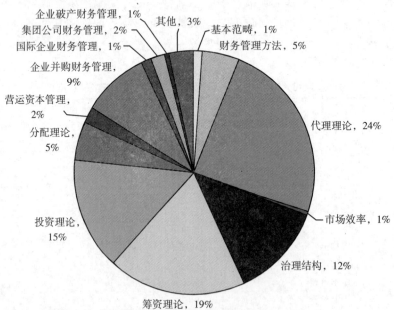

图2　2013年国内外财务管理理论研究内容分布情况占比

理学科的研究前沿。并购业务和集团公司财务管理均是现代企业财务管理的实际发展需求，绿色财务和行为财务的出现突破了传统财务管理的假设界限，将其与其他理论以复合式、交叉式的方式进行研究是现代财务管理理论研究的新思路。

二、研究方法

财务管理理论的研究方法非常丰富，主要包括规范研究、实证研究（大样本）、调查研究、案例研究、比较研究、模型研究、实验研究、框架研究、综述研究和分析研究。在早期，规范研究是国内外研究的主要方法，这种研究方法是通过演绎推理的方式对财务管理理论进行研究，它解决财务管理理论中"应该怎样解决"的问题，注重于定性研究，对资料的依赖性较强。而财务管理理论研究的意义主要在于：通过形成正确的财务管理理论，对财务管理实践进行正确的指导，即财务管理理论的研究需要和实践相结合。首先，随着财务管理环境的变化以及企业财务管理实践的不断深入，单纯地依靠规范研究方法已不能适应财务管理理论的快速发展，实证研究（大样本）已经越来越受到国内外学者的普遍欢迎，通过理论与实践的结合，已经成为财务管理理论研究方法的主流。如表6所示，2013年国内外采用实证研究（大样本）方法的文献数量为638篇，占到文献总数的70.58%。实证研究（大样本）方法使用客观的实际证据来进行检验，具有较强的科学性。其次，实证研究（大样本）是一种定性分析与定量分析相结合的方法，其结果具有更高的使用价值。最后，实证研究（大样本）具有鲜明的直接经验特征，能够很好地将财务管理理论与实践相结合，且研究对象所涵盖的内容也很丰富。例如，董事会特征、CEO权力与现金股利政策的实证研究（冯慧群、马连福，2013），中国上市公司融资方式影响因素的实证研究（李斌、孙月静，2013），股份回购与股权集中度的实证研究（Devra L. Golbe、Ingmar Nyman，2013），大股东持股与盈余管理的实证研究（Jaimin Goh、Ho-Young Lee、Jung-Wha Lee，2013）。

除了规范研究和实证研究（大样本）这两种方法外，模型研究、分析研究、综述研究和案例研究方法的使用也逐渐增加，它们也是比较常用并且行之有效的研究方法，2013年，这四种研究方法的国内外文章总数分别是64篇、34篇、28篇和27篇，占比分别为7.08%、3.76%、3.10%和2.99%。总体来看，2013年国内外文献关于财务管理理论的研究所使用的研究方法大致趋同，即更加关注理论与实践结合较为紧密的研究方法，主要包括

表6 2013年国内外财务管理理论各研究方法分布情况一览表

研究方法	合计		国内		国外	
	数量（篇）	占比（%）	数量（篇）	占比（%）	数量（篇）	占比（%）
规范研究	40	4.42	35	3.87	5	0.55
实证研究（大样本）	638	70.58	477	52.77	161	17.81
调查研究	8	0.88	5	0.55	3	0.33
案例研究	27	2.99	19	2.10	8	0.88

研究方法	合计		国内		国外	
	数量（篇）	占比（%）	数量（篇）	占比（%）	数量（篇）	占比（%）
模型研究	64	7.08	49	5.42	15	1.66
比较研究	16	1.77	10	1.11	6	0.66
框架研究	10	1.11	8	0.88	2	0.22
综述研究	28	3.10	24	2.65	4	0.44
实验研究	15	1.66	6	0.66	9	1.00
分析研究	34	3.76	28	3.10	6	0.66
其他方法	24	2.65	22	2.43	2	0.22
合计	904	100.00	683	75.55	221	24.45

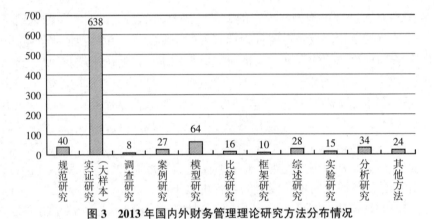

图3　2013年国内外财务管理理论研究方法分布情况

图4　2013年国内外财务管理理论研究方法分布情况占比

实证研究（大样本）、模型研究、案例研究和分析研究，但在基于行为视角的实验研究法的使用上，国内与国外还有一定差距。此外，随着财务理论的创新与不断发展，实验研究法将会得到更广泛的应用。

三、研究视角

从学科分类上来看，财务管理是一门综合性的学科，它涉及了经济学、金融学以及管理学等方面的内容。随着财务管理理论的不断发展与改善，对于财务管理的研究已经不仅仅局限于传统的管理学和经济学，而是开始逐渐涉足心理学、统计学、组织行为学等方面。学科间的融合使学者们对财务管理理论的研究领域更加广泛，更加具有深度，对企业的财务管理实践活动具有更深的指导意义。

表 7 列示了基于不同研究视角的财务管理理论分布情况。从研究视角分布来看，管理学和经济学仍然占据主导地位。其中管理学的研究比例占 51.33%，例如：对于资本结构、经理激励和公司绩效的关系研究（软素梅、杨善林，2013），财务弹性对企业投资水平和投资效率的影响（陈红兵、连玉君，2013）。经济学占总体的比例为 29.09%，例如：宏观经济政策对公司现金持有的经济效应的影响（陆正飞、韩非池，2013），经济周期、融资约束与营运资本动态协同选择的研究（吴娜，2013）。在组织行为学方面，学者们主要从管理层、董事会等方面进行研究，例如：大股东掏空与 CEO 薪酬契约（苏冬蔚、熊家财，2013），董事会人力资本、CEO 权力对企业研发投入的影响（周建、金媛媛和袁德利，2013），管理者权力、内部薪酬差距与公司价值（张丽平、杨兴全、陈旭东，2013）。在心理学方面，例如：管理者过度自信与企业风险承担的研究（余明桂、李文贵和潘红波，2013），管理者过度自信、企业投资与企业绩效的实证研究（叶玲、王亚星，2013）。

与前几年相比，财务管理理论的研究视角依然朝多元化方面发展，学者们更多的是从管理者和经济学两个视角研究，组织行为学、统计学和心理学与财务管理的衔接也有所增强，但是环境学等其他学科还是处于薄弱的环节。因此，随着财务管理理论的不断发展，其研究视角的多元化也在不断的变化之中。

表 7　2013 年国内外财务管理理论研究视角分布情况一览表

研究视角	合计		国内		国外	
	数量（篇）	占比（%）	数量（篇）	占比（%）	数量（篇）	占比（%）
管理学	464	51.33	367	40.60	97	10.73
经济学	263	29.09	196	21.68	67	7.41
统计学	31	3.43	26	2.88	5	0.55
心理学	35	3.87	24	2.65	11	1.22
组织行为学	97	10.73	65	7.19	32	3.54
环境学	4	0.44	1	0.11	3	0.33
其他科学	10	1.11	4	0.44	6	0.66
合计	904	100.00	683	75.55	221	24.45

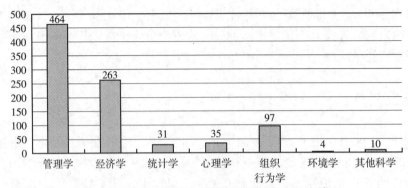

图5　2013年国内外财务管理理论研究视角分布情况

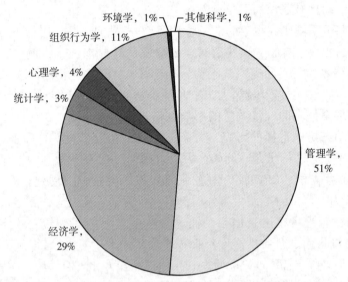

图6　2013年国内外财务管理理论研究视角分布情况占比

第四节　财务管理理论研究建议与展望

　　信息产业的迅速发展及现代管理的网络化推动财务治理结构的扁平化，主板、创业板、新三板等多层次市场体系的建立和完善促进财务管理方法的多元化，金融工具的创新和企业信息流、资金流、物流的整合加速财务管理过程的创新。市场在财务实践领域的迫切需求拉动财务管理理论范围不断向纵深发展，系统化、动态化的理论研究创新可以有效地指导市场的财务管理实践。综观现有的国内外研究成果，不难发现，财务管理理论研究已跨入加速发展时期，研究内容、方法、视角均呈现出前所未有的开阔局面。同时，大量其他学科理论被引入，产生了许多新的研究课题。在此基础上，那些具有中国特色的财务管理问题、国际财务管理问题、特殊领域财务管理问题成为这一阶段的研究前沿。回顾历史，展望未来，我国的财务管理理论研究可能呈现以下趋势：

其一，兼收并蓄，开拓具有中国特色的财务管理理论研究体系。国外的资本市场历史悠久、发展成熟，其财务管理理论涉及企业的投融资管理、营运资金管理和利润分配管理等领域，集财务预测、决策、控制和分析评价于一体，实现企业价值的最大化，融合多学科知识研究财务战略、国际理财、投资风险管理、金融产品定价和行为财务等新领域，注重财务管理理论的创新。同时，国外先进的企业财务管理经验对中国这一新兴市场起到了一定的指引作用，过去在发达资本市场所面临的问题在一定条件和环境下也将成为我国需要解决的实际问题。因此，外国的研究前沿在我国经济发展的特定需求下将被引入我国相关领域的研究中，成为未来相当长的一段时期内我国新的研究前沿及热点。但是，我国所处的市场经济环境的特殊性决定了我们在吸收国外理论精华的同时需要结合实际国情。尽管当前我国的财务管理理论也涉及企业财务活动的四个环节，也具有财务的各项职能，但其对理财环境的适应性较差，理论创新有限，对金融市场研究的缺乏导致投资风险管理、金融产品定价等方面涉及内容较少。国家目前正处于经济转型的特殊时期，金融深化改革步入攻坚阶段，实践中的新问题、新现象层出不穷，所遭遇的困难很可能是发达的资本市场和国外企业未曾遭遇过的。未来，财务管理的理论研究将与我国的具体国情结合得更加紧密，具有中国特色的理论创新会为我国企业的财务管理实际问题的解决提供更多、更有效的理论指导。

其二，扬长避短，采用以实证为主的多种研究方法并存的财务管理研究手段。单一的研究方法很容易失去一些重要信息，造成研究的不全面、不客观，以至于影响了研究的信度和效度。国外的财务管理理论强调研究方法的应用，重视实证研究、模型研究和调查研究等方法的运用，同时，融合多学科知识，借助数理模型实现量化分析，且注重联系该理论所处的理财环境以及其赖以存在的前提条件。过去，我国的财务管理理论主要采用较为抽象的描述性和定义性的研究方法，以规范研究为主、实证研究为辅，以逻辑推理为主、经验验证为辅，以质性分析为主、量化分析为辅，较少借鉴其他学科的研究成果，也较少重视分析财务理论所处的理财环境和前提条件，这些都制约了我国财务管理理论的发展和应用。随着研究的不断深入及视野的不断开阔，如今实证研究方法在我国财务管理理论研究中已占有绝对优势，这种优势还将继续保持。同时，在今后的实证研究中应鼓励在不同的研究环境下选择不同的研究方法；根据课题研究的需要，注意研究方法的多样化综合，并尽量为使用不同实证研究方法创造有利条件。数理实证研究法中数量模型的构建也应结合我国具体情况进行创新，不能一味地套用国外已构建好的模型。

其三，相辅相成，实现学科间的交叉互补和跨界融合。财务管理理论的研究是伴随着财务会计、管理会计、审计、金融等相关学科的发展而不断完善和丰富起来的。在这个过程中，财务管理学科与相关学科相互借鉴、相互联系和相互促进，力图更好地解决企业财务实践产生的诸多问题。国外许多学者很早便开始探索运用其他学科与财务管理之间相互交叉、相互渗透的关系，吸纳其他学科的基本理论和研究成果，用以解决财务管理问题，极大地拓展了财务管理理论研究的视角，丰富了研究方法和路径。研究涉及的学科主要包括信息经济学、运筹学、统计学、心理学、组织行为学等，如用运筹学的方法对多项目连续式投资进行决策、用人工神经网络方法对上市公司的经营失败预警进行研究、用人口心理学的知识探索企业高管非理性化的财务管理行为等。由于我国经济水平不断提高、经济情况日益复杂，单纯用某一学科的知识来解决本领域的问题显得很单薄，因此未来学科之间的交叉会更加普遍，各种新视角的诞生会更加频繁。

综上所述，未来财务管理理论研究会在精练传统财务管理研究内容、方法和视角的基础上开拓创新，在日新月异的财务管理环境和快速发展的财务管理实践的带动下蓬勃发展。

第二章　财务管理学科 2013 年期刊论文精选

　　本报告以上述财务管理理论结构为基础划分，对 2013 年国内外与财务管理理论相关的期刊论文进行梳理和内容划分。本次文献资料整理共得到与财务管理理论相关的期刊论文 904 篇，其中国外期刊文章 221 篇，国内期刊文章 683 篇。本次文献资料整理的检索来源：国内期刊主要来自 CSSCI 检索的 78 种期刊（经过挑选），包括管理学、经济学、统计学和高校学报，另外考虑到专业的特殊性，增加了《中国会计评论》，共计 79 种；国外期刊则从上海财经大学会计学院公布的"会计财务英文期刊目录"中精选 14 种，另外增加了 *Financial Management*，共计 15 种。基于此，考虑到财务管理理论发展的系统性、前瞻性、融合性、实用性等方面的要求，从研究内容、研究方法、研究视角等方面，通过财务管理专家团队的一致评选，评选出 10 篇中文期刊优秀论文和 20 篇英文期刊优秀论文。

第一节

中文期刊论文精选

CEO 和 CFO 任期交错是否可以降低盈余管理?*

姜付秀　朱　冰　唐　凝

【摘　要】本文以沪深证券市场 2002~2010 年 A 股上市公司为研究样本，检验了 CEO 和 CFO 任期交错对公司盈余管理的影响。实证检验的结果表明：CEO 与 CFO 任期交错能够降低公司的盈余管理水平；两者任期错开的时间越长，该影响越大。同时，CEO 和 CFO 任期交错只对公司正向盈余管理有影响，而对负向盈余管理的影响并不显著。上述结果并不受 CEO 任职时间早于还是晚于 CFO 的影响。进一步地，在区分 CEO 权力和公司产权性质的情况下，我们发现，CEO 的权力影响了 CEO 和 CFO 任期交错对降低公司盈余管理水平的积极作用：当 CEO 权力较大时，两者任期交错对公司正向盈余管理的影响程度有所降低；同时，与国有控股企业相比，在非国有控股企业中任期交错对盈余管理的影响更为显著。本文的研究发现丰富了高层梯队理论、盈余管理等相关领域的文献；同时，对于如何降低公司盈余管理水平，以及 CEO 与 CFO 任命等人力资源管理决策也具有重要启示意义。

【关键词】任期交错；盈余管理；CEO；CFO

* 本文选自《管理世界》2013 年第 1 期。
　基金项目：本文为国家自然科学基金项目（项目号：70972129、71172179）、教育部新世纪优秀人才支持计划（项目号：NCET–10–0796）、中国人民大学科学研究基金（中央高校基本科研业务费专项资金资助）项目（11XNJ005）的阶段性成果。
　作者单位：姜付秀、朱冰，中国人民大学商学院财务与金融系；唐凝，中国银行总行。

一、引言

管理团队任期异质性[①]（Tenure Heterogeneity）会影响公司管理层行为（Milliken 和 Martins，1996；Mathieu 等，2008）。已有文献表明，管理团队任期异质性将会导致管理层之间的沟通障碍（Ancona 和 Caldwell，1992）、降低团队的交流频率（Zenger 和 Lawrence，1989），减弱团队的凝聚力和融合力（Jackson 等，1991；O'Reilly、Snyder 和 Boothe，1993）。在某些情况下，高管团队任期异质性会造成团队成员之间相互不信任和价值观差异（Katz，1982），并导致管理层离职率上升（Wagner、Pfeffer 和 O'Reilly，1984；Godthelp 和 Glunk，2003；Boone 等，2004），从而不利于公司做出创新性行为（O'Reilly 和 Sylvia，1989）、适应性变革（O'Reilly、Snyder 和 Boothe，1993）和提升公司绩效（Smith 等，1994；Carpenter，2002）。通过对已有文献的分析不难看出，学者们在研究高管团队任期异质性使得团队成员之间交流频率下降和凝聚力减弱所导致的经济后果时，更多地关注了其对公司的负面影响。我们认为，高管团队的异质性是把"双刃剑"（Hambrick、Cho 和 Chen，1996；Certo、Lester 和 Dalton，2006），高管团队任期异质性造成团队之间的不信任和价值观的差异（Katz，1982），对于阻碍团队精诚合作提升企业价值无疑具有负面影响，但是，这种高管团队之间的距离对于抑制高管合谋进行损害股东利益和企业价值的行为可能具有积极作用。基于此，本文从盈余管理视角，检验了高管团队任期异质性是否会对公司盈余管理行为具有抑制作用，从而给公司及利益相关者带来正面、积极的影响。

长期以来，盈余管理领域的文献更多关注公司最高决策人 CEO 的盈余管理动机。已有研究表明，CEO 基于个人薪酬、股权激励和变更等原因存在着盈余管理动机（Healy，1985；Watts 和 Zimmerman，1978；Bergstresser 和 Philippon，2006）。但是，对于公司的信息披露质量，直接负责会计信息加工处理的 CFO 具有同样甚至更为重要的影响。而且，许多国家的相关法律规定，CFO 同样需要对会计信息质量负责。由于 CFO 的薪酬激励、舆论关注度较 CEO 低（McAnally、Weaver 和 Srivastava，2008），加之 CFO 被视作 CEO 的代理人（Graham 和 Harvey，2001），以往的研究往往忽略了 CFO 与公司盈余管理之间的关系。近年来，许多研究表明，由于 CFO 直接决定了会计策略的选择和调整（Mian，2001），CFO 对公司盈余管理具有独立的影响（Geiger 和 North，2006；Graham、Harvey 和 Rajgopal，2005；毛洪涛、沈鹏，2009），甚至有的学者发现 CFO 对盈余管理的影响大于

---

① 无疑，任期交错属于高管团队任期异质性的研究范畴。已有文献在研究高管团队任期异质性时一般以高管团队的任职年限差异来衡量。由于本文只涉及 CEO 和 CFO，任职年限的差异体现为两者的任期交错。因此，我们认为，就本文的研究主题而言，将其表述为任期交错更合理。

CEO（Jiang、Petroni 和 Wang，2010；Chava 和 Purnanandam，2010）。因此，鉴于公司会计信息的质量更多的是由 CEO 和 CFO 共同决定而非整个管理团队，本文聚焦于 CEO 和 CFO，研究了两者的任期异质性即任期交错是否会影响公司盈余管理行为。

基于自身利益考虑，CEO 具有强烈的盈余管理动机。但是，盈余管理动机的实现不仅依靠 CEO 的决策，更需要直接负责会计信息处理的 CFO 积极配合才能完成。因此，CEO 和 CFO 能否达成一致意见对盈余管理活动的实施是至关重要的。由于 CEO 和 CFO 任期交错会导致他们相互排斥（Rosenbaum，1986），降低交流频率（Zeger 和 Lawrence，1989）和凝聚力（Michel 和 Hambrick，1992），从而使他们在决策时不容易达成一致意见。这样，当 CEO 提出盈余管理需求时，CFO 的配合意愿会下降，从而可能会导致公司盈余管理程度降低。而当 CEO 和 CFO 的任职年限相同时，两者交流频率较高且凝聚力较强，他们在决策时容易达成一致意见，当 CEO 提出盈余管理要求时，CFO 的配合程度会较高，从而可能导致公司盈余管理程度较高。

进一步地，我们认为，CEO 与 CFO 任期交错对盈余管理的作用会受到 CEO 权力大小的影响。当 CEO 权力较大时，CFO 将更多地表现出配合倾向。已有文献表明，CEO 的权力衡量了公司执行 CEO 个人意见的能力（March，1966；Finkelstein，1992）。当 CEO 权力较大时，公司的决策更多地体现了 CEO 的意志（Sah 和 Stiglitz，1986），在这种情况下，如果 CEO 提出盈余管理要求，即使 CFO 和 CEO 意见不一致，面对 CEO 较大的权力，CFO 很可能会配合 CEO 进行盈余管理。而当 CEO 权力较小时，CEO 的盈余管理决策可能需要和 CFO 协调、合作，体现两者的共同意愿（Adams、Almeida 和 Ferreira，2005），在这种情况下，如果 CEO 提出盈余管理要求，若两者意见不一致，CFO 很有可能会表现出抵制的倾向，从而对盈余管理产生抑制作用。因此，CFO 和 CEO 任期交错对公司盈余管理的作用会受到 CEO 权力大小的影响：当 CEO 的权力较大时，两者任期交错对公司盈余管理的影响程度较小；而当 CEO 的权力较小时，两者任期交错对公司盈余管理作用较大。

此外，中国存在两类上市公司：国有控股和非国有控股。国有控股上市公司的目标是多元的，除了盈利之外，它们还承担了较多的社会责任（薄仙慧、吴联生，2009）。Kato 和 Long（2006）研究发现，与非国有控股上市公司相比，国有控股上市公司中管理层更换对业绩的敏感程度较低。因此，非国有控股管理层进行盈余管理尤其是正向盈余管理的动机大于国有控股企业。同时，在国有控股企业中等级观念可能更强，由于职位高低的差异，CFO 迫于 CEO 权力可能表现出更多的配合倾向。基于此，我们认为，在不同的产权结构下，CEO 和 CFO 任期交错对盈余管理的作用也将呈现出一定的差异：与非国有控股企业相比，在国有控股企业中 CEO 和 CFO 任期交错对公司盈余管理的影响程度相对较弱。

基于以上分析，我们以 2002~2010 年中国 A 股上市公司为样本，首先实证检验了 CEO 和 CFO 的任期交错对公司盈余管理的影响。实证结果表明，CEO 和 CFO 的任期交错会降低公司的盈余管理水平，两者任期交错的时间越长，其影响越大；同时，CEO 和 CFO 任期交错只对公司正向盈余管理有影响，而对负向盈余管理的影响并不显著。上述结果并不受 CEO 的任职时间早还是晚于 CFO 的影响。区分 CEO 权力大小和公司产权性质后的检验结果表明，当 CEO 的权力较大时，两者任期交错对公司正向盈余管理的影响程度有所降低；与国有控股企业相比，在非国有控股企业中，两者任期交错对公司盈余管理的影响更强；这一结果表明，CEO 和 CFO 任期交错对于降低盈余管理的积极作用的发挥是情境依赖的。

本文的贡献主要体现在以下几个方面：第一，已有文献研究了公司高管任职异质性导致的交流频率和凝聚力下降对公司带来的负面影响，而本文研究发现高管的任期异质性能够降低公司的盈余管理水平，产生正面的效应，为高管团队任期异质性对公司行为的影响提供了新的证据；第二，已有研究表明，CEO 和 CFO 的薪酬、股权激励等外部诱因会影响公司的盈余管理，而本文从高管团队任期异质性角度分析了盈余管理的内在决策过程，拓展了 CEO 和 CFO 对公司盈余管理的影响领域的研究；第三，已有文献主要探讨高层管理团队背景特征对盈余管理的影响，而本文分析了公司财务信息的最高和直接负责人 CEO 和 CFO 背景特征的差异对盈余管理的影响，从而深化了管理者背景特征领域的研究；第四，已有文献发现 CEO 和 CFO 的任期都会影响盈余管理，而本文则从两者任期交错视角进行研究，从而为管理者任期对盈余管理的影响提供了新的证据；第五，管理者权力理论认为，管理层会通过权力寻租为自己谋取私利。本文发现当 CEO 的权力比较大时，CEO 和 CFO 任期异质性对公司盈余管理的降低程度减弱，为 CEO 的权力寻租行为提供进一步的证据。另外，本文的研究结论为投资者更好地评估公司价值提供了启示和参考，对如何降低公司的盈余管理也具有一定的现实指导意义。同时，本文对企业 CEO 和 CFO 的任命等人力资源管理实践也具有一定的借鉴价值。

余文结构安排如下：第二部分介绍了本文的研究设计；第三部分实证检验 CEO 和 CFO 任期异质性对盈余管理的影响，同时，区分了 CEO 权力大小和公司产权性质，进行相关的检验；第四部分为稳健性检验；第五部分是本文的结语。

二、研究设计

（一）数据来源和样本选择

本文的研究样本为 2002~2010 年中国 A 股上市公司。CEO 和 CFO 背景特征数据来源于 WIND 资讯金融终端，其余数据全部来源于 CCER 数据库和 CSMAR 数据库。

借鉴已有研究的做法，我们利用以下标准对样本进行了筛选：①剔除金融行业上市公司；②剔除当年 IPO 的公司；③剔除 ST 和 *ST 公司；④剔除数据缺失的样本；⑤为消除极端值的影响，对于本文所使用到的主要连续变量，按 1% 和 99% 水平进行 Winsorize 处理。经过以上筛选，最后得到 1410 家公司样本，涉及 12 个行业，涵盖 9 个年份，共7853 个非平行面板观测样本。

（二）主要变量界定

盈余管理的衡量：Dechow（1995）、夏立军（2003）和于忠泊等（2011）认为，基于行业分类的横截面修正 Jones（1991）模型能更好地识别盈余管理，因此，本文采用 Dechow、Sloan 和 Sweeney（1995）提出的修正 Jones 模型来估计可操控性应计利润，从而对公司的盈余管理水平进行估计。

CEO 和 CFO 任期交错[①]：我们分别设置了哑变量（Dumtenure）和连续变量（Dtenure）两个指标来衡量任期交错。对于任期交错哑变量（Dumtenure），CEO 和 CFO 的任职年限不同取值为 1，否则为 0；我们以 CEO 和 CFO 任职年限之差取绝对值来衡量任期交错的程度（Dtenure）。同时，我们还设计了不同方向的 CEO 和 CFO 任职年限差异变量 Dtenure_1 和 Dtenure_2：当 CEO 的任职时间早于 CFO 时，Dtenure_1=CEO 的任职年限与 CFO 任职年限之差，否则 Dtenure_1=0；当 CEO 的任职时间晚于 CFO 时，Dtenure_2=CFO 任职年限与 CEO 任职年限之差，否则 Dtenure_2=0。

此外，Tsui、Porter 和 Egan（2002）认为，在一项研究中应控制多个人口变量的特征，以便控制不同变量的交叉影响。因此，在稳健性检验部分，我们还控制了 CEO 和 CFO 其他人口特征变量的差异，包括年龄差异（Dage）、学历差异（Dedu）和性别差异（Dgend）。

（三）实证模型

为了检验 CEO 和 CFO 任期交错对盈余管理的影响，我们建立了以下模型：

$$ABSDAC = \alpha + \beta_1 Dtenure(Dumtenure) + \gamma Z + \varepsilon \tag{1}$$

其中，ABSDAC 表示公司盈余管理水平（DAC）的绝对值。本文使用 Dechow、Sloan 和 Sweeney（1995）提出的修正 Jones 模型，首先用回归方法估计公司不可操纵性应计利润，而后用模型的残差表示公司的可操纵性应计利润（DAC）。如果残差为正，表示正向盈余管理（DAC+）；反之，表示负向盈余管理（DAC−）。同时，为了增强结论的稳健性，我们还采用 Jones（1991）、Louis（2004）等提出的模型，重新衡量公司的盈余管理水平。

为了检验 CEO 的任职时间早于或者晚于 CFO 是否对盈余管理水平产生不同影响，我们建立如下回归模型：

$$ABSDAC = \alpha + \beta_1 Dtenure\_1 + \beta_2 Dtenure\_2 + \gamma Z + \varepsilon \tag{2}$$

借鉴已有研究（Bergstresser 和 Philippon，2006；Jiang、Petroni 和 Wang，2010；胡奕明、唐松莲，2008；李增福等，2011），我们还控制了如下影响盈余管理的因素：公司规模、负债水平、盈利能力、成长机会、审计质量、管理层是否持股、独立董事的人数、年度和行业哑变量。以上控制变量用向量组 Z 来表示。

[①] CEO 和 CFO：我们对 CEO 的界定主要包括首席执行官、总经理、总裁等；CFO 为公司的财务最高负责人且称谓不尽相同，结合公司的年报我们界定为，首席财务官、首席财务总监、财务总监、总会计师、财务总管、财务负责人、财务机构负责人、会计工作负责人等。

另外，需要说明的是，我们按照证监会行业分类标准，采用一级行业代码对样本公司进行分类，最终全部样本分属于 12 个行业。

本文所涉及的变量及其界定具体如表 1 所示。

表 1　变量定义

变量名称	变量含义	计算方法
Dtenure	CEO 和 CFO 任期交错的程度	CEO 和 CFO 任职年限之差取绝对值
Dumtenure	CEO 和 CFO 是否任期交错	CEO 和 CFO 的任职年限不同为 1，否则为 0
Dtenure_1	CEO 的任职时间早于 CFO	当 CEO 的任职时间早于 CFO 时，Dtenure_1=CEO 的任职年限与 CFO 任职年限之差；其余情况 Dtenure_1=0
Dtenure_2	CEO 的任职时间晚于 CFO	当 CEO 的任职时间晚于 CFO 时，Dtenure_2=CFO 的任职年限与 CEO 任职年限之差；其余情况 Dtenure_2=0
DAC	盈余管理	可操控性应计利润
DAC+	正向盈余管理	盈余管理>0
DAC−	负向盈余管理	盈余管理<0，在回归分析中我们对其取绝对值
POWER	CEO 权力	第一大股东持股比例小于 50% 为 1，否则为 0
SIZE	公司规模	总资产的自然对数
LEV	资本结构	总负债/总资产
ROA	资产收益率	净利润/资产总额
GROWTH	成长机会	(年末流通市值+非流通股份占净资产的金额+长期负债合计+短期负债合计)/总资产
AUDIT	会计事务所	如果四大会计事务所审计为 1，否则为 0
OPIN	审计意见	审计意见为标准无保留意见为 1，否则为 0
NONSOE	公司性质	用实际控制人类别来划分公司的所有权性质，若为国有控股，用 0 表示，否则用 1 表示
MSH	管理层持股	管理层持股为 1，否则为 0
INDEPEN	独立董事人数	董事会中独立董事的人数

（四）描述性统计

我们首先对本文所涉及的主要变量进行了描述性统计分析，具体结果如表 2 所示。

表 2　描述性统计

变量	均值	中位数	标准差	最小值	最大值	观测值
Dtenure	2.215	2	2.397	0	16	7853
Dumtenure	0.685	1	0.460	0	1	7853
Tenure_CEO	3.987	3	2.814	1	18	7853
Tenure_CFO	4.113	4	2.785	1	18	7853
ABSDAC	0.133	0.093	0.134	0.002	0.721	7853
POWER	0.737	1	0.440	0	1	7853

续表

变量	均值	中位数	标准差	最小值	最大值	观测值
NONSOE	0.348	0	0.476	0	1	7853
SIZE	21.449	21.327	1.020	19.379	24.665	7853
LEV	0.493	0.502	0.180	0.081	0.891	7853
ROA	0.030	0.031	0.063	−0.254	0.190	7853
OPIN	0.953	1	0.212	0	1	7853
AUDIT	0.023	0	0.149	0	1	7853
GROWTH	1.682	1.333	0.940	0.928	6.434	7853
MSH	0.644	1	0.479	0	1	7853
INDEPEN	3.216	3	0.779	0	8	7853

从表 2 可以看出，CEO 和 CFO 任期交错连续变量（Dtenure）的平均值（中位数）为 2.22（2），标准差为 2.40，说明 CEO 和 CFO 任职年限的差异在两年左右。任期交错哑变量（Dumtenure）的均值为 0.69，即 CEO 和 CFO 任期交错的样本占总样本的 69%。CEO 任职年限的平均值（中位数）为 3.99（3），CFO 任职年限的平均值（中位数）为 4.11（4），总体来看，CFO 的任职年限略长于 CEO。公司盈余管理（ABSDAC）的绝对值（中位数）为 0.13（0.09），标准差为 0.134。CEO 权力（POWER）的均值为 0.737，即第一大股东持股比例低于 50% 的样本占总样本的 73.7%。产权性质（NONSOE）为 0.348，在该研究区间中，34.8% 为非国有控股样本，65.2% 为国有控股样本。其余变量的描述性统计结果见表 2，这里不再赘述。

为了更精确地衡量不同方向任期交错的作用，我们把样本分为 CEO 的任职年限等于、早于和晚于 CFO 三类，在此基础上，我们又把研究样本分为国有控股和非国有控股，以便考察不同产权性质的影响；同时，我们还区分了盈余管理的方向；最后，我们分别比较不同方向的任职年限差异和不同的企业产权性质下，公司的盈余管理绝对值、正向和负向盈余管理水平的差异，具体结果如表 3 所示。

表 3　CEO 和 CFO 不同方向任期交错和不同产权性质下的盈余管理

		ABSDAC			DAC+			DAC−		
		N	mean	median	N	mean	median	N	mean	median
全样本	Dtenure=0	2471	0.146	0.103	1307	0.162	0.11	1164	0.128	0.094
	Dtenure>0	2567	0.128	0.088	1388	0.134	0.09	1179	0.121	0.085
	Dtenure<0	2815	0.127	0.089	1516	0.132	0.091	1299	0.122	0.087
	Total	7853	0.133	0.093	4211	0.142	0.096	3642	0.124	0.088
国有	Dtenure=0	1524	0.131	0.095	771	0.141	0.102	753	0.121	0.086
	Dtenure>0	1654	0.116	0.082	873	0.117	0.083	781	0.114	0.08
	Dtenure<0	1941	0.117	0.081	1035	0.118	0.082	906	0.114	0.081
	Total	5119	0.121	0.084	2679	0.125	0.087	2440	0.116	0.082

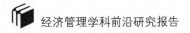

续表

		ABSDAC			DAC+			DAC−		
		N	mean	median	N	mean	median	N	mean	median
非国有	Dtenure=0	947	0.169	0.116	536	0.191	0.128	411	0.14	0.106
	Dtenure>0	913	0.151	0.104	515	0.162	0.11	398	0.135	0.097
	Dtenure<0	874	0.151	0.115	481	0.161	0.122	393	0.139	0.108
	Total	2734	0.157	0.112	1532	0.172	0.121	1202	0.138	0.104

通过表 3 可以看出，当 CEO 的任职年限和 CFO 相同即 Dtenure=0 时，盈余管理水平绝对值的平均值（中位数）为 0.146（0.103）；当 CEO 的任职时间早于和晚于 CFO 时，盈余管理绝对值的平均值（中位数）仅为 0.128（0.088）和 0.127（0.089）。由此可见，当 CEO 和 CFO 任职年限相同时，盈余管理水平最高，而在 CEO 的任职时间早于和晚于 CFO 的样本中，公司盈余管理的差别不大。

区分盈余管理方向后的研究结果表明，当 CEO 和 CFO 任职年限相同时，公司正向盈余管理绝对值（中位数）为 0.162（0.110）；当 CEO 的任职时间早于和晚于 CFO 时，其正向盈余管理绝对值（中位数）为 0.134（0.090）和 0.132（0.091）。由此可见，当两者任职年限相同时，公司正向盈余管理的程度最高。而当 CEO 的任职时间等于、早于和晚于 CFO 时，公司的负向盈余管理的均值（中位数）分别为 0.128（0.094）、0.121（0.085）和 0.122（0.087），差别不大，即两者任期交错对负向盈余管理的影响不大。

同时，从表 3 还可以看出，在国有控股企业中，CEO 任职年限等于 CFO 与 CEO 的任职时间与其早于和晚于 CFO 的正向盈余管理的差分别为 0.024 和 0.023；而在非国有控股企业中，CEO 任职年限等于 CFO 与 CEO 的任职时间与其早于和晚于 CFO 的正向盈余管理的差分别为 0.029 和 0.030。因此，可以初步看出，与国有控股企业相比，非国有控股企业中 CEO 和 CFO 的任期交错对正向盈余管理的作用较大。

以上结果初步表明，当 CEO 和 CFO 的任职年限相同时，公司的盈余管理水平最高，当 CEO 的任职时间早于和晚于 CFO 时，公司的盈余管理水平较低且差别不大。进一步地，通过区分盈余管理的方向发现，CEO 和 CFO 任期交错主要影响正向盈余管理水平而对负向盈余管理水平作用不大。与国有控股企业相比，非国有控股企业中两者任期交错对正向盈余管理的作用较大。

三、实证结果及分析

首先，我们检验了 CEO 和 CFO 的任期交错对盈余管理的影响，同时我们把样本分为正向盈余管理和负向盈余管理，检验了两者任期交错对不同方向盈余管理的影响。然后，我们把 CEO 和 CFO 的任职年限差异分为 CEO 早于 CFO 和晚于 CFO 两种情况，分析了不同方向的任期交错对盈余管理的影响。最后，我们检验了 CEO 权力大小和不同产权性质下两者任职年限差异对盈余管理的影响。

（一）CEO 和 CFO 任期交错对盈余管理的影响

我们分别以 CEO 和 CFO 任期交错哑变量（Dumtenure）和两者任职年限差异的绝对值即任期交错的程度 Dtenure 作为解释变量，分析两者任期交错对盈余管理的影响，进一步地，我们分别检验了两者任期交错对正向盈余管理（DAC+）和负向盈余管理（DAC−）的影响。具体结果如表 4 所示。

表 4　CEO 和 CFO 任期交错对盈余管理的影响

Variable	ABSDAC		DAC+		DAC−	
Dumtenure	−0.132*** (0.000)		−0.201*** (0.000)		−0.036 (0.392)	
Dtenure		−0.023*** (0.000)		−0.036*** (0.000)		−0.005 (0.542)
SIZE	−0.088*** (0.000)	−0.085*** (0.000)	−0.098*** (0.000)	−0.094*** (0.001)	−0.090*** (0.000)	−0.089*** (0.000)
LEV	−0.422*** (0.000)	−0.433*** (0.000)	−0.954*** (0.000)	−0.970*** (0.000)	0.301** (0.037)	0.298** (0.039)
ROA	0.105 (0.752)	0.108 (0.744)	2.492*** (0.000)	2.518*** (0.000)	−1.658*** (0.000)	−1.658*** (0.000)
OPIN	−0.312*** (0.000)	−0.320*** (0.000)	−0.165 (0.181)	−0.179 (0.150)	−0.271** (0.016)	−0.273** (0.015)
AUDIT	−0.143* (0.093)	−0.138 (0.107)	−0.271*** (0.006)	−0.262*** (0.009)	−0.083 (0.509)	−0.082 (0.511)
GROWTH	0.069*** (0.004)	0.069*** (0.004)	−0.002 (0.960)	−0.001 (0.963)	0.097*** (0.004)	0.097*** (0.004)
MSH	−0.092*** (0.010)	−0.091*** (0.010)	−0.124*** (0.007)	−0.122*** (0.008)	−0.046 (0.294)	−0.046 (0.290)
INDEPEN	−0.008 (0.704)	−0.009 (0.697)	0.018 (0.531)	0.019 (0.513)	−0.035 (0.215)	−0.035 (0.214)
Intercept	4.279*** (0.000)	4.189*** (0.000)	4.964*** (0.000)	4.833*** (0.000)	3.470*** (0.000)	3.450*** (0.000)
Year	YES	YES	YES	YES	YES	YES
Industry	YES	YES	YES	YES	YES	YES
N	7853	7853	4211	4211	3642	3642
Adjusted R^2	0.075	0.075	0.121	0.120	0.064	0.064

注：*、**、***分别表示在 10%、5%、1% 水平下显著。标准误差经过公司层面 Cluster 调整。

从表 4 的实证检验结果来看，CEO 和 CFO 是否任期交错哑变量 Dumtenure 和两者任期交错的程度变量 Dtenure 的系数分别为–0.132 和–0.023，且在 1%的水平下显著，说明与两者任职年限相同时相比，CEO 和 CFO 任期交错时的盈余管理水平较低；同时，随着两者任期交错时间的增大，公司的盈余管理水平逐渐降低。通过区分盈余管理的方向，我们发现，在正向盈余管理样本中，Dumtenure 和 Dtenure 的系数分别为–0.201 和–0.036，且均在 1%的水平下显著，而在负向盈余管理中的系数不显著。由此可以看出，两者任期交错会降低公司的正向盈余管理水平，而对负向盈余管理水平没有显著影响。

就控制变量而言，我们以总体盈余管理（ABSDAC）模型的回归结果进行分析如下：公司规模（SIZE）的估计系数显著为负，表明公司规模越大，盈余管理水平越低，这与于忠泊等（2011）的研究结论一致；公司负债水平（LEV）的系数显著为负，即公司负债水平越高，盈余管理水平越低，这一发现与雷光勇和刘慧龙（2006）是一致的；公司盈利能力（ROA）的系数不显著，这与 Mitra 和 Cready（2005）的结论一致；公司财务报表的审计意见（OPIN）系数显著为负，即审计意见越好的公司盈余管理水平越低，这与 Caramanis 和 Lennox（2008）的研究发现是一致的；公司成长性（GROWTH）的估计系数显著为正，表明高成长性公司的盈余管理水平更高，这一结果与 Koh（2007）的研究发现是一致的；管理层是否持股（MSH）的系数为负，即管理层持股可以降低公司的盈余管理水平，这与 Warfield 等（1995）的结论一致；公司是否为四大会计事务所审计（AUDIT）的系数为负，说明四大会计事务审计的公司盈余管理水平较低，这与 Becker 等（1998）的研究结论一致；公司独立董事人数（INDEPEN）的系数不显著。

（二）CEO 和 CFO 任期交错对盈余管理的影响：区分任职年限差异方向

以上研究发现，CEO 和 CFO 任期交错有利于抑制盈余管理，两者任期错开的时间越长或者说两者任职年限差异（Dtenure）越大，公司盈余管理水平越低。由于 CEO 和 CFO 在职位上存在差异，那么，两者任期交错对盈余管理的影响在 CEO 任职早于 CFO 和晚于 CFO 时是否具有显著的差异呢？基于此，我们分别建立 CEO 和 CFO 任职年限差异变量 Dtenure_1 和 Dtenure_2，以分析不同方向任期交错对盈余管理的影响，具体结果如表 5 所示。

表 5　CEO 和 CFO 任期交错对盈余管理的影响：区分任期交错方向

Variable	ABSDAC	DAC+	DAC–
Dtenure_1	–0.023*** (0.004)	–0.033*** (0.003)	–0.011 (0.303)
Dtenure_2	–0.024*** (0.001)	–0.038*** (0.000)	–0.000 (0.993)
SIZE	–0.085*** (0.000)	–0.094*** (0.001)	–0.090*** (0.000)
LEV	–0.433*** (0.000)	–0.971*** (0.000)	0.302** (0.037)

Variable	ABSDAC	DAC+	DAC−
ROA	0.108 (0.745)	2.513*** (0.000)	−1.650*** (0.000)
OPIN	−0.320*** (0.000)	−0.180 (0.148)	−0.272** (0.015)
AUDIT	−0.138 (0.108)	−0.267*** (0.008)	−0.081 (0.522)
GROWTH	0.069*** (0.004)	−0.001 (0.975)	0.096*** (0.004)
MSH	−0.091*** (0.010)	−0.123*** (0.008)	−0.045 (0.299)
INDEPEN	−0.008 (0.698)	0.019 (0.509)	−0.036 (0.203)
Intercept	4.188*** (0.000)	4.823*** (0.000)	3.462*** (0.000)
Year	YES	YES	YES
Industry	YES	YES	YES
N	7853	4211	3642
Adjusted R^2	0.075	0.120	0.064

注：*、**、*** 分别表示在 10%、5%、1% 水平下显著。标准误差经过公司层面 Cluster 调整。

通过表 5 可以看出，当采用全样本时，CEO 的任职时间早于和晚于 CFO 时的变量 Dtenure_1 和 Dtenure_2 的系数分别为 −0.023 和 −0.024，显著性水平为 1%；同样，在正向盈余管理样本中，Dtenure_1 和 Dtenure_2 的系数分别为 −0.033 和 −0.038，显著性水平为 1%。经过 F 检验，我们发现上述两组结果的系数之间并没有显著差异，这说明无论 CEO 的任职时间早于还是晚于 CFO，两者任期交错对盈余管理水平的影响是没有显著差异的，换言之，CEO 和 CFO 任期交错对公司盈余管理的作用不受 CEO 任职时间早于还是晚于 CFO 的影响。同时，我们发现，在负向盈余管理的样本中，Dtenure_1 和 Dtenure_2 的系数并不显著。

控制变量的回归结果这里不再赘述。

（三）CEO 和 CFO 的任期交错对盈余管理的影响：区分 CEO 的权力

CEO 的权力衡量了公司执行 CEO 个人意见的能力，当 CEO 权力较大时，公司的决策更多体现 CEO 的意见；而当 CEO 权力较小时，公司的决策更多体现了 CEO 和其他高管的共同意愿。当第一大股东持股比例较高时，绝对控股股东的存在会增强对 CEO 的监督力度，进而降低 CEO 的权力（Hu 和 Kumar，2004；Bertrand 和 Mullainathan，2001）。基于此，我们以大股东的持股比例来衡量 CEO 权力：当第一大股东持股比例小于 50% 时，POWER=1，否则为 0。为了增强结论的稳健性，在稳健性检验部分，我们还采用 CEO 的相对薪酬（CEO 的薪酬与公司前三名高管薪酬的比例）来衡量 CEO 权力的大小（Liu 和 Jiraporn，2010；Bebchuk、Cremers 和 Peyer，2009），进一步分析不同 CEO 权力下，两者任期交错对盈余管理的影响。

我们通过设计一个 CEO 权力 POWER 和任期交错 Dtenure 的交叉项 POWER × Dtenure，来比较不同 CEO 权力下 CEO 和 CFO 任期交错对公司盈余管理的影响是否具有显著差异，具体结果如表 6 所示。

表 6　CEO 和 CFO 任期交错对盈余管理的影响：区分 CEO 权力

	ABSDAC	DAC+	DAC−
POWER × Dtenure	0.019 (0.221)	0.045** (0.026)	−0.007 (0.761)
Dtenure	−0.038*** (0.009)	−0.071*** (0.000)	0.001 (0.948)
POWER	−0.098* (0.069)	−0.110 (0.135)	−0.076 (0.233)
SIZE	−0.092*** (0.000)	−0.099*** (0.000)	−0.100*** (0.000)
LEV	−0.419*** (0.001)	−0.957*** (0.000)	0.315** (0.030)
ROA	0.084 (0.800)	2.520*** (0.000)	−1.681*** (0.000)
OPIN	−0.316*** (0.000)	−0.176 (0.155)	−0.271** (0.016)
AUDIT	−0.140 (0.105)	−0.267*** (0.009)	−0.082 (0.508)
GROWTH	0.070*** (0.003)	−0.002 (0.952)	0.097*** (0.004)
MSH	−0.083** (0.019)	−0.120*** (0.010)	−0.035 (0.423)
INDEPEN	−0.005 (0.805)	0.020 (0.494)	−0.030 (0.285)
Intercept	4.403*** (0.000)	5.008*** (0.000)	3.724*** (0.000)
Year	YES	YES	YES
Industry	YES	YES	YES
N	7853	4211	3642
Adjusted R^2	0.075	0.121	0.064

注：*、**、*** 分别表示在 10%、5%、1% 水平下显著。标准误差经过公司层面 Cluster 调整。

从表 6 的结果可以看出，在不区分盈余管理方向的情况下，Dtenure 的系数显著为负，但交叉项 POWER × Dtenure 的系数不显著，说明两者任期交错对盈余管理的影响在不同的 CEO 权力下没有显著的差异。

然而，在正向盈余管理样本中，Dtenure 的系数显著为负，同时，交叉项 POWER×Dtenure 的系数显著为正，这表明，当 CEO 的权力较大时，两者任期交错对公司正向盈余管理的影响程度有所降低。在负向盈余管理样本中，Dtenure 和 POWER×Dtenure 的系数均不显著，表明无论 CEO 权力的大小，两者任期交错对公司负向盈余管理均没有显著的影响。这一结果表明，CEO 较大的权力降低了两者任期交错对公司正向盈余管理的影响，即由于 CEO 较大的权力可能增强了 CFO 和 CEO 的配合程度，从而减弱了两者任期交错对降低公司正向盈余管理的积极作用。

（四）CEO 和 CFO 的任期交错对盈余管理的影响：区分公司所有权性质

在不同产权性质下，CEO 对公司业绩的敏感程度不同，从而盈余管理的动机可能存在差异。与国有控股上市公司相比，非国有控股管理层进行盈余管理尤其是正向盈余管理的动机是比较强的。同时，在国有控股企业中等级观念可能更强，由于职位高低的差异，CFO 迫于 CEO 权力可能表现出更多的配合倾向。因此，在不同产权性质的企业中，CEO 和 CFO 任期交错对盈余管理的作用也将呈现出一定的差异。基于以上考虑，我们分别考察了国有控股企业和非国有控股企业 CEO 和 CFO 的任期交错对公司盈余管理的影响。我们通过设计一个公司所有权性质 NONSOE 和任职年限差异 Dtenure 的交叉项 NONSOE×Dtenure，来比较不同产权性质下 CEO 和 CFO 任期交错对公司盈余管理的影响是否具有显著差异，具体结果如表 7 所示。

表 7　CEO 和 CFO 任期交错对盈余管理的影响：区分公司所有权性质

Variable	ABSDAC	DAC+	DAC-
Dtenure	−0.011 (0.145)	−0.018* (0.055)	−0.001 (0.949)
NONSOE × Dtenure	−0.031** (0.022)	−0.043** (0.016)	−0.009 (0.593)
NONSOE	0.299*** (0.000)	0.383*** (0.000)	0.149** (0.015)
SIZE	−0.058*** (0.004)	−0.058** (0.032)	−0.076*** (0.003)
LEV	−0.450*** (0.000)	−0.983*** (0.000)	0.284** (0.050)
ROA	−0.076 (0.817)	2.272*** (0.000)	−1.746*** (0.000)
OPIN	−0.283*** (0.001)	−0.147 (0.234)	−0.250** (0.024)
AUDIT	−0.133 (0.110)	−0.253*** (0.009)	−0.082 (0.511)
GROWTH	0.069*** (0.004)	−0.000 (0.994)	0.096*** (0.004)

Variable	ABSDAC	DAC+	DAC-
MSH	−0.113*** (0.001)	−0.152*** (0.001)	−0.056 (0.202)
INDEPEN	−0.002 (0.916)	0.023 (0.434)	−0.030 (0.293)
Intercept	3.414*** (0.000)	3.816*** (0.000)	3.062*** (0.000)
Year	YES	YES	YES
Industry	YES	YES	YES
N	7853	4211	3642
Adjusted R^2	0.081	0.129	0.066

注：*、**、*** 分别表示在 10%、5%、1%水平下显著。标准误差经过公司层面 Cluster 调整。

通过表 7 可以看出，所有权性质和任职年限差异交叉项 NONSOE × Dtenure 的系数显著为负，从而可以说明，与国有控股企业相比，非国有控股企业的 CEO 和 CFO 任期交错对公司盈余管理的影响作用更大。同样，通过进一步区分正向和负向盈余管理，我们发现，NONSOE×Dtenure 的系数在正向盈余管理样本中比较显著，这说明与国有控股企业相比，在非国有控股企业中 CEO 和 CFO 任期交错对公司正向盈余管理的影响程度更大。与以上研究结果一致，两者的任期交错并没有显著影响负向盈余管理水平，且在国有控股和非国有控股中这一关系并没有显著差异。

四、稳健性检验

为了增强以上研究结论的稳健性，我们还进行了以下五个方面的检验。

（一）控制 CEO 和 CFO 的任职年限

已有研究（Francis、Huang 和 Rajgopal，2008）表明，CEO 的任职年限会影响公司的盈余管理水平。因此，我们在原有模型的基础上又分别控制了 CEO 的任职年限和 CFO 的任职年限，上述研究结论不变。

（二）控制 CEO 和 CFO 其他背景特征变量

Tsui、Porter 和 Egan（2002）认为，在一项研究中应控制多个人口变量的特征，以便控制不同变量的交叉影响。因此，我们分别控制了 CEO 和 CFO 的年龄、性别和教育经历的差异，即 Dage、Dgend 和 Dedu，研究结论仍保持不变。

（三）重新定义应计项目盈余管理指标

前文采用 Dechow、Sloan 和 Sweeney（1995）修正的 Jones 模型，为了增强结论的稳健性我们又分别采用 Jones（1991）、Louis（2004）等定义公司的盈余管理水平，重新进行上述回归分析，研究结论保持不变。

（四）重新定义 CEO 的权力

前文以大股东的持股比例来衡量 CEO 的权力。为了增强结论的稳健性，我们还采用 CEO 的相对薪酬（CEO 的薪酬与公司前三名高管薪酬的比例）来衡量 CEO 的权力（Liu 和 Jiraporn，2010；Bebchuk、Cremers 和 Peyer，2009），重新进行上述分析，研究结论保持不变。

（五）剔除任期相同样本

前文研究发现随着 CEO 和 CFO 任期交错时间的增大，公司正向盈余管理程度逐渐降低。为了更为精确地分析两者任期交错时间对公司盈余管理的影响，我们剔除了任期相同的样本进行相关分析，研究结论基本不变。

限于篇幅，上述稳健性检验的结果没有列示。

五、结语

管理层团队任期异质性会造成团队交流频率下降和凝聚力减弱，进而会对公司的行为产生影响。已有文献主要探讨了其对公司的负面影响，那么，管理层团队任期异质性能否给公司及利益相关者带来正面效应呢？我们以 2002~2010 年中国 A 股上市公司为样本，从盈余管理视角，检验了对公司会计信息质量工作负主要责任的 CEO 和 CFO 任期交错的经济后果。

实证结果表明：CEO 和 CFO 的任期交错能抑制公司的盈余管理水平。通过区分任职年限差异和盈余管理方向，我们发现，两者任职年限差异即任期交错的时间越长，公司的正向盈余管理水平越低。同时，两者任职年限对公司盈余管理的影响不受 CEO 任职时间早于还是晚于 CFO 的影响。进一步地，我们又分别区分了 CEO 的权力和产权性质，研究发现，CEO 的权力影响了 CEO 和 CFO 任期交错对盈余管理的积极作用：当 CEO 权力较大时，两者任期交错对公司正向盈余管理的影响程度有所降低；与国有控股企业相比，在非国有控股企业中，两者任职年限差异对公司盈余管理的影响程度更大。

本文的研究不仅为高管团队任期异质性对公司行为的影响提供了新的证据，丰富了高层梯队理论；同时，从一个新的视角研究了盈余管理的影响因素。另外，本文的研究结论具有较强的实践意义：对如何降低盈余管理水平具有较为重要的启示意义，并对公司 CEO 和 CFO 任命等人力资源管理决策也具有一定参考价值。

参考文献

［1］薄仙慧，吴联生.国有控股与机构投资者的治理效应：盈余管理视角［J］.经济研究，2009（2）.

［2］胡奕明，唐松莲.独立董事与上市公司盈余信息质量［J］.管理世界，2008（9）.

［3］雷光勇，刘慧龙.大股东控制、融资规模与盈余操纵程度［J］.管理世界，2006（1）.

［4］李增福，董志强，连玉君.应计项目盈余管理还是真实活动盈余管理？——基于我国 2007 年所得税改革的研究［J］.管理世界，2011（1）.

［5］毛洪涛，沈鹏.我国上市公司 CFO 薪酬与盈余质量的相关性研究［J］.南开管理评论，2009（5）.

［6］夏立军.盈余管理计量模型在中国股票市场的应用研究［J］.中国会计与财务研究，2003（2）.

［7］于忠泊，田高良，齐保垒，张皓.媒体关注的公司治理机制——基于盈余管理视角的考察［J］.管理世界，2011（9）.

［8］Adams R., Almeida H., Ferreira D. Powerful CEOs and Their Impact on Corporate Performance［J］. Review of Financial Studies，2005（18）：1403–1432.

［9］Ancona D. G., Caldwell D. F. Bridging the Boundary：External Activity and Performance in Organizational Teams［J］. Administrative Science Quarterly，1992（37）：634–665.

［10］Bebchuk L., Cremers M., Peyer U. Pay Distribution in the Top Executive Team［C］. Harvard University，Working Paper，2009.

［11］Becker C. L., DeFond M. L., Jiambalvo J., Subramanyam K. R. The Effect of Audit Quality on Earnings Management［J］. Contemporary Accounting Research，1998（15）：1–24.

［12］Bergstresser D., Philippon T. CEO Incentives and Earnings Management［J］. Journal of Financial Economics，2006（12）：511–529.

［13］Bertrand M., Mullainathan S. Are Executives Paid for Luck? The Ones Without Principals Are［J］. Quarterly Journal of Economics，2001（116）：901–932.

［14］Boone C., Olffen W. V., Witteloostuijn A. V., Brabander B. D. The Genesis of Top Management Team Divemity：Selective Turnover among Top Management Teams in Dutch Newspaper Publishing，1970–1994［J］. Academy of Management Journal，2004（47）：633–656.

［15］Carpenter M. A. The Implications of Strategy and Social Context for the Relationship between Top Management Team Heterogeneity and Firm Performance［J］. Strategic Management Journal，2002（23）：275–284.

［16］Caramanis C., Lennox C. Audit Effort and Earnings Management［J］. Journal of Accounting and Economics，2008（45）：116–138.

［17］Certo S. T., Lester R. H., Dalton D. R. Top Management Teams，Strategy and Financial Performance：A Meta–Analytic Examination［J］. Journal of Management Studies，2006（43）：813–839.

［18］Chava S., Purnanandam A. CEOs versus CFOs：Incentives and Corporate Policies［J］. Journal of Financial Economics，2010（8）：263–278.

［19］Dechow P. M., Sloan R. G., Sweeney A. P. Detecting Earnings Management［J］. Accounting Review，1995（70）：193–225.

［20］ Finkelstein S. Power in Top Management Teams: Dimensions, Measurement and Validation ［J］. Academy of Management Journal, 1992 (35): 505-538.

［21］ Francis J., Huang A., Rajgopal S., Zang A. Y. CEO Reputation and Earnings Quality ［J］. Contemporary Accounting Research, 2008 (2): 109-147.

［22］ Geiger M., North D. Does Hiring a New CFO Change Things? An Investigation of Changes in Discretionary Accruals ［J］. The Accounting Review, 2006 (81): 781-809.

［23］ Godthelp M., Glunk U. Turnover at the Top: Demographic Diversity as a Determinant of Executive Turnover in the Netherland ［J］. European Management Journal, 2003 (21): 614-625.

［24］ Graham J., Harvey C. The Theory and Practice of Corporate Finance: Evidence from the Field ［J］. Journal of Financial Economics, 2001 (60): 187-243.

［25］ Graham J., Harvey C., Rajgopal S. The Economic Implications of Corporate Financial Reporting ［J］. Journal of Accounting and Economics, 2005 (40): 3-73.

［26］ Hambrick D. C., Cho T. S., Chen M. J. The Influence of Top Management Team Heterogeneity on Firms' Competitive Mores ［J］. Administrative Science Quarterly, 1996 (4): 659-684.

［27］ Healy P. M.. The Effect of Bonus Scheme on Accounting Decisions ［J］. Journal of Accounting and Economics, 1985 (7): 85-107.

［28］ Hu A., Kumar P. Managerial Entrenchment and Payout Policy ［J］. Journal of Financial and Quantitative Analysis, 2004, 39 (4): 759-790.

［29］ Jackson S. E., Brett J. F., Sessa V. I., Cooper D. M., Julin J. A., Peyronnin, K. Some Differences Make a Difference: Individual Dissimilarity and Group Heterogeneity as Correlates of Recruitment, Promotions and Turnover ［J］. Journal of Applied Psychology, 1991 (76): 675-689.

［30］ Jiang J., Petroni, K. R., Wang, I. CFOs and CEOs: Who Have the Most Influence on Earnings Management? ［J］. Journal of Financial Economics, 2010 (96): 513-526.

［31］ Jones J. Earnings Management During Import Relief Investigations［J］. Journal of Accounting Research, 1991 (29): 193-228.

［32］ Kato T., Long C. Executive Turnover and Firm Performance in China［J］. American Economic Review, 2006 (96): 363-367.

［33］ Katz R. The Effects of Group longevity on Project Communication and Performance ［J］. Administrative Science Quarerly, 1982 (27): 81-104.

［34］ Koh P. S. Institutional Investor Type, Earnings Management and Benchmark Beaters ［J］. Journal of Accounting and Public Policy, 2007 (26): 267-299.

［35］ Liu Y. X., Jiraporn, P. The Effects of CEO Power on Bond Ratings and Yields ［J］. Journal of Empirical Finance, 2010 (17): 744-762.

［36］ Louis H. Earnings Management and the Market Performance of Acquiring Firms ［J］. Journal of Financial Economics, 2004 (74): 121-148.

［37］ March J. G. Power of Power ［M］// D. Eston. Varieties of Political Theory. Prentice Hall Press, 1966.

［38］ Mathieu J., Maynard M. T., Rapp T., Gilson L. Team Effectiveness 1997-2007: A Review of Recent Advancements and a Glimpse into the Future ［J］. Journal of Management, 2008 (34): 410-476.

［39］ McAnally M., Weaver C., Srivastava A. Executive Stock Options, Missed Earnings Targets and Earnings Management ［J］. The Accounting Review, 2008 (83): 185-216.

［40］ Mian S. On the Choice and Replacement of Chief Financial Officers ［J］. Journal of Financial Economics, 2001 （60）: 143–175.

［41］ Michel J. C., Hambrick D. C. Diversification Posture and Top Management Team Characteristics ［J］. Academy of Management Journal, 1992 （35）: 9–37.

［42］ Milliken F. J., Martins L. L. Searching for Common Threads: Understanding the Multiple Effects of Diversity in Organizational Groups ［J］. Academy of Management Review, 1996, 21 （2）: 402–433.

［43］ Mitra S., Cready M. Institutional Stock Ownership, Accrual Management and Information Environment ［J］. Journal of Accounting, Auditing and Finance, 2005 （20）: 257–286.

［44］ O' Reilly C. A., Sylvia F. F. Executive Team Demography, Organizational Innovation and Firm Performance ［J］. Paper Presented at the Academy of Management Meeting, Washington, DC, 1989.

［45］ O' Reilly C. A., Snyder R. C., Boothe J. N. Executive Team Demography and Organizational Change ［J］. In G. P. Huber and W. H. Glick （eds.）, Organizational Change and Redesign: Ideas and Insights for Improving Performance, Oxford University Press, New York, 1993: 147–175.

［46］ Rosenbaum M. E. The Repulsion Hypothesis: On the Non-development of Relationships ［J］. Journal of Personality and Social Psychology, 1986 （51）: 1156–1166.

［47］ Sah R., Stiglitz J. The Architecture of Economic Systems: Hierarchies and Polyarchies ［J］. American Economic Review, 1986 （76）: 16–27.

［48］ Smith K. G., Smith K. A., Olian J. D., Sims H. P., O' Bannon D. P., Scully J. A. Top Management Team Demography and Process: the Role of Social Integration and Communication ［J］. Administrative Science Quartefly, 1994 （39）: 412–438.

［49］ Tsui A. S., Porter L. W., Egan T. D. When Both Similarities and Dissimilarities Matter: Extending the Concept of Relational Demography ［J］. Human Relations, 2002 （55）: 899–929.

［50］ Wagner W. G., Pfeffer J., O' Reilly C. A. Organizational Demography and Turnover in Top Management Groups ［J］. Administrative Science Quanerly, 1984 （29）: 74–92.

［51］ Warfield T., Wild J., Wild K. Managerial Ownership, Accounting Choices and Informativeness of Earnings ［J］. Journal of Accounting and Economics, 1995 （20）: 61–91.

［52］ Watts R. L., Zimmerman J. L. Towards a Positive Theory of the Determination of Accounting Standards ［J］. The Accounting Review, 1978 （53）: 112–134.

［53］ Zenger T. R., Lawrence B. S. Organizational Demography: The Differential Effects of Age and Tenure Distributions on Technical Communication ［J］. Academy of Management Journal, 1989 （32）: 353–376.

EVA 考核提升了企业价值吗?*

——来自中国国有上市公司的经验证据

池国华　王　志　杨　金

【摘　要】国资委于 2010 年开始在中央企业推行 EVA 考核，目的就是促进企业由利润管理转向价值管理，实现企业价值不断提升。本文以 2010~2012 年沪深主板 A 股国有上市公司为样本，实证检验了 EVA 考核对企业价值提升的影响后果，并进一步地从管理层投资决策行为视角，探究了投资效率在 EVA 考核对企业价值提升中的作用。研究结果表明，EVA 考核确实提升了企业价值；进一步研究发现，EVA 考核目前主要是通过抑制过度投资进而影响企业价值提升的。

【关键词】EVA 考核；企业价值；过度投资；投资不足

一、引言

股东价值最大化是现代企业所追求的目标，因此能否持续创造价值也成为衡量一家企业成功与否的标志。然而，由于现代企业天然的股东——管理层代理冲突（Aggarwal 和 Samwick，2006）及信息不对称现象（Richardson，2006），给企业价值创造带来了消极影响。而对仍处于经济转轨过程的中国而言，由于特殊的制度背景，所有者缺位和内部人控制现象严重，再加上政府的行政干预行为，使得国有企业的委托代理关系变得更加复杂，代理问题更加突出，这往往导致管理层更易于做出偏离股东利益的决策，短期行为、过度投资、偏离主业、风险失控甚至经营失败等现象更加普遍，从而给企业价值带来了不同程度的损害（魏明海、柳建华，2007；张纯、吕伟，2009）。

* 本文选自《会计研究》2013 年第 11 期。
　基金项目：本文系国家自然科学基金项目（71372069、71272218）的研究成果。本研究也得到了财政部"全国会计领军（后备）人才（学术类）培养项目"的支持。
　作者单位：东北财经大学会计学院/中国内部控制研究中心

围绕这一问题的解决，无论是理论界还是实务界都进行了长期的努力探索，尤以国务院国资委自 2010 年开始在中央企业实施的 EVA（经济增加值）考核办法最引人注目。该项办法是在充分吸收 EVA 理念基础上并结合中国实际进行本土化改造的一项制度安排，旨在改变中央企业管理层的经营理念与决策行为，以提升企业价值，促使企业由利润管理转向价值管理。那么，在中国新兴加转轨的特殊制度背景下，EVA 考核能否在提升企业价值方面实现预期的效果？从已有的文献看，迄今为止，在我国尚无研究直接提供 EVA 考核与国有企业价值创造之间关系的经验证据。

基于此，本文立足上述问题，以 2010~2012 年沪深主板 A 股国有上市公司为样本，通过已实施 EVA 考核与未实施之间的横向比较以及实施前后的纵向比较，实证检验了 EVA 考核对企业价值提升的影响后果，并进一步地从国有上市公司管理层投资决策行为视角，研究了投资效率这一变量在 EVA 考核与企业价值关系中的作用。本文的研究不仅有助于厘清 EVA 考核与企业价值提升之间的关系，更为重要的是为国资委进一步完善与推行 EVA 考核办法提供了直接的经验证据。

二、文献回顾

从现有的文献看，EVA 考核作为一种激励机制能否通过减缓代理问题，进而提升企业价值，依然是一个探索性的话题。国内外学者更多的是从 EVA 指标的有用性与实施 EVA 的经济后果两方面来研究 EVA 与企业价值的关系。

关于 EVA 指标的有用性研究，一些学者认为，EVA 不论是相对信息含量还是增量信息含量都明显好于传统会计指标，如 Stern（1995）、汤谷良和林长泉（2003）、胡玉明（2008）。然而，部分学者对此持谨慎或质疑态度，如 Biddle 等（1997）、孙铮和李增泉（2001）、王化成等（2004）等，其研究并没有发现 EVA 指标好于会计利润指标的证据。

关于 EVA 考核的经济后果研究，一些学者认为实施 EVA 有助于改善企业绩效、提升企业价值，如 Kleiman（1999）发现实施 EVA 的公司经营业绩得到提高，且在实施后的三年里业绩要明显好于未实施 EVA 的公司；Hamilton 等（2009）研究表明实施 EVA 的公司其经过风险调整的投资回报率整体呈上升趋势，而未实施的公司却呈下降趋势。但也有部分学者得出了相反结论，如 Sparling 和 Turvey（2003）发现在研究期间内实施 EVA 的公司股东收益与 EVA 变化都不存在显著的正相关关系；Richard 等（2011）研究发现 EVA 为负值的公司其股票收益率反而比 EVA 为正的公司股票收益率高。可见学术界关于 EVA 考核经济后果的研究尚未形成明确一致的结论。

由于国资委在中央企业全面推行 EVA 考核较晚，所以直接检验中央企业 EVA 考核经济后果的实证研究更是不多见，目前的文献主要是检验 EVA 考核是否有利于治理中央企业的过度投资现象，如张先治和李琦（2012）从公司治理的角度，研究发现 EVA 考核的实施能够抑制中央企业过度投资行为。而刘凤委和李琦（2013）进一步引入市场竞争变量，结果显示市场竞争环境差异对 EVA 抑制过度投资的效果产生显著影响。从研究结果看，国内外的研究尚未得出一致结论，而结合中国制度背景，针对中央企业 EVA 考核实施经济后果的研究少之又少，直接基于 EVA 考核对国有企业价值创造影响效果的实证研究更是匮乏。

三、制度背景与研究假设

（一）制度背景

伴随着我国国有企业规模的迅速扩张，国有企业的投资效率低水平日益凸显，中央企业作为特殊的国有企业，其投资低效和规模扩张冲动的问题更加突出（刘凤委、李琦，2013）。根据国资委公布的中央企业经营情况资料显示，截至 2010 年底，中央企业平均净资产总额为 9.56 万亿元，比上年增长 13.9%，同年中央企业平均净资产收益率为 9.5%，仅比上年提高 1.9 个百分点。由此可见，中央企业净资产收益率的增长速度远低于其规模的扩张速度，投资效率仍处于较低水平，影响了国有企业的价值创造。

为此，国资委于 2010 年出台了 EVA 考核办法，其初衷就是为了解决当前中央企业管理层投资决策中存在的不利于股东价值创造的问题，其主要特点包括：一是强调"资本纪律"的约束，须扣除全部资本的成本，并统一设定为 5.5% 的标准；二是强调会计调整的必要性，目前仅调整 R&D 支出与在建工程；三是强调主业突出的理念，暂时将非经常性收益减半扣除；四是强调 EVA 改善值的奖励，在计算分值时需要将实际值与目标值进行对比。可见国资委引入 EVA 考核的目的主要体现在三个方面：第一，通过全部资本成本的扣除引导中央企业规范投资行为，谨慎投资；第二，通过非经常收益的扣除促进中央企业坚持围绕主业搞投资，集中力量做强主业；第三，通过 R&D 支出与在建工程的调整鼓励中央企业注重长远发展，不断提升可持续发展能力。因此，"中国式"EVA 考核的"落地"能够对中央企业的价值管理产生重大影响，有利于引导中央企业注重价值创造。

（二）研究假设

EVA 考核与企业价值究竟是一种什么样的关系？我们认为这需要从企业价值的影响因素和 EVA 的功能作用出发进行分析。就目前而言，现代企业制度仍然奉行的是资本雇佣劳动的理念，企业是股东的企业，股东价值最大化理应成为股东与经理人共同追求的目标，然而由于现代企业的两权分离产生的代理问题导致了股东与经理人利益的不一致，这就会使作为代理人的经理人不以股东利益最大化行事，导致经理人的决策偏离股东价值最大化目标（Jensen 和 Meckling，1976），从而降低企业价值。比如，经理人出于建造企业帝国的动机或扩大在职消费动机等，会做出有利于自身而不利于股东的投资决策（Myers，1977）。另外，股东与经理人之间存在的信息不对称会引发道德风险（Aggarwal 和 Samwick，2006）。

首先，代理理论和信息不对称理论指出，要降低代理成本并减缓信息不对称，应针对经理人的决策行为进行监督与激励（Jensen 和 Meckling，1976）。这两种方式各有侧重，不能相互替代。而 EVA 考核实际上就是一种被广泛应用且被认为是协调经理人行为和股东目标的有效激励机制。EVA 考核机制的激励有效性首先表现为 EVA 指标在反映股东价值创造方面的信息含量具有更多的敏感性与准确性特征。其一，扣除股东权益资本成本，促使经理人重视股东投资回报。EVA 起源于经济利润，奉行的是会计利润只有弥补了股东权益资本成本后才能为股东创造价值的理念。这种做法将经理人利益与股东利益相结合，可以促使经理人尽可能站在股东立场进行决策。透过 EVA，人们可以判断企业是在创造价值还是在毁灭价值，经理人是企业价值创造者还是价值毁灭者（胡玉明，2008）。其二，实行会计规则性失真调整，促使经理人重视战略性投资。战略性投资通常有利于改善企业未来价值创造，如 R&D，但其往往具有投入大、见效慢、风险高等特征，因此传统的以会计利润为导向的绩效考核模式往往导致经理人产生短期行为。为此，EVA 创造性地提出会计调整，譬如以资本化替代费用化，这种做法有利于减少绩效考核中的噪声，引导经理人在决策时关注企业价值创造的持续性。

其次，EVA 考核极具特色地将结果与经理人利益相挂钩，这种激励方式相对于传统的激励方式更符合价值创造理念：一是注重 EVA 改善值的奖励，以 EVA 改善值作为奖励目标，使得经理人薪酬的增减变化与股东价值的增减变化保持高度一致（黄卫伟、李春瑜，2004）；二是设置奖金库，可以在引导经理人关注长期价值创造的同时降低去职风险。可见，相对于其他的绩效考核方式，EVA 考核将股东与经理人的利益结合得更加紧密（Stern 和 Stewart，1995），使得股东增加财富的期望与经理人的决策行为相互协调，从而最大程度地减少了两者之间的利益冲突，实现企业价值创造的持续增长。

最后，综观国资委的 EVA 考核办法，既体现了 EVA 重视股东投资回报、突出主业注重长远发展等核心理念，又本着"易操作、讲实效"的精神对 EVA 进行了本土化改造。这种做法既符合 EVA 的基本原理，又符合中国企业的实际，有利于 EVA 在企业中真正"落地"并发挥激励作用。另外，考核办法还符合有效激励的另一个特征（Holmström，1985），即在保留原有的利润总额指针基础上又引入了 EVA 指标，这种多元指针并存的做法，比单独任何一项指标都能更全面地反映经理人的努力程度。

综上所述，我们提出本文的第一个假设，即：

H1： *EVA 考核的实施能够提升企业价值。*

进一步地，EVA 考核是通过影响经理人何种决策行为来影响企业价值创造活动的？为厘清这一问题，首先需要考虑哪些因素会对企业价值的提升产生影响。企业价值取决于收益、增长和风险三个基本要素（汤谷良、林长泉，2003），其中，收益是企业价值的核心，增长是收益的未来发展趋势，风险是未来收益的波动。Myers（1977）指出企业价值由过去投资所产生的现有资产的价值（利润）和未来投资机会的期权价值（未来现金流）所共同构成，因此企业价值创造活动与投资活动密不可分（姚立杰等，2010；杜兴强等，2011）。有效的投资不仅是企业生命活力的源泉，更是企业价值的重要来源。

为使企业价值最大化，企业投资就要注重收益、增长及风险三者的平衡，既要保证未来收益增长的质量及可持续性，又不能过分夸大未来收益的波动性。然而在现实世界中，由于资本市场本身的不完善，加之股东与经理人之间的代理成本以及信息不对称的存在，企业错误的投资决策往往导致投资偏离最优水平，以致出现投资过度或投资不足。投资过度表现为过多地选择净现值为负的项目，从而导致增长过快，收益的风险加大；投资不足则表现为放弃净现值为正的优良获利机会，导致公司收益的持续性受损，不利于企业价值的增长。可见，这两种异化的投资现象都不利于企业收益、增长和风险三要素的平衡，会损害企业价值，甚至危及企业生存。

尽管内部控制和市场力量有助于控制经理人的道德风险（Fama，1980），但不能完全消除（Wolfson，1985），因此对经理人的激励是必要而重要的（Scott，2012）。EVA 指标由于考虑股权资本成本、强调会计调整等原因，使得其相对于传统的绩效考核指标如会计利润指标敏感性与准确性更好，再加上 EVA 考核通过注重奖励改善值、设置奖金库等做法将经理人利益和股东利益结合得更加紧密，因此 EVA 激励机制相对于传统的激励方式更有利于协调经理人行为和股东目标趋于一致，从而有效缓解股东与经理人之间的信息不对称问题和降低代理成本，最大程度地减少两者之间的利益冲突，使得经理人做出有利于股东利益的投资决策，从而提高投资效率，进而实现收益、增长及风险的平衡，最终提升企业价值。

基于此，我们提出本文的第二个假设，即：

H2a：EVA 考核的实施能够通过治理企业过度投资以提升企业价值。

H2b：EVA 考核的实施能够通过治理企业投资不足以提升企业价值。

四、研究设计

（一）样本选择与资料来源

本文以 2010~2012 年沪深两市主板 A 股国有上市公司作为研究样本。筛选样本的标准：①剔除与其他行业的投资行为存在显著差异的金融、保险类公司观测值；②剔除在样本区间内相关资料缺失的公司观测值。最终得到 1982 家公司年度样本。

为了保证资料的可靠性，本文针对每个国有上市公司（不论是中央企业下属的二级、三级子公司还是地方国资委控股的公司），完全采用手工收集相关信息的方式确定其是否实施 EVA 以及实施 EVA 的年份。比如，查阅"中金岭南"相关网络信息可知，其于 2011 年开始实施 EVA，于是我们得到"中金岭南 2011"、"中金岭南 2012"两个实施 EVA 样本；再如，查阅"兴蓉投资"网络信息可知，其于 2012 年开始实施 EVA，于是得到"兴蓉投资 2012"一个样本，以此类推；又如，"株冶集团"隶属于中央企业"中国五矿集团公司"，但是经过查询"株冶集团"相关资料发现其在样本期间内并未实施 EVA，因此该样本判断为未实施。通过这种手工收集信息的方式，我们认为可以尽可能做到准确反映各样本公司实施 EVA 的情况。其余财务资料均来自 WIND 信息数据库和国泰安 CSMAR 数据库。

（二）EVA 考核实施对企业价值提升的影响后果研究

为了研究实施 EVA 考核对企业价值的影响，即验证假设一，本文参考了姚立杰等（2010）、杜兴强等（2011）等的研究，采用模型（1）进行检验：

$$FV_{i,t} = \delta_0 + \delta_1 EVADUM_{i,t} + \delta_2 GO_{i,t} + \delta_3 ROA_{i,t} + \delta_4 LEV_{i,t} + \delta_5 AGE_{i,t} + \delta_6 SIZE_{i,t} + \sum YEAR + \sum IND + \xi1_{i,t} \tag{1}$$

其中，被解释变量企业价值 FV 以托宾 Q 值表示；解释变量为实施 EVA 哑变量；其余控制变量含义见表 1。

表 1 本文各模型变量含义

变量符号	变量含义与计算方法
FV	托宾 Q 值，等于（股权市值 + 债务市值）/期末总资产
EVADUM	EVA 实施的哑变量，实施取 1，未实施取 0
GO	成长机会，等于主营业务收入增长率
ROA	总资产报酬率，等于息税前利润/总资产
LEV	资产负债率，等于总负债/总资产
AGE	公司上市年龄，等于公司上市年份与样本年份之差
SIZE	公司规模，等于总资产的自然对数
$\sum$ YEAR	控制不同时期宏观经济因素影响，选取 2010~2012 年三个年份，共两个年度虚拟变量
$\sum$ IND	控制不同行业因素影响，按照中国证监会行业分类，分为工业、房地产业、公用事业、商业、综合五个行业大类，共四个行业虚拟变量
II	非效率投资水平，等于模型（3）残差的绝对值
EVADUM × II	EVA 实施与非效率投资的交乘项
INV	投资水平，等于（固定资产 + 无形资产 + 其他长期资产净值改变量）/平均总资产
CASH	现金持有量，等于现金及现金等价物净额/总资产
RET	股票回报率，等于考虑现金红利再投资的年个股回报率

为了增强 EVA 实施提升企业价值结论的可靠性，本文采用横向对比与纵向对比相结合的方式。首先，以 2010~2012 年是否实施 EVA 考核为标准，将样本公司分成已实施和未实施两组，进行横向对比检验；然后，以各样本公司开始实施 EVA 年份为标准，将已实施 EVA 考核的样本公司区分为实施前和实施后两组，进行纵向对比检验。

（三）进一步研究

为了研究投资效率在 EVA 实施对企业价值提升中的作用（验证假设二），并进一步检验 EVA 实施的经济后果（进一步验证假设一），本文采用模型（2）来研究。本文将研究样本分为投资过度组和投资不足组，并且将两组样本分别用以下模型进行回归：

$$FV_{i,t} = \theta_0 + \theta_1 EVADUM_{i,t} + \theta_2 II_{i,t} + \theta_3 EVADUM_{i,t} \times II_{i,t} + \theta_4 ROA_{i,t} + \theta_5 LEV_{i,t} + \theta_6 AGE_{i,t} +$$
$$\theta_7 SIZE_{i,t} + \sum YEAR + \sum IND + \xi2_{i,t} \tag{2}$$

其中，为了考察 EVA 是如何影响企业价值的，本文首先将 EVA 实施哑变量作为解释变量，验证 EVA 考核的实施对企业价值的直接影响；同时，为了验证 EVA 通过治理非效率投资对企业价值的影响，本文引入 EVA 实施哑变量与非效率投资的交乘项 $EVADUM_{i,t} \times II_{i,t}$，如果该项系数 θ_3 为正，则表明 EVA 的实施通过优化投资效率进而提升了企业价值；如果该系数 θ_3 为负，则表明 EVA 的实施加剧了非效率投资进而减损了企业价值。

特别指出的是，本文参考王彦超（2009）、唐雪松等（2010）、李万福等（2011）等的研究，采用 Richardson（2006）模型对非效率投资水平进行度量。最后，将该模型即模型（3）（限于篇幅本文未列示）的回归结果作为区分过度投资和投资不足样本的依据以及模型（2）的解释变量 II。

五、实证分析

（一）EVA 实施对企业价值提升的影响后果分析

1. 描述性统计

表 2 给出了实施 EVA 考核与企业价值提升之间关系的描述性统计。可以看出，在横向对比中，对于实施 EVA 考核的国有上市公司，其 2010~2012 年三年的托宾 Q 值均值（2.063）与中位数（1.540）均大于未实施 EVA 公司的托宾 Q 值均值（1.760）和中位数

表 2　实施 EVA 考核与企业价值提升的关系描述性统计

统计量	横向对比		统计量	纵向对比	
	已实施 EVA 组	未实施 EVA 组		实施 EVA 前组	实施 EVA 后组
观测值	709	1273	观测值	233	709
均值	2.063	1.760	均值	2.055	2.063
中位数	1.540	1.534	中位数	1.531	1.540
最小值	0.487	0.235	最小值	0.415	0.487
最大值	12.579	15.113	最大值	15.757	12.579
标准差	1.525	0.956	标准差	1.873	1.525

（1.534），初步表明，就全样本公司而言，实施 EVA 考核有利于企业价值的提升；在纵向对比中，对于实施 EVA 考核的企业，其实施后的托宾 Q 值均值（2.063）与中位数（1.540）均大于其实施前的托宾 Q 值均值（2.055）和中位数（1.531），同样表明 EVA 考核的实施能够提升企业价值。

2. 回归结果分析

表 3 给出了模型（1）的回归结果。可以看出，EVA 实施哑变量与托宾 Q 值显著正相关，说明 EVA 考核的实施确实提升了企业价值，假设一得到验证。值得注意的是，尽管本文采用手工收集的方法以确保样本资料的准确性，然而样本选择可能依然存在噪声，即无法保证所有的样本企业都能找到充分的实施或未实施 EVA 的依据，但是这种噪声的存在并不影响实证结果的显著性。其余控制变量符号均与预期相符。

表 3　实施 EVA 考核与企业价值提升的关系回归结果分析

变量	EVADUM	GO	ROA	LEV	SIZE	AGE	N	Adj–R²
预期符号	+	+	+	−	?	?	—	—
系数	0.054**	0.085***	0.244***	−0.053**	0.494***	0.030*	1982	0.373
T 值	3.333	5.305	14.833	−3.087	29.320	1.789	—	—

注：***、**、* 分别表示 1%、5%、10% 水平上的统计显著性，双边检验。

（二）非效率投资在 EVA 实施对企业价值提升中的作用分析

1. 描述性统计

本文利用模型（3）回归所得残差，将样本分为投资过度组和投资不足组，分别进行研究。表 4 给出了按非效率投资类型分类的托宾 Q 值描述性统计结果。在横向对比中可以看出，在过度投资组，对于实施 EVA 考核的企业，其托宾 Q 值的均值（2.304）与中位数（1.632）均大于未实施 EVA 企业的均值（1.542）和中位数（1.375），初步表明对于投资过度的企业来说，实施 EVA 会提升企业价值；在投资不足组，对于实施 EVA 的企业，其托宾 Q 值的均值（1.894）与中位数（1.471）均小于未实施 EVA 企业的均值（1.927）和中

表 4　实施 EVA 考核与企业价值提升的关系描述性统计（按非效率投资类型分类）

统计量	横向对比				纵向对比			
	过度投资组		投资不足组		过度投资组		投资不足组	
	实施 EVA	未实施 EVA	实施 EVA	未实施 EVA	实施 EVA 前	实施 EVA 后	实施 EVA 前	实施 EVA 后
观测值	261	582	448	691	85	261	148	448
均值	2.304	1.542	1.894	1.927	2.046	2.304	2.231	1.894
中位数	1.632	1.375	1.471	1.641	1.520	1.632	1.624	1.471
最小值	0.959	0.235	0.487	0.711	0.415	0.959	0.659	0.487
最大值	8.765	3.398	12.579	15.113	6.963	8.765	15.757	12.579
标准差	1.528	0.597	1.323	1.129	1.507	1.528	2.102	1.323

位数（1.641），表明在实践中，投资不足的企业实施 EVA 降低了企业价值。这与本文的预期假设不符，有待于进一步通过实证回归来验证。在纵向对比中可以看出，在过度投资组，企业在实施 EVA 后的托宾 Q 的均值（2.304）与中位数（1.632）都大于其实施前的均值（2.046）与中位数（1.520），与横向对比组结论相同；在投资不足组，企业在实施 EVA 后的托宾 Q 的均值（1.894）与中位数（1.471）均小于其实施前的均值（2.231）与中位数（1.624），亦表明投资不足的企业实施 EVA 降低了企业价值。

2. 投资过度组回归结果分析

表 5 给出了模型（2）投资过度样本组的回归结果。可以看出，EVA 实施哑变量与托宾 Q 值显著正相关，表明实施 EVA 考核能够提升企业价值，进一步验证了假设一；投资过度水平与托宾 Q 值显著负相关，说明投资过度对企业价值起破坏作用；EVA 实施哑变量和投资过度的交乘项与托宾 Q 值显著正相关，表明 EVA 考核的实施通过抑制投资过度提升了企业价值，验证了 H2a。

表 5　实施 EVA 考核、投资过度与企业价值提升回归结果分析

变量	EVADUM	II	EVADUM×II	ROA	LEV	AGE	SIZE	N	Adj–R²
预期符号	+	−	+	+	−	?	?		
系数	0.243***	−0.103**	0.156***	0.087*	−0.107**	−0.017	−0.208***	843	0.247
T 值	5.850	−2.894	3.921	2.599	−2.982	−0.517	−6.012	—	—

注：***、**、* 分别表示 1%、5%、10% 水平上的统计显著性，双边检验。

3. 投资不足组回归结果分析

表 6 给出了模型（2）投资不足样本组的回归结果。可以看出，EVA 实施哑变量与托宾 Q 值正相关，表明实施 EVA 绩效考核能够提升企业价值，进一步验证了假设一；投资不足水平与托宾 Q 值负相关，也进一步验证了非效率投资对企业价值的破坏作用；然而 EVA 实施哑变量和投资不足交乘项与托宾 Q 值却为负相关，与预期符号不一致，这表明在实践中，部分国有上市公司实施 EVA 考核反而加剧了投资不足进而导致企业价值的减损，因此 H2b 未得到验证。

表 6　实施 EVA 考核、投资不足与企业价值提升回归结果分析

变量	EVADUM	II	EVADUM×II	ROA	LEV	AGE	SIZE	N	Adj–R²
预期符号	+	−	+	+	−	?	?	—	—
系数	0.122***	−0.046	−0.056	0.338***	−0.072**	−0.051*	−0.506***	1139	0.374
T 值	3.949	−1.356	−1.452	13.709	−2.642	−2.036	−18.560		

注：***、**、* 分别表示 1%、5%、10% 水平上的统计显著性，双边检验。

关于研究结果与研究假设不相符的原因，除了一项政策的实施其效应往往需要较长时间显现以外，我们推测还存在以下几种可能性：其一，从制度设计分析，国资委为方便操作将资本成本率统一设定为 5.5%，这种"一刀切"的处理方式显然没有考虑不同行业和不同企业的实际情况，可能导致企业不投资于那些资本成本率高于 5.5% 的项目，但实际上这些项目 NPV 大于 0，从而造成投资不足。其二，从制度执行分析，企业管理层对国资委的办法可能存在理解偏差，在进行投资决策时矫枉过正，一味地通过减少投资降低资本占用，从而错失一些良好的投资机会，最终造成投资不足。其三，从管理者行为分析，信息不对称与代理问题的存在会使厌恶风险的经理倾向于减少投资以减少其分担的风险，从而导致投资不足。尽管 EVA 考核办法通过 R&D、在建工程的调整鼓励此类投资，但是这些投资项目通常风险较高，而国资委同时又对投资实行了严格的问责制，这意味着该类投资的私人成本大于私人收益的可能性较大，在这种情形下经理人放弃 NPV 大于 0 的项目的可能性较大（Aggarwal 和 Samwick，2006），从而引发投资不足。其四，从宏观经济环境分析，次贷危机对我国企业的影响日益凸显，欧债危机不断蔓延扩大，全球经济前景仍不明朗；国内经济增长下行压力不断加大，各种潜在风险不断增多，因此企业纷纷采取了缩减投资规模的应对策略，这也可能导致投资不足的出现。

4. 稳健性检验

为了进一步验证实施 EVA 考核对企业价值的提升作用，本文采用市盈率法对模型（2）中的企业价值进行重新度量，并用投资过度样本再一次做了回归分析，相关结果如表 7 所示。可以看出，回归结果仍然与预期相一致，说明上文所得结论是稳健的。

表 7　稳健性检验结果

变量	EVADUM	Ⅱ	EVADUM×Ⅱ	ROA	LEV	AGE	SIZE	N	Adj–R²
预期符号	+	–	+	+	–	？	？	—	—
系数	0.111**	–0.057*	0.072*	0.393***	–0.019	–0.082*	–0.056*	843	0.287
T 值	2.853	–1.728	1.979	11.985	–0.553	–2.557	–1.666	—	—

注：***、**、* 分别表示 1%、5%、10% 水平上的统计显著性，双边检验。

六、结论与建议

持续创造股东价值不仅是现代企业所追求的目标，而且是国有企业近年来关注的重点所在。本文以 2010~2012 年的国有上市公司为研究对象，考察了 EVA 考核对国有企业价值创造的影响后果及其影响机理。研究发现，EVA 考核整体上有利于企业价值的提升，这为国资委推行与深化 EVA 考核提供了直接的经验证据。同时发现，EVA 考核目前主要是通过影响管理层的投资决策行为进而达到提升企业价值的目的，其具体情况又取决于非效率投资的不同类型：对于存在过度投资的公司，EVA 考核的实施能够显著降低过度投资，进而提升企业价值；而对于存在投资不足的公司，实证检验的结果与预期相反，EVA考核的实施反而加剧了投资不足，进而减损了企业价值。

本文的研究结论表明，从实践结果来看，在我国当前的制度背景下，国资委经过本土化改造的 EVA 考核办法的实施对国有企业过度投资的抑制和企业价值的提升具有非常显著的作用，但与此同时，也带来了一定的负面效应，主要表现在可能导致国有企业的管理层矫枉过正，为压缩资本占用规模而一味放弃投资机会造成投资不足。因此，一方面，国资委需要进一步完善 EVA 考核办法及其配套措施，从制度上正确引导国有企业的管理层合理进行投资决策，尽可能避免非效率投资；另一方面，应进一步加大 EVA 考核的力度，不断拓展 EVA 考核的广度和深度。

当然，本文的研究受相关信息披露不全和获取渠道有限的影响也存在一些局限性，如样本选择存在偏差、没有专门针对中央企业且未结合样本企业具体考核方案。未来随着研究条件的成熟我们将进一步改进研究。

参考文献

[1] 杜兴强，曾泉，杜颖洁. 政治联系、过度投资与公司价值 [J]. 金融研究，2011 (8)：93-110.

[2] 胡玉明. 经济附加值：识别企业创造价值还是毁灭价值的慧眼 [J]. 财务与会计，2008 (12)：11-13.

[3] 黄卫伟，李春瑜. 价值衡量指标及其业绩评价适用性的比较 [J]. 管理科学，2004 (3)：56-60

[4] 李万福，林斌，宋璐. 内部控制在公司投资中的角色：效率促进还是抑制？[J]. 管理世界，2011 (2)：81-99.

[5] 刘凤委，李琦. 市场竞争、EVA 评价与企业过度投资 [J]. 会计研究，2013 (2)：54-62.

[6] 孙铮，李增泉. 收益指标价值相关性实证研究 [J]. 中国会计与财务研究，2001 (2)：1-28.

[7] 汤谷良，林长泉. 打造 VBM 框架下的价值型财务管理模式 [J]. 会计研究，2003 (12)：23-27.

[8] 唐雪松，周晓苏，马如静. 上市公司过度投资及其制约机制的实证研究 [J]. 会计研究，2007 (7)：44-52.

[9] 王化成等. 经济增加值的价值相关性——与盈余、现金流量、剩余收益指标的比较 [J]. 会计研究，2004 (5)：75-81.

[10] 王彦超. 融资约束、现金持有与过度投资 [J]. 金融研究，2009 (7)：121-133.

[11] 魏明海，柳建华. 国企分红、治理因素与过度投资 [J]. 管理世界，2007 (4)：88-95.

[12] 姚立杰，李刚，程小可等. 多元化经营、公司价值和投资效率 [J]. 科学决策，2010 (12)：9-18.

[13] 张纯，吕伟. 信息披露、信息中介与企业过度投资 [J]. 会计研究，2009 (1)：60-65.

[14] 张先治，李琦. 基于 EVA 的业绩评价对央企过度投资行为影响的实证分析 [J]. 当代财经，2012 (5)：119-128.

[15] Aggarwal R., A. Samwick. Empire Builders and Shirkers：Investment，Firm Performance and Managerial Incentives [J]. Journal of Corporate Finance，2006，12 (3)：489-515.

[16] Biddle G. C.，R. M. Bowen，J. S. Wallce. Does EVA Beat Earnings? Evidence on Association with Stock Returns and Firm Values [J]. Journal of Accounting and Economics，1997，24 (3)：301-336.

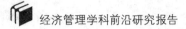

［17］ Holmström B., L. Weiss. Managerial Incentives, Investment and Aggregate Implications: Scale Effects ［J］. Review of Economic Studies, 1985, 52 (3): 403–425.

［18］ Jensen M. C. Agency of Free Cash Flow, Corporate Finance, and Takeovers ［J］. American Economic Review, 1986, 76 (2): 323–329.

［19］ Jensen M. C., W. H. Meckling. Theory of the Firm: Managerial Behavior, Agency Costs, and Ownership Structure ［J］. Journal of Financial Economics, 1976, 3 (4): 305–360.

［20］ Kleiman R. Some New Evidence on EVA Companies ［J］. Journal of Applied Corporate Finance, 1999, 12 (2): 80–91.

［21］ Myers S. Determinants of Corporate Borrowing ［J］. Journal of Financial Economics, 1977, 5 (2): 147–175.

［22］ Richardson S. Over-investment of Free Cash Flow ［J］. Review of Accounting Studies, 2006, 11 (2–3): 159–189.

［23］ Stern J. M., G. B. Stewart, D. H. Chew. The EVA Financial Management System ［J］. Journal of Applied Corporate Finance, 1995, 8 (2): 32–46.

Has EVA Assessment Improved Firm Value?
—Empirical Evidence from State-owned Listed Companies of China

Chi Guohua, Wang Zhi, Yang Jin

Abstract: The SASAC (State-owned Assets Supervision and Administration Commission of the State Council) began to implement EVA assessment within central enterprises in 2010, aiming at promoting companies to transform from profit management to value management and achieving continuous improvement of firm value. Taking the state-owned companies listed on A-shares in Shanghai and Shenzhen motherboard from 2010 to 2012 as sample, this article empirically tests the consequences of EVA assessment to the improvement of firm value. Moreover, it probes into the function of investment efficiency in such effect from a perspective of management's investment decision-making.

产权性质、信息质量与公司债定价 *
——来自中国资本市场的经验证据

方红星　施继坤　张广宝

【摘　要】本文利用沪深两市公开发行的公司债数据，分析产权性质和信息质量对公司债券初始定价的影响。研究发现：国有产权能够发挥隐性担保作用，通过直接作用路径和间接作用路径降低投资者面临的违约风险，从而使公司债券获得较低的信用利差；上市公司自愿披露正面内部控制鉴证报告能够向外界释放高信息质量的积极信号，降低投资者面临的信息风险，从而使公司债券获得较低的信用利差，但这种作用在国有上市公司中却不显著，说明政府的隐性担保可能会使投资者忽视对上市公司信息质量的必要关注，存在诱发道德风险的可能。这些发现有利于深入剖析我国公司债定价存在的深层次问题，从而推动公司债券市场的改革与发展。

【关键词】公司债券；产权性质；信息质量；内部控制鉴证；信用利差

一、引言

大力发展公司债券是当前金融改革的热点问题，提高公司债券融资在直接融资中的比重是我国债券市场发展的一项战略目标，而公司债券的合理定价是决定公司债券市场发展的核心问题。公司债券发行询价对象是配售股东及网下机构投资者，其发行定价反映了一级市场对债券的估值水平。公司债券的初始定价对于二级市场流通定价具有重大的指导意义。那么，在网下询价过程中，机构投资者关注的公司债券定价影响因素有哪些？公司债

---

* 本文选自《金融研究》2013 年第 4 期。

基金项目：本文得到国家自然科学基金项目（批准号：70872018；71172120）、教育部人文社会科学重点研究基地重大项目（批准号：2009JJ0790005）和霍英东教育基金会高等院校青年教师基金项目（批准号：111087）的资助。

作者简介：方红星，教授、博士生导师，东北财经大学会计学院、中国内部控制研究中心；施继坤，东北财经大学会计学院博士生，东北石油大学经济管理学院讲师；张广宝，东北财经大学会计学院博士生，东北石油大学经济管理学院讲师。

券是否如设计之初所预期，能够真正发挥市场的定价作用？在我国特有的制度背景下，发债公司自身的产权性质和信息质量是否会影响公司债券的初始定价？如果存在影响，二者的作用机理如何？这些都是值得深入研究和探讨的重要问题。

　　本文立足于我国公司债券市场，以信用利差度量公司债发行定价，以自愿披露正面意见的内部控制鉴证报告度量信息质量，尝试从产权性质和信息质量两个视角综合考察影响我国公司债券初始定价的主要因素。通过路径分析方法验证了产权性质和信息质量对公司债定价作用机制的推断，并运用多元回归分析综合检验了二者对公司债定价的影响效果。对上述问题的理论分析和实证检验，有利于丰富有关公司债券研究的文献，拓展我国公司债券定价的相关理论，积累基于中国制度背景的相关经验证据。

二、文献回顾

　　公司债券定价包括无风险收益率和风险收益率两个部分。无风险收益率通常指国债收益率，而风险收益率即投资者要求的风险补偿率，通常称之为信用利差。公司债券的价格表现及其在一定时期内的投资表现往往取决于信用利差的变化情况。在理论模型构建方面，公司债券定价通常包括结构模型和简化模型两种方法。结构模型以 Merton（1974）为代表，在 Black 和 Scholes（1973）提出的期权定价模型的基础上构建了利率期限风险结构模型，为公司债券定价提供了一个理论框架，但该模型通常会低估观察到的违约利差（即"信用利差之谜"）。此后，许多学者探索拓展这一模型以试图提高其对信用利差的预测能力，主要包括引入债券契约条款、信用风险、流动性、税收和宏观因素等。债券发行特征是影响公司债定价的基础性因素，大量研究表明债券发行特征会显著影响公司债券的定价行为（Bonfim，2009；Qi 等，2010）。相比之下，简化模型考虑了非流动性和系统性信用风险，能够更好地拟合观察到的违约利差（Campbell、Taksler，2003）。简化模型也称为违约强度模型，由 Jarrow 和 Turnbull（1995）最早提出，认为违约强度过程可能依赖外生的宏观状态变量，也可受到其他公司违约的"传染"。Duffie 和 Lando（2001）模型表明，在不完全信息环境下，当企业预期未来现金流价值（即企业价值）不可完全观察到时，就会增大真实企业价值实际上接近违约边界的概率。

　　在实证检验方面，Mansi 等（2011）利用美国公司债数据，采用债券信用利差来捕捉债务初始发行成本，探讨了财务分析师预测特征对信用利差的影响。Jiang（2008）调查研究了突破三种盈余基准是否以及如何影响企业债务成本，采用信用评级和初始债券信用利差作为公司债定价的依据。结果表明，公司突破盈余基准会获得更好的信用评级和更低的信用利差。Sánchez-Ballesta 和 Garcia-Meca（2011）以西班牙上市公司为样本，研究了产权性质对债券发行成本的影响，发现政府持股的公司有更低的债券发行成本（即信用利差），并由此推断政府持股会带来隐性的债务担保，进而降低公司债的成本。而 Boubakri

和 Ghouma（2010）以西欧和东亚 19 个国家或地区的公司债券为研究对象，却没有发现政府控制对债券信用利差或评级产生任何影响。可见，国外有关产权性质对公司债券定价影响的研究结论并不一致。

由于我国资本市场起步较晚，银行贷款一直是我国企业最重要的债务融资方式。所以学界对债务契约展开的相关研究主要集中在对银行信贷契约的研究，对债券契约尤其是公司债券的相关研究更是凤毛麟角。王国刚（2007）指出，企业债券实质上是政府债券、而非公司债券，要发展公司债券市场，必须将公司债券与企业债券相分立，形成不同的制度体系、运作机制和监管体系。

一些国内学者尝试运用实证方法研究公司债的相关问题。高强和邹恒甫（2010）研究和比较企业债券和公司债券在历史价格、无风险利率、宏观经济、公司基本面和利息支付等方面的信息有效性，通过寻求债券回报率的预测因素来揭示市场有效程度。付雷鸣等运用事件研究法对公司债发行所产生的公告效应进行了研究。结果表明，在事件窗口中，公司债发行会产生负的公告效应，但在公告发布前的累积超额收益率为正，而在公告发布后的累积超额收益率为负。何平和金梦（2010）利用 2007~2009 年发行的企业债或公司债数据，建立"真实利息成本"（TC）回归模型，以信用评级和其他相关因素对债券的真实利息成本进行计量回归，研究发现信用评级对发行成本具有解释力，但他们将企业债券和公司债券纳入同一定价框架中进行研究的做法值得商榷，故其结论尚难令人信服。

由此可见，目前我国鲜有学者专门针对公司债券定价问题开展实证研究。本文基于制度经济学和信息经济学相关理论，从产权性质和信息质量两个视角实证检验和深入探究二者对公司债券定价的作用机理和影响效果，从研究内容及方法上丰富和拓展了现有的相关研究。

三、理论分析与研究假说

公司债券定价最终可以通过投资者要求的风险收益率（即信用利差）加以体现。公司债券的风险越高，投资者要求的信用利差越高。本文将采用信用利差来度量公司债券定价水平。影响信用利差的因素按照风险来源进一步分解为违约风险（信用风险）、预期流动性风险和宏观环境波动风险等（Fabozzi、Modigliani，2010），而影响上述风险的因素既涉及公司特征及其债券发行特征等微观因素，也包括外部环境变化等宏观因素（Boubakri、Ghouma，2010），这构成了研究信用利差影响因素的基本分析框架。基于我国特有的制度背景，本文将研究视角定位于公司债券的一级市场，重点考察公司特征中的产权性质和信息质量对公司债券初始定价的作用机理和影响效果。

长期以来，国有经济在我国国民经济中占据主导地位。政府控股的企业普遍承担着战略性和社会性的政策负担（林毅夫、李志赟，2004），当其陷入困境的时候更容易得到政府的多方救济。所有权结构也决定了国家必须承担这些企业经营失败的责任，从而形成国有企业的"预算软约束"。此外，由于我国证券市场的建立和发展更多依赖国家行政干预而非市场机制，在实践中，证券资本市场一度成为国有企业融资、解困的工具。在我国政府主导下的债券市场中，政府是债券市场规则的制定者，是债券产品创新的推动者，是债券市场的监管者，而又通过控股国企转身成为债券市场的参与者。高度的政府信用可以强化投资者的信心，降低债务契约履约的不确定性，从而降低交易费用。因此，国有企业可以轻而易举地凭靠产权性质"借得"信用声誉，政府成为其发行的公司债券的隐性担保人。一旦发生因经营不善等原因导致的债券到期无力偿还的情况，政府很可能会为其"输血"乃至"埋单"。

一方面，产权性质作为上市公司的一个外显特征，能够直接为投资者所感知，从而正面引导投资者对其发行公司债券的违约风险水平做出乐观估计，使债券投资者相信，因其享有政府提供的隐性担保，国有上市公司发生债券到期违约的概率更低，在定价上会被要求更低的风险补偿率，其债券初始发行的信用利差也就越低。相比之下，民营企业尽管是中国经济发展的重要力量，但一直以来由于缺乏政府的政策支持和隐性担保，企业的融资需求难以得到满足（祝继高、陆正飞，2011），且融资成本也相对较高。这是产权性质作为公司外显特征影响投资者对债券定价的直接作用路径。

另一方面，大多数市场参与者都会依赖商业评级机构出具的信用评级来判断公司债券的违约风险水平。政府直接控股的企业通常会获得较高的主体信用评级，从而使其发行的公司债券同样会获得较高的信用评级。因此，产权性质通过影响评级机构对公司债券的信用评级来影响广大投资者对债券违约概率的判断，从而影响债券投资者对公司债券的定价。这就形成了产权性质对公司债定价影响的间接作用路径。

通过上述分析可知，产权性质会影响公司债券的定价，其作用机制可以分为直接影响效应和间接影响效应两条路径，对此我们将在下文中采用路径分析方法加以检验。根据以上分析，我们提出研究假设 H1。

假设 H1： 在其他条件不变的情况下，与非国有上市公司相比，国有上市公司发行的公司债券具有较低的信用利差。

信息对于资本市场至关重要，它引导价格的形成，并通过价格引导资源配置（Kothari等，2005）。会计信息是公司契约各方与资本市场联系的桥梁和纽带。现有理论和经验研究都已表明信息质量的提高有助于降低上市公司的股权融资成本（Frantis 等，2005），从而提高股票的市场定价。财务信息是债权人用来评价公司质量的重要标准。当依据财务信息判断公司质量较差时，债券投资者就会要求更高的风险溢价，而且作为优先求偿人的债权人有权进行清偿项目或重新就借款契约进行谈判。因此，经理人员可能有动机去发布误导性的财务报告以隐瞒负面消息，从而攫取个人私利或潜在的股东收益。

在债券市场上，债权人高度重视信息质量以遏制管理层操纵这些报告的动机。拥有良好信息环境的公司会让资本市场参与者做出对公司真实价值更为准确的估计，高质量信息能够降低债券投资者面临的信息风险，因此会产生一定的信息增量作用。Amir 等（2010）

认为投资者对公司债券的定价会考虑信息质量和审计师监管的强度，更好地披露和监管会导致更高的估值。这是因为二者能够降低公司与投资者之间的信息不对称，从而有利于投资者更准确地估计公司的未来现金流，降低投资决策的信息风险。由此可见，公司自身的财务信息质量对公司债定价具有直接的作用路径，对此我们将在下文中通过路径分析加以检验。

学术界采用多种方法来度量信息质量，综合考虑我国公司债券发行条件和内部控制自愿披露的制度背景，本文认为上市公司自愿披露正面意见的内部控制鉴证报告是高信息质量的一种合理可行的代理变量。自愿披露内部控制鉴证报告行为在一定程度上会影响上市公司的信息结构，有利于投资者做出正确的投资判断，其向市场传递的积极信息应该会对公司债券的定价产生重要影响。据此，我们提出研究假设 H2。

假设 H2： 在其他条件不变的情况下，与低信息质量公司相比，高信息质量公司发行的公司债券具有较低的信用利差。

四、研究设计

（一）样本选择和数据来源

在我国，公司债券不同于企业债券，公司债券的发行定价过程更符合市场化要求。将二者同时纳入样本中进行研究的做法既不合理也不科学。基于此。本文选取 2007~2011 年在沪深证券交易所发行的公司债券作为研究样本，并按照以下标准筛选：①由于公司债券的发行人包括沪深两市上市公司及发行境外上市外资股的境内股份有限公司，根据样本可比性，故剔除非上市公司发行的公司债券 15 支；②由于模型中多数变量需要用到其上一年的财务数据和其他披露信息，故剔除上市公司 IPO 当年发行的公司债券 2 支；③在债券契约特殊条款中，75 支债券约定"回售"、2 支约定"赎回"、1 只约定"提前偿付"，为保证样本的清洁，我们将约定"赎回"和"提前偿付"条款的 3 只债券予以剔除。最终样本涉及 2007~2011 年 133 家上市公司发行的 150 支公司债券。从发债公司的产权性质来看，国有上市公司发行的公司债券有 109 支，其中，对应公司自愿披露内部控制鉴证报告的有 39 支，占比 35.78%；非国有上市公司发行的公司债券有 41 支，其中，对应公司自愿披露内部控制鉴证报告的有 12 支，占比 29.27%。可见，公司债券样本对应其国有和非国有产权性质而言，自愿披露内部控制鉴证报告所占比例不存在显著的系统性差异。

债券发行数据和公司财务数据均来自 WIND 数据库。内部控制鉴证报告等信息通过阅读 2006~2010 年度报告进行手工收集、整理。我们采取滞后一期的方法，确保收集到债券信用利差数据日期前，其他变量数据能够被投资者所获悉，以减轻可能的内生性问题。本文分别采用 AMOS 17.0 和 SPSS 19.0 进行路径分析与多元统计分析。

（二）关键变量定义

1. 信用利差（Spread）

考虑到我国公司债券定价时的基准利率为同期无风险债券收益率（以国债利率来度量），则公司债的发行定价公式可以简化为：发行价格（即票面利率）=国债利率+信用利差。鉴于信用利差能够很好地反映债券定价对投资者的风险补偿程度，体现债券本身的投资价值，因此影响信用利差的因素也是决定债券发行价格的关键因素。信用利差（Spread）可以通过债券票面利率与同期可比的国债收益率之间的百分点差额求得。

2. 产权性质（State）

本文沿用我国现有主流文献的通常做法，采用上市公司最终（或终极）控制人的性质划分考察产权性质。此处，State 是代表产权性质的虚拟变量，如果上市公司实际控制人为中央或地方政府取值为 1，否则为 0。

3. 信息质量（ICA）

对于信息质量的度量，理论和实务界一直没有统一的定论。我们通过对以往相关研究文献的梳理发现，信息质量的度量方法通常可以概括为间接分析法和直接认定法两大类。前者主要依赖于上市公司披露的财务报告信息，以 Jones 模型为代表的用操纵性应计度量盈余管理程度的计量模型一度成为度量信息质量的经典方法。Francis 等（2005）指出用盈余管理程度不能很好地反映企业的信息风险。他们以 DD 模型残差的标准差作为衡量信息风险的代理变量。上述方法对技术处理和公司上市年限要求较高，并不适用于对发债公司信息质量的度量。后者则是通过可以被外界感知的反映上市公司信息质量的其他信息对信息质量进行度量，如果上市公司发生财务重述、年报获得了非标准审计意见，或者受到证监会和沪深交易所处罚，表明上市公司信息质量较低。但能够获得证监会审批发行公司债的上市公司显然不会有这三种情况发生。因此，我们有必要寻求一种简单、直观且易于被外界感知的度量方法。

公司债券发行条件中明确了对发行主体内部控制质量的要求。在资本市场上，上市公司披露的内部控制信息是投资者判断公司内部控制有效性、盈余可靠性、违规可能性与自身投资风险性的重要依据（邱冬阳等，2010）。我国监管法规要求董事会披露年度内部控制自我评估报告。但在缺乏第三方监督的情况下，投资者和债权人对这些自我评估报告的可信度可能存在疑问。内部控制鉴证作为一种制度安排，其产生和发展的根本动因在于改进财务信息质量。根据信号传递理论，高质量的公司更有动机自愿向外界传递公司具备高质量的信号。内部控制质量越高的公司越有可能基于信号传递的意图披露由外部审计师出具的内控鉴证报告（林斌等，2009）。此外，内控鉴证本身也有助于发现公司内部控制存在的问题，帮助公司提高内部控制质量，进而改进财务信息质量。因此，如果公司自愿披露了独立第三方（审计师）的正面鉴证意见，我们应该能够合理地推断该公司的内部控制和财务信息质量较高，这将有助于投资者更准确地估计上市公司的未来现金流，降低投资者面临的信息风险，进而做出恰当的投资决策。因而，我们用自愿披露正面意见的内控鉴证报告作为高信息质量的代理。ICA 表示信息质量高低的虚拟变量，如果上市公司自愿披露正面意见的内控鉴证报告取值为 1，否则为 0。

4. 违约风险（Credit）

我们借鉴国际通常做法，将公司债发行信用评级分别赋值为：AAA = 2，AA+ = 3，AA = 4，AA− = 5，数值越高表明评级越差，说明公司债发行公司的违约风险越大。债券信用评级不仅关系到债券可否顺利发行，也关系到债券票面利率，直接影响到企业未来的融资成本（何平等，2010）。因此，我们预期用信用评级度量的违约风险与信用利差正相关。

（三）路径分析

根据以上理论分析和研究假设，为了更好地厘清产权性质与信息质量对公司债定价影响的作用机理，我们针对上述关键变量构建了检验路径分析理论模型（如图 1 所示）。理论模型共包含六个变量，其中观测变量四个，非观测变量两个（e1 和 e2）。外因观测变量分别为产权性质（State）和信息质量（ICA），内因观测变量包括违约风险（Credit）和信用利差（Spread）。依据前述理论，State 与 Credit、State 与 Spread 以及 ICA 与 Spread 的关系是单向递归的[①]，故采用递归模型，并运用极大似然法进行模型估计。

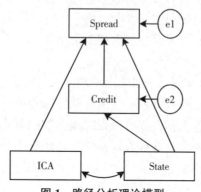

图 1　路径分析理论模型

表 1 报告了 State、ICA、Credit 与 Spread 间的标准化的路径系数，State 对 Credit 影响的直接效果值为 −0.457，Credit 对 Spread 影响的直接效果值为 0.640，State 对 Spread 影响的直接效果值为 −0.143，由于 State 对 Spread 的间接效果值为 −0.293，因而，State 对 Spread 影响的总效果值达到 −0.436。由此可见，State 对 Spread 的影响有两条作用路径，假

[①] 在路径分析的初始模型构建中，我们对 ICA 与 State、ICA 与 Credit 两组变量也进行了路径分析检验，结果发现，这两组变量之间并不存在显著影响关系，这也与后面的多元回归分析结果相一致。

设 H1 得到初步支持。ICA 对 Spread 影响的直接效果值为−0.184，假设 H2 得到初步支持。从路径分析的决定系数 R^2 可知，State 可以解释 Credit 20.9%的变异量；Credit、State 和 ICA 可以联合解释 Spread 55.8%的变异量。路径分析结果很好地验证了先前对产权性质和信息质量影响公司债券定价的作用机理，为后文的多元回归分析奠定了基础。

表 1　路径分析效果

路径效果	直接效果	间接效果	总效果值	R^2
State → Credit	−0.457***		−0.457	20.9%
Credit → Spread	0.640***		0.640	
ICA → Spread	−0.184***		−0.184	55.8%
State → Spread	−0.143**	−0.293	−0.436	

注：***、** 分别表示 1%和 5%水平上显著。

(四) 模型设计

由于公司债券定价是一个综合考虑上市公司及其发行债券特征等微观因素和外部环境变化等宏观因素的过程，因此，我们在模型中还控制了以下变量：

1. 发行规模（Isize）

Isize 为公司债本次发行金额的自然对数值，用以控制规模因素对信用利差的影响，发行规模越大的债券具有越高的流动性，说明上市公司的融资能力越强，投资者越容易接受较低的收益率。因此，预期发行规模与信用利差负相关。

2. 回售条款（Put）

Put 表示公司债发行时募集说明书中是否约定回售特殊条款①的亚变量。如果债券发行人在债券募集说明书中约定回售条款，当债券触发回售条件时，债券持有人可以依照债券募集说明书中约定的回售条款，将其所持有的债券依照事先确定的较高的回售价格回售给发行人。债券回售条款是对债券持有人权益的一种保护，故预期公司债券发行时约定回售条款与信用利差负相关。

3. 盈利能力（ROA）

ROA 为总资产回报率，通常用以度量上市公司的盈利能力。一般情况下，总资产回报率越高，表明公司的盈利能力越强，预示着公司有更高的现金流，发生债务违约的可能性越小。因此，预期总资产回报率（ROA）与信用利差负相关。

---

① 一般来说，对于包含有利于投资者选择权条款的债券（如回售条款等），市场参与者在期限相同的国债收益率基础之上要求获得的风险溢价水平相对较低，但对于包含有利于发行人选择权条款的债券（即赎回条款或提前偿付条款等）则要求较高。目前，我国公司债发行时募集说明书中的特殊条款主要包括回售、调整票面利率、提前偿付或赎回。而回售往往伴随着利率的调整，上市公司一般选择在债券发行后第三年或第五年发布是否上调债券票面利率进而要求持有人选择是否回售。因此，我们这里所说的回售条款包括调整利率特殊条款。

4. 行业特征 (IND$_i$)

样本中涉及采掘业、制造业等 7 个行业，因此有必要在回归模型中控制行业因素的影响。我们以建筑业为参照系，在模型中加入其余行业变量，即 IND$_i$ (i=1, 2, …, 6)，当样本属于某一行业时取值为 1，否则为 0。

5. 宏观因素 (Year$_j$)

研究期内，受国际金融危机等全球经济环境变化的影响，我国资本市场宏观经济波动也较大，这将对公司债券在一级市场上初始定价产生影响，为此我们控制了公司债券发行的年份 Year$_j$(j = 1, 2, 3, 4)，当其中某一年份取值为 1 时，其他年份取值为 0。

根据理论分析和变量定义，我们构建以下 OLS 回归模型估计公司债券的信用利差：

$$Spread = \beta_0 + \beta_1\,State + \beta_2\,ICA + \beta_3\,Credit + \beta_4\,Isize + \beta_5\,Put + \beta_6\,ROA + \beta_{7\text{-}12}\,IND_i + \beta_{13\text{-}16}\,Year_j + \varepsilon \tag{1}$$

五、实证检验结果与分析

（一）描述性统计

各变量按照产权性质分组后的描述性统计表明：Spread 在非国有上市公司组的均值和中位数分别是 3.624 和 3.450，明显高于国有上市公司组的均值和中位数 （2.486 和 2.420）。为了进一步验证 Spread 组间差异的显著性，我们对其进行了样本组间差异检验，包括独立样本 T 检验和 Mann-Whitney U 检验，结果表明，国有上市公司其信用利差显著低于非国有上市公司，说明国有产权性质承担了隐性担保作用，能够显著降低上市公司信用利差，机构投资者给予这类上市公司发行的公司债券较高的定价，因而假设 H1 得到了初步验证。

各变量按信息质量分组的描述性统计表明：Spread 在未自愿披露内部控制鉴证报告组的均值和中位数分别是 2.955 和 2.740，明显高于自愿披露正面意见的内部控制鉴证组的均值和中位数 （2.489 和 2.600）。为了进一步验证 Spread 组间差异的显著性，我们也着重对其进行了样本组间差异检验。结果表明，自愿披露正面意见内部控制鉴证报告的上市公司，其信用利差显著低于未披露内部控制鉴证报告的上市公司，说明自愿性内部控制鉴证报告起到了信号传递作用，减少了信息不对称，能够显著降低上市公司发行公司债的信用利差，因而假设 H2 得到了初步验证。

（二）相关性分析

Pearson 和 Spearman 相关分析结果表明：解释变量 State 和 ICA 分别与 Spread 在 1% 和 5% 水平上显著负相关。State 与 Credit 相关系数达到-0.453，且在 1% 水平上显著，与我们预期的产权性质通过降低违约风险进而影响信用利差的作用机理相吻合，即国有产权通过隐性担保作用降低投资者面临的违约风险，使得这类债券获得较低的信用利差。

控制变量除 ROA 外，均与被解释变量 Spread 显著相关，说明在检验产权性质和信息质量对信用利差的影响时，有必要控制公司债券发行的主要特征。此外，如表2所示，各变量方差膨胀因子（VIF）的最大值是2.368，表明不存在严重的多重共线性问题。

（三）多元回归分析

为了验证假设 H1 和假设 H2，我们选择全样本进行多元线性回归，并采用测试变量逐渐进入方式便于更加细致地考察变量之间的关系，回归结果见表2。通过该表可以看出：

表2　多元线性回归结果

被解释变量	Spread（公司债券发行时的信用利差）									
样本类型	全样本						国有上市公司		非国有上市公司	
模型	(1)		(2)		(3)		(4)		(5)	
	系数	VIF	系数	VIF	系数	VIF	系数	VIF	系数	VIF
常数项	1.975***		1.488***		1.961***		1.681***		2.703	
State	−0.348**	1.486			−0.328**	1.490				
ICA			−0.338***	1.098	−0.325***	1.101	−0.188	1.172	−0.679**	1.524
Isize	−0.430***	1.600	−0.395***	1.648	−0.387***	1.651	−0.380***	1.688	−0.616**	1.438
Put	−0.303**	1.345	−0.301**	1.345	−0.301**	1.345	−0.218	1.392	−0.219	1.473
Credit	0.632***	2.236	0.733***	2.002	0.662***	2.268	0.533***	2.368	0.825***	1.533
ROA	0.008	1.466	0.014	1.353	0.005	1.471	0.09	1.631	−0.009	1.347
IND_i 和 $Year_j$	控制		控制		控制		控制		控制	
Adj. R^2	65.1%		65.7%		66.7%		65.8%		42.8%	
F 值	19.51		20.03		19.65		14.89		4.36	
P 值	0.000		0.000		0.000		0.000		0.004	
样本数量	150		150		150		109		41	

注：***、**、* 分别表示1%、5%、10%水平上显著。

首先，将产权性质变量纳入回归模型中，结果（1）显示 State 系数为−0.348，且在5%水平上显著。这说明相对于非国有上市公司而言，国有上市公司具有较低的信用利差。

其次，将信息质量的代理变量加入模型中，结果（2）显示 ICA 系数为−0.338，且在1%水平上显著。这说明上市公司自愿披露正面内部控制鉴证报告能够向机构投资者传递上市公司高信息质量的积极信号，有利于投资者更准确地估计公司的未来现金流，从而降低投资者面临的信息风险。因此，机构投资者会给其发行的公司债券以较高的定价。

最后，将上述两个变量同时加入到回归模型中。回归结果（3）显示两个变量 State 和 ICA 的系数分别为−0.328 和−0.325，且仍在5%和1%水平上显著。该回归结果与我们预期结论相一致。假设 H1 和假设 H2 均得以验证。模型在三个回归结果中调整后 R^2 分别达到

65.1%、65.7%和 66.7%，说明该模型拟合优度较高，具有很好的解释能力。

（四）基于产权分组的进一步考察

我们将全样本按照产权性质进行了分组，分别对国有上市公司和非国有上市公司两个子样本进行回归并采用 Bootstrap（自抽样法）检验组间差异的显著性。表 2 的回归结果（4）显示 ICA 在国有上市公司样本回归模型中的系数仅为−0.188，且没有通过统计意义上的显著性水平测试；回归结果（5）则显示 ICA 在非国有上市公司样本回归模型中的系数上升至−0.679，且在 5%水平上显著。两组回归系数差异为 0.491，经由 Bootstrap 测试得到的经验 P 值为 0.018 且在 5%水平上显著异于零。

这说明国有产权对公司的隐性担保作用削弱了信息质量与公司债券信用利差的负向显著关系。受到国家支持，国有产权的特殊性使得国有企业本身存在一些声誉效应，甚至即使财务报表数据不真实，也有政府"埋单"。这在一定程度上抵消了审计师在验证财务报表真实性中的作用（王兵等，2009），可能使得投资者忽视发债公司信息质量。但在缺乏政府隐性担保的前提下，信息质量与公司债券的信用利差的负向相关关系显著成立，这也意味着非国有上市公司的债券投资者更加关注债券发行主体的信息质量，从而规避和降低由于信息风险给债券投资带来的损失。另外，对于非国有上市公司来说，要想获得成本较低的债券融资，保持较高的会计信息质量更重要。

六、稳健性检验

为了使研究结论更加稳健，我们做了以下三方面的检验：

（1）对于发行多只公司债的公司，我们基于加权平均债券信用利差估算公司总体的信用利差，即采用流通在外的某一公司债的数额占公司流通在外的所有交易债券的总额作为权重，重新对全样本及国有上市公司和非国有上市公司两个子样本分别进行多元线性回归。研究发现，与我们报告的使用所有债券的回归结果相比，采用加权平均信用利差按照发行公司数量合并样本后具有相似的结果，研究结论没有实质性差异。

（2）考虑到财务信息质量度量方法不同可能会对结果造成的影响，我们发现仅有债券代码为"112038"的"11 锡业债"，其 2010 年的财务报表审计意见为带强调事项段无保留意见，故将该债券剔除，结论不变。

（3）在估计方法上，为了更好地验证变量间内在结构关系的合理性，我们针对多元线性回归方程中的所有变量构建结构方程模型重新进行了分析，研究结果没有发生显著变化。基于上述分析，我们认为，本文的结论是比较稳健的。

七、研究结论与政策建议

本文研究结果表明：总体而言，与非国有上市公司相比，国有上市公司的政府背景起到了隐性担保的作用，其在债券初始定价时的信用利差显著较低；作为高信息质量的代理变量，上市公司自愿披露正面内部控制鉴证报告能够向市场传递公司内部控制和信息质量的积极信号，有利于投资者对公司的价值和风险做出更准确的估计，进而显著降低公司债券在一级市场上的发行成本；但针对不同产权性质做进一步考察，我们却没有在国有上市公司样本中发现信息质量对融资成本的治理作用，说明政府的隐性担保可能会使投资者忽视对上市公司信息质量的必要关注，存在诱发道德风险的可能。

本文研究结论具有下列重要政策含义：

（1）从产权性质来看，国有企业因其承担大量政策性负担，有动机要求政府给予融资等方面的优惠，政府也在我国经济转型时期为其直接或间接融资行为提供了隐性担保。在政企"互利"的背后，却存在诱发国企高管道德风险的可能（如利益侵占和非效率投资等），将严重损害投资者和债权人的利益；同时，这也违背了公司债券本身的特征，不利于社会资源的有效配置。规范市场秩序和保证市场良性发展的关键，在于解除政府在证券市场上的隐性担保责任，从而提高证券市场的运行效率与功能效率（张宗新等，2001）。因此，主管公司债券发行的审批机构应该摘掉"有色眼镜"，减少对符合公司债发行条件的民营企业的融资歧视。这将有利于满足民营企业不断扩大的资金需求，促进其与国有企业在融资平台上的公平竞争，从而提高资源配置效率。此外，债券市场健康发展也需要建立风险分担机制，把风险识别和风险承担交给投资者，把信息揭示和风险提示交给中介服务机构，从社会层面防止政府隐性担保而滋生的道德风险（沈炳熙、曹媛媛，2010）。

（2）从信息质量来看，自愿披露正面意见的内部控制鉴证报告能够向市场传递管理层对内部控制和信息质量的信心，在一定程度上消弭了上市公司与投资者间的信息不对称，从而正面影响投资者对公司价值和风险的估计，不失为代表信息质量的可取变量。我国债券市场的发展需要发挥市场的约束机制，其中包括发行人可靠透明的信息披露和注册会计师的独立审计（鉴证），以及内部控制的建设和监管。本文的研究结论支持了内部控制鉴证及相应信息披露监管的合理性和必要性，有利于引导上市公司正确看待内部控制建设和信息披露，从而提高其披露内部控制鉴证报告的内在动机。因此，监管当局应该进一步规范上市公司信息披露和监管政策，以保证发行人信息披露的持续、全面和真实，以便债券投资者能够对市场信息做出及时反应，并通过市场手段实现约束效应。

（3）从定价机制来看，与国际上公司债券定价研究相一致，我国公司债一级市场初始定价的影响因素基本反映了网下投资者所关注的债券特征和风险因素，在一定程度上体现了市场定价机制的功效，说明我国公司债初始定价较为合理，这对于引导二级市场债券定价至关重要。同时，作为债券市场的广大投资者，在关注产权性质带来隐性担保的同时，也要关注上市公司的内部控制建设和信息质量，以防止因隐性担保而诱发的道德风险，规范和引导公司做出正确的投资决策。

参考文献

［1］付雷鸣，万迪昉，张雅慧. 中国上市公司公司债发行公告效应的实证研究［J］. 金融研究，2010（3）：130-143.

［2］高强，邹恒甫. 企业债券与公司债券的信息有效性实证研究［J］. 金融研究，2010（7）：99-116.

［3］何平，金梦. 信用评级在中国债券市场的影响力［J］. 金融研究，2010（4）：15-28.

［4］林斌，饶静. 上市公司为什么自愿披露内部控制鉴证报告？——基于信号传递理论的实证研究［J］. 会计研究，2009（2）：45-52.

［5］林毅夫，李志赟. 政策性负担、道德风险与预算软约束［J］. 经济研究，2004（2）：17-27.

［6］邱冬阳，陈林，孟卫东. 内部控制信息披露与 IPO 抑价——深圳中小板市场的实证研究［J］. 会计研究，2010（10）：13-39.

［7］沈炳熙，曹缓缓. 中国债券市场：30 年改革与发展［M］. 北京：北京大学出版社，2010.

［8］王国刚. 论"公司债券"与"企业债券"的分立［J］. 中国工业经济，2007（2）：5-11.

［9］王兵，辛清泉，杨德明. 审计师声誉影响股票定价吗——来自 IPO 定价市场化的证据［J］. 会计研究，2009（11）：73-81.

［10］张宗新，姚力，厉格菲. 中国证券市场制度风险的生成及化解［J］. 经济研究，2001（10）：60-66.

［11］祝继高，陆正飞. 产权性质、股权再融资与资源配置效率［J］. 金融研究，2011（1）：131-148.

［12］Amir E., Y. Guan. Auditor Independence and the Cost of Capital before and after Sarbanes-Oxley: The Case of Newly Issued Public Debt［J］. European Accounting Review, 2010, 19（4）：633-664.

［13］Black F., Scholes. The Pricing of Options and Corporate Liabilities［J］. Journal of Political Economy, 1973, 81（3）：637-654.

［14］Bonfim D. Credit Risk Drivers: Evaluating the Contribution of Firm Level Information and of Macroeconomic Dynamics［J］. Journal of Banking & Finance, 2009（33）：281-299.

［15］Boubakfi N., H. Ghouma. Control/Ownership Structure, Creditor Rights Protection, and the Cost of Debt Financing: International Evidence［J］. Journal of Banking & Finance, 2010, 34（10）：2481-2499.

［16］Campbell J., Taksler G. Equity Volatility and Corporate Bond Yields［J］. Journal of Finance, 2003（58）：2321-2349.

［17］Duffle D., Lando D. Term Structures of Credit Spreads Within Incomplete Accounting Information［J］. Econometrica, 2001（69）：633-664.

［18］Fabozzi F. J., Medigliani F. Capital Market: Institutions and Tools［M］. China Renmin University Press, 2010.

［19］Francis J., La Fond R. Olssou, P. Schipper K. The Market Pricing of Accruals Quality［J］. Journal of Accounting and Economics, 2005（39）：295-327.

［20］Jarrow R. A., Turnbull S. M. Pricing Derivatives on Financial Securities Subject to Credit Risk［J］. Journal of Finance, 1995（50）：53-85.

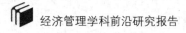

[21] Jiang J. Beating Earnings Benchmarks and the Cost of Debt [J]. The Accounting Review, 2008, 83 (2): 377–416.

[22] Kothari S., Leone A., Wasley C. Performance Matched Discretionary Accrual Measures [J]. Journal of Accounting & Economics, 2005 (39): 163–197.

[23] Mansi S. A., W. F. Maxwell. Analyst Forecast Characteristics and the Cost of Debt [J]. Review of Accounting Studies, 2011, 16 (1): 116–142.

[24] Merton R. C. On the Pricing of Corporate Debt: the Risk Structure of Interest Rates [J]. Journal of Finance, 1974 (29): 449–470.

[25] Qi Howard, Sheen Liu, Chunchi Wu. Structural Models of Corporate Bond Pricing with Personal Taxes [J]. Journal of Banking & Finance, 2010 (34): 1700–1718.

[26] Sánchez-Ballesta J. P., E. Garcia-Meca. Ownership Structure and the Cost of Debt [J]. European Accounting Review, 2011, 20 (2): 389–416.

Abstract: Utilizing data of corporate bonds issued publicly by the listed companies in Shanghai and Shenzhen Stock Exchanges, this paper studies the effect of ownership type and information quality on initial pricing of corporate bonds in China. It is found that state-owned ownership burdens implicit guarantee, which could lower the credit spread of corporate bonds significantly by direct and indirect paths to default risk. while listed comparties voluntarily disclose the positive internal control assurance reports can play a signal function to the public about higher information quality. Investors will give a higher price of corporate bonds issued by these listed companies, because of the lower information risk, but this is not significant in the sample of state-owned listed companies, which maybe mean that governments' implicit guarantee make investors ignore the necessary attention to information quality of listed companies, inducing moral hazard. These findings are useful for deepening the analysis on profound issues in corporate bond market pricing and will promote its reform and development.

Key Words: Corporate Bond; Ownership Type; Information Quality; Internal Control Assurance; Credit Spread

风险投资在企业 IPO 中存在择时行为吗?*
——基于我国中小板和创业板的实证研究

沈维涛　叶小杰　徐　伟

【摘　要】本文研究我国风险投资机构在企业 IPO 过程中的择时行为及其影响机理。研究发现，虽然风险投资机构整体上并未帮助提高企业通过发行审核和选择市场较好的时期进行 IPO 的概率，但是经验丰富以及外资背景的风险投资机构具备这样的择时能力。进一步研究发现，风险投资及其特征并不影响样本企业在短期内的择时行为，这表明 IPO 择时更有可能是一个基于中长期预测的规划过程。综合本文研究结果，我们认为企业应该尽量选择经验丰富、外资背景的风险投资机构，从而有助于提高企业 IPO 成功率，并且在市场行情相对较好的时期上市。

【关键词】风险投资；IPO 择时行为；发行审核；经验；外资背景

引　言

近年来，我国风险投资行业发展迅速，募资、投资规模及 IPO 表现异常活跃。据投中集团 CVSource 资料库统计，2006~2011 年，我国 VC 和 PE 投资案例数量从 627 例增长到 1694 例，年均复合增长率达到 122%；同一时期内，365 家具有风险投资背景的企业在中小板及创业板成功 IPO，占 IPO 总量的 37.9%。风险投资行业的迅猛发展引起了学术界的广泛关注，国内学者围绕风险投资支持的企业 IPO 折价、经营业绩、投融资行为等问题开

* 本文选自《南开管理评论》2013 年第 16 卷第 2 期。
基金项目：本文受国家自然科学基金项目（71172052）资助。
作者简介：沈维涛，厦门大学管理学院教授、博士生导师，研究方向为公司财务与公司治理；叶小杰，厦门大学管理学院博士研究生，研究方向为公司财务与公司治理；徐伟，厦门大学管理学院硕士研究生，研究方向为公司财务与公司治理。

展了一些研究。然而，作为 IPO 三个异常现象之一，[①] 风险投资支持的企业在 IPO 中是否具备选择市场行情较好的时期进行 IPO（以下简称"择时"）的能力却研究甚少。在 IPO 的审核制度上，西方发达资本市场普遍采取注册制，而我国则经历了由审批制到核准制的演变过程。人们通常认为，我国企业在 IPO 过程中并没有选择时机的问题，因为新股发行是由证监会严格控制的。然而从 2006 年起，我国开始实施新股发行核准制度，企业 IPO 行为的自主性全面加强，这为考察企业和风险投资的 IPO 市场择时问题创造了条件。

为了考察风险投资机构在企业 IPO 过程中是否存在择时行为，本文逐步深入地分析和探讨了以下问题：第一，整体而言，风险投资机构能否提高企业通过发行审核的概率，并且帮助企业在市场行情较好的时期进行 IPO？第二，我国的风险投资行业发展仅有十几年的时间，在这样一个不成熟的市场中，风险投资机构的投资经验是否影响其择时行为？第三，不同背景（政府、民营及外资）的风险投资机构，其择时行为是否有差异，如果有差异，其影响机理是什么？针对这些问题，本文以 2006~2011 年我国向中小板和创业板提出 IPO 申请的 1007 家企业为样本进行实证检验。选择中国企业作为研究样本的原因在于，我国的新股发行采取核准制，要发行上市的企业必须向证监会提出申请，在通过审核后才可以发行，因此企业的 IPO 择时行为必须以通过 IPO 审核为前提——这种半市场化的新股发行制度为 IPO 择时研究提供了一个新的视角。此外，我国现行新股发行制度下企业在通过发行审核后有六个月的时间来决定其发行日期，这为检验风险投资机构是否存在"短期择时"行为提供了研究前提。

本文对理论和实践的贡献主要体现在以下方面：第一，西方文献普遍认为风险投资在企业 IPO 过程中具有时机选择的能力，但这些理论在中国制度背景下是否适用，目前还缺乏系统的理论和实证研究，本文系统分析论证了风险投资机构的 IPO 市场择时表现，不但为西方经典择时理论在中国的适应性提供了新的证据，也为研究其他 IPO 经典问题提供了有益的启示，而且还填补了该领域的研究空白。第二，针对我国 IPO 核准制的特点，本文增加 IPO 发行审核方面的内容，并深入到风险投资的经验属性和背景属性，从而丰富了经典 IPO 择时问题的研究内容和研究层次，为相关领域的后续研究提供了崭新的视角。

一、制度背景分析与研究假设

1. 制度背景分析

当前我国新股发行审核制度为核准制，企业如果想在中国各证券交易所 IPO，必须经过中国证监会严格的实质性审查，并获得证监会发行审查委员会的最终批准。因此，研究

[①] 根据 Ritter 的表述，IPO 存在三个异常现象——短期折价（Short-run Underpricing）、长期弱势（Long-run Underperformance）和热发市场现象（Hot-issue Market）。

我国企业择时行为的前提在于企业成功通过 IPO 发行审核。理论上来说，企业可以随时进行首发申请，其审批周期（从递交申请至最终上会）为五至七个月。但是由于证监会规定，企业在申请 IPO 时除提供最近三年的财务报表外，还需提供上一季度末的财务报表，此外 IPO 招股说明书等资料的有效期为六个月，其中三个月还要留给证监会作为预留审核期，[①] 所以为了缓解制作季报和招股书的压力，过半的企业都会选择在三月底和九月底前进行申报。这种集中申报现象一方面限制了企业首发申请的自由程度，另一方面也延长了审批周期，现实当中这一过程通常被延长至七至九个月或者更长。

此外，我国很多拿到发行批文的企业都具有一定的"心理惯性"。虽然按照规定，拟IPO 企业可以在过会后的六个月内自主择时发行，但是很多企业都会选择在一个月或两个月的时间内尽快完成发行。造成这种现象的一个主要原因可能是拟 IPO 企业的社会关注度高，同时由于长期以来的体制原因，企业内部与外界的信息不对称程度较大，所以拟 IPO企业很容易受到负面消息或者举报的影响。按照监管部门的规定，发行前一旦出现这种情况，企业很有可能因为需要接受核查而被迫暂停发行工作，极大地增加了发行风险。此外保荐机构也会出于风险的考虑督促企业尽早挂牌。因此综合权衡收益与风险，拟 IPO 企业对过会后六个月自主择时窗口的利用程度可能是比较有限的。

综合考虑以上因素后，我国企业的 IPO 市场择时（如果存在的话）主要是一种中长期（半年以上）的行为，然后会有限地利用过会后的时间窗口进行短期择时。也就是说，由于审批周期的客观存在以及短期择时的风险较大，企业如果希望利用良好的市场行情获得较高的发行溢价，主要依靠的是对股票市场行情的中长期判断。同时在过会之后，考虑到风险，只要行情尚可企业就会立刻选择挂牌上市，而不是等待窗口期内的行情高峰。此外，企业也可以利用自行撤销首发申请的方式等待合适的市场时机。

2. 理论分析和研究假设

IPO 市场时机选择是股权市场时机选择的一个方面，不同学者对 IPO 择时问题的解释主要有三种理论：第一，公司会利用股价相对高估的时机发行股票。例如，Brau 和Fawcett 对 336 位 CFO 进行了问卷调查，发现公司的确追求机会窗口，对于择时而言，股票市场的整体条件是最重要的考虑因素，同时行业条件以及支持增长的资本需求也被认为是对于择时有重要影响的因素。第二，择时是由 IPO 市场的吸引力驱动的。公司在做 IPO决策时会参考近期其他 IPO 公司的首日表现，而且更倾向于与其他优质公司同时 IPO，以此来增加他们自己的声誉。第三，公司在到达商业成长周期某一特定的时间点，需要外部权益资本维持增长时会选择上市。本文探讨的市场择时问题主要建立在第一个假设上——企业有动机选择股票市场整体行情"相对较好"的时段进行 IPO。这是因为：一方面，目前我国股票市场总体指数与板块指数的联动性很高、市场整体行情对新股投资者的投资决

---

① 2011 年 10 月，证监会取消了三个月预留审核期的规定，企业在申报材料的有效期内可以随时进行首发申请，证监会在受理上市申请材料后，随即进入"预审阶段"。由于本文样本期间截至 2011 年 12 月 31 日，该规定对本文结论的影响不大。

策具有重要影响；另一方面，国内外众多研究也表明，如果企业择时成功——在股票市场处于牛市或市场行情良好的时段完成发行，将为自身带来额外的价值。综合国内外的研究成果，可以看到众多证据都表明企业的市场择时行为确实存在，并且对公司具有重要影响。

对于有风险投资支持的企业，成功的市场择时行为不仅对于企业本身意义重大，对于风险投资机构来说也非常重要。已有研究表明，成功的 IPO 市场择时将为风险投资带来丰厚的收益，尽管风险投资者很少在公开发行时出售所持有的股份，但他们在股票价值最高时把企业推向上市会使得他们的所有者权益的稀释最小化。此外，如果有意地选择在良好的市场环境中折价进行 IPO 会给投资者留下良好的印象，这些投资者也将更倾向于在今后的发行中购买股份。在实务中，风险投资机构也确实有一定的能力确保公司在他们认为是最优的时间上市，并实现相应的收益。例如，风险投资机构通常在创业企业拥有董事会席位和强有力的控制权，从而可以通过聘任或解聘 CEO、对创业企业进行分阶段投资等方式来影响公司决策。此外，风险投资机构是 IPO 发行市场的经常性参与者，在 IPO 发行审查方面经验丰富，在社会资源、政治联系和公关能力等方面具有优势，能为 IPO 申请企业提供更多的便利和帮助；而且风险投资为了维护自身的声誉和经济利益，会抑制企业的盈余管理行为，并利用自身的专业服务和社会关系网来提升企业的持续发展能力（或者风险投资本身就会选择潜力较大的企业进行投资）、规范企业运营、有效解决企业其他方面的缺陷，协助企业达到 IPO 所要求的标准。根据上述分析，本文提出以下研究假设：

H1： 风险投资支持的企业比其他企业具有更高的 IPO 成功率和择时成功率。

上述分析是把风险投资机构作为一个整体进行考虑，并没有考虑到风险投资机构之间的差异性。然而越来越多的研究表明，不同特征的风险投资机构对创业企业的影响是存在显著差异的。我们讨论以下两种特征对风险投资的影响：

第一，风险投资的经验。Lerner 研究表明，经验丰富的风险投资机构的 IPO 时机选择能力更强，更能够在股价处于峰值时，将企业推向上市。Gompers 提出了"逐名理论"，验证了经验较少或无经验的风险投资机构为了积累声誉资本、拥有良好的业绩记录，以便将来吸引更多的资金，相对于有经验的风险投资机构，会迫使企业提前上市。Gompers 和 Kovner 研究表明，具有行业经验的风险投资家能够在公开市场信号传达有利的信息时增加他们的投资，他们在这方面的反应优于具备相对较少行业经验的风险投资机构。由此我们可以推知，风险投资机构积累的行业经验越多，筛选出具有上市潜质企业的可能性越大，为投资企业设计合适制度的能力也更强，并且能对投资企业进行更为有效的监控，提供更好的增值服务。与此同时，风险投资机构的经验与优秀投资项目是相互吸引的，经验丰富的风险投资机构更有可能服务具备高成长潜力、高融资必要性以及符合 IPO 其他标准的申请企业。此外，经验丰富的风险投资机构在发审经验、社会资源、政治联系和公关能力上要强于经验较少或无经验的机构，可以为投资企业的发审工作带来更多的便利。根据上述分析，本文提出以下研究假设：

H2： 与经验较少和无风险投资支持的企业相比，经验丰富且风险投资支持的企业具有更高的 IPO 成功率和择时成功率。

第二，风险投资的背景。在专业技能方面，政府背景的风险投资机构，由于人才遴选无法完全实现市场化，内部激励机制和约束机制很难发挥出作用，普遍缺乏有效监督管理和价值增加的技能；而民营背景的风险投资机构通常规模偏小，且缺乏声誉，同样很难吸引到高质量的专业人才；所以，外资背景的风险投资在价值创造和投后管理方面要显著优于内资背景的风险投资。此外，从投资目标来看，我国风险投资行业最重要的参与者——政府背景的风险投资通常会受到管制，并承担推动本地区产业发展战略、推进高科技产业化和促进地方经济发展等任务，其具有一定的公共产品特征；同时，随着资本市场功能作用的深化，上市企业数量已成为衡量一个地区经济社会发展和转型升级成果的重要指标，并且上市公司筹集的资金对于地方经济实现跨越式的发展具有非常重要的作用，这种巨大的政治利益和带动效应很有可能会扭曲政府背景风险投资机构的目标与行为，导致能否IPO 以及尽快 IPO 的重要性要显著大于投资收益的重要性。因此，综合考虑客观能力因素和主观意愿因素，本文提出以下研究假设：

H3：与内资背景和无风险投资支持的企业相比，外资背景的风险投资支持的企业具有更高的 IPO 成功率和择时成功率。

二、研究设计

1. 资料来源

本文选取 2006~2011 年在深圳中小板和创业板提出 IPO 申请的企业作为初始样本，考虑到金融行业和房地产行业的特殊性质及政策管制，在研究中将剔除掉这两个行业的样本。最终样本涉及 1007 家企业，其中 IPO 成功的 864 家、IPO 失败的 143 家。研究所需财务数据和市场交易资料来自 CVSource 数据库和 Wind 数据库。

2. 模型构建与变量定义

为了检验本文提出的假设，我们构建了以下 Logit 模型：

$$Logit(Res) = \alpha + \beta_1 VC(HVC/FVC) + \beta_2 Controls + YearDummy + IndustryDummy + \varepsilon \tag{1}$$

$$Logit(Hot) = \alpha + \gamma_1 VC(HVC/FVC) + \gamma_2 Controls + YearDummy + IndustryDummy + \eta \tag{2}$$

模型中变量的定义和计算方法如下：

（1）IPO 成功（Res）。如果企业成功通过发行审核并最终发行上市则取 1；如果企业在最终过会环节未通过则取 0。我们认为这种选取方式是合适的，原因如下：第一，在发审中途撤销申请或者是企业的主动行为，认为当前的时机并不合意，又或者因为舆论环境和政策环境的变化被迫而为之，所以它并不在"主观希望通过但失败"和"与风险投资相关"的范围之内。第二，绝大多数企业的首发申请都是在接受发审会的核查时被否决的。

（2）成功择时（Hot）。本文借鉴 Alti 和王正位等国内外学者用来度量股票市场时机的方法，采取月 IPO 数量的移动平均值进行判断。具体操作如下：首先，统计出月度 IPO 的真实数量，为了消除季节性影响，以三个月的移动平均值作为该本月的 IPO 名义数量；其次，再求出 IPO 名义数量的均值，并以该均值作为分界点，名义数量超过均值的月份为"热"IPO 发行月份，名义数量低于均值的月份为"冷"IPO 发行月份；最后，如果企业在"热"月份成功发行，则认为该企业市场择时成功，因此具有较强的市场择时能力，Hot取 1，否则取 0。①

（3）风险投资（VC）。如果 IPO 企业是风险投资支持的则取 1，否则取 0。判断标准如下：①查看 CVsource 数据库中 IPO 企业的招股说明书，风险投资机构必须出现在 IPO企业的前十位股东名录中；②风险投资机构的投资必须发生在 VC-Series 或 PE-Growth阶段，同时投资必须发生在企业 IPO 之前；③风险投资机构与创始人股东和管理层股东没有关联；④如果 IPO 企业中有两家或两家以上的风险投资机构，则认为该公司是风险投资机构联合投资的公司，我们以主导风险投资机构的特征来代表整体特征；② ⑤如果信息模糊，无法通过上述标准进行判断，依据谨慎性原则，不确认为具有风险投资机构支持。

（4）经验丰富的风险投资（HVC）。风险投资文献中度量投资经验的方法主要有四种：VC 成立年限、累计投资轮数、累计投资金额以及累计投资企业数。Sorensen 认为，累计投资轮数是度量 VC 投资经验的最佳指标，因为 VC 成立年限无法区分不同投资机构的投资风格（有的 VC 比较活跃，而有的比较不活跃），而累计投资金额和累计投资企业数并未考虑到不同的投资阶段（有的 VC 会分阶段投资）。本文借鉴其研究，选取风险投资机构截至 IPO 前一年所经历过的投资轮数来度量 VC 投资经验，累计投资轮数在行业平均值之上的，③ 视为经验丰富的 VC，否则视为经验较少的 VC。需要说明的是，本文在后续回归分析中以全样本（包括没有风险投资支持的企业）作为回归分析的对象，因此将样本划分为三类：经验丰富的风险投资机构样本、经验较少的风险投资机构样本及无风险投资样本，并据此设置了两个哑变量来进行区分。其中，经验丰富的风险投资哑变量（HVC）的

---

① 由于中小板和创业板之间存在差异，因此对于 2009 年 10 月~2011 年 12 月的资料，本文分别计算两个板块的 Hot 变量。此外，为了检验变量 Hot 是否能够反映风险投资机构的择时能力（即帮助企业利用良好的市场行情获得较高的发行溢价），本文对 Hot 和发行折价的相关性进行了统计分析，其中发行折价=（上市首日收盘价–发行价）/发行价。结果显示：中小板的 Hot 变量与发行折价之间的相关系数为–0.2822（t=–2.20，P=0.032），创业板的 Hot 变量与发行折价之间的相关系数为–0.6016（t=–3.69，P=0.001），因此两个板块的 Hot 变量与发行折价均呈显著的负相关关系。这也就是说，如果公司选择在市场行情较好的时期发行股票，则折价较少，公司可以获得更大的收益。

② 本文借鉴 Barry 等、Tykvova 和 Walz 的方法，将招股说明书披露的持股比例最大的风险投资机构界定为主导风险投资机构。根据本文统计，2006~2011 年，共有 203 家中小板和创业板 IPO 成功的企业具有风险投资联合投资，持股比例最大的风险投资机构平均持股 11.32%，而第二大的为 5.2%；IPO 失败的样本中，有 42 家企业具有风险投资联合投资，持股比例最大和第二大的风险投资机构分别平均持有 10.27% 和 5.99% 的股份。由此可见，持股比例最大的风险投资机构所持股份远大于第二大的风险投资机构。

③ 鉴于我国相当一部分风险投资机构成立年限较短，因此相比于中位数，利用累计投资轮数的平均值进行分组更能反映出样本特征的差别。

定义为：经验丰富的风险投资取 1，经验较少的风险投资和无风险投资取 0。而经验较少的风险投资哑变量（LVC）则以经验较少的风险投资取 1，其他情况取 0。

（5）外资背景的风险投资（FVC）。借鉴张学勇和廖理的定义，我们根据资金来源将风险投资机构划分为外资背景的风险投资及内资背景的风险投资。与风险投资的经验类似，本文在后续回归分析中是以全体样本作为回归分析的对象，因此可以将样本划分为外资背景的风险投资样本、内资背景的风险投资样本及无风险投资样本，并据此设置了两个哑变量来进行区分。其中，外资背景的风险投资哑变量（FVC）的定义为：风险投资是外资背景的取 1，而内资背景和无风险投资的取 0。内资背景风险投资哑变量（PVC）则以内资背景的风险投资取 1，其他情况取 0。

（6）控制变量。本文加入以下几类控制变量：第一，风险投资特征因素。前人研究表明，风险投资在企业中的持股比例、联合投资家数等特征对于其发挥作用具有显著影响，因此我们在模型中对这些因素加以控制。第二，企业特征因素。企业规模、企业是否属于高科技行业、企业的财务指标等对企业的发行时机具有一定的影响，因此我们控制了这些因素。其中，企业规模（Size）用期末销售收入的自然对数衡量。企业的财务指标包括总资产利润率（ROA）、资产负债率（Lev）、总资产周转率（Turnover）以及企业 IPO 实际融资金额的自然对数（Lnipov）。第三，其他特征因素。企业申请上市的板块、承销商声誉、企业过会月份市场是否为热销市场等市场特征变量会对企业的过会及择时上市产生影响，因此我们对这些因素加以控制。其中，Exchange 是企业是否申请在中小板上市的虚拟变量，是则取 1，否则取 0；承销商声誉（Undrep）是按承销商 IPO 前一年的承销金额在市场中所占比例进行排名，排名前 20 名的取 1，20 名以后的则取 0；Hotmarket 指企业过会月份为上文所述的热销市场（Hot），该指标仅在模型（1）中使用。

3. 研究设计

为了检验研究 H1 是否成立，我们在模型（1）和模型（2）中分别以 Res 和 Hot 为因变量，以 VC 为自变量，如果 β_1 和 γ_1 显著为正，则说明具有风险投资的企业具有更高的 IPO 成功率，更能够在市场行情较好的时候将企业推向上市。为了检验 H2 及 H3 是否成立，我们选取所有具有风险投资机构的企业作为样本，分别以 HVC 和 FVC 作为自变量，如果 β_1 和 γ_1 系数显著为正，则说明具有丰富经验、外资背景的风险投资机构具有较高的择时能力。此外，我们还在模型中加入了年度虚拟变量（Year Dummy）和行业虚拟变量（Industry Dummy）以控制年度和行业的影响。

三、实证结果及分析

1. 变量描述性统计

表 1 是变量的描述性统计。总体来看，1007 个样本中，有 864 个样本企业成功通过

发行审核并最终 IPO，占比 85.8%；在这些成功过会的样本中，61.5% 是在热销月份发行的，亦即成功择时。总体样本中，有 437 个具有风险投资背景，占比 43.4%；在这些 VC 样本中，57.4% 是经验丰富的风险投资机构，16.5% 具有外资背景，风险投资持股比例的最大值达到 81.8%，最小值仅为 0.4%，平均持股比例为 15.4%，平均每家企业有 2.02 个风险投资机构联合投资。此外，总体样本申请在中小板发行和上市的企业占 66.9%，74.4% 来自高科技行业，平均资产负债率、资产收益率和资产周转率分别为 47.5%、14.1% 和 122.6%。

表 1　变量描述性统计

变量	均值	中位数	标准差	最小值	最大值	观测数	样本
A 栏：因变量							
Res	0.858	1	0.349	0	1	1007	All
Hot	0.615	1	0.487	0	1	864	All–S
B 栏：自变量							
VC	0.434	0	0.496	0	1	1007	All
HVC	0.253	0	0.435	0	1	1007	All
FVC	0.087	0	0.283	0	1	1007	All
C 栏：控制变量							
LVC	0.180	0	0.384	0	1	1007	All
PVC	0.347	0	0.476	0	1	1007	All
VCshares	0.067	0	0.112	0	0.818	1007	All
Vcnum	0.876	0	1.292	0	7	1007	All
Undrep	0.611	1	0.488	0	1	1007	All
Venindus	0.744	1	0.437	0	1	1007	All
Lev	0.475	0.478	0.163	0.045	0.987	1007	All
Roa	0.141	0.127	0.081	0.015	1.263	1007	All
Turnover	1.226	0.915	0.048	0.052	31.330	1007	All
Size	1.441	1.366	0.917	−1.715	6.183	1007	All
Lnipov	1.726	1.730	0.679	−0.580	4.083	864	All–S
Hotmarket	0.598	1	0.491	0	1	1007	All
Exchange	0.669	1	0.471	0	1	1007	All

注：All 表示所有样本，All–S 表示成功 IPO 的样本。

2. 风险投资影响择时行为的单变量分析

在表 2 中，我们进一步根据样本企业是否有风险投资支持、风险投资经验高低、风险投资是否有外资背景进行分组对比分析。A 栏列示了风险投资支持企业和非风险投资支持企业样本的差异。我们发现，风险投资支持的企业与其他企业相比具有较低的 IPO 成功率及较高的择时成功率，但差异均不显著，这与研究假设 1 不符。其他变量的对比显示，风险投资支持的企业资产负债率和企业规模显著较小，而资产周转率和所选承销商声誉显著较高。此外，风险投资支持的企业更多的是高科技企业，而且更倾向于在创业板上市。B栏列示了经验丰富风险投资支持的企业、经验较少风险投资支持的企业及无风险投资支持企业在各个方面的差异。结果显示，经验丰富风险投资机构支持的企业与另外两组样本相比具有显著更高的 IPO 成功率和择时成功率，而经验较少风险投资支持的企业具有最低的 IPO 成功率和择时成功率。这表明，不同投资经验的风险投资机构在企业 IPO 过程中所起的作用是不一样的。C 栏列示了风险投资的不同背景对于企业的影响。我们发现，相对于其他背景风险投资和无风险投资支持的企业，外资背景风险投资支持的企业具有较高的 IPO 成功率和择时成功率，这部分支持了研究假设 3。综上所述，研究假设 1 并未得到支持，而研究 2 和假设 3 得到了部分支持。但以上仅是单变量分析，并未控制其他变量的影响，因此还需要进行 Logit 回归分析才能得到更为稳健的实证证据。

表 2　风险投资影响企业的单变量分析

变量	Res	Hot	Lev	Roa	Size	Turnover	Undrep	Venindus	Exchange
A 栏：风险投资的影响									
[1] 非 VC	0.879	0.609	0.486	0.138	1.515	1.094	0.570	0.712	0.732
[2] VC	0.847	0.623	0.461	0.144	1.345	1.397	0.664	0.785	0.588
均值差：[1]-[2]	0.032 (0.138)	-0.014 (0.681)	0.025** (0.017)	-0.006 (0.233)	0.170*** (0.004)	-0.303*** (0.002)	-0.094*** (0.003)	-0.073*** (0.009)	0.144*** (0.000)
B 栏：风险投资经验的影响									
[3] 经验丰富 VC	0.925	0.672	0.465	0.144	1.386	1.381	0.669	0.787	0.634
[4] 经验较少 VC	0.738	0.538	0.455	0.145	1.288	1.418	0.656	0.781	0.525
均值差：[1]-[3]	-0.046** (0.047)	-0.064* (0.099)	0.021 (0.095)	-0.006 (0.351)	0.129** (0.066)	-0.287*** (0.000)	-0.099*** (0.007)	-0.075** (0.024)	0.098*** (0.005)
均值差：[1]-[4]	0.141*** (0.000)	0.071 (0.135)	0.031** (0.031)	-0.007 (0.284)	0.227*** (0.005)	-0.323** (0.012)	-0.856** (0.041)	-0.070* (0.067)	0.207*** (0.000)
均值差：[3]-[4]	0.187*** (0.000)	0.135** (0.010)	0.010 (0.515)	-0.001 (0.906)	0.098 (0.226)	-0.036 (0.864)	0.014 (0.768)	0.006 (0.881)	0.109** (0.022)
C 栏：风险投资背景的影响									
[5] 外资背景 VC	0.917	0.727	0.450	0.164	1.429	1.310	0.778	0.750	0.694
[6] 其他背景 VC	0.833	0.599	0.463	0.140	1.328	1.414	0.641	0.792	0.567
均值差：[1]-[5]	-0.038 (0.349)	-0.118* (0.062)	0.036* (0.085)	-0.026*** (0.006)	0.086 (0.475)	-0.216** (0.023)	-0.208** (0.001)	-0.038 (0.504)	0.037 (0.506)
均值差：[1]-[6]	0.046** (0.047)	0.009 (0.792)	0.023** (0.040)	-0.002 (0.676)	0.187*** (0.002)	-0.319*** (0.002)	-0.071** (0.031)	-0.080*** (0.007)	0.164*** (0.000)
均值差：[5]-[6]	0.084* (0.072)	0.128* (0.053)	-0.013 (0.517)	0.024** (0.045)	0.101 (0.348)	-0.103 (0.711)	0.137** (0.025)	-0.042 (0.432)	0.127** (0.045)

注：***、**、* 分别表示在 1%、5%、10% 水平下显著，括号内数值表示对应系数的 t 统计量的 p 值，双尾检验。

3. 风险投资对企业 IPO 择时行为的影响分析

通过 Logit 回归分析考察风险投资机构对企业 IPO 择时行为的影响。首先以 1007 个申请 IPO 的企业为样本，对模型（1）进行了回归估计，结果列于表 3 的列 1~列 3。列 1 在未加入控制变量的情况下考察了风险投资支持与企业 IPO 成功率的关系，VC 变量系数为负但不显著；列 2 加入了公司特征及市场特征、承销商声誉等控制变量；列 3 进一步控制了年份和行业固定效应，VC 变量系数虽仍然为负，但不显著。上述回归结果表明在我国的制度背景和行业环境下，风险投资并未如预期设想的一样可以提升支持企业的 IPO 成功率，反而可能会带来负面效应，研究假设 1 并未得到证实。进一步地，本文以 864 个成功过会的企业为样本，对模型（2）进行回归估计，结果如表 3 的列 4~列 6 所示。从回归结果可以看出，在加入各类控制变量之后，风险投资支持对企业 IPO 成功率的影响由单变量时的正向变为负向，但系数均不显著，这一结论同样与众多国外研究不符，风险投资支持的企业在 IPO 择时方面并未表现出相应的优势。究其原因，可能是因为我国的风险投资机构普遍成立年限较短，处于积累声誉的阶段，因此有强烈的动机将企业推向上市，而这些企业可能尚不成熟。国内不少学者都证实了风险投资机构在我国更多的是起到"逐名"的作用，而非认证监督的功能。此外，各类风险投资机构对于企业决策的作用是不同的，而本节中我们将之作为一个整体来研究，这可能会混杂各类风险投资机构的作用。因此，我们在下一节还将针对风险投资机构的经验及性质进行细分，从而考察不同类型风险投资机构对于企业 IPO 择时行为的影响。

表 3　风险投资与企业 IPO 择时行为

因变量	是否成功通过发行审核（Res）			是否成功择时（Hot）		
模型	（1）	（2）	（3）	（4）	（5）	（6）
VC	−0.274 （−1.48）	−0.244 （−1.24）	−0.142 （−0.72）	0.058 （0.41）	−0.017 （−0.11）	−0.087 （−0.55）
Undrep		0.086 （0.45）	0.144 （0.72）		0.118 （0.81）	0.087 （0.57）
Lev		0.176 （0.21）	0.164 （0.19）		−0.081 （−0.14）	0.383 （0.60）
Roa		1.436 （0.90）	2.466 （1.31）		−0.478 （−0.44）	−0.453 （−0.39）
Size		0.282** （1.97）	0.435*** （2.83）		−0.216* （−1.68）	−0.247* （−1.74）
Turnover		−0.013 （−0.21）	−0.038 （−0.47）		0.163* （1.67）	0.221** （2.18）
Exchange		−0.009 （−0.039）	−0.358 （−1.56）		0.285 （1.64）	−0.008 （−0.043）
Hotmarket		0.538*** （2.89）	0.396* （1.96）			
Lnipov					0.103 （0.80）	0.231 （1.36）

续表

因变量	是否成功通过发行审核（Res）			是否成功择时（Hot）		
模型	（1）	（2）	（3）	（4）	（5）	（6）
Constant	1.982*** (15.4)	0.975 (1.62)	28.283 (0.02)	0.442*** (4.83)	0.259 (0.62)	−0.172 (−0.23)
Year Dummy			控制			控制
IndustryDummy			控制			控制
Pseudo R²	0.006	0.038	0.104	0.0001	0.007	0.044
Wald chi²	4.69**	28.45***	84.28***	0.17	6.34	50.75***
N	1007	1007	1007	864	864	861

注：***、**、*分别表示在1%、5%、10%水平下显著，回归系数下面的括号内报告了对应的经异方差调整的Z统计量绝对值。

4. 风险投资经验对企业 IPO 择时行为的影响分析

为了进一步研究风险投资的特征对企业择时行为的影响，根据风险投资机构截至 IPO 上一年累计投资轮次的均值，将模型（1）中的风险投资哑变量拆分为经验丰富的风险投资哑变量（HVC）和经验较少的风险投资哑变量（LVC）。表 4 的列 1~列 3 为模型（1）的回归估计结果，我们发现，在加入各类反映公司内外部特征的控制变量及年度和行业哑变量后，HVC 变量的系数始终在 5% 以上的水平上显著为正，与之形成鲜明对比的是，LVC 的系数在 1% 的水平上显著为负。这表明，经验丰富的风险投资所支持的企业具有更高的 IPO 发行审核成功率，与本文的研究假设 2 一致。根据列 1 的结果进行估算，经验丰富的风险投资可以使其支持的企业 IPO 成功概率增加 6.85%，而经验较少风险投资则使其支持的企业 IPO 成功概率减少 11.15%。进一步地，本文以 864 个成功 IPO 的观测值作为样本，对模型（2）进行了回归估计，回归结果如表 4 的列 5~列 6 所示，HVC 变量的预期符号及所发挥的作用与本文的假设 2 相符，经验丰富的风险投资机构能够显著提升支持企业的 IPO 市场择时表现，而经验较少风险投资的择时表现则显著较差，在控制了年份和行业固定效应后，回归结果依然稳健。根据列 5 的结果进行估算，经验丰富的风险投资使企业的择时成功率提高了 9.45%，而经验较少风险投资使企业的择时成功率减少了 13.03%。这表明在风险投资机构这个群体内，经验是很重要的一个区分因素，经验丰富的机构能够在一定程度上发挥认证监督功能，从而为企业提供更多的增值服务；而经验较少的机构更多的是出于自身利益的考虑而表现出逐名行为。

5. 风险投资背景对企业 IPO 择时行为的影响分析

本节根据风险投资机构的不同背景，将其划分为外资背景的风险投资机构和其他背景的风险投资机构，进而通过 Logit 回归分析考察了风险投资性质对企业 IPO 择时成功率的影响。与前文一样，首先选取整体样本对模型（1）做回归估计，如表 4 的列 3~列 4 所示。回归结果表明，外资背景风险投资所支持的企业具有更高的 IPO 成功率，在考虑企业特征等控制变量及控制年份和行业影响的回归中，FVC 变量分别在 5% 和 10% 显著性水平上对企业 IPO 成功率具有正向的影响，而内资背景风险投资的影响则不显著。根据列 2 的结果进行估算，相较于其他背景风险投资及无风险投资支持的企业，外资背景的风险投资支持的企业 IPO 成功率高 9.50%，这符合研究假设 3 的预期。进一步地，本文以 864 个成功 IPO 的观测值为样本，对模型（2）进行回归估计。从表 4 的列 7~列 8 可以看出，FVC 变量

表 4　风险投资特征与企业 IPO 择时行为

因变量	是否成功通过发行审核（Res）				是否成功择时（Hot）			
模型	（1）	（2）	（3）	（4）	（5）	（6）	（7）	（8）
HVC	0.750** (2.10)	0.774** (2.00)			0.412* (1.67)	0.428* (1.70)		
LVC	−0.866*** (−2.83)	−0.896*** (−2.73)			−0.536** (−2.00)	−0.551** (−2.03)		
FVC			1.319** (2.03)	1.208* (1.87)			0.853** (2.57)	0.648* (1.89)
PVC			−0.402 (−1.40)	−0.423 (−1.37)			−0.166 (−0.71)	−0.254 (−1.03)
Vcnum	−0.046 (−0.43)	0.019 (0.16)	−0.017 (−0.17)	0.052 (0.45)	−0.045 (−0.52)	−0.048 (−0.54)	−0.031 (−0.35)	−0.006 (−0.064)
Undrep	0.109 (0.56)	0.169 (0.83)	0.056 (0.29)	0.110 (0.55)	0.104 (0.70)	0.072 (0.48)	0.096 (0.65)	0.068 (0.45)
Lev	0.190 (0.22)	0.231 (0.26)	0.127 (0.16)	0.115 (0.14)	−0.025 (−0.042)	−0.063 (−0.11)	−0.105 (−0.17)	0.361 (0.57)
Roa	1.581 (0.91)	2.793 (1.43)	0.936 (0.61)	1.973 (1.04)	−0.518 (−0.49)	−0.629 (−0.56)	−0.745 (−0.60)	−0.704 (−0.60)
Size	0.317** (2.16)	0.457*** (2.89)	0.276* (1.95)	0.423*** (2.74)	−0.228* (−1.79)	−0.241* (−1.80)	−0.213* (−1.65)	−0.245* (−1.74)
Turnover	−0.039 (−0.64)	−0.060 (−0.75)	−0.005 (−0.088)	−0.031 (−0.39)	0.165* (1.76)	0.175* (1.82)	0.165* (1.78)	0.221** (2.21)
Exchange	−0.120 (−0.50)	−0.447* (−1.88)	−0.048 (−0.21)	−0.376 (−1.63)	0.230 (1.29)	0.138 (0.77)	0.241 (1.36)	−0.027 (−0.14)
Hotmarket	0.401** (2.07)	0.253 (1.22)	0.464** (2.47)	0.343* (1.68)				
Lnipov					0.144 (1.09)	0.265* (1.87)	0.084 (0.63)	0.207 (1.21)
Constant	1.065* (1.68)	4.717*** (2.95)	1.148* (1.96)	3.861*** (2.99)	0.237 (0.58)	0.085 (0.20)	0.377 (0.86)	−0.108 (−0.14)
YearDummy		控制		控制		控制		控制
IndustryDummy		控制		控制		控制		控制
Pseudo R²	0.062	0.136	0.021	0.058	0.021	0.027	0.018	0.052
Wald chi²	48.37***	108.11***	22.60**	66.22***	22.60**	31.37***	17.25*	59.36***
N	1007	1007	1007	1007	864	864	864	861

注：***、**、* 分别表示在 1%、5%、10% 水平下显著，回归系数下面的括号内报告了对应的经异方差调整的 Z 统计量绝对值。

对企业成功择时具有显著的正向影响，这支持了假设 3，即外资背景的风险投资机构具有更好的 IPO 择时表现。究其原因，外资背景的风险投资机构普遍具备更强的价值创造能力和监督管理能力，相较而言又更加看重投资回报率。

6. 进一步分析：企业 IPO 的短期择时表现

Lerner 发现，风险投资机构除了根据市场行情的中长期走势安排企业上市外，而且还能够在股票市场处于短期高峰的时候将企业推向上市（Lerner 用 [–60，60] 和 [–30，30] 两个时间窗口内的指数持有收益率来衡量短期市场高峰），从而最大化股票溢价发行的收益。在我国，首发申请企业在获得上市批准后，可以在六个月的时间内自主择时完成 IPO，因此考察拟上市企业在短期内的 IPO 市场择时表现具有非常重要的现实意义，同时也是理解风险投资 IPO 市场择时行为的关键一环。本文采用六个指标对拟上市企业的短期市场择时表现进行研究，分别是 [–60，–1]、[0，59]、[–30，–1]、[0，29]、[–15，–1] 和 [0，14]。其中，[–60，–1] 表示深证 A 股指数在企业 IPO 前 60 个交易日的持有收益率，[0，59] 表示深证 A 股指数在企业 IPO 后 60 个交易日的持有收益率，其他指标同理可推。

以下分别根据有无风险投资支持、风险投资的经验和风险投资的背景将相应的 IPO 企业进行了分组研究。根据表 5 的统计结果，不论采用哪个指标来衡量企业的短期市场择时表现，对照样本组在短期 IPO 择时方面的表现均不存在统计意义上的显著差距。另外，各样本组的评价指标在各个时间窗口上的平均值基本都为正数，可以看出拟上市企业整体上会选择在股票市场行情上涨的时段完成 IPO，而并非等到市场行情出现短期高峰时再进行。这一方面，可能是因为股票市场短期走势的随机性较大，很难准确判断行情走势的拐

表 5　风险投资与企业 IPO 短期择时行为

时间窗口	[–60，–1]	[0，59]	[–30，–1]	[0，29]	[–15，–1]	[0，14]
A 栏：是否有风险投资						
VC	0.028	0.012	0.014	0.016	0.004	0.015
非 VC	0.033	0.025	0.015	0.008	0.007	0.010
差异	–0.005 (0.670)	–0.013 (0.293)	–0.001 (0.954)	0.008 (0.319)	–0.003 (0.578)	0.005 (0.344)
B 栏：风险投资经验						
经验丰富 VC	0.030	0.009	0.016	0.013	0.006	0.013
经验较少 VC	0.024	0.016	0.012	0.021	0.000	0.018
差异	0.006 (0.704)	–0.007 (0.672)	0.004 (0.701)	–0.007 (0.530)	0.005 (0.491)	–0.006 (0.525)
C 栏：风险投资性质						
外资背景	0.024	0.008	0.033	0.013	0.003	0.007
其他背景	0.029	0.014	0.012	0.018	0.004	0.018
差异	–0.005 (0.783)	–0.006 (0.783)	0.021 (0.172)	–0.005 (0.737)	–0.001 (0.962)	–0.011 (0.342)

注：***、**、* 分别表示在 1%、5%、10% 水平下显著，括号内数值表示对应系数的 t 统计量的 p 值，双尾检验。

点，所以在短期内只要市场行情不是太差就会选择发行；另一方面，由于负面消息等造成的等待机会成本很大，所以只要行情尚可，市场处于上升阶段，企业通常也会希望尽早完成发行工作。因此，在综合考虑以上内容和 IPO 发行过程中的一些实际情况后，本文认为不论有无风险投资背景，不论风险投资具有怎样的特征，样本企业在短期内的择时行为基本是一致的：在权衡风险与收益之后，只要股票市场的行情大体合适，就会尽快完成发行工作。这同时也说明了 IPO 市场择时更有可能是一个基于中长期预测的规划过程，风险投资或者企业在 IPO 市场择时表现上的差异不太可能完全是由短期择时结果所决定的。

7. 内生性问题及稳健性检验

前文分析表明，风险投资支持的企业具有更低的过会成功率以及更低的择时成功率，但这些问题可能并不是因为风险投资的介入导致企业在 IPO 方面的择时更差，而是因为较不成熟的企业更倾向于引入风险投资，即存在逆向因果关系问题。为此，本文采用工具变量法来解决该问题。借鉴前人研究，我们采用申请 IPO 企业所在省份风险投资机构的密度（VCdensity）[①] 作为是否具有风险投资支持的工具变量。就计量经济学的含义而言，合适的工具变量必须显著影响风险投资哑变量（VC），而不直接影响申请 IPO 企业的过会成功率及择时成功率。本文选取的工具变量满足这个条件。一方面，Cumming 和 Dai 研究表明风险投资机构倾向于投资地理距离较近的企业，从而便于实施监督和减少信息不对称问题。因此申请 IPO 企业所在省份的风险投资机构密度越高，则该地区企业引入风险投资机构的可能性越高。另一方面，风险投资机构的密度不太可能直接影响申请 IPO 企业的过会成功率和择时成功率。我们采用该工具变量对表 3 进行回归，所得结论基本一致。

此外，我们还考虑了以下几个方面因素对结论稳健性的影响：①本文衡量 IPO 发行时机是采用"热销市场"的概念，其他学者还采用了资产市值和账面价值之比（M/B）及股票市场指数等作为代理变量，因此我们分别以这些指标作为衡量 IPO 发行时机的指标，并对所有择时模型进行重新回归，主要实证结论不变。②为了排除政策环境变化和板块不同对 IPO 数量造成的特定干扰，从而更准确地度量 IPO 发行月份的冷热属性，我们还将研究区间分为三部分——2008 年 10 月之前的中小板、2009 年 7 月后的中小板和 2009 年 7 月后的创业板，并分别确定三个区间的冷热 IPO 月份，对所有择模型进行重新回归，实证结果基本一致。③本文在衡量风险投资的经验时，采用的是截至 IPO 前一年的投资记录数量，而前人研究中还采用风险投资机构成立年限、以往 IPO 退出记录，我们分别以这些指标的均值和中位数为标准，将风险投资机构划分为经验丰富和经验较少的两组子样本，并对研究假设 2 的模型重新进行回归分析，主要实证结论基本一致。

---

① 该指针等于第 t-1 年申请 IPO 企业所在省份的风险投资机构数目与该省份上市公司数量之比。其中，风险投资机构数目根据 CVSource 数据库提供的投资机构资料进行计算，上市公司数量取自 Wind 数据库。

四、结论与启示

本文以 2006~2011 年向中小板和创业板提出 IPO 申请的 1007 家企业为样本，实证检验我国风险投资机构对企业通过发行审核和择时上市的影响，结论是：①整体而言，风险投资机构并未发挥认证监督的功能，风险投资背景企业的 IPO 成功率低于非风险投资背景企业，而且在择时表现上也较差；②不同特征的风险投资对于企业 IPO 择时行为所发挥的作用不同，经验丰富、外资背景的风险投资机构所支持的企业具有更高的 IPO 成功率和择时成功率；③风险投资及其不同特征对于企业择时行为的影响更多地体现在中长期择时上，而在通过发行审核后的六个月内并没有体现出择时差异，这表明 IPO 市场择时更有可能是一个基于中长期预测的规划过程。

通常意义上来讲，风险投资能够提供的专业服务、资源网络、运作经验和资金支持应该能够为企业创造出良好的择机条件，但是本文研究并未发现风险投资支持与良好的市场择时表现存在正向关系。通过对风险投资机构的划分和实证检验，我们认为，我国风险投资行业现阶段的发展特征——机构普遍较为年轻、本地机构占主导地位——能够很好地解释这一现象的根源。一方面，经验较少的风险投资机构为了积累声誉和向投资者传递自己的能力，会尽早把投资企业推向上市，不具有 IPO 市场择时的动机，同时由于缺乏专业技能和运作经验，不具备 IPO 市场择时的能力。但是随着经验和声誉的增长，风险投资会更加重视投资收益，市场择时的重要性随之显著提高，而且自身在经验和资源方面的积累也为成功的市场择时提供了更多的保障，因此风险投资的经验与投资企业的 IPO 市场择时表现是显著正向相关的。另一方面，由于我国风险投资还处于快速发展的阶段，本土风险投资机构与外资机构相比，在专业经验和专业技能方面不可避免地存有一定的差距，最直接的体现就是由外资风险投资机构支持的企业具有显著较高的过会成功率。

除此之外，我国拟 IPO 企业在上市前后一段时期内的市场行情一般都处于上升态势，不同于西方学者发现的企业会选择在短期市场行情的高峰期完成发行。本文认为造成这种现象的一个主要原因是由于长期以来的体制问题，我国企业内部与外界的信息不对称程度较大，同时企业在获得 IPO 发行批准后会受到社会和媒体的高度关注，因此在这段时间内企业很容易被一些负面信息或者举报所影响，极大地增加了正常发行的风险，再加上对股票市场进行短期预测并非易事，所以只要行情尚可，很多企业都会选择尽快完成挂牌。

综合本文结论，我们认为企业应该慎重选择风险投资机构，因为它们不仅仅为企业提供资金，更重要的是提供增值服务。判断风险投资机构的一个重要标准就是以往的投资经验，经验丰富的风险投资可以起到认证监督的作用，从而促进企业完善公司治理结构，并最终协助企业在适当的时机上市；而经验较少的风险投资机构难以发挥认证功能，反而可能将不成熟的企业推向 IPO，这不仅降低了企业通过 IPO 审核的可能性，而且不利于企业选择合适的时机上市。此外，企业可以考虑引进外资背景的风险投资，因为它们通常具有较高的经验能力，也有更多的海外渠道可以帮助企业 IPO。

参考文献

[1] 陈工孟，俞欣，寇祥河. 风险投资参与对中资企业首次公开发行折价的影响 [J]. 经济研究，2011（5）：74–85.

[2] 张学勇，廖理. 风险投资背景与公司 IPO：市场表现与内在机理 [J]. 经济研究，2011（6）：118–132.

[3] 吴超鹏，吴世农，程静雅，王璐. 风险投资对上市公司投融资行为影响的实证研究 [J]. 经济研究，2012（1）：106–160.

[4] Brau J. C., Fawcett S. E. Initial Public Offerings：An Analysis of Theory and Practice [J]. Journal of Finance，2006，61（1）：399–436.

[5] Lowry M., Schwert W. IPO Market Cycles：Bubbles or Sequential Learning? [J]. Journal of Finance，2002，57（3）：1171–1200.

[6] Pagano M., Panetta F., Zingales L. Why Do Companies Go Public? An Empirical Analysis [J]. Journal of Finance，1998，53（1）：27–64.

[7] Baker M., Wurgler J. Market Timing and Capital Structure [J]. Journal of Finance，2002，57（1）：1–32.

[8] Huang R., Ritter J. R. Testing the Market Timing Theory of Capital Structure [C]. Working Paper，2006.

[9] 王正位，朱武祥，赵冬青. 发行管制条件下的股权再融资市场时机行为及其对资本结构的影响 [J]. 南开管理评论，2007，10（6）：40–46.

[10] 王志强，李博. IPO 市场择时及其对资本结构的持续效应研究 [J]. 证券市场导报，2009（3）：69–74.

[11] Barry C. B., Muscarella C. J., Peavy J. W., Vetsuypens M. R. The Role of Venture Capital in the Creation of Public Companies [J]. Journal of Financial Economics，1990，27（2）：447–471.

[12] Welch I. Seasoned Offerings, Imitation Costs, and the Underpricing of Initial Public Offerings [J]. Journal of Finance，1989，44（2）：421–449.

[13] 张子炜，李曜，徐莉. 私募股权资本与创业板企业上市前盈余管理 [J]. 证券市场导报，2012，（2）：60–70.

[14] Hellmann T., Puri M. Venture Capital and the Professionalization of Start–up Firms：Empirical Evidence [J]. Journal of Finance，2002，57（1）：169–198.

[15] Kaplan S. N., Stromberg P. E. R. Characteristics, Contracts and Actions：Evidence from Venture Capitalist Analyses [J]. Journal of Finance，2004，59（5）：2177–2210.

[16] Tykvova T., Walz U. How Important is Participation of Different Venture Capitalists in German IPOs [J]. Global Finance Journal，2007，17（3）：350–378.

[17] Lerner J. Venture Capitalists and the Decision to Go Public [J]. Journal of Financial Economics，1994，35（3）：293–316.

［18］ Gompers P. Grandstanding in the Venture Capital Industry ［J］. Journal of Financial Economics, 1996, 42（1）: 133-156.

［19］ Gompers P., Kovner A., Lerner J. Venture Capital Investment Cycles: The Impact of Public Markets ［J］. Journal of Financial Economics, 2008, 87（1）: 1-23.

［20］ 钱苹, 张帏. 我国创业投资的回报率及其影响因素 ［J］. 经济研究, 2007（5）: 78-90.

［21］ Brander J. A., Egan E. J., Hellmann T. F. Government-Sponsored Versus Private Venture Capital: Canadian Evidence ［C］. Working Paper, 2009.

［22］ Brander J. A., Du Q., Hellmann T. F. The Effects of Government-Sponsored Venture Capital: International Evidence ［C］. Working Paper, 2010.

［23］ Fuller D. B. How Law, Politics and Transnational Networks Affect Technology Entrepreneurship: Explaining Divergent Venture Capital Investing Strategies in China ［J］. Asia Pacific Journal of Management, 2010, 27（3）: 445-459.

［24］ Lerner J. When Bureaucrats Meet Entrepreneurs: The Design of Effective "Public Venture Capital" Programmes ［J］. The Economic Journal, 2002, 112（2）: 73-84.

［25］ Alti A. How Persistent is the Impact of Market Timing on Capital Structure ［J］. Journal of Finance, 2006, 61（4）: 1681-1710.

［26］ Sorensen M. How Smart is Smart Money? A Two-Sided Matching Model of Venture Capital ［J］. Journal of Finance, 2007, 62（6）: 2725-2762.

［27］ Nahata R. Venture Capital Reputation and Investment Performance ［J］. Journal of Financial Economics, 2008, 90（2）: 127-151.

［28］ 党兴华, 董建卫, 吴红超. 风险投资机构的网络位置与成功退出: 来自中国风险投资业的经验证据 ［J］. 南开管理评论, 2011, 14（2）: 82-91.

［29］ 陈见丽. 风险投资对我国创业板 IPO 泡沫的影响 ［J］. 经济学家, 2012（4）: 86-94.

［30］ Tang Y., Tan Y. Impact of Venture Capital on IPO Timing and Operation Performance: Evidence from the HK GEM ［J］. Systems Engineering-Theory & Practice, 2008, 28（7）: 17-26.

［31］ Sun M., Fang S. The Role of Venture Capital in Listed Companies: Evidence from Mainland China ［C］. Working Paper, 2011.

［32］ Cumming D., Dai N. Local Bias in Venture Capital Investments ［J］. Journal of Empirical Finance, 2010, 17（3）: 362-380.

［33］ Ritter J. R.. The Long-run Performance of Initial Public Offerings ［J］. Journal of Finance, 1991, 46（1）: 3-27.

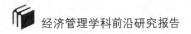
Is there Timing Behavior in VC–backed IPOs?
—An Empirical Evidence from China

Shen Weitao, Ye Xiaojie, Xu Wei

Abstract: This paper investigates the timing behavior and its mechanism of venture capital backed IPOs. In order to examine whether there exist timing behavior in VC–backed IPOs, we analyze and discuss the following questions: Firstly, does venture capitals increase the probability of companies they back passing offering supervision and timing the hot market? Secondly, whether investment experiences of the venture capitals affect their timing behavior? Lastly, whether there exist differences in timing behaviors among venture capitals with different backgrounds (government, private and foreign).

Key Words: Venture Capital; IPO Timing; Offering Supervision; Experience; Foreign Capital

管理者背景特征、晋升激励与过度投资研究 *

张兆国　刘亚伟　亓小林

【摘　要】本文在委托代理理论框架下，运用高层梯队理论和心理契约理论，以我国 2007~2011 年上市公司为样本，从管理者背景特征的角度，对晋升如何影响过度投资进行了理论分析和实证检验。结果发现，晋升激励对过度投资有抑制作用，但在非国有公司好于国有公司；管理者性别与晋升激励不存在相关性以及晋升激励对过度投资的抑制作用受管理者性别的影响不大，并在国有和非国有公司中也无差异；随着管理者年龄的增长，管理者对晋升激励的敏感性以及晋升激励对过度投资的抑制作用均呈倒 U 型关系，但在非国有公司中不明显；学历越高的管理者对晋升激励的敏感性越大，进而使晋升激励对过度投资的抑制作用也越大，但在国有和非国有公司中存在差异，即管理者学历与晋升激励的正相关性在国有公司显于非国有公司明显，而在高学历强化晋升激励对过度投资的抑制作用方面则国有公司不如非国有公司；随着管理者任期的增加，管理者对晋升激励的敏感性以及晋升激励对过度投资的抑制作用均会增强，但在国有公司不如非国有公司。对于这些研究结论，本文运用相关理论并结合我国上市公司的市场环境和制度背景进行了一定的解释。

【关键词】管理者背景特征；企业产权性质；晋升激励；过度投资

引　言

在企业所有权与控制权相分离情况下，管理者代理问题对企业财务决策的影响一直是现代财务理论研究的一个主题。就企业投资决策而言，管理者代理问题既会导致过度投

* 本文选自《南开管理评论》2013 年第 16 卷第 4 期。

基金项目：本文受国家自然科学基金项目（71102168）、教育部人文社会科学项目（10YJA630212）资助。

作者简介：张兆国，华中科技大学管理学院会计系主任、教授、博士生导师、管理学博士，研究方向为公司财务与公司治理；刘亚伟，华中科技大学管理学院博士研究生，研究方向为公司治理；亓小林，武汉长江工商学院副教授，研究方向为人力资源。

资，也会导致投资不足。这两种不同的投资行为都是无效的，都会给企业价值和股东财富造成损失。针对这两种无效投资行为，学术界从不同治理机制方面展开了研究，并取得了丰硕成果，其中也包括管理者晋升激励。

心理契约理论认为，在一个组织中人与人之间存在许多隐性的心理契约，而在这些隐性的心理契约中晋升便是一个重要方面，因为晋升会提高晋升者的地位和待遇以及改善晋升者的工作环境，它与薪酬激励之间存在着替代关系。大量研究表明，管理者晋升激励对企业绩效有着较大的影响，尤其是在薪酬激励的有效性下降之时。

但是，现有研究管理者晋升激励对企业绩效影响的文献至少存在以下两个值得进一步研究的问题：一是很少关注管理者晋升激励影响企业绩效所需通过的传导机制或"中间桥梁"，如融资决策、投资决策、定价决策和多元化决策等。而实际上是企业治理首先影响这些行为，进而影响企业绩效。所以，在研究管理者晋升激励对企业绩效的影响时，如果不考虑这些行为的传导作用，就难以揭示管理者晋升激励影响企业绩效的途径和根源。二是忽略了管理者的异质性，把管理者视为同质的，这显然与现实不符。高层梯队理论认为，不同性别、年龄、学历、教育背景、任期、工作经历等背景特征的管理者对企业决策及绩效的影响存在较大差异。大量实证研究也表明，不同背景特征的管理者对企业绩效、企业战略、企业创新、企业避税、企业投资和会计稳健性等方面都有不同的看法和影响。对此，行为金融学给出的解释是：在现实中管理者并非总是理性的，其行为选择往往会受到个人的过度自信、嫉妒心理、规避损失心理、短视行为等心理偏差的影响，而这些心理偏差与管理者背景特征相联系。由此便不难认为，不同背景特征的管理者会对晋升激励有不同的看法或敏感性，从而使晋升激励对企业绩效产生不同的影响。所以，在研究管理者晋升激励对企业绩效的影响时，如果不考虑管理者的背景特征，就难以得出有效的结论。

针对上述问题，本文以 2007~2011 年沪深两市 A 股类上市公司为研究样本，从管理者背景特征的角度，考察管理者晋升激励对过度投资的影响。其基本思路是：首先，考察管理者晋升激励对过度投资的影响；其次，从管理者的性别、年龄、学历、任期等背景特征方面，进一步考察晋升激励对过度投资的影响是否存在差异；最后，由于目前我国资本市场存在国有和非国有两类不同产权性质的公司，它们在代理问题及其治理机制等方面都存在较大的差异，因此本文还将考虑公司的产权性质。

本文研究结果表明，晋升激励对过度投资有抑制作用，但在非国有公司好于国有公司；管理者性别与晋升激励不存在相关性以及晋升激励对过度投资的抑制作用受管理者性别的影响不大，并在国有和非国有公司中也无差异；随着管理者年龄的增长，管理者对晋升激励的敏感性以及晋升激励对过度投资的抑制作用均呈倒 U 型关系，但在非国有公司中不明显；学历越高的管理者对晋升激励的敏感性越大，进而使晋升激励对过度投资的抑制作用也越大，但在国有和非国有公司中存在差异，即管理者学历与晋升激励的正相关性在国有公司显于非国有公司明显，而在高学历强化晋升激励对过度投资的抑制作用方面则国有公司不如非国有公司；随着管理者任期的增加，管理者对晋升激励的敏感性以及晋升激励对过度投资的抑制作用均会增强，但在国有公司不如非国有公司。对于这些研究结论，本文运用相关理论并结合我国上市公司的市场环境和制度背景进行了一定的解释。

本文的贡献主要表现在三个方面：第一，通过研究晋升激励对过度投资的影响，将有助于揭示晋升激励如何影响企业绩效的传导机制，为深入理解晋升激励的作用提供新的证据。第二，从管理者的性别、年龄、学历、任期等背景特征方面，研究晋升激励对过度投资影响的差异，将有助于拓展有关晋升激励研究的视野。第三，结合我国的制度背景，考虑公司的产权性质，使本文的研究结论对进一步深化我国企业产权改革具有一定的借鉴意义。

一、理论分析与研究假设

关于管理者代理问题对过度投资的影响机理，学术界主要基于管理者私人收益的理论解释，即投资可能使管理者构筑其"商业帝国"，从中获得更多的私人收益，进而使管理者可能接受净现值为负的投资项目。可见，要抑制管理者的过度投资，就必须使管理者在投资方面所获得的私人收益能够与股东收益相联系。而要做到这一点，就必须建立一套有效的激励机制，既包括以薪酬为表现形式的显性激励机制，也包括以声誉、更换和晋升等为表现形式的隐性激励机制。晋升激励之所以能够起到抑制管理者过度投资的作用，主要是因为，虽然晋升可以为管理者带来各种货币与非货币收益，包括更高的薪酬、更多的在职消费、更大的控制权、更好的工作环境、更强的成就感等，但是晋升是与业绩相联系的，只有业绩最佳者才有可能从诸多竞争者中获胜。所以，晋升能够协调管理者与股东之间的利益，使管理者的私人利益外部化，促使管理者放弃净现值为负的投资项目，抑制其过度投资冲动。而且，在个体业绩难以度量或不可证实、监督难度及成本较高、企业经营风险较大等情形下，晋升激励的作用比薪酬激励更具比较优势。基于上述分析，本文提出假设1。

假设1： 晋升激励能够起到抑制管理者过度投资的作用。

但是，按照高层梯队理论的思想，晋升激励对管理者过度投资的抑制作用相对于不同背景特征的管理者而言可能存在一定的差异。管理者背景特征是指人口学中的相关指标，如管理者的性别、年龄、学历、任期、职业背景、种族和家庭出身等。高层梯队理论认为，管理者的行为选择要受到其认知能力和价值取向的影响，而管理者的认知能力和价值取向则与管理者的这些背景特征紧密相连。大量相关研究表明，不同背景特征的管理者具有不同的心理预期和行为选择，进而对企业行为及绩效产生不同的影响。例如，女性、年龄越大的管理者更倾向于选择较保守的企业战略；年轻、学历越高的管理者更具有适应能力和创新精神，更容易改变企业战略；具有国际经历的管理者更倾向于国际化经营；学历越高、年龄越大的管理者越能够抑制过度投资的冲动；任期越长的管理者越愿意增加研发投入，管理者的性别、年龄、学历、任期等背景特征均与企业绩效存在显著的相关性。总之，在企业行为及绩效方面深深地打下了管理者背景特征的烙印。由此便可以推断，不同背景特征的管理者对晋升激励可能有不同的看法或敏感性，进而使晋升激励对过度投资可能产生不同的影响。对此，本文将从管理者的性别、年龄、学历和任期四个方面加以分析。

(1) 管理者的性别。心理学研究发现，女性比男性更为谨慎和保守。这既有生理上的原因，如女性单胺氧化酶高、要生育和哺乳孩子和寿命预期时间更长等；也有社会文化的原因，如从幼儿开始，教育就会影响男性和女性对待风险的态度，一般认为男性应该承担更多的风险。行为财务学将心理学的研究成果应用于企业财务决策的分析中也发现，在企业财务决策中女性管理者比男性管理者更为谨慎和保守。女性管理者的这种行为特征可能使女性管理者对晋升激励的敏感性下降。另外，我国长期存在的女性晋升"玻璃天花板现象"，在很大程度上打击了女性晋升的积极性，从而使晋升激励对女性管理者道德风险的抑制作用不足。由此本文提出假设 2。

假设 2： 与女性管理者相比，男性管理者对晋升激励的敏感性更大，从而使晋升激励对过度投资的抑制作用更显著。

(2) 管理者的年龄。近年来，党政干部和国有企业管理者明显呈年轻化趋势。因此，年龄越大的管理者被提拔的可能性就越小。从这一规律来看，不同年龄的管理者在管理经验、知识结构、认知能力、进取精神、风险倾向等方面都存在着差异，从而使他们在工作中表现出不同的价值取向和行为选择。大量研究表明，与年轻管理者相比，由于年长管理者之体力、精力、学习能力和认知能力的下降以及处于职业和收入相对稳定的事业阶段，其适应能力和进取精神较差，倾向于维持现状，规避风险。年长管理者的这种心理及行为特征就会使他们对晋升激励的敏感性下降，从而造成晋升激励对他们的作用不足。按照心理契约理论，当年龄较大的管理者意识到自己晋升的可能性较小时，就会把注意力转移到其他利益方面。Kale 等的实证研究也发现，管理者越接近退休年龄，晋升激励的作用及其与企业绩效的关系越不明显。

当然，管理者年龄的增长与管理者对晋升激励敏感性的下降（或晋升激励对管理者作用的减弱）之间的关系可能不是一种线性关系。在一个管理者的生命周期中，从一个低级职位开始他（她）的职业生涯，并通过努力工作，逐步晋升到一个高级职位上。在这个生命周期中，假设存在一个年龄的拐点。在这个拐点之前，由于管理者年轻、体力精力充沛、有强烈上进心，因此随着年龄的增长以及经验的积累和能力的提高，管理者对晋升的欲望也会随之增强；相反，到了这个拐点之后，随着年龄的增长，就会逐渐表现出上述年长管理者的心理及行为特征，从而使他们对晋升的欲望减弱。综上所述，本文提出假设 3。

假设 3： 随着管理者年龄的增长，管理者对晋升激励的敏感性呈倒 U 型关系，从而使晋升激励对过度投资的抑制作用也呈倒 U 型关系。

(3) 管理者的学历。学历可以在一定程度上反映一个人的知识和能力。学历越高的管理者通常具有更强的学习能力和认知能力，从而具有更强的适应能力和信息整合能力，能够在复杂多变的环境中保持清晰的思路，做出正确的决策。相关实证研究发现，管理者的受教育程度对企业战略定位、企业管理与技术创新、企业多元化经营、企业投资决策、企业社会网络建设等方面都有着积极的影响作用。因此，按照锦标赛理论——只有相对业绩更佳的管理者才能在竞争中获胜的思想，受教育程度越高的管理者更具有获得晋升的机会和优势，从而便更容易产生谋求晋升的动机。这在我国也有相应的制度背景，即"知识化"是选拔干部的要求之一。近年来，我国党政干部和国有企业管理者明显地呈知识化趋势，高学历的管理者所占比重越来越大。由上述分析，本文提出假设4。

假设4：学历越高的管理者对晋升激励的敏感性越大，从而使晋升激励对过度投资的抑制作用更明显。

（4）管理者的任期。管理者的任期包含了丰富而又复杂的信息，它在一定程度上反映了管理者的认知水平、经营阅历和社会经验。按照预期理论，随着任期的延长、管理能力的提高，管理者的预期可能不仅是报酬的提高，还有一些非报酬性的追求，特别是对晋升的追求。因为晋升的价值既可以带来报酬的提高，也可以带来更大的控制权，以控制更多的资源，还可以带来社会声誉及地位的提高。所以，随着任期的延长，管理者对晋升激励的敏感性会增大，从而使晋升激励对管理者的作用也会加强。

当然，当一个管理者在某一职位上任期过长、长期不能被提拔时，也可能影响他的创新与进取精神，从而降低他对晋升的追求。相关实证研究表明，任期越长的管理者在企业经营决策与管理中的行为特征更多地表现为维持现状、缺乏创新精神、不愿意改革企业已有的战略和经营模式。综合以上分析，本文提出假设5。

假设5：随着管理者任期的延长，管理者对晋升激励的敏感性呈倒U型关系，从而使晋升激励对过度投资的抑制作用也呈倒U型关系。

此外，由于目前我国资本市场存在国有和非国有两类产权性质不同的公司，因此在这两类不同的公司中，无论是晋升激励对投资行为的影响还是不同背景特征管理者对晋升激励的敏感性都可能存在一定的差异。对国有上市公司而言，在市场化改革进程中，仍或多或少地要受到政府的干预，特别是分权化改革增强了地方政府的干预力度。在管理者激励方面，管理者的任免和薪酬都要受到政府的管制。在这种制度背景下，一方面，管理者晋升与管理者努力之间的因果关系会变得复杂，因为受政府干预，企业要服从多重目标，从而使管理者在晋升竞争中不仅要考虑企业绩效，还要考虑就业、社会稳定、经济发展、政府官员晋升等非利润因素；另一方面，管理者通过市场化薪酬契约而获得薪酬的渠道会受到限制，因而会更加依靠晋升带来更大权力、身份荣耀、更多薪酬与在职消费，甚至是权力寻租机会等利益。与国有上市公司相比，非国有上市公司管理者激励不受政府的管制，其任免和薪酬都是按市场化原则确定的，因此管理者薪酬与企业绩效的联系会相对紧密，管理者对晋升的客观需求与依赖程度会相对降低。基于上述分析，本文提出假设6。

假设6：与非国有上市公司相比，在国有上市公司中，管理者对晋升激励的敏感性可能相对较大，但晋升激励对过度投资的抑制作用可能相对较弱。

二、研究设计

1. 研究样本与资料来源

本文选取 2007~2011 年沪深两市 A 股上市公司为初始样本，并按下列标准加以筛选：①剔除金融类上市公司；②剔除在 2007~2011 年中出现过 ST、*ST 等重大事宜的公司；③剔除管理者背景资料以及相关财务资料无法获取的公司，如董事长薪酬为 0 的公司。经过筛选，最终得到五年共 4290 个观测值，其中国有上市公司 2662 个，非国有上市公司 1628 个。为了消除极端值的影响，本文还采用 Winsorize 方法对变量进行了处理。本文的资料均来自国泰安数据库（CSMAR）、色诺芬数据库（CCER）、锐思数据库（RESSET）以及上市公司年度财务报告。

2. 变量设计

（1）过度投资。本文借鉴 Richardson、姜付秀等的方法来衡量过度投资。其步骤如下：首先，计算年度总投资额（$I_{total,t}$），包括固定资产、在建工程、工程物资、无形资产和长期投资的年度投资额。其次，将年度总投资分为维持资产原有状态的资本支出（$I_{maintenance,t}$）和扩大的资本支出（$I_{new,t}$）两部分，其中 $I_{maintenance,t}$ 是指折旧与摊销支出。最后，利用样本资料对模型（1）进行回归，得出各企业 t 年的非效率投资额（ε）。当 $\varepsilon > 0$ 时，表示过度投资（OI）。

$$I_{new,t} = \beta_0 + \beta_1 Growth_{t-1} + \beta_2 Lev_{t-1} + \beta_3 Cash_{t-1} + \beta_4 Age_{t-1} + \beta_5 Size_{t-1} + \beta_6 RET_{t-1} + \beta_7 I_{new,t-1} +$$
$$\sum Industry + \sum Year + \varepsilon \tag{1}$$

式中，$Growth_{t-1}$ 为上一年度营业收入增长率；Lev_{t-1} 为上一年度资产负债率；$Cash_{t-1}$ 为上一年度现金同总资产的比例；Age_{t-1} 为到 t 年期初至公司上市时间；$Size_{t-1}$ 为上一年度公司总资产的自然对数；RET_{t-1} 为上一年度股票年度回报率；$I_{new,t-1}$ 为上一年度公司新增投资额；$\sum Industry$ 为行业虚拟变量；$\sum Year$ 为年度虚拟变量。

（2）管理者背景特征。本文将管理者界定为上市公司年报中披露的董事会、监事会以及高级管理人员。具体包括董事会成员、监事会成员、总经理、副总经理、财务总监和总经济师等。参照相关文献的做法，本文对管理者性别、年龄、学历和任期等背景特征的衡如表 1 所示。

表 1　变量定义

变量	符号	变量定义
过度投资	OI	根据模型（1）计算得出
晋升激励强度	PI	非董事长高管平均薪酬与董事长薪酬之差的自然对数
管理者性别	Ggend	管理者性别的平均数，其中男性取值为 1，女性取值为 0
管理者年龄	Gage	管理者年龄之和/管理者总人数

变量	符号	变量定义
管理者学历	Gdegr	管理者学历水平之和/管理者总人数，其中高中或中专以下为1、大专为2、本科为3、硕士为4、博士为5
管理者任期	Gtime	管理者任职时间之和/管理者总人数
股权集中度	Cent	第一大股东持股比例
资产负债率	Debt	年末债务账面总价值与资产账面总价值之比
管理者持股比例	Gshare	管理层持有公司股票与公司股票总数之比
董事会结构	DDsize	董事会中独立董事的比例
盈利水平	ROE	净资产收益率=净利润/净资产
成长机会	Growth	营业收入增长率=(t年营业收入－t-1年营业收入)/t-1年营业收入
公司规模	Size	总资产的自然对数
行业虚拟变量	ΣIndustry	根据证监会颁布的《上市公司行业分类指引》划分上市公司所属行业。本文样本公司分属于13个行业
年度虚拟变量	ΣYear	以2007年为基准，设立四个虚拟变量

（3）晋升激励。晋升包括内部晋升和外部晋升（如被任命为政府官员、人大代表、政协委员等）。本文只考察内部晋升。参照相关文献的做法，本文用晋升激励强度来衡量内部晋升激励。晋升激励强度用非董事长高管与董事长之间的薪酬差距来衡量。这主要是因为：一方面，薪酬差距是不同层级之间利益差距的最直接表现，而且容易获得可靠的资料和加以计算，所以本文没有考虑晋升所带来的非货币性利益，如声誉、地位、成就感等；另一方面，不同层级之间的晋升不是孤立的、静止的，而是联系的、动态的，也就是说，不同层级之间的晋升会产生激励乘数效应或激励扩散效应。虽然一个企业的内部晋升包括了许多不同层级的晋升，但根据现代组织行为理论，一个成员的晋升不仅仅只会对该成员产生激励作用，而且还会对下一层级的成员产生连锁性激励效应。所以，本文只考虑了非董事长高管与董事长之间的薪酬差距，而没有具体区分不同层级之间的薪酬差距。

（4）控制变量。根据姜付秀等、李焰等文献，本文选用股权集中度、资产负债率、管理者持股比例、董事会结构、盈利水平、成长机会、公司规模以及行业和年度作为控制变量。这些控制变量的定义见表1。

3. 模型建立

根据本文的研究思路，为了考察管理者晋升激励对过度投资的影响，建立模型（2）：

$$OI = \beta_0 + \beta_1 PI + ControlVariables + \varepsilon \tag{2}$$

为了从管理者的性别、年龄、学历和任期四个方面，考察不同背景特征的管理者对晋升激励的敏感性以及晋升激励对过度投资影响的差异性，分别建立模型（3）和模型（4）：

$$PI = \beta_0 + \beta_1 Ggend + \beta_2 Gage + \beta_3 Gage^2 + \beta_4 Gdegr + \beta_5 Gtime + \beta_6 Gtime^2 + ControlVariables + \varepsilon \tag{3}$$

$$OI = \beta_0 + \beta_1 PI + \beta_2 Ggend + \beta_3 Gage + \beta_4 Gage^2 + \beta_5 Gdegr + \beta_6 Gtime + \beta_7 Gtime^2 + \beta_8 PI \times Ggend + \beta_9 PI \times Gage + \beta_{10} PI \times Gdegr + \beta_{11} PI \times Gtime + ControlVariables + \varepsilon \tag{4}$$

根据 Wooldridge 对交叉项的解释，在模型（4）中设立了四个交叉项，分别用来考察晋升激励对过度投资的作用将如何受管理者性别、年龄、学历和任期的影响。另外，考虑到管理者的年龄和任期可能存在"拐点"，故在模型（4）中加入了这两个变量的平方项。

三、实证研究

1. 描述性统计

表 2 是各变量的描述性统计和差异性检验。从全样本看，晋升激励强度均值约为 16 万元，其标准差为 30.8 万元，说明各公司管理者团队内部的薪酬差距较大；男性管理者比例均值约为 87%，甚至有公司为 100%，说明男女管理者比例不协调；管理者年龄均值约为 47 岁，主要分布在 32~64 岁；管理者学历均值约为 3，说明学历主要集中于本科；管理者任期均值约为两年，说明整体任期不长。这些管理者背景特征的资料与何威风和刘启亮的研究基本相似。从国有和非国有公司的比较看，国有公司晋升激励强度均值低于非国有公司，且差异显著，这可能与政府对国有公司薪酬管制有关；国有公司管理者的性别、年龄和学历均值均高于非国有公司，而任期均值则低于非国有公司；国有公司过度投

表 2　变量的描述性统计与差异检验

变量	全样本（N = 4290）				国有样本（N = 2662）				非国有样本（N = 1628）				均值检验（t 值）
	最小值	最大值	平均值	标准差	最小值	最大值	平均值	标准差	最小值	最大值	平均值	标准差	国有 VS 非国有
OI	0.000	0.201	0.049	0.030	0.000	0.201	0.059	0.033	0.000	0.168	0.049	0.027	3.572***
PI（万元）	0.000	546.990	15.781	30.803	0.000	546.990	13.045	27.922	0.000	370.167	20.372	34.643	−5.610***
Ggend	0.000	1.000	0.869	0.123	0.000	1.000	0.876	0.118	0.000	1.000	0.856	0.129	3.951***
Gage	32.200	64.000	46.958	5.870	32.333	64.000	47.533	6.107	32.200	59.000	45.993	5.315	6.536***
Gdegr	0.160	5.000	2.977	0.662	0.160	5.000	3.008	0.670	0.600	5.000	2.924	0.645	3.169***
Gtime	0.028	8.508	1.698	0.931	0.056	8.508	1.501	0.930	0.028	5.884	1.941	0.933	−1.847*
Cent	0.037	0.862	0.369	0.154	0.050	0.862	0.393	0.153	0.037	0.852	0.328	0.147	10.775***
Debt	0.011	0.903	0.495	0.182	0.033	0.888	0.514	0.182	0.011	0.903	0.464	0.178	6.802***
Gshare	0.000	0.636	0.012	0.056	0.000	0.172	0.001	0.007	0.000	0.636	0.031	0.088	−10.590***
DDsize	0.077	0.800	0.350	0.088	0.077	0.800	0.347	0.085	0.118	0.727	0.355	0.092	−2.324**
ROE	−0.846	2.919	0.085	0.128	−0.780	2.080	0.078	0.122	−0.846	2.919	0.098	0.138	−3.989***
Growth	−0.978	43.607	0.281	1.492	−0.976	31.168	0.237	1.008	−0.978	43.607	0.356	2.061	−1.693*
Size（百亿元）	0.018	165.637	1.036	5.707	0.031	165.637	1.398	7.157	0.018	14.132	0.428	0.829	5.426***

注：*、**、*** 分别表示 10%、5%、1%的水平下显著。

资均值高于非国有公司。

2. 相关性分析

表 3 是变量的相关系数。由此可见，晋升激励与过度投资呈显著负相关。管理者性别、年龄与过度投资显著正相关，管理者的学历、任期均则与过度投资显著负相关。管理者性别与晋升激励显著负相关，管理者的学历和任期均与晋升激励呈显著正相关，但管理者年龄与晋升激励呈不显著负相关。这些分析结论初步表明，管理者背景特征、晋升激励与过度投资之间存在一定的相关性，与前文的理论分析基本一致。另外，管理者背景特征中部分变量相互间显著相关，为了降低多重共线性，回归中背景特征变量将分别进入回归模型。

表 3　变量间的相关系数检验

变量	OI	PI	Ggend	Gage	Gdegr	Gtime
OI	1.000	−0.001**	0.163***	0.049**	−0.002***	−0.024**
PI	−0.025**	1.000	−0.081***	−0.008	0.078***	0.036*
Ggend	0.133***	−0.067***	1.000	0.123***	0.116***	−0.018
Gage	0.040**	−0.026	0.123***	1.000	0.028	0.201***
Gdegr	−0.001**	0.073***	0.125***	0.251***	1.000	0.077***
Gtime	−0.030**	0.042**	0.048**	0.240***	0.124***	1.000

注：（1）表的右上方是 Spearman 相关系数，左下方是 Pearson 相关系数；（2）*、**、*** 分别表示在 10%、5%、1% 的水平下显著。

3. 回归分析

（1）晋升激励对过度投资的影响

表 4 是晋升激励与过度投资的回归分析。从全样本公司看，晋升激励与过度投资呈显著负相关，与假设 1 相吻合，说明晋升激励强度越大，管理者晋升欲望越强，会更加注重投资效率，以便获得晋升。从国有和非国有公司的比较分析看，晋升激励与过度投资均呈负相关，但在国有公司不显著，这一结果印证了假设 6 的分析。

表 4　晋升激励与过度投资

变量	全样本	国有	非国有
	（1）	（2）	（3）
PI	−0.001** (−2.15)	−0.002 (−1.15)	−0.001** (−2.14)
Cent	0.018 (1.08)	0.009 (0.35)	0.045* (1.67)
Debt	0.003 (0.33)	0.015 (1.02)	−0.011 (−0.69)
Gshare	−0.040** (−2.22)	0.077 (0.12)	−0.034** (−2.17)

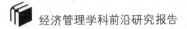

变量	全样本	国有	非国有
	(1)	(2)	(3)
DDsize	0.001 (0.08)	−0.003 (−0.21)	0.008 (0.49)
ROE	−0.009 (−1.03)	−0.016 (−1.46)	0.002 (0.16)
Growth	−0.000 (−0.22)	0.001 (0.36)	−0.003 (−1.30)
Size	−0.005* (−1.86)	−0.008** (−2.06)	−0.005 (−1.24)
Constant	0.125** (2.01)	0.289*** (3.48)	0.138 (1.54)
Industry	Yes	Yes	Yes
Year	Yes	Yes	Yes
R^2	0.038	0.028	0.059
F	2.932	1.445	2.243
N	4290	2662	1628

注：（1）*、**、*** 分别表示在 10%、5%、1%的水平下显著；（2）括号内是 t 值。

（2）管理者背景特征视角下晋升激励对过度投资的影响

表 5 是全样本公司的回归分析。其中，左边是管理者背景特征与晋升激励的回归分析；右边是管理者背景特征、晋升激励与过度投资的回归分析。由此表可见：①管理者性别与晋升激励呈不显著负相关，两者交叉项的系数也不显著。这说明不同性别的管理者对晋升激励的敏感性无显著差异，进而也使晋升激励对过度投资的抑制作用受管理者性别的影响较小。这与假设 2 不一致。其原因可能是现代女性管理者的思想观念及行为方式逐渐趋向男性特征。例如，北京大学光华管理学院女性领导力研究课题组发现，中国女性管理者对事业的追求在很大程度上与男性一样；2007 年《世界经理人》与北京大学光华管理学院共同发起的一项调查也发现，女性管理者并不像人们想象的那样追求稳定，她们也愿意面对挑战、敢于承担风险、勇于创新。相关研究也证实了这一点，管理者性别差异对过度投资、投资规模的影响不存在显著差异。②管理者年龄与晋升激励呈倒 U 型关系，两者交叉项的系数显著为正以及与之相对应的晋升激励的系数显著为负。这说明随着年龄的增长，管理者对晋升激励的敏感性以及晋升激励对过度投资的抑制作用均呈倒 U 型关系。这与假设 3 相一致。在统计分析中发现，这种倒 U 型关系的年龄拐点可能出现在 50~53 岁。③管理者学历与晋升激励呈显著正相关关系，两者交叉项的系数以及与之相对应的晋升激励的系数均显著为负。这说明学历越高的管理者对晋升激励的敏感性越大，进而使晋升激励对过度投资的抑制作用也越大。这与假设 4 相一致，也与 Hambrick 等、Wiersema 和 Bantel 所发现的学历越高的管理者其理性程度和认知能力越高的研究结论也相一致。据此，我们更有理由相信，管理者学历越高，其学习和认知能力越强，对激励的感知和反应

会更加敏感和理性。④管理者任期与晋升激励呈显著正相关关系，两者交叉项的系数以及与之相对应的晋升激励的系数显著为负。这说明随着任期的增加，管理者对晋升激励的敏感性以及晋升激励对过度投资的抑制作用都会增强。这与 Allen、Eisenhardt 和 Schoonhoven 所得出的管理者任期的增加不仅可以提升管理者的经营阅历和协作水平，而且能增强管理者对晋升的敏感性的研究结论相一致，但与假设 5 不一致。其原因可能是我国上市公司管理者任期普遍较短，平均约为两年。

表 5　全样本回归结果

自变量	全样本											
	PI（晋升激励）						OI（过度投资）					
	（1）	（2）	（3）	（4）	（5）	（6）	（1）	（2）	（3）	（4）	（5）	（6）
PI	—	—	—	—	—	—	−0.103** (−2.48)	−0.099*** (−2.59)	−0.105*** (−2.56)	−0.107*** (−2.59)	−0.104*** (−2.50)	−0.099** (−2.39)
Ggend	−0.207 (−1.18)						0.048** (2.18)					
Gage		0.475 (1.37)	0.997** (2.44)					0.119*** (2.80)	0.258*** (2.59)			
Gage2			−0.011*** (−2.70)						−0.191 (−1.55)			
Gdegr				0.013** (2.40)						0.017*** (2.65)		
Gtime					0.057*** (3.52)	0.011 (0.21)					0.019** (2.54)	0.022*** (2.85)
Gtime2						0.013 (0.94)						−0.001* (−1.75)
PI×Ggend	—	—	—	—	—	—	−0.003 (−1.60)					
PI×Gage								0.002* (1.84)	0.002* (1.80)			
PI×Gdegr	—	—	—	—	—	—				−0.001* (−1.77)		
PI×Gtime	—	—	—	—	—	—					−0.002** (−2.55)	−0.001** (−2.42)
Cent	−0.370 (−0.97)	−0.407 (−1.07)	−0.439 (−1.15)	−0.375 (−0.98)	−0.360 (−0.95)	−0.336 (−0.88)	0.017 (0.99)	0.015 (0.91)	0.016 (0.96)	0.013 (0.76)	0.018 (1.07)	0.016 (0.95)
Debt	−0.606** (−2.54)	−0.600** (−2.52)	−0.579** (−2.43)	−0.616*** (−2.59)	−0.575** (−2.42)	−0.574** (−2.42)	−0.082** (−2.42)	−0.084** (−2.46)	−0.083** (−2.45)	−0.085** (−2.51)	−0.079** (−2.32)	−0.075** (−2.20)
Gshare	0.443 (1.08)	0.442 (1.08)	0.398 (0.97)	0.470 (1.15)	0.328 (0.80)	0.330 (0.80)	−0.037** (−2.06)	−0.041** (−2.30)	−0.040** (−2.23)	−0.040** (−2.25)	−0.039** (−2.18)	−0.040** (−2.20)
DDsize	−0.216 (−0.95)	−0.218 (−0.96)	−0.212 (−0.94)	−0.211 (−0.93)	−0.048 (−0.21)	−0.094 (−0.40)	0.002 (0.15)	0.001 (0.08)	0.001 (0.07)	0.002 (0.17)	0.003 (0.25)	0.006 (0.60)
ROE	0.801*** (4.06)	0.804*** (4.08)	0.801*** (4.07)	0.802*** (4.07)	0.787*** (4.01)	0.791*** (4.02)	−0.007 (−0.80)	−0.007 (−0.81)	−0.007 (−0.80)	−0.006 (−0.70)	−0.007 (−0.79)	−0.007 (−0.83)

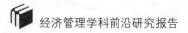

续表

自变量	全样本											
	PI（晋升激励）						OI（过度投资）					
	（1）	（2）	（3）	（4）	（5）	（6）	（1）	（2）	（3）	（4）	（5）	（6）
Growth	−0.082**	−0.083**	−0.078**	−0.083**	−0.086***	−0.086***	−0.000	−0.000	−0.000	−0.001	−0.000	−0.000
	(−2.52)	(−2.54)	(−2.40)	(−2.54)	(−2.65)	(−2.67)	(−0.35)	(−0.22)	(−0.30)	(−0.60)	(−0.32)	(−0.28)
Size	0.540***	0.560***	0.547***	0.546***	0.533***	0.524***	−0.073**	−0.073**	−0.073**	−0.075**	−0.070**	−0.067*
	(9.17)	(9.64)	(9.41)	(9.09)	(9.21)	(8.95)	(−2.14)	(−2.15)	(−2.15)	(−2.21)	(−2.04)	(−1.95)
Constant	1.210	0.376	1.575	0.940	0.916	1.091	0.073	0.060	0.031	0.017	0.097	0.084
	(0.83)	(0.26)	(1.05)	(0.64)	(0.65)	(0.77)	(1.12)	(0.93)	(0.46)	(0.26)	(1.54)	(1.32)
Industry	Yes	Yes	Yes	Yes	Yes	Yes	Yes	Yes	Yes	Yes	Yes	Yes
Year	Yes	Yes	Yes	Yes	Yes	Yes	Yes	Yes	Yes	Yes	Yes	Yes
R^2	0.092	0.092	0.097	0.091	0.099	0.099	0.042	0.046	0.048	0.052	0.042	0.044
F	7.519	7.547	7.567	7.447	8.156	7.792	2.963	3.270	3.233	3.688	2.971	2.980
N	4290	4290	4290	4290	4290	4290	4290	4290	4290	4290	4290	4290

注：（1）*、**、***分别表示在10%、5%、1%水平下显著；（2）括号内是 t 值。

表6是区分产权性质后的回归分析。其中，Panel A 是国有公司的回归分析；Panel B 是非国有公司的回归分析。由此表可见：①在国有和非国有公司中，管理者性别与晋升激励的相关性以及两者交叉项的系数均不显著，说明在考虑了产权性质之后，不同性别的管理者对晋升激励的敏感性以及晋升激励对过度投资的抑制作用受管理者性别的影响也均无显著差异。②在国有公司中，管理者年龄与晋升激励呈显著倒 U 型关系，两者交叉项的系数显著为正以及与之相对应的晋升激励的系数显著为正，说明在国有公司中随着年龄的增长，管理者对晋升激励的敏感性以及晋升激励对过度投资的抑制作用均呈倒 U 型关系。但在非国有公司中这种倒 U 型关系却不显著。这可能是因为，与非国有公司相比，在国有公司中往往对管理者的晋升和退休都有严格的年龄门槛，进而就会使管理者对晋升激励的敏感性以及晋升激励对过度投资的抑制作用随着年龄的增长而改变。③管理者学历与晋升激励的正相关性在国有公司比非国有公司更显著，但管理者学历与晋升激励交叉项的系数在非国有公司比国有公司更显著为负，说明虽然学历越高的管理者对晋升激励的敏感性在国有公司比非国有公司高，但高学历在强化晋升激励对过度投资的抑制作用方面却在国有公司不如非国有公司。这可能是因为，与非国有公司相比，一方面，由于国有公司管理者的薪酬要受到政府的严格管制，因此国有公司管理者会更有欲望通过晋升来获得更多利益；另一方面，由于国有公司受政府的干预较大，因此国有公司管理者要服从政府的多重目标，而不仅仅是追求盈利目标，从而就会在一定程度上削弱晋升激励对过度投资的抑制作用。④管理者任期与晋升激励的正相关性在非国有公司比国有公司更显著，而且管理者任期与晋升激励交叉项的系数在非国有公司比国有公司更显著为负。这说明，不同任期的管理者对晋升激励的敏感性以及任期在强化晋升激励对过度投资的抑制作用方面均在非国有公司更显著。其可能是因为，与非国有公司相比，一是国有公司管理者更换频繁，任期较

短，平均为 1.5 年，致使任期的影响不能凸显；二是国有公司管理者晋升并非市场化，往往由政府任免，考虑了许多非经济因素，致使晋升对过度投资的抑制作用较弱。

表6 分产权性质下的回归结果

Panel A：国有样本

变量	PI（晋升激励）						OI（过度投资）					
	（1）	（2）	（3）	（4）	（5）	（6）	（1）	（2）	（3）	（4）	（5）	（6）
PI	—	—	—	—	—	—	−0.059** (−2.04)	−0.052** (−2.04)	−0.059** (−2.04)	−0.056** (−1.97)	−0.051** (−1.97)	−0.052** (−2.04)
Ggend	0.357 (0.58)						0.087** (2.39)					
Gage		2.574 (1.28)	0.770** (2.11)					0.164** (2.37)	0.198 (1.44)			
Gage2			−0.008** (−2.20)							−0.047 (−0.29)		
Gdegr				0.050** (2.31)						0.023** (2.35)		
Gtime					0.114 (1.51)	0.084 (0.50)					0.017* (1.70)	0.018* (1.71)
Gtime2						0.009 (0.19)						−0.000 (−0.16)
PI × Ggend	—	—	—	—	—	—	−0.006 (−1.52)					
PI × Gage	—	—	—	—	—	—		0.001* (1.84)	0.001* (1.83)			
PI × Gdegr	—	—	—	—	—	—				−0.002 (−1.32)		
PI × Gtime	—	—	—	—	—	—					−0.001 (−1.63)	−0.001 (−1.58)
Cent	−1.511 (−1.09)	−1.518 (−1.10)	−1.543 (−1.12)	−1.455 (−1.05)	−1.385 (−1.01)	−1.368 (−0.99)	0.005 (0.20)	0.006 (0.26)	0.007 (0.27)	0.007 (0.27)	0.010 (0.39)	0.009 (0.38)
Debt	0.570 (0.69)	0.595 (0.72)	0.609 (0.74)	0.601 (0.72)	0.554 (0.67)	0.555 (0.67)	0.015 (0.97)	0.015 (0.97)	0.014 (0.96)	0.013 (0.87)	0.015 (0.97)	0.015 (0.97)
Gshare	97.875*** (2.71)	98.395*** (2.73)	98.666*** (2.74)	98.572*** (2.73)	101.930*** (2.83)	102.134*** (2.83)	0.026 (0.04)	0.036 (0.06)	0.033 (0.05)	0.006 (0.01)	0.001 (0.00)	−0.001 (−0.00)
DDsize	−0.934 (−1.27)	−0.932 (−1.27)	−0.927 (−1.27)	−0.939 (−1.28)	−0.544 (−0.72)	−0.568 (−0.75)	−0.003 (−0.21)	−0.002 (−0.19)	−0.003 (−0.19)	−0.001 (−0.06)	0.001 (0.08)	0.001 (0.10)
ROE	0.940 (1.59)	0.885 (1.50)	0.880 (1.49)	0.946 (1.60)	0.841 (1.42)	0.843 (1.42)	−0.014 (−1.31)	−0.015 (−1.38)	−0.015 (−1.38)	−0.015 (−1.36)	−0.016 (−1.44)	−0.016 (−1.45)
Growth	0.066 (0.60)	0.076 (0.69)	0.078 (0.71)	0.074 (0.67)	0.061 (0.55)	0.061 (0.55)	0.001 (0.36)	0.001 (0.48)	0.001 (0.47)	0.000 (0.21)	0.001 (0.37)	0.001 (0.36)
Size	0.407** (2.03)	0.434** (2.18)	0.426** (2.13)	0.359* (1.73)	0.372* (1.87)	0.366* (1.83)	−0.006 (−1.51)	−0.006 (−1.52)	−0.006 (−1.49)	−0.004 (−0.93)	−0.006* (−1.74)	−0.006* (−1.71)
Constant	−9.921** (−2.06)	−11.428** (−2.39)	−10.695** (−2.14)	−8.417* (−1.69)	−9.188** (−1.96)	−6.008 (−1.30)	0.175* (1.91)	0.174* (1.89)	0.166* (1.74)	0.132 (1.40)	0.224** (2.51)	0.223** (2.49)

Panel A：国有样本

变量	PI（晋升激励）						OI（过度投资）					
	（1）	（2）	（3）	（4）	（5）	（6）	（1）	（2）	（3）	（4）	（5）	（6）
Industry	Yes	Yes	Yes	Yes	Yes	Yes	Yes	Yes	Yes	Yes	Yes	Yes
Year	Yes	Yes	Yes	Yes	Yes	Yes	Yes	Yes	Yes	Yes	Yes	Yes
R^2	0.052	0.058	0.058	0.052	0.057	0.057	0.037	0.037	0.037	0.040	0.032	0.032
F	2.713	3.014	2.858	2.709	2.995	2.827	1.670	1.707	1.624	1.842	1.478	1.403
N	2662	2662	2662	2662	2662	2662	2662	2662	2662	2662	2662	2662

Panel B：非国有样本

变量	PI（晋升激励）						OI（过度投资）					
	（1）	（2）	（3）	（4）	（5）	（6）	（1）	（2）	（3）	（4）	（5）	（6）
PI	—	—	—	—	—	—	−0.064* (−1.71)	−0.057* (−1.74)	−0.061* (−1.73)	−0.062* (−1.67)	−0.066* (−1.76)	−0.070* (−1.89)
Ggend	−0.227 (−0.83)						0.035 (0.80)					
Gage		−0.462 (−0.78)	−0.641 (−1.49)					0.142 (1.49)	0.328* (1.72)			
Gage2			0.486 (1.38)						−0.245 (−1.13)			
Gdegr				0.025 (0.43)						0.015 (1.12)		
Gtime					0.044** (2.21)	0.009 (0.10)					0.023 (1.60)	0.034** (2.29)
Gtime2						0.010 (0.41)						−0.003** (−2.57)
PI × Ggend	—	—	—	—	—	—	−0.002 (−0.44)					
PI × Gage	—	—	—	—	—	—		−0.007 (−0.96)	−0.007 (−1.03)			
PI × Gdegr	—	—	—	—	—	—				−0.001** (−2.21)		
PI × Gtime	—	—	—	—	—	—					−0.002 (−1.68)	−0.002* (−1.81)
Cent	0.023 (0.04)	0.060 (0.10)	0.002 (0.00)	0.065 (0.10)	0.011 (0.02)	0.031 (0.05)	0.045* (1.68)	0.041 (1.52)	0.042 (1.58)	0.030 (1.14)	0.044* (1.65)	0.039 (1.45)
Debt	−1.007*** (−2.70)	−1.061*** (−2.84)	−1.027*** (−2.74)	−1.045*** (−2.79)	−0.974*** (−2.61)	−0.977*** (−2.61)	−0.013 (−0.78)	−0.007 (−0.45)	−0.008 (−0.50)	−0.006 (−0.39)	−0.010 (−0.65)	−0.010 (−0.59)
Gshare	0.209 (0.57)	0.247 (0.67)	0.210 (0.57)	0.231 (0.63)	0.140 (0.38)	0.146 (0.39)	0.010 (0.57)	0.009 (0.50)	0.010 (0.57)	0.006 (0.34)	0.009 (0.51)	0.023 (1.26)
DDsize	−0.018 (−0.05)	0.006 (0.02)	−0.029 (−0.07)	0.004 (0.01)	0.104 (0.26)	0.053 (0.13)	−0.033** (−2.07)	−0.036** (−2.31)	−0.035** (−2.24)	−0.035** (−2.26)	−0.033** (−2.04)	−0.034** (−2.15)
ROE	0.504 (1.39)	0.494 (1.36)	0.502 (1.39)	0.501 (1.38)	0.540 (1.49)	0.539 (1.48)	0.003 (0.17)	0.004 (0.27)	0.004 (0.26)	0.004 (0.28)	0.004 (0.24)	0.004 (0.28)

续表

	Panel B：非国有样本											
	PI（晋升激励）						OI（过度投资）					
变量	（1）	（2）	（3）	（4）	（5）	（6）	（1）	（2）	（3）	（4）	（5）	（6）
Growth	−0.063	−0.065	−0.061	−0.063	−0.064	−0.065	−0.003	−0.003	−0.003	−0.003	−0.003	−0.003
	（−1.28）	（−1.31）	（−1.24）	（−1.27）	（−1.31）	（−1.32）	（−1.33）	（−1.26）	（−1.30）	（−1.52）	（−1.39）	（−1.32）
Size	0.748***	0.765***	0.741***	0.760***	0.735***	0.729***	−0.004	−0.004	−0.003	−0.002	−0.004	−0.003
	（7.71）	（8.17）	（7.84）	（7.90）	（7.64）	（7.50）	（−0.79）	（−0.94）	（−0.79）	（−0.38）	（−0.96）	（−0.63）
Constant	−2.636	−3.009	−1.365	−3.018	−2.685	−2.524	0.078	0.069	0.018	0.030	0.093	0.048
	（−1.19）	（−1.43）	（−0.59）	（−1.39）	（−1.27）	（−1.17）	（0.77）	（0.69）	（0.17）	（0.30）	（1.00）	（0.51）
Industry	Yes	Yes	Yes	Yes	Yes	Yes	Yes	Yes	Yes	Yes	Yes	Yes
Year	Yes	Yes	Yes	Yes	Yes	Yes	Yes	Yes	Yes	Yes	Yes	Yes
R^2	0.155	0.155	0.160	0.154	0.158	0.158	0.063	0.070	0.073	0.083	0.066	0.079
F	6.555	6.547	6.307	6.508	6.699	6.222	2.087	2.323	2.259	2.795	2.190	2.489
N	1628	1628	1628	1628	1628	1628	1628	1628	1628	1628	1628	1628

注：（1）*、**、***分别表示在10%、5%、1%水平下显著；（2）括号内是 t 值。

四、稳健性检验

为了验证本文研究结论的可靠性，本文从以下几个方面进行了稳健性检验。但限于篇幅没有列出相应的回归结果：

（1）变量替换。一方面，由于按 Richardson 模型所计算的过度投资会受到公司投资水平的影响，可能出现系统性偏差，因此我们将模型（1）的残差按大小分成两组，然后将残差大的一组作为过度投资组，重新对投资过度进行了衡量；另一方面，选用前三位高管的平均薪酬与其余高管的平均薪酬之差的自然对数来重新衡量晋升激励强度。

（2）样本调整。考虑到受管制行业与其他行业可能存在差异性，因此我们剔除了电力、煤气、供水等管制性行业。

（3）群聚调整。考虑到前文分析中的样本期较短和每年观测值较多，可能出现低估标准误差，从而高估显著性水平，因此我们借鉴 Petersen 的做法，对标准误差进行了群聚调整。

（4）内生性问题。考虑到模型（2）、模型（4）中未观察到的变量与晋升激励之间可能存在内生性问题，因此我们借鉴 Wooldridge 的做法，采用工具变量法来加以缓解。首先，选取一个既与模型（2）、模型（4）中的残差不相关，又与晋升激励高度相关的工具变量。其次，对晋升激励的影响因素进行回归，以获得晋升激励的残差。该残差既与晋升激励的影响因素和控制变量不相关，又与晋升激励自身高度相关。最后，将该残差作为晋升激励的工具变量便能到达缓解内生性问题的目的。

上述四个方面的稳健性测试结果均与前文的回归结果基本一致，说明本文的结论是较为稳健的。

五、研究结论

本文在委托代理理论分析框架下，运用高层梯队理论和心理契约理论，以我国 2007~2011 年沪深两市 A 股类上市公司为研究样本，从管理者的性别、年龄、学历和任期等背景特征方面，同时区分国有和非国有公司，实证考察了晋升激励对过度投资的影响。研究结果表明：晋升激励对过度投资有抑制作用，但在非国有公司好于国有公司；管理者性别与晋升激励不存在相关性以及晋升激励对过度投资的抑制作用受管理者性别的影响不大，并在国有和非国有公司中也无差异；随着管理者年龄的增长，管理者对晋升激励的敏感性以及晋升激励对过度投资的抑制作用均呈倒 U 型关系，但在非国有公司中不明显；学历越高的管理者对晋升激励的敏感性越大，进而使晋升激励对过度投资的抑制作用也越大，但在国有和非国有公司中存在差异，即管理者学历与晋升激励的正相关性在国有公司显于非国有公司，而在高学历强化晋升激励对过度投资的抑制作用方面则国有公司不如非国有公司；随着管理者任期的增加，管理者对晋升激励的敏感性以及晋升激励对过度投资的抑制作用均会增强，但在国有公司不如非国有公司。这些研究结论表明，在研究晋升激励对过度投资的影响时，必须考虑管理者的背景特征和公司的产权性质，否则就难以得出有效结论；同时，这些研究结论对深入理解晋升激励的作用机制和经济后果，以及对企业完善激励机制和加强人力资源管理具有一定的启示意义。

由于客观原因，本文也存在一定的局限性。如用管理层的薪酬差距来衡量晋升激励虽然能反映晋升带来的经济利益，但不能反映非经济利益，如声誉、地位、成就感等，这是因为受非经济利益难以量化的限制；又如在管理者背景特征方面，由于在上市公司相关信息披露中没有涉及除董事长和总经理以外管理者的工作经历和教育背景，所以本文没有考虑这两个变量。

参考文献

［1］Jensen M. C. Agency Cost of Free Cash Flow, Corporate Finance, and Takeovers ［J］. American Economic Review, 1986, 76（2）: 323–329.

［2］Jensen M. C. The Modern Industrial Revolution, Exit, and the Failure of Internal Control Systems ［J］. Journal of Finance, 1993, 48（3）: 831–880.

［3］Ross S. A. The Economic Theory of Agency: The Principal's Problem ［J］. The American Economic Review, 1973, 63（2）: 134–139.

［4］Holmstrom B., Weiss L. Managerial Incentives, Investment and Aggregate Implications: Scale Effects ［J］. The Review of Economic Studies, 1985, 52（3）: 403-425.

［5］Levinson H., Price C. R., Munden K. J., Mandl H. J., Solley C. M. Men, Management, and Mental Health ［M］. Harvard University Press, 1962.

［6］Robinson S. L. Trust and Breach of the Psychological Contract ［J］. Administrative Science Quarterly, 1996, 41（4）: 574-599.

［7］Gibbons R., Murphy K. J. Optimal Incentive Contracts in the Presence of Career Concerns: Theory and Evidence ［J］. Journal of Political Economy, 1992, 100（3）: 468-505.

［8］Blackwell, D. W., Brickley, J. A., Weisback, M. S.. Accounting Information and Internal Performance Evaluation: Evidence from Texas Banks ［J］. Journal of Accounting and Economics, 1994, 17（3）: 331-358.

［9］Mobbs S., Raheja C. G.. Executive Promotions: Compensation, CEO Influence and Firm Valuation ［C］. Working Paper, 2008.

［10］Kale J. R., Reis E., Venkateswaran A. Rank-Order Tournaments and Incentive Alignment: The Effect on Firm Performance ［J］. Journal of Finance, 2009, 64（3）: 1479-1512.

［11］Kato T., Long C. Tournaments and Managerial Incentives in China's Listed Firms: New Evidence ［J］. China Economic Review, 2011, 22（1）: 1-10.

［12］Kini O., Williams R. Tournament Incentives, Firm Risk, and Corporate Policies ［J］. Journal of Financial Economics, 2012, 103（2）: 350-376.

［13］廖理, 廖冠民, 沈红波. 经营风险、晋升激励与公司绩效 ［J］. 中国工业经济, 2009（8）: 119-130.

［14］廖冠民, 张广婷. 盈余管理与国有公司高管晋升效率 ［J］. 中国工业经济, 2012（4）: 115-127.

［15］辛清泉, 林斌, 王彦超. 政府控制、经理薪酬与资本投资 ［J］. 经济研究, 2007（8）: 110-122.

［16］Hambrick D. C., Mason P. A. Upper Echelons: The Organization as A Reflection of Its Top Managers ［J］. Academy of Management Review, 1984, 9（2）: 193-206.

［17］Boone C., Van Olffen W., Van Witteloostuijn A., De Brabander B. The Genesis of Top Management Team Diversity: Selective Turnover among Top Management Teams in Dutch Newspaper Publishing, 1970-1994 ［J］. Academy of Management Journal, 2004, 47（5）: 633-656.

［18］徐细雄. 晋升与薪酬的治理效应: 产权性质的影响 ［J］. 经济科学, 2012（2）: 102-116.

［19］Tihanyi L., Ellstrand A. E., Daily C. M., Dalton D. R. Composition of the Top Management Team and Firm International Diversification ［J］. Journal of Management, 2000, 26（6）: 1157-1177.

［20］Peng W. Q., Wei K. C. J. Women Executives and Corporate Investment: Evidence From the S&P 1500 ［C］. Working Paper, 2007.

［21］Camelo-Ordaz C., Hernandez-Lara A. B., Valle-Cabrera R. The Relationship between Top Management Teams and Innovative Capacity in Companies ［J］. Journal of Management Development, 2005, 24（8）: 683-705.

［22］Dyreng S. D., Hanlon M., Maydew E. L. The Effects of Executives on Corporate Tax Avoidance ［J］. The Accounting Review, 2010, 85（4）: 1163-1189.

［23］姜付秀, 伊志宏, 苏飞, 黄磊. 管理者背景特征与企业过度投资行为 ［J］. 管理世界, 2009（1）: 130-139.

［24］张兆国，刘永丽，谈多娇. 管理者背景特征与会计稳健性——来自中国上市公司的经验证据［J］. 会计研究，2011（7）：11–18.

［25］Fraser S., Greene F. J. The Effects of Experience on Entrepreneurial Optimism and Uncertainty［J］. Economica, 2006, 73（290）：169–192.

［26］徐莉萍，辛宇，陈工孟. 控股股东的性质与公司经营绩效［J］. 世界经济，2006（10）：78–89.

［27］Stulz R. M. Managerial Discretion and Optimal Financing Policies［J］. Journal of Financial Economics, 1990, 26（1）：3–27.

［28］Jensen M. C., Meckling W. H. Theory of the Firm：Managerial Behavior, Agency Costs and Ownership Structure［J］. Journal of Financial Economics, 1976, 3（4）：305–360.

［29］Murphy K. J. Executive Compensation［J］. Handbook of Labor Economics, 1999（3）：2485–2563.

［30］Milgrom P., Roberts J. Economics, Organization and Management［M］. Prentice–Hall International, 1992.

［31］Wiersema M. F., Bantel K. A. Top Management Team Demography and Corporate Strategic Change［J］. Academy of Management Journal, 1992, 35（1）：91–121.

［32］Carpenter M. A., Geletkanycz M. A., Sanders W. G. Upper Echelons Research Revisited：Antecedents, Elements, and Consequences of Top Management Team Composition［J］. Journal of Management, 2004, 30（6）：749–778.

［33］Lee H. U., Park J. H. Top Team Diversity, Internationalization and the Mediating Effect of International Alliances［J］. British Journal of Management, 2006, 17（3）：195–213.

［34］刘运国，刘雯. 我国上市公司的高管任期与R&D支出［J］. 管理世界，2007（1）：128–136.

［35］Zuckerman M. Behavioral Expressions and Biosocial Bases of Sensation Seeking［M］. Cambridge University Press, 1994.

［36］Byrnes J. P., Miller D. C., Schafer W. D. Gender Differences in Risk Taking：A Meta–Analysis［J］. Psychological Bulletin, 1999, 125（3）：367.

［37］Witt J. L. B. The Gendered Division of Labor in Parental Caretaking：Biology or Socialization［J］. Journal of Women and Aging, 1994, 6（1–2）：65–89.

［38］Hersch J. Smoking, Seat Belts, and Other Risky Consumer Decisions：Differences by Gender and Race［J］. Managerial and Decision Economics, 1996, 17（5）：471–481.

［39］Slovic P. Risk–taking in Children：Age and Sex Differences［J］. Child Development, 1966, 37（1）：169–176.

［40］Felton J., Gibson B., Sanbonmatsu D. M. Preference for Risk in Investing as a Function of Trait Optimism and Gender［J］. Journal of Behavioral Finance, 2003, 4（1）：33–40.

［41］Barber B. M., Odean T. Boys Will Be Boys：Gender, Overconfidence, and Common Stock Investment［J］. The Quarterly Journal of Economics, 2001, 116（1）：261–292.

［42］Watson J., McNaughton M. Gender Differences in Risk Aversion and Expected Retirement Benefits［J］. Financial Analysts Journal, 2007, 63（4）：52–62.

［43］Charness G., Gneezy U. Strong Evidence for Gender Differences in Investment［EB/OL］. http：//ssrn.com/abstract=648735, 2007.

［44］谭松涛，王亚平. 股民过度交易了吗——基于中国某证券营业厅数据的研究［J］. 经济研究，2006（10）：83–95.

［45］ Huang J.，Kisgen D. J. Gender and Corporate Finance：Are Male Executives Overconfident Relative to Female Executives? ［J］. Journal of Financial Economics（Forthcoming），2012.

［46］ Wright E. O.，Baxter J. The Glass Ceiling Hypothesis：A Reply to Critics ［J］. Gender and Society，2000，14（6）：814-821.

［47］ 颜士梅，颜士之，张曼. 企业人力资源开发中性别歧视的表现形式——基于内容分析的访谈研究 ［J］. 管理世界，2008（11）：110-118.

［48］ Taylor R. N. Age and Experience as Determinants of Managerial Information Processing and Decision Making Performance ［J］. Academy of Management Journal，1975，18（1）：74-81.

［49］ 陈传明，孙俊华. 企业家人口背景特征与多元化战略选择——基于中国上市公司面板数据的实证研究 ［J］. 管理世界，2008（5）：124-133.

［50］ 何霞，苏晓华. 高管团队背景特征、高管激励与企业 R&D 投入——来自 A 股上市高新技术企业的数据分析 ［J］. 科技管理研究，2012（6）：100-108.

［51］ Yim S. The Acquisitiveness of Youth：CEO Age and Acquisition Behavior ［J］. Journal of Financial Economics，2013，108（1）：250-273.

［52］ Kimberly J. R.，Evanisko M. J. Organizational Innovation：The Influence of Individual，Organizational，and Contextual Factors on Hospital Adoption of Technological and Administrative Innovations ［J］. Academy of Management Journal，1981，24（4）：689-713.

［53］ Bantel K. A.，Jackson S. E. Top Management and Innovations in Banking：Does the Composition of the Top Team Make a Difference? ［J］. Strategic Management Journal，1989，10（1）：107-124.

［54］ 胡荣. 社会经济地位与网络资源 ［J］. 社会学研究，2003（5）：58-69.

［55］ Lazear E. P.，Rosen S. Rank-order Tournaments as Optimum Labor Contracts ［J］. Journal of Political Economy，1981，89（5）：841-864.

［56］ Allen M. P. Managerial Power and Tenure in the Large Corporation ［J］. Social Forces，1981，60（2）：482-494.

［57］ Finkelstein S.，Hambrick D. C. Strategic Leadership：Top Executives and Their Effects on Organizations ［M］. West Publishing Company，1996.

［58］ Boeker W. Strategic Change：The Influence of Managerial Characteristics and Organizational Growth ［J］. Academy of Management Journal，1997，40（1）：152-170.

［59］ 陈信元，陈冬华，万华林，梁上坤. 地区差异、薪酬管制与高管腐败 ［J］. 管理世界，2009（11）：130-143.

［60］ 陈冬华，陈信元，万华林. 国有企业中的薪酬管制与在职消费 ［J］. 经济研究，2005（2）：92-101.

［61］ 辛清泉，谭伟强. 市场化改革、企业业绩与国有企业经理薪酬 ［J］. 经济研究，2009（11）：68-81.

［62］ Richardson S. Over-investment of Free Cash Flow ［J］. Review of Accounting Studies，2006，11（2）：159-189.

［63］ 吴进红. 内部晋升激励乘数的经济学分析 ［J］. 南京社会科学，2007（3）：19-24.

［64］ 李焰，秦义虎，张肖飞. 企业产权、管理者背景特征与投资效率 ［J］. 管理世界，2011（1）：135-144.

［65］ Wooldridge J. M. Introductory Econometric：A Modern Approach ［M］. South-Western Pub，2009.

［66］ 何威风，刘启亮. 我国上市公司高管背景特征与财务重述行为研究 ［J］. 管理世界，2010（7）：144-155.

［67］ 北京大学光华管理学院女性领导力研究课题组. 中国女性管理者现状调查报告 ［R］. 北京大学光华管理学院，2006.

［68］ Hambrick D. C., Cho T. S., Chen M. J. The Influence of Top Management Team Heterogeneity on Firms' Competitive Moves ［J］. Administrative Science Quarterly, 1996, 41 (4): 659-684.

［69］ Eisenhardt K. M., Schoonhoven C. B. Organizational Growth: Linking Founding Team, Strategy, Environment, and Growth among US Semiconductor Ventures, 1978-1988 ［J］. Administrative Science Quarterly, 1990, 35 (3): 504-529.

［70］ Petersen M. A. Estimating Standard Errors in Finance Panel Data Sets: Comparing Approaches ［J］. Review of Financial Studies, 2009, 22 (1): 435-481.

［71］ Wooldridge J. M. Econometric Analysis of Cross Section and Panel Data ［M］. MIT Press, 2002.

Research on Management Background Characteristics, Promotion Incentive and Over-investment

Zhang Zhaoguo, Liu Yawei, Qi Xiaolin

Abstract: Based on the principal-agent theory, upper echelons theory and psychological contract theory, this paper theoretically analyzes and empirically examines the relationship between the promotion incentive and over-investment from the point of view of the background characteristics of managers, using the data of Chinese listed companies from 2007 to 2011. Our results demonstrate that, first, promotion restrains over-investment, and this relationship is more significance in the non -state -owned companies than in the state -owned companies. Second, there is no correlation between manager gender and promotion incentives. Moreover, manager gender does not affect inhibition relationship, that from promotion incentives to over-investment, which shows no difference between state-owned companies and non-state-owned companies. Third, as managers grow older, both the sensitivity of managers in promotion incentives and inhibition affect from promotion incentives to over-investment show an inverted U-shaped relationship, which exhibit no significant effects in the non-state-owned companies. Fourth, Managers with higher education degree show greater promotion sensitivity, which lead to greater inhibition of promotion to over -investment. However, this relationship shows significant difference between state -owned companies and non -state -owned companies, namely, this positive relationship between education background of managers and promotion incentives is more significant in state—owned companies. However, the factor of manager education only has a significant positive effect on inhibition from promotion to over—investment in non—state—owned companies. Fifth, the factor of manager tenure has a significant positive effect on both the sensitivity of manager promotion and inhibition from promotion incentives to over—investment, which is more significant in non—state—owned companies than in the state—owned companies. The main contribution of this paper is revealing mechanism of how promotion affects corporate performance, while considering the relationship between promotion and over—investment. Meanwhile, relationship between promotion incentive and over —investment is clarified by considering the background characteristics of managers. Finally, these research findings are theoretically and practically significant to the Chinese corporate with regard to deepen the property rights reform.

Key Words: Managerial Background Characteristics; Property Rights; Promotion Incentive; Over—investment

机构投资者类型、股权特征和自愿性信息披露*

牛建波　吴　超　李胜楠

【摘　要】机构投资者对自愿性信息披露的影响机理是已有研究较少涉及的一个主题。本文在分析机构投资者对自愿性信息披露影响机理的基础上，率先比较研究了稳定型机构投资者和交易型机构投资者的不同作用机制，并进一步探索了机构投资者与其所处股权环境的交互作用对自愿性信息披露的影响。研究发现，机构投资者整体对自愿性信息披露呈显著负向影响，但稳定型机构投资者持股比例能显著提升自愿性信息披露程度。在股权较为集中时，机构投资者更倾向于对自愿性信息披露程度产生正面影响，股权集中且机构投资者为稳定型时，机构投资者持股比例对自愿性信息披露的正面影响更大。本文的研究结论为理解机构投资者的治理角色提供了新的思路和证据，同时有利于加深对自愿性信息披露的理解和认识。

【关键词】自愿性信息披露；机构投资者；股权特征；治理角色

一、引言

自愿性信息披露是企业在强制性信息披露之外，根据自身意愿和需要而进行的信息披露。近年来，自愿性信息披露得到越来越多的重视，自愿性信息披露程度有所提升，但内容还较为空泛，欠缺深度分析，总体来看影响不大。因此，是什么因素影响了自愿性信息披露的程度和质量，这是一个值得学术界进一步深入研究的问题。我们的研究证实了机构

* 本文选自《管理评论》2013 年第 3 期。

基金项目：长江学者和创新团队发展计划资助；国家自然科学基金项目（71002104；71172067）；中央高校基本科研业务费专项资金资助项目（NKZXB10101）。

作者简介：牛建波，南开大学中国公司治理研究院、南开大学商学院副教授；吴超，南开大学中国公司治理研究院、南开大学商学院博士研究生；李胜楠（通讯作者），天津大学管理与经济学部副教授。

投资者为稳定型并且股权结构集中时，机构投资者持股比例对自愿性信息披露程度产生正向影响，而机构投资者为交易型同时股权结构分散时，机构投资者持股比例对自愿性信息披露程度有负面影响。

自愿性信息披露的受众是企业的各利益相关者，而直接做出信息披露决策的是企业的管理层。因此，已有研究多把自愿性信息披露的动因和披露的质量归结为管理层的动机。但事实上，股东特别是大股东的特征和行为会明显地影响管理层关于自愿性信息披露的决策。在其他条件相同的情况下，股权结构特征不同的公司，其自愿性信息披露程度可能会存在较大差异。因此，对于自愿性信息披露的深入研究需要考量股权特征所带来的重要影响。目前，针对特定类别股东对自愿性信息披露的影响的研究还较少，较有代表性的是对家族控股股东的研究，而机构投资者这一类特别而重要的股东，其对自愿性信息披露影响的机理还尚未有较为深入的探讨。

已有研究表明，机构投资者有助于提高公司治理水平特别是信息披露程度。因此，机构投资者也可能在自愿性信息披露中发挥较大作用。机构投资者至少有三方面理由关注企业的自愿性信息披露。首先，机构投资者试图通过自愿性信息披露降低企业的代理成本，机构投资者可以要求管理层更多地披露相关信息，从而对管理层的尽职程度、经营能力等进行监督和评价。其次，提高自愿性信息披露质量有利于降低企业与外部人之间的信息不对称，促使外部投资者更充分地认识企业的价值，从而降低公司的融资成本、提升市场表现等，从而使机构投资者从红利增长和股价上升中获得更大的回报。最后，机构投资者也有能力和动机去影响管理层的自愿性信息披露的决策。一方面，较之大量外部流通股东而言，机构投资者一般拥有更多的产业和公司相关信息，并且具备比小股东更强的专业研究和判断能力，从而有能力和精力参与到公司的决策中；另一方面，机构投资者往往持有公司较大份额的股票，公司业绩的改善和提高能够为自身带来较多的利益，因而它们有较充足的动机和较强势的地位去影响甚至干预公司的信息披露等决策。同时，相对于国有控股股东或家族控股股东而言，机构投资者的控制权收益较少，也较少有政治考量，它们更关注公司自身的价值，因而它们有更强的动机提高公司的信息透明度，从而影响公司的自愿性信息披露决策。

但是，关于机构投资者在自愿性信息披露方面的作用，目前不多的研究却存在相反的观点。El-Gazzar 发现，机构投资者会带来较高的自愿性信息披露质量，但是 Schadewitz 等的研究却认为机构投资者通过与管理层的共谋会降低公司自愿性信息披露程度。此种矛盾观点启发我们需要对机构投资者本身及其所处的环境进行细化分析和研究，以揭示机构投资者在自愿性信息披露中的深层作用和机理。

按照机构投资者的投资行为特征可以分为两类，即稳定型机构投资者和交易型机构投资者。稳定型机构投资者是指对一家公司进行价值投资，长期关注所投资公司的经营和治理，期望通过分红和公司价值的增加来获利，而交易型机构投资者则仅希望在短期内通过股票市场价格波动来获利。因此，稳定型机构投资者更倾向于监督管理层，更可能通过提高自愿性信息披露程度来改善公司治理和资本市场表现；而交易型机构投资者则更可能倾向于和管理层共谋，通过不发布信息或选择性发布信息来刺激股价变动、获得收益。其次，马忠、吴翔宇的研究发现，终极控制人的控制权与现金流权分离程度越大，自愿性信息披露程度越低，这说明，股权特征会影响自愿性信息披露行为。不同类型的机构投资者是在特定股权条件下对自愿性信息披露发挥影响的，因此把股权特征与机构投资者类型结合起来，有利于更深入地剖析机构投资者对自愿性信息披露行为的影响。

本文试图以我国上市公司为研究对象，率先探索和研究不同类型机构投资者对自愿性信息披露影响的不同机理和效果，并进一步分析股权结构特征对该种影响的重要调节效应。

与已有文献相比，本文的一个创新点是在自愿性信息披露研究中细分了机构投资者的类型，这一尝试使我们能具体研究不同类型机构投资者的行为动机。从本文的结论看，机构投资者并非总是有助于提高治理水平和信息透明度的，不同类型的机构投资者动机不同，作用也可能完全不同。因此，机构投资者作为一个整体，其对信息透明度或治理水平的提升作用可能是不明确的。这在一定程度上解释了机构投资者在治理方面是否起作用的争论。论文的另一个创新是进一步把机构投资者类型与股权特征相结合，这种结合有助于更具体地考察机构投资者在不同股权环境中对自愿性信息披露的不同影响。

本文接下来的结构如下：第二部分回顾相关文献，并提出本文的假设；第三部分解释资料来源和模型设计；第四部分展示主要的实证结果及稳健性检验；第五部分是本文的结论。

二、文献回顾与假设提出

自愿性信息披露的研究可分三个层次，首先是对自愿性信息披露动因的研究，即"为什么要进行自愿性信息披露"；其次是自愿性信息披露的行为特征及其影响因素研究，即"是什么决定了企业如何披露"；最后是自愿性信息披露的市场反应问题，即"披露的结果怎样"。事实上，自愿性信息披露的动因、披露行为特征及其影响因素是融合在一起的问题：相关各方的利益决定了他们的动机，而这些动机又共同决定了特定的披露行为。我们在回顾文献的同时从机构投资者的角度提出假设，首先分析机构投资者对自愿性信息披露的影响，其次分析不同类型机构投资者在自愿性信息披露方面的作用，最后分析股权集中程度与机构投资者对自愿性信息披露的交互影响。

1. 机构投资者与自愿性信息披露

机构投资者从广义上讲是指用自有资金或者从分散的公众手中筹集的资金专门进行有价证券投资活动的法人机构。在中国，机构投资者目前主要是具有证券自营业务资格的证券经营机构，符合国家有关政策法规的投资管理基金等。

Healy 和 Palepu 的研究表明，在信息披露的影响因素中，机构投资者扮演关键性角色。机构投资者兼具信息优势和专业水平，能有效地提高会计信息质量、控制盈余管理行为。程书强发现，机构投资者与盈余信息的及时性正相关，而与盈余操纵水平负相关。高雷、张杰认为，我国上市公司中的机构投资者已经参与到公司治理中，其持股比例与盈余管理水平呈负相关关系。薄仙慧、吴联生的研究表明机构投资者的持股比例的增加，会导致非国有公司的信息质量提升，认为非国有控股和机构投资者有助于公司治理的改善，但机构投资者的积极治理作用在国有控股公司中受到限制。崔学刚发现，前十大股东中拥有机构投资者的公司具有较高的信息透明度。王亚平等认为，公司信息透明度越低，股价同步性越低，股价同步性与信息透明度的正向关系随着机构投资者持股比例的提高而减弱。上述研究都表明，机构投资者能在信息披露中发挥重要作用，提高信息披露质量。

机构投资者对自愿性信息披露的作用，目前较有代表性的是 El-Gazzar 的研究。El-Gazzar 认为，机构投资者出于其信托责任的动机，以及足够股份的能力，而有足够的激励搜寻公司的内部信息，机构投资者会带来较高的自愿性信息披露质量，并减弱盈利消息的市场反应。

从上述研究可以看出，机构投资者握有一定股份和投票权，能对公司决策产生影响，它们的确在公司治理特别是信息披露方面发挥较大作用。机构投资者出于信托责任和自身的盈利目的，要求公司为股东创造价值，因而有意愿提高公司治理水平，降低代理成本，保护投资者利益；同时，积极搜寻公司信息，以掌握其经营情况，推动市场价值的升高。而自愿性信息披露也是提高信息透明度、推动投资者认同企业价值的重要手段。因此，机构投资者有足够的激励和能力，推动企业提高自愿性信息披露程度，包括积极进行自愿披露、增加披露的项目数量、增加披露信息的有效性等。机构投资者的持股比例是衡量机构投资者激励和能力的主要指标，因此我们提出假设：

假设 1：机构投资者的持股比例越高，公司自愿性信息披露的程度越高。

上述分析的一个基本前提，是机构投资者有充分动力去推动自愿性信息披露。事实上，机构投资者积极提高披露水平与机构投资者类型也有较大关系。已有研究表明，较为稳定的机构投资者会为管理层提供长期激励，注重公司长远业绩的改善，更少关注短期绩效和股价的波动；而以交易为目的的机构投资者会倾向于影响股票价格，进行盈余管理，迫使管理层追求短期利益，甚至不惜牺牲公司核心竞争力。显然，持股目的不同、稳定程度不同的机构投资者，在自愿性信息披露方面的动力也完全不同，而这一区别并没有在已有的研究中有所体现，同时对机构投资者的类型划分也缺乏明确的定义。因此，我们提出将机构投资者划分为稳定型机构投资者和交易型机构投资者。稳定型机构投资者即长期持有公司股份的机构投资者，而交易型机构投资者则是短期持股、以股票交易为目的的机构投资者。由于稳定型机构投资者长期稳定投资于该企业，它着眼于企业的长期成长与价值，希望分享企业的成长红利，因而会积极提高公司治理水平、提高企业内部管理水平、改善企业的资本市场声誉。自愿性信息披露有助于降低代理成本、提升对管理层的监督，提高信息透明度，也有助于投资者关系管理并提升市场认可的企业价值，因此，稳定型机构投资者有动力提高自愿性信息披露程度。并且，长期稳定的机构投资者在企业中也更有影响力，管理层和大股东都更需要听取它的意见。稳定型机构投资者与该企业有更长期的交往，对企业内部状况更熟悉，更明确如何影响信息披露情况。提高公司治理水平对于交易型机构投资者而言过于漫长，不能最大化其短期利益。交易型机构投资者正是试图利用其信息优势来获取利润，因此提高信息透明度对它没有好处，相反它更希望获得不会公诸于众的内幕信息。同时，交易型机构投资者没有足够的影响力，也没有足够的时间了解企业。因此，交易型机构投资者对自愿性信息披露没有明显的正面影响，我们由此提出假设：

假设2： 稳定型机构投资者比交易型机构投资者更能提高公司的自愿性信息披露程度。

2. 股权特征和自愿性信息披露

已有研究表明了不同的股权特征对信息披露、盈余管理和自愿性信息披露的影响。马忠、吴翔宇发现终极控制人控制权与现金流权分离度越大，则自愿性信息披露的程度越低，他们发现在家族控制的企业中家族作为实际控制人对自愿性信息披露是不利的，而其他大股东能提高自愿性信息披露程度。薄仙慧、吴联生发现，国有控股企业的正向盈余管理水平显著低于非国有企业，而只有在非国有企业中，机构投资者才能有效降低正向的盈余管理。上述研究表明，控股股东的性质和股权结构的特征将影响信息披露程度，国有股控股和一股独大相对而言更不利于信息透明度的提高。

薄仙慧、吴联生还发现，2004~2006 年我国上市公司中机构投资者第三季度末的持股比例平均为 2.16%，这表明，一般情况下机构投资者仅持有较小股份，不处于控股地位。高雷、张杰发现，在一股独大的情况下，机构投资者难以发挥公司治理作用。因此，机构投资者在信息披露特别是自愿性信息披露方面的作用会受到控股股东和股权特征的影响。在股权高度集中的企业中，控股股东担忧披露过多信息会让竞争对手了解企业内部状况，也担心自己在企业内的一些行为被外界所了解，因此不愿意过多进行自愿性信息披露。国有控股股东由于其政治联系、家族股东由于其控制权利益，降低自愿性信息披露的意愿更为严重。在这些企业中的机构投资者，由于其发言权的缺失，其推动自愿性信息披露的能力将被削弱。而在股权较为分散的企业中，机构投资者由于其发言权较高，提升自愿性信息披露程度的能力将更加明显。

考虑机构投资者特征的差异，其对自愿性信息披露的影响会产生差异。国有控股的企业往往都是大型企业，其治理和管理的正规化水平较高，其稳定型机构投资者也往往是声誉和能力较强的投资机构。因此，稳定型机构投资者与国有股东的合作，能提升信息透明度，对自愿性披露有积极影响，而交易型机构投资者则没有这样的动力。在股权相对集中的企业中，稳定型机构投资者才具有对大股东足够的影响力，他们既有动力提高自愿性信息披露程度，也因其长期大份额战略投资而使得大股东不得不倾听他们的意见。而交易型机构投资者此时仍然没有优势。因此，虽然在股权集中度较高且控股股东为国有或家族的企业中，机构投资者提高自愿性信息披露程度的能力更低，但是稳定型机构投资者在股权集中且国有控股的企业中的作用不降低。综合考虑股权特征和机构投资者类型，我们由此提出假设：

假设 3：机构投资者提高自愿性信息披露程度的能力随着股权越集中而越低。但是稳定型机构投资者在国有控股且股权集中的企业中并不降低自愿性信息披露程度。

三、资料来源及模型设计

1. 资料来源与变量衡量

考虑到 2006 年会计准则的变化，本文以 2007~2010 年沪深两地上市公司为基础，将资料按照机构投资者类型的分类指标 IOS（本年机构投资者持股比例除以前三年机构投资者持股比例的标准差）排序，发现有些公司的 IOS 指标超过了 100，明显失真，故剔除了机构投资者稳定性超过 100 的 23 条资料，共获得 6568 个观测值作为实证结果的资料来源。机构投资者和公司财务资料均来自 Wind 数据库，控制人性质以及两职合一资料来自 CCER 数据库。

（1）自愿性信息披露的衡量

比较国内外信息披露的相关文献，其衡量方式主要有以下几种：

首先，作者自行构建一个指数或者指标体系，通过阅读年报手动收集相关资料来得出一个或一套综合指数体系，以此作为自愿性信息披露的衡量方式。这种衡量方式更符合作者对于这项指标的期望，对于研究内容的设计也具有一定的针对性，指标相对偏重于某一方面，但是手动收集赋值的方法带有一定的认知主观性，可能对于其他内容的研究借鉴意义不大。如张学勇、廖理，马忠、吴翔宇等。

其次，采用某一权威机构已有的评价指数。目前较为普遍适用的是深交所的信息披露评级。这种衡量方式较为全面，衡量也相对客观些，只是无法获取赋值衡量的具体信息，即对于指标构建衡量的参与者没有确定性，故在动机上带有一定的随机性。采用这种做法的有方军雄等。

最后，自行选取报表中的一项具有代表性的指标信息来进行衡量。这一衡量方式主要是基于国内外已有文献的支持，结合自身研究的特点及理论推理代表性，选取某一适合自身研究的指标。这类指标的灵活性较大，且选取指标的方法对于其他研究也有借鉴意义。罗炜、朱春艳等采用了这一做法。

机构投资者对于自愿性信息披露的影响机制主要是通过对高管特征和股权特征的影响传导的。这一传导过程与高管层的权利密切相关，同时，对于终极控制权和现金流权分离度不同的公司在本研究中有较重要的体现，因此我们采取财务报表中"支付的其他与经营活动有关的现金"总额作为自愿性信息披露的衡量指标，用 Y 表示。这一指标表示高管层除主营活动以外可以计入主要经营活动的处于灰色边界的部分，主要包括差旅费、办公费等的具体用途，我们认为这一数额能够较好地体现公司自愿性信息披露的水平，因为这一部分的支出并不是强制性的披露内容，而且这一部分的高低也可以从侧面反映出公司愿意在公众面前展示本公司自愿披露的内容，所以我们认为，这一指标可以在一定程度上展示出自愿性信息披露的水平。同时，本文按照年度分行业对 Y 进行了中位数赋值处理，如果公司该年度披露的 Y 的金额数量处在该年度该行业中位数以上，则本文构建 Y1=1；否则 Y1=0。这一赋值处理主要是考虑到各年度各行业的区别，单纯的数额比较略显轻率，不符合严谨稳健的研究原则，认为 Y1 能够更好地衡量公司自愿性信息披露程度的高低。

（2）机构投资者的衡量

关于机构投资者的衡量，机构投资者持股比例是被各种文献广泛引用的指标。鉴于已有文献的做法，本文也采用机构投资者持股比例作为衡量机构投资者存在的最基本指标，将其命名为 IO。但是，考察不同类型机构投资者的具体动机，是本文更重要的目标。为了能将机构投资者分为稳定型机构投资者和交易型机构投资者，我们引入了衡量机构投资者稳定性的指标。设计这个指标需要考虑纵向和横向两重因素。所谓稳定性必然与时间和持股数量相关，只有长期在该公司中持有规模至少不降低股份的机构投资者才可以称为稳定型机构投资者。我们定义三年为比较的年度范围，用当年机构投资者持股比例除以机构投资者前三年持股比率的标准差的商值来表征机构投资者的稳定性，这个指标被记为 IOS。显然，若三年持股比率的标准差固定，则 IOS 越大，机构投资者该年度持股比例越大；若该年度持股比例固定，则 IOS 越大，三年持股比率的标准差越小。两种情况均表明在时间维度上，机构投资者的稳定性随 IOS 的增加而提升。

另外，考虑到不同行业特征，上市公司的机构投资者稳定性很难做直接对比，此时比较横向维度（即行业维度）上的相对稳定性更有实际意义。因此，我们用年度行业中位数构建机构投资者的行业内相对稳定性指标，命名为 IOS1。如果机构投资者稳定性指标 IOS 在该年度该行业的中位数以上（含中位数），则 IOS1=1，此时认为机构投资者为稳定型机构投资者；如果机构投资者稳定性指标 IOS 在该年度该行业的中位数以下（不含中位数），则 IOS1=0，此时认为机构投资者为交易型机构投资者。

综上所述，我们在实证中将使用机构投资者持股比例作为机构投资者存在和相对力量大小的直接衡量，而用机构投资者时间维度稳定性及其行业相对稳定性指标来衡量机构投资者的稳定性水平。

2. 模型设计

本文采用以下模型对假设 1 进行检验：

$$Y1 = \beta_0 + \beta_1 IO + \beta_2 Top1 + \beta_3 EPS + \beta_4 Profit0 + \beta_5 Size + \beta_6 Top4 + \beta_7 LEV + \varepsilon \qquad (1)$$

而对于假设 2，我们分别按照 IOS1 这一指标进行分组，分别按照以上模型进行检验，可以得出 IOS = 0（交易型机构投资者）和 IOS = 1（稳定型机构投资者）两种不同机构投资者类型分组的结果。

对于假设 3，我们同时按照 IOS1 和 concentrate 这一代表股权集中度的指标进行分组，分别得出 IOS = 0 且 concentrate = 0（交易型机构投资者并且股权分散）、IOS = 0 且 concentrate = 1（交易型机构投资者并且股权集中）、IOS = 1 且 concentrate = 0（稳定型机构投资者并且股权分散）、IOS = 1 且 concentrate = 1（稳定型机构投资者并且股权集中）四种不同的情况得出不同的结果。

随后，我们又对控制人性质的类型进行分析，用以下模型进一步验证假设 3：

$$Y1 = \beta_0 + \beta_1 IO + \beta_2 state0 + \beta_3 EPS + \beta_4 Profit0 + \beta_5 Size + \beta_6 Top4 + \beta_7 LEV + \varepsilon \qquad (2)$$

这一模型同样按照上述分组分别进行机构投资者分类检验，以及机构投资者和股权集中度同时分类的检验。

除了我们关注的机构投资者和股权特征指标以外，也可能有其他因素影响自愿性信息披露。一般而言，企业规模较大，则更有动力影响资本市场对其评价，自愿性信息披露是其手段之一。公司的负债情况、利润情况等也会影响自愿性信息披露，严重亏损的企业可能更不愿意披露信息。最后，选择的会计师事务所对其自愿性信息披露也可能有一定影响，被四大会计师事务所审计的企业，可能被审计机构建议更多进行自愿性披露。由此，我们将盈利水平、债务水平、审计机构企业规模等变量作为控制变量，分别用 EPS、LEV、是否被四大会计师事务所审计、总资产规模等指标进行衡量。模型具体的变量定义见表 1。

表 1　变量定义

Y	上市公司披露的"支付的其他与经营活动有关的现金"总额
Y1	如果上市公司披露的 Y 这一项目在该年度该行业的中位数以上（含中位数），则 Y1 = 1；如果 Y 披露的数额在该年度该行业的中位数以下（不含中位数），则 Y1 = 0
IO	上市公司披露的机构投资者持股比例
IOS	上市公司披露的机构投资者持股比例除以机构投资者近三年持股比率的标准差
IOS1	如果机构投资者稳定性指标 IOS 在该年度该行业的中位数以上（含中位数），则 IOS1 = 1，此时认为机构投资者为稳定型机构投资者；如果机构投资者稳定性指标 IOS 在该年度该行业的中位数以下（不含中位数），则 IOS1 = 0，此时认为机构投资者为交易型机构投资者
state0	上市公司实际控制人类别：上市公司年报中披露的，截至 12 月 31 日，上市公司第一大股东的最后控股股东的类别。股东类别为：0=国有控股；1=民营控股；2=外资控股；3=集体控股；4=社会团体控股；5=职工持股会控股；6=不能识别
TOP10	上市公司披露的前十大股东持股比例合计
concentrate	如果前十大股东持股比例合计 TOP10 这一指标在该年度该行业的中位数以上（含中位数），则 concentrate = 1，此时认为股权比较集中；如果 TOP10 这一指标在该年度该行业的中位数以下（不含中位数），则 concentrate = 0，此时认为股权比较分散
TOP1	上市公司披露的第一大股东持股比例
ROA	总资产收益率 = 息税前利润 × 2/(期初总资产 + 期末总资产) × 100%
EPS	EPS = 归属于普通股股东的当期净利润/当期实际发行在外的普通股加权平均数 当期实际发行在外的普通股加权平均数 = ∑（发行在外普通股股数 × 发行在外月份数）/12
Profit0	如果上市公司当年盈利，则 Profit0 = 1，如果当年亏损，则为 Profit=0
Size	上市公司总资产的对数
Top4	如果上市公司被四大会计师事务所审计，则 Top4 = 1，否则为 Top4=0
Lev	上市公司资产负债率=总负债/总资产
both	董事长与总经理的两职设置状况用代码表示：1 = 董事长和总经理由一人兼任；2 = 副董事长、董事兼任总经理；3 = 董事与总经理完全分离
managerownership	高管人员持股总数比例

3. 描述性统计

按照已收集的资料，我们列出了各变量的均值、标准差、最大值、最小值等描述性统计变量。具体信息如表 2 所示。

表 2　描述性统计分析结果

variable	mean	sd	p25	p50	p75	min	max
Y	60675.37	7.00E+05	3163.47	7497.89	19715.88	22.61	3.60E+07
Y1	0.21	0.41	0.00	0.00	0.00	0.00	1.00
IO	30.97	24.12	10.55	26.44	48.24	0.00	486.25
IOS	4.02	6.02	1.83	2.37	3.94	0.00	93.6
IOS1	0.44	0.5	0.00	0.00	1.00	0.00	1.00
TOP1	36.64	16.12	23.78	34.48	48.49	0.82	100.00
TOP10	57.65	17.81	44.87	57.52	70.44	3.84	107.16
concentrate	0.60	0.49	0.00	1.00	1.00	0.00	1.00
EPS	0.42	0.61	0.12	0.34	0.63	−21.86	9.33
both	2.70	0.68	3.00	3.00	3.00	1.00	3.00
managerownership	0.05	0.17	0.00	0.00	0.00	0.00	7.40
state0	0.46	0.96	0.00	0.00	1.00	−6.00	6.00
SIZE	12.03	1.60	11.04	11.9	12.84	1.63	21.02
TOP4	0.06	0.24	0.00	0.00	0.00	0.00	1.00
LEV	64.25	318.38	34.56	50.31	64.53	0.17	14271.78

如表 2 所示，机构投资者持股比例 IO 的均值是 30.97%，说明机构投资者的持股比例总体较高，同时我们也注意到机构投资者稳定性指标 IOS 的标准差较大，说明机构投资者的类别差别比较明显，这从侧面解释了我们将机构投资者分类的原因。进一步地，我们发现第一大股东持股比例 TOP1 的均值较高，为 36.64%，并且股权集中度指标 concentrate 的均值为 0.60，说明我国大部分上市公司股权比较集中，但是并没有那么明显，大概有 60% 的公司股权比较集中，所以我们有必要将股权集中度作为一个假设变量来考虑。两职合一指标 both 的均值为 2.70，但是标准差并不大，说明我国两职合一情况基本趋同，并没有明显的差别。

四、实证结果及稳健性检验

1. 机构投资者及其稳定性

由于 Y1 是离散变量，本文采用面板资料的 Logit 回归，选择固定效应或者随机效应则取决于 Hausman 检验的结果。具体结果如表 3 所示。

表3　机构投资者整体对自愿性信息披露的影响

	全样本	IOS1 = 0	IOS1 = 1
	Y1	Y1	Y1
IO	−0.0173*** (−4.04)	−0.00996* (−2.57)	0.0529*** (6.03)
TOP1	0.0234 (1.40)	0.0102 (1.32)	0.0310* (2.24)
EPS	0.211 (1.14)	0.363 (1.94)	−0.504 (−1.52)
Profit0	−0.298 (−1.10)	−0.442 (−1.60)	−1.090 (−1.20)
SIZE	1.375*** (6.51)	2.141*** (16.98)	2.165*** (9.28)
TOP4		−0.610 (−1.12)	−0.767 (−0.86)
LEV	0.00216 (1.26)	0.00210*** (8.02)	0.000700 (0.29)
constant		−30.08*** (−18.84)	−33.00*** (−10.27)
lnsig2u		2.784*** (28.43)	3.161*** (20.03)
N	6568	4912	1656
Chi2	83.68***	361.36***	144.01***

注：t 检验；* 表示 p < 0.05，** 表示 p < 0.01，*** 表示 p < 0.001。

　　在不考虑分组情况下，机构投资者持股比例会显著降低自愿性信息披露程度，这一结果是在 Hausman 结果显示 0.0000 情况下取固定效应的结果列示的。鉴于机构投资者也可能是前十大股东，本文主要采用第一大股东持股比例而非前十大股东持股比例这一变量来消除共线性，同时由于我国机构投资者控股的公司极少，可以认为这种选取是合理的。这一回归结果显示在不分组的情况下，机构投资者对自愿性信息披露的影响是消极的。接下来，我们按照机构投资者稳定性指标 IOS1 分组，以 Y1 为因变量所进行 Logit 随机效应面板回归 Hausman 检验结果为 0.9938，即表明可以使用随机效应进行回归。结果表明，当机构投资者为交易型机构投资者时，机构投资者持股比例会显著降低自愿性信息披露程度；而当机构投资者为稳定型时，机构投资者持股比例能够显著提升自愿性信息披露程度，假设 2 得到支持。与机构投资者整体的显著负向影响对照起来，我们可以看出机构投资者类型细分的意义。机构投资者整体的负面效果是由交易型机构投资者的负向作用造成的。交易型机构投资者由于目标在于短期交易，仅希望通过获取内幕信息来达到市场操作盈利的目标，故而对自愿性信息披露带来负面影响。但是，稳定型机构投资者由于其目标在于分享企业成长收益，更注重信息透明度和治理水平等的提升，因而表现出显著的正面影响。模型的结果显示我们细分机构投资者的分析方法具有必要性。

进一步地,我们发现第一大股东持股比例始终对自愿性信息披露有正面影响,而在机构投资者为交易型时第一大股东持股比例对自愿性信息披露程度的影响不显著,但在机构投资者为稳定型时第一大股东持股比例对自愿性信息披露程度的影响显著。这一结果表明股权集中度可能会对自愿性信息披露程度有影响,并且控股股东有更强的披露意愿。控股股东对自愿性信息披露决策的影响在不同机构投资者类型下表现不同,这暗示了机构投资者可能是和控股股东配合发挥作用的。这样的推断引导我们对控股股东性质以及股权集中程度对自愿性信息披露的影响进行考察。

2. 股权集中度与机构投资者类型

为考察股权集中度和机构投资者类型的共同影响,我们把样本资料按照机构投资者类型(IOS1)以及股权集中程度(concentrate)进行分组,以 Y1 作为自变量,分别进行 Logit 面板回归,由于 Hausman 检验的结果是 0.3690,我们采用随机效应模型进行分析。具体结果见表 4。

表 4 股权集中度、机构投资者类型对自愿性信息披露的影响

	IOS1=0, concentrate=0	IOS1=0, concentrate=1	IOS1=1, concentrate=0	IOS1=1, concentrate=1
	Y1	Y1	Y1	Y1
IO	−0.0174**	−0.00395	0.0386*	0.0660***
	(−2.77)	(−0.73)	(2.22)	(5.46)
TOP1	−0.0228	0.0203	−0.0299	0.0544*
	(−1.77)	(1.60)	(−1.06)	(2.56)
EPS	0.201	0.539	−0.609	0.126
	(0.78)	(1.81)	(−1.19)	(0.27)
Profit0	−0.301	−0.195	−0.00219	−2.868
	(−0.90)	(−0.35)	(−0.00)	(−1.50)
SIZE	2.056***	2.344***	1.419***	2.802***
	(11.27)	(11.73)	(4.25)	(7.84)
TOP4	−0.253	−0.931	−1.770	−0.482
	(−0.32)	(−1.28)	(−0.97)	(−0.44)
LEV	0.00168***	0.00214	−0.000339	0.000870
	(4.92)	(1.47)	(−0.05)	(0.75)
constant	−27.71***	−33.73***	−22.02***	−41.54***
	(−11.97)	(−12.91)	(−5.19)	(−7.97)
lnsig2u	2.614***	2.976***	3.255***	3.193***
	(18.20)	(19.88)	(12.81)	(14.77)
N	2810	2102	557	1099
Chi2	143.47***	180.59***	33.13***	87.42***

注:t 检验;* 表示 $p < 0.05$,** 表示 $p < 0.01$,*** 表示 $p < 0.001$。

结果表明,在机构投资者为交易型并且股权分散的情况下,机构投资者持股比例对自愿性信息披露程度有显著负向影响,第一大股东持股比例对自愿性信息披露程度的影响为负;而在机构投资者为稳定型的情况下,机构投资者持股比例的提高会显著提升自愿性信

息披露程度。这使得假设 3 得到支持。无论股权结构分散或集中，交易型机构投资者对自愿性信息披露程度的影响都为负，证明交易型机构投资者对自愿性信息披露程度有着稳定的负面影响，其内在动因可能是交易型机构投资者的短期交易目的要求较低的信息透明度。值得注意的是，在股权结构分散的情况下交易型机构投资者对自愿性信息披露程度的负面影响显著；而股权集中时不显著，这说明了若公司缺乏足够有力的大股东，则交易型机构投资者对自愿性信息披露程度的负面影响无法得到有效制约。因此，机构投资者有利于治理水平或信息披露的观点，或许过于简单，特定类型和特定环境下的机构投资者甚至可能发挥不良作用。稳定型机构投资者对自愿性信息披露的正面影响也非常稳定，显示出稳定型机构投资者本身期待公司长期成长的效果以及改善治理、提升信息披露质量的良好意愿。我们的实证结果还表明，机构投资者为稳定型时，机构投资者持股比例对自愿性信息披露程度的正面作用不会被股权分散削弱，但却能随着股权集中度的提升而得到强化，这说明稳定型机构投资者如果能得到有改良信息披露能力的大股东有力配合，则其作用能更好地得到发挥。

进一步地，在股权分散情况下第一大股东持股比例对自愿性信息披露程度的影响不显著，股权集中情况且机构投资者为稳定型时第一大股东持股比例的系数显著为正，与预期符号一致。上述结果中，我们能看出大股东推动自愿性信息披露方面的积极性。和机构投资者一样，大股东作为公司成长利益的最大享有者，可能也试图通过自愿性信息披露来提高信息透明度，获得市场更多的了解和认可，从而有助于公司长期绩效和市场表现的提升。股权分散时，大股东利益相对较小，积极性有所减弱。正是两类股东利益的一致性，导致了股权集中情况下，稳定型机构投资者的存在和第一大股东的持股比例对自愿性信息披露程度都有现正向影响。

虽然我们的实证检验结果基本符合前面提出的假设。但是对于稳定型机构投资者而言，股权集中程度还是一个相对比较宽泛的范畴，于是我们进一步考查终极控制人性质的影响。

3. 机构投资者类型、股权集中度和控制人性质的综合影响

我们按照机构投资者稳定性进行分组，以 Y1 为自变量进行 Logit 回归的面板随机效应处理，Hausman 检验的结果是 0.9457，因此我们使用随机效应模型进行分析，回归结果如表 5 所示。

表5 机构投资者类型与控制人性质的影响

	IOS1=0	IOS1=1
	Y1	Y1
IO	−0.00804* (−1.96)	0.0659*** (5.87)
state0	0.189 (1.92)	0.192 (0.89)
EPS	0.297 (1.53)	−0.436 (−1.19)

续表

	IOS1=0	IOS1=1
	Y1	Y1
Profit0	−0.329 (−1.14)	−0.909 (−0.95)
SIZE	2.099*** (15.70)	2.254*** (7.88)
TOP4	−0.597 (−1.09)	−0.802 (−0.80)
LEV	0.00194*** (7.10)	0.000639 (0.55)
constant	−29.23*** (−16.98)	−33.53*** (−8.50)
lnsig2u	2.697*** (24.57)	3.237*** (16.99)
N	4359	1435
Chi2	291.68***	101.66***

注：t 检验；* 表示 $p<0.05$，** 表示 $p<0.01$，*** 表示 $p<0.001$。

实证结果显示，当机构投资者为交易型时，机构投资者持股比例显著降低自愿性信息披露程度，同时终极控制人性质对自愿性信息披露程度的影响不显著但符号为正，表明相对于国有控股公司，非国有控股公司的自愿性信息披露程度略高但并不显著。当机构投资者为稳定型时，机构投资者持股比例显著提升自愿性信息披露程度，同时终极控制人性质的系数不显著但是符号为正，说明控制人性质对自愿性信息披露的影响并不随着机构投资者类型的变化而产生显著变化。我们接下来加入股权集中程度的影响。根据机构投资者稳定性以及股权集中程度进行分组，以 Y1 为自变量，选取 Logit 随机效应的面板回归结果，Hausman 检验结果为 0.9882，推翻原假设应选取随机效应。回归结果如表 6 所示。

表 6　机构投资者类型、股权集中度和控制人性质的综合影响

	IOS1=0 concentrate=0	IOS1=0 concentrate=1	IOS1=1 concentrate=0	IOS1=1 concentrate=1
	Y1	Y1	Y1	Y1
IO	−0.0227*** (−3.34)	−0.000273 (−0.05)	0.0321 (1.79)	0.101*** (5.07)
state0	0.159 (1.37)	0.330 (1.65)	0.213 (0.79)	−0.0256 (−0.05)
EPS	0.217 (0.81)	0.327 (1.04)	−0.403 (−0.75)	0.263 (0.41)
Profit0	−0.330 (−0.93)	0.153 (0.27)	0.0243 (0.02)	−3.373 (−1.41)
SIZE	2.072*** (10.53)	2.367*** (11.89)	1.456*** (3.91)	3.728*** (6.78)

续表

	IOS1=0 concentrate=0	IOS1=0 concentrate=1	IOS1=1 concentrate=0	IOS1=1 concentrate=1
	Y1	Y1	Y1	Y1
TOP4	−0.603 (−0.68)	−0.935 (−1.28)	−1.849 (−0.99)	−0.169 (−0.08)
LEV	0.00171*** (4.79)	0.00205 (1.40)	−0.000842 (−0.11)	0.00132 (1.15)
constant	−28.60*** (−11.43)	−33.48*** (−12.66)	−23.00*** (−4.88)	−52.63*** (−6.84)
lnsig2u	2.667*** (17.78)	2.904*** (18.46)	3.252*** (11.70)	3.784*** (19.85)
N	2506	1853	497	938
Chi2	122.11***	171.45***	26.09***	83.83***

注：t 检验；* 表示 $p<0.05$，** 表示 $p<0.01$，*** 表示 $p<0.001$。

以上结果显示，在考虑控制权性质时，股权集中度且机构投资者为稳定型时，机构投资者持股比例对自愿性信息披露程度产生显著的正向影响。我们进一步发现，当机构投资者为稳定型且股权集中时，控制人性质对自愿性信息披露程度的回归系数为负且不显著，即国有控股企业的自愿性信息披露程度可能更高。在机构投资者为交易型或股权分散时，国有控股的企业相对更不愿意提高自愿性信息披露程度；而在稳定型机构投资者存在时，国有控股股东试图提高自愿性信息披露程度。这一结论表明，国有控股股东在机构投资者为稳定型时，受到稳定型机构投资者的制约，可能会倾向于提升自愿性信息披露程度。这一结论拓展了马忠和吴翔宇的研究，进一步探索了不同机构投资者的具体影响。

经以上实证检验，我们得出的结论可以用图 1 表示。

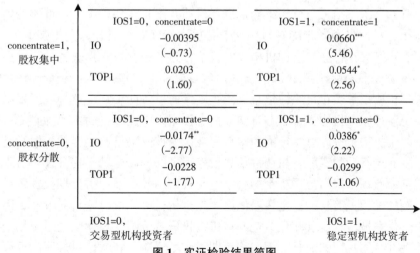

图 1 实证检验结果简图

4. 稳健性检验

为了考察本文研究结论的稳定性，我们进行了以下稳健性检验：

首先，前文中的回归结果是基于 Logit 回归得出的，而 Logit 回归的离散因变量取值概率的累积分布函数为 Logistic 分布，这一分布的左右极限区域面积较标准正态分布更大，造成残差分布有非正态特性。为考察实证结果在残差正态分布情况下的稳健性，我们选用了另一个常用的两值离散选择模型即 Probit 模型，来检验我们的结论。Probit 模型的实证结果与前面的结果基本一致。

其次，我们在自变量的选取中采用了 EPS 这一股价表现的指标，考虑到我国上市公司可能为了提升股价而适时进行自愿性信息披露的这一现象，我们将自变量中的 EPS 这一市场回报指标换成 ROA 这一公司财务指标，试图避免自愿性信息披露与市场反应两者之间的内生性问题。结果与本文的原有结果一致。

最后，董事会中的领导结构会显著影响到董事会的运作效果和经理层的激励与约束，从而会进一步影响公司自愿性信息披露行为。为了避免这一内生性问题，我们加入了是否两职合一这一衡量经理层权力的指标，分别对稳定性机构投资者和交易型机构投资者进行分组回归，并且对加入股权特征的四种分组情况都进行了回归，结果并没有显著差异。上述结果说明，我们的研究结果具有稳健性。稳健性检验结果限于篇幅在此不做报告。

五、结 论

本文以我国上市公司为研究对象，率先探索和研究了不同类型机构投资者对自愿性信息披露影响的不同机理和效果，并进一步分析了股权结构特征对该种影响的交互作用。

通过研究发现，机构投资者的持股比例整体上并没有显著提升上市公司自愿性信息披露的程度和质量。这一结论与认为机构投资者目前并没有在公司里发挥重要治理作用的观点相符。那么，机构投资者未能对自愿性信息披露程度有所提升，究竟是由于缺乏能力、还是由于缺乏意愿呢？在进一步把机构投资者细分为稳定型机构投资者和交易型机构投资者后，我们发现，只有稳定型的机构投资者对自愿性信息披露程度表现出显著的正向影响，而交易型机构投资者对自愿性信息披露程度反而呈负向影响。这一证据表明，是否在企业中长期稳定持股是机构投资者在自愿性信息披露方面发挥正面作用的必要条件。这从一个侧面证明了机构投资者有一定能力对自愿性信息披露决策产生影响，但只是需要一定条件才会产生有所行动的意愿。自愿性信息披露程度的提高有助于提升公司治理水平和信息透明度，从而有利于提高公司决策的科学性与长期绩效，并使得市场投资者更认同该公司。这种长期的成长只有长期稳定持股的稳定型机构投资者可以获得此收益，因而他们愿意提高自愿性信息披露程度。相反，交易型机构投资者试图在短期内通过市场交易获得回报，他们不关注公司长期的成长，而关注短期的市场反应，降低信息透明度反而有利于交易策略的实施，因而交易型机构投资者虽然有潜力进行干预自愿性信息披露，却没有充分的意愿去进行干预。

更进一步地，我们研究了不同股权结构下各类机构投资者的不同作用。机构投资者为稳定型时，相对于股权分散的治理环境，股权集中情况下机构投资者持股比例对自愿性信息披露程度有更强的正作用；而机构投资者为交易型时，股权分散的治理环境下机构投资者持股比例对自愿性信息披露程度有更显著的负作用。当机构投资者是稳定型且股权集中时，国有控股公司试图提升自愿性信息披露程度。上述结果说明，不同类型的机构投资者发挥作用受到股东权力结构的影响，大股东和国有控股股东似乎更愿意提高自愿性信息披露程度，从而配合稳定型机构投资者的治理活动，并遏制交易型机构投资者的短期行为。

我们的研究不仅回答了"机构投资者是否显著影响自愿性信息披露"这一问题，也回答了机构投资者究竟起什么作用、怎样起作用的问题。本文主要创新体现两个方面：一是细化研究了不同类型机构投资者对自愿性信息披露影响的不同动机和行为；二是具体分析了机构投资者与其所处股权环境的交互作用对自愿性信息披露程度的影响。

当然，本研究还存在一些不足之处，首先，我们对机构投资者进行了分类，但这个分类还较为粗略，未来还可考虑在机构投资者更多行为特征的基础上，进行更为细致的分类研究；其次，本研究更多关注了股权结构的影响，对管理层、大股东和机构投资者的交互作用研究不够；最后，我们没有考虑市场对自愿性信息披露的反应，无法进一步分析基于市场反应的机构投资者行为调整和优化。这些可以成为未来研究进一步拓展的方向。

参考文献

[1] Meek G. K., Roberts C. B., Gray S. J. Factors Influencing Voluntary Annual Report Disclosures by US, UK and Continental European Multinational Corporations [J]. Journal of International Business Studies, 1995, 26 (3): 555-572.

[2] 马忠，吴翔宇.金字塔结构对自愿性信息披露程度的影响：来自家族控股上市公司的经验验证 [J]. 会计研究, 2007 (1): 44-50.

[3] Brennan N. Voluntary Disclosure of Profit Forecasts by Target Companies in Takeover Bids [J]. Journal of Business Finance & Accounting, 1999, 26 (3-4): 883-917.

[4] Skinner D. J. Why Firms Voluntary Disclose Bad News [J]. Journal of Accounting Research, 1994, 32 (1): 38-60.

[5] Aboody D., Kasznic R. CEO Stock Option Awards and the Timing of Corporate Voluntary Disclosures [J]. Journal of Accounting and Economics, 2000, 29 (1): 73-100.

[6] 高雷，张杰.公司治理、机构投资者与盈余管理 [J]. 会计研究, 2008 (9): 64-72.

[7] 崔学刚.公司治理机制对公司透明度的影响——来自中国上市公司的经验数据 [J]. 会计研究, 2004 (8): 72-80.

[8] Haggard K. S., Martin X., Pereira R. Does Voluntary Disclosure Improve Stock Price Informativeness [J]. Financial Management, 2008, 37 (4): 747-768.

[9] Healy P. M., Palepu K. G. Information Asymmetry, Corporate Disclosure, and the Capital Markets: A

Review of the Empirical Disclosure Literature [J]. Journal of Accounting and Economics, 2001, 31 (1-3): 405-440.

[10] El-Gazzar S. M. Predisclosure Information and Institutional Ownership: A Cross-Sectional Examination of Market Revaluations during Earnings Announcement Periods [J]. The Accounting Review, 1998, 73 (1): 119-129.

[11] Schadewitz H. J., Blevins D. R. Major Determinants of Interim Disclosures in an Emerging Market [J]. American Business Review, 1998, 16 (1): 41-45.

[12] 程书强. 机构投资者持股与上市公司会计盈余信息关系实证研究 [J]. 管理世界, 2006 (9): 129-136.

[13] 薄仙惠, 吴联生. 国有控股与机构投资者的治理效应: 盈余管理视角 [J]. 经济研究, 2009 (2): 81-91.

[14] 王亚平, 刘慧龙, 吴联生. 信息透明度、机构投资者与股权同步性 [J]. 金融研究, 2009 (12): 162-174.

[15] 罗炜, 朱春艳. 代理成本与公司自愿性披露 [J]. 经济研究, 2010 (10): 143-155.

[16] Hartzell J. C., Starks L. T. Institutional Investors and Executive Compensation [J]. The Journal of Finance, 2003, 58 (6): 2351-2374.

[17] Levi S. Voluntary Disclosure of Accruals in Earnings Press Releases and the Pricing of Accruals [J]. Review of Accounting Studies, 2008, 13 (1): 1-21.

[18] Faccio M. Politically Connected Firms [J]. The American Economic Review, 2006, 96 (1): 369-386.

[19] 张学勇, 廖理. 股权分置改革、自愿性信息披露与公司治理 [J]. 经济研究, 2010 (4): 28-39.

[20] 方军雄. 我国上市公司信息披露透明度与证券分析师预测 [J]. 金融研究, 2007 (6): 136-148.

Institutional Investor Types, Equity Characteristics and Voluntary Disclosure

Niu Jianbo, Wu Chao, Li Shengnan

Abstract: It is less of a main steam research topic to discuss the influence of institutional investors on corporate voluntary disclosure. This paper explores the influence mechanism between institutional investors and corporate voluntary disclosure. We make a comparative study according to the feature of institutional investor, such as long-term investors and short-term investors. Moreover, the interaction effect between equity characteristic and institutional investor on voluntary disclosure is also explored. We find that the share ratio held by institutional investor is negatively related to the voluntary disclosure level. But long-term institutional investors can improve voluntary disclosure quality. What's more, this impact is stronger when the equity characteristic tends to be concentrated and the institutional investor reveals to be long-term. Our paper makes a contribution to the institutional investors' role in corporate governance, and also deepens the understanding of voluntary disclosure.

Key Words: Voluntary Disclosure; Institutional Investors; Equity Characteristic; Governance role

机构投资者羊群行为与股价崩盘风险 *

许年行　于上尧　伊志宏

【摘　要】 机构投资者究竟是会加剧股价崩盘风险，还是起到稳定资本市场的作用，是近年来财务学研究和社会各界关注的焦点。本文以2005~2010年我国A股上市公司和机构投资者持股资料为研究样本，从机构投资者羊群行为视角考察其对公司层面股价崩盘风险的影响。研究发现：①机构投资者的羊群行为提高了公司股价未来崩盘的风险；②在区分羊群行为的不同方向后发现，上述正向关系在"卖方"羊群行为的样本中更为明显；③合格境外机构投资者（QFII）的存在并不能减弱机构投资者羊群行为与股价崩盘风险之间的正向关系。进一步研究发现，机构投资者羊群行为同样提高了上市公司股价同步性，并且QFII的存在会加剧机构投资者羊群行为与股价同步性之间的正向关系。这说明，在中国，机构投资者更多的是扮演"崩盘加速器"而不是"市场稳定器"的角色。本文的研究对于理解机构投资者在我国资本市场中的作用以及如何防范股价崩盘风险、促进股市平稳发展都具有重要的理论与现实意义。

【关键词】 机构投资者；羊群效应；崩盘风险；股价同步性

一、引言

机构投资者作为资本市场的重要参与者，其行为特征和对市场的影响一直是学术界关注的重点话题之一。近年来，随着全球金融危机的爆发，媒体和相关人士常常认为市场参与者的"羊群行为"（Herding）[①] 会加剧市场波动、破坏市场稳定，进而会提高金融体系的脆弱性，即羊群行为是金融危机爆发的导火索（Bikhchandani 和 Sharma，2001；Jegadeesh

---

* 本文选自《管理世界》2013 年第 7 期。

基金项目：作者感谢国家自然科学基金项目（批准号：71172180、70972130）和全国博士学位论文作者专项资金资助项目（批准号：201085）对本研究的支持。

作者单位：中国人民大学商学院。

① 在中文翻译中，Herding 既称为"羊群行为"，也有的称为"羊群效应"，本文交替使用，不做区分。

和 Kim，2009）。但是，现有文献并未对羊群行为与股价崩盘之间的关系提供严谨的理论分析与实证检验（Hirshleifer 和 Teoh，2003）。为此，本文首次从企业微观层面入手，考察机构投资者羊群行为对上市公司股价崩盘风险的影响。该问题的研究不仅有助于全面认识机构投资者在我国资本市场中的作用，对于降低我国资本市场金融风险、促进股市平稳发展同样具有重要的理论价值和现实意义。

自我国股票市场建立以来，机构投资者已成为我国资本市场的重要参与者与组成部分，并且呈快速增长趋势。据 Wind 数据库统计，从 2003~2011 年末，机构投资者的持股市值从 1535 亿元增长到 109871 亿元，占流通市值比重从 12% 增长到 68%。其中，证券投资基金的数量从 109 只增长到 914 只。可见，机构投资者已是我国股票市场最重要的参与者，其行为特征可能对资本市场的稳定产生重要影响。与此同时，自 2002 年 11 月《合格境外机构投资者境内证券投资管理暂行办法》颁布以来，合格境外机构投资者（以下简称 QFII）从 2003 年的 12 家增长到 2011 年的 136 家，持股市值也从 8 亿元增长到 572 亿元。面对机构投资者在我国资本市场中的快速增长和所扮演的重要角色，有两大问题值得研究：一是机构投资者的羊群行为是否会对上市公司股价的崩盘风险产生影响？二是监管部门当初引进 QFII 的主要目标是凭借其注重基本面分析、注重长期投资和价值投资的成熟理念，达到抑制市场投机、稳定股市的目的，那么 QFII 是否能减轻机构投资者的羊群行为对资本市场的破坏作用？

本文认为，中国资本市场的相关特征为研究这些问题提供了理想的实验场所。第一，与现有文献发现的西方发达国家中机构羊群行为不是特别显著相比，我国作为一个新兴市场，具有信息相对不透明、信息收集成本较高和监管环境较宽松等特征，导致机构投资者的羊群行为可能更为严重（Bikhchandani 和 Sharma，2001）。例如，孙培源和施东晖（2002）、Tan 等（2008）、Chiang 等（2010）均发现在中国股市存在明显的羊群行为；并且宋军和吴冲锋（2001）还发现，我国证券市场的羊群行为程度高于美国证券市场的羊群行为程度，这为本文从机构投资者羊群行为入手研究股价崩盘风险提供了理想的样本。第二，2011 年 11 月 15 日，国际货币基金组织和世界银行公布了中国"金融部门评估规划"成果报告——《中国金融体系稳定评估报告》和《中国金融部门评估报告》。该报告认为，我国金融体系总体稳健，但金融脆弱性逐渐累积。Piotroski 和 Wong（2010）认为，相比于西方发达国家，中国股票市场成立时间较短，还存在很多制度性缺陷，较为不成熟和不稳定，因而股价崩盘风险更高。因此，中国这种更高股价崩盘风险的特征也为研究此问题提供了一个很好的实验场所。

基于上述理由，本文选取 2005~2010 年我国各类型机构投资者持有我国 A 股上市公司股票的相关资料，借鉴 Lakonishok 等（1992）以及 Wermers（1999）的方法计算机构投资者羊群行为变量，考察其对上市公司股票崩盘风险的影响，以及 QFII 对上述关系的影响。研究结果表明：①机构投资者的羊群行为提高了公司股价未来崩盘的风险；②在区分羊群行为的不同方向后发现，上述关系在卖方羊群行为的样本中更为明显；③QFII 的存在并不能减弱机构投资者羊群行为与股价崩盘风险之间的正向关系；④机构投资者羊群行为也提高了上市公司股价同步性。这说明机构投资者的羊群行为破坏了市场的稳定性，提高了股价崩盘风险，更多的是扮演"崩盘加速器"而不是"市场稳定器"的角色。

本文的贡献主要体现在：第一，不同于以往大量文献集中于分析机构投资者是否存在羊群行为和羊群行为对股票收益率或波动性影响的研究，本文从企业微观层面考察机构投资者羊群行为对上市公司股价崩盘风险的影响，从而为有关机构投资者是否能起到稳定股市作用的争议提供更为直接的经验证据。同时，相对于考察股票收益率和波动性的研究，本文侧重于股价崩盘风险这一反映股票收益率累积的极端经济后果，有助于更加深刻地认识事物或现象的本质（Kim 等，2011b）。第二，以往有关股价崩盘风险的文献主要集中于分析信息透明度（Jin 和 Myers，2006；Hutton 等，2009；李增泉等，2011；潘越等，2011）、会计稳健性（Kim 和 Zhang，2011）、高管代理（Kim 等，2011a、2011b）、分析师行为偏差（许年行等，2012；Chan 等，2012）和性别（李小荣、刘行，2012）等对股价崩盘风险的影响，并未考察机构投资者行为特征的可能影响，本文率先从机构投资者羊群行为视角分析其对股价崩盘风险的影响，从而拓展了该领域的相关研究。第三，Bikhchandani 和 Sharma（2001）认为，羊群行为可分为基于忽略个人私有信息而追随他人的"真羊群行为"（Intentional Herding）和基于共同信息或做相同决策所引起的"伪羊群行为"（Spurious Herding），并且要在实证上对两者进行区分难度相当大，因而现有大多数文献在实证中并未区分这两种羊群行为。本文尝试从"股价崩盘风险"和"股价同步性"这两种度量私有信息纳入股价程度的指标来区分这两种类型羊群行为，并且研究结论支持"真羊群行为"的预测，从而为该领域有关如何区分这两种羊群行为的研究提供可资借鉴的分析思路。

余文安排如下：第二部分是文献回顾与理论假说；第三部分是研究设计；第四部分是实证结果的分析与讨论；第五部分是研究结论与启示。

二、文献回顾与理论假说

（一）机构投资者羊群行为的相关定义与研究

同个人投资者相比，机构投资者在专业技能和获取信息的能力方面具有明显的优势。尽管如此，已有的研究发现，机构投资者的投资行为并非完全理性，仍然存在各种行为偏差，羊群行为是其中一种重要表现。

对机构投资者羊群行为的研究始于 1972 年，Kraus 和 Stoll（1972）提出了机构投资者平行交易（Parallel Trading）的概念，将大量机构投资者在同一时间内以同方向交易同一支股票的行为定义为平行交易，即机构投资者的羊群行为。随后，出现了大量有关机构羊群行为的研究。但对于机构投资者羊群行为的定义，学术界并没有统一的表述。例如，

Lakonishok 等（1992）以及 Wermers（1999）认为羊群行为是同一时间内大量投资者同方向买进或者卖出某一股票的行为；Devenow 和 Welch（1996）将羊群行为定义为能够导致所有投资者系统错误的行为一致；Avery 和 Zemsky（1998）认为羊群行为是投资者做出的与其私人信息相悖的选择跟从；Bikhchandani 和 Sharma（2001）认为羊群行为是投资者发现其他投资者的决策与自己掌握的私人信息相悖时，决定跟从其他投资者的行为。

上述研究尽管在表述上各有不同，但大多将投资者忽略其所掌握的私有信息而跟从他人投资行为作为羊群行为的一个重要特征，此种羊群行为属于"真羊群行为"。如果大量投资者在同时买进或者卖出同一支股票的过程中不是基于忽略个人私有信息，而是基于共同信息如上市公司盈利公告，或者是由于对某一类性质公司如股利政策、成长性等的共同偏好，一般被认为是一种"伪羊群行为"（Bikhchandani 和 Sharma，2001）。

而对于机构羊群行为对定价效率和市场稳定的影响，主要有两种结论：一是没有证据表明机构投资者的羊群行为会破坏市场稳定。Kraus 和 Stoll（1972）的研究发现，股价变动方向与当月机构投资者平等交易正相关而与前一个月机构投资者平行交易负相关。同时，没有发现机构投资者平行交易会破坏市场稳定性。随后，Lakonishok 等（1992）以及 Wermers（1999）等采用机构投资者季度持股数据，并区分了羊群行为的方向，对机构投资者羊群行为与股市稳定性之间的关系进行了进一步的研究后发现：机构投资者的羊群效应在小公司和高成长公司中更明显，买方羊群和卖方羊群对股价变动的影响是不同的，同时发现机构投资者羊群效应与股市稳定性之间不存在显著的关系。Li 和 Wang（2009）的研究甚至发现，中国机构投资者的羊群效应增加了股市的稳定性。二是机构投资者的羊群行为会破坏市场稳定。如 Brown 等（2012）的研究发现，机构投资者的羊群效应会导致股价的过度反应；Tan 等（2008）以及 Li 等（2009）等的研究表明，机构投资者羊群行为的存在增加了股价的波动幅度，使股票的风险上升。

值得指出的是，上述研究大多未区分是机构投资者忽略私有信息所引起的"真羊群行为"，还是机构投资者拥有共同的信息或者偏好而引致的"伪羊群行为"。

（二）机构投资者羊群行为与股价崩盘风险

在目前全球金融危机的背景下，"股价崩盘风险"成为宏观经济和微观财务学研究的热点。根据以往文献研究，股价崩盘风险的产生原因是：公司内部管理层基于代理问题（如"掏空"公司资源，获取更高期权价值）、政治晋升等原因，往往存在隐藏公司负面消息或坏消息的动机。随着时间的推移，负面消息在公司内部不断积累，但"纸终究包不住火"，公司对坏消息的容纳存在一个上限，一旦累积的负面消息超过了这个上限，坏消息将集中释放出来，进而对公司股价造成极大的负面冲击并最终崩盘（许年行等，2012）。尤其对于信息透明度低的公司，由于投资者无法感知经理人藏匿负面信息的行为，经理人更容易进行信息管理，故其股价未来的崩盘风险更大。可见，信息不透明所导致的坏消息的累计及瞬间释放是导致股价崩盘风险的一个重要原因（Jin 和 Myers，2006；Hutton 等，2009）。

根据上述羊群行为的相关研究，一方面，如果机构投资者的羊群行为属于"真羊群行为"，那么机构投资者会忽略自身所掌握的私有信息而根据其他机构的投资决策做出投资选择，导致其所掌握的私有信息无法完全融入股价中，这将降低资本市场的信息透明度和定价效率。Bikhchandani 和 Sharma（2001）通过如下例子来说明羊群行为对定价效率的影响：假设有 100 个投资者各自拥有投资获利可行性的私有信息，其中，20 个投资者认为该投资具有盈利性，因而值得投资，另外 80 个投资者认为该投资不可行。假如前几个进行投资的是属于乐观的投资者，倾向于进行投资。然后 80 个悲观投资者的某几人观察到前几个投资者的投资行为，会修改自己原本的悲观预期而跟随投资。如此，所有投资者将跟进投资，形成羊群行为。此种情形下，羊群行为将导致原本绝大多数投资者拥有的负面消息无法在决策或定价中体现出来。可见，机构投资者的"真羊群行为"会降低信息透明度，进而提升股价崩盘风险，两者呈正相关关系。

另一方面，如果机构投资者的羊群行为属于"伪羊群行为"，即机构投资者之间获得的信息是正相关的，那么共同买进或者卖出股票可能是由于他们收到了共同的信号而不是由于忽略私有信息所导致的"真羊群行为"。此种情形下，投资者共同买进或者卖出体现的是信息在股价中充分反应（Froot 等，1992；Devenow 和 Welch，1996；Clarke 等，2011）。可见，基于共同或者正相关信息的羊群效应有助于信息透明度和市场效率的提高。因此，机构投资者的"伪羊群行为"将促进信息在股价中的反应，进而能降低股价崩盘风险，两者呈负相关关系。为此，本文提出如下两个对立假设。

H1a: 机构投资者羊群行为会增加股价崩盘风险，两者呈正相关关系。

H1b: 机构投资者羊群行为会降低股价崩盘风险，两者呈负相关关系。

（三）QFII 对机构投资者羊群行为与股价崩盘风险的影响

自 2003 年首批三家 QFII 进入我国资本市场以来，QFII 是否能起到稳定市场的作用，一直争议不断。文献上，主要有两种观点：一是认为 QFII 会加剧投资者的羊群行为，破坏市场的稳定性。Dornbusch 和 Park（1995）在研究韩国市场后认为，同韩国国内投资者相比，国外机构投资者更容易采取策略性行为使市场过度反应，使股价偏离其真实价值；Kim 和 Wei（2002）引用韩国 1997 年金融危机的证据表明，国外投资者比国内投资者具有更显著的羊群特征；Chang（2010）用台湾股票市场的订单交易资料研究发现，在新兴市场中，QFII 是引起羊群行为的原因之一。当 QFII 的交易资料披露之后，其他投资者包括机构投资者和个人投资者，会跟随 QFII 的交易行为，形成羊群行为。由 QFII 引起的羊群行为会导致股价的过度反应，从而降低市场效率。二是认为 QFII 能起到稳定市场的作用。Schuppli 和 Bohl（2010）以中国 A 股取消对外国投资者限制，允许 QFII 进入 A 股市场为外生事件，研究 QFII 对我国 A 股市场效率的影响，研究发现，QFII 能够起到稳定市场的作用，提高了市场效率；Choe 等（1999）从韩国资料的研究结果中发现，1997 年金融危机之前，韩国市场中的国外机构投资者也存在正向反馈交易和羊群效应，而金融危机之后，正向反馈交易和羊群效应都减弱了，尽管如此，仍然没有证据能够表明国外机构投资者的存在破坏了市场的稳定性。

考虑到我们的实际情况，一方面，我国的 QFII 大多来自西方发达国家，拥有较为成熟的交易理念，同时我国引入 QFII 的目的是"为了规范合格境外机构投资者在中国境内证券市场的投资行为，促进中国证券市场的发展"[1]，引进 QFII 之后可以进一步壮大和丰富机构投资者的队伍和结构。同时，可以借鉴其注重基本面分析、注重长期投资的投资理念，促进资源的有效配置（Walter 和 Howie，2006）。因而，QFII 的引入可以一定程度上降低我国证券市场中存在的投机氛围，进而减弱由羊群行为引起的崩盘风险。另一方面，对我国投资者而言，QFII 的交易行为具有信号价值（许弘林，2007；沈维涛、朱冠东，2010），甚至 QFII 参与股票交易本身就是一个值得炒作的话题，因而 QFII 的引入可能不仅不会减弱，甚至有可能加剧资本市场上的羊群效应。例如，刘成彦等（2007）发现，我国 A 股市场中 QFII 具有较为明显的羊群行为。因而，QFII 的存在会加剧羊群行为与股价崩盘风险之间的正向关系。基于上述理由，本文提出如下两个对立假设。

H2a： QFII 的参与会减弱机构投资者羊群行为与股价崩盘风险之间的正向关系。

H2b： QFII 的参与会增强机构投资者羊群行为与股价崩盘风险之间的正向关系。

三、研 究 设 计

（一）样本选取

本文计算羊群行为的机构投资者持股资料来自 Wind 数据库，上市公司的财务资料、股票交易数据和分析师资料来自 CSMAR 数据库。本文的研究期间为 2005~2010 年，之所以选择 2005 年为研究的起点是因为 Wind 数据库中对于机构投资者持股的系统统计始于 2005 年，2005 年之前的资料量过少，无法准确计算机构投资者的羊群行为。在研究区间内，本文共收集 1068 家不同类型机构投资者的持股比例变动资料 625441 条，涉及 26218 个季度—公司样本。除此之外，本文的研究还涉及上市公司的财务资料，由于我国上市公司的季报和半年报不需要经过外部审计，无法保证资料的真实性，因此研究过程中仅选择了上市公司年报披露的资料。为了保证研究数据的一致性，本文将羊群效应的季度资料转换为年度数据后，得到研究样本为 8192 个。首先，本文剔除金融类上市公司后，得到的样本量为 7602 个；其次，本文剔除资料不完全和财务资料异常的资料；最后，剔除羊群程度低于均值 1.96 个标准差以上的样本。经过上述处理，本文最终得到研究样本 6542

---

[1] 资料来源：中国证券监督管理委员会和中国人民银行于 2002 年 12 月 1 日颁布施行的《合格境外机构投资者境内证券投资管理暂行办法》。

个。由于具体研究内容的不同，各部分实证过程中使用的样本数量将略有差异。研究样本的具体筛选过程如表1所示。

表1 研究样本的筛选过程

剔除/保留条件	数据量
所有机构投资者持股变动数据	625441
季度—公司样本	26218
年度—公司样本	8192
剔除金融类上市公司	−590
剔除数据不完全样本	−785
剔除羊群程度低于均值1.96个标准差样本	−275
最终研究样本	6542

（二）变量的定义和度量

1. 崩盘风险（Crash Risk）

借鉴 Hutton 等（2009）和 Kim 等（2011a、2011b）等相关研究，本文采用了如下方法度量股价崩盘风险。

利用股票 i 的周收益资料，根据模型（1）计算股票 i 经过市场调整后的收益率。

$$r_{i,t} = \alpha + \beta_{1,i} r_{m,t-2} + \beta_{2,i} r_{m,t-1} + \beta_{3,i} r_{m,t} + \beta_{4,i} r_{m,t+1} + \beta_{5,i} r_{m,t+2} + \varepsilon_{i,t} \tag{1}$$

其中，$r_{i,t}$ 为每一年度股票 i 在第 t 周的收益，$r_{m,t}$ 为 A 股所有股票在第 t 周经流通市值加权的平均收益率。本文在方程（1）中加入市场收益的滞后项和超前项，以调整股票异步性交易的影响（Dimson，1979）。股票 i 第 t 周经过市场调整后的收益率 $W_{i,t}$ 为：

$$W_{i,t} = \ln(1 + \varepsilon_{i,t}) \tag{2}$$

其中，$\varepsilon_{i,t}$ 为模型（1）中的回归残差。

接下来，构造如下两个股价崩盘风险的度量指标。

本文使用的第一个衡量股价崩盘风险的指标是股票 i 经过市场调整后周收益率的负偏度（NCSKEW），计算方法如下。

$$NCSKEW_{i,t} = -\left[n(n-1)^{3/2} \sum W_{i,t}^3 \right] / \left[(n-1)(n-2)(\sum W_{i,t}^2)^{3/2} \right] \tag{3}$$

本文使用的第二个衡量股价崩盘风险的指标是股价上升和下降阶段波动性的差异（Down-to-Up Volatility，DUVOL）。首先，根据股票 i 经过市场调整后周收益率（$W_{i,t}$）是否大于年平均收益将股票收益资料分为上升阶段（Up Weeks）和下降阶段（Down Weeks）两个子样本，并分别计算两个子样本中股票收益的标准差（R_u，R_d）；然后，使用如下的模型计算 $DUVOL_{i,t}$。

$$DUVOL_{i,t} = \ln\left\{ \left[(n_u - 1) \sum_{down} R_d^2 \right] \Big/ \left[(n_d - 1) \sum_{up} R_u^2 \right] \right\} \tag{4}$$

其中，$n_u(n_d)$ 为股票 i 的周特有收益 $W_{i,t}$ 大于（小于）年平均收益 W_i 的周数。

股价崩盘通常是由于管理层隐藏的公司坏消息的突然爆发引起的（Chen 等，2001；Kothari 等，2008；Kim 等，2011a、2011b）。在理想状态下，如果管理层没有隐藏坏消息，那么 $W_{i,t}$ 处于上升和下降阶段的概率是相等的（$W_{i,t}$ 应该是无偏的），上升和下降的幅度也应该是没有差异的（$R_d = R_u$）。现实中管理层出于自身利益的考虑往往会隐藏坏消息，直到坏消息积累到一定程度，无法继续隐藏才集中披露；而对于好消息管理层则没有隐藏的动机（Kothari 等，2008）。由于管理层隐藏坏消息，$W_{i,t}$ 处于上升阶段的概率会大于处于下降阶段的概率，其分布会出现偏度；由于坏消息的集中披露，$W_{i,t}$ 下降的幅度将大于上升的幅度（$R_d > R_u$）。因此 NCSKEW 和 DUVOL 可以衡量股价的崩盘风险。NCSKEW 的数值越大，表示偏态系数负的程度越严重，崩盘风险越大。同理，DUVOL 的数值越大，代表收益率分布更倾向于左偏，崩盘风险越大。

2. 机构投资者的羊群行为（Herding）

本文中机构投资者羊群行为的计算主要参考了 Lakonishok 等（1992）以及 Wermers（1999）的方法，具体模型如下。

$$HM_{i,t} = \left| p_{i,t} - E(p_{i,t}) \right| - E\left| p_{i,t} - E(p_{i,t}) \right| \tag{5}$$

其中，$p_{i,t}$ 为在 t 季度增持 i 公司股票的机构投资者占持有 i 公司股票的机构投资者的比例；$E(p_{i,t})$ 为在 t 季度增持 i 公司股票的机构投资者占持有 i 公司股票的机构投资者比例的期望值，用 t 季度中增持 i 公司所在行业的全部上市公司股票的机构投资者比例的均值表示；$\left| p_{i,t} - E(p_{i,t}) \right|$ 表示机构投资者在 t 季度内对 i 公司股票买卖的不平衡性，$E\left| p_{i,t} - E(p_{i,t}) \right|$ 为调整项，只有在机构投资者对 i 公司股票买卖的不平衡达到一定程度时，才认为存在羊群行为。

在研究过程中我们采取了以下几种方法进行调整：①以 $\left| p_{i,t} - E(p_{i,t}) \right|$ 的均值作为调整项；②用 $\left| p_{i,t} - E(p_{i,t}) \right|$ 的均值减去一个标准差作为调整项；③用 $\left| p_{i,t} - E(p_{i,t}) \right|$ 的均值减去 1.96 个标准差作为调整项。三种方法的回归结果基本一致，在本文中我们只报告了第三种方法的回归结果。

基于中国资本市场的特殊环境和资料的可获得性，我们对已有研究衡量机构投资者羊群行为的方法进行了适当的调整，具体计算过程如下。

（1）根据机构投资者重仓股的季度资料，计算样本中每一季度各机构对上市公司持股数量的变化值 trade，如果 trade 大于零，则 BUY 哑变量取值为 1，反之取值为 0，并剔除 trade 为 0 的样本。

（2）按季度和公司分组计算 BUY 的平均值，即得到模型（5）中的 $p_{i,t}$。

（3）按季度和行业分组计算 $p_{i,t}$ 的平均值，即得到模型（5）中的 $E(p_{i,t})$。

（4）计算 $p_{i,t} - E(p_{i,t})$，并取绝对值，即模型（5）中的 $\left| p_{i,t} - E(p_{i,t}) \right|$。

（5）由于样本中用到的机构投资者持股资料是季度资料，而其他资料则是年度资料，因此我们将羊群行为的季度资料整合成年度资料，方法是每家上市公司一年内按季度计算的四个 $\left| p_{i,t} - E(p_{i,t}) \right|$ 值进行平均，得到变量 HERD。

（6）计算 HERD 的均值 m 和标准差 t，并用（m-1.96t）作为调整项，剔除 HERD 变量中小于（m−1.96t）的资料，得到变量 Herding 即为机构投资者羊群行为指标。

3. 控制变量

参考 Chen 等（2001）、Hutton 等（2009）和 Kim 等（2011a、2011b）等，本文控制如下变量：①Dturn，股票换手率的变化，股票 i 本年度的换手率减去上年度的换手率的差比本年度的换手率；②Ret，股票 i 的年度收益率；③Sigma，股票 i 经市场调整后周收益率 $W_{i,t}$ 的标准差；④Size，上市公司的规模，用公司总资产的自然对数表示；⑤MB，上市公司的市账比，衡量公司的成长性；⑥Lev，上市公司的资产负债率，用总负债比总资产表示；⑦ROA，上市公司的总资产收益率，即净利润比总资产；⑧ABACC，上市公司的信息透明度，用修正 Jones 模型估计的应计盈余表示。此外，还控制了行业因素和年度因素。变量的描述性统计结果如表 2 所示。

表 2　变量的描述性统计

变量	N	Min	Q1	Mean	Median	Q3	Max	Std
Herding	6542	0.001	0.116	0.202	0.17	0.252	0.753	0.126
Herd_Buy	5410	0.01	0.146	0.236	0.188	0.275	0.781	0.136
Herd_Sell	6081	0.042	0.138	0.241	0.195	0.297	0.809	0.14
NCSKEW	6542	−4.601	−0.791	−0.252	−0.23	0.318	6.074	0.892
DUVOL	6542	−3.603	−0.694	−0.206	−0.21	0.283	3.713	0.757
SYNCH	6542	−7.726	−0.862	−0.335	−0.209	0.320	2.167	0.987
Dturn	6542	−1.725	−0.198	0.032	0.048	0.276	1.773	0.378
Sigma	6542	0.015	0.045	0.057	0.055	0.066	0.228	0.017
Ret	6542	−0.035	−0.006	−0.001	−0.001	0.004	0.043	0.008
Size	6542	17.426	20.908	21.724	21.608	22.37	28.136	1.179
MB	6542	0.132	1.269	2.521	1.945	3.234	9.986	1.693
Lev	6542	0.011	0.377	0.506	0.518	0.642	0.994	0.184
ROA	6542	−0.967	0.013	0.045	0.039	0.075	0.989	0.086
ABACC	6542	0	0.029	0.097	0.066	0.124	0.994	0.11

注：由于是否存在买方（卖方）羊群行为是根据季度数据计算的，而最终得到的样本是年度数据，因此二者样本量相加大于总样本。

（三）实证模型

第一，本文运用如下模型检验机构投资者羊群行为对股价崩盘风险的影响。
$$CrashRisk_{i,t} = \alpha + \beta_1 Herding_{i,t-1} + \gamma \times ControlVariables_{t-1} + \varepsilon_{i,t} \tag{6}$$
其中，$CrashRisk_{i,t}$ 分别由 t 年的 NCSKEW 和 DUVOL 来度量；$Herding_{i,t-1}$ 代表滞后一期（t−1）年机构投资者羊群行为变量，以此考察羊群行为对公司未来股价崩盘风险的影响。$ControlVariables_{i,t-1}$ 为一组控制变量，由滞后一期（t−1）年的数值来度量，具体定义见上文。

第二，运用如下模型考察 QFII 的存在对机构投资者羊群行为与股价崩盘风险关系的影响。

$$\text{CrashRisk}_{i,t} = \alpha + \beta_1 \text{Herding}_{i,t-1} + \beta_2 \text{QFII}_{i,t-1} + \beta_3 \text{Herding}_{i,t-1} \times \text{QFII}_{i,t-1} +$$
$$\gamma \times \text{ControlVariables}_{t-1} + \varepsilon_{i,t} \tag{7}$$

其中，$\text{QFII}_{i,t-1}$ 指 QFII 是否在（t−1）年持有股票 i 股份的哑变量，若有持股，则 $\text{QFII}_{i,t-1} = 1$，否则为 0。其他变量定义同上。

四、实证结果的分析与讨论

（一）羊群行为与股价崩盘风险的结果分析

表 3 中第（1）和第（2）列报告了基于全样本的检验结果。由表 3 可知：首先，从全样本来看，不论是采用 NCSKEW 或 DUVOL 来度量股价崩盘风险，机构投资者羊群行为（Herding）的回归系数均显著为正，且均在 1% 水平显著。例如，当因变量为 NCSKEW 时，Herding 的系数为 0.243，且 t=3.30；当因变量为 DUVOL 时，Herding 的系数为 0.166，且 t=3.06。可见，机构投资者的羊群行为增加了股价未来崩盘的风险，支持假设 H1a，而不支持假设 H1b。其原因可能是由于：第一，已有研究发现，我国资本市场中盲目跟随其他人的羊群行为普遍存在（宋军、吴冲锋，2001；孙培源、施东晖，2002；Tan 等，2008；Chiang 等，2010）；第二，我国资本市场仍不成熟，市场中存在强烈的投机氛围（Eun 和 Huang，2007），这也使得机构投资者更容易忽略所掌握的信息而采取羊群行为；第三，我国机构投资者发展历史短而发展速度快，快速增长的机构投资者数量使得一批能力相对低下的管理人成为投资经理。这些投资经理出于维护声誉的考虑，为了避免业绩差于同行，更容易忽略个人信息，放弃自己的观点而采用跟随其他投资经理羊群行为（Scharfstein 和 Stein，1990；Trueman，1994）。因此，我们认为我国资本市场中存在的羊群行为更可能是忽略私有信息的真实的羊群效应，而不是由于收到共同或正相关信息所引致的"伪羊群行为"，从而降低了信息透明度，提高了崩盘风险。

表 3　机构投资者羊群行为与股价崩盘风险

变量	全样本		"买方羊群"子样本		"卖方羊群"子样本	
	NCSKEW	DUVOL	NCSKEW	DUVOL	NCSKEW	DUVOL
	（1）	（2）	（3）	（4）	（5）	（6）
Inter	0.244 (1.27)	0.397*** (2.80)	0.412* (1.94)	0.546*** (3.47)	0.385* (1.94)	0.453*** (3.11)
Herding	0.243*** (3.30)	0.166*** (3.06)				

变量	全样本		"买方羊群"子样本		"卖方羊群"子样本	
	NCSKEW	DUVOL	NCSKEW	DUVOL	NCSKEW	DUVOL
	(1)	(2)	(3)	(4)	(5)	(6)
Herd_Buy			0.069 (0.96)	0.021 (0.39)		
Herd_Sell					0.132** (1.97)	0.108** (2.19)
Dturn	−0.321*** (−12.8)	−0.246*** (−13.3)	−0.352*** (−12.9)	−0.266*** (−13.2)	−0.337*** (−12.8)	−0.255*** (−13.2)
Sigma	−3.180*** (−5.31)	−2.528*** (−5.74)	−2.335*** (−3.60)	−1.683*** (−3.50)	−4.513*** (−7.13)	−3.608*** (−7.75)
Ret	−66.74*** (−51.7)	−67.33*** (−70.9)	−65.62*** (−46.6)	−66.29*** (−63.58)	−66.28*** (−49.27)	−67.15*** (−67.90)
Size	−0.023*** (−2.58)	−0.027*** (−4.09)	−0.029*** (−3.02)	−0.033*** (−4.58)	−0.026*** (−2.88)	−0.027*** (−4.01)
MB	0.001 (0.17)	−0.012*** (2.88)	−0.006 (0.92)	−0.017*** (3.54)	0.005 (0.76)	−0.009** (−2.04)
Lev	0.098* (1.70)	0.087** (2.07)	0.092 (1.46)	0.080* (1.71)	0.113* (1.89)	0.086** (1.97)
ROA	0.562*** (4.04)	0.307*** (3.00)	0.451*** (3.01)	0.220** (1.99)	0.582*** (4.01)	0.308*** (2.89)
ABACC	−0.117 (−1.41)	−0.075 (−1.22)	−0.150* (−1.67)	−0.115* (−1.72)	−0.06 (−0.70)	−0.028 (−0.45)
Year	已控制	已控制	已控制	已控制	已控制	已控制
Industry	已控制	已控制	已控制	已控制	已控制	已控制
N	6542	6542	5410	5410	6081	6081
Adj-R²	0.3577	0.5138	0.3548	0.5061	0.3594	0.5159
F	405.68***	768.89***	331.54***	616.75***	379.95***	720.82***

注：*、**、*** 分别代表在 10%、5%、1%水平上显著。

（二）QFII 对羊群行为与股价崩盘风险关系的影响

表 4 列示了 QFII 的存在能否减弱或增强机构投资者羊群行为与股价崩盘风险之间正向关系的实证结果。由表 4 可知：在全样本下，机构投资者羊群行为指针与 QFII 的交叉项 Herding×QFII 的回归系数虽然为负，但结果并不显著，表明 QFII 的存在不会显著减弱机构投资者羊群行为与股价崩盘风险之间的正向关系。可见，假设 H2a 和假设 H2b 均没有得到支持。这可能是由于 QFII 对股价崩盘风险的影响是双方面的：一方面，QFII 较为成熟的投资和交易理念使得 QFII 的存在能提高该公司股票的信息透明度和定价效率，因而有助于减弱机构羊群行为对股价崩盘风险的正向影响；另一方面，QFII 的交易本身也容易成为炒作的话题，QFII 的交易对其他交易者来说具有信号作用，容易成为其他投资者跟

随的目标，造成更严重的羊群行为，进而强化机构投资者羊群效应对股价崩盘风险的正向影响。因此，这两个方面的共同作用导致 Herding × QFII 的系数变为不显著[①]。

表 4　QFII 对机构投资者羊群行为与股价崩盘风险之间关系的影响

变量	全样本		"买方羊群" 子样本		"卖方羊群" 子样本	
	NCSKEW	DUVOL	NCSKEW	DUVOL	NCSKEW	DUVOL
Inter	0.303 (1.55)	0.430*** (2.99)	0.463** (2.16)	0.572*** (3.59)	0.445** (2.22)	0.489*** (3.32)
Herding	0.273*** (3.48)	0.182*** (3.15)				
Herd_Buy			0.107 (1.35)	0.033 (0.55)		
Herd_Sell					0.154** (2.12)	0.121** (2.27)
QFII	0.076 (1.63)	0.043 (1.25)	0.076 (1.58)	0.030 (0.85)	0.069 (1.44)	0.041 (1.17)
Herding × QFII	−0.215 (−1.01)	−0.120 (−0.77)	−0.209 (−1.12)	−0.061 (−0.44)	−0.128 (−0.70)	−0.076 (−0.56)
N	6542	6542	5410	5410	6081	6081
Adj−R^2	0.3578	0.5138	0.3549	0.506	0.3595	0.5159
F	332.33***	629.30***	271.56***	504.64***	311.29***	590.03***

注：限于篇幅，控制变量同表 3，不再具体列示。*、**、*** 分别代表在 10%、5%、1% 水平上显著。

（三）进一步分析

1. 羊群行为对股价同步性的影响

上述的实证结果表明，机构投资者羊群行为增加了股价崩盘风险，这一定程度上说明机构投资者的羊群行为是由于投资者忽略其私有信息而导致的真实的羊群行为。为了进一步验证该结果，我们考察了机构投资者羊群行为与股价同步性之间的关系。股价同步性可以衡量上市公司特有信息融入股价的程度，是衡量股票定价效率的一个重要指标。股价同步性越高，则股票定价效率越低（Roll，1988；Morck 等，2000）。基于此，本文认为，如果机构投资者的羊群行为是基于共同的信息和偏好，那么羊群行为会使这些共同信息更好地融入股价中，降低股价同步性，则两者呈负相关关系；反之，如果羊群行为是基于投资者忽略了各自掌握的私有信息，那么羊群行为将使私有信息融入股价的程度下降，提高股价同步性，则两者呈正相关关系。

---

① 由于我国资本市场对 QFII 存在特殊的限制，例如不可以卖空，并且 QFII 可以投资的范围也受到限制（如指进入境内市场的最高资金额度和单个投资者的最高投资数额；合格机构投资于单个股票的最高比例），这些也可能导致结果不显著。后文将对此进行稳健性测试。感谢审稿人的宝贵建议。

为此，本文构建如下实证模型检验机构投资者羊群行为与股价同步性之间的关系，以及 QFII 对两者关系的影响。

$$SYNCH = \alpha + \beta Herding + \gamma ControlVariables + \varepsilon \qquad (8)$$

$$SYNCH = \alpha + \beta_1 Herding + \beta_2 QFII + \beta_3 Herding \times QFII + \gamma ControlVariables + \varepsilon \qquad (9)$$

其中，SYNCH 为股价同步性，度量方法如下：

$$SYNCH_{i,t} = \ln\left(\frac{R_{i,t}^2}{1 - R_{i,t}^2}\right) \qquad (10)$$

其中，$R_{i,t}^2$ 为每一年度股票周收益率根据模型（1）回归后得到的 R^2。根据相关研究（Gul 等，2010；Xu 等，2013），本文选取的控制变量包括：volume 衡量的是股票交易情况，用一年内该股票交易股数的自然对数表示；audit 衡量的是上市公司的审计质量，如果为该公司提供审计服务的是国际四大会计师事务所，则该指标取值为 1，否则取值为 0；foreign 衡量的是国外投资者持股比例，用 QFII 持股占流通股比例表示；indnum 和 indsize 分别代表该公司所在行业上市公司的数量和该公司所在行业上市公司资产之和的自然对数；模型中其他变量的含义同上。

表 5 列示了机构投资者羊群行为对股价同步性影响的实证结果。由表 5 可知：从全样本来看，Herding 的回归系数显著为正，在 1% 水平显著；由此可见，我国机构投资者的羊群行为，是由于机构投资者忽略个人所掌握的私人信息而导致的真实的羊群行为，从而降低了上市公司特有信息融入股价的程度，进而提高了股价同步性。

表5　机构投资者羊群行为对股价同步性的影响

变量	全样本		"买方羊群"子样本		"卖方羊群"子样本	
	系数	T 值	系数	T 值	系数	T 值
Inter	−4.256***	(−8.82)	−4.262***	(−8.30)	−4.319***	(−8.45)
Herding	1.306***	(13.8)				
Herd_Buy			0.547***	(5.79)		
Herd_Sell					0.801***	(8.99)
Volume	0.149***	(10.2)	0.149***	(9.54)	0.145***	(9.37)
Size	−0.059***	(−3.78)	−0.075***	(−4.44)	−0.063***	(−3.82)
Lev	−0.083	(−1.18)	−0.066	(−0.86)	−0.054	(−0.73)
MB	−0.100***	(−13.0)	−0.111***	(−13.5)	−0.092***	(−11.3)
Audit	−0.100**	(−2.07)	−0.040	(−0.79)	−0.099*	(−1.95)
Foreign	−0.019***	(−7.72)	−0.020***	(−8.23)	−0.018***	(−7.19)
Indnum	0.000***	(−3.20)	0.000***	(−3.08)	0.000***	(−3.51)
Indsize	0.080***	(4.43)	0.099***	(5.17)	0.090***	(4.65)
Year	已控制		已控制		已控制	
Industry	已控制		已控制		已控制	
N	6542		5410		6081	
Adj-R²	0.0714		0.0591		0.0541	
F	59.65***		40.81***		41.43***	

注：因变量为 SYNCH。*、**、*** 分别代表在 10%、5%、1% 水平上显著。

由表 6 列示的 QFII 对机构投资者羊群行为与股价同步性关系影响的实证结果可知:
在全样本下,机构投资者羊群行为指针与 QFII 的交叉项 Herding×QFII 的回归系数显著为
正,表明 QFII 的存在不但不能减弱机构投资者羊群行为对股价同步性的正向影响,反而
加强了两者之间的正向关系。这可能是由于:QFII 的交易本身是一个可供投机者炒作的话
题,容易引起其他投资者忽略自身掌握的私有信息而盲目跟风,造成更严重的羊群行为,
使得这些私有信息无法融入股价,导致股价“同涨同跌”现象更为严重。即由于羊群行
为的存在,机构投资者发现上市公司特有信息进而提高股票定价效率的能力被削弱了,
从而使得 QFII 非但无法减弱羊群行为与股价同步性之间的关系,反而加强了两者之间的
关系。

表 6　QFII 对羊群行为与股价同步性关系的影响

变量	全样本		“买方羊群”子样本		“卖方羊群”子样本	
	系数	T 值	系数	T 值	系数	T 值
Inter	−4.321***	(−8.93)	−4.332***	(−8.40)	−4.361***	(−8.50)
Herding	1.198***	(11.8)				
Herd_Buy			0.519***	(5.01)		
Herd_Sell					0.764***	(7.90)
QFII	−0.179***	(−2.86)	−0.077	(−1.21)	−0.082	(−1.23)
Herding×QFII	0.820***	(2.95)	0.139	(0.57)	0.232	(0.95)
N	6542		5410		6081	
Adj−R^2	0.0724		0.0591		0.054	
F	49.68***		33.59***		34.04***	

注:因变量为 SYNCH,限于篇幅,控制变量同表 5,不再具体列示。*、**、*** 分别代表在 10%、5%、1%水平
上显著。

2. 机构投资者羊群行为与股价崩盘风险:公司信息环境与机构投资者特征的影响

由于股价中的信息可以包含两类,一类是公司披露的公开信息,另一类是机构投资者的
私有信息。那么,公司信息环境和机构投资者收集私有信息能力的差异,有可能会影响机构
投资者羊群行为与股价崩盘风险之间的关系。为此,借鉴相关文献(Chan 和 Hameed,
2006;An 和 Zhang,2013),本文分别用一年内跟踪上市公司的分析师数量(Analyst)来
表征公司的信息环境[①],并用持有上市公司股票的机构投资者中战略投资者(连续持有上
市公司股票超过两年)的比例(Strategy)作为机构投资者差异的代理变量,分别研究各自
对机构投资者羊群行为与股价崩盘风险关系的影响。

(1)分析师数量(Analyst)对机构投资者羊群行为与股价崩盘风险关系的影响。

表 7 列示了信息环境对机构投资者羊群行为与股价崩盘风险影响的检验结果。由表 7

---

① 本文进一步以修正 Jones 模型估计的应计盈余(ABACC)作为上市公司信息环境的替代变量,研究结论不变。

可知，在全样本中，机构投资者羊群行为与分析师跟踪数量交叉项 Herding×Analyst 的系数显著为负，表明上市公司良好的信息环境能够降低机构投资者羊群行为导致的股价崩盘风险。这也在一定程度上证明了本文的研究结论，即我国机构投资者的羊群行为是忽略私有信息的真实羊群行为，因而当上市公司的信息环境改善后，由机构投资者羊群效应导致股价崩盘的可能性显著降低。而如果我国机构投资者的羊群行为是基于共同信息或偏好的"伪羊群行为"，当上市公司的信息环境改善后，负面消息能够及时披露，此时机构投资者更容易基于共同负面信息进行卖出交易，这将导致更严重的股价崩盘风险，明显与表 7 的回归结果不符。

表 7   信息环境、机构投资者羊群行为与股价崩盘风险

变量	全样本		"买方羊群"子样本		"卖方羊群"子样本	
	NCSKEW	DUVOL	NCSKEW	DUVOL	NCSKEW	DUVOL
	(1)	(2)	(3)	(4)	(5)	(6)
Inter	0.527*** (2.68)	0.534*** (3.69)	0.553*** (2.59)	0.556*** (3.50)	0.667*** (3.32)	0.603*** (4.08)
Herding	0.321*** (3.99)	0.218*** (3.68)				
Herding × Analyst	−0.323* (−1.82)	−0.232* (−1.77)				
Herd_buy			0.128 (1.49)	0.037 (0.58)		
Herd_Buy × Analyst			−0.135 (−0.90)	−0.019 (−0.17)		
Herd_sell					0.268*** (3.48)	0.196*** (3.45)
Herd_Sell × Analyst					−0.455*** (−3.06)	−0.308*** (−2.81)
Analyst	0.161*** (3.97)	0.104*** (3.47)	0.103** (2.49)	0.039 (1.26)	0.208*** (5.01)	0.138*** (4.50)
N	6542	6542	5410	5410	6081	6081
Adj−R²	0.3623	0.5183	0.3576	0.509	0.3645	0.5203
F	359.52***	680.03***	292.61***	544.09***	336.63***	635.70***

注：限于篇幅，不再报告控制变量的检验结果。*、**、*** 分别代表在 10%、5%、1%水平上显著。

（2）战略投资者（Strategy）对机构投资者羊群行为与股价崩盘风险关系的影响。

除了上市公司信息环境的影响之外，机构投资者收集私有信息能力的差异同样会影响机构投资者羊群行为与股价崩盘风险的关系。An 和 Zhang（2013）研究发现，相对于短期机构投资者，战略投资者更有动机获取公司私有信息，监督公司管理层行为，降低股价同步性和崩盘风险。为了检验机构投资者本身特征差异的影响，本文借鉴 An 和 Zhang（2013）的研究方法，并结合现有的资料，以机构投资者持股的稳定性（是否连续重仓持

有一家上市公司的股票超过两年）区分了短期机构投资者和战略投资者，最终得到 16301 个具有战略投资者特征的机构—公司样本，约占全部机构—公司样本的 10.07%，并计算了上市公司中战略投资者占全部机构的比重（Strategy），进而研究其对羊群行为与股价崩盘风险关系的影响。

由表 8 列示的检验结果可知：一方面，战略投资者比重（Strategy）的系数显著为负，表明战略投资者的存在确实能够发掘更多的上市公司私有信息，降低股价的崩盘风险，这与 An 和 Zhang（2013）的研究结论是一致的；另一方面，在全样本中，交叉项 Herding×Strategy 的系数显著为正，表明战略机构投资者的存在不仅不能抑制机构投资者羊群行为与股价崩盘风险之间的正向关系，反而加剧了这一关系。这可能是由于：同 QFII 相似，除了通过发掘上市公司私有信息而降低股价崩盘风险外，战略机构投资者的引入本身也容易成为炒作的话题，对其他机构投资者来说具有信号作用，容易成为被跟随的目标，造成更严重的羊群行为，进而强化机构投资者羊群效应对股价崩盘风险的正向影响[1]。

表 8 战略投资者、机构投资者羊群行为与股价崩盘风险

变量	全样本		"买方羊群"样本		"卖方羊群"样本	
	NCSKEW	DUVOL	NCSKEW	DUVOL	NCSKEW	DUVOL
Inter	0.146 (0.79)	0.303** (2.21)	0.127 (0.61)	0.328** (2.12)	0.294 (1.55)	0.364*** (2.60)
Herding	0.118 (1.46)	0.059 (0.99)				
Herding × Strategy	0.372*** (2.71)	0.334*** (3.30)				
Herd_Buy			0.043 (0.52)	−0.006 (−0.10)		
Herd_Buy × Strategy			0.166 (0.66)	0.188 (1.01)		
Herd_Sell					0.018 (0.25)	0.011 (0.20)
Herd_Sell × Strategy					0.417*** (2.91)	0.354*** (3.36)
Strategy	−0.316*** (−6.72)	−0.238*** (−6.86)	−0.286*** (−3.68)	−0.198*** (−3.44)	−0.350*** (−6.54)	−0.260*** (−6.61)
N	6542	6542	5410	5410	6081	6081
Adj−R²	0.3653	0.5209	0.3596	0.5104	0.3673	0.5226
F	364.17***	687.13***	295.13***	547.15***	340.77***	641.63***

注：限于篇幅，不再报告控制变量的检验结果。*、**、*** 分别代表在 10%、5% 和 1% 水平上显著。

---

[1] 以股价同步性为因变量，同样发现 Herding × Strategy 和 Herd_Sell × Strategy 的系数都显著为正。

由此可见，公司的信息环境和机构投资者的不同特征都会对机构投资者羊群行为与股价崩盘风险之间的关系产生影响。

(四) 稳健性测试[①]

（1）买方羊群行为（Herd_Buy）和卖方羊群行为（Herd_Sell）。已有研究表明，机构投资者买进或者卖出股票时的羊群行为对市场的影响存在差异，卖方羊群行为的影响更为明显（Wermers，1999；刘成彦等，2007）。为了区分这种差异，我们借鉴 Wermers（1999）的方法，从"买进"和"卖出"两种行为区分机构投资者羊群行为的方向，具体模型如下。

$$BHM_{i,t} = HM_{i,t} \mid p_{i,t} > E(p_{i,t}) \tag{11}$$

$$SHM_{i,t} = HM_{i,t} \mid p_{i,t} < E(p_{i,t}) \tag{12}$$

本文运用如下方法分别计算存在买方羊群行为的变量 Herd_Buy 和存在卖方羊群行为的变量 Herd_Sell。

首先，步骤（1）、步骤（2）、步骤（3）的计算过程与上述不区分羊群行为方向的步骤相同。

其次，在步骤（4）计算 $p_{i,t} - E(p_{i,t})$ 的基础上，根据 $p_{i,t} - E(p_{i,t})$ 的正负将全部资料分成两个子样本：如果 $p_{i,t} - E(p_{i,t}) > 0$，表明在 t 季度增持 i 公司股票的机构投资者占持有 i 公司股票的机构投资者的比例高于平均水平，存在买方羊群行为，因此归入"买方羊群"子样本；如果 $p_{i,t} - E(p_{i,t}) < 0$，表明在 t 季度增持 i 公司股票的机构投资者占持有 i 公司股票的机构投资者的比例低于平均水平，存在卖方羊群行为，因此在将数据取绝对值后，归入"卖方羊群"子样本；如果 $p_{i,t} - E(p_{i,t}) = 0$ 则剔除该资料。

最后，对两个子样本分别运行步骤（11）、步骤（12），最终得到买方羊群行为 Herd_Buy 和卖方羊群行为 Herd_Sell 两个变量。

在此基础上，对上述所有检验都区分了"买方羊群"子样本和"卖方羊群"子样本。具体结果如下：①表3显示，区分羊群行为方向后发现，在"买方羊群"子样本中，Herding 的回归系数虽为正，但均不显著。而在"卖方羊群"子样本中，Herding 的回归系数均显著为正。可见，机构投资者羊群行为对股价崩盘风险的影响在机构投资者同时卖出股票时更为明显，而在机构投资者同时买进股票时不显著，这说明机构投资者不同方向的羊群行为对股价崩盘风险的影响不同。其原因可能是：机构投资者在卖出股票时表现出的羊群行为更加明显（Wermers，1999；刘成彦等，2007），导致卖方羊群行为对股价崩盘风险的影响更为显著。②表4显示，两个子样本中 Herding×QFII 的回归系数为负，但都不显著。③表5显示，在买方羊群行为组和卖方羊群行为组中，Herding 的系数都为正，且在1%水平显著。④表6显示，两个子样本中 Herding×QFII 的回归系数均不显著。

（2）已有的研究机构投资者羊群行为的文献大多使用季度资料，而由于我国上市公司季报和半年报不需要经过审计，为了保证资料的准确性和统一性，本文将羊群行为的季度

[①] 篇幅限制，部分稳健性测试的表格不再具体列示，如有需要，可向作者查询。

资料转化为年度资料。为了检验这种数据结构上的差异是否会影响本文的结论，本文利用羊群行为的季度资料和上市公司的季度财务资料，并利用股票交易的日收益资料重新计算了股价崩盘风险指标，对表 3 进行稳健性检验，结果表明：在全样本和存在卖出羊群行为的样本中，羊群行为与股价崩盘风险之间的关系仍然显著为正，而存在买进羊群行为的样本中，羊群行为与股价崩盘风险之间的关系不显著，与表 3 的结果一致。

（3）Wermers（1999）等在研究机构投资者羊群行为的时候往往采用共同基金等积极交易者的交易数据为研究样本，为了检验样本选择的差异是否会影响本文的结论，本文剔除了保险公司、财务公司、社保基金、信托基金等以被动型交易为主的机构投资者，只保留了股票投资基金的持股资料，重新计算了羊群行为的指标。回归结果表明：基金羊群行为与股价崩盘风险之间的正相关关系依然存在，而且这种关系在存在卖方羊群的样本中更显著。

（4）Hutton 等（2009）和 Kim 等（2011a、2011b）等在计算个股特有收益的时候没有考虑行业因素的影响，而在我国资本市场中行业板块之间的收益率可能存在很大差异。在稳健性检验中我们将行业因素放入模型中，重新计算了 $W_{i,t}$，即用模型（1′）（2′）代替模型（1）（2）重新计算崩盘风险指标，并对表 3 进行相应检验。

$$r_{i,t} = \alpha + \beta_{1,t} r_{ind,t-1} + \beta_{2,i} r_{m,t-1} + \beta_{3,i} r_{ind,t} + \beta_{4,i} r_{m,t} + \beta_{5,i} r_{ind,t+1} + \beta_{6,i} r_{m,t+1} + \varepsilon'_{i,t} \tag{1′}$$

$$相应地，\ W'_{i,t} = \ln(1 + \varepsilon'_{i,t}) \tag{2′}$$

回归结果如表 9 所示：除全样本中 Herding 与 DUVOL 的回归系数变得不显著外，其他结果基本不变。

表 9　采用不同方法计算崩盘风险的回归结果

变量	全样本		"买方羊群" 子样本		"卖方羊群" 子样本	
	NCSKEW	DUVOL	NCSKEW	DUVOL	NCSKEW	DUVOL
Inter	0.081** (2.08)	0.075 (1.31)	−0.864*** (−6.88)	−0.516*** (−2.78)	0.082** (2.10)	−0.041** (−2.43)
Herding	0.111*** (3.00)	0.086 (1.57)				
Herd_Buy			0.026 (0.84)	−0.020 (−0.44)		
Herd_Sell					0.113*** (3.04)	0.070** (2.22)
N	6542	6542	5410	5410	6081	6081
Adj–R²	0.3583	0.5141	0.3548	0.506	0.3588	0.5151
F	366.27***	693.01***	298.5***	555.08***	340.43***	645.4***

注：限于篇幅，不再报告控制变量的检验结果。*、**、*** 分别代表在 10%、5% 和 1% 水平上显著。

（5）在我国，基金的季报中只需要披露前十大重仓股，而半年报和年报则需要披露其投资组合的全部资料，由此将导致在计算机构持股比例变化时，存在一定的偏差。为了减轻这一因素的影响，本文仅考虑机构投资者的前十大重仓股而剔除十大重仓股以外的其他资料重新计算了机构投资者羊群行为指标，并对表 3 进行相应回归分析，实证结果与表 3 基本相同。

（6）同国外相比，QFII 在我国的交易受到一定的限制，如卖空限制、总额限制以及单支股票持股比例限制。其中最为明显的是我国证监会对 QFII 持有单支股票比例的限制，根据证监会的规定，2012 年之前 QFII 持有单支股票的持股比例不得超过 20%，2012 年 7 月 27 日证监会将这一比例提高到了 30%，而这种对 QFII 买卖股票的限制无疑会影响到 QFII 的行为，进而影响 QFII 的信息发掘能力。尽管从本文的样本来看，QFII 持股比例的最高值仅为 8.28%（不包括金融行业），远低于证监会规定的上限，但为了避免由于对 QFII 持股比例的限制而影响研究结论，本文剔除了每一季度 QFII 持股比例前 5% 的样本，对表 4 进行了重新回归，实证结果与表 4 基本相同。

（7）表 5 的回归结果表明，机构投资者的羊群效应增加了股价同步性。然而股价同步性高并不一定表明信息匮乏，也可能是因为信息的侧重点不同。Pitroski 和 Roulstone（2004）发现在美国，分析师跟踪会导致股价中包含更多宏观信息，是由于这些分析师更多地解读了行业信息，从而导致股价中包含更多行业信息，但机构投资者的行为则导致股价中包含更多私有信息。在目前中国环境下，宏观政策对公司影响巨大，机构投资者利用宏观信息进行买卖决策的伪羊群行为可能也会提高股价同步性。

为了排除这种可能的解释，本文借鉴 Piotroski 和 Roulstone（2004），运用如下方法构造 R^2_diff 指标，用以度量股价中反映行业层面信息的程度，进而检验机构羊群行为对 R^2_diff 的影响。具体来说：

$$R_{i,t} = \alpha + \beta_1 R_{m,t} + \beta_2 R_{m,t-1} + \beta_3 R_{I,t} + \beta_4 R_{I,t-1} + \varepsilon_{i,t} \tag{3'}$$

$$R_{i,t} = \alpha + \beta_1 R_{m,t} + \beta_2 R_{m,t-1} + \varepsilon_{i,t} \tag{4'}$$

其中，$R_{i,t}$ 为股票 i 在 t 时期的收益率，$R_{m,t}$ 为 t 时期的市场收益率，$R_{I,t}$ 为 t 时期股票 i 所在行业的行业收益率。分别对每一只股票在不同时期内根据模型（3'）和模型（4'）进行回归得到两个模型的 R^2 并相减，可以得到 R^2_diff，然后根据如下公式进行转换。

$$SYNCH_{I,t} = \log\left(\frac{R^2\_diff}{1 - R^2\_diff}\right) \tag{5'}[1]$$

R^2_diff 和 $SYNCH_{I,t}$ 代表的均是行业层面信息在上市公司股价中的反映程度，其值越高表明行业层面信息在上市公司股价中的反映越充分。将该指标代入模型（8）中，回归结果列示于表 10。

从表 10 可知，无论是在全样本还是在各子样本中，机构投资者羊群行为的回归系数均显著为负，表明机构投资者的羊群行为降低了行业层面信息融入股价的程度，说明我国机构投资者的羊群行为不是机构利用行业层面信息进行买卖决策的伪羊群行为。因为如果

---

① Piotroski 和 Roulstone（2004）以及 Xu 等（2013）的研究中均没有做这一步变换，本文在实际回归过程中还使用了 R^2_diff 作为被解释变量，结果与表 10 保持一致。

表 10　机构投资者羊群行为与公司行业层面信息（R²_diff）的检验结果

变量	全样本		"买方羊群"子样本		"卖方羊群"子样本	
	系数	T 值	系数	T 值	系数	T 值
Inter	−1.809***	(−3.17)	−2.075***	(−3.30)	−2.007***	(−3.36)
Herding	−0.243**	(−2.06)				
Herd_Buy			−0.459***	(−3.65)		
Herd_Sell					−0.221**	(−1.97)
N	6531		5394		6042	
Adj−R²	0.0898		0.0905		0.0920	
F	59.60***		49.76***		56.63***	

注：限于篇幅，不再报告控制变量的检验结果。*、**、*** 分别代表在 10%、5%和 1%水平上显著。

机构投资者是由于获得行业层面信息这一公共信息而进行的羊群行为（伪羊群行为），那么股价中包含的行业层面信息将更多，羊群行为与 R²_diff 之间将呈正相关关系，而非负相关关系。

五、结论与启示

本文以 2005~2010 年我国机构投资者季度持股的相关资料，研究机构投资者羊群行为对上市公司股价崩盘风险的影响，以及 QFII 对这二者关系的影响，以此探讨机构投资者在我国资本市场中的作用。研究结果表明：①机构投资者羊群行为与股价崩盘风险之间存在显著的正向关系，说明机构投资者的羊群行为提高了上市公司股价崩盘的风险；②区分羊群行为方向后发现，上述正向关系在机构投资者集中卖出股票时表现得更为明显；③QFII 的存在并不能减弱机构投资者羊群行为与股价崩盘风险之间的正向关系；④进一步的研究发现，机构投资者的羊群行为同样提高了上市公司股价同步性；⑤公司信息环境的改善将降低机构投资者羊群行为与股价崩盘风险之间的正向关系，而战略投资者的存在则会强化两者之间的正向关系。这些结果表明，我国机构投资者的羊群行为导致机构投资者忽略了各自所掌握的私有信息，降低了私有信息融入股价的程度，从而提高了上市公司的股价崩盘风险和股价同步性。同时，QFII 的存在并不能减缓机构投资者羊群行为对上述关系的影响。可见，在中国，机构投资者更多的是扮演"崩盘加速器"而不是"市场稳定器"的角色。

本文的研究具有重要的理论意义与政策启示。第一，本文首次发现机构投资者羊群行为会提高股价崩盘风险，从而为有关机构投资者是否能起到稳定股市作用的争论提供了直接证据，说明由于羊群行为的存在，机构投资者队伍的壮大和快速发展并没有起到稳定股市的作用。因而，相关监管部门应进一步加强对机构投资者的引导和教育，培育其形成注重基本面分析、注重长期投资的价值理念，避免盲目跟风所带来的投机行为及其对市场稳定的破坏作用。第二，本文发现，QFII 的引入并不能达到抑制市场投机、稳定股市的目的，甚至 QFII 的存在会使机构投资者羊群行为更为严重，导致股价"同涨同跌"现象更为严重，从而在一定程度上破坏市场的稳定。因此，政府部门应该进一步出台相关政策规范 QFII 的投资行为。第三，政府部门应该加强制度建设，完善信息环境，以提高市场的定价效率，避免股价发生暴跌现象，以保护中小投资者的利益。

参考文献

［1］李小荣，刘行. CEO vs. CFO：性别与股价崩盘风险［J］. 世界经济，2012（12）.

［2］李增泉，叶青，贺卉. 企业关联、信息透明度与股价特征［J］. 会计研究，2011（1）.

［3］刘成彦，胡枫，王皓. QFII 也存在羊群行为吗［J］. 金融研究，2007（10）.

［4］潘越，戴亦一，刘思超. 我国承销商利用分析师报告托市了吗?［J］. 经济研究，2011（3）.

［5］沉维涛，朱冠东. QFII 超额收益与中小投资者保护——基于信息披露视角［C］. 第五届中国管理学年会——会计与财务分会场论文集，2010.

［6］宋军，吴冲锋. 基于分散度的金融市场羊群行为研究［J］. 经济研究，2001（11）.

［7］孙培源，施东晖. 基于 CAPM 的中国股市羊群行为研究——兼与宋军、吴冲锋先生商榷［J］. 经济研究，2002（2）.

［8］许弘林. QFII 在我国证券市场的实践与影响研究［D］. 复旦大学博士学位论文，2007.

［9］许年行，江轩宇，伊志宏，徐信忠. 分析师利益冲突、乐观偏差与股价崩盘风险［J］. 经济研究，2012（7）.

［10］An H., Zhang T. Stock Price Synchronicity, Crash Risk and Institutional Investors［J］. Journal of Corporate Finance, 2013（21）: 1–15.

［11］Avery C., Zemsky P. Multidimensional Uncertainty and Herd Behavior in Financial Markets［J］. American Economy Review, 1998（88）: 724–748.

［12］Bikhchandani S., Sharma S. Herd Behavior in Financial Market［D］. IMF Staff Papers, 2001（47）: 279–310.

［13］Brown N. C., Wei K. D., Wermers R. Analyst Recommendations, Mutual Fund Herding and Overreaction in Stock Prices［D］. Working Paper, University of Maryland, 2012.

［14］Chan K., Hameed A. Stock Price Synchronicity and Analyst Coverage in Emerging Markets［J］. Journal of Financial Economics, 2006（80）: 115–147.

［15］Chan K., Jiang X., Wu S., Xu N. Analyst Anti–herding and Future Stock Price Crash Risk: Evidence from China［D］. Working Paper, Renmin University of China, 2012.

［16］Chang C. Herding and the Role of Foreign Institutions in Emerging Equity Markets［J］. Pacific Basin Finance Journal, 2010（18）: 175–185.

［17］Chen J., Hong H., Stein C. J. Forecasting Crashes: Trading Volume, Past Returns and Conditional Skewness in Stock Price［J］. Journal of Financial Economics, 2001（61）: 345–381.

［18］Chiang T. C., Li J. D., Tan L. Empirical Investigation of Herding Behavior in Chinese Stock Markets: Evidence from Quantile Regression Analysis［J］. Global Finance Journal, 2010（21）: 111–124.

［19］Hyuk Choe, Bong–Chan Kho, René M. Stulz. Do Foreign Investors Destabilize Stock Markets? The

Korean Experience in 1997 [J]. Journal of Financial Economics, 1999 (54): 227-264.

[20] Clarke J., Ornthanalai C., Tang Y. Informational Herding: Evidence from Daily Institutional Trades [D]. Working Paper, Peking University, 2011.

[21] Devenow A., Welch I. Rational Herding in Financial Economics [J]. European Economic Review, 1996 (40): 603-615.

[22] Dimson E. Risk Measurement When Shares are Subject to Infrequent Trading [J]. Journal of Financial Economics, 1979 (7): 197-226.

[23] Dornbusch R., Park Y. C. Financial Integration in a Second-best World: Are We Still Sure About Our Classical Prejudices [M]// Dornbusch, R., Park, Y. C. Financial Opening: Policy Lessons for Korea. Korea Institute of Finance, Seoul, Korea, 1995.

[24] Eun C. S., Huang W. Asset Pricing in China's Domestic Stock Markets: Is there a Logic? [J]. Pacific-Basin Finance Journal, 2007 (15): 452-480.

[25] Froot K. A., Scharfstein D. S., Stein J. C. Herd on the Street: Informational Inefficiencies in a Market with Short-term Speculation [J]. Journal of Finance, 1992 (47): 1461-1484.

[26] Gul F. A., Kim J. B., Qiu A. A. Ownership Concentration, Foreign Shareholding, Audit Quality and Stock Price Synchronicity: Evidence from China [J]. Journal of Financial Economics, 2010 (95): 425-442.

[27] Hirshleifer D., Teoh S. H. Herd Behavior and Cascading in Capital Markets: A Review and Synthesis [J]. European Financial Management, 2003 (9): 25-66.

[28] Hutton A. P., Marcus A., Tehranian H. Opaque Financial Reports, R^2 and Crash Risk [J]. Journal of Financial Economics, 2009 (94): 67-86.

[29] Jegadeesh N., Kim W. Do Analysts Herd? An Analysis of Recommendations and Market Reactions [J]. Review of Financial Studies, 2009 (23): 901-937.

[30] Jin L., Myers S. C. R^2 Around the World: New Theory and New Tests [J]. Journal of Financial Economics, 2006 (79): 257-292.

[31] Kim J. B., Li Y. H., Zhang L. D. Corporate Tax Avoidance and Stock Price Crash Risk: Firm-level Analysis [J]. Journal of Financial Economics, 2011a (100): 639-662.

[32] Kim J. B., Li Y. H., Zhang L. D. CFOs Versus CEOs: Equity Incentives and Crashes [J]. Journal of Financial Economics, 2011b (101): 713-730.

[33] Kim J. B., Zhang L. Does Accounting Conservatism Reduces Stock Price Crash Risk? [D]. Working Paper, City University of Hong Kong, 2011.

[34] Kim W., Wei S. Foreign Portfolio Investors Before and During a Crisis [J]. Journal of International Economics, 2002 (56): 77-96.

[35] Kothari S. P., Shu S., Wysocki P. D. Do Managers Withhold Bad News? [J]. Journal of Accounting Research, 2008 (47): 241-276.

[36] Kraus A., Stoll H. R. Parallel Trading by Institutional Investors [J]. Journal of Financial and Quantitative Analysis, 1972 (7): 2107-2138.

[37] Lakonishok J., Shleifer A., Vishny R. W. The Impact of Institutional Trading on Stock Price [J]. Journal of Financial Economics, 1992 (32): 23-43.

[38] Li W., Rhee G., Wang S. S. Differences in Herding: Individual vs. Institutional Investors in China [D]. Working Paper, Hong Kong Polytechnic University, 2009.

[39] Morck R., Yeung, B., Yu W. The Information Content of Stock Markets: Why Do Emerging Markets Have Synchronous Stock Price Movements? [J]. Journal of Financial Economics, 2000 (58): 215–260.

[40] Piotroski J. D., Roulstone D. T. The Influence of Analysts, Institutional Investors and Insiders on the Incorporation of Market, Industry and Firm–specific Information into Stock Prices [J]. The Accounting Review, 2004 (79): 1119–1151.

[41] Piotroski J. D., Wong T. J. Institutions and Information Environment of Chinese Listed Firms [D]. Working Paper, NBER, 2010.

[42] Roll R. R^2 [J]. Journal of Finance, 1988 (43): 541–566.

[43] Scharfstein D., Stein J. Herd Behavior and Investment [J]. American Economic Review, 1990 (80): 465–479.

[44] Schuppli M., Bohl M. T. Do Foreign Institutional Investors Destablilize China's A–share Markets? [J]. Journal of International Financial Markets, Institutions & Money, 2010 (20): 36–50.

[45] Tan L., Chiang T. C., Mason J. R., Nelling E. Herding Behavior in Chinese Stock Market: An Examination of A and B Shares [J]. Pacific–Basin Finance Journal, 2008 (16): 61–77.

[46] Trueman B. Analyst Forecasts and Herding Behavior [J]. Review of Financial Studies, 1994 (7): 97–124.

[47] Walter, C. E., Howie, F. J. T. Privatizing China–inside China's Stock Markets, 2nd edition [M]. John Wiley & Sons, Singapore, 2006.

[48] Wermers R. Mutual Fund Herding and the Impact on Stock Prices [J]. Journal of Finance, 1999 (2): 581–622.

[49] Xu N., Chan K., Jiang X., Yi Z. Do Star Analysts Know More Firm–specific Information? Evidence from China [J]. Journal of Banking and Finance, 2013 (37): 89–102.

企业分红能力之理论研究 *

谢德仁

【摘　要】本文对企业分红能力进行理论研究。本文首先较为深入地研究了自由现金流之界定与计量问题，并创新性地提出和研究了自由现金和现金增加值的界定与计量问题，然后提出了关于净利润、留存收益和利润分配之本质的新见解。基于自由现金和留存收益概念及其本质理解，本文研究提出，企业分红能力是指，企业股东是否有在正值的留存收益边界内可持续地走企业自由现金的能力；企业在某个时点具备分红能力的充要条件是企业留存收益为正值的同时还拥有源自自由现金流的自由现金，亦即企业分红能力受制于源自自由现金流的自由现金和留存收益这双重边界。

【关键词】分红能力；自由现金流；自由现金；留存收益；剩余索取权

一、问题的提出

自 2008 年以来，我国资本市场与上市公司治理最热门的关键词之一就是"分红"（本文中分红指现金分红），证监会和证券交易所已陆续出台多项监管规则来促进上市公司分红。从证监会发布的上市公司分红统计数据来看，这些监管措施似乎取得些许监管成效且分红数据也渐次乐观起来。① 但是，我们不禁会问，且不论上市公司主观上是否具有分红意愿，仅从客观角度看，上市公司真有较强或很强的分红能力吗？要从经验数据研究上市公司是否具有分红能力，则首先需要从理论上厘清企业的分红能力及其决定因素。企业

---

* 本文选自《会计研究》2013 年第 2 期。

　基金项目：本文为国家自然科学基金（项目批准号：71172010）、教育部高等学校博士学科点专项科研基金（项目批准号：20100002110060）的阶段性研究成果。

　作者单位：清华大学经济管理学院。

① 相关数据可参见"证监会有关部门负责人就上市公司现金分红答记者问"，2012 年 5 月 9 日，证监会网站。

若想分红，必须有正值的留存收益（而不仅是利润为正值），①这一点对于投资者和资本市场而言属于基本常识，故本文对此不予赘述。本文欲要详析的是企业分红能力还受制于另一个关键因素，即是否有足够的源自自由现金流（Free Cash Flow）的自由现金（Free Cash）。令人遗憾的是，对于自由现金流概念之界定及其计量至今在学术界尚未达成共识，甚至不乏一些错误的计量方法在流行着，对自由现金和现金增加值概念界定及其计量的讨论则基本未展开。故本文将尝试通过从理论上厘清自由现金流、自由现金、现金增加值的概念，讨论其具体计量方法，提出关于净利润、留存收益和利润分配之本质的新见解，然后基于自由现金和留存收益来从理论上厘清企业的分红能力。

除本节外，本文还包括四节。其中，第二节界定和计量自由现金流；第三节界定和计量自由现金；第四节厘清企业的分红能力；第五节为结论。

二、自由现金流之界定和计量

虽然收付实现制（现金制）在会计上的采用历史更为悠久，但权责发生制（应计制）却具有后发优势。因为自 20 世纪 30 年代以来，基于权责发生制的利润表（损益表）一直占据着财务会计发展的中心（尽管 20 世纪 70 年代之后 FASB 着力推进以资产负债表为中心的财务会计），而 20 世纪 80 年代末才开始有会计准则要求和规范编制基于现金制的现金流量表，且因使用习惯等使其受重视程度尚未能与利润表乃至资产负债表等量齐平，致使会计界对"净利润"和"留存收益"概念及对它们的计量与编报等方面内容有深入的研究，但对于"自由现金流"和"自由现金"概念及其计量和编报等方面的研究却有待深入。正因如此，我国业界都很熟悉留存收益小于零的企业不能进行分红，但对于虽有正值留存收益却缺乏自由现金（更准确地说是源自自由现金流的自由现金）的企业也不能进行分红的理念却几近闻所未闻。这进而导致我国资本市场利益相关各方对企业分红及分红能力的关注长期以来基本上着眼于利润和留存收益，而忽视自由现金流和自由现金，如《公司法》和相关监管规则及公司章程等都是把公司分红与净利润及未分配利润指标挂钩，基本上没有与自由现金流和自由现金挂钩。这一结果很可能会致使我国企业存在或轻或重的超过分红能力之庞式分红问题。为此，本文先尝试研究清楚自由现金流和自由现金，以为研究企业的分红能力打下基础。

（一）自由现金流之界定：区分股东视角和经理人视角

令人遗憾的是，因所读文献有限，笔者不能确认是哪位作者的哪篇文献最早提出了

---

① 本文为行文简单起见，不详细区分盈余公积和未分配利润。

"自由现金流"这一概念；令人遗憾的是，就笔者搜索到的和阅读过的文献而言，到目前为止，学术界和实务界并未能就自由现金流这一概念及具体计量方法达成共识。到底什么是企业的自由现金流呢？

Jensen（1986）曾把自由现金流界定为满足所有净值为正（以相关资本成本折现）的项目投资所需现金后剩余的现金流。Jensen（1986）的这一定义并未明确其所理解的总现金流是什么。是某类或某几类性质之活动的净现金流入，还是仅仅某类或某几类性质之活动的毛现金流入（未扣除相应的现金流出）？直觉地看，这一定义中的现金流应该是指企业的经营现金流（即经营活动净现金流入，下同），但将之扩展至包含筹资现金流（即筹资活动净现金流入，下同）乃至筹资活动毛现金流入似乎也是可以的。此外，即使我们把 Jensen（1986）定义的自由现金流中涉及的总现金流理解为经营现金流，这一定义也不具有可计量性，因为企业的投资者乃至内部的经理人其实并不确切掌握企业所有净值为正的项目到底有哪些以及需要流出的现金总额及其时间分布和未来投资期间的不确定性。所有项目投资所需现金其实包括两部分，其一为项目所需的固定资产和无形资产等非流动资产投资，其二为营运资本投资。后者其实更难以预测其在项目生命周期内的动态变化。其实，从现有的信息披露来看，外部投资者甚至不了解所投资的企业下一年度已列入资本预算（含需追加的营运资本投资）的金额及其调整情况。进一步分析，造成 Jensen（1986）定义的自由现金流范围游离不定和难以计量的原因还在于，他没有区分股东和经理人各自视野中的自由现金流。下面本文分别从股东和经理人视角来界定企业的自由现金流。

从企业股东视角看，关心的是企业的股东价值创造。一方面，企业要持续经营，基业长青，成为百年老店，自然离不开保证持续经营所需的投资活动，也必须持续满足债权人（系指融资性债权人，下同）关于利息的优先索取权，故企业经营现金流首先要用于满足企业利息支出和企业的投资活动所需现金，剩余的部分才是可供向股东支付投资回报（分红）的现金流；另一方面，筹资活动所带来的现金流入是融资性债权人和股东投入企业的资本金，是将本求利之中的"本"，而非"利"，自然不属于企业的价值创造。故从企业股东视角看，自由现金流就是企业通过利用股东投入资本开展持续的资产经营活动而创造出的除向股东支付回报之外"无处可用"[①]的现金净流入。当然，若是把债权人和股东都视作企业资本提供者，企业价值创造则包括支付给债权人的利息，进而自由现金流包含按照合约支付给债权人的利息。就此而言，企业创造的自由现金流量可进一步区分为可供流向债权人和可供流向股东的自由现金流。正因如此，长期来看，自由现金流的多寡反映了一个企业的价值创造能力。这也是企业估值中采用自由现金流折现法来估算一个企业的价值之内在逻辑。但从股东视角看，一个企业的经营现金流首先应用于支付企业债务的利息，然后才可用于满足自身投资活动所需现金，若无法满足自身投资所需现金，则股东可获取

---

① 指无可增加股东财富的用途，亦即无股东视角中的净值大于零的投资项目可投。

的自由现金流就无从谈起。

由于信息不完备和不对称分布、知识和经验的不完备与不对称分布以及人的效用函数差异，经理人视角的自由现金流是指企业总现金流入中可供经理人利用其信息优势、知识和经验优势，并基于其自身效用而自由支配的现金流。如前所述，并非所有潜在投资项目的信息都为股东和债权人所知（其实经理人也未必全部知晓），更何况某个投资项目在股东、债权人和经理人各自眼中的净现值其实是存在很大的差异（正因如此，才导致投资过度或投资不足或股东和债权人之间财富转移等问题），而现代企业中的积极控制权主要掌握在经理人手中，故经理人视角的自由现金流首先是在股东（及债权人）视角的自由现金流基础上被经理人利用其信息、知识和经验优势操纵过的自由现金流；其次，与股东视角的自由现金流本质不同的是，筹资现金流（尤其是股权融资带来的现金流入）也可以增加经理人视角的自由现金流。经理人在安排企业筹资活动时，可以虽有指定投资项目但却超额融入资本或在融入资本后撤销指定的投资项目或干脆无指定项目用途的融入资本，这些融入的资本带来的筹资现金流都可以成为可供经理人自由支配的暂时或非暂时性的自由现金流。正因如此，自由现金流被 Jensen（1986）视作是企业代理成本高低的重要影响因素，诸多学术文献干脆用自由现金流来直接衡量企业代理成本，在企业治理质量不佳时，自由现金流越多，企业的代理成本越大。故从代理成本和经理人视角衡量自由现金流，应该把筹资活动所带来的暂时性或非暂时性自由现金流考虑在内。

自然，本文所要研究的企业之分红能力，是从股东视角来看企业的价值创造。为此，本文将从企业股东价值创造视角来界定和计量自由现金流，经理人视角的筹资现金流入中可能包含的自由现金流不在本文分析计量之列。如前述，企业外部投资者（现有或潜在的股东和债权人）并不完全清楚企业潜在的净现值大于零的投资项目有哪些及其具体现金流信息，故 Jensen（1986）所定义的自由现金流在学术研究中和实践上是无法计量的，为便于自由现金流的分析和应用"落地"，具备可操作性，还是要把自由现金流直接界定到可以直接基础于企业已披露财务数据的层面上来。具体而言，在后续研究中，本文把企业各会计年度的自由现金流界定为，在保障企业持续经营之前提下，当期经营现金流中可供向股东自由分配的现金流。故理论上看，自由现金流是大于等于零的，当经营现金流中没有可供向股东自由分配的现金流，则自由现金流为零。但是，在下面的研究中，为计量自由现金流方便，直接把利息支出、投资现金流或折旧与摊销等从经营现金流之中予以扣除，直接取其差额来计量自由现金流，故允许自由现金流为负值（其实这时已经不存在任何所谓"自由"的现金流了）。这样一来，企业各期间正值的自由现金流就需要先行回补以前期间负值的自由现金流，完全回补之后才会真正带来企业"自由现金"的增加。简言之，虽然从定义上看，"自由"的现金流不应该有负值，但为计量方便及其是流量的特点，本文允许其成为一个负值。而本文后面将要讨论到的"自由现金"，由于其为某一时点现金资产的一部分，是一个存量，故自由现金在计量上不被允许成为负值，只能大于等于零。

（二）自由现金流的计量

1. 自由现金流计量的困境：自由现金流计量之组成部分 vs. 自由现金流之运用

对自由现金流的计量取决于如何界定自由现金流。综合文献来看，即使从企业实际披露的各会计年度的经营现金流出发，基于真实的现金流量表数据测算自由现金流，也还存在诸多争议，这些争议的根本分歧还是在于如何理解和界定自由现金流，其更深刻的根源也许在于类似 Jensen（1986）那样，学术界并未清晰分离股东视角（价值创造视角）的自由现金流和经理人视角（代理成本视角）的自由现金流。具体来说，学者们由于对自由现金流界定测算的视角分类混乱不清，对于某些类别的现金流出到底性质上属于"不自由"的现金流出还是属于"自由"的现金流出产生争议。前者应该在测算自由现金流时予以扣除，而后者其本身就属于自由现金流的运用，故在测算自由现金流是不予扣除的。例如，企业当期支付的现金股利到底是自由现金流的运用还是测算自由现金流时需予以扣除的一类现金流出。[①] 再如，关于企业并购所发生的现金流出，在性质上到底属于企业自由还是不自由的现金流出，是属于在自由现金流测算时需扣除的现金流出还是将之视作自由现金流的运用。其实在实务中，这是很难处理的。因为企业并购可能是企业经理人为私人利益而滥用企业自由现金流所致，为此则应将并购所发生的现金流出视作自由现金流的运用；但企业发现了好的投资机会，未必都需要自己去购建固定资产和无形资产，然后形成生产力，而可以直接去并购已有的生产力，这样可以更快速进入市场，避免购建时间过长可能带来的机会损失，这样一来，并购所发生的现金流出就是在做新的有利于股东价值创造的项目投资所发生的现金流出，应在测算自由现金流时予以扣除。其实，即使是企业利用所谓内部投资机会自己直接展开新项目的投资也可能是过度投资，从而性质上属于经理人滥用企业自由现金流。进一步看，在我国，项目投资（无论是内部直接投资还是外部并购）所发生的现金流出之性质还与投资活动的决策权、控股股东和其他股东之间的代理问题严重程度等有关。鉴于实务中无法识别其性质以及我国公司法要求由股东来批准企业的投资方案以及企业基本上存在绝对或相对控股股东，故本文在后续研究中，将企业内部购建固定资产无形资产和外部并购或参股其他企业的投资所发生的现金流出都视作是"不自由"的现金流出，[②] 在计量自由现金流时予以扣除。

---

① 如前述，这种困惑是学者们视角混乱不清造成的。就股东视角而言，现金股利应该是自由现金流的一种运用，而非自由现金流测算时需扣除的现金流出。但从经理人视角来看，若企业采取固定股利（固定金额或固定比率）政策乃至超额股利政策，股利支出就成为一种经理人眼中不自由的现金流出，故需在测算经理人视角的自由现金流时将之予以扣除。

② 当然，理论上，可以类似 Richardson（2006）那样，通过构建模型来将包括并购现金流出在内的投资现金流区分为正常的投资现金流和非正常的投资现金流，后者若是正值属于投资过度，若是负值则属于投资不足，这样，就可把衡量出来的正常投资现金流用于计量自由现金流，而把正值的非正常投资现金流视作是自由现金流的运用。但这或多或少存在研究者自身的主观性和模型数据误差。

2. 对现有文献中自由现金流的计量方法之述评

直到 1988 年 7 月，美国的上市公司才被率先要求编报现金流量表。故学术界在 20 世纪 80 年代末从 Jensen（1986）开始的对自由现金流的研究就不得不面对没有上市公司具体现金流数据的问题，而采用测算经营现金流的做法来间接测算企业的经营现金流，并利用企业资本支出等数据来测算出投资现金流数据或不再考虑，然后进行调整后得到不那么准确的自由现金流数据。Lehn 和 Poulsen（1989）、Lang 等（1991）就是这方面的代表之作，后来的诸多文献也就直接模仿他们这么测算自由现金流（如 Gul 和 Tsui，1998）。

Lehn 和 Poulsen（1989）是这么计量自由现金流的：[①]

自由现金流 = 折旧前营业利润 − 所得税 − 长短期负债的利息总额 − 优先股股利 − 普通股股利

上面的测算公式其实就是在税后营业利润基础上加回企业的折旧费用，然后减去利息支出和股利，亦即"自由现金流 = 税后营业利润 + 折旧 − 利息 − 股利"。

然而，这一广为流行的计量方法是错误的。第一，税后营业利润加上折旧只是非常粗糙地模拟了经营现金流，丝毫没有考虑营运资本"吞噬"或"释放"经营现金流，而营运资本之变动对经营现金流的影响可能非常大。第二，更糟糕的是，这一方法的错误在于没有扣除企业投资活动发生的现金流，如上所述，税后营业利润加上折旧测算的只是粗糙的经营现金流，直接以经营现金流减去利息和股利怎么可能得到自由现金流呢？这显然不是 Jensen（1986）所定义的自由现金流，该作何理解呢？难道所有投资活动现金流出都是自由现金流之运用？第三，即使假定企业所有的投资活动所需现金都来自外源融资，但已有的固定资产之未来更新所需现金还是需要依靠折旧所对应的经营现金流，折旧所对应的这部分经营现金流若说是自由现金流之一部分的话，那也只是暂时性的自由现金流，不是真正的自由现金流。第四，该计量方法把普通股股利也理解为企业"不自由"的现金流出，是计算自由现金流时需予以扣除的部分，而非自由现金流的运用。但从普通股股东视角看，普通股股利是自由现金流的运用。此外，该计量方法忽视了无形资产（及商誉）摊销成本，随着 20 世纪 90 年代以来无形资产日渐重要和日渐被确认进入资产负债表，对于无形资产的摊销也应该予以考虑。自然，若是计量企业整体视角的价值创造，则不但股利不应该扣除，利息也不应该扣除。令人遗憾的是，这一错误的自由现金流计量方法却成为企业金融和会计领域顶级学术期刊发表的文献中应用最广的方法之一，我国学术界也因简单模仿国际论文而多年沿用这一错误方法计量自由现金流（沈洪涛等，2003；沈红波等，2007；王培林等，2007），甚至有些学者还干脆利用"净利润加折旧"或直接的经营现金流替代自由现金流（如肖作平，2004；沈红波等，2007）。

当然，也有些学者提出的计量方法更接近 Jensen（1986）意义上的自由现金流。如

---

① Lang 等（1991）无非是在 Lehn 和 Poulsen（1989）的基础上对自由现金流进行了标准化处理。尽管 Lang 等（1991）已意识他们所采用的 Lehn 和 Poulsen（1989）的自由现金流计量方法可能存在缺陷，但他们所采用的替代计量方法仍然保留了前者的诸多错误。

Francis 等（2000）提出，"自由现金流＝（营业收入－营业成本费用－折旧费）×（1－所得税税率）＋折旧费－营运资本的变动－资本支出"，这一计量方法基本上就是以经营现金流减去投资现金净流出。Richardson（2006）提出，"自由现金流＝经营现金流－维持性投资＋研发支出－新增投资"，他用当期折旧与摊销额来衡量维持性投资，且其新增投资并非企业当期真实的全部新增投资（即当期研发支出加资本性支出加上并购支出减去固定资产出售收入减去维持性投资），而是在此基础上通过一个模型测算出来的所谓合理的新增投资额。国内也有学者模仿这一计量方法来计量自由现金流，或在此方法中没有加回研发支出的数据（如俞红海等，2010）。Richardson（2006）的思路虽在逻辑上没有什么问题，但其在实际计量方法设计上存在较为严重的问题，后面再予以详析。

笔者也阅读了两本比较流行的公司金融和财务报表分析的教材，从中观察作者对自由现金流的理解和提出的自由现金流计量方法。其中，Penman（2009）认为，自由现金流就是经营现金流满足了投资所耗现金后的差额，他所提出的自由现金流计量方法为，"自由现金流＝经营现金流－投资所耗现金"。Penman（2009）显然对财务报表有更深的认知，所以他又提出，"自由现金流＝（报告的经营现金流＋税后的净利息支出）－（报告的投资现金流－有息证券上的净投资）"、"自由现金流＝（税后营业利润＋折旧与摊销＋营运资本的变动）－（资本支出＋并购）"、"自由现金流＝营业利润－净经营性资产之变动"等。可以看出，Penman（2009）是从企业整体的价值创造视角来计量自由现金流的，从而把利息支出也看作是自由现金流的运用罢了。而 Ross 等（2010）采用"企业总现金流"的概念来替代"自由现金流"，他们认为总现金流或自由现金流就是指因为无须用于补充营运资本或固定资产投资而可自由用来向股东和债权人进行分配的现金，有时他们又将之定义为：企业内部创造出来的满足值得投资的项目所需资金之外的现金流，或是支付完全部税金和满足了所有净现值为正的项目投资所需资金之后的可用现金流。具体地，Ross 等（2010）认为，总现金流（自由现金流）等于"经营现金流－资本支出－追加的净营运资本"。显然，Ross 等（2010）也是从企业价值创造视角来界定自由现金流的，故没有从经理人视角把筹资现金流引入。按照美国的公认会计原则，经营现金流中是扣除了利息支出的，若 Ross 等（2010）了解这一点，那么他们关注的股东视角而非企业整体视角的价值创造。需指出的是，Ross 等（2010）在计量方法中的资本支出和追加的营运资本若是预测数字，则会使得其计量方法可操作性不强。

3. 笔者的思考：如何计量自由现金流

在讨论如何计量自由现金流之前，需强调笔者思考的几个前提：第一，本文假定企业是追求基业常青，在可预见的未来会持续经营下去，故在现有固定资产物理或经济使用寿命（视何者为短）到期时会进行更新改造以及会不断进行新的项目投资，而非像普通的具体某个项目投资一样，生命周期终止就予以清算；第二，本文主要从企业股东价值创造视角来计量自由现金流，而不是从经理人视角计量经理人可自由支配的现金流；第三，类似Penman（2009）的处理，本文要寻求具有可操作性的自由现金流计量方法，故对于新的投资项目所需配套的预期新增营运资本，本文不予以考虑，因为这需要去人为虚拟（预测），使得自由现金流计量不具可操作性，且从较长时期看，由于新增营运资本必然会"吃掉"部分经营现金流，故这一忽略对多期累积的自由现金流计量影响不大。在进一步讨论自由现金流的计量方法之前，不妨先简要理解一下企业经营现金流与利润、折旧与摊销及营运资本等之间的关系。从"资产＝负债＋所有者权益"这一会计恒等式可以推理出：

$$经营现金流＝税后营业利润＋折旧和摊销＋利息支出－\Delta 营运资本 \tag{1}$$

按照我国现行会计准则，在等式（1）中，税后营业利润中需加回那些对应的现金流计入经营现金流的营业外损益，并排除那些对应的不计入经营现金流的投资损益和投资类资产的资产减值、投资类资产的公允价值变动损益及固定资产无形资产处置损益等，折旧和摊销中则包含在建工程、固定资产和无形资产等的资产减值损失。营运资本则是指不含现金的经营性流动资产减去经营性负债后的差额。经营现金流之中的非费用税金（如增值税）有现金流入和流出，其现金流入和流出的差额包含于营运资本之中，因其不影响经营现金流的测算，故未列入等式（1）中。从等式（1）可以看出，排除非费用税金及其相应部分的营运资本所影响的经营现金流后，当企业的销售规模不变和营运资本管理水平不变时（这意味着"Δ 营运资本 ＝0"），经营现金流主体部分应该等于"税后营业利润＋折旧与摊销＋利息支出"。换言之，正常情形下，经营现金流应该大于企业的税后营业利润；当其比"税后营业利润＋折旧与摊销＋利息支出"还大时，说明企业的营运资本在"释放"现金；当经营现金流比"税后营业利润＋折旧与摊销＋利息支出"要小时，说明企业的营运资本在"吞噬"现金，税后营业利润未完全实现现金流入，甚至连企业的折旧与摊销也未真正以现金方式实现投资成本回收；若经营现金流比利息支出还要低的话，那么企业随时可能陷入财务困境。以上讨论假定利息支出全部费用化，若存在利息支出资本化到存货之中，对以上讨论没有影响；但若利息支出被部分资本化到在建工程之中，则等式（1）中利息支出在量上仅指费用化部分的利息支出（但在做上述财务分析时，应考虑全部的利息支出）。

自由现金流计量方法之一：更"亲近"收付实现制的自由现金流 （1）

本文在前面从企业的股东价值创造视角出发，把自由现金流界定为企业各期间经营现金流中可供向股东自由分配的现金流。按照这一对自由现金流的界定，基于投资现金流是"不自由"的现金流或按照企业筹资优序理论对于项目投资所需现金先利用内源筹资（从而投资现金流不是自由现金流之运用）的思路，自由现金流的合适计量方法是：

$$自由现金流\_S1 ＝ 经营现金流 － 利息支出 ＋ 投资现金流 \tag{2}$$

在等式（2）中，经营现金流和投资现金流都是以相应活动的现金流入减去现金流出，若投资活动现金流为正值，则会增加自由现金流。此外，对于投资活动可能包含的性质上属于企业暂时利用闲置现金和交易性机会进行的变现能力较强的投资（包括交易性金融资产乃至可供出售金融资产）而发生的现金流出，性质上基本属于自由现金流之运用，故理论上应在等式（2）中予以加回（若金额不具有重要性的话，也可忽略之）。[1] 这一计量方法与前面 Penman（2009）等的计量方法比较接近，但我们扣除了利息支出。之所以扣除利息支出，是因为虽然利息支出为企业经营和投资活动创造出来的价值之一部分，但仅站在股东视角看企业的价值创造，利息支出不属于股东的价值增加，其所对应的那部分经营现金流是不能供股东自由分配的，故应该从企业自由现金流中予以扣除。这还因为利息支出是企业只要负债筹资就需按照合约定期发生的现金流出，就此而言，是"不自由"的现金流出。[2] 还需指出的是，等式（2）中的利息支出是企业当期支付的全部利息，不论其是否资本化，且若企业存在延期欠付利息问题，则这部分应付而未付的利息也需纳入，尽管这使得自由现金流的计量在一定程度上脱离了真实现金流。

需指出的是，在反映企业为股东创造的价值方面，等式（2）所计量的自由现金流必须基于足够长之时间窗口才成立。因为只有从足够长的时期来看（如单个投资项目的完整生命周期），把多期间的自由现金流累积起来计量这一足够长时期内的总自由现金流，才真正反映企业为股东做出的价值创造。我们不妨设想一下，就单个投资项目而言，假定投入资本一部分来自负债筹资，并假定固定资产和无形资产无残值，在其生命周期之中，一开始在固定资产和无形资产购建期间，没有经营现金流，只有投资现金流出和利息支出，故自由现金流为负值，投产后直至生命周期终结项目清算完成时，无投资现金流出，则各期扣除了利息支出后的经营现金流就是各期的自由现金流，把生命周期中的这些自由现金流相累积起来形成总的自由现金流，其实也就是权责发生制基础上的各期净利润加总后的净利润之和。这很好理解，就单个项目而言，从其完整生命周期汇总来看，权责发生制和收付实现制计量结果是完全相同的，累积的自由现金流 _S1 等于累积的净利润。

但是，若从单个会计年度（短期）乃至三年一个经理人聘期（中期）来看，等式（2）计量的自由现金流 _S1 就难以真正反映一个企业为股东创造的价值了，除非投资项目的生命周期都只有 1~3 年。因为在单个项目生命周期内，对于项目投产后的某个会计年度，就单个项目而言，基于等式（2）计量的自由现金流其实就是扣除了利息支出后的经营现金流，它是正值却未必反映企业已给股东创造价值，因为这没有考虑项目投产之前期间发生的负值的自由现金流，只有在完全回补了前期的负值自由现金流之后，才有可能为股东创造出价值（还需有后述的正值现金增加值）。换个角度看也是如此，如从等式（1）可以看出，经营现金流中除包含利息支出所对应的部分之外，还包含了折旧与摊销所对应的部分，无疑，经营现金流中由折旧与摊销所对应的部分只是企业原先投资成本的回收（或项目投产前时期负值自由现金流的回补），这部分经营现金流虽然在现有固定资产和无形资

　① 虽然这些现金流出属于自由现金流之运用，但笔者建议不予加回。因为如下面将分析到的，基于自由现金流 _S1 的评价需基于较长时期来展开，而在较长时期内，暂时性利用闲置现金有流出，亦有流入，不影响自由现金流的计量。此外，交易性金融资产之类的投资其实也存在一定乃至较大风险，甚至存在投机性意图，为此，将其现金流出包含于自由现金流计量之中可以适度遏止管理层的投机心理。
　② 当然，按照美国的公认会计原则，其利息支出包含在经营活动现金流之中，故直接基于按照美国公认会计原则生产出来的财务数据来计量，直接把经营现金流加上投资现金流就可以了。

产使用寿命内是可供企业"自由"运用的（在保持既有资产规模和资本结构情形下不能向股东和债权人分配），但对于持续经营的企业，这部分经营现金流累积起来的现金最终将会在固定资产和无形资产使用寿命终结时用于资产更新，故只是暂时的"自由"而已。且从价值创造角度看，这只是前期投资成本的回收，自然不是新创造出来的价值。更何况当企业存在非流动融资性负债情形下，固定资产和无形资产的部分投资成本其实是来自非流动融资性负债（甚至在企业存在短贷长用情形下来自短期融资性负债，甚至可能来自部分经营性负债）。为此，折旧与摊销作为前期投资成本的回收至少部分对应于资产负债表右边的非流动融资性负债（甚至流动负债），这一部分所对应的经营现金流更不是可供股东自由分配的现金流。换言之，短期非累积的自由现金流 _S1 并不完全是可供股东自由分配的现金流。更具体些，如果某年度的自由现金流 _S1 小于 0，则自然没有可供股东自由分配的现金流；如果某年度自由现金流 _S1 大于 0，也未必就有可供股东自由分配的现金流。此外，实践中的企业处于持续经营之中，则一般都会存在多个处于生命周期不同阶段的投资项目在运行之中，不同项目的经营现金流和投资现金流及利息支出无法清晰区分，不同项目的现金流在叠加交错着，而投资者对企业的估值、企业的分红、经理人的激励等却都是在一个个连续的短期中滚动进行着的，不可能等到足够长的时期过去才进行一次。如何进一步从短期的自由现金流 _S1 中识别出真正可供股东自由分配的现金流呢？

为解决上述问题，我们首先不由要问，能否在等式（2）的基础上直接扣除折旧与摊销来计量自由现金流（即，令"自由现金流 = 经营现金流 − 利息支出 − 折旧与摊销 + 投资现金流"）呢？可以看出，这一计量方法接近前述 Richardson（2006）的处理方法。答案是否定的，因为这在逻辑上存在原则性错误。试想，若把多期的这一计量方法计量出来的自由现金流相加就会导致投资现金流出的重复扣除。不妨从单个投资项目在其完整生命周期内的总自由现金流角度来观察，所谓折旧与摊销本就是项目投产前的负值自由现金流（即购建固定资产无形资产的现金流出）按照权责发生制和具体方法进行的分期摊配额而已，总的折旧与摊销所对应的其实就是项目投产前期间的投资活动现金流出（假定固定资产和无形资产无残值，且除固定资产无形资产购建之外无其他投资活动现金流出），而总自由现金流通过扣除投产之前期间的投资活动现金流出方式自然扣除了总的折旧与摊销，故无须再在生命周期内逐期扣除折旧与摊销了。换言之，单个项目的完整生命周期内，基于"经营现金流 − 利息支出 − 折旧与摊销"计量的总自由现金流与基于"经营现金流 − 利息支出 + 投资现金流"计量的总自由现金流是相等的。其实可以更简单地来理解这一结论，那就是若假定企业财务会计处理过于稳健，在项目投产之日即将全部固定资产和无形资产投资成本确认为当期的折旧与摊销，那么项目投产当期的"经营现金流 − 利息支出 − 折旧与摊销"其实就是"经营现金流 − 利息支出 + 投资现金流"，此后直至项目清算，则无折旧与摊销了。

上述自由现金流在短时间窗口内难以反映企业股东价值创造的困境使我们认识到，基于收付实现制的自由现金流不是一个"万能药"，收付实现制虽有其优势，但其也存在诸多缺陷，其中最大缺陷在于，从短期（如一个乃至三五个会计年度等较短的时间窗口）来看，收付实现制不能较好地实现收入（经济利益流入）和费用（经济利益流出）的配比。这时就会想到权责发生制，权责发生制应有助于解决上述问题。因为短期看，权责发生制比收付实现制能更好地实现收入和费用的配比，基于之计量出来的净利润合理反映了投资成本的回收。故在分析企业股东价值创造和分红能力时必须结合基于收付实现制的自由现金流和基于权责发生制的净利润等相关财务指标。

（2）自由现金流计量方法之二：更"亲近"权责发生制的自由现金流

虽然前述在自由现金流 _S1 基础上扣除折旧与摊销这一计量方法存在逻辑错误，但却提供了另一思路。既然从一个项目的完整生命周期看，"经营现金流 – 利息支出 – 折旧与摊销"计量的总自由现金流与基于"经营现金流 – 利息支出 + 投资现金流"所计量的总自由现金流是相等的，那么，不妨以"经营现金流 – 利息支出 – 折旧与摊销"来计量短期时间窗口的自由现金流。这样，就不需要去考虑前期负值自由现金流的回补问题，而当期的投资现金流会在未来期间通过合乎会计准则的分配程序转化为未来期间的折旧与摊销，在未来期间进行回补。这相当于假定当期的新增投资现金流都是"自由"的现金流，是自由现金流的运用，或者理解为，新增投资项目所需现金都是通过外部筹资来满足，折旧与摊销所对应的经营现金流累积存放起来用于现有项目的未来更新。故从短期的时间窗口来看，基于各期新增项目投资的现金流是自由现金流之运用的假定提出，可以按照下面的方法来计量自由现金流：

自由现金流 _S2 = 经营现金流 – 利息支出 – 折旧与摊销 　　　　　　　　　（3）

在等式（3）中，严格意义上，因更亲近"权责发生制"，似乎利息支出应该是指费用化部分的利息支出。但是，当利息支出仅仅是被资本化到存货之中，存货成本如何计量并不影响经营现金流，故不存在重复扣除问题，故应扣除全部的利息支出。而当利息支出被部分资本化到在建工程之中时，在以后固定资产使用期间会转化为折旧费用，若在固定资产购建期间扣除了全部的利息支出，而在以后固定资产使用期间又扣除包含资本化利息在内的折旧费用，确实存在一定程度的重复扣除。但为了稳健计量起见，笔者主张考虑扣除全部利息支出，因为毕竟是在计量自由现金流，仅仅是"亲近"权责发生制，且这一重复扣除问题逐年来看应该不会很严重。在等式（3）中，折旧和摊销中包含在建工程、固定资产和无形资产等的资产减值损失。需注意的是，按照等式（1），"经营现金流 = 税后营业利润 + 利息支出 + 折旧与摊销 – Δ营运资本"，从可持续的谨慎观点来看，若营运资本为负值，则其所带来的经营现金流之增加是不能供股东自由分配的，这只是暂时地"免费"利用客户和供应商等的资金而已，未来终究要以提供现金或非现金资产与服务等方式归还，即使这部分现金长期存在，也需以现金或其他变现能力较强的非现金资产形式存在着，以备不测。故在等式（3）中，若企业的营运资本小于 0，则在企业经营的第一年计量自由现金流 _S2 时需将之加回以减少自由现金流 _S2。在企业持续经营期间，若营运资本持续为负值，且 Δ营运资本小于 0（即期末比期初更多免费占用了别的企业的资金），则也应该在等式（3）中予以加回 Δ营运资本。当然，若 Δ营运资本大于 0，则说明营运资本在"吞噬"现金，自由现金流自然减少，无须进行处理。若营运资本本身是正值，无论 Δ营运资本如何，都不进行处理。此外，由于按照业务性质，投资收益相对应的现金流是属于投资现金流，不在经营现金流之中，但投资收益在净利润的计量之中，故若企业存在较大额（具有重要性）的已实现现金净流入的投资收益（注意，不是全部的投资收益），应作为加项放入等式（3）左侧对自由现金流_S2 的计量之中。

基于等式（3）计量的自由现金流_S2 也能够反映可持续视角中的股东价值创造（假定采用了合理的折旧与摊销方法）。因为企业的固定资产和无形资产之投资成本的回收是靠经营现金流，经营现金流在满足了利息支出之后，扣除其中对应于折旧与摊销的金额，剩余金额所衡量的大致是——税后营业利润中已实现现金流入的部分所对应的经营现金流。若"经营现金流–利息支出–折旧与摊销"小于税后营业利润，则说明营运资本"吞噬"了部分现金，自由现金流_S2 就等于"经营现金流–利息支出–折旧与摊销"；若"经营现金流–利息支出–折旧与摊销"大于税后营业利润，则是营运资本"释放"了部分现金，在营运资本本身为正值的情形下，说明企业营运资本管理水平得以提升，以前期间未实现现金净流入的税后营业利润在本期实现了现金净流入，自然增加了自由现金流。因此，自由现金流_S2 其实是反映了税后营业利润（可能含部分前期的税后营业利润）中到底有多少实现了现金流入。这从现金流视角反映了企业为股东实现的价值创造，且在假定投资现金流（不含已有投资项目的更新）都是自由现金流之运用之前提下反映了真正可供向股东进行分配的自由现金流。

（3）现金增加值

类似于从净利润中扣除股权资本成本可以计量企业为股东真正创造的价值——经济增加值，从现金流角度看，不妨利用股权资本成本来模拟企业应该为股东创造出的必需自由现金流，而在此金额之外的自由现金流才是企业为股东真正的新创造出的自由现金流——"现金增加值"（Cash Value Added）。由于自由现金流_S2 从经营现金流中扣除了利息支出、折旧与摊销，反映了税后营业利润中真正实现了现金流入的部分，那么，就可以在其基础上来计量现金增加值（CVA）：

$$现金增加值 = 自由现金流\_S2 - 基于股权资本成本模拟的必需现金流 = 经营现金流 - $$
$$利息支出 - 折旧与摊销 - 股权资本成本 \qquad (4)$$

这样，业界就可以基于现金增加值来进行企业业绩评价和企业估值。因此，一个企业要真正为其股东创造价值，不但要创造出基于权责发生制的经济增加值，还要创造出基于收付实现制的现金增加值。当现金增加值能够进一步可持续地增加下面将讨论的自由现金并向股东进行分配时，股东财富的可持续增长才真正得以实现。

（4）小结

综上，笔者认为，从企业股东价值创造视角来计量企业的自由现金流，可以分别测算两类自由现金流：其一，从长期时间窗口来看，"自由现金流（自由现金流_S1）= 经营现金流 – 利息支出 + 投资现金流"，这是更"亲近"收付实现制原则的自由现金流。其二，完全从短期时间窗口来看，"自由现金流（自由现金流_S2）= 经营现金流 – 利息支出 – 折旧与摊销"，这是更"亲近"权责发生制原则的自由现金流。基于自由现金流_S2，还可以扣除股权资本成本，计量企业为股东创造的现金增加值。

三、自由现金之界定和计量

若仅从企业净利润角度观察企业的分红能力，企业当期净利润为正值，就一定可以分红吗？答案是否定的，还需看作为存量的留存收益是否大于零。反之，若当期净利润为负值，只要期末留存收益为正值，则有可能具分红能力。与此相类似，若仅从自由现金流角度看企业的分红能力，企业当期自由现金流为正值，就一定可以分红吗？答案是否定的，这还需看作为存量的"自由现金"是否大于零。反之，若当期自由现金流为负值，只要分红决策日的自由现金（尤指源自自由现金流积累的自由现金）为正值，则有可能具备分红能力。那么，到底什么是"自由现金"呢？又如何计量之？

（一）自由现金之界定

虽然学术界和业界尚未就自由现金流之界定和计量达成共识，但相关讨论毕竟已展开，而对于自由现金之界定和计量，则尚处于待展开之起步阶段。在界定自由现金之前，首先需要明确的是，在本文中，现金不同于现金流，现金是指某个时点的现金存量，而现金流则是指某个时期内的现金流量。现金和现金流之间存在如下关系：期初现金 + 当期现金流入 – 当期现金流出 = 期末现金。至于自由现金，顾名思义，是指企业某一特定时点所持有的除向股东进行分配（包括股份回购）之外"无处可用"（无可增加股东价值之用途）的存量现金，从而在股东视角来看是可供"自由"分配的现金。但是，自由现金未必都是源自自由现金流的累积，而还可能是来自企业的股权筹资等活动。在公司金融相关研究中，有关于最优现金持有量的研究，这一研究认为企业持有现金的目的在于满足交易性需求、预防性需求和投机性需求等。本文下面则从存量现金能够实现的功能和是否处于闲置状态（从而"自由"）出发，对企业特定时点的现金存量的可能构成进行分析以厘清自由现金。

笔者认为，理论上，一个财务健康的企业在特定时点的现金存量（含现金等价物），或可模仿军事学上的"防御纵深"或球队的"板凳深度"而曰"现金深度"（Cash Depth），其足够大的话，则可以按照存量现金能够满足的功能及是否自由将之区分为下面的五个部分：

其一，正常经营周转所需现金。企业为了维持正常经营周转自然需要保持一定的现金存量，这类似于所谓满足交易性需求，这其实也可以被当作该时点营运资本之一部分。

其二，保障经营安全所需现金。企业出于风险管理（尤其是危机管理）之需，假定自己的运营因受某些因素影响突然恶化，经营现金流入断掉，为了安全度过可能长达数月直至年余的最困难的致命期而应保留的现金存量（金额至少有助于留住核心员工、支撑这一期间的一般办公活动、利息支出乃至偿付短期融资性负债等），这类似于满足预防性需求。

其三，在建项目所需合理预备的现金。企业的项目投资往往需时较长，投资所需现金不会在投资开始日一次性对外支付，而是按照购建方案合理安排对外的分期现金支付，这样，企业必须为在建项目按照购建方案和资金筹措方案预备一定量的现金，如满足在建项目未来半年或一年的现金需求（这意味着，若在建项目跨多个会计年度，并非在建项目所需的全部现金一次性预备到位，然后短期甚至长于一年的时期内闲置着）。

其四，暂时性自由现金。暂时性自由现金其实不是严格意义上的自由现金，而是在一段时期内无明确用途而暂时闲置进而可被企业有限度地"自由"运用而已。暂时性自由现金又可分为正常部分和非正常部分的暂时性自由现金：①正常部分的暂时性自由现金主要来自折旧与摊销所对应的那部分经营活动现金流以及可保持较长时期的负值营运资本所带来的经营现金流所累积的现金，这一部分现金可被暂时有限度地自由用于他处，但终究需变现回来用于固定资产和无形资产等的更新或用于营运资本的补充，这一部分暂时性自由现金的存在是企业运营中的正常现象。若企业在建项目本身就是对在用固定资产和无形资产等的更新或接替，那么，暂时性的自由现金就不再是自由现金，而应归入前面的第三部分。进一步看，若扣除利息支出后的经营现金流为负或虽为正但远小于折旧与摊销，则企业当期未能增加此部分暂时性自由现金。②非正常部分的暂时性自由现金主要是指，企业因负债筹资而融入的现金中无可用之处（如企业投资和新增营运资本之现金需求已得到满足）而被暂时闲置的现金，但其在债务合约到期时需归还给债权人，其只能以现金资产或变现能力较强（安全性高）的金融资产形式存在以便于到期偿还，这一部分暂时性自由现金的存在对于企业来说是不正常的，但在我国企业实践中确实存在着（如在我国2008年4万亿新增贷款政策实施中就存在企业从银行融入无用途的贷款，这会增加暂时性自由现金）。暂时性的自由现金是不能向股东进行自由分配的现金，即使将之向股东进行了分配，也不代表企业为股东创造了价值。

其五，非暂时性自由现金。非暂时性自由现金是真正可供股东自由分配的现金，其类似于债务那样的有固定到期期限的合约索取权约束着。非暂时性自由现金也包括两部分：一是企业通过股权筹资融入的现金中无可用之处而被非暂时性闲置的现金（如我国企业IPO常发生的超募资金所形成的现金——IPO募集的现金超过招股说明书中投资项目计划所需现金的部分），二是企业通过资产运营后创造出来的自由现金流所累积而尚未分配给股东的非暂时性自由现金。可见，尽管非暂时性自由现金都是可供股东自由分配的（包括股份回购），但非暂时性自由现金并非都是企业为股东创造的价值。股权筹资形成的非暂时性自由现金在性质上是股东自己投入到企业的股权资本，并非企业运用股权资本之后创造出来的增值，自由现金流形成的非暂时性自由现金（长期看应是CVA所对应的部分）才是企业真正为股东创造的价值。以下本文提及的自由现金除非特别说明，一般均指非暂时性自由现金。还需指出的是，我们之所以称之为"非暂时性"意指其并非"永久"的自由现金，只是在可预见的未来是自由现金，因为企业的未来总是存在各种不确定性，不排除这些非暂时性自由现金在未来期间尚未分配给股东就失去了"自由"。

因此，从股东价值创造视角看，自由现金理应指在某个特定时点，在保障企业持续经营前提下，源自自由现金流的可供自由向股东进行分配的存量现金。当然，在实践中，未必所有企业特定时点都有足够的现金深度（现金存量中有对应于留存收益金额的自由现金以及其他几个部分的充足现金存量）。如，严重拖欠供应商货款的企业特定时点的现金存量很可能只有第一个部分，且还严重不足；在建工程变成烂尾工程项目的企业特定时点现金存量中也很可能只有第一个部分的现金，甚至有所不足；有的企业虽然现金存量能够满足经营周转、经营安全现金和在建工程所需现金之一部分，但已无任何自由现金。此外，在实践中，上述五个部分的现金不是截然分离的，现金存量首先是满足正常经营所需，其次是满足运营安全和在建项目投资所需（在管理思想落后的企业中两者未必存在先后顺序，甚至并未意识到运营安全的现金需求），若连这三者的现金需求都不能满足，那么现金存量中自然没有任何暂时性或非暂时性自由现金。此外，还需注意的是，上述五个部分分类及其结构仅仅具有时点意义，动态来看，不同时点的现金存量中五个部分的结构是不断变动的。如，上一个时点的非暂时性自由现金很可能因为下一时期营运资本之扩大而去补充正常经营周转所需现金或用于新增项目之投资，从而虽未对股东进行分配，但可供股东分配的自由现金却减少了；再如，当企业因产业技术变迁等原因而不针对原项目进行更新改造时，由折旧和摊销所对应的暂时性自由现金之中对应于股权资本或留存收益的那部分也就转化为非暂时性自由现金了。自然，自由现金也可能因企业营运效率之提高或业务收缩等原因得以增加。从现金来源观察，存量现金要么来自自由现金流 _S1，要么来自股权或债权筹资，或同时来自两者（即使是非暂时性自由现金，也可能同时来自两者）。就我国企业实践来看，不得不承认，大部分企业的经理人并未能够在管理意识上正确认知和管理现金的上述五个部分及进一步的细分类，而是能够保证任期内"拆东墙补西墙，墙墙暂时不倒"就足矣。如前述，财务管理理论研究者有利用有关模型来计量所谓的最优现金持有量（实践中此类模型难以应用），这不同于本文对现金存量结构的分析，上述第一和第二部分现金存量虽类似于满足交易性需求和预防性需求，但第三部分现金存量并非为满足投机性需求而贮备的现金，投机性需求所需现金之判断过于主观，本文的现金存量结构分析是相对比较客观的，故不试图识别和区分企业为投机性需求而准备的现金存量。但若此类模型将来更具可操作性，则也有助于对一个企业特定时点的现金存量进行结构分析。

作为特定时点的存量，自由现金总是大于等于零，不会为负值。如一个初创办的企业或处于高速成长早期的企业，其特定时点的现金存量中的现金除备用于正常经营周转之外的剩余现金要么备用于保障经营安全或将要投入正在投资的项目，此时期初和期末的自由现金均为零，而此阶段企业的自由现金流一般为负值（因为在建项目及已投产项目营运资本增长在消耗大量现金）。因此，虽然"期初现金 + 当期现金流入 − 当期现金流出=期末现金"，但自由现金和自由现金流之间的关系不能简单地理解为"期初自由现金 + 当期自由现金流 − 当期自由现金之运用（分配）=期末自由现金"（这无法计算出特定时点的自由现金）。如，当企业期初自由现金为零、当期自由现金流为负值时，且无筹资现金净流入，则期末自由现金亦为零；再如，即使企业存在期初自由现金，且当期自由现金流为正，但当期决策降低企业财务杠杆偿还融资性负债发生大额自由现金之运用和（或）进行了大额的超过当期自由现金流的分红和（或）期末决策上马新投资项目需为之准备来年的建设所需现金，这样若期初自由现金加上当期正的自由现金流不足以支持而又未通过股权筹资活动融入足够现金的话，则企业期末的自由现金为零。此外，如前述，自由现金还可能来自筹资活动现金流。如，我国一些企业IPO后，虽然自由现金流为负值，但由于企业超额募集了大量股权资本，其IPO当年年末的现金存量中就存在大量自由现金。简言之，企业自由现金流为负值，未必没有自由现金；反之，企业自由现金流为正，未必有自由现金。但无论如何，企业可持续的自由现金只能是源自自由现金流，若企业长期自由现金流为负值，自由现金只能是付之阙如，企业持续分红能力亦成空中楼阁。

（二）自由现金计量之初步讨论

显然，通过上面的分析可以看出，自由现金的计量难度要远大于自由现金流的计量。自由现金的计量难度还在于，自由现金只有在准确计量了前述现金存量五个部分之中的前四个部分后才能计量出来。限于篇幅和笔者现阶段的思考深度，本文仅对自由现金计量做初步讨论，望能抛砖引玉。对于前述现金存量的第一部分——企业在特定时点面向可预见的未来（到底多长时间？）正常经营周转所需现金到底是多少金额？理论上，对于正常经营周转所需现金可以通过测算企业的现金转化周期（应收款项周转天数＋存货周转天数－应付款项周转天数），然后乘以每天正常经营所需的现金量（通过年度内经营现金流出量和利息支出之和除以现金转化周期）得到[①]。对于前述现金存量的第二部分——企业预备度过多长时间的运营"寒冬"，需为此预备多少维持经营安全的现金？就很难计量了，颇有些见仁见智。不同行业不同时期不同规模有着不同商业模式和发展战略的企业，有着不同风险厌恶程度和风险管理水平及未来预期的经理人的企业之运营安全所需现金都不相同（正常经营周转所需现金自然也各不相同），更何况现实中有许多企业还是相关乃至非相关多元化经营者，有着不同的政经关系资源和负债及股权融资空间。至于前述现金存量中的在建项目所需现金，看似按照可研报告和投资方案有一定的可计量性，但其实项目建设过程中的资本性支出预算动态调整也很多，且需要准确预测企业项目建设期间的经营现金流和金融环境之可能变化，计量难度不低。

由于本文关心的是企业的股东价值创造能力，关心的是企业分红能力，这样一来，从股东价值创造角度看，自由现金应该源自自由现金流。因此，可以通过累计企业自创办以来或自某个可大致确定无自由现金存量的特定时点（如IPO时日或筹措大额资金进行重要投资时日等）以来的自由现金流，然后扣除该时点以来已被股东分走的现金股利，就可以

得到截至某个时点真正属于股东价值创造、可供向股东分配的自由现金存量之最高值，实际代表股东价值创造的自由现金在此值范围内只会有少无多。当然，不排除当把股权筹资带来的自由现金包含在内时，企业各该时点的自由现金存量大于此金额，但这后一部分不属于代表股东价值创造的自由现金。上述对自由现金流的累计可以分别按照前面讨论的两类自由现金流来计量。在此基础上，进一步结合现金存量的其他几部分的分析，也许可以较好地计量出企业特定时点的自由现金。

四、企业分红能力：基于自由现金的研究

如前述，按照现行《公司法》、相关监管规则和公司章程及会计准则，都是把企业分红与净利润及留存收益挂钩。长期以来，这些规则给资本市场和投资者造成的感觉和思维习惯是，只要企业有正值的留存收益就可以分红。进而，法律法规、监管机构和投资者都习惯于把分红称为"利润分配"。其实，这是错误的思维或至少是不完整的思维。故在基于自由现金研究企业分红能力之前，本文先分析净利润、留存收益和利润分配之本质，然后再基于自由现金来厘清企业的分红能力。

（一）净利润、留存收益和利润分配的本质

按照现行会计准则，净利润是基于权责发生制进行收入和费用配比之后的差额，而留存收益是来自企业净利润的累积（扣除了所谓已向股东分配的净利润）。当然，留存收益虽然是一个存量，却可以是负值（反映企业累积的亏损额）。但是现有会计理论对于净利润和留存收益之本质和意义的理解却不太清晰，亦不准确，自然对于利润分配之实质也含糊其辞。那么，净利润和留存收益的本质到底是什么？[①] 净利润和留存收益能够分配吗？净利润和留存收益的意义是什么呢？利润分配又该做何解？

在笔者看来，包括留存收益在内的"所有者权益"金额所计量的只不过是股东持有的对企业的剩余索取权之账面价值而已。正常情形下，假若企业遵循资本保全原则来进行持续经营，则股东持有的对企业的剩余索取权包括两部分，即一般意义上不可自由行使之部分和可以自由行使之部分。其中，股本和股本溢价部分是股东一般意义上不可自由行使的剩余索取权之账面价值（如回购股份需寻求债权人的同意并受公司法关于最低注册资本额的限制），而留存收益部分是股东可以合法自由行使（所谓自由，即指除债务合约等合约限制之外无其他法律限制，一般无须征得其他利益相关方的同意）的剩余索取权之账面价值。因此，基于权责发生制原则，作为收入和费用配比之后的净利润，其本质在于计量了

---

① 且不论我国相关规则和实践中还有关于利润和留存收益是基于母公司财务报表还是合并财务报表的问题。

某一会计期间因企业非资本性交易[①]而新增或新减的股东可以合法自由行使的剩余索取权之账面价值；留存收益反映的则是在某一特定时点股东可以合法自由行使的剩余索取权之价值边界。如某个会计年度，企业有净利润 1000 万元，这仅仅意味着此期间企业非资本性交易导致股东可合法自由行使的剩余索取权之账面价值新增了 1000 万元；而企业于某个时点的留存收益为 2000 万元，意味着在这一时点，企业股东可合法自由行使的剩余索取权之价值边界为 2000 万元（即股东最多可合法自由地向企业索取价值 2000 万元的资产）。当留存收益为负值时，则意味着股东一般意义上不能自由行使的剩余索取权账面价值也被侵蚀而"缩水"了。类似于会计准则的本质在于其是各利益相关方经过博弈达成共识的一份关于通用会计规则的公共合约（谢德仁，1997），基于会计准则所计量并经审计师审计的净利润和留存收益数据其实也只是包括企业股东、债权人、管理层、审计师等主要利益相关方就股东可合法自由行使的剩余索取权之价值变动及其特定时点的价值边界达成共识的一种意见而已。这是因为，基于权责发生制原则的净利润和留存收益数据之计量过程充满了人为的会计估计与判断及利益相关方的博弈，故它们不是事实，只是主要利益相关方达成共识的一种意见。既然净利润和留存收益只是一种意见，反映的只是股东可合法自由行使的剩余索取权之价值变动或某个时点的价值边界，那么，严格意义上，它们就是无法用来进行分配的，也是无法用来进行投资和花费的。那么，企业的利润分配到底是在做什么呢？

笔者认为，严格意义上，企业的利润分配之本质是，股东（们）在合法自由行使对企业的剩余索取权，向企业合法自由地索取现金，而企业则是依据相关法律和公司章程等合约，用现金来满足股东所提出的行使剩余索取权的要求。故利润分配的本质是股东在合法且自由（即一般无须征得其他利益相关方同意）地分配（取走）企业的现金，亦即利润分配是股东在合法自由地"分"企业的现金。尽管在实践中，把股票股利也视作是一种利润分配方式，但其实股东只是拆细了手中持有的剩余索取权而已，并未能对企业"成功"行使剩余索取权，没有分到现金，且如后面所分析的，股票股利无助于股东价值持续创造。那么，从"分现金"行为的合法性角度看，股东究竟能够在多大金额范围内合法行使剩余索取权（合法自由地分走企业的现金）呢？这正是利润和留存收益的意义之所在，留存收益匡算了一个企业的股东在某个特定时点所能合法自由行使的剩余索取权之价值边界（如前例中，股东能够合法自由地分掉企业现金的限额为 2000 万元）。换言之，净利润和留存收益本身虽然是不能用来"分配"的，但其决定了股东可以合法自由分走企业现金的金额范围，故利润分配之本质乃是"基于净利润（限于留存收益边界）的现金分配"。

[①] 理论上，资本性交易（或称权益性交易）主要包括股东新增股权投资、股份回购和利润分配，其他为非资本性交易。但是，按照现行会计准则，还有部分非资本性交易被准则直接指定为资本性交易，这部分"伪"资本性交易及其他还有一些非资本性交易引起的所有者权益的变动未必都计入了利润表（如被直接计入了其他综合收益）。

（二）企业分红能力与源自自由现金流的自由现金

如上所述，严格意义上，企业的利润分配就是企业以现金来满足股东要求行使的剩余索取权。既然企业利润分配的本质是股东限于留存收益之边界来合法自由地分企业的现金，那么，制约着企业分红能力的因素除上述留存收益之外，就是企业是否有足够的现金来供股东"分"走。多少的现金存量才算有了足够股东"分"走的现金呢？这就涉及现金存量之结构和自由现金问题。因为，若假定企业要追求持续经营，则特定时点的现金存量先要满足前面曾讨论到的现金存量结构之第一至第三部分，之后才可能有暂时性及非暂时性自由现金，而能够对股东可持续地进行分配的是源自自由现金流的非暂时性自由现金。当企业特定时点的现金存量中无非暂时性自由现金时，持续经营中的企业是没有分红能力的，因为现金存量中的现金都具有实实在在之必需用途，无"自由"之现金可供股东分走。即使企业特定时点的现金存量中有来自股权筹资活动产生的非暂时性自由现金，企业也是没有真正的分红能力的。因为用此自由现金来分红，本质上就是把股东投入到企业中的本金（现金）"分给"（还给）了股东自己，这是典型的"庞式骗局"。当然，也有企业利用源自债权筹资活动带来的暂时性自由现金给股东分红，这也是一种典型的"庞式骗局"（只不过不再是股东自己"蒙"自己，而是股东"蒙"债权人）。无疑，带有"庞式骗局"性质的分红（不妨简称为"庞式分红"）是不可持续的，不是真正意义上的分红。进而言之，所谓"庞式分红"就是指，股东分红所分走的现金其实来自股东自己投入到企业的股权资本带来之非暂时性自由现金或企业从银行等债权人处借来的贷款本金带来之暂时性自由现金抑或非自由现金，而非企业自身所创造的自由现金流所累积之非暂时性自由现金。自然，有的企业可能在不存在暂时性或非暂时性自由现金之情形下强行分红，则成"今朝有酒今朝醉、明日愁来明日愁"之态势。总之，当企业特定时点的现金存量之中无源自自由现金流之自由现金时，企业是不具备真正的分红能力的。长期来看，若一个企业的分红超过其自创立以来的自由现金流之累计总额，则该企业必定发生过没有自由现金而进行分红的事情，也必定存在"庞式分红"问题。

综上，企业分红能力是指企业股东是否具有在正值的留存收益边界内可持续地分走企业自由现金的能力，其受制于源自自由现金流的自由现金和留存收益这双重边界。对于企业在特定时点的分红能力之评估，一方面，要考察其在特定时点的留存收益是否为正值，这决定着股东是否拥有自由行使剩余索取权分走企业现金的合法权利；另一方面，要考察企业在此特定时点所拥有的源自自由现金流的自由现金，这决定着企业是否有足够能力来满足股东所要求合法行使的剩余索取权。当企业没有正值的留存收益（即留存收益为零或负值），股东不可合法自由行使的剩余索取权，即使企业拥有自由现金，企业无分红能力；而当企业有正值的留存收益（股东拥有合法自由行使的剩余索取权），但却没有任何源自自由现金流的自由现金时（企业无满足股东合法自由行使剩余索取权之能力），企业亦无真正的分红能力。因此，企业具有分红能力的充要条件是同时拥有正值的留存收益和源自自由现金流的自由现金，这两者越大，企业分红能力越强。还需指出的是，从现金增加值视角来看，并非企业具有分红能力且向股东进行了分红就是在创造股东价值，因为，只有股东分走的自由现金属于现金增加值时，这才真正代表了股东价值创造，才反映了真正的股东价值创造和财富增长。当然，企业是否分红，除此客观的分红能力之外，还取决于股东们主观的分红意愿，这是另外一个问题，本文不予赘述。

即使我们依据实践惯例，把股票股利视作一种利润分配方式，但股票股利无助于股东价值持续创造，尤其是当企业无分红能力时。表面上看，股票股利不需要向股东支付现金，似乎不需要企业具有源自自由现金流的自由现金，而仅仅有利润和正值的留存收益即可。但长期看，若企业没有分红能力，靠股票股利方式进行利润分配是无法创造股东价值的。因为若一个企业未能持续创造出自由现金流和自由现金，而仅仅有净利润和留存收益（且不论是否净利润是被会计操纵出来的），并基于所谓的股票股利方式之利润来分配，这意味着企业的这些净利润和留存收益并未真正实现现金流入，无现金与之对应，而净利润和留存收益是以营运资本或非流动资产等资产形式存在着，若长期如此，则营运资本和非流动资产会越来越大，暗示着企业运营处于亚健康或不健康状态，很容易出大问题（如出现大额的资产减值损失或缺乏足够现金偿还到期债务），企业很可能出现巨额亏损，陷入财务困境，股东手中因股票股利而新增的股票连同原有的股票之价值都会大幅度下降乃至灰飞烟灭，何来股东价值创造。而即使企业具有分红能力，却长期采用股票股利之利润分配方式，则企业自由现金要么被闲置着要么更可能是被企业管理层所滥用，都会徒增企业股东承担的代理成本，从而有损于股东价值创造。从长期历史数据来看，确实如此，分红才有利于股东价值的持续创造，如有研究发现，企业分红（现金股利支付率）越高的时期，其未来十年的盈余增长越快（Arnott 和 Asness，2003）。总之，长期看，企业若无源自自由现金流的自由现金而分红或采用股票股利方式进行利润分配，是无助于持续创造股东价值的；而企业有真正的分红能力却不分红（即使采用了股票股利方式进行利润分配）也会有损于股东价值的持续创造。

五、结　论

本文对企业分红能力进行理论研究。关于企业分红前必须拥有正值的留存收益这一点已是业界常识，但这往往被相关法律法规及包括监管机构在内的业界当成了企业具备分红能力的充要条件。其实，企业是否有分红能力还有赖于其在分红决策日是否有源自自由现金流的自由现金。但令人遗憾的是，学术界和实务界对自由现金流的研讨尚待深入，诸多关键问题未达共识，对自由现金的研究讨论则尚未展开，故本文首先重点研究了自由现金流和自由现金之界定与计量问题，并就此提出现金增加值的概念和初步计量方法。然后，本文提出了关于净利润、留存收益和利润分配之本质的新见解。本文在自由现金和留存收益分析之基础上研究提出，企业分红能力是指企业股东是否有在正值的留存收益边界内来可持续地分走企业自由现金的能力，企业在某个时点具备分红能力的充要条件是企业留存收益为正值的同时还拥有源自自由现金流的自由现金，亦即，企业分红能力受制于源自自由现金流的自由现金和留存收益这双重边界。当然，若企业现金深度足够，有源自现金增加值的自由现金可供分配则更佳，这才代表真正的股东价值创造。企业无分红能力而分红是庞氏分红，无分红能力而采用股票股利方式进行利润分配属于自欺欺人，均无助于股东价值的持续创造；而企业有分红能力却不分红，也是有损于股东价值持续创造的。

参考文献

［1］沈红波，张春，陈欣. 中国上市企业银行贷款公告的信息含量——自由现金流量假说还是优序融资假说［J］. 金融研究，2007（12）：154-164.

［2］王培林，靳云汇，贾昌杰. 从并购行为剖析中国上市企业代理成本问题［J］. 金融研究，2007（4）：171-177.

［3］肖作平. 资本结构影响因素和双向效应动态模型——来自中国上市企业面板数据的证据［J］. 会计研究，2004（2）：36-41.

［4］谢德仁. 会计规则制定权合约安排的范式与变迁——兼及会计准则性质的研究［J］. 会计研究，1997（9）：23-29.

［5］余锋，曾勇. 基于自由现金流量的证券投资组合分析［J］. 管理学报，2006，3（1）：91-97.

［6］俞红海，徐龙炳，陈百助. 终极控股股东控制权与自由现金流过度投资［J］. 经济研究，2010（8）：103-114.

［7］Arnott R. D., C. S. Asness. Surprise! Higher Dividends =Higher Earnings Growth［J］. Financial Analysts Journal, 2003, 59（1）：70-87.

［8］Francis J., P. Olsson, D. R. Oswald. Comparing the Accuracy and Explainability of Dividend, Free Cash Flow, and Abnormal Earnings Equity Value Estimates［J］. Journal of Accounting Research, 2000, 38（1）：45-70.

［9］Gul F. A., J. S. L. Tsui. A Test of the Free Cash Flow and Debt Monitoring Hypotheses：Evidence from Audit Pricing［J］. Journal of Accounting and Economics, 1998, 24（2）：219-237.

［10］Jensen M. C. The Agency Costs of Free Cash Flow：Corporate Finance and Takeovers［J］. American Economic Review, 1986, 76（2）：323-329.

［11］Lang L. H. P., R. M. Stulz, R. A. Walkling. A Test of the Free Cash Flow Hypothesis：The Case of Bidder Returns［J］. Journal of Financial Economics, 1991, 29（2）：315-335.

［12］Lehn K., A. Poulsen. Free Cash Flow and Stockholder Gains in Going Private Transactions［J］. Journal of Finance, 1989, 44（3）：771-787.

［13］Penman S. H. Financial Statement Analysis and Security Valuation［M］. New York, NY：McGraw Hill, 2009.

［14］Richardson S. Over-investment of Free Cash Flow［J］. Review of Accounting Studies, 2006（11）：159-189.

［15］Ross S. A., R. W. Westerfield J. Jaffe. Corporate Finance（9th Edition）［M］. New York, NY：McGraw-Hill, 2010.

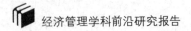

A Theoretical Study on Firms' Ability to Pay Cash Dividends

Xie Deren

Abstract: The paper theoretically studies firms'ability to pay cash dividends. To provide a basis for the study, I deeply discuss how to define and measure free cash flow, free cash and Cash Value Added (CVA) and analyze the nature of profits, retained earnings and profit distribution. Based on retained earnings and free cash conception, I argue that the ability of one firm to pay cash dividends depends on the condition that the firm has positive retained earnings and free cash (which should arise from free cash flow) at the same time. In other words, the ability of a firm to pay cash dividends has to be confined by positive retained earnings and free cash arising from free cash flow.

我国企业集团实施财务共享服务的
关键因素的实证研究 *

何　瑛　周　访

【摘　要】本文以我国已经实施财务共享服务的企业集团为样本，基于流程再造的视角设计了财务共享服务关键因素分析模型，实证检验我国企业集团实施财务共享服务的关键成功因素及其相互之间的关系，并得出各关键因素对财务共享服务的价值的影响程度依次为：战略规划、信息系统、流程管理、组织结构设计、绩效管理、人员管理。其重要价值在于：一方面，弥补国内外目前对财务共享服务关键因素研究过多局限于文献研究和案例研究的不足，以推进和完善财务共享服务相关理论的发展；另一方面，模型的提出和验证结果可以让实践者聚焦重点、厘清关系和思路，旨在实现降低成本、提高服务质量与效率、促进核心业务发展、整合资源实现战略支撑等目标。

【关键词】企业集团；财务共享服务；关键因素；结构方程

一、引言

20 世纪 90 年代以来，随着经济全球化和信息技术的迅猛发展，企业集团国际化的步伐不断加快，纷纷在各国建立分支机构，随之而来的是很多企业集团患上了"大企业病"，成本不断增加、管控难度加大、财务和经营风险增加、股东知情权受到挑战、财务决策效率低下等，失败的危机和严重的阻碍制约了企业集团的进一步发展，由此一些跨国企业集团开始大力推进财务转型和流程再造优化。在理论与实践双重因素的影响和推动下，财务共享服务作为一种财务转型和组织创新变革的产物应运而生。据英国注册会计师协会调

---

* 本文选自业《会计研究》2013 年第 10 期。

基金项目：本文受到国家自然科学基金项目（71302124）和中央高校基本科研业务费专项（2012RC1013）的资助。

作者单位：北京邮电大学经济管理学院。

查，迄今为止已有超过 50%的财富 500 强企业和超过 80%的财富 100 强企业建立了财务共享服务中心。

随着越来越多中国本土企业的规模化与全球化，企业经营管理效率重要性的不断凸显，以及信息化的高速发展和广泛应用，共享服务的优势日益得到认可，并逐渐开始在中国企业中落地生根。中兴通讯于 2005 年建立财务共享服务中心，真正拉开了中国企业实施财务共享服务的序幕，在将近十年的时间里，已经实施和准备筹建财务共享服务的企业集团有八九十家，包括中国移动、中国电信、海尔集团、物美集团等，企业在集团范围内实现了简化和标准化两个阶段后，共享服务从概念阶段进入实践阶段。中国企业集团财务共享服务之路，颠覆了传统财务会计的工作方式，带来的不仅仅是财务人员角色的转型，对财务流程和处理效率带来了质的改变（李心合，2008）。从目前中国企业集团实施财务流程再造的实践来看，在移动互联网和云计算背景下已经有了把财务共享服务送入云端、实施财务云服务的迫切需求，并正在进行积极的探索（何瑛，2013）。财务共享服务的实施将使企业战略与企业财务、企业业务与企业财务相融合，为企业集团提供更为相关的、实时共享的精细化信息，从而为企业可持续的创造价值创造条件。

虽然研究者从理论上阐明财务共享服务的本质特征和价值，对财务共享服务的概念、内涵、作用、特征等进行研究，对财务共享服务是企业实施财务转型和组织创新变革的产物达成共识，并提出财务共享服务是企业集团实现辅助性业务流程再造的创造性突破（张瑞君，2010），但对于实施财务共享服务应该关注、如何关注关键成功因素等方面的研究尚待进一步深入。财务共享服务的理论基础包括以交易成本为出发点的契约理论、以优化资源配置为出发点的核心能力理论，以及以流程效率为出发点的流程再造理论，已有研究大都着眼于契约理论和核心能力理论，局限于文献归纳和案例研究，实证研究十分少见，本文将以流程再造理论为基础，运用问卷调查和结构方程分析法，大样本实证检验中国企业集团实施财务共享服务的关键成功因素，并深入揭示关键因素之间的相互影响关系，以使其成为有机的整体，为正在或者准备筹建财务共享服务中心的企业集团提供理论参考。

二、文献评述与研究假设

财务共享服务是通过在一个或多个地点对人员、流程和技术等核心要素进行整合，将具有规模经济和范围经济属性的财务业务集中放到共享服务中心进行处理，旨在实现降低成本、提高服务质量与效率、促进核心业务发展、整合资源实现战略支撑等目标（Andersen，1997；Lusk，1999；张瑞君，2010）。财务共享服务是实现企业集团内流程标准化和精益化的一种创新手段，也是企业整合财务运作、再造财务流程的一种崭新的制度安排（Fahy，2005）。财务共享服务的本质是流程的共享（Lusk，1999），其实施必须服从流程再造理论的精髓。

国内外学者对企业集团实施财务共享服务的关键因素进行研究的成果包括：Grant 和 Delvin（1999）概括总结导致企业财务共享服务成功的因素包括环境、人、BPR 采用的方法、信息技术以及变革愿景五个方面。Janssen 和 Joha（2008）归纳指出实施共享服务的关键因素包括周密的执行战略、业务活动的重新设计、流程的标准化、健全的信息系统以及涉及所有股东的变革管理。张瑞君等（2010）通过案例研究提出影响企业集团成功实施财务共享服务的关键因素包括财务组织变革、集成网络财务系统、优化核心业务流程、完善考评体系。Derven（2011）从风险管控的角度出发，提出实施财务共享服务应重点关注以下关键因素：调整企业使命使之与客户目标相一致、创造勇于承担责任的企业文化、提升知识管理水平、加强流程标准化、定期实施绩效考评等。陈虎等（2011）通过问卷调查公布财务共享服务成功实施的关键因素是流程管理、业务标准化、信息系统、人员管理等。Martin（2011）设计调查问卷并通过网络平台对外发放，在对收集到的数据分类整理的基础上，运用线性回归模型对假设因素进行显著性检验，最终，选址决策、服务水平协议、流程管理、变革管理、组织架构和战略规划六大因素通过显著性检验，成为成功实施财务共享服务的关键因素。综观国内外目前研究成果，对财务共享服务的关键因素研究尚没有统一的结论，但从流程再造的视角看，主要涉及战略规划、流程管理、信息系统、组织管理（组织结构、人员管理、绩效管理）四个方面（由于变革管理属于深层次要素，涉及战略、流程、组织、IT 等多方面，所以不再单独考量）。鉴于此，本研究的理论模型和假设提出主要基于五个构念（Construct），这些构念构成了七条影响路径，如图 1 所示。

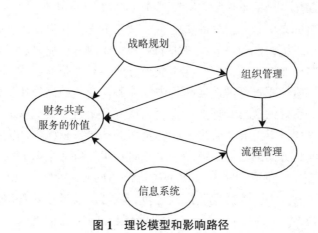

图 1　理论模型和影响路径

1. 战略规划（STRA）对财务共享服务价值（VALU）的影响

Soalheira（2007）指出，企业集团在实施财务共享服务时，评估并分析该共享服务中心的远景定位和战略目标十分重要，因为清晰的远景定位和战略目标能使方案的设计及执行目标明确，并与客户的期望保持一致。Ramirez（2007）指出，财务共享服务的目标定位与企业集团的发展战略密不可分。例如，企业集团实施成本领先战略，则希望通过财务共享服务项目的实施使业务的整体运作成本得到改善，从而通过成本节约为组织创造价值；企业集团实施差异化战略，则希望通过实施财务共享服务项目形成与同行业竞争者的差异，进而形成自身的竞争优势；企业集团实施国际化战略，则希望通过实施财务共享服务满足企业自身国际化的需求，解决国际化面临的人员过度投入、兼并融合的附加成本高、难以进行标准化管理等复杂问题。基于此，本文提出：

H1：战略规划对财务共享服务的价值具有正向的影响。

2. 流程管理（PROC）对财务共享服务价值（VALU）的影响

Hammer 和 Champy 认为，流程再造不能一次性从根本上解决企业的管理问题，只有通过流程管理，对再造后的流程及性能进行持续地优化和改进，才能真正享用流程再造带来的价值。刘汉进等（2012）指出，共享服务中心最核心的管理就是对流程的管理，流程管理能够提升成本优势，增强组织的应变能力和可持续发展能力。基于此，本文提出：

H2：流程管理对财务共享服务的价值具有正向的影响。

3. 信息系统（TECH）对财务共享服务价值（VALU）的影响

信息技术在企业集团的扩散和逐步渗透一方面会导致企业技术进步和生产效率的提高，另一方面也会导致财务组织和流程的优化与创新性变革（Kris，2003）。信息技术的不断发展与完善为组织间协同和共享提供了技术支撑，必将引发企业财务信息化的创新性变革，从而进一步推动企业财务共享服务的进程（Jeston 和 John，2009）。基于此，本文提出：

H3：信息系统对财务共享服务的价值具有正向的影响。

4. 组织管理（ORGA）对财务共享服务价值（VALU）的影响

组织管理对于财务共享服务价值的影响主要从三个方面加以体现：即组织结构、人员管理、绩效管理。组织结构设计是组织管理的一项重要内容，通过组织结构设计可以明确财务共享服务中心与企业组织结构中其他组成部分的关系以及财务共享服务中心内部各业务单元的权责关系，避免职责不清造成执行中的障碍，使组织高效协调运行保证组织目标实现（Gill，2011）。良好的人员管理：一方面，认真分析财务共享服务中心人员构成的特点，有针对性地分人群进行差异化管理，能够全面调动运作积极性和人员能动性；另一方面，重视对知识和流程方面的培训，有助于员工对新组织有一个全面的了解，从而消除恐惧感、熟练运用新技术，提升财务共享服务的价值（Fahy，2005）。财务共享服务中心作为一个功能齐全的运营实体，要想使其高效运转，就必须通过绩效管理让其每个部分平衡协调地运行起来（陈虎和李颖，2011）。财务共享服务的实施实质上是一次财务管理模式的变革，组织管理对财务共享服务的价值贡献在于它能帮助企业有效应对变革。基于此，本文提出：

H4：组织管理对财务共享服务的价值具有正向的影响。其中：组织结构（DESI）、人员管理（PEOP）、绩效管理（PERF）对财务共享服务的价值均具有正向影响，三个子假设分别表示为：H4a、H4b、和 H4c。

5. 战略规划（STRA）对组织管理（ORGA）的影响

钱德勒提出"组织结构跟随战略并必须服从战略安排"的思想是组织管理工作中不可

变更的重要原则。企业集团贯彻实施财务共享服务战略，必须重新设计组织结构，进行相应的变革和人员管理，并建立适当的绩效考评体系（Fahy，2005）。基于此，本文提出：

H5：战略规划对组织管理具有正向的影响。由于组织管理是一个多维的构念，所以进一步提出战略规划对组织结构设计、人员管理和绩效管理均具有正向的影响，三个子假设分别表示为：H5a、H5b、和H5c，以便深入研究战略规划对组织管理不同维度的影响。

6. 信息系统（TECH）对流程管理（PROC）的影响

Kris（2003）指出，借助IT信息技术平台加快流程固化，减少人工操作，实现共享服务中心业务流程的自动化处理，有利于提高流程管理的效率和质量。Bergeron（2003）指出，IT信息技术为流程管理提供了必要的工具和手段，使得企业有能力改变传统的管理方式，为整个企业集团业务流程的开发和实施创造广阔的平台。基于此，本文提出：

H6：信息系统对流程管理具有正向的影响。

7. 组织管理（ORGA）对流程管理（PROC）的影响

德国社会学家马克斯·韦伯（Marx Weber）提出组织管理的完善程度决定了企业的流程管理能力。Earl等（2000）指出流程管理受到人员管理和绩效管理的影响。因为流程管理是一个持续改进的过程，需要绩效管理的配合以提供及时有效的反馈信息。此外，这种持续改进需要来自流程的直接应用者，他们对流程的优劣有着最深刻的体会，良好的变革和人员管理是建立流程管理的良好开端。Andersen（1997）指出，流程体现的是企业内部各分工之间的有序协作，而组织是按照劳动分工理论划分的职能结构，两者是静态与动态的关系。因此，提高流程管理水平需要组织结构进行相应的变革。基于此，本文提出：

H7：组织管理对流程管理具有正向的影响。其中组织结构、人员管理、绩效管理对流程管理均具有正向影响，三个子假设分别表示为：H7a、H7b和H7c。

三、样本选择与描述性统计分析

（一）问卷设计与样本选择

为了对研究假设进行验证，本文以我国已经实施财务共享服务的企业集团作为样本企业，设计了调查问卷并进行结构方程分析。问卷设计参考了国内外相关研究成果，并对多家样本企业财务经理进行深度访谈，几经修改，最终形成量表式调查问卷。我们针对本研究中的五个潜在构念设计了29个测量题项，如表1所示，问卷题项均以陈述语句形式表达，并以李科特五点法来计量。问卷正式发放日期为2012年9月29日，问卷回收截止日期为2012年12月31日。发放问卷的样本企业均为我国已经实施财务共享服务的企业集团，共发放问卷360份，问卷回收率为76.0%，有效问卷回收率为61.1%。

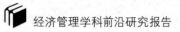

表1 财务共享服务相关概念界定、题项设计及理论基础文献来源

概念	维度	定义	题项	来源
财务共享服务的价值（VALU）	企业战略	财务服务共享对企业战略的影响	（1）FSS使企业获得战略优势； （2）FSS促进企业内部权利与义务的公平； （3）FSS增强企业财务集中管控； （4）FSS提升企业核心竞争力； （5）FSS使财务人员从烦琐的基础业务中解脱出来，释放生产力	Bergeron（2003）；Kris（2003）
	运营管理	财务服务共享对企业核心竞争力的影响		
	角色定位	财务服务共享对财务部门职权分配的影响		
	财务管理	财务服务共享对财务管控的影响		
	人力资源	财务服务共享对财务人员的影响		
战略规划（STRA）	选址决策	选址决策中对集团发展战略的考虑	（1）FSSC的选址决策充分考虑公司的战略发展需求； （2）FSS的模式选择充分考虑公司目前的战略目标和定位； （3）FSS的实施获得管理层支持； （4）FSSC的目标定位与公司的发展战略相适应	Soalheira（2007）；Ramirez（2007）
	服务模式	财务共享服务模式决策中对集团发展战略的考虑		
	支持力	财务共享服务的实施与管理层意愿的契合程度		
	目标定位	实施财务共享服务的目标定位与集团战略的匹配程度		
流程管理（PROC）	流程定义	财务流程的定义及表述清晰、明确，可理解程度	（1）对财务流程的表述清晰、明确，容易理解； （2）已对各项财务流程制定统一的执行标准； （3）定期对财务流程进行调研和评估； （4）能准确定位制约流程效率的关键瓶颈； （5）重视根据业务需求，对财务流程进行持续改进	Hammer和Champy（1993）；刘汉进等（2012）
	流程标准化	财务流程执行规范的统一程度和标准性		
	流程分析	对关键业务流程的调研评估，以发现流程中有制约的问题点，并找到针对这些问题的解决方法		
	流程改进	针对财务流程的实施现状持续进行有组织地优化，以确保流程管理的有效推进和执行		
信息系统（TECH）	系统环境	公司ERP系统的完善程度，为财务共享服务信息系统的运行创造良好的环境	（1）实施FSS之前，已具备成熟的ERP系统； （2）拥有功能完善的IT信息化应用平台； （3）定期对相关设备进行检查、维护； （4）信息系统的兼容性较好，易于进行系统的优化升级	Kris（2003）；Jeston和John（2009）
	系统功能	系统功能的完备性，包括财务基础核算功能、财务辅助功能、影像管理功能以及银企直联功能		
	系统稳定性	信息系统的一般化控制，包括日常的检查、维护等		
	系统兼容性	指不同部门之间系统软件的兼容性及不同版本之间系统软件的兼容性		

概念	维度	定义	题项	来源
组织管理（ORGA）	组织设计（DESI）	共享服务中心内外组织架构构建的合理性，包括对外部环境变化的反应能力以及对服务成本与客户满意之间的平衡能力	（1）实施 FSS 过程中，原财务部门的员工得到妥善安置； （2）定期组织员工进行知识培训； （3）公开个人绩效评价标准，营造公平公正的工作环境； （4）为员工提供具有竞争力的薪酬福利； （5）制定了规范的服务水平协议； （6）为 FSSC 制定了科学、全面的绩效考核评价体系； （7）FSSC 具有可信赖的内部控制，能有效应对日常风险； （8）针对评估的特别风险，FSSC 采取了专门的内部控制措施； （9）FSSC 的组织架构设计有利于服务中心的运营成本控制； （10）FSSC 的组织架构设计有利于保证客户满意度； （11）FSSC 的组织架构设计有利于增强企业的柔性和灵活性	Gill（2011）；Fahy（2005）；陈虎和李颖（2011）
	人员管理（PEOP）	根据业务发展的需要，制定人才选、育、用、留的策略		
	绩效管理（PERF）	为提升财务共享服务中心运行效率而采取的一系列措施，使组织认清自己所处的位置，确保向顾客提供高质量的服务		

注：FSS（Financial Shared Service）表示财务共享服务，FSSC（Financial Shared Service Center）表示财务共享服务中心。

（二）描述性统计与分析

根据有效问卷的统计结果，受访人员性别分布均衡，男女比例分别为 41.8% 和 58.2%；受访人员中 35 岁以上占 52.7%，说明一半以上受访人员属于经验丰富的财务管理人员，这在一定程度上证明了本调查问卷具有较高的信度；受访人员受教育程度普遍较高，96.4% 的受访人员具有大学及以上学历；受访人员所在公司 89.1% 属于大型企业或企业集团。本文采用 L. J. Cronbach 所创的 α 系数对量表进行信度检验，检验结果如表 2 所示。

表 2　量表信度检验结果汇总

潜在变量	题项数目	Cronbach α 值	项目标识	修正的项目总相关系数	项目删除时的 Cronbach α 值
VALU	5	0.843	valu1~valu5	0.549~0.815	0.762~0.836
STRA	4	0.869	stra1~stra4	0.661~0.761	0.818~0.856
PROC	5	0.893	proc1~proc5	0.624~0.855	0.843~0.894
TECH	4	0.823	tech1~tech4	0.629~0.722	0.781~0.821
ORGA	11	0.841	orga1~orga11	0.403~0.706	0.811~0.838

从表 2 可以看出，五个潜在变量，亦即财务共享服务的价值、战略规划、流程管理、信息系统和组织管理的 α 系数值均超过了 0.80[1] 的临界值。另外，量表中五个测量项目的修正总相关系数均大于 0.40[2]，且删除其中任何一个项目均不会带来 α 系数值的显著提升，因此我们保留题项并认为量表具有较佳的信度。在上述信度分析的基础上，我们运用结构方程中的测量模型对量表进行效度检验，分析结果如表 3 所示。

表 3　基于 SEM 测量模型的效度检验结果汇总

潜在变量＼评价指标	χ^2	Df	p-level	RMSEA	NFI	RFI	IFI	因素载荷（标准化）	
VALU	6.80	5	0.236	0.001	0.93	0.96	0.94	valu1 ~ valu5	> 0.558***
STRA	3.68	2	0.159	0.000	0.99	0.98	0.96	stra1 ~ stra4	> 0.711***
PROC	10.26	5	0.068	0.022	0.95	0.91	0.95	proc1 ~ proc5	> 0.653***
TECH	2.22	2	0.330	0.000	0.99	0.99	0.97	tech1 ~ tech4	> 0.696***
ORGA	510.16	44	0.000	0.231	0.54	0.42	0.56	测量模型不适配，详见因子分析	

根据结构方程模型适配度的评价标准，一份量表要达到研究所需的效度水平，需满足以下条件：χ^2/df（即卡方自由度比）应介于 1 和 3 之间；显著性概率 P>0.05；RMSEA 值小于 0.08；NFI、RFI、IFI 值均大于 0.90；标准化因素载荷达到 5% 显著性水平。

根据上述评价标准，由五项潜在构念构成的测量量表中，除组织管理的测量量表外，其余四项潜在构念的测量量表均通过效度检验。由于组织管理量表的题项较多，故我们初步认为测量题项之间可能存在共同因素，进而影响了组织管理量表的效度，基于此，我们对组织管理构念运用因子分析法进行进一步分解，因子分析结果证实了先前认为组织管理指标变量间存在共同因素的推测（共同因子一"人员管理"、共同因子二"组织结构"、共同因子三"绩效管理"），如表 4 所示，这既解释了组织管理量表未通过效度检验的原因，也为深入讨论各关键因素间的相关关系奠定了基础。

表 4　组织管理测量量表的因子分析结果

共同因子	测量题项										
	orga1	orga2	orga4	orga3	orga10	orga9	orga11	orga5	orga8	orga7	orga6
1	0.932	0.930	0.823	0.793	0.206	0.211	0.219	0.074	0.073	0.070	0.097
2	0.155	0.165	0.211	0.177	0.949	0.942	0.935	0.100	0.081	0.016	0.058
3	0.096	0.101	−0.013	0.187	0.086	0.121	0.048	0.880	0.824	0.790	0.755

---

[1] Cuieford（1965）和 Joseph 等（1987）认为，在应用性与验证性研究中，信度系数值最好在 0.8 以上。

[2] Gilbert 和 Churchill（1979）指出，除非有特殊情况，修正条款的总相关系数最好是在 0.4 以上。

四、结构模型分析与整体检验

（一）结构模型分析

在各潜在构念测量量表具有足够的信度和效度基础上，将通过结构方程模型（SEM）对潜在变量间的相关关系进行逐一探讨，以验证前面提出的各项假设。本研究采用的 SEM 分析软件为 Amos 4.0，理论模型涉及的影响路径共有 13 条，我们对这 13 条影响路径分别构建了结构模型以逐一进行路径分析，并将分析结果汇总如表 5 所示。

表 5 潜在变量路径系数回归结果汇总

路径	χ^2	Df	p-level	RMSEA	NFI	RFI	IFI	回归系数
STRA→VALU	34.719	25	0.093	0.044	0.961	0.944	0.989	0.223***
PROC→VALU	33.138	30	0.317	0.023	0.978	0.968	0.998	0.202***
TECH→VALU	27.440	25	0.334	0.022	0.966	0.952	0.997	0.294***
DESI→VALU	23.267	19	0.226	0.015	0.967	0.951	0.998	0.277***
PEOP→VALU	30.587	24	0.166	0.000	0.984	0.976	0.931	0.199***
PERF→VALU	36.968	28	0.119	0.074	0.981	0.918	0.912	0.259***
STRA→DESI	23.143	14	0.058	0.069	0.955	0.932	0.978	0.251***
STRA→PEOP	56.141	20	0.000	0.095	0.934	0.907	0.956	0.071
STRA→PERF	30.253	20	0.066	0.048	0.942	0.978	0.967	0.132**
TECH→PROC	34.647	25	0.095	0.044	0.917	0.981	0.932	0.456***
DESI→PROC	26.205	17	0.071	0.061	0.976	0.961	0.990	0.192***
PEOP→PROC	96.183	23	0.000	0.126	0.754	0.828	0.765	0.053
PERF→PROC	115.499	21	0.000	0.150	0.816	0.656	0.730	0.018

注：*** 表示达到 1% 的显著性水平，** 表示达到 3% 的显著性水平，* 表示达到 5% 的显著性水平。

可以看出除 H5b（STRA→PEOP）、H7b（PEOP→PROC）以及 H7c（PERF→PROC）不成立之外，其他假设条件都得到了实证数据的验证。上述结果表明，战略规划、流程管理、信息系统、组织设计、人员管理以及绩效管理均对财务共享服务的价值具有显著的正向影响，信息系统对流程管理也具有显著的正向影响。H5b 未通过检验，表明战略规划对组织管理中的组织结构和绩效管理具有显著的正向影响，对人员管理的影响并不显著。H7b、H7c 未通过检验，表明组织管理中的组织结构对流程管理具有显著的正向影响，而组织管理中的其他两个方面，即人员管理和绩效管理，对流程管理的影响并不显著。

（二）模型整体检验

将本研究所涉及的七个潜在构念全部整合到结构方程模型中，并取消上述未通过假设检验的影响路径，运用 Amos 4.0 软件进行模型分析，得到 Amos 报表输出如表 6 和表 7 所示。从表 6 可以看出，结构模型的各项适配度指标均达标，表明理论模型与样本数据基本匹配。

表 6 整体模型检验

χ^2	df	p-level	RMSEA	NFI	RFI	IFI
368.279	329	0.067	0.076	0.980	0.905	0.995

表 7 潜在构念的直接影响、间接影响和总影响

	STRA			DESI			PERF			PEOP			PROC			TECH		
	直接影响	间接影响	总影响	直接影响	间接影响	总影响	直接影响	间接影响	总影响	直接影响	间接影响	总影响	直接影响	间接影响	总影响	直接影响	间接影响	总影响
VALU	0.372	0.482	0.854	0.380	0.285	0.665	0.526	0.000	0.526	0.498	0.000	0.498	0.681	0.000	0.681	0.612	0.120	0.732
PROC	0.000	0.262	0.262	0.419	0.000	0.419	0.000	0.000	0.000	0.000	0.000	0.000	0.000	0.000	0.000	0.176	0.000	0.176
DESI	0.625	0.000	0.625	0.000	0.000	0.000	0.000	0.000	0.000	0.000	0.000	0.000	0.000	0.000	0.000	0.000	0.000	0.000
PERF	0.216	0.000	0.216	0.000	0.000	0.000	0.000	0.000	0.000	0.000	0.000	0.000	0.000	0.000	0.000	0.000	0.000	0.000

从表 7 可以看出，绩效管理、人员管理、流程管理对财务共享服务的价值只有直接影响，无间接影响；战略规划、组织结构和信息系统对财务共享服务的价值既有直接影响，也有间接影响。表中的数值为标准化影响系数，其大小代表着某一潜在构念对另一潜在构念的影响程度，标准化总影响为标准化直接影响与间接影响之和。由于各关键因素之间存在影响关系，故关键因素对财务共享服务的价值不仅仅局限于直接影响，某些关键因素还会通过其他关键因素对财务共享服务的价值产生间接影响，这一结论打破了目前学术界孤立地研究各关键因素对财务共享服务影响的思维模式。通过对比标准化直接影响与标准化总影响会发现，从直接影响的角度来看，战略规划对财务共享服务价值的影响程度为0.372，与其他关键因素相比处于较低水平，但由于间接影响的存在，从总影响的角度来看，战略规划对财务共享服务价值的影响程度上升到 0.854，说明战略规划对财务共享服务的影响主要是通过间接方式产生的。除战略规划以外，组织结构和信息系统对财务共享服务价值也存在间接影响，但程度略有不同。通过模型测算还可以得出各关键因素对财务共享服务的价值的影响程度排名，即战略规划＞信息系统＞流程管理＞组织结构＞绩效管理＞人员管理，这一结论对于中国企业集团成功实施财务共享服务具有较强的参考价值。

五、结论

本文的研究结果显示，模型有较好的拟合度，模型中的观察变量因素负荷除组织管理外（组织管理指标变量间存在共同因素）均达到统计显著水平，除 H5b（STRA→PEOP）、H7b（PEOP→PROC）以及 H7c（PERF→PROC）不成立之外，其他假设都得到验证，战略规划、流程管理、信息系统、组织设计、人员管理及绩效管理均对财务共享服务的价值产生显著的正向影响，且各关键因素对财务共享服务的价值的影响程度排序为：战略规划 > 信息系统 > 流程管理 > 组织结构 > 绩效管理 > 人员管理。

本文研究的理论贡献在于：以流程再造理论为基础，大样本实证检验中国企业集团实施财务共享服务的关键成功因素，从各关键因素对财务共享服务的直接影响和间接影响两个方面深入揭示关键因素之间的相互影响关系，并得出了影响程度排序，弥补了国内外目前对财务共享服务关键因素研究过多局限于文献研究和案例研究的不足，以推进和完善财务共享服务相关理论的发展。本文研究的实践价值在于：我国企业集团在国际化扩张过程中涌现出一批积极探索和实施财务共享服务的企业，如何凭借财务转型契机进行财务管理变革与流程再造，如何建立并不断完善跨国企业集团财务共享服务机制，支撑企业集团的健康高效发展，已成为财务管理学者和管理实践者共同关注的热点问题。此模型的提出和验证可以让实践者聚焦重点、厘清关系和思路，实践应用价值凸显。本文研究的不足之处在于：第一，因为研究对象是中国企业集团，所以对于财务共享服务关键因素的选择以国内外已有研究成果为基础结合了中国企业集团实践，对于诸如变革管理、企业文化等深层要素未予以考量；第二，中国已经实施财务共享服务的企业集团数量相对较少，所以样本企业数量十分有限，但是通过与相关机构的合作，选择的样本针对性强，问卷发放的回收率高，以试图弥补这一不足，以保证模型的稳定性。在以后的持续深入研究中，笔者会尝试使用涉及行业更加广泛、企业数量更多的数据，引入其他深层次关键因素和控制变量，使模型更加严谨、充实和稳定。

参考文献

［1］陈虎，李颖.财务共享服务行业调查报告（第 1 版）［M］.北京：中国财政经济出版社，2011.

［2］何瑛.基于云计算的企业集团财务流程再造的路径与方向［J］.管理世界，2013（4）：182-183.

［3］李心合.信息化与财务流程再造［J］.财务与会计，2008（2）：61-63.

［4］刘汉进，方阳.基于内部资源整合的企业共享服务述评［J］.管理学报，2012（10）：1562-1568.

［5］张瑞君，陈虎，张永冀.企业集团财务共享服务的流程再造关键因素研究［J］.会计研究，2010（7）：57-96.

［6］Andersen A. Insights on European Shared Services Operations［J］. American Economic Review, 1997, 10（2）：253-256.

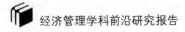
［7］Bergeron B. Essentials of Shared Services（1rd Edition）［M］. New York, NY: John Wiley & Sons Inc., 2003.

［8］Derven M. Advancing the Shared Services Journey Through Training. T+D, 2011, 4（9）: 58–64.

［9］Earl M. J., J. L. Sampler, J. E. Short. Strategies for Business Process Reengineering: Evidence from Field Studies［J］. Idea Group Publishing, 2000, 12（1）: 75–98.

［10］Fahy M. The Financial Future［J］. Financial Management, 2005, 21（5）: 210–219.

［11］Gill R. Why Cloud Computing Matters to Finance［J］. Strategic Finance, 2011, 7（1）: 43–48.

［12］Grant F., J. Delvin. A Using Existing Modeling Techniques for Manufacturing Process Reengineering: A Case Study［J］. Computers in Industry, 1999, 8（1）: 102–111.

［13］Janssen M., A. Joha. Emerging Shared Service Organizations and the Service–oriented Enterprise: Critical Management Issues［J］. Strategic Outsourcing: An International Journal, 2008, 16（1）: 35–49.

［14］Jeston A., K. John. What Managers Need to Know about the Management of Business Processes（1st Edition）［M］. New York, NY: Meghan–Kiffer Press, 2009.

［15］Kris A., M. Fahy. Shared Service Centers（2nd Edition）［M］. London: Pearson Education Limited, 2003.

［16］Lusk J. S., M. J. Harmer. Shared Services: Adding Value to the Business Units（3rd Edition）［M］. New York, NY: John Wiley & Sons Inc., 1999.

［17］Martin W. Critical Success Factors of Shared Service Projects–Results of an Empirical Study［J］. Advances in Management, 2011, 14（5）: 21–26.

［18］Ramirez J. Utilizing Measurement to Drive Continuous Improvement within FSSC［J］. International Journal of Information Management, 2007, 9（2）: 16–28.

［19］Soalheira J. Designing a Successful Plan for Your Shared Service Centre［J］. International Journal of Business Information Systems, 2007, 10（3）: 217–230.

An Empirical Study on the Key Factors in the Implementation of Financial Shared Services for Chinese Enterprise Group

He Ying, Zhou Fang

Abstract: In this paper, we take the Chinese enterprise groups which have implemented Financial Shared Services as research samples and design a key factor analysis model of financial shared services from the perspective of process reengineering, so as to make an empirical test on the key factors in the successful implementation of financial shared services and furthermore, the interconnections between them. As a result, we draw a conclusion that the influence degree of the key factors on the value of the financial shared services is differential and according to the influence degree we make the rank of these key factors on the value of financial shared services as follows: strategic planning, information technology systems, process management, organizational design, performance management, and personnel management.

中国上市公司融资方式影响因素的实证研究 *

李　斌　孙月静

【摘　要】企业向外界融资是企业发展过程中的一个必然趋势。对于企业来说融资方式的选择要考虑到许多因素，但都是以实现企业成本最小、利润最大化为目标。文章将我国上市公司的融资方式分为四种：内源融资、股权融资、银行贷款、债券融资。对于这四种融资方式在理论分析的基础上，应用实证研究的方法检验影响我国上市公司融资方式的主要因素及其影响路径。

【关键词】融资方式；固定效应；融资成本；融资风险

随着中国资本市场的逐步发展，金融产品、融资方式日益多样，使公司融资决策时，选择空间越来越大、考虑因素越来越多。这使实际工作者和多学者都需要从不同目的出发对公司融资方式等一系列问题进行研究。Sumit Agarwal 和 Hamid Mohtadi（2004）对于发展中国家公司融资选择中金融市场的作用进行研究，认为如果股权融资和债券融资同时发展，长期债券—股权比率的上升将趋于一定值。Hong Zou 和 Jason Zezhong Xiao（2006）分析了中国上市公司的融资行为，通过与发达国家的对比分析，认为中国上市公司对于股权融资存在内在激励，这是具有中国特色的融资行为。Thomas Flavin 和 Thomas O'Connor（2010）分析了股票市场自由化对公司融资方式选择的影响。《直接融资趋势发展研究》课题组（1999）认为我国直接融资比重偏低，在我国还有较大发展空间。王佩艳、耿强和汪建（2000）研究分析认为我国企业应采取间接融资为主并逐渐减少，直接融资为辅并大力发展的过渡模式。赵蓓文（2001）研究分析后认为企业融资所处资本市场、经济体制等有关。李义超（2003）实证研究结果验证我国企业融资方式是以外源融资为主，内源融资为辅。蒋殿春（2003）认为我国上市公司可能遵循的是内部融资、股票融资和负债融资的融

---

* 本文选自《中国软科学》2013 年第 7 期。

基金项目：国家软科学规划项目（2007GXS3D104）；辽宁省社科基金项目（L07DJL031）；辽宁省科技厅项目（2010401035）；辽宁省教育厅优秀人才支持计划（2009R21）。

作者简介：李斌（1960–），男，吉林省长春市人，东北财经大学 MBA 学院副院长，教授，博士生导师，经济学博士，研究方向为微观经济管理与决策、公司治理。

资顺序。杨其静（2004）利用一般均衡模型来说明融资的问题。马逸斐（2004）研究确认我国企业具有股权融资偏好。赵翔（2005）分析研究认为企业风险态度、融资效率等因素影响企业融资的选择。吴琼（2005）研究认为融资成本和融资风险是影响融资结构的主要因素。王雪、张慧（2007）研究认为我国股权融资偏好对企业具有一系列不利影响。刘芳（2008）认为筹资方式的选择即要考虑宏观和微观环境，又要考虑公司一些具体情况等。云星华（2010）不仅研究分析了债权融资、股权融资，还仔细分析研究了政策性融资、项目融资等融资方式。本文就是受众多学者研究工作的启发，在前人研究成果的基础上，根据我国上市公司的实际数据，研究我国上市公司融资方式影响因素与影响路径。

一、融资方式的影响因素分析

融资方式就是企业的获得资金的方式。根据我国具体情况和上市公司面临的融资环境，为突出研究的主要问题，本文把融资简化为内源融资、股权融资、银行贷款、债券融资四种方式。

需要强调的是，资金是企业的血液。企业要生存，就必须有一定的资金作保证。企业的资金来源必定是某种融资方式之一（本文就是这四种融资方式之一，当然四种融资方式是相互影响的，也可能是其中几种融资方式共同存在）。为简化分析，本文假设企业只能选择其中一种融资方式。即企业融资方式间存在所谓"非你即我"的关系。

（一）我国上市公司面临的融资环境

融资环境是企业所面临的资本市场以及国家宏观政策等形成的融通资金的环境，是软环境的重要组成部分之一。

随着我国经济的迅速发展，科学技术的不断创新，我国上市公司发展所需的资金会越来越多，对外融资是公司发展的必然选择。目前我国资本市场不够完善，银行体系高度集中。我国金融体制中居于主导地位的国有银行和国有控股银行，长期以来一直为国有企业、国有控股企业和国家支持的大企业服务。国有银行和国有控股银行借口风险控制等原因，不愿意为民营上市公司提供金融服务，更不会为中小企业特别是民营企业服务。

（二）融资方式的影响因素的理论分析

（1）盈利能力。企业的获利能力越强则越偏好于内源融资，所谓"肥水不流外人田"。一方面，根据权衡模型理论，企业获利能力越强，所缴纳的税负就越多，债权融资（本文将其细分为银行贷款和债券融资两种）具有抵税作用，所以盈利能力成为影响企业债权融资的重要因素之一；另一方面，企业盈利性越强越容易满足国家对发行股票的要求，所以企业也可以选择股权融资。这样看来，企业的获利能力与股权融资和债券融资的关系不确定，与内源融资是正相关的关系。

（2）公司信誉。黄飞鸣（2005）认为信用的缺失是导致中小企业融资难的原因之一。本文根据理论预期公司的信誉与债券融资和银行贷款是正相关的；与内源融资、股权融资是负相关的，这里要考虑到本文关于企业融资方式的假设。

（3）公司成长性。信息传递理论认为，成长性高的企业一般是新兴企业，尚处于成长阶段，故其规模不大。一方面，高成长公司的资产主要可能是无形资产，而一般银行贷款只接受有形资产做担保，所以成长性高的企业银行贷款就会比较困难。从这一方面看，公司成长机会与银行贷款成负相关关系。另一方面，由于信息不对称等原因，公司股权融资的成本较高、风险较大。肖泽忠和邹宏（2008）认为成长机会与资产负债率呈显著的负相关关系。

（4）资本结构。王玉荣（2005）、肖泽忠和邹宏（2008）研究分析证明债权融资与资产负债率正相关，这是自然的结果。反之，资产负债率偏低，可以说是企业资本结构中股权资本比重较大的另外一种说法。

（5）波动性。企业收入波动幅度越大，说明企业经营的不确定性越大，企业的经营风险越高。投资人的投资决策越困难，企业融资越难，企业融资越谨慎。

（6）信息不对称程度。肖泽忠和邹宏（2008）认为信息不对称程度会对企业融资方式产生影响。企业信息不对称程度越严重，外部投资者越是难以了解企业的真实情况，外源融资就越难。因此，信息不对称程度与内源融资正相关，与债券融资负相关，与股权融资的相关性不确定。

（7）融资风险。融资风险是由于企业资本收益率和借款利率的不确定性而产生的风险。本文假设融资风险与债权融资（主要包括债券融资和银行贷款）的相关性应为正，与股权融资和内源融资相关性为负，且假设企业只能选择其中一种融资方式，即企业融资方式间存在"非你即我"的关系。

以上是本文对于影响我国上市公司融资方式的主要因素分析，下面拟进行实证研究验证理论分析的结果，并给出本文的解释。

二、模型的建立和检验

根据上面的分析，手工收集所需数据，对数据进行处理，然后建立模型。通过模型结果来验证上文中的理论分析部分，根据这些结果得出本文结论和政策性建议。

（一）模型建立

1. 变量的选取。对融资方式有影响的部分变量的解释如下：

（1）公司盈利能力。这个变量的衡量指标比较多，本文采用的是净资产收益率来衡量公司的盈利能力。

（2）公司信誉。企业的偿债能力在一定程度上反映了企业的信誉度，所以本文用利息保障倍数来表示企业的偿债能力。

（3）公司成长机会。成长机会也是影响融资方式的一个重要变量，本文用总资产的增长率来表示公司成长机会的大小。

（4）资本结构。衡量资本结构的指标比较多，本文采用资产负债率来表示。

（5）波动性。根据冯根源、吴林江和刘世彦（2000）、肖作平（2004）对收入变异程度的衡量，本文采用主营业务的标准差率作为波动性的替代变量。

（6）信息不对称程度。杨兴全（2008）对信息不对称程度的度量是根据无形资产的比例与样本均值的大小比较来表示的。本文借鉴这个定义的方法，采用无形资产比例与样本均值的差来表示，差值越大，表示不对称信息程度越大。

（7）融资风险。融资风险又称为财务风险，是由于债务融资给企业的股东带来的收益的不确定性。本文根据袁业虎（2004）的分析，通过财务杠杆系数法来衡量，财务杠杆系数越大，财务的风险就越大，融资风险也就越大。

其他变量的说明和计算公式见表 1。

表 1　变量的说明

变量类型	指标类别	变量名称	变量简称	变量的计算
被解释变量	融资方式	债券融资率	ALA	扣除银行借款后的负债与总资产的比率
		内源融资率	IFA	（未分配利润+盈余公积+折旧）/总资产
		股权融资率	EFA	（股本+资本公积）/总资产
		银行借款率	LDA	银行贷款额与总资产的比率
解释变量	盈利能力（采用净资产收益率表示）	内部留存收益率	RER	（盈余公积+未分配利润）/总资产
		每股收益	EPS	（息税前利润−利息）/普通股股数
		净资产收益率	ROE	净利润/股东权益
	公司规模（用总资产的自然对数表示）	总资产自然对数	STA	Ln（总资产）
		主营业务收入自然对数	SM	Ln（主营业务收入）
	融资成本	债务融资	Kd	税后利息率
		股权融资	Ks	（预期股利/股票价格）+股利增长率
		银行贷款	Kr	借款的利率
	波动性	波动性	VOL	主营业务标准差率
	资本结构	资产负债率	ADP	负债/总资产
	资产流动性	流动资产比率	LDP	流动资产与流动负债的比
	股利支付	股利支付率	DIV	股利支付数与净利润之比
	偿债能力（表示企业信誉）	利息保障倍数	ITM	（利润总额+利息费用）/利息费用
	公司成长机会（用总资产增长率表示）	托宾 Q 值	TQ	企业总资产的市场价值/企业总资本的重置成本
		总资产增长率	TAG	（t 年总资产−t−1 年总资产）/t−1 年总资产

变量类型	指标类别	变量名称	变量简称	变量的计算
解释变量	所有权结构	国有股比例	GFG	国有股/总股数
		法人股比例	LFG	法人股/总股数
		普通股比例	CCG	普通股/总股数
	税收效应	非债税盾	NDT	折旧/总资产
	有形资产比率	存货+固定资产比	IFA	(存货+固定资产)/总资产
	信息不对称程度	无形资产比率差	MBV	无形资产比率-样本均值
	融资风险	财务风险（财务杠杆系数表示）	DFL	息税前利润/(息税前利润-利息)
	股权集中度	股东权益集中度	CF	前十大股东赫芬达尔指数

2. 模型的建立。本文采用的是面板数据，根据面板数据的特征建立下面的模型：

$$Y_{it} = \alpha^{(j)} + \beta' X_{it}^{(j)} + \upsilon_{it}^{(j)}, \quad j = 1, 2, 3, 4 \tag{1}$$

其中，Y_{it} 是被解释变量，即表示的是不同的融资方式，$Y_{it} = (ALA_{it} \quad IFA_{it} \quad EFA_{it} \quad LDA_{it})'$ 表示第 i 个公司第 t 年的融资方式。$\alpha^{(j)}$ 为截距项，β' 为参数向量，$\beta = (\beta_1, \beta_2, \beta_3, \beta_4)'$，分别表示四种融资方式模型中参数向量。$X_{it}^{(j)}$ 表示不同模型的变量，其中债券融资率模型的解释变量表示如下：

$$X_{it}^{(1)} = (ROE, SAT, k_d(K_r, K_s), DFL, VOL, ADP, LDP, DIV, TAG,$$
$$GFG(CCG, FFG), NDT, CF, MBV, ITM, FAP)' \tag{2}$$

其他模型的变量表示与此类似。$\upsilon_{it}^{(j)}$ 代表模型中可能被遗漏的其他影响因素（如体现截面与时序同时变化的因素），它满足期望值为零的独立同分布假设。

（二）样本的收集与处理

根据上面的模型和变量的定义，选择样本，手工进行数据收集、处理。样本数据来源于 RESET 数据库，经过样本的手工筛选和数据处理，确定研究模型，并进行数据分析。

1. 样本筛选基本条件

（1）样本只选择非金融类上市公司数据，以消除资本结构的影响。

（2）剔除有异常值和缺失某些变量的公司。按照上面条件进行样本数据的筛选，共收集了 662 家非金融类上市公司的 2008~2010 年数据进行分析。

2. 样本的描述性统计

为减少篇幅，本文只对融资方式进行描述性统计，且只列出描述性统计中的均值（各个行业四种融资方式三年的平均值和四种融资方式比率的均值），结果见表 2、图 1 和表 3。

根据上面的结果，我国各种融资方式在总融资额中所占的份额，即四种融资方式还有我国上市公司的其他融资方式的比率分布见图 2。

表 2　不同行业年份综合的融资方式比率均值

行业分类及样本数	各个行业的年度综合融资指标			
	内源融资率	股权融资率	债券融资率	银行贷款率
农、林、牧、渔（13）	0.056955	0.429559	0.240591	0.249689
采掘（5）	0.229691	0.202806	0.274657	0.28013
制造（370）	0.105293	0.337537	0.277954	0.253534
电力煤气等（47）	0.090844	0.294961	0.18619	0.394683
建筑（17）	0.069786	0.43322	0.235606	0.234568
交通运输和仓储（22）	0.138351	0.370899	0.197023	0.266994
信息技术（29）	0.071436	0.374143	0.3139	0.20941
批发和零售贸易（52）	0.071316	0.296922	0.375568	0.2246
房地产业（55）	0.089466	0.295439	0.324255	0.267106
社会服务（19）	0.163673	0.412137	0.236694	0.230032
传播文化（4）	0.095492	0.443214	0.226187	0.210336
综合类（29）	0.060394	0.34817	0.298538	0.276602
总平均（1986）	0.098627	0.331956	0.284472	0.260638

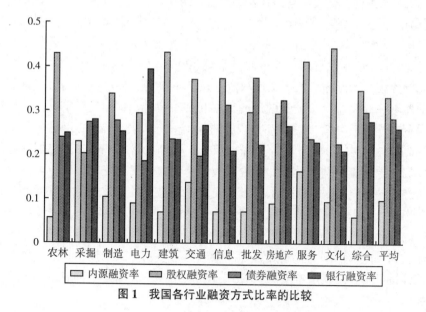

图 1　我国各行业融资方式比率的比较

表 3　不同年份的行业综合的融资方式比率的均值

年份	行业间综合融资方式比率的均值			
	内源融资率	股权融资率	债券融资率	银行贷款率
2008	0.076786	0.33626	0.291983	0.259614
2009	0.08342	0.338454	0.285316	0.255834
2010	0.136564	0.321283	0.276146	0.266475
综合	0.098647	0.331976	0.284452	0.260658

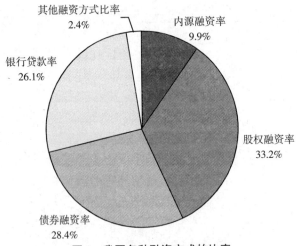

图 2　我国各种融资方式的比率

从表 2 和图 1 中可以看出，不同行业融资方式是不同的，农、林、牧、渔业股权融资额占总融资的 43%，制造业、交通运输和仓储业、建筑业、信息技术业、社会服务业、传播文化业、综合类等行业也是以股权融资为主。采掘业、电力煤气等产业主要是银行贷款融资。批发和零售业、房地产业主要是债券融资。各个产业虽然采取的融资方式不同，但是我国大多数公司还是偏好于股权融资的。肖泽忠和邹宏（2008）研究结果也证实了我国上市公司的股权融资偏好。表 2 行业综合数据也反映了这一基本事实，样本数据告诉我们，我国公司股权融资的比率在 32% 以上；债券融资的比率在 27% 以上；银行贷款的比率在 25% 以上。

内源融资数据比较分散，说明各个产业情况不一。从表 2、表 3 可见采掘业内源融资率最高，达到 23%；农、林、牧、渔业内源融资率最底，仅为 5.7%；与国际上发达国家相比，我国的内源融资比例明显偏低，说明我国企业自主发展能力较弱。李丽霞、徐海俊和孟菲（2005）的研究结果也说明了以上事实。内源融资的严重不足，如果外源融资出现困难，就会出现灯似东莞、温州地区的"跑路"老板。一般认为我国企业资金来源的存在一定问题，内源融资严重匮乏，与发达国家差距甚远。这使我国企业发展后劲不足，不利于企业长远。如果企业内部资金不足，外源资金通道不畅，就会加剧企业的破产风险。

从以上分析可知，融资成本对融资方式有较大影响，下面是不同融资方式融资成本率的描述性统计结果，见表 4。

表 4　不同年份行业综合的融资成本率的均值

年份	行业间综合融资方式成本的均值		
	股权融资成本率	债券融资成本率	银行贷款成本率
2008	0.05419	0.026413	0.0248
2009	0.107653	0.10243	0.0148
2010	0.09882	0.046574	0.0218
综合	0.086888	0.058472	0.02047

利用上面综合数据，绘制出我国融资方式成本率柱状图，见图 3。

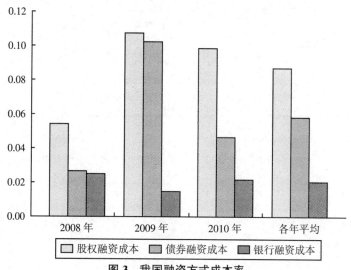

图 3　我国融资方式成本率

从表 4、图 3 可以看出，我国上市公司融资成本的顺序符合融资优序理论。其中，2009 年我国上市公司股权融资和债券融资成本率最高，2010 年债券融资成本率迅速下降，这可能与 2010 年的金融危机有很大关系。总体来看，我国上市公司股权融资成本率比较大，其次是债券融资，最后是银行贷款。这与已有文献和研究结果完全一致，充分反映了我国上市公司偏好股权融资的事实。这也告诉我们，融资成本仅仅是影响融资方式选择的重要因素之一，一定还有其他因素影响我国上市公司融资方式的选择。

（三）模型检验

本文所选的数据是 2008~2010 年的 662 家上市公司，时间跨度比较短，截面个体比较多，根据这样的数据特征，本文选用固定效应模型对数据进行分析，具体回归结果见表 5。

表格中括号内就是 p 值，表示回归结果的误判概率值，用以判断解释变量对于被解释变量影响是否显著。其中，*、**、*** 分别表示在 10%、5%、1% 的水平上显著，为了解决资产负债率与其他因素的共线性问题，在模型中单独研究资产负债率与融资方式之间的关系。同理，研究中把表示所有权结构的国有股比例（GFG）、法人股比例（LFG）、流通股比例（CCG）也分别引入模型，结果见表 5。

表5　融资方式影响因素的固定效应的回归结果

变量	债权融资率模型 (ALA)	内源融资率模型 (IFA)	银行贷款率模型 (LDA)	股权融资率模型 (EFA)
常数 C	0.072045 (0.1000)*	−0.149948 (0.0125)	1.223792 (0.0000)***	−0.058377 (0.4775)
股权集中度 (CF)	0.064659 (0.0193)**	0.011198 (0.2496)	−0.094535 (0.0000)***	0.035803 (0.0000)***
资产负债率 (ADP)	0.130662 (0.0000)***	−0.051515 (0.0000)***	−0.181424 (0.0000)***	0.131708 (0.0000)***
融资风险 (DFL)	−0.000635 (0.0000)	0.002065 (0.0000)***	−0.000813 (0.0000)***	2.39E−05 (0.7899)
有形资产比 (FAP)	0.039242 (0.0000)***	0.002979 (0.2905)	−0.066981 (0.0000)***	0.027083 (0.0000)***
债务融资成本率 (Kd)	−0.004584 (0.0316)**	—	—	—
银行贷款融资成本率 (Kr)	—	—	−0.900643 (0.0000)***	—
股权融资成本率 (Ks)	—	—	—	−0.01573 (0.0001)***
利息保障倍数 (ITM)	0.000753 (0.0000)***	0.000337 (0.0000)***	−0.000163 (0.0960)*	−0.000798 (0.0000)***
流动资产比 (LDP)	−0.022223 (0.0000)***	0.014298 (0.0000)***	0.011062 (0.0000)***	−0.002684 (0.3988)
信息不对称程度 (MBV)	−0.052540 (0.0000)***	0.070173 (0.0000)***	−0.011829 (0.2394)	−0.021279 (0.0037)***
净资产收益率 (ROE)	−0.019039 (0.0000)***	0.009501 (0.0000)***	0.011866 (0.0000)***	0.004436 (0.1522)
股利支付率 (DIV)	0.000374 (0.6434)	−0.002382 (0.0000)***	0.004418 (0.0000)***	−0.001051 (0.0006)***
非债务税盾 (NDT)	−0.000308 (0.0000)***	−6.67E−06 (0.9493)	−0.000783 (0.0000)***	0.000696 (0.0000)***
公司规模 (SAT)	0.006793 (0.0030)***	0.012432 (0.0001)***	−0.034442 (0.0000)***	0.013222 (0.0000)***
成长机会 (TAG)	0.004566 (0.0000)***	−0.008867 (0.0000)***	−0.002571 (0.3903)	0.001040 (0.0554)**
波动性 (VOL)	−0.040219 (0.0000)***	−0.009039 (0.0000)***	0.019799 (0.0000)***	0.016800 (0.0000)***
国有股比例 (GFG)	0.000411 (0.0000)***	−0.000584 (0.0000)***	0.000218 (0.0000)***	−0.000480 (0.0000)***
法人股比例 (LFG)	−0.000198 (0.0132)**	−0.000677 (0.0000)***	0.000455 (0.0000)***	0.000108 (0.0589)*
流通股比例 (CCG)	0.000230 (0.0000)***	0.000587 (0.0000)***	−0.000224 (0.0000)***	−0.000548 (0.0000)***
拟合优度 R^2	0.995724	0.996960	0.997877	0.989941

变量	债权融资率模型 (ALA)	内源融资率模型 (IFA)	银行贷款率模型 (LDA)	股权融资率模型 (EFA)
修正 R²	0.993524	0.995396	0.996781	0.984745
F 值	450.4571 (0.0000)***	635.9166 (0.0000)***	909.4585 (0.0000)***	190.4133 (0.0000)***
DW 值	2.838060	2.465328	2.798174	2.717116

三、融资方式影响因素的实证结果分析

结合上文的理论分析和选定样本的实证研究结果，对于我国上市公司融资方式影响因素分析如下。

（1）股权集中度（CF）、有形资产比（FAP）、公司规模（SAT）三种因素对于债券融资、银行贷款、内源融资、股权融资四种融资方式具有基本一致的影响。三种因素对于债券融资、内源融资、股权融资三种融资方式具有正向影响，而对于银行贷款这种融资方式具有负向影响。样本数据表明，有实力（有形资产比、公司规模等因素）且控制权比较集中（股权集中度）的公司，不喜欢银行贷款这种融资方式；他们更偏爱债券融资、内源融资、股权融资三种融资方式。这也从一个方面说明，有实力且控制权比较集中的公司做事更规矩，喜欢比较规矩的融资方式。

（2）资产负债率（ADP）、成长机会（TAG）两种因素对于债券融资、银行贷款、内源融资、股权融资四种融资方式具有相似的影响。两种因素对于债券融资、股权融资两种融资方式具有正向影响，而对于内源融资、银行贷款两种融资方式具有负向影响。实证研究结果表明，新兴（成长机会表示）且经营风险高（资产负债率表示）的公司，通过银行融资比较困难，他们对于资金的需要，只有通过债券融资、股权融资两种融资方式解决。新兴公司要通过内源融资方式解决自身的资金需要，显然也是非常困难的。

（3）利息保障倍数（ITM）、流通股比例（CCG）两种因素对于债券融资、银行贷款、内源融资、股权融资四种融资方式具有类似的影响。两种因素对于债券融资、内源融资两种融资方式具有正向影响；而对于股权融资、银行贷款两种融资方式具有负向影响。样本数据实证研究说明，偿债能力强（利息保障倍数描述）且股票价格合理的公司，偏爱债券融资，因其规范性比较强；而不喜欢银行贷款，因其规范性不如债券融资；也不喜欢股权融资，因其对于公司治理影响比较大。

（4）股利支付率（DIV）、国有股比例（GFG）两种因素对于债券融资、银行贷款、内源融资、股权融资四种融资方式具有基本一致的影响。两种因素对于股权融资、内源融资两种融资方式具有正向影响；而对于债券融资、银行贷款两种融资方式具有负向影响。股利分配是一个十分复杂的问题，样本数据实证研究结果再次证明，股利支付率越高，对于股东和潜在的投资者的吸引力越强，公司就越容易采取股权融资的融资方式，而不喜欢采取风险比较高的债券融资、银行贷款的融资方式。国有股比例与此具有类似的影响，国有股比例本身对于公司治理的影响机理也是很有意思的话题。

（5）波动性（VOL）、法人股比例（LFG）两种因素对于债券融资、银行贷款、内源融资、股权融资四种融资方式具有基本类似的影响。但是，波动性、法人股比例和利息保障倍数、流通股比例对于债券融资、银行贷款、内源融资、股权融资四种融资方式影响方向恰恰相反。波动性、法人股比例对于股权融资、银行贷款两种融资方式具有正向影响，而对于债券融资、内源融资两种融资方式具有负向影响。由于公司经营的不稳定（波动性表示），公司一方面为了避免债务融资方式的硬约束，而偏爱股权融资方式；另一方面获取较高的风险回报，也可能偏爱银行贷款，看似具有比较矛盾的结果，恰是公司经营的波动性造成的。因为，站在波峰角度选择融资方式和站在波谷角度选择融资方式，结果当然是不一致的。

（6）融资风险（DFL）对于内源融资、股权融资两种融资方式具有正向的影响，对于债券融资、银行贷款两种融资方式具有负向的影响。这说明中国企业的融资偏爱大多企业都尽量选取具有软约束特征的融资方式，而不喜欢具有硬约束特征的融资方式。

（7）流动资产比（LDP）对于内源融资、银行贷款两种融资方式具有正向的影响，对于股权融资、债券融资两种融资方式具有负向的影响。看似矛盾的结果，对于同类融资方式具有不同的影响方向，正流动资产比这一因素的复杂性——这一指标过大过小都不好。

（8）信息不对称程度（MBV）对于内源融资方式具有正向的影响，对于股权融资、债券融资、银行贷款两种融资方式具有负向的影响。显而易见，外界越是难以了解公司信息，公司就越是难以从外界获得资金。

（9）净资产收益率（ROE）对于债券融资方式具有负向的影响，对于股权融资、内源融资、银行贷款三种融资方式具有正向的影响。净资产收益率是企业经营状况的一个非常重要指标，企业效益好，其可以选择的融资方式就多，中国企业就会选择其偏爱的具有软约束特征的股权融资或者融资成本比较低的银行贷款。

（10）非债务税盾（NDT）对于股权融资方式具有正向的影响，对于债券融资、银行贷款、内源融资三种融资方式具有负向的影响。这与 MM 定理的基本假设是完全一致的，充分反映了企业追求价值最大化的基本目标。

其中，显示成长机会（TAG）因素与债券融资率具有正相关关系，这与信息传递理论分析的结果是一致的；公司规模（STA）因素与债券融资率具有正相关关系，与权衡模型理论的结论分析一致；净资产收益率（ROE）因素反映了我国股权融资偏好的实际；收入波动性（VOL）因素与债券融资率具有负相关关系，符合理论分析和我国的实际情况，反映了企业倾向于选择债券融资来规避波动引发的风险。

内源融资、银行贷款、债券融资等模型的拟合优度（R^2）达到 0.99 以上，说明模型回归模拟效果良好，而股权融资模型的拟合优度也达到了 0.98，F 值全部通过检验。本研究理论分析得到了实证支持，实证分析结果也在一定程度上反映了我国经济的实际情况。所以本文实证研究过程和研究结论可靠，也具有一定的现实意义。

四、政策建议与展望

从以上理论分析和实证研究结果可以看出，影响我国上市公司主要因素有：融资风险、融资成本、公司规模、企业性质、资本结构、公司信誉、资产流动性、信息的对称性、获利能力、成长机会、收入波动性。企业要综合考虑自身的实际情况，选择符合自己的综合成本最小、剩余收益最大的融资方式。下面就根据本文的结果对我国上市公司提出几点建议：

（1）增加内源融资比率，提高自身融资能力，减少对于外源融资的依赖。描述性统计结果和实证研究结果都证明，我国内源融资率比较低，所以企业要充分利用内部资金，即增加内源融资比率，降低企业对于外源融资的依赖，降低企业融资风险。我国企业内源融资比率低的原因可能有二：一是企业盈利能力不足，也可以解读为中国企业的创新能力不足，对此 2012 年召开的全国科技创新大会提出了"要强化企业技术创新主体地位，促进科技与经济紧密结合"；二是企业可能具有较强的盈利能力，但是经营成本过高，如一些高度垄断的大型国字号企业，对此垄断行业分配问题的亟待解决，已经成为政府十分关心的问题之一。

（2）银行要加大力度支持中小企业发展。中小企业尚处于成长阶段，有很多成长机会，需要资金的支持。实证研究结果显示，中小企业偏爱银行贷款的融资方式，实践中中小企业又较难从银行获得贷款支持。从融资方式成本分析看，银行贷款成本比较低，所以企业尽可能通过银行贷款来解决资金不足的问题。对此，2011 年 10 月 12 日国务院专门召开会议研究小微企业的金融财税政策，大力支持小微企业发展。

（3）中国国有或国有控股企业偏爱股权融资是不争的事实。样本数据分析结果与此似乎相左，可是仔细分析，也确实有些道理。国有企业不仅占有股权融资的优势，还要占据债券融资、银行贷款的好处，于是就出现了国有企业"全融资"现象，这就与实证分析结果相一致了。当然，我们也寄希望于通过债券融资，银行贷款的硬约束，在一定程度上限制经理人行为，以尽量弱化国有企业"代理人"逆向选择和道德风险的可能。

（4）对于资产流动性较强的企业，由于其资产周转较快，应该具有比较稳定的现金流，这样企业可能具有比较充足的资金，可以选择选择内源融资，或者银行贷款融资，以实现企业价值最大化。

（5）对于波动较大的企业，经营不稳定，存在比较大的风险，自然不会有太多的内部资金，企业要发展就必须借助外源融资。根据本文分析结果，选择适合银行贷款和股权融资的方式。

　　本文是根据大量文献，结合已有研究，充分分析了我国具体的融资环境之后得出了自己的见解。创新之处在于，把我国主要融资方式分为四种，分别建立模型进行实证研究，这在本文查阅到的文献中是没有的，特别是对我国银行贷款和内源融资这两种融资方式的研究。另外就是在经典理论的基础上，对我国融资方式有影响的主要因素进行理论分析，通过实证研究进行了检验，分析得出了对我国上市公司融资方式影响的主要影响因素，并根据本文研究结果提出相应的政策建议。

　　当然，本文也有不足之处，有些变量如法律因素难以量化而没有引入模型。另外，对于国有或国有控股企业融资现象，还需要进一步深入分析。还有，对于中小企业融资问题，也需要作更具体、深入的调查研究，以其探索切实可行的融资模式。

参考文献

[1] Sumit Agarwal, Hamid Mohtadi. Financial Markets and the Financing Choice of Firms: Evidence from Developing Countries [J]. Global Finance Journal, 2004 (15): 57–70.

[2] Hong Zou, Jason Zezhong Xiao. The Financing Behaviour of Listed Chinese Firms [J]. The British Accounting Review, 2006 (38): 239–258.

[3] Thomas Flavin, Thomas O'Connor. The Sequencing of Stock Market Liberalization Events and Corporate Financing Decisions [J]. Emerging Markets Review, 2010 (11): 183–204.

[4] "直接融资方式趋势研究" 课题组. 我国直接融资方式发展趋势及政策 [J]. 管理世界, 1999 (6): 40–49.

[5] 王佩艳, 耿强, 汪建. 融资模式效率比较与我国融资模式的选择 [J]. 财经研究, 2000 (8): 39–45.

[6] 赵蓓文. 企业融资结构理论与中国企业融资模式的选择 [J]. 世界经济研究, 2001 (5): 78–83.

[7] 李义超. 我国上市公司融资结构实证分析 [J]. 数量经济技术经济研究, 2003 (6): 149–152.

[8] 蒋殿春. 中国上市公司资本结构和融资倾向 [J]. 世界经济, 2003 (7): 43–53, 80.

[9] 杨其静. 创业者的最优融资契约安排研究 [J]. 经济科学, 2004 (4): 35–47.

[10] 马逸斐. 我国上市公司融资方式研究 [J]. 财会研究, 2004 (10): 39–42.

[11] 赵翔. 影响企业选择融资方式的主要因素 [J]. 商业经济, 2005 (9): 72–73.

[12] 吴琼. 我国上市公司融资方式选择分析 [J]. 黑龙江对外经贸, 2005 (8): 75–76.

[13] 王雪, 张慧. 我国上市公司融资行为现状分析 [J]. 北方经济, 2007 (1): 58–59.

[14] 刘芳. 论企业融资方式的选择 [J]. 北方经济, 2008 (20): 77–78.

[15] 云星华. 企业融资方式的比较与选择 [J]. 当代经济, 2010 (4): 28–29.

[16] 黄飞鸣. 试论中小企业融资渠道的选择 [J]. 商业研究, 2005 (7): 39–42.

[17] 肖泽忠, 邹宏. 我国上市公司资本结构的影响因素和股权融资偏好 [J]. 经济研究, 2008(6): 119–134, 144.

[18] 王玉荣. 我国上市公司融资结构决定因素的实证分析 [J]. 工业技术经济, 2005 (4): 127–131.

[19] 冯根福, 吴林江, 刘世彦. 我国上市公司资本结构形成的影响因素分析 [J]. 经济学家, 2000 (5): 59–66.

[20] 肖作平. 上市公司资本结构选择模式及实证研究 [J]. 证券市场导报, 2004 (8): 27–32, 81.

[21] 杨兴全. 上市公司债务融资结构研究 [M]. 北京: 经济管理出版社, 2008: 9–36.

［22］袁业虎. 融资风险测量方法探讨［J］. 当代财经，2004（3）：102–103，106.

［23］李丽霞，徐海俊，孟菲. 我国中小企业融资体系的研究［M］. 北京：科学出版社，2005：89–103.

Empirical Study on Financing Behavior Factors of Listed Chinese Firms

Li Bin，Sun Yuejing

Abstract：Financing to the external is an inevitable trend for the developmental enterprises. In order to achieve the minimum costs and maximum profits，it is necessary for the enterprises to take many factors into account when choosing the financing behavior. This paper divides the financing behavior of listed China's firms into bond financing，equity financing，bank loans and internal financing. Moreover，using theoretical and empirical methods，we examine the factors which can affect the four financing behavior of the listed firms，and analyze how the factors affect the choice of financing behavior.

Key Words：Financing Behavior；Fixed Effect；Financing Cost；Financing Risk

第二节

英文期刊论文精选

Title： Capital Structure and Debt Priority

Periodical： Financial Management

Author： Sami Attaoui，Patrice Poncet

Date： Winter 2013

Abstract： We study a defaultable firm's debt priority structure in a simple structural model where the firm issues senior and junior bonds and is subject to both liquidity and solvency risks. Assuming that the absolute priority rule prevails and that liquidation is immediate upon default, we determine the firm's interior optimal priority structure along with its optimal capital structure. We also obtain closed-form solutions for the market values of the firm's debt and equity. We find that the magnitude of the spread differential between junior and senior bond yields is positively, but not linearly related to the total debt level and the riskiness of assets. Finally, we provide an in-depth analysis of probabilities of default and the term structure of credit spreads.

Key Words： Capital Structure；Debt Priority；Liquidity Risk

文章名称：《资本结构与债务优先权》

期刊名称：《财务管理》

作者：萨米·阿塔维、帕特里斯·庞塞特

出版时间：2013 年冬

内容摘要：优先级债务和次级债务并存、流动性风险和偿付能力风险共担是市场上许多违约公司面临的共同现状。为了探究这些公司的债务优先权结构安排，本文构建了一个简单的结构模型，在遵循绝对优先原则和破产后立即清算的假设前提下，确定了公司内部最佳的优先权结构和资本结构，得到了公司债务和权益市场价值的闭式解，并通过进一步分析发现优先级和次级债务收益率之间的利差波幅为正，但其与总债务水平、资产风险不构成线性相关关系。在此基础上，本文还深入探讨了违约概率和信用利差期限结构。

关键词：资本结构；债务优先权；流动性风险

Title：CEO Incentives and Earnings Prediction

Periodical：Review of Quantitative Finance & Accounting

Author：James Jianxin Gong, Siyi Li

Date：May 2013

Abstract：This study investigates whether information about Chief Executive Officer (CEO) incentives is useful for predicting future earnings. We find that in companies with higher CEO equity incentives, current year earnings are more informative of future earnings than in other companies. Additionally, in an earnings prediction setting, CEO incentives are shown to provide information about future earnings that is incremental to current earnings or earnings components. The predictive power of CEO incentives for future earnings is robust to the inclusion of other predictors of future earnings. Furthermore, we find that CEO incentives are predictive of "real" future earnings, as represented by operating cash flow and non-discretionary accruals, but not predictive of future discretionary accruals. Finally, we find that financial analysts do not incorporate information about CEO incentives when they forecast future earnings. This result suggests that incorporating CEO incentives can potentially improve analyst forecasts of future earnings.

Key Werds：Executive Compensation；Equity Incentives；Incentive Structure；Earnings Prediction；Earnings Informativeness；Analyst Forecast；Agency Theory

文章名称：《CEO 激励与盈余预测》

期刊名称：《计量财务和会计评论》

作者：詹姆斯·功建新、李思忆

出版时间：2013 年 5 月

内容摘要：本文探讨 CEO 股权激励是否为未来盈余预测提供了有用的信息。研究发现：与其他公司相比，CEO 股权激励较高的公司当前盈余信息对未来盈余的预测能力更强。除此之外，未来盈余通常与当前业绩和利润要素有着天然的联系，在盈利预测模型中 CEO 股权激励提高了未来盈余预测的信息质量，由此可见 CEO 股权激励对未来盈余的预测能力比其他盈余预测要素更强。进一步的研究显示，CEO 股权激励预测的是真实的未来盈余（即用经营活动现金流和非操控性应计利润来表示的真实未来盈余）而非未来可操控性应计利润；而分析师在对未来盈余进行预测时并没有考虑 CEO 股权激励所包含的信息。这一结果表明考虑 CEO 股权激励能够提高分析师预测的准确性。

关键词：高管薪酬；股权激励；激励结构；盈余预测；盈余信息量；分析师预测；代理理论

Title：Controlling Shareholders' Opportunistic Use of Share Repurchases

Periodical：Review of Quantitative Finance & Accounting

Author：Hyo Jin Kim, Hoje Jo, Soon Suk Yoon

Date：August 2013

Abstract：This study examines how share repurchase and dividend policies are influenced by controlling shareholders in an emerging market. We maintain that the controlling shareholders can utilize share repurchase opportunistically, particularly when they exercise voting rights in excess of cash-flow rights. The evidence of Korean firms suggests that the wedge between the voting rights and cash-flow rights positively affects share repurchases but negatively affects cash dividends. We also find that share repurchases are not always supported by operating performances. The results indicate that firms may utilize share repurchases as a means to pursue private benefits of the controlling shareholders. We also document that share repurchases do not substitute for cash dividends, suggesting that share repurchases are not genuine distributions. Furthermore, we find that the wedge of share repurchases reduces firm value. Overall, our results indicate that the controlling shareholders of Korean firms use share repurchases opportunistically rather than strategically.

Key Words：Controlling Shareholders; Share Repurchases; Dividends; Wedge; Cash-flow Rights; Voting Rights

文章名称：《股份回购中控股股东的机会主义行为》

期刊名称：《计量财务和会计评论》

作者：金孝珍、霍杰·乔、苏尹淑

出版时间：2013 年 8 月

内容摘要：本文研究在一个新兴市场中控股股东如何影响公司的股份回购和股利政策。我们认为控股股东很可能会利用股份回购开展一系列机会主义行动，尤其是当他们所行使的投票权超过现金流量权的时候。通过对韩国上市公司的实证研究发现，随着投票权和现金流量权之间差异的扩大，股份回购的规模或概率会越大，而现金股利分配的规模或概率会越小。同时，我们还发现经营业绩并不能总是支持股份回购，这表明公司可能将股份回购作为一种帮助控股股东实现个人私利的手段，它不能作为现金股利分配的替代措施，因此也不是真正意义上的分配。进一步研究发现，股份回购中两权份额的差距会降低企业价值。总的来说，我们的研究表明韩国公司的控股股东实施股份回购的机会主义目的多于战略性目的。

关键词：控股股东；股份回购；股利；差距；现金流量权；投票权

Title：Corporate Diversification and the Cost of Capital

Periodical：The Journal of Finance

Author：Rebeccan. Hann，Maria Ogenva，Oguzhan Ozbas

Date：October 2013

Abstract：We examine whether organizational form matters for a firm's cost of capital. Contrary to the conventional view，we argue that coinsurance among a firm's business units can reduce systematic risk through the avoidance of countercyclical deadweight costs. We find that diversified firms have，on average，a lower cost of capital than comparable portfolios of stand-alone firms. In addition，diversified firms with less correlated segment cash flows have a lower cost of capital，consistent with a coinsurance effect. Holding cash flows constant，our estimates imply an average value gain of approximately 5% when moving from the highest to the lowest cash flow correlation quintile.

Key Words：Corporate Diversification；Cost of Capital；Coinsurance

文章名称：《企业多元化与资本成本》

期刊名称：《财经杂志》

作者：利贝坎·汉恩、玛利亚·欧根瓦、奥乌兹汗·厄兹巴斯

出版时间：2013 年 10 月

内容摘要：本文检验公司的组织形式是否对资本成本有重要影响。与传统观点相反，我们认为企业业务单元之间的共同保险能规避反周期的无谓损失，从而降低系统性风险。研究发现，相比于独立经营的公司，多元经营的公司资本成本更低。这是因为多元化公司不同业务单元间现金流的相关性更低，从而其资本成本更低，这一结果与共同保险效应一致。当保持现金流不变时，若现金流相关性从最高移至最低，企业价值增长均值约为 5%。

关键词：公司多元化；资本成本；共同保险

Title: Corporate Capital Budgeting and CEO Turnover

Periodical: Journal of Corporate Finance

Author: Abigail S. Hornstein

Date: April 2013

Abstract: When a firm has minimal agency and informational asymmetry problems it should make efficient capital budgeting decisions. Many firms over–invest prior to CEO turnover, halt investments in the period surrounding the turnover, and then greatly increase their level of expenditures. Empirical analysis of the cross–sectional and inter–temporal variation in the quality of firms' corporate capital budgeting decision reveals that the impact of CEO turnover is asymmetric between under–and over–investing firms, and this complements the larger literature using average firm–wide performance measures. Firms are more likely to have forced turnovers when there is more over–investment prior to the turnover, and these firms make more efficient investment decisions subsequently. Board influence is largely insignificant prior to a CEO turnover but is consistently associated with higher levels of investment subsequently.

Key Words: Capital Budgeting; Marginal Q; CEO Turnover

文章名称: 《公司资本预算与 CEO 变更》

期刊名称: 《公司财务》

作者: 阿比盖尔斯·霍恩斯坦

出版时间: 2013 年 4 月

内容摘要: 现有的观点普遍认为一个拥有最小代理问题和信息不对称问题的企业应该做出最有效的资本预算决策。实际上，许多公司在 CEO 变更前都会有过度投资现象，而在变更期间会停止投资行为并且大幅度提高支出水平。本文对公司资本预算决策质量的横截面数据和时间序列数据进行实证分析，结果表明 CEO 变更对投资不足和过度投资的企业的影响是非对称的，这为使用公司平均业绩作为投资效率衡量指标的文献提供了更多的补充。变更前 CEO 的过度投资行为越多，公司非常规变更（强迫离任）的可能性越大，并且这些公司随后会做出更有效的投资决策。同时，研究发现 CEO 变更前董事会的影响在很大程度上是微不足道的，但是随后投资水平的提高却与董事会有着密不可分的联系。

关键词: 资本预算；边际 Q；CEO 变更

Title：Debt Financing and Earnings Management：An Internal Capital Market Perspective

Periodical：Journal of Business Finance & Accounting

Author：Hong–Da Wang, Chan–Jane Lin

Date：September/October 2013

Abstract：This paper investigates the role internal capital markets play in mitigating earnings management of group firms. We predict that the funding advantages of internal capital markets from business affiliates obscure solvency problems resulting from higher leverage for individual firms within a group, which in turn mitigates their incentives for earnings management. Using Taiwanese firms as a sample, we provide evidence that is consistent with such a prediction. In particular, we show that higher group profitability reduces its member firms' sensitivity of earnings management to debt levels. Among business groups, earnings management in pyramidal groups is less sensitive to debt levels. We also find that the debt-abnormal accrual curve becomes smoother as group profitability increases when considering the non-monotonic relationship between firm leverage and earnings management.

Key Words：Business Groups; Pyramidal Ownership; Debt Financing; Earnings Management; Internal Capital Markets

文章名称：《负债融资与盈余管理：内部资本市场的视角》

期刊名称：《企业财务与会计》

作者：王大宏、林婵娟

出版时间：2013年9月/10月

内容摘要：这篇文章以中国台湾地区上市公司为样本，探究内部资本市场在缓解集团公司盈余管理问题上发挥的作用。实证结果显示：集团各分公司间内部资本市场的资金优势能够弱化集团内部单个公司高杠杆所带来的偿付能力问题，从而缓和这些公司进行盈余管理的动机；较高的集团盈利能力可以降低其成员公司盈余管理对负债水平的敏感度。在商业集团中，金字塔结构式企业的盈余管理对负债水平的敏感度相对较低。进一步研究还发现，当考虑企业杠杆和盈余管理之间的非单调关系时，债务异常收益率曲线会随着集团盈利能力的提高而变得平滑。

关键词：商业团体；金字塔式股权结构；负债融资；盈余管理；内部资本市场

Title：Divisional Managers and Internal Capital Markets

Periodical：The Journal of Finance

Author：Ran Duchin，Denis Sosyura

Date：April 2013

Abstract：Using hand-collected data on divisional managers at S&P 500 firms，we study their role in internal capital budgeting. Divisional managers with social connections to the CEO receive more capital. Connections to the CEO outweigh measures of managers' formal influence，such as seniority and board membership，and affect both managerial appointments and capital allocations. The effect of connections on investment efficiency depends on the tradeoff between agency and information asymmetry. Under weak governance，connections reduce investment efficiency and firm value via favoritism. Under high information asymmetry，connections increase investment efficiency and firm value via information transfer.

Key Words：Divisional Managers；Internal Capital Markets；Investment Efficiency；Firm Value

文章名称：《部门经理与内部资本市场》

期刊名称：《财经杂志》

作者：阮·达钦、丹尼斯·索休拉

出版时间：2013 年 4 月

内容摘要：我们以手工搜集的标准普尔 500 家公司部门经理的数据为样本，探究他们在内部资本预算中发挥的作用。研究发现与 CEO 存在社会关联的部门经理会获得更多的资本，这种关联使得对管理者影响力的衡量不仅仅局限于常规指标（比如资历、是否是董事会成员），他们甚至会影响管理层任命和资金分配。同时，这种关联对投资效率的影响取决于代理问题与信息不对称程度之间的权衡：当公司治理薄弱时，此关联会产生徇私行为进而降低投资效率和公司价值；当信息高度不对称时，此关联会通过信息传递提高投资效率和公司价值。

关键词：部门经理；内部资本市场；投资效率；公司价值

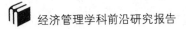
Title：How Do Share Repurchases Affect Ownership Concentration?

Periodical：The Journal of Corporate Finance

Author：Devra L. Golbe, Ingmar Nyman

Date：2013

Abstract：We study how share repurchases affect the ownership stake of outside blockholders in 950 publicly-traded US corporations from 1996 through 2001, using a control function approach to address the possible endogeneity of repurchases. We find that share repurchases tend to make outside ownership less concentrated：repurchasing 1% of outstanding common equity decreases the fraction owned by large shareholders by around 1.5% points. This may decrease outside shareholders' influence over firm decision –making. Our results are confirmed when we restrict the sample to institutional owners, but not to individual owners.

Key Words：Share Repurchases；Ownership Concentration；Blockholders；Corporate Governance

文章名称：《股份回购如何影响股权集中度?》

期刊名称：《公司财务》

作者：戴维拉·高比、英格玛·尼曼

出版时间：2013 年

内容摘要：本文以 1996~2001 年 950 家公开交易的美国公司为样本，采用控制函数控制回购可能存在的内生性问题，研究股份回购如何影响外部大股东的股权。研究发现，股份回购往往会分散外部股权：每回购 1%的发行在外的普通股就会使大股东持股比例降低1.5%，这表明股份回购可能会降低外部股东对公司决策的影响力。当我们进一步将样本限制为机构所有者而非个人所有者时，以上结论依然成立。

关键词：股份回购；股权集中度；大股东；公司治理

Title：Information Uncertainty，Earnings Management，and Long-run Stock Performance Following Initial Public Offerings

Periodical：Journal of Business Finance & Accounting

Author：Sheng-Syan Chen，Wen-Chun Lin，Shao-Chi Chang，Chih-Yen Lin

Date：November/December 2013

Abstract：We examine how information uncertainty surrounding IPO（initial public offering）firms influences earnings management and long-run stock performance. For low-information-uncertainty issuers，at-issue earnings' management is positively related to subsequent unmanaged earnings and has no relationship to market reaction to earnings announcement and long-run stock performance following the offering. For high-information-uncertainty issuers，however，at-issue earnings' management is unrelated to subsequent unmanaged earnings and negatively related to market reaction to earnings announcement and long-run stock performance following the offer. The evidence suggests that，on average，managers in low-information-uncertainty firms tend to engage in earnings' management for informative purposes，while managers in high-information-uncertainty firms engage in earnings' management for opportunistic purposes.

Key Words：Initial Public Offerings；Information Uncertainty；Earnings' Management；Long-run；Stock Performance

文章名称：《信息不确定、盈余管理和 IPO 后股价的长期表现》

期刊名称：《企业财务与会计》

作者：陈胜言、林文春、常少奇、林芝颜

出版时间：2013 年 11 月/12 月

内容摘要：本文探究 IPO 公司的信息不确定程度如何影响其盈余管理和长期股价表现。研究发现：对于信息不确定程度较低的发行公司，发行期的盈余管理与随后的托管收益呈正相关关系，与市场对盈余公告的反应和发行后的长期股价表现无关；对于信息不确定程度较高的发行公司，发行期的盈余管理与随后的托管收益无关，但是与市场对盈余公告的反应和发行后的长期股价表现呈负相关关系。以上结果表明，在信息不确定程度较低的公司中，管理者进行盈余管理常常是为了获得更多的信息；而在信息不确定程度较高的公司，管理者的盈余管理常常是一种机会主义行为。

关键词：首次公开发行；信息不确定；盈余管理；长期；股价表现

Title：The Effects of Management-board Ties on IPO Performance

Periodical：Journal of Corporate Finance

Author：Salim Chahine，Marc Goergen

Date：June 2013

Abstract：This paper studies the two potentially contrasting effects on IPO pricing and post-IPO operating performance of family ties as well as social ties the top management has with board members. While family ties may solve manager-owner conflicts of interests，they may also give rise to minority-shareholder expropriation and/or private benefits of control. Similarly，social ties may either create value or lead to entrenchment and excessive managerial power. Using Q-analysis to measure the strength of top manager ties to board members，we find that IPO performance is positively related to the strength of social ties，but negatively to the strength of family ties. We also find that，controlling for social ties，board independence affects both IPO pricing and post-IPO operating performance. Further，we show that the association between IPO performance and ties depends on whether they are with inside or outside directors.

Key Words：Social Tie；Family Tie；Entrenchment；Alignment of Interest；IPO Performance；Q-analysis

文章名称：《管理层—董事会关联对 IPO 绩效的影响》

期刊名称：《公司财务》

作者：萨利姆·查新、马克·格尔根

出版时间：2013 年 6 月

内容摘要：企业中的董事会成员大部分并非完全独立，而是与高层管理者存在着某种家族关联以及社会关联，而这两种关联对新股发行价格及 IPO 后企业经营绩效的影响很可能截然相反。虽然家族关联可能解决管理者和（或）所有者之间的第一类代理问题，但也有可能使大小股东间的第二类代理问题，或者说是大股东对私有利益的控制问题更加严峻。同样，社会关联可能会创造企业价值，也有可能导致管理层的自利行为或者管理层权力的泛滥。本文使用 Q-分析法来衡量董事会成员与高管之间的关联强度，研究发现 IPO 绩效与社会关联强度呈正相关关系，与家族关联强度呈负相关关系；在控制了社会关联的条件下，董事会独立性会同时影响新股发行价格及 IPO 后企业经营绩效。进一步的分析表明 IPO 绩效与这两种关联之间的内在联系取决于关联的另一端是内部董事还是外部董事。

关键词：社会关联；家族关联；防御；利益一致性；IPO 绩效；Q 分析

Title: The Role of Financial Reporting Quality in Mitigating the Constraining Effect of Dividend Policy on Investment Decisions

Periodical: The Accounting Review

Author: Santhosh Ramalingegowda, Chuan-Sheng Wang, Yong Yu

Date: May 2013

Abstract: Miller and Modigliani's (1961) dividend irrelevance theorem predicts that in perfect capital markets dividend policy should not affect investment decisions. Yet in imperfect markets, external funding constraints that stem from information asymmetry can force firms to forgo valuable investment projects in order to pay dividends. We find that high-quality financial reporting significantly mitigates the negative effect of dividends on investments, especially on R&D investments. Further, this mitigating role of financial reporting quality is particularly important among firms with a larger portion of firm value attributable to growth options. In addition, we show that the mitigating role of high-quality financial reporting is more pronounced among firms that have decreased dividends than among firms that have increased dividends. These results highlight the important role of financial reporting quality in mitigating the conflict between firms' investment and dividend decisions and thereby reducing the likelihood that firms forgo valuable investment projects in order to pay dividends.

Key Words: Financial Reporting Quality; Dividends; Investments

文章名称:《财务报告质量减轻股利政策对投资决策制约的作用》

期刊名称:《会计评论》

作者: 森多士·罗摩林格高达、王传圣、俞勇

出版时间: 2013 年 5 月

内容摘要: 米勒和莫迪利亚尼（1961）提出的股利无关理论认为，在完善的资本市场中股利政策不影响投资决策，但在不完善的市场中，信息不对称带来的外部融资约束会迫使企业为支付股利而放弃有价值的投资项目。本文发现高质量的财务报告能够显著减轻股利政策对投资（尤其是研发支出投资）的负作用，并且这种效果在增长期权份额较大或是股息减少的公司中更为明显。以上研究结果均表明财务报告质量在缓和公司投资与股利分配冲突中发挥了重要作用，加强上市公司信息披露，提高其财务报告质量，可以减少公司因发放股利而放弃有价值投资项目的可能性。

关键词: 财务报告质量；股利；投资

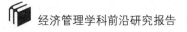

Title：Do Multinational and Domestic Corporations Differ in Their Leverage Policies?

Periodical：Journal of Corporate Finance

Author：Soon Hong Park，Jungwon Suh，Bernard Yeung

Date：August 2013

Abstract：This paper examines the leverage policies of multinational corporations （MNCs） in comparison to those of domestic corporations （DCs）. Prior studies document that MNCs have lower leverage levels. However，our analysis of U.S. firms over the period 1981–2010 reveals that the leverage levels of MNCs are not significantly lower than those of DCs if we control for key firm characteristics related to leverage levels. We also find that MNCs and DCs do not differ significantly in terms of their debt maturity structure，the speed of leverage adjustments，or the propensity to issue debt vs. equity （or vs. not to issue debt）. The results suggest that MNCs' financial policies atthe corporate level are not significantly influenced by their greater exposures，in comparison to DCs，to market imperfections such as taxes and regulations. Interestingly，however，our additional analysis of MNCs from outside the U.S. reveals that non-U.S. MNCs issue securities more frequently and adjust leverage faster than their domestic peers.

Key Words：Multinationals；Capital Structure；Speed of Leverage Adjustment；Security Issuance

文章名称：《跨国公司和国内企业在杠杆策略上有什么不同?》

期刊名称：《公司财务》

作者：朴颂鸿、徐君源、杨伯纳

出版时间：2013 年 8 月

内容摘要：本文对跨国公司的杠杆策略和国内公司的杠杆策略进行了比较。以前的研究表明跨国公司具有较低的杠杆策略，然而，我们对 1981~2010 年期间的美国公司进行分析比较表明，如果控制了有关杠杆水平的公司关键特征，跨国公司的杠杆水平并没有显著低于国内公司的杠杆水平。我们同时还发现，跨国公司和国内公司在债务期限结构、杠杆调整速度或发行债券和股票的倾向方面（或不发行债券）也没有显著不同。研究结果同时表明，与国内公司相比较，跨国公司在公司层面的财务政策并没有因为面临更大的市场风险而受到影响，如市场税收和法规方面的缺陷。然而有趣的是，进一步分析美国以外的跨国公司发现，非美国的跨国公司与其国内同行业公司相比，证券发行更加频繁，杠杆调整速度更快。

关键词：跨国公司；资本结构；杠杆调整速度；证券发行

Title: Dynamic Competition, Valuation, and Merger Activity

Periodical: The Journal of Finance

Author: Matthew Spiegel, Heather Tookes

Date: February 2013

Abstract: We model the interactions between product market competition and investment valuation within a dynamic oligopoly. To our knowledge, the model is the first continuous-time corporate finance model in a multiple firm setting with heterogeneous products. The model is tractable and amenable to estimation. We use it to relate current industry characteristics with firm value and financial decisions. Unlike most corporate finance models, it produces predictions regarding parameter magnitudes as well their signs. Estimates of the model's parameters indicate strong linkages between model-implied and actual values. The paper uses the estimated parameters to predict rivals' returns near merger announcements.

Key Words: Model; Firm Valuation; M&A Activity

文章名称:《动态竞争、估值和并购活动》

期刊名称:《财经杂志》

作者: 马修·斯皮格尔、希瑟图克斯

出版时间: 2013 年 2 月

内容摘要: 我们在产品市场竞争和动态寡头垄断的投资评估之间建立了一个交互模型。据我们所知,该模型是第一个关于产品异质性的多元化公司的公司财务连续时间模型。该模型易于处理,适合评估。我们用此模型将公司价值的行业特征和财务决策联系起来。不同于大多数的财务模型,它能够根据迹象生成预测参数值。模型的参数估计表明,实际值和模型估值之间存在强相关的关系。本文使用参数估计预测并购公告之前竞争对手的收益。

关键词: 模型;公司价值;并购活动

Title：How Important is Capital Structure Policy to Firm Survival?

Periodical：Journal of Corporate Finance

Author：Y. Peter Chung, Hyun Seung Na, Richard Smith

Date：April 2013

Abstract：If there is an economically important optimal capital structure, then firms that deviate too far from the optimum will face greater risk of failure or acquisition. Using data from the oil industry we find no significant evidence that capital structure policy affects acquisition or failure probability. Firms appear to increase leverage when they face attractive growth opportunities or when poor operating performance reduces equity value or compels borrowing. Firms are acquired when rapid growth has reduced financial slack. In a clinical examination, we address the question of how firms with persistently low leverage can operate and survive for many years without being targeted for acquisition. Our evidence supports the pecking-order hypothesis, including acquisition among potential financing sources.

Key Words：Capital Structure；Bankruptcy；Acquisition；Oil Exploration and Development；Neutral Mutation

文章名称：《资本结构策略对企业生存有多重要?》

期刊名称：《公司财务》

作者：钟彼特、那胜贤、理查德·史密斯

出版时间：2013 年 4 月

内容摘要：如果有一个经济上最优且重要的资本结构，那么企业严重偏离这个最优的资本结构将会面临更大的失败或收购风险。本文使用石油行业的数据，发现并没有显著证据表明资本结构政策影响并购或失败的概率。当公司面临有吸引力的增长机会或者经营业绩不佳而导致的股权价值减少或迫使借贷时，公司倾向于增加杠杆。公司的快速增长减少了财务冗余。我们要研究的问题是一个持续采取低杠杆策略的公司如何经营存活多年而没有成为收购的目标。本文的证据支持啄食顺序假设，包括收购潜在的融资来源。

关键词：资本结构；破产；收购；石油勘探开发；中性突变

Title：Managerial Ability and Earnings Quality

Periodical：The Accounting Review

Author：Peter R. Demerjian，Baruch Lev，Melissa F. Lewis，Sarah E. Mcvay

Date：March 2013

Abstract：We examine the relation between managerial ability and earnings quality.We find that earnings quality is positively associated with managerial ability. Specifically，more able managers are associated with fewer subsequent restatements，higher earnings and accruals persistence，lower errors in the bad debt provision，and higher quality accrual estimations. The results are consistent with the premise that managers can and do impact the quality of the judgments and estimates used to form earnings.

Key Words：Managerial Ability；Managerial Efficiency；Earnings Quality；Accruals Quality

文章名称：《管理能力与盈余质量》

期刊名称：《会计评论》

作者：彼得·R.德梅建、巴鲁克·列夫、梅丽莎·F.刘易斯、莎拉·麦克维

出版时间：2013 年 3 月

内容摘要：本文研究了管理能力和盈余质量的关系。研究发现管理能力和盈余质量呈正相关关系。具体来说，能力更强的管理者与更少的财务重述、更高的收益和收益的持续性、较低的坏账准备以及高质量的收益估计呈正相关关系。研究结果与上述假设一致，管理者能够影响判断的质量和对收益的估计。

关键词：管理能力；管理效率；盈余质量；应计质量

Title：Options Trading and the Cost of Equity Capital

Periodical：The Accounting Review

Author：Vic Naiker，Farshid Navissi，Cameron Truong

Date：January 2013

Abstract：This study examines how options trading affects the rate of return expected by investors，i.e.，the implied cost of equity capital. Our cross-sectional analysis suggests that firms with listed options have lower implied cost of equity capital than firms without listed options，while the results from our temporal difference-in-differences analysis suggest that firms with listed options experience a significant decrease in their implied cost of equity capital relative to a matched sample of firms without listed options following an options listing. Moreover，we find that within firms that have listed options，firms with higher options trading volume are associated with lower implied cost of equity capital. These findings，which are robust to a wide range of additional tests，are consistent with the view that options trading improves the precision of information and reduces information asymmetry problems，resulting in lower expected return on equity.

Key Words：Options Listing；Options Trading Volume；Information Asymmetry；Implied Cost of Equity Capital

文章名称：《期权交易和股权资本成本》

期刊名称：《会计评论》

作者：维克·纳尔科、那维西·法希特、卡梅隆·张

出版时间：2013 年 1 月

内容摘要：本文探讨了期权交易如何影响投资者的预期收益率，即权益资本的隐含成本。通过截面数据分析表明，拥有上市期权的公司，其股权资本成本比没有上市期权的公司要低。本文用双重差分分析表明，相比较于没有上市期权公司的权益资本隐含成本，拥有上市期权的公司的隐含权益资本成本显著减少。此外，本文还发现公司拥有上市期权且有较高的期权交易时，一般其隐含的权益资本成本较低。这些研究发现与假设一致，期权交易提高了信息的精准度，降低了信息不对称程度，从而导致了较低的预期资本回报率。

关键词：上市期权；期权交易量；信息不对称；隐含权益资本成本

Title：R&D and the Incentives from Merger and Acquisition Activity

Periodical：Reviews of Financial Studies

Author：Gordon M. Phillips，Alexei Zhdanov

Date：2013

Abstract：We provide a model and empirical tests showing how an active acquisition market affects firm incentives to innovate and conduct R&D. Our model shows that small firms optimally may decide to innovate more when they can sell out to larger firms. Large firms may find it disadvantageous to engage in an "R&D race" with small firms, as they can obtain access to innovation through acquisition. Our model and evidence also show that the R&D responsiveness of firms increases with demand, competition, and industry merger and acquisition activity. All of these effects are stronger for smaller firms than for larger firms.

Key Words：R&D；Merger and Acquisition Activity；Competition

文章名称：《研发和并购的动因》

期刊名称：《金融研究评论》

作者：戈登·M.菲利普斯、阿列克谢·日丹诺夫

出版时间：2013 年

内容摘要：我们通过模型和实证检验来表明，一个活跃的并购市场是如何影响企业的创新激励机制和研发活动。我们的模型表明，小型企业最佳的选择是在自身创新能力较强的时候出售给大型企业。大型企业可能发现，与小型企业相比，自身在"研发竞赛"中处于不利地位，因此它们会通过收购创新能力强的小型企业增强自身的创新能力。我们的模型和证据同时表明，需求、竞争以及行业并购活动都会提高公司对研发活动的响应。上述这些因素对小型企业的影响要强于对大型企业的影响。

关键词：研发；并购活动；竞争

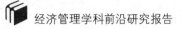

Title：The Effects of Relative Changes in CEO Equity Incentives on the Cost of Corporate Debt

Periodical：Journal of Business Finance & Accounting

Author：Andrew K. Prevost, Erik Devos, Ramesh P. Rao

Date：May 2013

Abstract：We examine how effort and risk incentives embedded in CEO equity incentives are related to the cost of debt and the role credit worthiness plays in this relationship. Our empirical approach addresses a number of unanswered questions in the literature by examining the sources and effects of co-movements in CEO incentives, whether the proportionality of these movements is rationally priced, and whether the effects are concentrated among bonds with greater likelihood of default. Our findings confirm that effort and risk incentives are rationally priced by bond market participants. We also show that significant cross-sectional effects are more pronounced for speculative bonds, implying that previously documented links between equity incentives and the cost of debt may not be generalizable to all debt issues.

Key Words：Executive Compensation；Cost of Debt；Equity Incentive

文章名称：《CEO 股权激励对企业债务成本的影响》

期刊名称：《企业财务与会计》

作者：安得烈·K.普雷沃斯特、埃里克·狄维士、拉梅什·P.拉奥

出版时间：2013 年 5 月

内容摘要：本文研究了高管股权激励中绩效和风险激励与债务成本之间的关系，并且研究了信贷价值在这一关系中所起的作用。本文的实证研究通过检验高管激励中激励来源与绩效的关联效应，解决了一些文献中悬而未决的问题，即对高管激励和债务成本的定价是否合理，这些关联效应是否造成了更大的债券违约风险。本文的研究结果证实了绩效和风险激励能够通过债券市场的参与者合理定价。本文的研究结果还表明，具有重要代表性的影响是对于投机级债券更加显著，同时这还意味着以前文献中关于股权激励和债务成本之间的联系可能并不适用于所有的债务问题。

关键词：高管薪酬；债务成本；股权激励

Title：The Relation between CEO Compensation and Past Performance

Periodical：The Accounting Review

Author：Rajiv D. Banker, Masako N. Darrough, Rong Huang, Jose M. Plehn-Dujowich

Date：January 2013

Abstract：This study focuses on the relation between current compensation and past performance measures as signals of a chief executive officer's (CEO's) ability. We develop a simple two-period principal-agent model with moral hazard and adverse selection and test theoretical predictions using CEO compensation data from 1993-2006. Consistent with the predictions, we find that salary (bonus) is positively (negatively) associated with past performance for both continuing and newly hired CEOs. We also find that while current salary is positively associated with future performance, current bonus is not. As the model suggests, salary is adjusted to meet the reservation utility and information rent, and is positively correlated over time to reflect ability. Bonus serves to address moral hazard and adverse selection by separating high-ability agents into riskier contracts. Our results indicate that it is important to disaggregate cash compensation into salary and bonus components to understand the dynamic interaction between incentives and performance.

Key Words：Executive Compensation; Past Performance; Salary; Bonus; Adverse Selection; Moral Hazard

文章名称：《CEO 薪酬和过去绩效之间的关系》

期刊名称：《会计评论》

作者：拉吉夫·D.班克尔、莫萨口·N.戴尔、黄荣、若泽·M.普莱恩达利奇

出版时间：2013 年 1 月

内容摘要：这项研究聚焦于当前高管薪酬水平和能够反映首席执行官能力的过去业绩衡量指标之间的关系。我们建立了一个简单的关于道德风险和逆向选择的两阶段委托代理理论模型，并且用 1993~2006 年的高管薪酬数据做出理论预测。与预测相一致，我们发现无论是对于继续任职的首席执行官还是对于新雇用的首席执行官而言，薪酬与过去绩效均呈正相关关系，而奖金与过去绩效呈负相关关系。同时我们还发现，当前薪酬与未来业绩呈正相关关系，当前奖金与未来业绩呈负相关关系。如模型所示，薪酬会调整至满足保留效用和信息租金，并且随着时间的推移薪酬和高管能力呈正相关关系。通过将高能力代理从高风险合同中分离，奖金能够解决道德风险和逆向选择带来的问题。研究结果表明，重要的是将对高管的现金报酬分为薪酬和奖金去理解激励和绩效之间的动态关系。

关键词：高管薪酬；过去绩效；薪酬；奖金；逆向选择；道德风险

Title：The Internal Workings of Internal Capital Markets：Cross-country Evidence

Periodical：Journal of Corporate Finance

Author：Klaus Gugler，Evgeni Peev，Esther Segalla

Date：December 2013

Abstract：We derive empirical predictions from the standard investment-cash flow framework on the functioning of internal capital markets（ICM），but circumvent its criticism by focusing on parent cash flow and investment opportunities. We test these predictions using a unique dataset of parent firms and their listed and unlisted subsidiaries in 90 countries over the period 1995-2006. We find that company and country institutional structures matter.（1）Ownership participation of the parent firm in the subsidiary plays a crucial role for the proper functioning of ICMs. The larger the ownership stake of the parent，the better the functioning of the ICM.（2）The best functioning cross-border ICMs can be found in the sub-sample of firms with parents from a country with "strong" institutions and subsidiaries from a country with "weak" institutions.（3）Unlisted subsidiaries are much more dependent on the ICMs their parents provide than listed subsidiaries. Thus，ICMs are not perse "bright" or "dark"，their proper functioning depends on how they are set up.

Key Words：Investment；Cash Flow；Subsidiaries；Internal Capital Market；Ownership；Country Governance

文章名称：《内部资本市场运作：跨国证据研究》

期刊名称：《公司财务》

作者：克劳斯·古格勒、普佩耶夫、埃丝特·塞加拉

出版时间：2013年12月

内容摘要：我们根据内部资本市场运作的标准投资现金流框架做出实证预测。我们用1995~2006年超过90个国家和地区的母公司及其上市和非上市子公司的数据集，关注其母公司的现金流和面临的投资机会。①母公司对子公司的参与控制对内部资本市场的正常运作起着至关重要的作用，母公司对子公司持股比例越高，内部资本市场运作得越好。②在子样本中，我们发现最佳的跨境内部资本市场运作是母公司所在国有着健康稳健的体制，而子公司所在国的体制相对薄弱。③相较于上市子公司，非上市子公司对母公司的内部资本市场运作的依赖程度更高。因此，讨论内部资本市场本身是否具有积极作用或消极作用并没有意义，它的正常运作取决于母公司和子公司之间的内部控制结构以及母公司和子公司所面临的外部约束。

关键词：投资；现金流；子公司；内部资本市场；所有权；国家治理

第三章 财务管理学科 2013 年出版图书精选

本报告以上述财务管理理论结构为划分基础，对 2013 年国内外与财务管理理论相关的出版图书进行梳理。本次文献资料整理共得到与财务管理理论相关的图书 112 种，其中：国外出版图书 37 种，国内出版图书 75 种。英文图书主要来自亚马逊英文网站和 Wileyson 数据库，中文图书则以亚马逊中文网站和当当网上检索到的 2013 年财务管理理论图书为准。基于此，考虑到财务管理理论发展的系统性、前瞻性、融合性、实用性等方面的要求，从研究内容、研究方法、研究视角等方面，通过财务管理专家团队的一致评选，评选出 20 本优秀中文图书和 10 本优秀英文图书。

第一节

中文图书精选

书名：《中国式私募股权投资——私募基金的创建与投资模式》
作者：刘兴业、任纪军
出版时间：2013 年 3 月
出版社：中信出版社

内容提要：创新型中小微企业是中国企业未来进入"世界 500 强"、"中国 500 强"的生力军。中国目前以国有商业银行为主体的金融体系，是难以支持中小微企业创新的，需要构建和发展支持创新的金融制度和市场，包括种子基金、天使基金、创业投资基金和私募股权基金，并且形成股权投资的梯队，解决企业从创业、成长、并购、重组到最后破产重整的各个阶段的问题。因此，发展私募股权基金是中国金融体系改革的战略选择。目前，中国私募股权投资业已经走过了引进国外投资理论和投资模式，模仿国外操作的初级阶段，逐步跨入本土化创新的阶段。生机勃勃的中国式私募股权基金的发展方兴未艾。

《中国式私募股权投资——私募基金的创建与投资模式》一书共分为八章，基于私募基金的创建与投资模式，从中国私募股权资本市场的特殊国情、投资模式、基金筹划、基金企业注册地选择、基金募集、基金组建、人力资源、风险管理、编制基金战略、调研立项、谈判签约等几个方面介绍中国式私募股权投资。其中前四章侧重于本土私募股权的背景及其理论基础：第一章探讨中国私募股权资本市场的特殊国情，由于中国的资本需求带有中国的特色，因而发展私募股权资本市场是推动中国崛起的战略方向。第二章探讨私募股权投资与证券投资存在本质的区别，为其健康发展奠定基础。第三章介绍私募股权投资模式，它体现了私募股权投资业竞争的本质，是私募股权基金生存的基础。只有建立起整合自身能力的投资模式，才能使私募股权基金获得并保持竞争优势，实现可持续发展。第四章探索本土化的私募股权投资模式，即中国本土私募股权基金按照中国国情的不断创新，初步形成的中国式私募股权投资模式的雏形。后四章分别包括第五章基金的策划与筹备、第六章基金企业注册地的选择、第七章基金的资金募集、第八章基金的组建，是对实操中私募股权投资的具体操作流程的介绍。

《中国式私募股权投资——私募基金的创建与投资模式》一书按照私募股权基金从创建、投资到基金企业管理的各个阶段，对各个操作细节详细论述，体现了专业理论的深度和实践的厚度。此书的创新点在于：第一，作者没有拘泥于大而全的理论探讨，而是在求解中国私募股权基金实战前沿的核心问题基础之上探索中国私募股权基金挑战国际资本巨头的实战方法，让从业人员从投资概念层面迅速进入实务操作层面，了解如何进行公司构建、如何掌握投资模式、如何进行公司管理，是一本具有真知灼见的专著，也是一本难得的操作指南。第二，全书既有基础性介绍，又有详细的案例解析、翔实的案例数据、大量的运作流程清单和表格，使读者能够更清晰地了解解决实际问题的方法。

书名：《2013 中国风险投资发展报告》
作者：谈毅等
出版时间：2013 年 12 月
出版社：上海交通大学出版社

    内容提要：2012 年，在世界经济持续低迷，欧债危机愈演愈烈的背景下，我国加强宏观调控，居高不下的 CPI 得到了有效控制，中国宏观经济总体增长态势虽然未变，但增长速度逐步放缓，实体经济受到较大的冲击。受这些因素影响，2012 年中国内地 VC/PE 市场基金募集较 2011 年大幅下滑。10 年间，中国的风险投资行业已沧桑巨变，英雄辈出。然而推动中国风险投资业爆发的主要动力与其说是风险投资模式的成功，不如说是巨大制度性红利的不断释放。正所谓"时势造英雄"，一个个造富神话的出现并不源于"创造"，而更多的是一种"寻利"。随着市场竞争愈发激烈，海外上市几乎停滞，国内资本市场疲软，行业结构性泡沫的发酵，加之受中国经济增速放缓等因素的影响，中国风险投资机构的制度性红利开始消退，私募股权又逐渐变得艰难。种种现象引发了业内有识之士的反思，中国的风险投资行业如何才能回归理性，去寻找真正的力量源泉？

    《2013 中国风险投资发展报告》一书基于对中国风险投资行业 2012 年调研的基础上，对我国风险投资机构的基本信息、资本规模和来源分布、投资概况和特征、投资项目的退出规模和特征，以及 2012 年度中国风险投资总体环境等进行了深入的分析，并对当年我国风险投资行业典型案例和热点问题进行了研究。全书分为上、中、下三篇：包括中国风险投资年度发展总报告、全球私募股权与风险投资发展报告、中国风险投资专题研究与典型案例。其中，上篇共有七章内容：首先回顾了 2012 年中国风险投资业的发展状况，并对其发展特征进行了阐述；其次详细介绍了风险投资机构的基本情况、资本规模及分布特征、投资规模及投资特征、风险投资退出与绩效；最后基于对 2012 年风险投资行业发展及行业内重大事件的评价对 2013 年该行业发展做出趋势预测。中篇共有两章内容：一部分介绍了全球私募股权的发展概况，包括欧洲和亚太地区的私募股权投资；另一部分介绍了全球风险投资的发展概况，包括北美、欧洲和亚太地区的风险投资业。下篇也包括两章内容：一部分研究欧美推动天使投资发展的战略以及风险贷款之谜等专题研究；另一部分以案例分析的形式研究了 2012 年中国五个风险投资重点案例。

    《2013 中国风险投资发展报告》一书的贡献在于：第一，采用行业蓝皮书的体例，对中国投资行业从各个方面进行了系统调研和深入分析；第二，对行业的典型案例和热点问题进行重点分析和研究。以上两点对于普及风险投资知识和理论、推动风险投资教育、加强人们的风险投资意识、帮助投资机构了解投资方向和国家政策法规等发挥了积极的作用，具有史料性、学术性和工具性的特点。

书名:《投资者保护与并购收益问题研究》
作者: 陈冬
出版时间: 2013 年 11 月
出版社: 人民出版社

内容提要: 随着我国市场经济和资本市场的发展,企业间的并购活动日趋频繁。根据香港理工大学和深圳国泰安公司联合开发的国泰安数据库中的"中国上市公司并购重组研究数据库"数据显示,1998 年我国上市公司发生的并购事件为 30 余起,2012 年达 4566 起。是什么因素推动我国上市公司并购活动的发生和发展?并购是否创造了收益?这是并购研究关注的基本问题。在此种形势下,深入分析并购收益及其影响因素,对于深入理解促使企业并购活跃发生的原因,对于我国企业和资本市场健康发展,乃至市场经济的发展都具有非常重要的意义。

《投资者保护与并购收益问题研究》一书对 A 股上市公司作为收购方的股权标的并购事件为研究对象,从投资者保护角度对我国上市公司的并购收益问题做相对系统的研究和分析,揭示地区投资者保护、资本市场中小投资者保护的变迁、实际控制人现金流权与控制权两权分离对并购收益的影响和影响机理。具体而言,本书基于交易成本经济产权理论与公司边界的分析,指出交易成本经济学、产权理论关于公司边界分析的局限性;分析我国上市公司制度环境和上市公司并购活动特征;由此引申出并购研究的投资者保护视角。在此基础上,系统地就并购双方所在地的地区投资者保护程度、中小投资者法律保护的动态变迁、实际控制人现金流权和控制权的分离程度对上市公司各类并购活动的活跃程度、并购活动的地域选择、关联及非关联并购中收购方的并购收益的影响展开理论和实证分析,从而构建一个从投资者保护视角展开的"并购活动活跃度—并购地域选择—并购收益"较为完整的、静态和动态视角相结合、公司外部视角和公司内部视角相结合、研究中国上市公司并购问题的分析框架。研究的问题主要包括以下四个方面:第一,地区投资者保护、企业性质与异地并购的协调效应问题;第二,目标公司地区投资者保护与并购地域选择问题;第三,中小投资者法律保护程度的动态变迁与非关联并购、关联并购财富效应的关系;第四,实际控制人现金流权与控制权分离程度和并购收益问题。

《投资者保护与并购收益问题研究》一书的贡献在于:第一,整合运用产权理论、交易费用经济学、公司并购协同效应理论、金融研究等,建立了投资者保护与公司并购收益的综合性理论框架,系统地就并购双方所在地的地区投资者保护程度、中小投资者法律保护的动态变迁、公司股权结构特征对我国上市公司各类并购活动的活跃度、并购活动的地域选择、关联及非关联并购中收购方的并购收益的影响展开理论和实证分析。第二,运用大样本数据实证检验发现，地区投资者保护程度节约并购交易成本，产生并购协同效应；投资者保护力度越高，该地区并购活动越活跃；中小投资者法律保护的制度变迁对非关联并购和保配掠夺型关联并购分别带来鼓励效应和惩罚效应；控股股东现金流权和控制权分离程度越大，并购收益越低，丰富和拓展了并购研究和对投资者保护的研究。

书名：《企业投资项目后评价指标体系与实证案例》

作者： 国家开发投资公司研究中心、北京中天恒管理咨询有限公司

出版时间： 2013 年 8 月

出版社： 中国市场出版社

内容提要： 不断提升科学管理水平，创新投资管理的理论和方法，用较少的要素投入、较小的资源环境代价，产出更多的经营成果，提高发展的质量和效益，是对企业投资业务管理提出的新要求，也是企业确立市场竞争优势、实现可持续发展的必要条件。面对全球市场竞争的新格局，现代企业发展应该更多地把绿色经济、循环经济、低碳经济、战略性新兴产业作为主要投资方向。企业在进行投资活动时，不但需要战略领先，抓住机遇，同时也需要提高精细化管理水平，每投资一个项目，都需要回顾总结，找出偏差，分析原因，借鉴经验和教训，提高决策和管理水平，以指导未来工作。

《企业投资项目后评价指标体系与实证案例》一书的内容共分为七章：其中，第一章概括性地介绍项目后评价与指标体系的设计原则、构建方法、关注要点以及相关应用，指出项目后评价是在项目投资完成后对项目进行的综合性评价活动，其目的是通过全面回顾与对比分析，找出差别和问题，分析原因，总结经验，通过信息反馈，改善投资管理和决策，达到提高投资效益的目的；随后六章针对电力、港口、煤炭、房地产、高科技和企业并购等投资项目特点，分别介绍不同行业最前沿的评价指标体系及应用案例，为各类企业的投资项目后评价工作提供科学的方法体系和最佳实践范例。本书指出，一个完整的投资管理过程应该经过前期论证、投资决策、建设实施、运营管理、后评价等不同的阶段。在项目建成投产之后展开后评价工作，对项目进行全面系统的总结评价，是对投资过程形成闭环管理的重要环节。运用现代系统工程理论和反馈控制理论，结合企业所在行业的实际情况，构建科学合理的指标控制体系，是企业做好投资项目后评价工作的关键。投资项目后评价指标体系，既有技术、经济、环境、社会指标，又有管理指标；既有动态指标，又有静态指标；既有定量指标，又有定性指标。在一个完整的逻辑框架内，为完成项目后评价提供分析依据，进一步得出客观的评价结论，用来支持科学决策和提高管理水平。

《企业投资项目后评价指标体系与实证案例》一书的创新及贡献在于：它在总结国家开发投资公司多年实际工作的基础上，比较全面地介绍了几大重要行业投资项目后评价的指标体系和运用方法，既有传统行业，又有新兴产业，还有并购重组项目，并且列举了应用案例，具有一定的实用价值，对于推动企业开展投资项目后评价工具有很好的参考和指导作用。

书名:《公司治理结构下中国上市公司资本结构与融资方式的
　　　制度分析》

作者: 吴元波

出版时间: 2013 年 11 月

出版社: 立信会计出版社

内容提要:《公司治理结构下中国上市公司资本结构与融资方式的制度分析》一书以多种经济学和管理理论的观点为研究基础,采取以理论论证为主、理论联系实际分析研究的方法,以金融制度为研究主线,针对中国上市公司资本结构的优化及融资方式的发展会提高中国国有企业治理绩效并带动整个中国经济贸易资源的优化配置的核心命题进行了较为系统的研究。

本书共分为十个部分。第一部分首先提出本书要研究的问题并指出一些基本概念的异同,从当前国内外资本结构研究的现状出发,指出问题的切入点是我国当前的金融制度。第二部分较为全面地介绍了资本结构理论各主要分支的模型及基本观点,并尽量包括了该领域的最新发展。第三部分分析了我国金融产权的制度性缺陷以及我国企业融资制度低绩效的根源,指明了我国融资制度的三大缺陷:结构性缺陷、体制性缺陷和功能性缺陷。第四部分比较了中国和美国、德国以及日本在融资结构及融资方式上的异同,并从企业自我积累能力、融资成本、公司治理与市场效率等方面分析了其原因。第五部分在公司治理结构与上市公司资本结构及其优化方面用系统的观点以及系统的层次观点论述了公司治理结构与资本结构两者的互动关系。第六部分剖析了资本成本与公司价值的关系,探讨了公司价值随着资本结构的变化而变化的内在机制,认为公司价值最大化应是资本结构确定的一个基本原则。第七部分针对上市公司"股权融资偏好"的现象,认为西方的"优序融资理论"并不适合中国上市公司现有的情况,因为其前提条件在中国都不成立。第八部分在中国上市公司资本结构的路径约束与中国长期债务市场的研究方面,认为应从财务杠杆与资本成本的关系出发,理性地认识债务资本成本与权益资本成本的高低问题。第九部分针对中国国有企业资本结构整体优化的战略性思考方面,认为国有企业改革应以资本结构的优化为起点,并且资本结构优化应同国有企业战略性结构调整相适应。第十部分总结、归纳全书的研究观点,并提出优化我国上市公司资本结构及融资方式的主要结论和政策性建议以及尚待进一步研究的问题。

《公司治理结构下中国上市公司资本结构与融资方式的制度分析》一书的创新点主要包括:第一,用制度经济学、信息经济学、博弈论等理论的成果和方法,对西方资本结构理论及其最新发展、企业资本结构理论的思想渊源、演化发展及内在逻辑和规律进行了较为系统的分析;第二,在研究方法上一改以往截面分析的方法,将公司资本结构置于经济体制转轨的大背景下进行研究；第三，论述方法上用系统的观点把公司资本结构与公司治理结构两者有机地融合在一起；第四，构建了一个公司理论上最优的负债结构和破产临界点的数学模型，这对实际中企业的负债融资提供了理论指导；第五，论述了股份回购在中国优化对国有上市公司资本结构的重大现实意义。

书名：《中国 A 股上市公司股权再融资的价值创造评价研究》
作者：刘烨
出版时间：2013 年 8 月
出版社：南京大学出版社

内容提要：我国上市公司强烈偏好股权再融资，因此一直以来，理论界与实务界对股权再融资的绩效表现出极大的关注。从现有文献来看，股权再融资价值创造力评估是股权再融资绩效考评的重要内容。过去的文献大多由于研究角度的需要回避了对股权再融资价值创造力的直接衡量和评价，转而进行间接考评。比如借助股票的超额收益率以及 ROE、EPS、EVA 等财务指标进行考评，这有可能降低现有研究结论的信息质量。原因在于，除受股票价值变动影响之外，股票超额收益率还受投资者非理性等因素干扰，而财务指标则受公司产品市场需求变化等其他因素的影响。

《中国 A 股上市公司股权再融资的价值创造评价研究》一书试图从监管者的角度对中国 A 股上市公司股权再融资的价值创造力做出更为直接的衡量和评价。首先，本书建立了用来衡量和评价股权再融资价值创造的指标，即所谓的股权再融资价值创造函数。其次，基于价值创造函数，从理论上对股权再融资价值创造的影响因素展开分析。再次，建立了用来估算股权再融资价值创造函数中参数的模型，并给出了在两种不同样本数据条件下对参数估算模型进行估计和检验的步骤。复次，借助股权再融资价值创造函数及用来估算其参数的模型，对我国 A 股上市公司股权再融资的价值创造能力展开了评价和分析。结论表明：2000~2005 年我国 A 股上市公司的股权再融资行为不仅失去了价值创造能力，反而对股权价值造成了损害；相对来说，中国香港市场的情况要好得多。最后，基于以上结论，本书提出相关政策建议：完善募集资金的信息披露制度，使外部投资人更好地了解企业募集资金的用途、投资进度、收益计划和管理现状；加强对再融资资格申请、新股发行上市过程中违规、违法行为的监督和管理；鼓励上市公司提高股利分配水平，促进上市公司建立完善的公司治理结构。

本书的创新之处体现在以下三点：第一，实证研究方面借助于股票的超额收益率、ROE、EPS、EVA 等多个考评指标，现有研究文献事实上从多个不同角度对股权再融资能否为股东创造价值做出了间接的评判，但这些间接考评指标可能受噪声干扰。第二，不仅对股权再融资是否为股东创造价值作出评判，还尝试对价值创造的高低进行估算。第三，不仅将进行不同年份间的纵向比较，还将与香港交易所上市公司的股权再融资价值创造力进行横向比较。

书名：《中国企业跨国并购与风险控制》

作者：马昀

出版时间：2013 年 12 月

出版社：经济科学出版社

内容提要： 进入 21 世纪后，中国企业跨国并购进入了快速发展阶段。跨国并购是一把"双刃剑"，在其可能给企业带来可观收益的同时，也存在或隐藏着巨大的风险。对于中国企业而言，进行跨国并购具有十分重要的战略意义：跨国并购是企业快速发展、全球化经营，实现全球资源有效配置的重要途径；跨国并购可以推动企业技术创新和制度创新，可促进企业更有效地参与国际竞争合作，熟悉国际市场运作规律，增强在国际市场上的竞争力。但是中国企业在"走出去"、跨国并购的过程中面临着巨大的风险。随着中国企业跨国并购的不断发展，风险也日益显现。跨国并购风险防范和控制的状况事关企业生死存亡，对此必须引起高度重视。因此，对中国跨国企业并购及其风险控制的研究已成为实施对外投资和"走出去"战略的一项十分重要的内容。

《中国企业跨国并购与风险控制》一书弥补了中国对于企业跨国并购风险控制问题研究的不足，针对此问题进行了全面而系统的研究。本书共分为九章。首先，构建了一个新的理论平台，把中国企业跨国并购的风险成因、风险影响、风险控制、政策选择等分析贯穿始终，构建了研究的分析框架和逻辑体系，为中国深入研究企业跨国并购风险控制问题建立了一个新的理论平台。其次，提出了中国企业跨国并购的五大核心风险控制问题，即跨国并购的事前风险控制、运作风险控制、整合风险控制、法律风险控制和政治风险控制。再次，提出了建立中国企业跨国并购风险管理体系的观点，并认为该体系由风险识别体系、风险衡量体系、风险监督体系和风险控制体系所组成。最后，提出了一系列重要的政策建议，诸如：关于战略风险控制中选择并购战略的建议，决策风险控制中选择并购决策和并购策略的建议，定价风险控制中构建价值评估框架体系的建议，运作风险控制的建议，整合风险控制的建议，政治风险控制的建议等。这些建议对于中国企业跨国并购防范和控制风险，具有重要的参考价值。

《中国企业跨国并购与风险控制》一书的贡献在于它对于完善中国特色社会主义经济理论具有积极的意义。当前，中国各界对企业跨国并购风险控制问题的认识还不够充分，理论界对于展开跨国并购的认识也存在较大的分歧，特别是对于展开跨国并购风险问题的研究还明显缺乏前瞻性和深入分析。本书对中国企业跨国并购风险及其控制理论的探索，提出的中国企业跨国并购风险控制的战略与政策建议，都将有助于推进中国跨国并购风险及其控制问题的研究，并使其成为中国特色社会主义经济理论中的新增内容。

书名:《中国并购与股权投资基金年鉴 (2013)》
作者: 中国并购公会、亚洲商学院
出版时间: 2013 年 5 月
出版社: 机械工业出版社

内容提要: 30 多年来,中国经济高速发展成为全球经济的奇迹,市场开放与制度改革当然是第一推动力。金融市场、金融机构和金融工具是承担开放与改革具体实践的最重要的平台之一,金融界人士的贡献自不必多言,但做出巨大贡献的金融力量却在近年的社会上甚至政界中形成了负面影响,蒙上阴谋论的色彩。国营金融机构的垄断经营引发企业界怨声载道,民间金融机构的艰难求生更是被传媒和商界妖魔化,就连在亚洲金融危机和全球次贷危机中被全球金融业高度评价的中国人民银行也被视为印钞机器而声名狼藉。这一现实逻辑的悖论如何在历史进程中引起各界的关注。PEMA(股权基金与并购)是监管之外的金融能量,是依托人才和交易的民间金融创新体系,是面向未来社会的新金融。它不同于依托金融执照和垄断割据的传统金融,不是以金融资产存量和总部大厦为骄傲。并购和股权基金的历史便是金融创新的历史。创新往往会破坏人们熟悉的生存环境,获益的少数人将成功归结为自己的才能,不满的大多数人很容易将愤怒指向创新。

《中国并购与股权投资基金年鉴 (2013)》一书全面记录了 2012 年国内国际并购市场与股权投资基金市场的风云变幻,内容共分为五章:第一章内容是中国并购与股权投资发展综述,在对 2012 年全国范围、中国市场的并购和 PE 进行详细分析的基础上提出相应的展望;第二章对金融业、能源矿产业、材料业、制造业、IT 通信技术业、互联网电子商务业、建筑地产业、文化创意产业、交通运输业、食品饮料业、医疗保健业、商贸物流业、电子及光电行业、清洁技术业、旅游服务业 15 个热点行业的发展趋势及并购、PE 投资状况进行详细分析;第三章对 2012 年度中国的十大并购与十大 PE 事件进行详细解读;第四章提炼出了中国并购与股权投资相关的法规和文献,包括法律、行政法规、部门规章、地方性规范文件以及证券交易所文件;第五章是 2012 年中国并购及股权投资的事件索引。

《中国并购与股权投资基金年鉴 (2013)》的创新之处在于:第一,既从宏观着眼,深入分析国内国际并购与股权投资的现状与趋势,细致勾画各行业的并购整合与股权投资态势;又从微观入手,解读具体并购与股权投资案例,介绍并购操作与投资方法。第二,系统记录并梳理了中国并购与股权基金的发展脉络,剖析并购与股权投资市场变化,报告并购与股权投资市场动态。本书为中国最为实用、专业,最具理论与实践指导意义的并购与股权投资工具书。

书名：《企业并购财务问题研究》

作者：王小英

出版时间：2013 年 11 月

出版社：厦门大学出版社

内容提要：并购是企业实施资本运营、获得核心竞争力、实现战略式发展的一种方式。随着我国经济体制改革的不断深入和产业结构调整的不断推进，企业并购正越来越受到政府、企业和社会公众的广泛关注。企业并购作为现代企业资本经营的有效形式，是市场经济的产物，是现代经济中资本优化配置最重要的形式，也是实现企业发展战略的一种途径。但并购过程中存在各种风险，其中尤为重要的是财务风险，如何规避财务风险和进行并购的财务风险预警就成为并购成功与否的关键。并购要考虑并购的协调效应和绩效、并购的财务行为以及并购之后的财务整合过程，这会直接影响企业资产重组效应和并购后企业整体的经营状况。如何及时、有效地进行财务整合，使并购双方实现一体化融合、提高整体企业的共同业绩、达到整体企业价值最大化的目标，是摆在并购企业面前的艰巨任务。

《经管学术文库：企业并购财务问题研究》一书正是基于以上背景，对并购所涉及的财务问题进行了较为全面的分类、梳理和阐述。全书共分为七章，主要内容有①企业并购财务问题的有关概述，包括并购的动因、原则以及过程中需要注意的问题；②并购前、并购中、并购后企业应关注和防范的财务风险；③企业并购的财务协同效应，包括国内外研究回顾、理论概述、计算模式及来源分析、产生条件及来源、反思以及相关的案例分析；④并购企业的财务行为研究，主要介绍了我国的股权分置改革背景下企业并购财务行为的概念、环境、参与者、财务行为的分析及相关案例分析；⑤并购后企业的财务整合，包括整合的运作和绩效评价；⑥并购企业的财务绩效考评；⑦并购财务风险预警体系的建立，包括财务风险的成因、预警体系的建立及相关防范建议。

《经管学术文库：企业并购财务问题研究》一书的创新之处在于：第一，将并购过程中发生的财务问题进行梳理，较全面地阐述了企业并购时所涉及的有关财务问题。第二，分析了例如并购估价、支付手段和融资等方面涉及并购财务风险的问题，从更深的角度突出并购财务风险控制对提高财务协同效应的作用。第三，从目标企业选择、估值、并购融资、支付以及并购整合阶段来探讨并购企业和目标企业的财务因素和非财务因素对并购财务风险的影响，进而构建出一套全新的财务预警体系。

书名：《中国企业财务管理案例》

作者：何瑛

出版时间：2013 年 8 月

出版社：经济管理出版社

　　内容提要：经济全球化以及新经济的出现加剧了世界各国经济发展的复杂性和交融性，使得各国企业面临的经营环境日趋复杂，为了谋求生存和可持续发展，企业转型浪潮迭起。有限的市场容量和复杂的经济环境倒逼出日益科学化、体系化、精细化的企业管理要求，各种理论和模型层出不穷，每一种都需要以企业价值的数字化形式表现。企业是否拥有更加高瞻远瞩、符合大势的战略决策成为成功的关键要素。随着企业战略转型、技术转型和业务转型的持续推进，对财务管理的价值管理能力、业务支撑能力、资源优化配置能力和精细化管理能力提出了更高的要求，这就迫切要求财务部门职能升级和 CFO 角色转变都围绕"战略"进行。同时，由于用户需求的多样化和激烈的市场竞争，企业内部需要精细管理经营收入、控制经营成本、确保收入质量、实现成本结构和效益的最优化，建立内部价值链管理体系，防止价值流失。同时，财务管理和成本管理会计交叉融合的现象也日益明显。

　　基于此，《中国企业财务管理案例》一书从公司财务、价值管理与资本运营三个方面进行了研究，分析了中国企业财务管理的特点等。这些大型企业在实施了正确的财务管理之后，增强了公司的核心竞争力，提高了公司的品牌影响力。中国移动通信集团的财务转型为电信运营企业的整体现金流量管控和价值管理创造了一个良好的控制环境和途径。华润提出的"5C"价值型财务管理体系并不仅仅是一个简单的管理模式，也是一个价值管理的工具。中粮集团作为七家上市公司的控股企业，充分利用中国香港和内地资本市场的优势，在资产价格及企业收益游走于高涨和低迷之间，全面布局，实现了对旗下上市子公司以及自身的价值经营。三一重工股份有限公司并购普茨迈斯特股份有限公司以及中联重科股份有限公司并购意大利 CIFA 公司说明产业经营和资本运营是当代企业发展的两个"车轮"，两者并重。蒙牛集团引入私募股权融资所面对的机遇和挑战，对于我国民营企业和私募股权市场的繁荣发展有着诸多可借鉴之处。此外，本书案例还包括苏宁集团、青岛海尔集团、光大银行、国美电器集团、用友软件股份有限公司、万科集团、宜家集团、李宁公司、神华集团、携程旅行网。

　　《中国企业财务管理案例》一书的创新之处在于案例选择时对传统财务管理（包括投资管理、融资管理、营运资金管理、分配管理）在研究内容和研究视角等方面进行了拓展，包括诸如财务转型、市值管理、财务战略、价值型财务管理体系、价值创造、海外并购等案例，以公司战略为导向、以价值最大化为目标，力图全面展示中国企业财务管理（广义）的成功经验。

书名：《财务管理学学科前沿研究报告 2010》

作者：何瑛

出版时间：2013 年 7 月

出版社：经济管理出版社

　　内容提要：财务管理属于一门新兴学科，诞生于 20 世纪上半期，相关理论研究出现的时间也比较晚，在国外的发展有 100 年左右的时间，规范化的理论研究只有约 50 年的时间。与其他学科相比，虽然发展时间相对较晚，但财务管理理论的发展已经取得举世瞩目的成就，其思想、结构和方法趋于成熟和稳定，并随着时间的推移成为一门独立的学科。虽然国内关于财务管理理论的研究与国外相比起步较晚，但是随着中国社会、经济的持续发展，财务管理理论兼收并蓄，基于经济与管理理论的每一领域都在发生巨大变革，财务管理理论也在不断进行创新并取得了多方面的发展。

　　《财务管理学学科前沿研究报告 2010》一书分为五个部分，即国内外研究综述、期刊论文精选、出版图书精选、大事记和文献索引。第一部分是国内外研究综述，报告选取 2010 年国内外高水平的专业期刊发表的财务管理理论文章作为研究对象，在既定理论结构基础上进行系统梳理和内容划分，并进行文献述评和比较分析研究，以使据以分析的数据更加全面系统，并客观地反映国内外对于财务管理理论研究的重心和差异。第二部分为期刊论文精选，以上述财务管理理论结构为划分基础，对 2010 年国内外与财务管理理论相关的期刊论文进行梳理和内容划分，共得到 263 篇国外优秀文章，317 篇过国内优秀文章。从研究内容、研究方法、研究视角等方面，由财务管理专家团队评选出中英文期刊优秀论文各 15 篇。第三部分是出版图书精选，对 2010 年国内外与财务管理理论相关的出版图书进行梳理，共得到与财务管理理论相关的国外出版图书 46 种，国内出版图书 49 种，并评选出优秀中英文图书各 15 本。第四部分为大事记，本报告对 2010 年国内与财务管理学科相关的 13 次会议进行梳理，并对会议内容进行综述。第五部分是文献索引，中文期刊索引源自《中国社科文献索引》与财务管理学科相关的期刊论文；英文期刊索引源自上海财经大学会计学院公布的会计财务英文期刊目录（35 种），另外增加了 *Financial Management* 和 *Strategic Finance*，共计 37 种。

　　本书创新之处包括：第一，本报告首次以 2010 年国内外高水平专业期刊发表的财务管理理论文章作为研究对象，对相关研究成果在既定理论结构的基础上进行文献述评并进行多方面对比分析研究，客观反映了国内外对财务管理理论研究的重心和差异。第二，本报告以既定的财务管理理论结构为划分基础，对 2010 年国内外与财务管理理论相关的期刊论文和图书进行梳理和内容划分，评选出中英文期刊优秀论文各 15 篇，中英文优秀图书各 15 本，为财务管理专业的学者和实践者提供借鉴和参考。第三，本报告对 2010 年国内外与财务管理学科相关的会议进行梳理，并对会议内容进行综述，让财务管理专业的学者和实践者对学科最新信息一览无余。第四，本报告将 2010 年国内外公开发表的所有与财务管理学科相关的期刊论文目录进行索引，为财务管理专业学者和实践者提供了全面、系统的资料来源。

书名：《竞争力财务经济学——企业价值、资本与竞争力分析》
作者：王跃武
出版时间：2013 年 10 月
出版社：中国人民大学出版社

　　内容提要： 2001 年加入世界贸易组织表明我国融入世界经济一体化、迎接世界竞争一体化的坚定决心与信心，但我们必须清醒地承认我国企业在世界范围内竞争中的整体性劣势，特别是与世界级强大竞争对手之间的巨大差距。这种劣势与差距是全面性与综合性的，包括经营规模、资本实力、技术底蕴、员工素质、经营管理经验等诸多方面。也就是说，我国的企业与世界级强手相比，不仅在竞争的位势上大大落后，而且在自身的素质（竞争能力）上也存在颇多不足。在强劲的竞争浪潮前，我们无法改变竞争的位势，唯一的出路是努力提升自身素质。只有提高素质，才可能追赶前面的强手，正因为如此，研究如何提升企业竞争力这一紧迫而重大的课题具有重要而深远的意义。

　　《竞争力财务经济学：企业价值、资本与竞争力分析》一书的基本目标是构建竞争力财务的基础理论体系与运作体系。本书分为上、中、下三篇。上篇力图通过对价值理论的研究、对企业竞争力系统的研究夯实竞争力财务的理论基础。中篇着重探讨在竞争力这个维度下，对财务的基础理论可以产生哪些与原来不同的认识，可以形成哪些新的认识和观点。对竞争力财务的本质、基本规律、主题、目标、职能等基本范畴的研究构成了本书中篇的主要内容。下篇则围绕竞争力财务的运作对如何通过企业财务资源的优化配置培育、增强和发挥其竞争优势的几个重要方面进行分析，包括知识资本投资、财务治理结构、企业并购等。

　　《竞争力财务经济学：企业价值、资本与竞争力分析》一书独特之处在于以下几个方面：第一，聚焦于企业竞争力——竞争能力的优势培育，即对企业自身素质的关注甚于其竞争行为；第二，强调从战略的层面来研究财务，企业战略具有层次性，最根本的是企业的整体战略，其次是企业的竞争力战略，最具体的是企业职能战略，其中最重要的是财务战略；第三，勾勒出"价值—顾客价值—企业价值—资本—知识资本—竞争力"这条逻辑主线，并围绕它比较自然地融合经济学、管理学、财务学各自的研究成果和优势，力图夯实竞争力财务的理论基础，进而探讨在渗透了竞争力战略的思想支配下，对财务的基本理论可以产生怎样的新理解；第四，着重在经济学的分析框架内，运用多种经济学的理论与方法，对竞争力如何影响财务资源的配置效率，财务资源的配置如何培育、增强与发挥企业的竞争力进行规范的研究。

书名：《资本成本、价值创造与经济附加值研究》

作者： 汪平

出版时间： 2013 年 10 月

出版社： 经济科学出版社

内容提要： 公司治理的目标就是保护投资者利益，尤其是保护股东利益，进而实现股东财富最大化目标。公司治理就是着眼于股东利益保护的一套系统，其核心机制就是董事会。站在董事会的角度，也就站在公司治理的角度，一个企业的最终绩效就是满足了股东对报酬率的最低要求。与董事会的职责不同，管理层治理企业在于充分发挥其管理才能，创造出足够多的企业价值，为股东财富最大化目标的实现奠定基础。如何把企业做大，自然也就成为考核管理层的基本着眼点。从这个意义上讲，不适合作为公司财务目标的利润最大化完全可以作为对管理层进行绩效评价的一个重要方面。本文基于资本成本、企业价值等概念对经济附加值在公司治理、公司管理中的作用和地位进行探讨。

《资本成本价值创造与经济附加值研究》一书的主要内容包括：第一章是投资者、管理者与企业绩效评价，管理者对于绩效的创造、利益分配的影响是绩效研究领域中的重要内容。第二章是关于资本成本、企业价值与经济附加值，经济附加值指标充分考虑了债权人和股东两类投资者报酬率要求的企业绩效评价指标，是对股东财富及其变化的评价。第三章是资本成本理论，在文献分析、回顾资本成本概念的历史演进的基础上，剖析资本成本的学科性质，进一步深入思考目前国内外资本成本研究领域存在的困惑。第四章关于资本成本的估算技术，系统的资本成本估算可以解决诸多问题。第五章是关于经济附加值考核分析的理论基础，本章对经济附加值（EVA）的研究文献进行梳理，从 EVA 产生背景、原理、与市场附加值的关系、价值创造和公司绩效的评价方法以及 EVA 在薪酬决策和成本管理等方面的应用几个角度来归纳关于 EVA 的现有研究。第六章是关于我国股权资本成本的估算，股权资本成本的估算是经济附加值计算中最为复杂、存在问题最多的一个环节，没有股权资本成本的合理估算，经济附加值的计算就不可能有一个合理结果，其绩效评价指标的作用也难以发挥。第七章是关于终极股权结构、政府控制层级与股权资本成本。第八章是关于产品市场竞争与股权资本成本，产品市场竞争为股权资本成本的研究提供了产品市场和资本市场的连接纽带，尤其对于内部治理水平不同的公司而言，有利于全面认识产品市场竞争与内部治理机制的交互作用。

《资本成本价值创造与经济附加值研究》的宗旨不是在技术上对 EVA 指标的计算进行研究，而是基于资本成本、企业价值等概念对经济附加值在公司治理、公司管理中的作用与地位进行探讨。EVA 指标是基于价值企业管理模式之下的一种绩效评价方法，该指标的诞生、应用与股东利益至上观念紧密相关，与公司治理的逐步完善是同步的。在不同的历史发展阶段，人们对于绩效问题的认识往往有着很大的差异，尽管其中一些根本性的因素是不容改变的。从关注会计绩效（比如各种利润率的高低），到关注市场价值（比如托宾 Q、市账率等）的波动，构成了企业绩效评价在 20 世纪 70 年代以后演进的主格调，这是人们对企业本质认识深化的结果，也是绩效评价趋于成熟的重要表现。

书名：《私募股权投资管理》
作者：欧阳良宜
出版时间：2013 年 9 月
出版社：北京大学出版社

内容提要： 在过去几年的时间中，中国私募股权经历了史无前例的爆发式增长，在 2005 年年初这个行业大概只有 200 多家基金公司。但到 2013 年，这个数字已经膨胀到 10000 家以上，从国外耳熟能详的行业领导者高盛、摩根士丹利、凯雷、华平、红杉和 IDG 到国内经常在财经新闻上听到的鼎晖、弘毅、赛富和九鼎等本土品牌。私募股权行业的急剧扩张带来了很多新问题，而这些问题很难从国外同行那里找到答案。本书与学术书籍不同，未上升至理论层面，而是从实践层面探讨中国的私募股权投资。

《私募股权投资管理》一书的前三章试图为读者描绘私募股权的基本框架。第一章介绍了私募股权的商业模式、投资理念和生命周期等内容。私募股权的外延非常广泛，本书介绍了九种不同的策略，但真正在中国大行其道的不过三四种而已。第二章用较长的篇幅介绍了私募股权的发展历史和现状，重点讨论中国市场。第三章则探讨了中国仍然在改革中的私募股权监管体系。本书的第四章到第六章主要讨论基金的募集操作、架构设计和基金条款等内容，重点讨论中国的实践操作，也介绍了国际市场上公认的最佳实践。本书第七章到第九章分别介绍了创业投资、成长资本和并购三大中国市场主流策略。除了探讨投资理念和逻辑之外，本书也用了相当的篇幅介绍了这三大策略在中国市场与国际市场操作上的异同。本书的第十章到第十四章属于技术部分，这几章探讨的话题和中国近年的实践相结合，且有较强技术性。第十章介绍投资评估的主要流程组成和项目渠道问题，第十一章则从业务、财务和法律三个角度介绍了尽职调查的实务操作。第十二章结合案例和标准文本探讨创投和成长资本常见的投资条款设置。第十三章则介绍目前市场上几种主流的企业估值方法，包括相对估值乘数和折现现金流法。第十四章介绍了投后管理基本操作，并分析了导致投资失败的因素。本书的最后一章介绍了私募股权生命周期的最后一步操作——退出，此章探讨了退出操作的逻辑和选择问题。与国际市场主流的出售退出不同，中国市场高度依赖 IPO 退出策略。因此本章重点介绍了境内 A 股上市和境外上市的运作流程，并探讨其中的一些技术细节。此外，本章还结合案例介绍了出售退出的操作流程。

《私募股权投资管理》一书重点采用案例分析的写作手法，使得本书的阅读难度相对于其他的技术性书籍要低。本书的写作理念为"高、大、全"，力图覆盖中国私募股权市场的多数话题，读者可以在本书中找到多数问题的答案。私募股权的操作实践横跨业务、财务和法律三大领域，本书力图在这三个专业领域都能给读者一个清晰的阐述。

书名：《公司治理之道：控制权争夺与股权激励》
作者： 马永斌
出版时间： 2013 年 5 月
出版社： 清华大学出版社

　　内容提要： 公司治理是一种主要涉及三种人的"游戏"：企业家、职业经理人和资本家。公司治理的概念源自美国，主要着眼于股权分散的上市公司股东、董事、经理三者之间的权利分配和利益制衡关系，以解决职业经理人和董事会对股东利益的侵占问题，对经理人行为实施有效监督和制约，确保经理人行为合乎股东利益成为公司治理概念的核心内容。为解决以上问题，学者使用了来自经济学、管理学、法学和金融学等学科的理论工具。市面上关于公司治理的书籍大都站在资本家角度或学术研究的角度，诸多涉及以上各领域晦涩难懂的专业术语使得众多的企业家望而生畏。针对上述情况，作者使用通俗易懂的语言向读者介绍了公司治理之道。

　　《公司治理之道：控制权争夺与股权激励》一书共分为十章。第一章为公司治理常识，作者开篇就提出对公司治理本质的理解，认为公司治理是管理企业各种关系的总和。第二章为公司治理制度的设计原则，讲述了公司治理制度设计的本质是为自己找到一个合适的"防黑武器"，并且从管理学、经济学、金融学和人性的角度提出了寻找"防黑武器"的基本方法。第三章为股权结构和控制权争夺，揭示了一些上市公司圈钱的奥秘：一是通过金字塔股权结构和交叉持股建立复杂的集团股权结构；二是使得控制性股东在上市公司的现金流所有权和控制权产生分离，并提出解决这种问题的思路。第四章介绍了权利与股东权利保护，讨论了股东"黑"股东的一种更普遍现象，也就是在控制权和现金流权并没有产生分离的情况下，大股东欺负小股东时，小股东该怎么办的问题。第五章是关于经理人道德风险的五道防线，从公司治理体系入手，比较分析了中国治理模式的有效性，并且提出防止经理人"黑"老板的五道防线，即股东大会制度、董事会制度、信息披露制度、独立的外部审计制度和公司控制权市场。第六章介绍董事会制度的应用实践，在上一章的基础上，本章以董事会制度为核心，讨论如何在实践中应用经理人道德风险的五道基本防线。第七章介绍经理人道德风险关键防线，指出股权激励强大的约束性来源于方案本身的内在约束性和外在附加条件以及股权激励的目的。第八章介绍股权激励最优模式设计，介绍了九种股权激励的基本模式，总结出每种模式的特点、内涵和使用条件。第九章对股权激励典型案例进行分析，选取了中国 20 多年来的股权激励实践中具有典型代表意义的七个案例进行分析。第十章介绍股权激励七定法，根据作者的实践总结出制定股权激励的七个步骤。

《公司治理之道：控制权争夺与股权激励》一书的特色在于作者不以学者常用的"局外人"视角进行研究，而是以纯粹的股东个体主义研究视角探讨公司治理理论在企业不同发展阶段的应用，注重企业价值的提升和可持续健康发展。同时，作者抛弃玄奥的公司治理术语，按照作者本身对公司治理的理解，站在企业家的角度，用通俗的语言写出大家都能看懂的关于公司治理方面的书。

书名：《中国公司股权集中度趋势研究》

作者：马立行

出版时间：2013 年 4 月

出版社：上海交通大学出版社

内容提要：由于经济全球化的加速发展，不少投资者要求各国改善公司治理结构，由此形成一个公司治理运动的浪潮。中国的公司，特别是股份制公司，其发展从招商局成立算起，已经有 140 余年的历史，从新中国成立到改革开放后中国资本市场的建立、股份制上市公司的诞生，使得公司治理的重要性及其作用得到大家的认可和重视。然而，公司治理在中国普及也只是近十几年的事，中国公司的股权集中度还相当高，原因很多，其中股权集中度的高低与股权结构的选择有限有关。股权集中度变化的趋势是客观存在的，股权集中度的相对分散和公司治理机制作用发挥得越好，无疑对中国公司的发展会起到相当重要的作用。中国股权集中度分散化变化的趋势，将是我国资本市场制度和相关法律不断调整和完善的过程。因此，本书对股权集中度与公司治理的关系、股权集中度与股权结构的关系进行研究。

《中国公司股权集中度趋势研究》一书共分为四篇共九章。第一篇是关于"中国家族公司股权结构研究"，主要通过公司治理相关理论的介绍和对中国大陆、中国台湾以及中国香港地区家族企业股权及公司治理特征的研究引出本书研究主体。第二篇是"国外家族公司股权结构研究"，主要研究发达国家公司股权变化的过程、原因和现状。此篇包括两章内容，其一为"国外公司股权演变的过程及原因"对国外公司股权演变的过程、原因、现状做了一定深度的研究，同时搜集了美国、法国、德国、日本、韩国及东南亚国家具有代表性的公司进行了个案分析；其二为"国外股权控制和多层股权结构演变及发展"对国外股权控制和多层股权结构演变和发展做了研究。第三篇是"中国公司股权集中度研究"，这部分主要对国内公司股权集中度的分析研究和实证研究。本篇分为两章，第五章为"中国公司股权集中度现状的分析"，主要是通过对中国公司（包括国有和民营、上市和非上市公司）股权集中度的现状及公司治理问题进行比较全面的分析，并做了关于上市公司股权集中度的国际比较。第六章为"中国上市公司股权集中度变化趋势的实证研究"，重点是对中国沪深 300 家上市公司的股权集中度变化的趋势作了实证研究，并通过 Z 指数、H10 指数的分析，得出股权分散化存在必然性的研究结论。第四篇"股权集中度变化的环境、条件研究和结论"为本书的重点部分，共分为三章，其中第七章"中国资本市场对股权集中度的影响"，介绍了中国资本市场发展的几个阶段以及功能、特点，分析了资本市场的作用；第八章"中国公司股权集中度变化需要的环境和条件"，主要提出了中国公司股权集中度的变化需要从法律、经理人市场、文化因素三个方面创造环境条件；第九章"结论与启示"，通过前面各章节对股权集中度各个角度、各个方面的分析研究得出的结论。

本书的创新之处主要体现在以下几个方面：第一，调查分析较全面、充分，通过搜集国外公众公司的相关数据、查阅众多经济学家的研究报告以及通过问卷调查、实地访谈等方式，使得对股权集中度变化趋势的研究有广度、深度和跨度；第二，对双层股权结构的研究较深入，特别是对美国双层股权结构进行了重点和详细比较分析；第三，提出了法律法规的调整建议；第四，提出了创造法律、经理人市场和文化环境条件的重要性。

书名：《中国上市公司融资偏好研究》
作者：张航
出版时间：2013 年 11 月
出版社：中国金融出版社

内容提要： 证券市场的发展推进了我国融资体系的完善，改变了企业长期以来单纯依靠内部积累和银行贷款的单一融资模式，使企业融资方式呈多元化态势，为上市公司进行外部股权融资创造了极其重要的途径和场所。随着证券市场的发展，国内学者对我国上市公司融资行为的研究逐步深入。但对于上市公司的融资偏好和特征，学者们却出现了争论。大部分观点认定中国上市公司存在强烈的股权融资偏好；但也有学者对我国上市公司是否存在融资偏好存在质疑，认为内源融资首先是中国上市公司资金的主要来源，其次是金融机构借款，最后是股权融资和债券市场融资；然而也有学者重新检验中国上市公司的融资行为，发现如果将短期债务考虑在内，并剔除首次公开募股的影响，中国上市公司并不存在股权融资偏好，并有足够的证据表明中国上市公司的融资行为表现为典型的过度融资。基于此，本书对"为何会出现这样的观点差异"、"中国上市公司是否存在融资偏好，如果存在，到底是什么"、"是什么因素影响了中国上市公司的融资偏好"以及"这样的融资偏好是否合理有效"等问题进行了讨论。

《中国上市公司融资偏好研究》一书运用比较分析法、定性及定量分析相结合、数量经济学方法以及历史与逻辑相统一的分析方法对上述问题进行了研究分析。全书共分为七章：第一章是导论，主要介绍了本书的研究背景和写作思路，给出了文章的基本结构安排；第二章对有关公司融资理论进行了综述，分别梳理国内外理论研究成果，国外研究主要按照企业融资理论学派的历史演进归纳，国内研究按照研究的侧重点归纳并进行评述；第三章主要采用结果观察法和行为观察法对中国上市公司融资偏好的特征分析，对比、总结得出目前中国上市公司的融资偏好特征；第四章主要分析中国上市公司融资偏好的微观因素，首先界定了影响公司的融资行为微观因素的概念，然后将内部因素分为财务特征因素和公司治理因素；第五章为中国上市公司融资偏好形成的宏观背景解析，从金融体系、监管制度、经济周期三个层面进行宏观解析，从宏观制度层面对中国上市公司融资偏好特征的形成进行历史和逻辑的解析；第六章为中国上市公司融资偏好效应分析，此章主要讨论了中国上市公司融资行为中的过度融资效应与债务融资效应；第七章主要是结合前面对融资偏好的影响因素以及融资偏好产生的负效应，提出从改善机制和制度因素入手改善上市公司融资偏好的框架建议。

《中国上市公司融资偏好研究》一书在现有研究成果的基础上，对中国上市公司特征进行了全面、系统的研究，在观点和方法上都有所创新。第一，本书建立了一个系统的分析框架和实证检验模型，对中国上市公司融资偏好特征进行了内部和外部的因素分析。第二，在公司融资偏好特征的分析中，除了采用以往学者常用的国内外对比、上市公司和非上市公司对比，还对股权分置改革前后的融资特征进行了对比。第三，本书通过对上市公司的融资结构、融资预案等数据和模型分析，认为我国上市公司融资偏好特征是内外融资中偏好外部融资、外部融资中偏好债务融资。第四，本书对融资偏好特征影响的研究，是从微观与宏观影响效率的综合考虑研究。

书名：《中国上市公司内部控制报告》(2013)
作者：胡为民
出版时间： 2013 年 10 月
出版社：电子工业出版社

　　内容提要： 2012 年是中国内部控制规范体系实施承上启下的一年，为了加强和规范企业内部控制，财政部、证监会、审计署、银监会、保监会五部委先后与 2008 年和 2010 年发布了《企业内部控制基本规范》和《企业内部控制配套指引》，初步构建了我国企业内部控制规范体系。2011 年，68 家境内外上市公司和 216 家内控规范试点公司开始，同时被强制实施企业内部控制规范体系。2012 年，财政部和证监会联合发布公告，将内部控制规范体系的强制实施范围进一步扩大到国有控股的 777 家主板上市公司，2012 年，纳入强制实施范围的上市公司共计 853 家，从而标志着我国上市公司正式进入内部控制规范体系的分类分批实施阶段。本书对 2012 年中国内部控制现状进行全景式介绍和分析，力图有利于加强学术界和实务界对上市公司内部控制现状的理解、发掘新的学术研究问题，并希望能对内部控制政策制定和监管改进提供一些借鉴。

　　《中国上市公司内部控制报告》(2013) 一书共分为七章：第一章依据企业 2012 年公开披露的年报、内部控制评价报告、内部控制审计报告等相关信息，全面介绍了 2012 年中国上市公司内部控制的披露现状，包括内部控制评价报告、内部控制评价缺陷披露情况、内部控制咨询机构聘请情况以及内部控制审计报告披露状况；第二章具体介绍了纳入强制实施范围的上市公司内部控制体系执行情况；第三章以辖区为视角，介绍了各辖区上市公司的内部控制实施情况；第四章则从行业的角度，分析了各行业上市内部控制规范体系建设情况；第五章在对上市公司内部控制体系执行情况进行统计分析的基础上，选取 2012 年度公众关注的内部控制典型案例进行分析和研究，以便为企业实施内部控制提供警示；第六章以"迪博·中国上市公司内部控制指数"为工具，介绍了 2012 年上市公司内部控制体系建设的整体情况及分行业排名状况，并通过实证分析，研究内部控制缺陷与盈利能力、内部控制审计报告与盈利能力之间的相互关系；第七章对全书进行总结，分析了上市公司在内部控制信息披露和体系建设中存在的问题，并提出相应的政策建议。

　　《中国上市公司内部控制报告》(2013) 一书的主要特点是实用性强，采用定量分析和定性分析、案例研究与实证研究相结合的研究方法对上市公司内部控制信息披露状况和内部控制水平进行了较为系统和科学客观的研究，力图为企业内部控制评价提供更为可靠的保障，为相关人士进行中国上市公司内部控制与风险管理研究提供最全面、最真实、最权威的信息。

书名:《中国上市公司投资行为研究》
作者: 周伟贤等
出版时间: 2013 年 8 月
出版社: 经济管理出版社

内容提要: 在经济体制转轨的宏观背景下,我国上市公司的投资行为存在多方面的投资问题,如过度投资、投资不足、盲目多元化、变更投资方向和关联投资等。造成上述现象的原因主要在于大股东的控制权收益、管理者的实际控制利益、历史性与制度性的产权缺陷、融资软约束和董事会、监事会治理约束功能低下以及市场约束的缺乏等。针对上述现象,本书对我国上市公司的投资行为进行较为深入和系统的研究。

《中国上市公司投资行为研究》一书共分为七章。第一章为导论:第一节介绍背景、目的与选题意义,第二节为国内外研究现状与启示,第三节介绍研究的主要内容和方法,第四节为本书的创新和不足之处。第二章为投资行为研究的理论基础,在介绍传统的企业投资理论如 Clark 的加速器投资理论、Jorgensen 的新古典投资理论和 Tobin 的 Q 理论的基础上,重点介绍和总结了 20 世纪 70 年代以来的投资理论,主要包括资本结构理论、委托代理理论和融资约束理论等。第三章对我国上市公司的投资行为进行归纳、总结和分析,并提出造成我国上市公司非效率投资的原因。第四章在一般意义上讨论影响上市公司投资行为的因素,并具体研究了上市公司投资过度与投资不足的主要影响因素。第五章将企业价值与多元化结合起来,对我国上市公司多元化的原因进行了实证研究。第六章从公司基本面、上市交易时市场反应和股权结构三大方面对上市公司首发募集资金投资方向变更的影响因素进行了研究,并运用二分类 Logistic 回归模型,从净资产收益率、资产规模、首发融资额对数、上市首日市净率、流动股比例方面等展开实证研究。第七章为结论和对策建议,在归纳总结各章的实证研究结论之后,根据实证结果提出相应的直接微观对策建议,并从资本市场整体发展的角度提出相应的宏观政策建议。

《中国上市公司投资行为研究》一书的创新之处在于,对上市公司投资过度和投资不足进行科学度量,填补了现有研究的空白,对上市公司多元化投资的成因、募集资金投向变更的预测等方面的研究,弥补了现有相关研究存在的不足,进一步丰富和发展了公司投资理论。本书根据研究结果所提出的对策和建议,对于优化我国上市公司投资行为,提升公司投资效率,实现上市公司价值最大化具有较强的指导作用。

书名：《上市公司高管薪酬激励机制研究：基于中国证券市场
　　　的理论与实践》

作者： 郭淑娟

出版时间： 2013 年 5 月

出版社： 企业管理出版社

内容提要： 合理的薪酬能有效地激发经营者的积极性、主动性，促进经营者全心全意地为企业目标奋斗，提高企业效益。但长期以来，我国上市公司高管薪酬制度不合理，人力资本不能按照生产要素分配原则参与分配，导致高管人员缺乏工作积极性和创造性，造成部分上市公司的财务及经营状况日益恶化，极大地损害了广大股东的权益和投资者的积极性，动摇了证券市场的基石。因此，建立起有效的高管薪酬激励制度，已成为企业做大做强、长远发展的关键。

本书以我国上市公司高管为研究对象，遵循"现状描述—理论解释—实证检验—政策建议"的思路，对我国上市公司高管薪酬问题进行了系统性研究。首先，检索和梳理国内外高管薪酬的基础理论和相关研究文献；其次，分析高管薪酬激励机制的内容以及影响高管薪酬的因素；再次，从 CSMAR、CCER、Wind 数据库上市公司年报中获取研究所需的财务、公司治理和市场交易等方面数据，并进行初步的描述性统计分析，对我国上市公司的公司治理、高管薪酬、企业绩效、在职消费等进行系统性描述；在此基础上，建立面板数据模型，实证检验企业绩效、公司治理机制、企业基本特征、高管控制权、全变因素等与高管薪酬之间的相关性或敏感度；最后，根据上述步骤的描述性统计分析结果以及实证研究结果提出政策性建议。

本书的创新可分两个方面：一方面是研究视角的创新，本文试图较全面、系统地考察我国上市公司薪酬高管的制度，为构建中国上市公司高管薪酬激励机制的理论范式提供依据，同时，也为更广泛地研究高管薪酬制度提供了一种新的分析视角和研究途经；另一方面是关于研究内容的创新。第一，目前关于高管薪酬的研究还相对缺乏从高管个人出发、大样本、采用时间序列的相关文献，考察各因素间的交互作用，并对高管货币薪酬及结构进行多角度的实证分析，结论将完善现有的高管薪酬激励机制。第二，针对中国上市公司设定其适用的高管薪酬测度指标，包括显性薪酬和隐性薪酬等。由于隐性薪酬难以计量，目前对此做实证研究的文献较少，本文拟在此方面有所突破。

第二节

英文图书精选

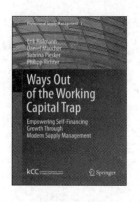

书名： Ways out of the Working Capital Trap：Empowering
Self-financing Growth Through Modern Supply
Management

走出"资本陷阱"的途径：通过现代供应链管理实现
自我融资增长

作者： Erik Hofmann

出版时间： 2013 年 5 月 29 日

出版社： Springer

　　内容提要： 随着经济全球化和网络化的发展，不同公司、国家甚至一国之内的不同地区之间比较优势被不断地挖掘和强化。往往对于经济和金融欠发达地区或资金不够雄厚的中小企业而言，一些"成本洼地"成为了制约供应链发展的"瓶颈"，影响到供应链的稳定性和财务成本，在这一背景下，供应链研究和探索的重心逐渐转向了提升资金流效率的供应链金融层面。在激烈的竞争环境中，充足的流动资金对于企业的意义越来越重要，尤其是对于发展机遇很好却受到现金流制约的中小企业。它们往往没有大型企业的金融资源，却是供应链中不可或缺的重要环节。它们虽然具有可观的发展潜力，却常常因为上下游优势企业的付款政策而出现资金短缺问题。中小企业对供应链有不可或缺的意义，体现了解决其融资问题的必要性，由此带来的挑战是对供应链的参与者及其关系的新的理解，以及对金融和供应链物流交叉领域中的组织间交互模式的研究。

　　《走出"资本陷阱"的途径：通过现代供应链管理实现自我融资增长》是埃里克·霍夫曼对供应链金融问题的研究著作。本书共分为八章，其中，第一章阐述了金融危机对实体经济的影响以及在经济增长过程中由信贷紧缩引发的"营运资本陷阱"现象。为了解决信贷审批过程日益严格和公司流动性需求日益增长的矛盾，第二章到第五章节详细展示了如何识别内部融资潜力、如何利用现金周转强化内部融资能力。随后，文章从公司和供应链两个角度探讨加强内部融资能力的措施。从公司的角度看，公司内部资金的整合有以下几个关键环节：付款条件管理、库存管理、产品和供应商管理；从供应链的角度看，提高内部融资能力的关键环节包括：供应链采购、供应链融资、现金管理、供应链融资平台。第六章采用案例分析的形式，使用营运资金绩效测量管理工具分析一个汽车行业的供应商如何实现内部融资能力的增长。第七章提出衡量采购对公司业绩贡献的指标——"采购增值"（PVA），并演示该指标的计算过程。第八章对全书进行深入总结。

　　《走出"资本陷阱"的途径：通过现代供应链管理实现自我融资增长》一书的贡献表现在：基于对信贷需求增加及信贷供给紧缩的形势判断，从公司和供应链的视角提供了识别和强化内部融资能力的方法和措施。此外，从价值链视角给采购经理和供应链管理者提供了一些具体的操作层面的建议，帮助他们的公司和合作伙伴提高财务竞争力。本书所提供的内部融资方法和采购绩效度量工具为之后的相关研究提供宝贵的借鉴和启示。

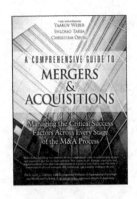

书名：A Comprehensive Guide to Mergers & Acquisitions:
Managing the Critical Success Factors Across Every Stage
of the M&A Process
兼并和收购综合指南：如何管理并购各个阶段的关键
成功要素

作者：Yaakov Weber, Shlomo Tarba, Christina Oberg

出版时间：2013 年 12 月 29 日

出版社：FT Press

内容提要：由于诸多因素的存在，并购成为一种复杂的现象，也成为最具挑战性的管理任务之一。兼并发生的频率较低，可预见性较弱，因此管理层难以积攒大量经验来形成简单的机制。不仅如此，兼并形式具有异质性，从根本上来说并无清晰的因果关系可循。所以，需要努力制定并不断改进有针对性的方法、程序和体系，从而减轻决策、行动与绩效之间的因果模糊性。此外，很多研究会以并购具有同质性为假设前提，这些研究的成果并不能真正阐明并购案例之间的重要差别。事实上，并非所有并购都相同。并购过程中，不同水平与阶段之间的关联性难以摸清。有关并购的各类文献似乎是彼此孤立的。例如，鲜有研究考察并购中的文化差异对兼并规划、兼并方案筛选或谈判阶段的影响。有关文化差异的研究通常只关注与兼并后阶段相关的问题，比如交易达成后两家公司的整合或顶层高管的流动等。不同作者在论述并购中的宏观和微观层面变量或论述兼并前和兼并后阶段时，可能用到了相同的定义和术语，但大多数人都不愿踏入他人的领域，从而错过了相互取长补短的机会。

《兼并和收购综合指南：如何管理并购各个阶段的关键成功要素》一书针对兼并和收购问题提供了迄今为止最为全面的指南。本书分为四大部分共十六章。第一部分为并购的价值创造模式。本书先从不同的研究领域对并购成败的因素进行详细分析，随后介绍了一种并购过程中的价值创造模式，接着列出实现成功兼并的重要环节并对各个环节及环节间的重要联系进行阐述。第二部分为关键成功因素的分析工具。主要探讨并购过程中协同效应的来源、知识技能的转移、协同潜能分析以及搜寻、筛选和确定并购目标，重点提出了并购各阶段对双方文化差异的评估和衡量。第三部分为谈判。阐述了目标公司的选择和谈判过程，并提出收购公司应在并购完成后对整个并购过程做出总结性评估。第四部分是兼并后的整合与实施。介绍了兼并过程中文化冲突的管理方法和整合策略、人力资源方面存在的问题及解决方案。对于一个并购案例，人们往往仅关注收购者与目标公司之间的文化差异，而未对来自不同国家的收购者的国别文化差异予以重视。与此同时，全球化推升了跨国并购的数量，从而带来了不可忽视的人力资源影响，比如人员激励、被购方顶层高管流动、种族多样性的加深，以及雇主与雇员之间心理契约的改变，等等。由于这些变化，在面对不同国家和行业的形势时，必须灵活、精准地调整人力资源的做法。因此，本章认为人力资源管理在并购的所有阶段中都可能是重要的因素。

《兼并和收购综合指南：如何管理并购各个阶段的关键成功要素》一书的创新点在于：第一，将理论与实践相结合，对并购这一重要商业现象的前期规划、谈判和整合阶段进行了深入探讨；第二，从并购成败的视角提出影响并购的关键要素，并开创性地将文化差异、人力资源等因素纳入分析体系内；第三，综合多个学科领域的知识，使读者对并购问题有全方位、多层次的认识。

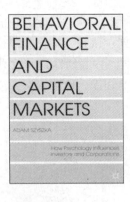

书名： Behavioral Finance and Capital Markets：How Psychology Influences Investors and Corporations

行为金融与资本市场：心理因素如何影响投资者和企业

作者： Adam Szyszka

出版时间： 2013 年 9 月 5 日

出版社： Palgrave MacMillan

  内容提要： 现代金融理论是建立在资本资产定价模型（CAPM）和有效市场假说（EMH）两大基石上的。这些经典理论承袭经济学的分析方法与技术，其模型与范式局限在"理性"的分析框架中，忽视了对投资者实际决策行为的分析。随着金融市场上各种异常现象的累积，模型和实际的背离使得现代金融理论的理性分析范式陷入了尴尬境地。在此基础上，20 世纪 80 年代行为金融理论悄然兴起，并开始动摇 CAPM 和 EMH 的权威地位。行为金融理论在博弈论和实验经济学被主流经济学接纳之际，对人类个体和群体行为研究的日益重视，促成了传统的力学研究方式向以生命为中心的非线性复杂范式的转换，使得我们看到了金融理论与实际的沟壑有了弥合的可能。行为金融理论将人类心理与行为纳入金融的研究框架，把投资决策看成是投资者在一种心理上计量风险与收益并进行决策的过程。尽管行为金融理论发展至今尚未形成一套完整的理论体系，但是它通过心理和决策行为等因素的引入，已经成功地对证券市场的异常现象进行解释。

  《行为金融与资本市场：心理因素如何影响投资者和企业》一书分为四个部分共十章。第一部分主要是行为金融学的基础理论介绍。其中，第一章主要阐述新古典金融理论以及传统企业的融资原则。第二章阐述行为金融学家如何进行管理者行为特征描述，包括如何构建管理者信念、偏好如何产生、情绪如何影响决策过程。以上两章介绍了本书的基本研究框架。本书的第二部分主要关注投资者行为以及资产定价过程中存在的异常。其中，第三章主要描述投资者在进行投资决策时的态度，并研究第一部分列示的心理因素如何影响投资者对未来价格变化的感知、对公司价值的看法、投资的选择标准。第四章系统、深入地探讨了资本市场上存在的一些异常现象，并解释了这些现象与非理性投资者的行为及其背景特征的关系。第三部分对市场行为做宏观的概览。其中，第五章开始对汇总的市场数据中的异常问题进行探讨，包括股权风险溢价问题和股价过度波动问题，并构建行为金融理论模型来解释这些问题产生的原因。第六章致力于从行为金融的视角探讨资本市场金融危机。它为 2008 年的美国信贷危机和欧元区震荡提供了宏观和微观的解释。第四部分主要阐述企业的行为金融。其中，第七章展示了理性的管理者如何利用投资者的非理性和市场的异常扰动来调整公司政策。第八章至第十章基于上市公司高层管理者的信息调查探讨企业内部管理者的异质性。

《行为金融与资本市场：心理因素如何影响投资者和企业》一书的创新点在于：第一，本书探讨了行为金融学的各个方面，在研究的广度和深度上都有前所未有的突破；第二，本书可以为学者、资本市场的金融家、企业的从业者、监管者和学生等提供研究行为金融的新思路和新范式；第三，将行为金融的研究视角从资本市场上转移到企业内部，开辟了行为金融研究的新方向。

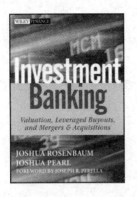

书名： Investment Banking：Valuation，Leveraged Buyouts，
　　　　and Mergers & Acquisitions

　　　　投资银行：估值、杠杆收购与并购

作者： Joshua Rosenbaum，Joshua Harris

出版时间： 2013 年 5 月 28 日

出版社： Wiley

内容提要： 在次贷危机和随后的信贷恐慌余波中，金融界正在就兼并与收购、资本市场和投资机会开展关键性尽职调查工作。这其中包含了在对待风险以及各种价值驱动因素时进行更加现实的假设，比如预计财务绩效、贴现率、乘数、杠杆水平和融资条件。虽然估值工作永远涉及大量的"艺术性"，而不仅仅是经过时间考验的"科学性"，但是艺术技巧总是根据市场的发展和形势在不断发生变化。从这个意义上说，一本实用性的估值指导手册成为投资专业人士和投资组合公司高官的急需品。

　　《投资银行：估值、杠杆收购与并购》一书重点论述目前在华尔街普遍使用的主要估值方法，即可比公司分析、先例交易分析、贴现现金流分析和杠杆收购分析。这些分析方法被用来确定并购交易、杠杆收购、首次公开发行、公司重组和投资决策情形下的上市公司和私有公司的估值，同时也构成了独立评估某公司的基础，包括测评某个具体上市公司是价值高估还是价值低估。同时，本书还建立起基于时间线的基础知识，诠释了关键性条款、金融概念和操作流程。通过全面描述杠杆收购的基础知识和井然有序的并购流程，提供了各种估值方法的应用背景，包括主要参与者情况、融资渠道和条件、战略、里程碑设置以及法律和市场文件。本书由三个部分组成，第一部分重点讨论最常用的三种估值方法，也即全面估值工具的核心——可比公司分析（第一章）、先例交易分析（第二章）、贴现现金流分析（第三章）。每章都以例证形式介绍了相应估值的实施方法，同时定义关键性条款、详解计算过程、诠释高级金融概念。第二部分的重点是杠杆收购分析。杠杆收购是 21 世纪资本市场和并购领域的重要组成部分，其原因是私人投资工具（例如私募股权公司和对冲基金）的普及、结构性信贷工具（抵押证券）的普及以及资金力量的逐渐雄厚。本书从第四章开始讨论杠杆收购的基础知识，包括综述主要参与者、杠杆收购对象的突出特征、杠杆收购的财务预算和退出策略、关键性融资渠道和条件。在这一理论框架的基础上，第五章构建了一个杠杆收购模型，用来帮助搭建目标公司的可行融资结构。第三部分重点阐述运行有效并购流程的关键阶段，这一论述为本书前几部分讨论的话题提供了一个更大的背景，因为理论估值方法是根据买方实际上愿意为某个企业或资产组合付出多少代价来进行检验的。同时，此部分还描述了如何应用估值分析框定卖方的价格预期，确定可接受报价的范围，评估已收到的报价，最后引导最终收购价格的谈判。

《投资银行：估值、杠杆收购与并购》一书的贡献在于：第一，具有现实的指导价值——除了详述估值工作背后的技术基本面以外，还在书中融入了实用的判断技巧和分析视角，推动估值工作的科学性；第二，为各大公司的专业人士提供了基本工具，包括业务开发部门、金融部门和财务部门的专业人士；第三，具有广泛的适用性。在金融日趋全球化的局势下，本书不仅适用于北美的金融市场，还适用于北美之外的地区（包括亚洲、拉丁美洲地区、俄罗斯和印度等国家）。

书名： Capital Structures and Corporate Governance：The Role of Hybrid Financial Instruments

资本结构与公司治理：混合资本工具的作用

作者： Lorenzo Sasso

出版时间： 2013 年 8 月 27 日

出版社： Wolters Kluwer Law & Business

内容提要： 尽管股权和债务在法律上有着明确的区分，但这种分类的结果可能产生误导。近几十年来，随着金融的创新发展，使得现金流权和控制权的分离成为必要，但在某种程度上这也偏离了我们对于经典理论的理解。一些公司发行的金融工具，即所谓的混合工具，陷入了股票和债务的"灰色地带"，使得监管机构找不到相对应的法律形式。

本书主要是对英国和美国公司财务法律的研究探讨，特别是关于混合金融工具方面的法律研究。作者在本书中所讨论的混合金融工具包含了股票和债券的双重特征，即本书并不会囊括所有的混合衍生工具，而是重点关注两种类型的混合证券：优先股和可转换债券。《资本结构与公司治理：混合资本工具的作用》一书共分为八章。第一章从混合金融工具历史发展的角度来叙述，先介绍了在英国法律制度中优先股的发展和演进；接着介绍了优先股的特殊功能，从股利优先、清算中的优先受偿权以及优先股的转换和赎回三个方面展开来叙述。第二章从股权和债务的特征入手，首先介绍了资本结构的重要性，其次介绍了股本和股权的定义以及在不同的监管领域对金融工具的分类，最后介绍了混合金融工具对公司法的启示。第三章主要从四个方面介绍了理论背景的设定：交易成本与公司法，契约关系与代理成本理论，契约的不完整性和事后冲突、现代产权理论。第四章从大型上市公司和中小型初创企业两个视角来分析发行混合金融工具对公司治理的影响。第五章是关于公司的重大决策，先从公司初创阶段治理权契约入手介绍了三个方面：一是贷款人控制权的限制，二是混合工具对管理者的"事前"动机调整——阶段性融资和可转换债券，三是混合工具的使用对"事后"问题的解决，四是介绍了权利变更过程中股东和代理人之间的冲突以及可转换债券持有人股东代理问题，五是介绍了对混合工具的价值评估及保护。第六章介绍了通过混合金融工具进行融资所产生的机会主义风险以及在法律上的应对策略，包括企业重组中可转换债券的使用、管理者和可转换债券持有者的冲突、可转换债券的转换时间以及发行人的看涨期权、转换期权的价值稀释以及风险投资中大股东和小股东之间的冲突。第七章介绍交易控制，包括交易控制中的代理冲突、对于优先股股东保护的法律策略以及对英国和美国法律环境下对混合金融工具的法律保护评价。第八章介绍了混合金融工具的基本原理以及对公司治理的影响。

本文的创新研究在于通过强调代理关系和索赔权在非常规金融工具中的应用，分析和探讨了对混合工具进行监管治理的主要职能，而不是从税收优势和内部控制这一常规的方法入手。作者评估了混合金融工具在现代公司中的作用，揭示了发行这些证券的成本和收益，识别和归类在不同问题领域混合工具所发挥的重要作用，并确定法律和合同对公司治理和财务问题的解决办法。

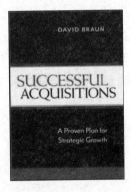

书名： Successful Acquisitions： A Proven Plan for Strategic Growth

　　　　成功的并购：一个成熟的战略增长计划

作者： David Braun

出版时间： 2013 年 4 月 1 日

出版社： Amacom

　　内容提要： 寻求扩张的企业面临着内部扩张和并购发展两种选择，内部扩张可能是一个缓慢而不确定的过程，通过并购发展则要迅速得多，尽管它会带来诸多的不确定性，而且企业能否稳定快速成长是每个企业高管所面临的共同挑战，并购作为一种企业快速成长的方式受到很多公司的青睐。企业并购后可以产生诸多有利因素：协同效应、合理配置资源以及减少内部竞争等，总体而言有利于扩大企业发展的优势。本书作者作为一家战略公司的创始人和首席执行官且有着 20 年的实践经验，其工作就是帮助用户企业设计并实施有效的战略增长计划，并且该公司的客户范围从家族企业到财富 500 强的跨国公司。因此，本书从实际出发为读者介绍了一桩成功的并购交易应具备哪些条件。

　　每一家公司都面临着不可避免的挑战：停滞或成长。中小企业扩张的最快途径之一就是收购。收购其他公司可以帮助提高本公司的品牌声誉以及巩固现有业务，而且能获得新的技术且吸引高价值的客户和员工，并阻止竞争对手获得相同的资产。收购一家公司看起来困难重重，但是如果获得成功，将会取得可观的收益。成功实施收购的关键是企业领导人擅长寻找和购买公司。本书从实践出发，用十个模块全面系统地介绍了收购的逻辑过程，包括：调研公司的科技和艺术性；组建和协调收购团队；发掘收购企业的潜在价值；"卖方定价公式"的重要性；构建一个和谐平等的谈判平台；买方和卖方之间的关系维护；构建一个完美的交易指导方针；意向书、严格评估、购买协议、收购资金和其他要点；适时完成交易；百天计划，成功整合。从选择目标公司到交易关系不断巩固加强，《成功的并购：一个成熟的战略增长计划》用一个完整的路线图来展示收购公司的流程和实现积极稳定的战略增长。

　　本书的创新点在于抛开晦涩难懂的并购理论，从实际出发为公司管理人员以及高层决策者提供了一个切实可行的关于收购的分步计划，为读者呈现出一幅独具特色的收购路线图。从建立发展可行的收购计划，到进行系统的市场调研以及前景预测，再到发展一种基于信任关系的对话并开始谈判，至实施交易构建交易细节，直至交易结束开始业务整合。读者将学会如何在收购的每一过程做出正确决策。企业并购是一项复杂的系统工程，但作者通过本书系统地介绍了并购的流程，对并购的每一过程都做了细致和通俗易懂的描写，这是本书的一大创新点。作者在并购市场有着 20 年的从业经验，因此本书的另一重要创新点在于作者结合自身的并购实践为读者提供借鉴和启示。

书名：Valuation for Mergers and Acquisitions

并购估值

作者：Barbara S. Petitt，Kenneth R. Ferris

出版时间：2013 年 7 月 10 日

出版社：FT Press

　　内容提要：价值评估是金融领域的核心部分，它探讨了"未来现金流不确定的资产在当前的'公平'交易中的价格是多少"这一问题。本书从一个实践者的角度讲解了企业并购交易中估值的基本准则和操作方法。因此，在该领域中的读者会发现，他们更多的需要经验法则而非客观教条的指引。根据不同的估值目标、公司和行业特征、分析师的个人偏好和特长，有很多可供选择的估值方法。因此，当企业高管和估值分析师试图评估一个公司的价值时面临着许多选择困难。在本书中，作者讨论了一系列的估值方法，包括倍数法、现金流贴现模型、经济收入模型和期权定价模型。由于估值方法大多运用于非金融公司，金融公司的估值方法不在本书讨论的范围之内。

　　《并购估值》一书共分为七章。第一章主要对价值评估进行概述，先从历史发展的角度介绍了几次并购浪潮和并购的动机，接着论述了并购对股东价值的影响以及并购溢价，最后对估值方法进行概述。第二章对相关财务理论进行回顾，包括相关比率分析、公式分解分析、现金流分析以及蒙特卡罗模拟分析。第三章介绍传统的估值方法，先介绍了市盈率，接着从现金流贴现模型展开描述。第四章介绍了替代估值方法，先介绍了价格乘数和企业价值倍数相对估值方法，然后介绍了折现现金流模型、经济收入模型和实物期权分析等直接估值方法。第五章介绍在评估分析中的会计困境，主要对损益表中的从经常性和偶发性事件、收入确认原则、存货成本政策和折旧原则展开论述，在资产负债表中从资产资本化政策、资产重估政策以及表外负债展开论述。第六章是关于并购的财务报告和税务事项，讨论了财务报表是否该合并的问题以及如果合并的话该怎样合并，同时对非控股股东的权益和商誉会计进行探讨。第七章对本书进行总结并提出在估值过程中的注意事项。

　　《并购估值》一书的第一作者是特许注册金融分析师，在价值评估领域具有丰富的教学和实战经验，第二作者是纽约交易所多家上市公司的高管，对价值评估也有独到的见解，因此本书用最前沿的见解、经验教训和实践经验准确地评估企业的收购、兼并、重组。此外，本书介绍的估值方法实用性强、易于操作，为发生在企业交易活动中需要评估的复杂事项提供了切实可行的解决方案，并且重点介绍了企业并购交易中的估值方法和操作案例，内容涉及并购动机、估值过程、估值方法、估值中的会计困境处理、并购中的财务报告处理和税负考虑等。其中，介绍各种传统估值方法和特殊估值方法时，既有操作步

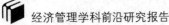

骤说明，也有实例演示，更有最为可贵的经验提示。本书的作者介绍多种先进的技术分析方法：现金流折现分析、市盈率分析、调整后的现值分析和实物期权分析，并且对估值过程中容易疏忽的问题及错误而导致的不准确估值进行了系统的说明，并告诫读者该如何避免类似的错误。

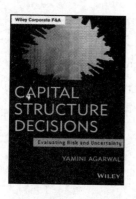

书名：Capital Structure Decisions：Evaluating Risk and Uncertainty

资本结构决策：风险评估与不确定性

作者：Yamini Agarwal

出版时间：2013 年 6 月 4 日

出版社：Wiley

内容提要：关于企业资本结构的决策一直是充满风险和不确定性，动态范式的转变和企业的多维操作进一步使情况复杂化。关于"什么样的资本结构状态才是最合理的"这一问题一直没有明确的答案。然而资本结构所处的状态会影响企业的融资，也会影响首席执行及首席财务官在动态多目标环境中的决策过程。本书涵盖了关于如何制定一个目标规划模型，从而使组织中的管理者更好地做出资本结构决策。

《资本结构决策：风险评估与不确定性》一书共分为十四章。第一章写了首席财务官在全球新经济中的作用，先介绍了首席财务官的决策制定应考虑的因素，认为首席财务官的决策不仅局限于经济成本和相关者的利益，同时也不能局限于以财务报告为代表的财务目标，应在决策过程中斟酌各方利益，以达到公司预期目标。第二章关于资本结构决策时间维度，本书作者认为关于资本结构的决策是长期循环往复的过程，涉及在不同时间段的收购以及盈余留存等经济活动，资本结构的决策同时分为战略层面和战术层面。第三章关于公司业绩的预测和评估，在本章中，作者讨论如何从报表中给出的年度报告和技术评价来确定一个公司的目标和约束因素。第四章关于资本结构决策的价值最大化，本章作者认为资本成本为企业的每一项决策提供了现实依据，同时认为价值创造是一个缓慢的投资和再投资的过程。因此本章主要内容为企业价值创造和资本结构之间的关系。第五章关于资本结构选择的风险维度，介绍了风险的种类以及衡量方法、风险管理框架和资本的来源等。第六章介绍了资产负债表中表外资本的作用，作者认为表外项目是对冲风险和为公司提供资金支持的战略性资本投资，如果管理得当能够增加战略价值。第七章关于资本结构的创新。第八章关于资本结构决策的效率，作者认为资本市场全球化给企业提供更多的资本工具，同时降低融资的资本成本和提高公众对公司经营的信心。第九章关于资本结构决策的理论框架，在这一章作者将讨论一些现有的和前沿的关于研究资本结构决策的理论，并提出可以提高资本结构决策效率的建议。第十章关于资本来源的战略决定性因素，作者认为在持续不断变化的环境中，战略是保持差异化竞争和提高净利润率的一种措施。第十一章和第十二章分别介绍了关于经济驱动的资本结构实践和管理者在资本结构决策中的作用。第十三章和第十四章分别介绍了首席财务官在决策过程中的决策依据和资本结构决策的多目标框架。

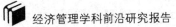

　　《资本结构决策：风险评估与不确定性》一书的重要创新点在于能够更好地帮助管理者深刻理解企业财务并能更好地参与到决策的过程中去。本书另一大亮点是没有拘泥于一个国家或地区的企业的财务特征，而是选取世界各地具有代表性的案例进行研究，对经典的和具有前瞻性的财务模型进行解释说明。同时，本书为首席执行官和首席财务官在进行重大资本投资决策和项目批准之前提供可供借鉴的风险管理和公司治理经验。

书名：The Strategic CFO：Creating Value in a Dynamic Market Environment

战略型 CFO：如何在动态市场环境中创造价值

作者：Ulrich Hommel，Michael Fabich，Ervin Schellenberg，Lutz Firnkorn

出版时间：2013 年 11 月 30 日

出版社：Springer

内容提要：随着经济全球化和信息时代的到来，首席财务官的作用已在全球金融市场和全球产品中发生了显著变化。新技术、新产品和新市场的加速发展，形成了一个日益充满活力和不确定的竞争态势。这本书论证了随着企业外部环境的变化对财务总监的作用和责任的影响。为了应对全球化带来的机遇和挑战，一个关于全面整合业务和财务决策的观点被提出来。本书展示了首席财务官是如何采取和实施这种管理方法，从而在这一过程中为公司创造价值。

《战略型 CFO：如何在动态市场环境中创造价值》一书分为三部分共十六章，第一部分由五章组成：第一章介绍了将基于风险的资本预算和财务战略；第二章是关于资本预算、运营和财务的仿真计划流程；第三章是关于公司投资组合的风险收益管理；第四章是通过实物期权分析实现在战略上具有灵活性的投资策略；第五章介绍了在宏观经济不确定的情况下，基于现金流创造价值的风险管理。第二部分的主题是从应对动态的金融市场并从中获益，这一部分也分五章。第六章介绍在日新月异的资本市场环境中，对财务总监提出的新要求；第七章介绍随着资本市场的发展，首席财务官角色的变化；第八章是关于资本结构的一体化管理；第九章是关于现金流管理和融资合约的风险控制；第十章是关于在宏观经济风险管理中，首席执行官所面临的信息挑战。第三部分是关于金融市场和产品市场的联动，本部分共分为六章。第十一章阐述了产能的调整决策；第十二章是关于供应链风险管理的最优化；第十三章关于处理现金流管理中的挑战——商品价格波动和竞争压力；第十四章是气候变化对首席执行官作用的影响；第十五章是关于市场动态对公司价值的影响；第十六章是关于利用金融创新创造企业价值。

《战略型 CFO：如何在动态市场环境中创造价值》一书的十六章分别由不同的作者写作完成，因此本书的创新点在于：第一，每位作者都能对每一章的内容做深入的研究，能为读者提供更为深刻的见解；第二，由于每位作者知识体系的差异性，对问题的看法及想法都不尽相同，因此对于每个主题作者都能给出独特的见解；第三，本书的每个部分涵盖的内容都较广泛，能够在每个问题上为读者提供宽领域、广角度的认识。

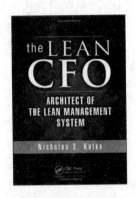

书名：The Lean CFO：Architect of the Lean Management
System
精益 CFO：精益管理系统的架构师
作者：Nicholas S. Katko
出版时间：2013 年 9 月 16 日
出版社：Productivity Press

内容提要：如何将公司的每一个业务都建立起一套相应的工作流程和业务规范，将财务管理的触角延伸到公司的每个角落，充分挖掘企业经济活动的潜在价值，这些是每一个首席财务官都应该思考的问题。提高财务管理水平和建立起高效的财务管理系统，使财务官在整合和构建精益管理系统中发挥日益重要的作用。本书描述了首席财务官们是如何将公司从传统的基于生产实践管理系统转变成为一个精益绩效测量系统的。

《精益 CFO：精益管理系统的架构师》一书共分为十一章，在本书第一章中作者叙述了精益管理系统的设计和构建以及如何将经营决策融入精益管理系统中。在第二章中作者提出五个精益管理的原则，并认为精益管理是一种战略而且时时刻刻地体现在企业的生产经营中。在第三章中作者解释了什么是"流程"，并认为流程就是生产力，改进流程是消除低效的关键，并解释了需求和周期对流程的影响以及精益绩效的测量。第四章详细介绍了工作流程的改进，从办公流程的当前状态开始分析，找出办公流程中的"无用功"、计算办公周期以及总结各个部门的工作特点，然后开始设计精益化办公流程，从过程设计、进行工作计划（需求优先）到控制工作，本章详细介绍了工作流程的改进措施和原则。第五章介绍了精益绩效的测量，先介绍了传统的绩效测量方法，然后介绍了改进之后的精益测量方法以及精益化测量的各个环节。第六章先介绍了传统的成本管理，接着介绍了价值流会计、价值流成本以及各种支出。第七章对传统制造能力和精益化制造能力创造的价值进行测量，然后对价值流程图数据的完整性进行介绍。第八章作者先介绍了在企业决策过程中标准成本的核算，接着论述了标准成本数据和效益经济。第九章作者对标准成本进行详细的介绍，先简要地介绍了标准成本的历史，然后提出简化材料成本和劳动成本，最后提出消除标准成本。第十章先介绍了企业资源计划（ERP）和首席财务官（CFO），然后分别介绍了精细化运作和企业资源计划、精益 CFO 和工作订单、精益 CFO 和库存量、精益财务总监和工作过程评估。第十一章先论述了系统思维和项目思维，然后说明员工在精益管理系统中的重要性。

《精益 CFO：精益管理系统的架构师》一书的创新之处在于：第一，从本质上描述了为什么精益管理系统必然取代传统管理会计制度的背后逻辑，并且从实际出发论证了构建一个价值流程测量系统的必要性。第二，精细化管理是对工作流程和目标分解细化和落实的过程，能让企业的战略规划贯彻落实到每个环节，同时也在这一过程中大大提升了企业的效率。第三，解释了为什么要将公司活动融入到价值流会计系统中，并且描述了如何在精益经营战略下提高盈利水平，同时详细地告知了企业管理者如何调整企业资源规划系统使其更好地服务于精益管理系统。

第四章 财务管理学科 2013 年大事记

本报告对 2013 年国内与财务管理学科的相关会议进行梳理，共召开相关会议 10 次，分别是：中国会计学会 2013 年学术年会、中国商业会计学会 2013 年学术年会、中国会计学会管理会计与应用专业委员会 2013 年度学术研讨会、2013 营运资金管理高峰论坛、中国对外经济贸易会计学会 2013 年学术年会、中国会计学会会计基础理论专业委员会 2013 年学术研讨会、中国会计学会财务成本分会 2013 学术年会暨第 26 届理论研讨会。

随着企业生产经营过程的社会化程度和现代化水平不断提高，财务管理活动也实现了由单一到复杂、由低级到高级的转变，在企业中的地位和作用日益凸显。加强企业财务管理有利于企业合理有效地利用资金，提高资金利用效率；有利于企业精打细算，努力降低成本费用；有利于企业发现生产经营中存在的问题，减少财务损失；有利于提高企业生产经营水平，提高经济效益。企业的兴衰与财务息息相关，财务管理如何适应知识经济发展的要求，在管理目标、融资内容、资本结构、风险管理方法、财务分析以及分配方式等方面进行科学的调控，越来越引起广泛的重视。

与企业的管理实践需求相适应，我国的财务管理理论研究也取得了重大突破。为实现先进理论与实践知识的共享，加快财务管理学科建设，业内经济人士和学者举办了众多大型学术会议。这些会议一般规模较大、与会者数量众多、提交的论文专业性较强，对现代财务管理理论的发展有突出贡献。纵观 2013 年，国内召开与财务管理学科的相关会议 16 次，其中比较重要的会议 7 次，具体内容和主要观点综述如下。

第一节 中国会计学会 2013 年学术年会

中国会计学会 2013 年学术年会于 2013 年 7 月 6~7 日在广西大学商学院召开。本届年会主要围绕会计理论与会计准则、内部控制与社会责任、财务理论与公司投融资、公司治理与资本市场、政府与非营利组织会计等几个方面的议题展开学术交流与研讨。从交流和研讨的论文内容来看，本届年会反映出了我国会计研究领域的一种崭新气象，即理论研究与实务研究相辅相成、相得益彰。以下根据交流论文的领域，将财务管理相关的专题内容综述如下（杨海燕、韦德洪，2013）。

一、财务理论与公司投融资研究

（一）财务理论

财务理论的发展和创新对财务实践有着重要的指导作用。湖北经济学院夏明针对"公司财务概念框架"进行的讨论，在强调财务学科"技术性"和"人文性"双重特性的前提下，着重从"行为"和"文化"的视角探讨了财务管理学的发展路径，并以此为导向，分别从财务学自一产生就是一门研究"财务人财务行为"的学问的立论，从"生物学"和"文化学"这两条研究路径，从"物质、精神、社会"研究的三个维度，提出了构建"财务行为学"的设想。中国海洋大学王竹泉等探讨了营运资金管理研究的发展趋势与前沿问题，包括利益相关者视角的营运资金管理研究、营运资金需求预测与营运资金管理绩效评价体系研究、基于营运资金需求保障能力的财务风险评估研究、营运资金管理策略分类及其作用机理、营运资金管理调查体系和营运资金管理数据平台扩充研究，深化和拓展了营运资金管理理论，为进一步践行科学的营运资金管理提供了理论基础。厦门大学刘峰等解释了"茅台现象"，即茅台股份维持了 11 年"零银行借款"的资本结构，且持有占总资产近 50%的现金、具备突出的盈利能力和创现能力。他们认为主流的资本结构理论如权衡理论、优序融资理论、代理理论、自由现金流理论等无法提供合理的解释，"赏低罚高"的不对称激励制度，是导致茅台股份管理层选择不作为的消极资本结构政策的主要驱动力。

（二）公司投融资

公司投融资决策是财务管理的重要内容，东南大学韩静等探讨了会计稳健性对投资效率的影响，以及管理者背景特征对两者关系的影响。结果发现，会计稳健性会抑制企业的过度投资，加剧企业的投资不足；国有企业的会计稳健性加剧（抑制）投资不足（过度）的程度要弱于非国有企业。江西财经大学章卫东等通过区分国有上市公司及民营上市公司两种所有制不同公司的过度投资行为，研究了政府干预对国有上市公司的过度投资行为的影响。研究结果证实了政府干预会导致国有上市公司过度投资的观点。他们建议：建立公平竞争的社会主义市场经济体系，改变传统的对地方政府考核单纯采用 GDP 增长等传统指标，而采用内容更加丰富的幸福指数等综合性指标，才有助于整个社会的长远利益。北京科技大学胡志颖等研究了风险投资减持过程中的盈余管理。他们发现，在减持过程中，风险投资试图影响管理层，以提高减持前的会计收益，从而获得更高的减持收益，但这种模式只存在于利用后半年定期报告进行减持时机选择的情况下，这意味着风险投资的盈余管理减持时机选择并不是毫无条件的，只有在上市公司本身有较高的盈余管理动机时，风险投资才能借机对管理层产生影响。

二、公司治理与资本市场研究

（一）公司治理

本届年会中公司治理领域的研究主要集中在两个方面。其一是关于高管薪酬激励的研究，如对外经济贸易大学汤谷良等基于国有资产监督管理委员会在央企导入 EVA 评价制度遭遇的抵制情景现实，尝试性地提出我国企业新型管理制度受阻的理论框架，继而提出了顺利实施新型管理制度的实践路径。他们的理论创新在于：现有研究文献过于关注管理制度本身设计的细节，而忽略了一个优质的管理制度需要满足一定的权变条件才能得到有效实施。安徽财经大学王烨等研究发现：在职消费高的公司，更不倾向于选择股权激励；股权制衡度的提高会弱化国资控股公司股权激励计划选择与在职消费之间的替代效应；公司所处地区市场化程度的提高会强化国资控股公司股权激励计划选择与在职消费之间的替代效应。中央财经大学孙健等根据创新扩散理论设计了行业模仿变量和区域模仿变量，利用 2006~2012 年宣告实施股权激励的上市公司作为研究样本，研究发现，在我国，股权激励制度确实在行业和区域内得到了扩散，并被其他企业所模仿。其二是关于政治关联的研究，如中国海洋大学王竹泉等认为重新认识政府与企业的关系对于企业治理、资本投入、企业资本结构、企业类型重新划分等方面都有着重要的启示。云南财经大学陈玉秀等开创性地将民营上市公司的政治关联分为党委、政府性政治关联和人大、政协性政治关联来对比研究其经济后果，结果表明：在融资方面，人大、政协性政治关联获得了较大的银行贷款、表外融资和商业信用等融资便利；在监管与政策方面，审计师和证监会对党委、政府性政治关联较为宽容，对人大、政协性政治关联较为严格，且相对来说税收优惠政策也更偏向于党委、政府性政治关联。东北农业大学李炜等研究发现：当不考虑地区因素时，企业的规模、收益能力、对就业的贡献、利润总额等都对政治关联企业政府补助的取得有显著影响。

（二）资本市场

重庆大学辛清泉等分析和检验了企业层面的透明度对股价波动性的影响。研究发现，当前更高的盈余质量、更好的信息披露水平、更多的分析师跟踪、更准确的分析师盈余预测和国际四大审计同未来更低的个股回报方差相关联。研究还发现，尽管透明度同牛市期间的个股上涨幅度不存在系统的关联，但其显著降低了熊市期间个股下跌幅度。中央财经大学周宏等利用 2005 年 12 月 31 日~2011 年 12 月 31 日中国企业债券的数据，对企业债券一级市场上企业债券的发行者与投资者之间信息不确定以及二级市场上投资者之间的信息不对称对中国企业债券信用风险定价的影响进行实证研究。研究表明，信息不确定性和信息不对称能够帮助传统结构模型解释债券的信用利差，而加强企业债券发行中的信息披露以及债券市场的信息披露监管有利于降低企业债券融资成本。

三、政府与非营利组织会计研究

厦门大学李建发教授主持了政府与非营利组织会计分会场的讨论，他对 2007 年政府及非营利组织会计专业委员会成立以来的工作成绩及不足进行了全面的回顾和总结，并对未来工作进行了安排。与会者从以下三个方面对政府会计的研究进行了讨论。一是结合现实热点研究了政府会计与财务报告的改革问题，如地方政府债务风险、融资创新等。财政部财政科学研究所陈穗红结合近期对各地方政府的调研情况，探讨了关于地方政府城镇化建设中的融资难题。东北财经大学常丽从政府债务风险和政府角度探讨了政府财务分析中的特殊性问题。二是结合近年来政府会计改革的成绩，总结改革中的创新、亮点与不足，为我国政府会计准则体系建设献计献策。山东大学路军伟对我国政府会计改革进行了回顾、总结，并对未来发展提出了建议；中南财经政法大学张琦汇报了他所承担的政府会计准则起草项目进展情况，并提出了起草过程中的困惑；厦门国家会计学院刘用铨探讨了我国实施双轨制政府会计的路径问题。三是对近年来政府会计研究的主题进行梳理，如东南大学陈志斌系统地对近年来的国家级科研课题、博士论文、学术文献等进行梳理，总结了政府会计学科中的理论及研究方法论问题，这对增强政府会计研究的学术性和科学性具有重大意义。

四、内部控制与社会责任研究

（一）内部控制

近年来，我国出台了一系列企业内部控制的规范性文件，完善了我国企业的内部控制制度。现阶段企业内部控制状况及其信息披露的后果是本届年会讨论的热点。河南大学席龙胜构建了基于信息熵模型计量的内部控制信息披露质量评价指标体系，并以 2007~2011 年境内外同时上市公司作为样本进行了初步应用，结果发现我国上市公司内部控制信息披露存在流于形式、内部缺陷信息披露缺乏、信息质量较低等问题。针对这些问题，与会者提出了各自的观点，如上海大学李寿喜等通过对中国上市公司 2008~2011 年连续四年的年报信息和其他相关资料的研究，认为政府监管部门应重点关注发生并购、资产重组和业绩高增长的公司，以及经营亏损、董事长兼任总经理的公司。山西财经大学吴秋生等认为不同目的的内部控制评价，其评价的主体、客体和方法都会有所不同。当前强制实施的披露目的的内部控制评价，应当由公司管理层负责对财务报告内部控制进行评价，应当采用缺陷认定法。南开大学周宝源的研究发现，在披露了内部控制自我评价报告的上市公司中，公司聘请事务所对内控评价报告出具核实意见时，会显著提高其盈余质量。

（二）社会责任

社会责任作为现代企业决策理论的重要组成部分，关系到企业的声誉及绩效。湖北经济学院谈多娇肯定了企业社会责任的积极作用，认为企业履行社会责任能有效降低风险，为企业创造品牌效益，提高劳动生产力并降低资本成本。湖南商学院刘建秋等探讨了价值创造、战略协同与企业社会责任决策之间的关系。他们认为，企业承担社会责任需要发生付现成本，同时可以给企业带来直接和间接的长期利益。在企业战略视野里，社会责任不应视作企业被动承担的一项强制义务，而是能给企业带来价值创造的战略行动，因而社会责任必须融入企业战略发展框架下进行管理和决策。为了辨别企业履行社会责任是否存在印象管理动机，广西大学邓德军等从盈余管理角度出发，检验社会责任绩效好的公司和社会责任绩效差的公司对待盈余管理的态度是否存在差异，以此推断社会责任绩效好的企业到底是一个好公民还是一个好演员。通过检验发现，相对于社会责任绩效差的企业而言，那些社会责任绩效较好的企业较少地进行应计项目盈余管理和真实活动盈余管理，说明社会责任绩效好的企业是真心实意承担社会责任活动的好公民。

第二节　中国商业会计学会 2013 年学术年会

2013 年 8 月 3~4 日，由中国商业会计学会主办、安徽工业大学管理学院承办的中国商业会计学会 2013 年学术年会在安徽马鞍山市举行。会议收到论文 70 篇，来自国内 55 所院校及杂志社、出版社的 95 名专家和学者出席了本次学术会议。对外经济贸易大学张新民教授、北京城建集团总会计师孙宝珩先生、首都经济贸易大学会计学院付磊教授、《会计研究》编辑部刘国强主任、天津财经大学田昆儒教授和北京工商大学杨有红教授分别作主题报告。本次年会研讨的议题涉及"内部控制系统的构建与完善"、"资本市场财务与会计"和"会计改革与创新"三个方面。与财务管理相关的专题内容综述如下（林钟高、王明虎、章铁生和吴良海，2013）。

一、经济转型时期企业内部控制系统的构建与完善

经济转型带来的不仅是生产经营方式的转变，还有由此产生的市场风险增加和组织变革加快。随着世界经济长期低速增长，企业生存压力增大。为应对这些问题，企业需要从整体改进内部控制系统，以适应新的形势。

内部环境是内部控制系统的基础，环境因素直接影响到内部控制实施的有效性。杨有红教授从环境视角对内部控制建设提出新的建议。他认为，超脱环境的控制方法和控制流程是无法落地实施的，内部环境的建设力度、控制环境特色决定了内部控制的基调；内部环境的建设以及环境与控制目标、其他控制要素之间的匹配是内部控制系统构建和评价的重要内容。环境不是一成不变的，对应相对稳定的环境、可重构环境和渐变环境，企业应分别采取环境主导、环境重构和环境诱导策略。

会计风险是企业内部控制建设的重要方面，田昆儒教授从会计风险角度诠释我国企业

中广泛存在的内部控制问题。他认为，广义公司会计风险来源于会计信息处理的风险、会计职业判断的风险、公司内部控制的风险；引发公司会计风险的因素包括公司层面和流程层面的问题。公司层面的问题包括不完善的董事会及其下设委员会的架构和职能、未建立上市规则合规流程、不完善的风险评估及管理政策和程序、缺乏反舞弊内部控制流程等方面，流程层面的问题包括不相容职责未得到适当的分离、缺乏完整全面的文档记录、缺乏控制执行的证据、相关业务的会计处理不正确、资产清查盘点工作不完善、重要业务流程缺乏相关的程序及政策等，因此控制会计风险，需要改进公司治理水平，提高会计人员素质。

内部控制建设不仅需要理论研究的创新，还需要实践应用水平的提高。孙宝珩总会计师创造性地构建了国有企业内部控制建设的"12345内控框架"体系。在这个体系中，"1"是一个首要目标，即运营效率与效果；"2"是二层责任主体，即董事会（股东）和经理层；"3"是三条建设主线，即治理结构、财务控制和业务控制；"4"是四大基本原则，即强支持、短流程、高授权、大监督；"5"是五大保障措施，即改善支持环境、加强风险管理、完善制度流程、促进信息沟通、提高监督能力。

融资风险是企业内部控制需要着重防范的风险，我国许多企业融资失当，导致企业不亡于亏损，而是亡于债务危机。张新民教授认为，根据MM理论，企业融资风险的控制，首先在于融资要有良好的业绩回报，而业绩回报主要关注企业的固定资产投资回报是否满足股东要求，因此从融资风险控制来看，非流动资产和股东权益变动是财务管理者需要重点关注的项目。通过分析格力公司和特变电工股份有限公司的案例，解释了为什么格力公司能在少量外部融资情况下成功扩展，提高企业价值，揭示了特变电工股份有限公司依靠外部融资快速扩张可能出现的问题，为上市公司内部控制评价提供了一个崭新的分析视角。

随着我国企业内部控制建设的推进，新的问题不断产生，学者们从多方面探讨了这些问题。杨有红、吴珊珊认为，企业集团需要从内部信息化、建立企业集团信息与沟通的控制效率评价体系等方面入手，提高企业集团内部信息沟通方面的效率，从而达到改进内部控制、提高企业集团业绩的目的。柏广才以扬州市扬子江集团为例阐述了财务内部控制的实施，从资金管理、激励制度、财务文化建设、制度完善角度提出了政策建议；涂申清对税务风险进行了专题研究，从控制目标、控制制度、风险控制要点和方法方面构建税务风险内部控制框架；黎明梅通过对广西南宁市喜洋洋超级市场有限责任公司的案例进行分析，提出中小型商品流通企业存货内部控制建设的政策建议；甘娅丽分析了商贸企业主要业务活动关键点及与内部控制关系，并以GZ烟草进出口公司为例进行分析，提出商贸企业几个主要业务关键环节与关键点的控制措施建议；王瑞龙分析了COSO IC-IF的发展历程，探讨了COSO IC-IF（2013）更新的背景，从框架结构、可操作性、公司治理理念、舞弊风险评估等方面分析了新版COSO报告的改进，并从着手推动财务报告向整合报告转变、减少舞弊的风险、增强内部审计独立性方面提出我国内部控制建设的政策建议；顾远、向崇学分析了我国目前公司内部控制和公司治理中存在的问题，进而从加强公司董事会建设，突出董事会及各专业委员会的治理职能，加强公司的内部审计，建立完善的管理者激励与监督机制并不断提高企业员工的内部控制意识，加大信息系统建设并与企业内控系统相结合，进行全面的风险评估及内部控制目标责任考核等方面，提出不断完善公司内部控制体系的构建；庄学敏、罗勇根研究发现，对于公允价值资产，可靠性程度越高的公允价值信息越具有价值相关性，但对于公允价值负债的研究并没有明显的效果，同时，内部控制质量水平高低并没有对不同可靠性程度的公允价值信息的价值相关性产生显著影响；西南财经大学熊力以销货循环为例，分析传统内部控制与 ERP 环境下内部控制存在的差异，以期为企业 ERP 环境下内部控制建设提供建议；刘晓敏从分析国内买方信贷的现状出发，发现其中存在的问题，从其具体流程出发分析可能的风险点，并从选择客户对象、健全信贷制度等提出基于买方信贷风险的相应控制策略；胡明霞研究发现，管理层权力对内部控制的有效性有很大负面影响。

二、经济转型时期资本市场财务会计问题

经济转型对资本市场的功能发挥提出新的要求，即不仅要保持企业融资职能，还要发挥资源优化配置、信号传递等功能。在这些功能的发挥中，会计信息和财务决策的作用十分重要，会计能做什么？怎么做？这些问题也成为本届年会代表们关注的焦点。对此，刘国强以"会计理论研究新动向"为题，分析了当前经济环境下，政府主管部门、资本市场和企业对会计理论研究的突出要求，提出了倡导优良文风、立足本土主题，开展务实研究，推动会计更好地发挥其职能作用，为政府监管、市场运行和企业微观管理更好地服务。他还就会计研究应关注的重点领域和问题作了概括说明。

资本市场的发展需要企业有良好的业绩，而良好的业绩需要企业处理好劳资关系。干胜道、王灿和王文兵以生产要素相对集中程度，按终极控股股东不同，选取我国沪深 A 股2004~2011 年国有劳动密集型与非国有劳动密集型上市公司为样本，分析薪酬与业绩之间的关系。研究发现国有公司普通员工薪酬收入比重呈上升趋势，而非国有公司普通员工薪酬收入比重呈下降趋势，非国有公司普通员工单位薪酬创造的营业收入高于国有公司，国有公司与非国有公司高管薪酬收入比重呈上升趋势，研究证实我国非国有劳动密集型上市公司普通员工存在劳资财务不公平现象。

高管行为对资本市场交易有很大影响，而我国许多企业上市不久，高管即开始减持，对市场产生消极影响，这以创业板市场最为典型。梅艳晓、王明虎选取创业板开板至2010 年 11 月 1 日前发行的 141 家创业板公司为样本，根据其一年来的减持数据，分析创业板公司高管减持的影响因素，研究发现：创业板上市公司的高管减持与市场对股票的高估价正相关，与企业的成长性负相关，市场激励和成长担忧诱因都得到验证，相比而言，市盈率因素与高管减持相关度更高。因此，治理创业板高管减持，需要加强发行制度的改革，严格企业 IPO 审查。

上市公司投资效率影响资本市场发展，而高管行为能否对投资效率产生影响？吴良

海、汪琴基于预期投资、公司绩效及高管变更指数模型，选取 5373 家 A 股上市公司 2001~2010 年的数据作为研究样本，对高管变更、投资效率与公司绩效三者间的关系进行了研究。研究发现，上市公司的高管变更对投资效率的影响具有非对称性与动态性：高管变更一方面可以遏制上市公司过度投资行为，改善其投资效率；另一方面上市公司如果投资不足，高管变更会加剧其投资不足程度从而恶化其投资效率。这一非对称性的作用方向与强度在高管变更各年间呈现交替变化的动态特征。分组检验发现，高管变更遏制国有企业投资过度的功效较非国有企业弱；高管变更虽能在一定程度上缓解国有企业投资不足，但也会进一步加剧非国有企业投资不足程度。

上市公司的治理和融资问题也是学者们关注的焦点。王峰娟、张磊磊研究表明，建立政治联系若不能够跨越进入壁垒、享受外部融资便利、增加政府补助和获得税收优惠，其对公司绩效的正向促进作用并不明显，也就是说，政治联系需要借助于进入壁垒、外部融资、政府补助和税收优惠等中介变量，从而对公司绩效产生中介效应，才能更为显著地提升公司绩效。戴新民、臧卉以我国 A 股制造业第一大股东为国有性质的上市公司，2006~2011 年的数据为基础，分析国有股持股比例与公司绩效之间的线性关系，结果表明，两者之间呈 U 型曲线关系。莫春兰以我国证监会发布的关于上市公司股权融资条件的规定为依据，从股权融资准入资格、股权融资规模、股权融资结果三个层面对评析上市公司股权融资能力的指标体系进行设计，并以财务比率的分解和分析为基础，提出培植上市公司长足、稳健、可持续的股权融资能力的若干策略和方法。刘庆龄研究表明，利率是资本结构的重要决定因素，并且利率的变动也会对资本结构的调整产生显著影响，其中，短期利率与资本结构负相关，而长期利率与资本结构正相关。因此，金融决策者应充分考虑利率变动对微观经济的影响，制定利率政策。杨婧认为，在监督与控制大股东行为时，首先需要依据企业生命周期阶段特征进行有效识别，然后有针对性地相应调整公司治理机制进而抑制大股东掏空行为。

三、经济转型时期会计改革与创新

经济转型和发展对会计提出了新的要求和挑战，会计工作者必须坚持改革和创新，才能永葆职业生命力，这些问题也得到了与会专家与学者的高度关注。

会计的改革和创新离不开传承，追踪我国会计变革历史可以为我们提供经验教训。付磊教授梳理了 20 世纪中期中国会计发展的基本脉络，对其进行评价；客观分析了苏联会计体系的引入对我国会计发展的影响，肯定了苏联会计体系的引入对我国会计发展的历史贡献，对我国 20 世纪中期对国外会计体系的引进和创新进行了全面总结，通过对这一阶段会计历史的分析，提出宽松、和谐的政治氛围为会计发展提供机遇，恶劣的政治氛围则将会计引入歧途，甚至扼杀会计的发展的基本结论。

会计服务市场的拓展是会计创新的新领域，而这一领域的研究也是区域经济发展的重要方面。刘建中认为，在现代经济环境下，会计服务对经济的发展日趋重要，河南省正在大力建设中原经济区，对会计服务业需求很大，而河南省会计人才储备不足，这种不足既体现在数量上，也体现在质量上，需要从财务外包和管理咨询等多方能采取措施，加强会计服务，推动经济发展。

会计对企业竞争力发展有很大影响，如何通过会计服务，提升品牌价值，提高竞争力，是很多企业比较困惑的问题。汤湘希认为，自主品牌战略与企业国际竞争力之间具有耦合特性，自主品牌战略实施可以促使企业国际竞争力的提升，而企业国际竞争力反过来对自主品牌战略的制定和实施具有影响，两者呈现互动发展的态势，他首先对两者之间的内涵耦合进行了分析，并在此基础上阐述了两者之间的耦合关系；其次在阐述两者耦合的理论依据基础上，对两者之间的耦合路径进行了分析；最后通过品牌延伸、品牌联盟等提出了促进两者耦合发展的策略。

学者们还研究了会计创新和服务的相关问题。郭宏认为，我国区域战略性新兴产业选择有产业趋同风险，这将会在发展时形成市场风险，当前的光伏危机就是趋同和过剩的结果，应在充分论证的基础上，在某一特定的战略性新兴产业链上选择适合本地区的主攻环节，实现错位发展，优化产业资源配置，完善区域统筹协调机制，通过政策引导与规划和市场选择防范趋同风险。沈洁从利益相关者角度出发，构建了农民专业合作社的绩效评价体系，以实现对农民专业合作社的多维评价，引导农民专业合作社持续健康发展，实现农民专业合作社创办力度与发展质量同步提升。张庆龙、韩菲认为，在审计专业硕士培养过程中，要注重综合素质的培养，实施双导师制，强化学科基础，适当补充基础课程，以提高学生的行业适应能力。胡建平在探讨灾害救助会计的概念、灾害救助会计信息披露的理论基础上，提出了灾害会计信息披露的框架体系（包括披露主体、披露目标、披露原则、披露内容、披露形式、披露媒介），为后续研究和实务提供了有益参考。

第三节　中国会计学会管理会计与应用专业委员会 2013 年学术研讨会

为增进管理会计学术交流，探讨我国管理会计理论研究与应用过程中凸显的新情况、新问题，由中国会计学会管理会计与应用专业委员会主办，西南财经大学会计学院、中国航空工业集团公司和中国航空工业集团成都飞机工业（集团）有限责任公司承办，美国管理会计师协会作为会议的支持合作伙伴，中国会计学会管理会计与应用专业委员会 2013 年学术研讨会于 2013 年 12 月 7~8 日在成都召开。会议共收到来自学术界和实务界的应征论文 200 余篇，大会入选论文 76 篇，来自相关政府部门、高等院校、研究机构、企事业单位、国内外管理会计专业机构、专业期刊杂志社的 156 名正式代表参加了本次学术年会。与财务管理相关的专题内容综述如下（彭韶兵、郑伟宏，2013）。

本次研讨会以"企业转型升级与成本管控优化"为主题，秉承"研究问题本土化，研究方法与研究范式国际化"的主题思想。本次会议的研究成果对中国特色管理会计理论与应用的研究起到了重要的推进和指导作用。会议设三个分会场分九个专题进行了分组学术交流，包括成本管控、业绩评价、实践案例、管理控制、管理会计报告、激励与监督、投融资决策、企业绩效、成长与可持续发展。会议先后进行了 27 场小组学术报告，130 多名与会代表展开了热烈而有深度的学术点评和讨论。这些研究成果带来了管理会计理论研究新的视角，带来了中国管理会计在企业转型升级和成本管控方面具有推广价值的实践经验。

一、基于中国背景的管理会计理论与实务重大问题

中共十八届三中全会对国有资产管理和国有企业改革进行了重大部署，廖家生先生作了题为"国有资产管理与监督的形势与对策"的主题报告，从管理中央国有企业的角度解读了十八届三中全会背景下国有资产管理与监督体制的变化，尤其是对管理会计带来的需求。主要表现在：第一，国有资本、集体资本、非公有制资本等相互持股的混合所有制经济，将是基本经济制度的重要实现形式，我国的经济体制改革、国有企业改革、国有资产体制改革都应与之适应；第二，改革授权经营体制，国有资产运营监管体制方面将以资本管理为主，按公司治理结构履行出资人的相应职责；第三，探索国企财务预算等信息的公开方式，国有企业如何公开财务预算等信息是面临的一个新课题，需要学术和实务界共同努力研究；第四，国有企业财务监督工作将面临的新变化，包括探索建立首席财务官制度、加强资产损失责任追究、中央企业分类监管等途径履行出资人的财务监督职责；第五，国有企业财务管理方面主要是引导企业建立五大体系，即资金集中管理体系、全面预算管理与内部控制体系、财务信息化体系、价值管理为主导的精益型财务管理体系、以 EVA 为中心的绩效管理体系。

清华大学于增彪教授"管理会计的未来：基于学术、实务和教育的探讨"的主题报告，就管理会计的未来，从学术、实务和教育角度进行了探讨。他指出，由于中国已快速发展成为世界第二大经济体，经过 30 多年粗放式的高速发展，中国经济正逐步转变为"有质量、有效益和可持续的"发展模式，管理会计环境已处于根本性变化的阶段，我国管理会计的发展也进入最佳战略机遇期。在管理会计学术研究方面，要着重进行管理会计的实证研究，需要更多的问卷调查和案例研究支持；在管理会计实践方面，与企业战略结合是管理会计实务发展的基本方向；在会计教育方面，应加强管理会计的教学与研究，应面向雇主的需要进行相应的教学设计和支持，培养高端应用型人才。

北京工商大学王斌教授在"论管理会计的边界"的主题演讲中，根据现代企业经营环境变化和转型升级的要求，针对管理会计的边界问题，围绕财务会计、财务管理与管理会计的融合，讨论了管理会计学科的基本内核和界限，梳理了管理会计组织活动的范围，提出了要以管理会计为主体搭建企业精细化价值驱动因素的信息平台。

中国航空工业集团成都飞机工业（集团）有限责任公司（简称成飞公司）副总经理常

金平作了题为"基于战略的企业管理会计体系构建"的主题报告，全面展示了成飞公司的管理会计实践，论述了基于战略的企业管理会计体系的构建，从实务运用的角度提出管理会计体系应围绕承接战略和服务战略的目标，并展望能否像 ISO 标准、内部控制标准一样建立管理会计标准体系。

对外经济贸易大学汤谷良教授的"管理会计研究发表的困境与思考"主题报告，针对管理会计学术研究问题，分析了中国管理会计研究成果发表难度高的原因，指出了学术激情、独有的方法、基于国情的专题等是进行管理会计学术研究的制约因素。

郑州航空工业管理学院李现宗教授以"管理会计地位提升助推企业会计功能转型"为主题，阐述了经济环境激变、技术革新、管理创新是企业会计功能转型的三大动力，并提出企业会计功能由单纯核算型转向综合管理型，需要管理会计教育创新和产研结合作为主推动力。

厦门大学傅元略教授的主题报告题为"管理会计体系的突破：'三设计'理论"。他从管理会计理论研究面临的危机出发，探讨了管理会计理论体系研究的突破问题，提出了理论支点、基本原则和模式创新的"三设计"理论。包括：三个关键理论支点——控制目标理论、内部报告体系创新理论和激励机制优化理论；五个基本原则——成本效益原则、财务指标与非财务指标平衡原则、信息共享和协调管理原则、责任与激励对等原则、定性与定量相结合原则；一个新模式——战略控制与激励优化融合。

西南财经大学毛洪涛教授作了"研究问题本土化，研究范式国际化"的主题报告，基于国家课题的管理会计研究体会，指出管理会计与财务会计的差距正在逐渐缩小，管理会计必将成为未来会计研究的主流之一。我国的管理会计研究需要构建面向"中国问题"的研究范式，即扎根于中国改革和发展的实践当中，运用国际化的研究范式分析并解决这些问题。

时任英国特许管理会计师公会（CIMA）北亚区新兴市场总监的夏挺先生，以"CIMA全球管理会计准则的最新进展"为主题，详细介绍了 CIMA 在全球管理会计准则研究和推进方面的最新进展，围绕着"为什么需要管理会计准则、主要的管理会计准则、如何运用管理会计准则、管理会计人员的价值、管理会计运用准则的领域和准则的制定过程"等进行了阐释。

二、多样化的管理会计研究领域

（一）成本管控

刘运国以山东岱银纺织集团（DY 纺织集团）为典型案例进行研究，深入分析现有成本管理信息系统在集成性、准确性及相关性存在的表现欠佳的问题及其成因，并借鉴 Oracle 成本系统，提出行业纵向一体化成本管理信息系统的设计改进方案。王满以我国上市公司为研究样本，分析了我国企业成本费用黏性现象。王洪雷以中国航空工业集团成都发电机（集团）有限公司转型升级为例，分析了战略成本管理助推企业转型升级的实践。

（二）业绩评价

毛洁指出如何构建适合成长期企业的业绩评价指标体系，已成为创业板企业迫切需要思考的问题。吴寿潜就财务管理职能定位问题，提出财务管理的一个目标和十个职能。其他学者就不同经营模式下业绩评价指标的选择、杜邦业绩评价体系运用等方面进行讨论。

（三）管理控制

邓德强采用实验研究的方法，以差异调查和道德认知作为外在控制与自我控制切入点股份有限公司探讨两者在抑制预算松弛中的作用。荆龙姣以泛珠三角地区制造类企业的206份问卷调查为数据样本，发现以资源共享为纽带的跨企业协同与价值创造间存在显著正相关关系。王悦就企业研发问题，提出了一个基于研发成功关键因素的管理控制系统框架，该框架按照管理控制系统功能的不同，分析了对不同性质的研发活动产生的差异性影响，并基于许继电气股份有限公司的实地研究通过四个研发项目验证该框架的合理性。

（四）管理会计报告

陈秀凤采用事项法研究，构建了一个以平衡计分卡四个维度为编报内容，以事项会计为数据库依托，同时符合企业战略管理需要的具有系统性、层次性和可操作性的管理会计报告体系。何熙琼通过实验研究的方法，讨论了个人能力不同的决策者在使用不同呈报格式的会计报告时决策价值的差异。

（五）激励与监督

孙健利用2006~2012年宣告实施股权激励方案的上市公司作为样本，研究了股权激励方案的模仿行为，发现了模仿同行业或同省份已采纳股权激励制度的上市公司的股权激励方案的现象，以及这种现象背后高管权力和行业竞争的重要影响因素。王新发现企业的国际化经营，导致股价信息含量显著下降，进而弱化了经理人股权激励效果。张泽南以2009年出台的国企高管限薪令为政策背景，发现限薪令实施后，高管超额薪酬、薪酬黏性在一定程度有所下降，薪酬业绩敏感性并未显著上升。限薪令的震慑效力通过薪酬机制予以释放，约束了高管的真实活动盈余管理与应计制盈余管理行为，凸显了政府薪酬监管的阶段性效果。贺承刚从战略成本管理理论出发，对航空发动机产业的微观层次和宏观层次的成本现状与问题进行了深度的剖析，针对航空发动机产业体制变革，提出两种厂、所完全整合的思路。

（六）投融资决策

罗宏基于债权人治理的角度，以高管薪酬黏性作为高管风险承担激励的代理变量，发现高管风险承担激励越高，企业现金持有水平越高，在负债融资约束较高的企业，高管风险承担激励对现金价值的正向影响更加明显。翟胜宝运用2007~2012年民营上市公司的面板数据研究了银行关联对民营企业投资效率的影响。张程睿通过建立资本结构与企业绩效的联立方程模型，发现我国房地产行业公司的负债率与企业绩效是互动的。

（七）企业绩效

乐菲菲以电子计算机及设备制造业为代表的高技术上市公司为研究对象，将人力资本纳入资本结构中，分析高技术上市公司的资本结构对公司绩效的影响。王藤燕使用2009~

2011 年创业板上市公司的数据，发现在高新技术领域，高管的专业技术背景对促进企业研发支出没有明显影响。

（八）成长与可持续发展

宋春霞通过对"雷士照明控制权争夺"案例的研究，发现创始股东的社会资本增加其实际控制权力，股东隐形权力的存在导致实际控制权与名义控制权的不匹配，权利分配给对有效利用资源最有影响力的股东是未来公司治理中控制权分配的新逻辑。崔秀梅基于问卷调查研究，发现竞争、环境规制和环境伦理是企业绿色投资的主要驱动机制。杨婷蓉基于 EVA 基本特征，构建了以满足标准生态效率为基础的绿色 EVA 架构体系。胡天琴以中国航空工业集团贵阳万江航空机电有限公司为例，研究了以提升企业竞争力为目标的降成本管理体系创建与实施。

综上所述，现有的研究有助于完善管理会计理论与应用体系，提供了一个管理会计的综合研究框架。但中国经济的高速发展、经济环境发生的根本性变革对管理会计的理论和应用都提出了更高的要求，理论界和实务界仍需持续努力。

第四节　2013 年营运资金管理高峰论坛

2013 年 12 月 7~8 日，由中国企业营运资金管理研究中心主办，浪潮集团有限公司、大华会计师事务所（特殊普通合伙）和迪博企业风险管理技术有限公司协办的"2013 营运资金管理高峰论坛"在青岛召开。来自政府、企业、高校、中介机构等各界的 200 余名专家、学者出席了本次论坛。与会代表围绕"营运资金管理与企业财务管理评估"的主题进行了深入的交流和探讨。与财务管理相关的专题内容综述如下（杜媛、隋国婷，2013）。

一、国企改革和企业财务管理创新

前财政部企业司司长刘玉廷结合自己对中共十八届三中全会精神的理解，系统阐述了新时期深化国企改革和创新企业财务管理的思路和举措。他分析了国有企业当前面临着集中分布在竞争性领域一股独大、机制不活、效率低下以及管理体制机制落后等主要问题，并从管理层面、布局层面和经营层面等解释了中共十八届三中全会决定关于国企改革的重要论述。刘玉廷认为，国企改革应体现现代企业财务管理内容，并落到实处，主要涉及财务战略、资本结构、产融结合、项目投资、资金运营、全面预算和绩效评价、财务信息化和财务高管职责等。刘玉廷呼吁，要响应中共十八届三中全会的号召、加快转变政府职能，将适合由社会组织提供的公共服务和解决的事项交由社会组织承担，要充分发挥中介机构在企业财务管理评估中的作用。

中国会计学会常务副秘书长、《会计研究》主编周守华回顾了我国企业财务管理的历史进程，指出应加快完善现代市场体系，提高企业的投融资能力，并结合当前的经济环境、企业商业模式，正确看待现金流的质量和真实性，正确认识财务与会计的关系。

中芯国际集成电路制造有限公司执行董事、执行副总裁高永岗认为，传统财务管理需赋予新内涵，财务管理已进入一个新时代，管理精细化及交叉融合是未来财务管理的大趋势。中国建筑材料集团公司总会计师武吉伟结合中共十八届三中全会精神，谈了自己对混合所有制的理解，并介绍了中国建筑材料集团的混合所有制实践。中国核工业建设集团公司总会计师刘满堂提出国有企业财务在弥补国有企业体制缺陷、支撑决策实施战略、企业价值创造方面大有可为。浪潮集团通用软件有限公司副总裁魏代森从财务信息化角度探讨如何提升财务管理能力，提出应推动资金与业务融合，保障现金流动性，提升企业营运资金管理能力。迪博企业风险管理技术有限公司董事长胡为民指出，良好的内部控制能够提高公司的盈利能力，使股东获得更高收益，提升公司价值。

二、营运资金管理研究的创新与应用

中国企业营运资金管理研究中心主任王竹泉使用企业在营业活动（经营活动和投资活动）中净投入或净融通的流动资金重新定义营运资金，发现基于营运资金的流动比率比传统的流动比率评价效果更好，更有利于分析不同企业的偿债能力差异，并阐述了新的营运资金概念在评估企业的营运资金需求、分析企业的偿债能力、评估企业的财务风险方面的具体应用。此外，他还介绍了中国企业营运资金管理研究中心开展政、产、学、研协同创新的情况，并发布了该中心的 2012 年度中国上市公司营运资金管理绩效排行榜。海尔集团管理创新研究院院长彭家钧介绍了海尔集团在互联网时代的"人单合一"的财务管理体系，并进一步介绍了海尔集团以需求链管理为战略，以零营运资金、零库存、零应收为目标，以用户为核心，实现零距离下的虚实网融合、零库存下的即需即供、资金集约管理的营运资金管理新模式。中国煤炭科工集团有限公司总会计师蒋占华阐述了逆境中的企业营运资金管理，由煤炭行业不容乐观的形势引出中央企业逆境下的营运资金管理问题，提出企业财务管理当前应关注的重点是成本和风险。

中国海洋大学教授罗福凯指出，不同生产方式下的营运资本存量存在重要差别，营运资本管理与企业技术资产占有量及其配置比例密切相关，营运资本存量多少将在一定程度上制约企业经营战略或商业模式的选择。中国台湾东吴大学会计学教授柯琼凤采用财务结构及总体经济指标进行了企业现金持有状况的研究分析，她发现存在财务危机的企业现金持有度比财务正常的企业更低，影响集团企业现金持有的因素包括：现金流量、研发支出、净融资比率、企业规模、负债比率、净营运资金比率、银行借款比率等。重庆大学教授陈耿通过实证研究发现，企业在经济上升期倾向采用激进的营运资本政策，持续降低净营运资本水平，而在经济调整期的营运资本政策则倾向于保守，不断提升净营运资本水平。他同时还发现，不同特性（实际控制人性质、规模）的企业的营运资本政策具有一定差异，并且对宏观经济周期变动的响应具有不同的敏感性。青岛科技大学张先敏博士研究了良好的供应商关系和客户关系对采购渠道和营销渠道营运资金管理绩效提升作用。研究结果表明，采购渠道营运资金周转期和供应商集中度呈倒 U 型关系，供应商一元化和多元化各有利弊，企业应选择适当的供应商数量；营销渠道营运资金周转期和客户集中度呈正 U 型关系，企业应根据客户集中度的高低分别采取不同措施。于博博士以 2000~2011 年房地产类上市公司为样本考察了该行业的融资约束水平在经济危机前后的非线性变化，发现危机之后该行业借助营运资本调整来平滑固定资产投资的行为；并通过分解营运资本构成，设计了可用于检验企业预防性动机的流动性平滑模型，并利用该模型比较了不同融资约束水平的样本组在预防性动机上的差异。陈克兢博士通过研究发现，公司特征、公司治理和宏观环境是上市公司营运资金管理策略选择的重要影响因素；我国上市公司营运资金调整速度存在显著的区域差异，东部地区上市公司的营运资金调整成本显著低于中西部地区，相对应的东部地区的调整速度最快。杜媛博士在研究中发现不同行业在经营性营运资金上的主要投放领域几乎都是营销渠道，而管理重心却都是生产渠道和采购渠道。她通过实证研究后认为，提高供应商集中度、提高企业自身商业信用、改进存货管理模式可以降低电子业采购渠道营运资金。王贞洁博士分析了经济危机及其伴随的"信用风险传染"效应对外向型电子信息产业上市公司的营运资金融资结构产生的深刻影响，提出风险控制成为危机时期营运资金融资决策的重点。

三、企业财务管理评估体系与实施

在本次论坛期间，刘玉廷司长还主持了企业财务管理评估的专题研讨。前财政部企业司制度处处长王国航作了题为"企业财务管理评估"的专题报告，他介绍了财政部企业司系统研究企业财务管理评估的背景及意义，分析了现代企业财务管理核心要素，并通报了关于当前企业财务管理创新工作进展情况。他指出：企业财务管理和市场经济体制改革、国有企业改革紧密相关，要从市场经济改革发展的全局去看待企业财务，不能就财务论财务。随着市场化国际化的深入，企业财务管理的内涵和外延不断发展变化，计划经济时期企业财务管资金，市场经济条件下要向管资本发展。辽宁省财政厅监督检查局局长吴作章介绍了企业财务管理评估课题研究的情况。全体参会嘉宾围绕企业财务管理评估体系与组织实施进行了热烈的讨论。

中国社会科学院工业经济研究所研究员张金昌在对财务管理评估体系的内涵进行分析解释的基础上，提出对于不同发展阶段的企业，应建立不同的定量和定性联合指标评价体系，并建立企业战略指向的评价体系。招商局集团财务总监付刚峰认为财务管理评估的内容主要包括引领、评价体系和制度安排。他介绍，招商局集团采取了规模质量效益均衡发展的战略，使财务管理在战略管理方面发挥重要作用。青岛银行计划财务部副总经理刘晓曙指出，财务管理评估可以引导和推动企业不断完善内部财务管理制度，加强和改进内部财务管理。他进一步对商业银行财务管理评价体系建设的必要性做了探讨。中南民族大学教授周运兰介绍了三种常用的财务风险评测方法，并针对中央企业海外并购的特点构建了财务风险评测体系，以期为我国中央企业海外并购财务风险的定量评价分析提供切实可行的思路。孙莹博士从企业的融资能力与融资需求出发，基于企业内部管理视角，从动态和静态两方面对企业的财务风险进行综合衡量，构建了企业内部管理视角的财务指数，以期为企业管理者提供衡量和控制财务风险的有效方法。大华会计师事务所（特殊普通合伙）首席合伙人梁春认为，关于财务管理评估指标体系构建的首要原则是保障不同企业最后评估结果的可比性，应鼓励第三方中介机构开展评估工作，尽快建立财务管理评估的数据库。

第五节　中国对外经济贸易会计学会 2013 年学术年会

中国对外经济贸易会计学会 2013 年学术年会于 10 月 19~20 日在上海对外经贸大学会计学院召开。本届年会共收到学术论文近 100 篇，来自中国对外经济贸易会计学会、全国高等院校、政府部门、研究机构、会计实务界以及新闻出版界等共计 160 余名代表参加了本次学术年会。中国对外经济贸易会计学会会长李凤亭出席会议，学术年会由上海对外经贸大学会计学院院长李婉丽教授主持，上海对外经贸大学副书记、副校长陈洁教授致欢迎词，时任中国对外经济贸易会计学会副会长的对外经济贸易大学副校长张新民教授、商务部国际司杨正伟处长、财政部会计司王鹏处长以及商务部财务司束珏婷副处长分别作主题报告。本次学术年会上还对 30 篇 2013 年度全国商务财会优秀学术论文进行表彰。年会以"对外经贸与商务财会发展"为主题，主要围绕"对外贸易、财税补贴与反倾销会计"、"跨境融资、投资效率与跨国并购"、"内部控制、风险管理与国家审计"以及"会计国际化、自由贸易区与财税政策"四个方面的议题展开学术研讨与交流。与财务管理相关的专题内容综述如下（叶陈刚、王孜和徐伟，2013）。

一、对外贸易、财税补贴与反倾销会计

在年会开幕式上，中国对外经济贸易会计学会李凤亭会长发表了重要演讲，他分析了经济全球化背景下我国对外经济贸易行业特点，指出对外经济贸易行业在外汇、信贷和税收等方面显著区别于其他产业、行业，较易受到国际政治、经济、军事、金融形势及重大突发事件的影响，外经贸财会工作面临的可变因素多，经营风险大，财务工作者的责任和压力较大，要求外经贸财会人员不断提高职业素质和工作技能，并建议设立货物贸易、服务贸易、境外投资、海外工程承包与反倾销会计等研究中心，深入开展对外经济贸易财务与会计的理论研究。

我国金融市场对外开放程度越来越高，金融服务贸易的规模不断扩大，风险不断上升，尤其在经营活动开展过程中面临着诸多会计风险，给企业经营带来阻碍，能否科学有

效地防范会计风险对促进金融服务贸易的发展具有重要意义。四川大学蒋国庆教授等指出金融服务贸易会计风险管理意识相对淡薄，外贸监督机制缺失，会计核算信息的真实性难以得到保障，会计人才相对匮乏，缺乏国际市场金融诈骗的应对机制，票据结算机制存在缺陷，应收账款规模较大，现金支付业务操作失范，金融服务贸易会计手段发展滞后。他们提出应当建立金融服务贸易风险监督体系，完善企业内部会计控制管理系统，建立完善的会计核算制度，进而有效规避金融服务贸易会计风险。上海对外经贸大学邬展霞教授从无形资产跨国交易阐明外经贸财务与会计面临的挑战，她研究发现跨国公司无形资产交易的动机在于执行战略、绩效考核、转移利润、套现、避税、规避政治、外汇管制和汇率风险等，并建立了无形资产跨国交易的模式及转让路径，我国无形资产会计准则确认口径和所有权定义缺乏界定与监管，影响无形资产的跨国交易，应通过转移定价反避税调整方法、鼓励自主研发以及财务、税收、监管政策的制度创新，应对无形资产国际交易的挑战。

财税补贴广泛运用于对外经济贸易企业中，应重点关注财税补贴产生的经济绩效与社会绩效。北方工业大学周霞等基于可持续发展视角对财税补贴运用产生的经济绩效与社会绩效进行实证分析，研究发现财税补贴资金对提高企业经济绩效和成长性并不显著，仅在短期内提高公司的偿债能力与盈利能力；补贴资金有助于企业增加就业和保护环境等社会责任的履行，应当创新财税补贴资金的运用方式，细化补贴资金名目与落实方向，加大对补贴资金使用的后续管理和监督，促进财政补贴绩效的提高。国有资产投资公司李斯进从进料加工出口货物申报免抵退税时财税法规与海关核定的实际耗用冲突问题出发，以海关核定的单耗为起点，对生产企业进料加工复出口业务的会计核算及其免抵退税额的计算方法进行研究，完善了税务机关审核生产企业计算当期免税进口料件"免抵退税额"的"实耗法"，将进料加工业务的"实耗法"在海关、税务机关和生产企业三者之间进行有机结合。

国际经济复苏缓慢，国际贸易保护日益加剧，中国已经成为贸易保护主义最大的受害国，欧盟发起的反倾销和反补贴调查以及征收惩罚性关税措施多数是针对来自中国的产品。充分发挥反倾销会计的作用，已经成为我国国际贸易发展的迫切需要。东北财经大学万寿义教授等认为低廉价格使我国出口产品在国际市场竞争中具有明显的优势，同时使我国成为国际反倾销的众矢之的，结构价格是出口产品的价格底线，是国际反倾销过程中对产品正常价值认定的核心问题。出口企业产品结构价格具有财务预警功能、正常价值认定功能及倾销幅度评估功能，产品结构价格计算中需要重点关注制造费用、期间费用和包装费用等难点问题，充分参考结构价格来制定产品出口价格并进行动态适时调整，有效预防反倾销调查危机的发生。河南省外贸学校余孝文教授以反倾销会计的相关概念为研究起点，揭示了反倾销会计及会计规避存在的问题，并提出应从加强会计核算体系，科学运用反倾销会计的策略，建立反倾销会计预警机制，促进会计准则国际化趋同，建立反倾销会计信息平台，健全企业内部会计制度，培养反倾销会计专业人才等方面积极应对反倾销诉讼。

二、跨境融资、投资效率与跨国并购

融资问题始终是制约企业发展的重大问题，企业强烈的股权融资需求与股权融资市场容量有限之间的矛盾，迫使企业把目光转向了境外资本市场，尤其是以支持中小企业发展为主的境外创业板市场。北京工商大学崔学刚教授等在分析融资约束理论的基础上，以如家快捷酒店为例，从境外上市的融资规模、融资后资产结构与资本结构变化、公司治理改善状况等方面，探讨了企业境外上市的融资效果，研究发现企业境外上市能够有效克服融资约束，改善财务结构，完善公司治理，提高公司价值。广州番禺职业技术学院张宏博教授认为相对于传统出口贸易融资方式，福费廷业务的融资期限更加灵活、票据范围逐渐增大、银行担保趋于宽松，可增强企业资金流动性和规避风险，审批流程相对简单，包买费用未必高昂，提出福费廷是一种能实现银企"双赢"的单证项下融资产品。对外经济贸易大学张新民教授强调应从八个方面看企业财务报表，"八看"即战略、管理与竞争力、效益与质量、价值、成本决定机制、其他财务质量、风险以及前景，并且着重剖析了中国上市公司面临的公司治理风险与过度融资风险，指出核心领导人在企业发展中扮演着重要角色，他们能把握企业根本风险点，应对公司治理和融资风险。

企业如何使用筹集到的资金？投资后能否为企业带来收益？投资效率如何？哪些因素和途径制约投资效率？对外经济贸易大学陈德球等的研究显示，政府质量改善资本配置效率的功能在民营企业中比国有企业更显著，地方国企比中央国企更显著，进一步发现，在较高的投资与Q敏感度和较低的投资与现金流敏感度地区，投资能显著促进企业业绩的增长，并认为地方政府通过提供良好的公共治理可以降低企业内部的代理成本，同时通过扩展企业的融资途径来缓解融资约束。上海对外经贸大学李琳副教授等考察了货币政策传导渠道以及货币政策在传导中存在的非对称性，并分析了货币政策对企业投资效率的非对称反应，结果表明货币政策在扩张性和紧缩性之间、地区之间存在着非对称效应。北京师范大学申嫦娥教授等阐明了外商直接投资（FDI）对东道国的技术创新具有外溢效应，如果吸收能力达不到技术溢出的门槛要求，技术溢出效应无法实现，并选取了技术差距、产业关联、人力资本流动以及示范与模仿效应等门槛指标，研究发现FDI对内资企业的技术创新能力有显著的正向溢出效应，并且具有明显的门槛效应。

虽然资本市场对参与跨国并购的企业成功与否仍持有怀疑，但新兴市场国家的产业格局将会受此影响而带来新的变局。上海对外经贸大学赵世君教授等对汽车行业重大跨国并购案例研究发现，并购对象的选择、并购价格、支付方式、谈判能力均会影响并购方及并购目标企业的股价表现；并购提高了企业竞争优势并削弱了同行竞争对手地位，同行业竞争对手的股价由于并购而显著下跌。对外经济贸易大学张晓宁从保护投资者、企业、审计方三者权益出发，以东南融通欺诈案为研究对象，依据经典的财务欺诈理论对这起中国概念股财务欺诈案进行分析，初步总结中国概念股财务欺诈的发生原因，并对如何防范财务欺诈提出建议。北京理工大学彭红斌教授、裴祖惠教授在分析我国企业跨国并购金融支持现状基础上，探讨了跨国并购金融支持体系存在的问题，提出通过改善政府在企业跨国并购中的管理、多方面解决跨国并购的资金来源、鼓励商业银行增设海外分支机构并允许其开展离岸业务、培育跨国并购的中介服务机构、完善我国海外投资保险制度等方面，健全我国企业跨国并购金融支持体系。

三、内部控制与风险管理

企业内部控制作为公司治理的关键环节和经营管理的重要举措，在企业发展过程中具有举足轻重的作用，投资者、债权人及市场的监管者较为关注上市公司内部控制信息。福州大学罗艳艳将管理者自利行为对五大内部控制要素的影响进行了重点阐述，认为应综合风险评估模型、信息不对称模型以及管理者自利行为，构建管理者自利行为与内部控制有效性的关系模型。中国技术进出口总公司支红妍从企业体制增效的角度出发，分析内控体系与 QHSE 全面质量管理体系两套体系的关系，论证两套体系整合的必要性及可行性。武汉大学孙立阐明了内部控制的责任随内外部环境变化而加大，由于股东期望发生改变，内部控制应与利益相关者的需求和价值观念一致，尤其是内部审计职能必须提升到一个新的层次，识别并评估利益相关者优先关注的关键性风险并提供有价值的见解和建议。山西省对外经贸会计学会安云亮梳理了外贸企业的内部控制建设历程，从内部牵制、内部会计控制到全面风险控制，外贸企业基于风险管理的内部控制已成为讨论的重点议题，通过分析宋建平贪污案，提出加强外贸企业内部控制建设的对策建议。

中国制造业主要是集中于价值链的低端，随着劳动力成本的增加和资源的耗费，我国制造业的优势逐渐丧失，这使得我国一部分制造业企业有向外转移的趋势，应当如何控制、防范和管理外贸企业遇到的各种风险？四川大学蒋国庆、刘晓维探讨了中国制造企业进入东盟市场可能遇到的财务风险，并对中国制造企业进入东盟市场的财务风险进行国际比较，并对影响中国制造企业进入东盟市场的财务风险的因素进行分析，建议应建立风险预警机制，根据企业的风险偏好，找到投资的最佳国家、时机和投资方式，积极降低和规避面临多种财务风险。沈阳航空航天大学赵庆国等从中小企业自身防范和控制民间借贷融资风险的角度出发，分析了民间借贷风险成因，选择指标建立风险评估指标体系，运用模糊层次分析法确定各指标权重、评估风险等级，试图为中小企业评估民间借贷融资风险提供一种方法参考，以帮助其及时识别、准确评估和有效控制融资风险。

第六节　中国会计学会会计基础理论专业委员会
2013 年学术研讨会

由中国会计学会会计基础理论专业委员会主办、哈尔滨商业大学会计学院承办的中国会计学会会计基础理论专业委员会 2013 年学术研讨会于 2013 年 5 月 20 日在哈尔滨召开。来自北京大学、复旦大学、厦门大学、上海财经大学、中南财经政法大学、东北财经大学等 30 余所高校的 80 余位代表参加了本次学术研讨会。研讨会主要围绕财务会计概念框架、公允价值计量与经济后果、内部控制与审计、盈余管理与会计稳健性和资本市场等财务领域的问题展开了广泛而深入的学术研讨与交流。

本议题主要涉及企业投融资、资本结构和股权激励等三方面内容。在企业投融资方面，陈露曦和王冠宇以 2007~2011 年的 2348 家中国上市公司为样本，对融资约束、公司治理和投资效率之间的关系进行了实证检验。研究发现，融资约束与投资—现金流敏感性显著正相关。具体表现为，在公司治理良好时，融资约束程度越高，投资—现金流敏感性越强；在公司治理较差时，融资约束与投资现金流敏感性呈现 U 型关系。这一结论表明，信息不对称理论不能解释中国上市公司的融资约束与投资—现金流敏感性之间的关系，公司治理水平可用于解释两者之间的关系。根据这一结论，陈露曦认为，建立多层次资本市场增加融资渠道、完善上市公司信息披露制度和提高公司治理水平有助于解决融资约束问题。

在资本结构方面，熊回、何威风以 2003~2011 年中国上市公司为研究样本，研究了企业现金持有水平对资本结构动态调整的影响。研究结果表明，企业现金持有水平越高，资本结构动态调整越慢。有融资约束的企业现金持有水平与资本结构调整速度之间显著负相关，无融资约束的企业现金持有水平与资本结构调整速度之间关系不显著；国有企业现金持有水平与资本结构调整速度之间显著负相关，非国有企业现金持有水平与资本结构调整速度之间没有显著的相关关系。李唯滨的研究表明，企业股权融资比例具有企业的盈利能力的信号传递作用，投资者对企业盈利能力的偏好，促进了企业资本结构的最佳实现。分离均衡的存在表明高盈利能力企业仍然需要高水平投资系数，混同均衡的存在说明融资市场存在逆向选择的可能，因而应加强融资市场的管理，建立有序高效的市场融资机制，引导投资者理性投资。分离均衡与混同均衡的存在也说明了企业在提高盈利能力的同时，要注重股权融资比例水平，提高企业股权资金成本价值率。研究表明，不同盈利能力的企业融资偏好是不同的：企业投资项目风险较小、盈利能力稳健的企业偏好债权融资，而企业对风险大的高盈利能力项目的投资则偏好股权融资，股权融资和债权融资在一定程度上是互补的。夏宁等以 2001~2010 年的沪深两市所有发放股票期权激励的上市公司为研究对象，通过建立成本效益分析模型来实证检验上市公司的资本结构对最佳高管薪酬合同所产生的影响。他们发现，在其他条件相同的情况下，资产负债率较高的公司的股东会选择一个具有较强激励强度的薪酬合同，高管股权收益中的现金薪酬提供的激励强度也更强。

在股权激励方面，王丹舟等通过收集 SSCI 数据库 2002~2012 年的数据资料，运用国际上先进的 CiteSpace 信息可视化软件绘制出知识图谱，对国内外非对称信息下经理人股票期权择机行为研究的热点情况作了分析，并对相关文献进行了梳理回顾。他们认为，现有的基于股票期权行权时间选择的信息利用的研究成果存在着研究方法不严谨和干扰因素考虑不全面等不足，对股票期权信息运用的实际操作提出建议的文献较少，基于中国特色背景下的股票期权信息利用的研究则更为稀缺。因而，我们可以借鉴国外的经验，结合我国的独特环境，加快经理人股票期权非对称信息运用的研究，为促进资本市场的发展奠定理论基础、提供经验证据和提出政策建议。赵宇恒等基于行为金融视角，以中国沪深两市2006~2011 年上市公司为样本，实证检验了高管激励对公司风险的影响及其机理。结果发现，管理层持股激励会加剧高管的风险厌恶，进而导致高管采取低杠杆、高现金持有和高资本性支出等风险性较低的财务政策。这表明，在中国实施的股权激励并未改变高管的风险厌恶，反而会因"管理者权力"和"堑壕效应"而加剧股东与高管之间的代理问题。因此高管激励契约中应考虑风险安排，要将给予高管的股权激励与风险承担挂钩，从而更有效地激励高管，提高股东财富和公司价值。

第七节　中国会计学会财务成本分会 2013 学术年会暨第 26 届理论研讨会

2013 年 6 月 22~23 日，中国会计学会财务成本分会 2013 学术年会暨第 26 届理论研讨会在烟台财会培训中心隆重召开。会议由中国会计学会财务成本分会主办、山东工商学院会计学院承办。本届年会筛选收录会议论文 58 篇。来自全国高等院校、实务界、专业媒体百名财务管理、会计、审计领域的理论与实务工作者参加了本次会议。

中国会计学会刘国强博士，中国矿业大学（北京）管理学院丁日佳教授，中国海洋大学管理学院王竹泉教授分别以"会计理论研究新动向"、"矿业跨国并购及整合分析"和"营运资金管理研究的发展趋势与前沿问题"为题在大会上作了报告。随后学者分别在公司治理与财务管理论坛、成本管理与内部控制论坛和会计、审计及其他论坛上进行了学术交流。

6 月 23 日，南京理工大学经济管理学院副院长温素彬教授，分会会长、中南财经政法大学会计学院院长张龙平教授和东北财经大学会计学院副院长孙光国教授分别在大会上作了题为"从社会责任视角看企业价值创造的五个层次"、"中国 CPA 审计理论研究：现状与展望"、"高质量的内部控制能提高会计信息透明度吗"的报告。

第五章　财务管理学科 2013 年文献索引

本报告的文献索引包括中文期刊和英文期刊两部分。其中，中文期刊索引源自《中国社科文献索引》(2013~2014 年)，与财务管理学科相关的期刊论文 (2013 年公开发表)，共计 683 篇；英文期刊索引源自上海财经大学会计学院公布的"会计财务英文期刊目录"中的 14 种 (经过挑选)，另外增加了 *Financial Management*，共计 15 种，与财务管理学科相关的期刊论文共计 221 篇。

第一节　中文期刊索引

1. 2012 年中国上市公司内部控制研究/周守华 (中国会计学会，100045)；胡为民，林斌，刘春丽//会计研究 (北京)，2013 (7)：3-12.

2. BOT 项目套牢问题的博弈分析/李文新 (西南交通大学经济管理学院，610031)；史本山//经济管理 (北京)，2013 (10)：156-164.

3. CEO 变更、继任来源与盈余管理/苏文兵 (南京大学会计与财务研究院，210093)；吕晶晶；王蓉蓉//财经论丛 (杭州)，2013 (5)：73-80.

4. CEO 财务经历与资本结构决策/姜付秀 (中国人民大学，100872)；黄继承//会计研究 (北京)，2013 (5)：27-95.

5. CEO 和 CFO 任期交错是否可以降低盈余管理？/姜付秀 (中国人民大学商学院，100872)；朱冰，唐凝//管理世界 (北京)，2013 (1)：158-167.

6. CEO 权力、董事会稳定性与管理层业绩预告/周冬华 (江西财经大学，330013)；赵玉洁//当代财经 (南昌)，2013 (10)：118-129.

7. CEO 权力、私有收益与并购动因——基于我国上市公司的实证研究/张洽 (中南财经政法大学会计学院，430073)；袁天荣//财经研究 (上海)，2013 (4)：101-122.

8. CEO 性别会影响公司现金持有行为吗/许晓芳 (中国人民大学商学院，100872)；方略//山西财经大学学报 (太原)，2013 (11)：77-85.

9. ERP 投资与企业绩效关系的调节因素研究/黄京华 (清华大学现代管理研究中心，100084)；张露，李扬帆//科学学与科学技术管理 (天津)，2013 (10)：130-141.

10. ERP 系统、股权结构与盈余质量关系/陈宋生（北京理工大学管理与经济学院 100081）；赖娇//会计研究（北京），2013（5）：59–66.

11. EVA 考核提升了企业价值吗？——来自中国国有上市公司的经验证据/池国华（东北财经大学会计学院/中国内部控制研究中心，116025）；王志，杨金//会计研究（北京），2013（11）：60–96.

12. EVA 考核与央企创新能力：短期和长期视角/袁晓玲（西安交通大学经济与金融学院，710061）；白天元，李政大//当代经济科学（西安），2013（6）：115–126.

13. EVA 模型修正及应用——基于并购绩效提升视角/姜军（北京国家会计学院，101312）；刘艳，郑阿杰//财政研究（北京），2013（12）：77–80.

14. IPO 超募、过度投资与公司价值/黄志忠（南京大学会计与财务研究院，210093）；张程睿//证券市场导报（深圳），2013（8）：18–29.

15. IPO 超募融资、产权与企业投资行为——来自中国证券市场的研究/夏芸（暨南大学国际商学院，519070）；徐欣//山西财经大学学报（太原），2013（2）：35–55.

16. IPO 定价机制的信息产生能力、定价效率与市场表现——拍卖与累计投标的实验比较/李建标（南开大学中国公司治理研究院，300071）；汪敏达，王鹏程//经济管理（北京），2013（9）：148–156.

17. PE 对中小板、创业板上市公司价值影响的实证研究——基于托宾 Q 值的考察/张斌（东北大学工商管理学院，110819）；兰菊萍，庞红学//宏观经济研究（北京），2013（3）：15–23.

18. PE 在我国上市公司并购中的作用、影响与发展趋势——理论、实务与案例分析/金玮（中国人民大学财政金融学院，100872）//中央财经大学学报（北京），2013（4）：41–47.

19. R&D 支出、机构投资者与公司盈余管理/范海峰（华南农业大学经济管理学院，510642）；胡玉明//科研管理（北京），2013（7）：24–30.

20. 保护性股权激励与现金股利政策——来自中国上市公司的经验证据/胡国强（天津财经大学商学院，300222）；张俊民//经济与管理研究（北京），2013（2）：18–26.

21. 并购的协同效应计量及实证检验/孟庆丽（天津财经大学商学院，300222）//统计与决策（武汉），2013（24）：173–175.

22. 并购动因、特征与管理者薪酬间的因果关系——实证文献的综述/刘淑莲（东北财经大学，116025）；杨超，李井林//经济问题探索（昆明），2013（10）：185–190.

23. 并购基金：助推公司并购的新模式与新问题/佚名//证券市场导报（深圳），2013（12）.

24. 并购能降低目标公司的掏空行为吗？/陈玉罡（中山大学管理学院，510275）；陈文婷，李善民//管理科学学报（天津），2013（12）：57–67.

25. 博弈框架下巴黎期权性质的可转换债券定价/鲍继业（华中科技大学管理学院，430074）；张恒//管理科学（哈尔滨），2013（1）：80–88.

26. 不公平厌恶偏好、股权结构与管理层薪酬激励效果—— 一个实验分析/杨志强（广东财经大学会计学院，510320）；石本仁，石水平//管理科学（哈尔滨），2013（4）：46-59.

27. 不确定性和动态能力互动下企业投资竞争决策/吴崇（南京信息工程大学经济管理学院，210044）；胡汉辉//管理科学学报（天津），2013（5）：39-54.

28. 不同渠道上市民营公司现金股利分配比较/郑蓉（西华大学，610039）；干胜道//经济与管理研究（北京），2013（2）：105-112.

29. 不同制度环境下公司治理质量对投资效率的影响/谭利（重庆大学经济与工商管理学院，400030）；杨苗//证券市场导报（深圳），2013（12）：28-34.

30. 财务报告重述、审计师变更与内部控制缺陷披露——基于深圳主板市场 2010 年的经验证据/叶陈刚（对外经济贸易大学国际商学院，100029）；刘桂春，姜亚凝//经济与管理研究（北京），2013（8）：108-115.

31. 财务弹性对企业投资水平和投资效率的影响/陈红兵（上海财经大学金融学院，200433）；连玉君//经济管理（北京），2013（10）：109-118.

32. 财务弹性问题前沿研究述评与未来展望/董理（南京大学商学院，210093）；茅宁//外国经济与管理（上海），2013（4）：71-80.

33. 财务管理理论研究国际比较与展望/何瑛（北京邮电大学经济管理学院，100876）；周访；郝雪阳//经济管理（北京），2013（2）：175-185.

34. 财务会计定义的经济学解读/葛家澍（厦门大学管理学院，361005）；叶凡，冯星；高军//会计研究（北京），2013（6）：3-9.

35. 财务困境上市公司财务报告舞弊预警模型研究/房琳琳（天津财经大学商学院会计学，300222）//经济与管理研究（北京），2013（10）：116-121.

36. 财务预警的指标筛选问题研究/李小琳（南京大学管理学院，210093）；葛金鑫，钟余//统计与决策（武汉），2013（18）：145-147.

37. 财务重述对分析师预测行为的影响研究/马晨（西安交通大学管理学院，710049）；张俊瑞，李彬//数理统计与管理（北京），2013（2）：221-231.

38. 财务重述影响因素研究——基于北京市上市公司公告数据/尚洪涛（北京工业大学经济与管理学院，100124）；周丹，白玉倩//经济与管理研究（北京），2013（2）：122-128.

39. 产品市场竞争、高管持股与管理层盈余预告/马连福（南开大学商学院公司治理研究院，300071）；沈小秀，王元芳//经济与管理研究（北京），2013（5）：18-27.

40. 产品市场竞争与现金持有动态调整/钟海燕（三峡大学经济与管理学院，443002）；冉茂盛//经济与管理研究（北京），2013（2）：88-95.

41. 产权性质差异、现金分红与公司业绩/李彬（西安交通大学经济与金融学院，710061）；张俊瑞//山西财经大学学报（太原），2013（4）：95-103.

42. 成长机会、资本结构与公司价值——基于面板平滑转换回归模型的实证分析/罗琦（武汉大学经济与管理学院，430072）；张标//经济管理（北京），2013（9）：113-120.

43. 创业板上市公司 IPO 超募融资、管理者短视与迎合性投资行为关系研究/龚靓（中南财经政法大学会计学院，430073）；张志宏//统计与决策（武汉），2013（5）：151-153.

44. 创业板上市公司超募资金迎合性投资行为研究——基于市场非有效的角度/张志宏（中南财经政法大学会计学院，430073）；龚靓//金融经济学研究（广州），2013（3）：25-34.

45. 创业板上市公司负债融资与过度投资的相互关系/马娜（东北大学工商管理学院，110819）；钟田丽//经济与管理研究（北京），2013（2）：72-78.

46. 创业板上市公司融资约束、IPO 申购与超募/周孝华（重庆大学经济与工商管理学院，400044）；唐文秀//经济经纬（郑州），2013（3）：156-160.

47. 创业板上市民营企业成长性综合评价/冯昀（华南师范大学经济与管理学院，510631）；郭洪涛//统计与决策（武汉），2013（19）：175-178.

48. 创业板上市企业成长性影响因素研究/张秀生（武汉大学经济与管理学院，430072）；刘伟//统计与决策（武汉），2013（15）：181-183.

49. 创业企业融资合约：基于互补效应的视角/陈逢文（武汉大学经济与管理学院，430072）；李偲琬，张宗益//管理工程学报（杭州），2013（4）：92-96.

50. 创业投资在 IPO 公司盈余管理中的角色/吴少凡（清华大学经济管理学院，100084）；贾宁，陈晓//中国会计评论（北京），2013（1）：5-26.

51. 慈善组织财务信息披露质量的影响因素与后果研究/刘亚莉（北京科技大学东凌经济管理学院，100083）；王新，魏倩//会计研究（北京），2013（1）：76-96.

52. 次大股东对公司价值的影响分析/张旭辉（西南交通大学经济管理学院，610031）；李明，贾阳//统计与决策（武汉），2013（20）：185-188.

53. 次大股东能影响公司的透明度吗？/张旭辉（西南交通大学经济管理学院，610031）；李明，王寻//财经问题研究（大连），2013（8）：71-76.

54. 存在破产成本的保理决策研究/张晓建（南京大学工程管理学院，210093）；沈厚才，李娟，陈一凡//管理学报（武汉），2013（8）：1223-1237.

55. 大股东财务困境、掏空与公司治理的有效性——来自大股东财务数据的证据/郑国坚（中山大学管理学院，510275）；林东杰，张飞达//管理世界（北京），2013（5）：157-168.

56. 大股东控制下的股权融资与掏空行为研究/赵国宇（广东商学院会计学院，510320）//管理评论（北京），2013（6）：24-103.

57. 大股东控制与机构投资者的治理效应——基于投资效率视角的实证分析/叶松勤（安徽财经大学会计学院，233030）；徐经长//证券市场导报（深圳），2013（5）：35-42.

58. 大股东掏空与 CEO 薪酬契约/苏冬蔚（暨南大学经济学院，510632）；熊家财//金融研究（北京），2013（12）：167-180.

59. 大股东主导的资产重组、公司效率与利益侵占——基于中国重组类整体上市案例的研究/尹筑嘉（长沙理工大学经济与管理学院，410114）；杨晓光，黄建欢//管理科学学报（天津），2013（8）：54-67.

60. 代理成本、机构投资者监督与独立董事津贴/谢德仁（清华大学经济管理学院，100084）；黄亮华//财经研究（上海），2013（2）：92–102.

61. 代理能力与代理成本：一个关系嵌入的视角/刘晓霞（中南大学商学院，410083）；饶育蕾//财经问题研究（大连），2013（1）：17–23.

62. 当前去产能背景下的市场化并购与政策配合/巴曙松（国务院发展研究中心金融研究所）；余芽芳//税务研究（北京），2013（11）：3–8.

63. 当前我国重化工业上市公司财务风险分析——应高度警惕重化工业企业可能的"破产潮"/唐雪莲（安庆师范学院，246133）；潘啸松//经济体制改革（成都），2013（4）：119–122.

64. 低碳港口存货质押贷款定价模型研究/匡海波（大连海事大学交通运输管理学院，116026）；张一凡，张连如//科研管理（北京），2013（12）：26–38.

65. 第二类代理问题、大股东制衡与公司创新投资/左晶晶（上海理工大学管理学院，200093）；唐跃军，眭悦//财经研究（上海），2013（4）：38–47.

66. 定向增发、股权结构与股票流动性变化/田昆儒（天津财经大学商学院，300222）；王晓亮//审计与经济研究（南京），2013（5）：60–69.

67. 定向增发市场异象的制度背景分析及改革路径探讨/俞静（河海大学商学院南京，210098）；徐斌，吴娟//中央财经大学学报（北京），2013（3）：90–96.

68. 定向增发与上市公司财务质量研究/李传宪（西南政法大学管理学院，401120）；骆希亚//经济体制改革（成都），2013（5）：144–147.

69. 董事会独立性、独立董事身份、任期与现金股利支付关系研究/曾东海（四川大学工商管理学院，610064）//统计与决策（武汉），2013（11）：169–172.

70. 董事会结构与技术创新绩效的关联性研究——来自中国中小上市公司的经验证据/徐向艺（山东大学管理学院教授，250100）；汤业国//经济与管理研究（北京），2013（2）：35–41.

71. 董事会人力资本、CEO 权力对企业研发投入的影响研究——基于中国沪深两市高科技上市公司的经验证据/周建（南开大学公司治理研究中心，300071）；金媛媛，袁德利//科学学与科学技术管理（天津），2013（3）：170–180.

72. 董事会特征、CEO 权力与现金股利政策——基于中国上市公司的实证研究/冯慧群（南开大学中国公司治理研究院，300071）；马连福//管理评论（北京），2013（11）：123–132.

73. 董事会特征、财务重述与公司价值——基于会计差错发生期的分析/李彬（西安交通大学经济与金融学院，710061）；张俊瑞，马晨//当代经济科学（西安），2013（1）：110–128.

74. 董事会特征与公司成长性的实证研究/卓敏（安徽财经大学会计学院，233000）；姚清//统计与决策（武汉），2013（24）：194–197.

75. 董事会治理对文化创意型上市公司经营绩效的影响研究/初旭（南开大学商学院，

300071）；周杰//科学学与科学技术管理（天津），2013（5）：126-133.

76. 董事联结、目标公司选择与并购绩效——基于并购双方之间信息不对称的研究视角/陈仕华（东北财经大学工商管理学院，116025）；姜广省，卢昌崇//管理世界（北京），2013（12）：117-188.

77. 董事网络、信息不对称和并购财富效应/曹廷求（山东大学经济学院，250100）；张钰，刘舒//经济管理（北京），2013（8）：41-52.

78. 董事网络、信息传递与债务融资成本/陆贤伟（西南交通大学经济管理学院，610031）；王建琼，董大勇//管理科学（哈尔滨），2013（3）：55-64.

79. 独立董事背景特征与企业投资效率——"帮助之手"抑或"抑制之手"？/郑立东（北京交通大学经济管理学院，100044）；程小可，姚立杰//经济与管理研究（北京），2013（8）：5-14.

80. 对 BSC 非财务指标的重新思考——基于智力资本管理角度/曹玉红（经济与管理学院，200092）；尤建新，胡伟//华东经济管理（北京），2013（5）：110-114.

81. 对中小企业私募债券发展模式的思考与建议/周敏（渤海证券股份有限公司，300381）//证券市场导报（深圳），2013（5）：73-78.

82. 多元化、盈余波动性及公司治理的调节效应/李姝（南开大学中国公司治理研究院/商学院，300071）//山西财经大学学报（太原），2013（12）：104-112.

83. 多元化并购、股权安排与公司长期财富效应/韩忠雪（西安电子科技大学经济管理学院，710071）；王闪，崔建伟//山西财经大学学报（太原），2013（9）：94-103.

84. 二级市场信息风险对上市公司资本结构的影响研究/易建平（管理与经济学部，300072）；焦阳//河北经贸大学学报（石家庄），2013（4）：70-72.

85. 法律对投资者利益保护、公司治理与反收购条款的设立——基于我国 A 股上市公司的证据/邵军（上海立信会计学院会计与财务学院，201620）；刘志远，于小溪//中国会计评论（北京），2013（4）：369-390.

86. 法律制度效率、金融深化与家族控制权偏好/陈德球（对外经济贸易大学国际财务与会计研究中心/国际商学院，100029）；魏刚，肖泽忠//经济研究（南京），2013（10）：55-68.

87. 非财务信息披露：文献综述以及未来展望/胡元木（山东财经大学，250014）；谭有超//会计研究（北京），2013（3）：20-95.

88. 非财务指标对上市公司估值及后市表现影响——以 TMT 和互联网企业为例/谌鹏（东北大学工商管理学院，110819）//宏观经济研究（北京），2013（12）：92-99.

89. 非上市国有企业信息公开披露：逻辑与事实/綦好东（山东财经大学会计学院，250014）；王斌，王金磊//会计研究（北京），2013（7）：20-96.

90. 分析师意见分歧、经验与权益资本成本/肖作平（西南交通大学经济管理学院，610031）；曲佳莉//证券市场导报（深圳），2013（9）：18-26.

91. 风险企业家的持续性努力对风险投资决策的影响研究/吴萌（西南财经大学金融数

学研究所，610074）；赖绍永//管理工程学报（杭州），2013（4）：22-32.

92. 风险企业家完全控制权下风险投资家持股比例及再谈判/费文颖（西南财经大学金融数学研究所，610074）；杨扬//科学学与科学技术管理（天津），2013（5）：152-159.

93. 风险投资对中小板上市公司财务困境影响的实证研究/胡张滔（四川农业大学经济管理学院，611130）；罗华伟//统计与决策（武汉），2013（15）：167-171.

94. 风险投资合约中融资工具和控制权配置研究综述/李善民（中山大学管理学院，510275）；李文捷，万自强；叶会//经济学家（成都），2013（3）：85-93.

95. 风险投资减持过程中的机会主义——基于盈余管理视角的研究/胡志颖（北京科技大学东凌经济管理学院，100083）；蔡卫星；丁园园，韩金金//中国会计评论（北京），2013（3）：317-342.

96. 风险投资声誉、联合投资与成功退出/叶小杰（上海国家会计学院，201702）；沈维涛//山西财经大学学报（太原），2013（12）：46-55.

97. 风险投资在企业 IPO 中存在择时行为吗——基于我国中小板和创业板的实证研究/沈维涛（厦门大学管理学院，361005）；叶小杰，徐伟//南开管理评论（北京），2013（2）：133-142.

98. 风险投资中激励机制的设计：可转换证券与阶段融资/杨建东（电子科技大学管理学院，610054）；郭文新，曾勇//管理评论（北京），2013（9）：72-77.

99. 风险资本对创业企业投资行为的影响/黄福广（南开大学商学院金融发展研究院，300071）；彭涛，田利辉//金融研究（北京），2013（8）：180-192.

100. 负债制度阈值对中国上市公司成长性的影响/刘婷（北京工商大学商学院，100048）//财贸研究（蚌埠），2013（1）：140-148.

101. 高管报酬、公司分红与薪酬契约改进/杨宝（中南财经政法大学会计学院，430073）//财经论丛（杭州），2013（3）：76-83.

102. 高管背景特征具有信息含量吗？/黄继承（中国人民大学财政金融学院，100872）；盛明泉//管理世界（北京），2013（9）：144-171.

103. 高管变更影响研发投资吗？/韩鹏（河南理工大学经济管理学院，454000）//财经问题研究（大连），2013（11）：128-133.

104. 高管变更与盈余管理——基于应计项目操控与真实活动操控的实证研究/林永坚（厦门大学管理学院，361005）；王志强，李茂良//南开管理评论（北京），2013（1）：4-23.

105. 高管层权力强度、其他大股东制衡和在职消费——以中国房地产上市公司为例/徐静（四川大学工商管理学院，610064）//软科学（成都），2013（4）：65-70.

106. 高管过度自信与现金股利相关性研究——基于融资约束的视角/胡秀群（管理与经济学部，300072）；吕荣胜，曾春华//财经理论与实践（长沙），2013（6）：59-64.

107. 高管集权、内部控制与会计信息质量/刘启亮（厦门大学管理学院，361005）；罗乐，张雅曼，陈汉文//南开管理评论（北京），2013（1）：15-23.

108. 高管减持与公司治理创业板公司成长的影响机制研究/李维安（南开大学中国公

司治理研究院，300071）；李慧聪，郝臣//管理科学（哈尔滨），2013（4）：1-12.

109. 高管控制权、薪酬与盈余管理/傅颀（浙江财经大学会计学院，310018）；邓川//财经论丛（杭州），2013（4）：66-72.

110. 高管权力及其对内部控制的影响——基于中国上市公司的实证研究/赵息（天津大学管理与经济学部，300072）；张西栓//科学学与科学技术管理（天津），2013（1）：114-122.

111. 高管人力资本溢价与企业绩效倒 U 型关系研究/周蕾（对外经济贸易大学国际商学院，100029）；余恕莲//经济管理（北京），2013（11）：106-117.

112. 高管人员过度自信对股利分配决策的影响：来自中国上市公司的经验证据/陈其安（重庆大学经济与工商管理学院，400030）；方彩霞//中国管理科学（哈尔滨），2013：227-230.

113. 高管团队内部薪酬差距与公司绩效——基于不同薪酬水平作用下的实证研究/梁彤缨（华南理工大学工商管理学院，510640）；陈波，陈欣//广东商学院学报（广州），2013（5）：57-64.

114. 高管团队内外部薪酬差距对公司未来绩效影响的实证研究/石永拴（武汉大学经济与管理学院，430072）；杨红芬//经济经纬（郑州），2013（1）：104-108.

115. 高管团队人口特征、激励与创新绩效的关系研究——来自中国创业板上市公司的实证研究/朱国军（淮海工学院商学院，222000）；吴价宝，董诗笑，张宏远//中国科技论坛（北京），2013（6）：143-150.

116. 高管团队异质性、企业所有制与创业战略导向——基于中国中小企业板上市公司的经验证据/杨林（南京财经大学工商管理学院，210046）//科学学与科学技术管理（天津），2013（9）：159-171.

117. 高管团队异质性与商业模式创新绩效关系的实证研究：以服务行业上市公司为例/肖挺（华中科技大学，430074）；刘华，叶芃//中国软科学（北京），2013（8）：125-135.

118. 高管团队职能背景对企业绩效的影响：以中国信息技术行业上市公司为例/王雪莉（清华大学经济管理学院，100084）；马琳，王艳丽//南开管理评论（北京），2013（4）：80-93.

119. 高管团队注意力与企业对外直接投资方式——基于中国制造业上市公司的实证研究/吴建祖（兰州大学管理学院，730000）；关斌//软科学（成都），2013（11）：76-80.

120. 高管薪酬影响因素的实证分析——兼论资本密集度的薪酬效应/李晓创（中国社会科学院研究生院，102488）；高文书//云南财经大学学报（昆明），2013（2）：96-105.

121. 高管薪酬与公司绩效：国有与非国有上市公司的实证比较研究/刘绍娓（湖南大学工商管理学院，410079）；万大艳//中国软科学（北京），2013（2）：90-101.

122. 高管薪酬与公司绩效关系的实证研究/李斌（东北财经大学 MBA 学院，116025）；郭剑桥//财经问题研究（大连），2013（11）：115-121.

123. 高管薪酬与上市公司业绩相关性研究/曾爱军（广东商学院会计学院，510320）//

财经理论与实践（长沙），2013（4）：64-67.

124. 高管薪酬粘性增加了企业投资吗？/步丹璐（西南财经大学会计学院，611130）；文彩虹//财经研究（上海），2013（6）：63-72.

125. 高管薪酬自愿性披露存在信息操纵吗？——来自中国上市公司的经验证据/黄再胜（南京政治学院上海校区）//南开管理评论（北京），2013（4）：68-79.

126. 高新技术上市公司投资的非线性特征研究/李爱玲（东北财经大学金融学院，116025）；王振山//财经问题研究（大连），2013（10）：55-61.

127. 高新资质、关联交易与企业税负/黄蓉（广东工业大学管理学院，510520）；易阳//金融经济学研究（广州），2013（6）：76-85.

128. 高薪能够养廉么？——来自中国国有上市公司的实证证据/赵璨（中国海洋大学管理学院，266100）；朱锦余，曹伟//中国会计评论（北京），2013（4）：491-515.

129. 高质量的内部控制能提高会计信息透明度吗？/孙光国（东北财经大学会计学院/中国内部控制研究中心，116025）；杨金凤//财经问题研究（大连），2013（7）：77-86.

130. 高质量的内部控制能增加商业信用融资吗？——基于货币政策变更视角的检验/郑军（安徽工业大学管理学院，243002）；林钟高，彭琳//会计研究（北京），2013（6）：62-96.

131. 高质量内部控制能够改善公司价值创造效果吗？——基于沪市 A 股上市公司的实证研究/池国华（东北财经大学会计学院/中国内部控制研究中心，116025）；杨金//财经问题研究（大连），2013（8）：94-101.

132. 个体如何参与企业的价值创造？——众包理论与实践研究评述/李晓华（中国社会科学院工业经济研究所，100836）；张亚豪//经济管理（北京），2013（11）：48-58.

133. 公共压力、社会声誉、内部治理与企业环境信息披露——来自中国制造业上市公司的证据/王霞（华东师范大学商学院，200240）；徐晓东，王宸//南开管理评论（北京），2013（2）：82-91.

134. 公开增发新股与定向增发新股中盈余管理的比较研究/章卫东（江西财经大学会计发展研究中心/会计学院，330013）；刘珍秀，孙一帆//当代财经（南昌），2013（1）：118-129.

135. 公平偏好下纳入股权激励的双重委托代理模型研究/黄健柏（中南大学商学院，410083）；徐珊，刘笃池//软科学（成都），2013（5）：124-129.

136. 公司成熟度、剩余负债能力与现金股利政策——基于财务柔性视角的实证研究/董理（南京大学商学院，210093）；茅宁//财经研究（上海），2013（11）：59-68.

137. 公司合并制度中效率与公平的配置——基于债权人视角/邹杨（大连海事大学法学院，116026）；荣振华//财经问题研究（大连），2013（11）：10-16.

138. 公司模糊控制治理模式研究/杨小平（西南交通大学经济与管理学院，610031）；常启军//统计与决策（武汉），2013（3）：186-188.

139. 公司内在价值、投资者情绪与 IPO 抑价——基于创业板市场的经验证据/于晓红

（吉林财经大学会计学院，130117）；张雪，李燕燕//当代经济研究（长春），2013（1）：86–90.

140. 公司特有风险、管理者风险特质与企业投资效率——来自中国上市公司的经验数据/龚光明（湖南大学工商管理学院，410082）；曾照存//经济与管理研究（北京），2013（11）：67–75.

141. 公司为什么要上市：并购扩张抑或内部投资？/李井林（东北财经大学会计学院，116025）；刘淑莲，杨超//云南财经大学学报（昆明），2013（1）：24–33.

142. 公司战略治理研究述评与展望/周建（南开大学商学院，300071）；尹翠芳，陈素蓉//外国经济与管理（上海），2013（10）：31–42.

143. 公司治理、技术创新和企业绩效的实证研究/钟峥（中海油能源发展股份有限公司采油技术服务分公司，30045）；郑欢，李剑虹//统计与决策（武汉），2013（2）：180–182.

144. 公司治理、内部控制与非效率投资：理论分析与经验证据/方红星（东北财经大学会计学院/中国内部控制研究中心，116025）；金玉娜//会计研究（北京），2013（7）：63–97.

145. 公司治理、融资约束与现金持有价值——基于政府控制层级的实证研究/陈春华（南京大学商学院，210093）//山西财经大学学报（太原），2013（8）：86–95.

146. 公司治理对高管人员更换的影响研究/赵佳（同济大学经济与管理学院，201804）；罗瑾琏，张洋//华东经济管理（北京），2013（5）：118–122.

147. 公司治理目标选择与绩效检验——来自中国上市公司的经验证据/宋炜（西安交通大学经济与金融学院，710061）//证券市场导报（深圳），2013（8）：38–43.

148. 公司治理有效性与治理模式创新——第七届公司治理国际研讨会综述/马连福（南开大学商学院/中国公司治理研究院，300071）；石晓飞，王丽丽//南开管理评论（北京），2013（6）：149–154.

149. 公司治理与风险承担——来自中国上市公司的经验证据/解维敏（东北财经大学会计学院/中国内部控制研究中心，116025）；唐清泉//财经问题研究（大连），2013（1）：91–97.

150. 公司治理与高管政治联系的"双刃剑"效应/郭剑花（广东商学院会计学院，510320）//财经科学（成都），2013（1）：92–100.

151. 公司治理与信息披露质量的关系分析/胡海川（内蒙古农业大学经济管理学院，010019）；张心灵//统计与决策（武汉），2013（22）：182–185.

152. 公允价值会计影响盈余预测能力吗？/刘斌（重庆大学经济与工商管理学院，400044）；杨晋渝，孙蓉//财经问题研究（大连），2013（4）：99–105.

153. 公允价值计量、金融投资行为与公司资本结构/曾雪云（北京大学光华管理学院，100871）；徐经长//金融研究（北京），2013（3）：181–193.

154. 供应链金融中小企业风险评估模型/任歌（西安交通大学经济与金融学院，

710061）//统计与决策（武汉），2013（17）：176-179.

155. 供应链下游零售商的转运库存策略/禹爱民（清华大学经济管理学院，100084）；刘丽文//系统管理学报（武汉），2013（1）：1-9.

156. 供应链中知识溢出对企业R&D决策影响研究/刘晨（西安工业大学经济管理学院，710021）；董广茂//科研管理（北京），2013（S1）：271-276.

157. 股份回购宣告前后的上市公司盈余管理行为研究/李曜（上海财经大学金融学院，200433）；赵凌//上海财经大学学报（上海），2013（1）：82-90.

158. 股份支付、交易制度与商誉高估——基于中小板公司并购的数据分析/谢纪刚（北京交通大学经济管理学院/中国企业兼并重组研究中心，100044）；张秋生//会计研究（北京），2013（12）：47-97.

159. 股份支付并购中存在不同的盈余管理吗？——来自中国上市公司的经验证据/张自巧（北京交通大学经济管理学院，100044）；葛伟杰//证券市场导报（深圳），2013（1）：23-28.

160. 股利政策的治理效应——基于融资约束与代理成本权衡的视角/余亮（华南理工大学工商管理学院，510640）；梁彤缨//软科学（成都），2013（2）：67-70.

161. 股票价格对投资的影响：资产负债表效应分析/韩克勇（山西省社会科学院，030006）；王劲松//财经理论与实践（长沙），2013（5）：43-89.

162. 股票流动性、股价信息含量与CEO薪酬契约/苏冬蔚（暨南大学经济学院金融系和金融研究所，510632）；熊家财//经济研究（南京），2013（11）：56-70.

163. 股票期权实施中经理人盈余管理行为研究——行权业绩考核指标设置角度/肖淑芳（北京理工大学管理与经济学院，100081）；刘颖，刘洋//会计研究（北京），2013（12）：40-96.

164. 股票市场投资者情绪的跨市场效应——对债券融资成本影响的研究/徐浩萍（复旦大学管理学院，200433）；杨国超//财经研究（上海），2013（2）：47-57.

165. 股权分置改革、大股东"掏空"与审计治理效应/张利红（暨南大学管理学院，510632）；刘国常//当代财经（南昌），2013（3）：109-120.

166. 股权分置改革后上市公司股权激励效果及影响因素研究分析/王传彬（中国矿业大学管理学院，221116）；崔益嘉，赵晓庆//统计与决策（武汉），2013（2）：183-186.

167. 股权分置改革后上市公司盈余管理的效果测评/邹芳（四川农业大学商学院，611830）；苏方杰//统计与决策（武汉），2013（18）：186-188.

168. 股权分置改革影响控股股东的现金持有偏好吗？/姜英兵（东北财经大学会计学院/中国内部控制研究中心，116025）；于彬彬//会计研究（北京），2013（4）：58-96.

169. 股权分置改革与公司投资——基于融资约束理论的实证分析/张标（武汉大学经济与管理学院，430072）//经济与管理研究（北京），2013（5）：99-111.

170. 股权激励、代理成本与企业投资效率/罗付岩（西南交通大学经济管理学院，610031）；沈中华//财贸研究（蚌埠），2013（2）：146-156.

171. 股权激励、银行债务约束、控制权私利与我国国有控股上市公司经营者过度投资行为/陈其安（重庆大学经济与工商管理学院，400030）；李红强，徐礼//系统管理学报（武汉），2013（5）：675–684.

172. 股权激励导致过度投资吗？——来自中小板制造业上市公司的经验证据/汪健（厦门大学财务管理与会计研究院，361005）；卢煜，朱兆珍//审计与经济研究（南京），2013（5）：70–79.

173. 股权激励对公司绩效倒 U 型影响/范合君（首都经济贸易大学工商管理学院，100070）；初梓豪//经济与管理研究（北京），2013（2）：5–11.

174. 股权激励能留住高管吗？——基于中国证券市场的经验证据/宗文龙（中央财经大学会计学院，100081）；王玉涛，魏紫//会计研究（北京），2013（9）：58–97.

175. 股权激励与盈余管理关系的实证研究——以企业生命周期为调节变量/徐雪霞（武汉纺织大学会计学院，430073）；王珍义，郭丹丹//当代经济研究（长春），2013（7）：81–86.

176. 股权集中，投资决策与代理成本/宋小保（汕头大学商学院，515063）//中国管理科学（哈尔滨），2013（4）：152–161.

177. 股权集中度、股权制衡对企业绩效影响的实证研究——基于企业生命周期的视角/颜爱民（中南大学商学院，410083）；马箭//系统管理学报（武汉），2013（3）：385–393.

178. 股权集中度、制衡度与机构投资者的择股偏好——机构投资者异质性的研究视角/刘涛（四川大学工商管理学院，610064）；毛道维，王海英//山西财经大学学报（太原），2013（5）：34–44.

179. 股权集中度对企业信贷约束影响的研究——基于结构性方程的估计/蒲茜（中国人民银行金融研究所，100084）；余敬文//广东商学院学报（广州），2013（2）：30–39.

180. 股权结构、产权性质与企业环保投资——来自中国 A 股上市公司的经验证据/唐国平（中南财经政法大学会计学院，430073）；李龙会//财经问题研究（大连），2013（3）：93–100.

181. 股权结构、董事会特征与大股东掏空——来自民营上市公司的经验证据/唐建新（武汉大学经济与管理学院会计系，430072）；李永华，卢剑龙//经济评论（武汉），2013（1）：86–95.

182. 股权结构、上市状况和风险——来自中国商业银行的经验研究/程茂勇（西安交通大学管理学院，710049）；赵红//管理工程学报（杭州），2013（3）：11–26.

183. 股权结构、终极控制权配置与政府补助——来自农业企业的经验证据/彭代武（武汉大学经济与管理学院/湖北经济学院管理技术学院，430072）；宣云，林晓华，高燕//宏观经济研究（北京），2013（9）：77–85.

184. 股权结构对现金持有价值的影响研究——来自中国上市公司的证据/周龙（西安外国语大学商学院，710128）；王鹏，张俊瑞；孟祥展//西安交通大学学报（社会科学版）（西安），2013（3）：52–59.

185. 股权结构会影响商业银行信贷行为的周期性特征吗——来自中国银行业的经验证据/潘敏（武汉大学经济发展研究中心/武汉大学经济与管理学院，430072）；张依茹//金融研究（北京），2013（4）：29-42.

186. 股权控制、债务容量与支付方式——来自我国企业并购的证据/孙世攀（天津大学管理与经济学部，300072）；赵息，李胜楠//会计研究（北京），2013（4）：52-96.

187. 股权融资中强制性披露制度的经济学分析/邓青（湖北经济学院会计学院，430205）//财经问题研究（大连），2013（11）：17-22.

188. 股权特性、投资者情绪与企业非效率投资/罗琦（武汉大学经济与管理学院，430072）；张标//财贸研究（蚌埠），2013（4）：148-156.

189. 股权性质、政治关系与地方政府拉闸限电——来自有色金属行业的经验证据/薛爽（上海财经大学会计与财务研究院/会计学院，200433）；洪昀，陈昕//金融研究（北京），2013（3）：130-142.

190. 股权制衡与公司绩效关系研究——基于内外生双重视角的经验证据/龚光明（湖南大学工商管理学院，410082）；张柳亮//财经理论与实践（长沙），2013（2）：64-67.

191. 股权质押具有治理效用吗？——来自中国上市公司的经验证据/谭燕（中山大学现代会计与财务研究中心/中山大学管理学院，510275）；吴静//会计研究（北京），2013（2）：45-95.

192. 关联并购是否会损害企业绩效？——基于DEA-SFA二次相对效益模型的研究/李善民（中山大学管理学院，510275）；史欣向，万自强//金融经济学研究（广州），2013（3）：55-67.

193. 关系股东的权力超额配置/程敏英（中山大学管理学院，510275）；魏明海//中国工业经济（北京），2013（10）：108-120.

194. 关于行政事业单位内部控制的几个问题/刘永泽（中国内部控制研究中心/东北财经大学会计学院，116025）；唐大鹏//会计研究（北京），2013（1）：57-96.

195. 关于设置与考核应付账款周转率指标的建议/耿建新（中国人民大学商学院，100872）；谢清//会计研究（北京），2013（11）：38-95.

196. 关于税收调控对企业并购影响的研究综述/王清剑（北京交通大学经济管理学院，100045）//云南财经大学学报（昆明），2013（4）：149-155.

197. 关于提升净现值在项目投资评价中运用的研究/魏宝香（太原城市职业技术学院，030027）//经济问题（太原），2013（6）：95-98.

198. 管理层更替与收购绩效的关系研究——基于多重因素的调节效应/乐琦（华南师范大学经济与管理学院，510006）；华幸//商业经济与管理（杭州），2013（2）：35-42.

199. 管理层激励、过度投资与企业价值/詹雷（中南财经政法大学会计学院，430073）；王瑶瑶//南开管理评论（北京），2013（3）：36-46.

200. 管理层激励、资本结构与上市公司价值创造/阮素梅（安徽财经大学商学院，233041）；杨善林，张琛//经济理论与经济管理（北京），2013（7）：70-80.

201. 管理层偏好、投资评级乐观性与私有信息获取/赵良玉（上海财经大学会计学院，200433）；李增泉，刘军霞//管理世界（北京），2013（4）：33–188.

202. 管理层权力、国有控股与高管薪酬激励/黄辉（重庆工商大学会计学院，400067）；张博，许宏//经济问题（太原），2013（1）：91–96.

203. 管理层权利、过度投资与公司价值——基于集权与分权理论的分析/李彬（西安交通大学经济与金融学院，710061)//财经论丛（杭州），2013（6）：75–82.

204. 管理层业绩预告披露策略选择：影响机制与经济后果——基于投资者决策有用观视角的分析框架/高敬忠（天津财经大学商学院，300222）；王英允//财经论丛（杭州），2013（1）：61–68.

205. 管理层盈余预测与权益资本成本/王艳艳（厦门大学管理学院，361005）//厦门大学学报（哲学社会科学版）（厦门），2013（5）：114–123.

206. 管理防御与公司现金持有价值/叶松勤；徐经长（中国人民大学商学院，100872)//山西财经大学学报（太原），2013（1）：61–72.

207. 管理者报酬契约的盈余管理分析与控制/张才志（攀枝花学院经济管理学院，617000）；蔡洪文//统计与决策（武汉），2013（17）：183–185.

208. 管理者背景特征、晋升激励与过度投资研究/张兆国（华中科技大学管理学院会计系）；刘亚伟，亓小林//南开管理评论（北京），2013（4）：32–42.

209. 管理者短视偏差对企业投资行为影响研究—— 一个基于股东短期利益压力视角的实证/王海明（湖南大学工商管理学院，410082）；曾德明//财经理论与实践（长沙），2013（1）：34–38.

210. 管理者个体行为与公司财务行为国外研究述评——基于行为一致性理论视角/张亮亮（中国矿业大学管理学院，221116）；黄国良//华东经济管理（北京），2013（6）：155–159.

211. 管理者过度自信、企业投资与企业绩效——基于我国 A 股上市公司的实证检验/叶玲（南京大学会计与财务研究院，210093）；王亚星//山西财经大学学报（太原），2013（1）：116–124.

212. 管理者过度自信导致企业过度投资的实证分析——来自中国制造业上市公司2008~2011 年的经验证据/许致维（西南财经大学证券与期货学院，611130)//财经科学（成都），2013（9）：51–60.

213. 管理者过度自信对公司融资决策影响的研究/谢振莲（河北经贸大学）；黄华//财政研究（北京），2013（12）：80–83.

214. 管理者过度自信与企业风险承担/余明桂（武汉大学经济与管理学院，430072）；李文贵，潘红波//金融研究（北京），2013（1）：149–163.

215. 管理者过度自信与企业技术创新投入关系研究/王山慧（华中科技大学管理学院，430074）；王宗军，田原//科研管理（北京），2013（5）：1–9.

216. 管理者权力、内部薪酬差距与公司价值/张丽平（石河子大学经济与管理学院，

832000）；杨兴全，陈旭东//经济与管理研究（北京），2013（5）：5-17.

217. 管理者薪酬激励、套期保值与企业价值——基于制造业上市公司的经验数据/张瑞君（中国人民大学商学院，100872）；程玲莎//当代财经（南昌），2013（12）：117-128.

218. 规模、控制人性质与盈余管理/李增福（华南师范大学经济与管理学院，510006）；周婷//南开管理评论（北京），2013（6）：81-94.

219. 国际投资决策中的组织间模仿行为研究述评/王疆（上海理工大学管理学院，200093）；陈俊甫//外国经济与管理（上海），2013（3）：37-46.

220. 国内上市公司并购融资偏好因素研究——基于国内并购与海外并购对比分析/余鹏翼（广东外语外贸大学财经学院，510420）；李善民//经济与管理研究（北京），2013（11）：58-66.

221. 国内中小企业集群融资研究综述与展望/高连和（浙江师范大学经济与管理学院，321004）//经济体制改革（成都），2013（1）：88-92.

222. 国企高管超控制权薪酬、薪酬替代与经济后果/陈烜（辽宁工程技术大学工商管理学院，125105）；吴春雷，张秋生//经济与管理研究（北京），2013（5）：28-35.

223. 国外公司债券定价模型研究评述/赵丽（西安职业技术学院，710077）；高强//国际金融研究（北京），2013（8）：53-59.

224. 国外基于 CEO 变更视角的公司战略变革研究述评/刘鑫（南开大学中国公司治理研究院，300071）；薛有志，周杰//外国经济与管理（上海），2013（11）：37-47.

225. 国外企业高管薪酬税收规制述要与启示/黄再胜（南京政治学院上海校区，200433）//外国经济与管理（上海），2013（6）：33-80.

226. 国有集团公司对外投资内部控制研究/江凌燕（上海财经大学会计学院，200433）//财经问题研究（大连），2013（S1）：127-129.

227. 国有控股、机构投资者与真实活动的盈余管理/李增福（华南师范大学经济与管理学院，510006）；林盛天，连玉君//管理工程学报（杭州），2013（3）：35-44.

228. 国有控股公司控制权转移对投资绩效的影响——基于投资支出—股票收益关系的视角/周铭山（西南财经大学金融学院，611130）；王春伟，黄世海//国际金融研究（北京），2013（10）：74-85.

229. 国有企业党组织治理、冗余雇员与高管薪酬契约/马连福（南开大学中国公司治理研究院/南开大学商学院，300071）；王元芳，沈小秀//管理世界（北京），2013（5）：100-130.

230. 国有企业的控制权转移效率问题研究——以国有控股上市公司为例/霍春辉（辽宁大学商学院，110136）；王书林//经济管理（北京），2013（3）：107-118.

231. 国有企业改制、大股东控制与公司债务结构/刘慧龙（对外经济贸易大学国际财务与会计研究中心，100029）；吴联生，李琦//中国会计评论（北京），2013（4）：391-406.

232. 国有企业公司治理之研究——完善国有资产监管机制和优化国有企业公司治理结构/张敏捷（厦门大学法学院，361005）//经济体制改革（成都），2013（6）：88-92.

233. 国有企业社会责任信息披露政策的有效性研究/李锐（中南财经政法大学，430074）；赵妍//统计与决策（武汉），2013（8）：173-175.

234. 国有企业政治关联对高管变更的影响——基于企业风险的实证研究/赵宇恒（吉林大学管理学院，130022）；邢丽慧，金世辉//当代经济研究（长春），2013（11）：88-92.

235. 过度投资、盈余管理方式"合谋"与公司价值/李彬（西安交通大学经济与金融学院，710061）；张俊瑞//经济科学（北京），2013（1）：112-125.

236. 过度自信CEO项目价值预判能力、投资心理及薪酬契约研究/查博（西安交通大学管理学院，710049）；郭菊娥//软科学（成都），2013（9）：79-89.

237. 过度自信理论文献综述/王晋忠（西南财经大学金融学院，611130）；张志毅//经济学家（成都），2013（3）：94-99.

238. 海外单独上市、信息成本和股票价格——理论和实证分析/李培馨（中央财经大学商学院，100081）；李发昇，陈运森，王宝链//管理科学学报（天津），2013（12）：79-92.

239. 行为金融视角下我国上市公司现金股利政策解释/严太华（重庆大学经济与工商管理学院，400044）；龚春霞//管理工程学报（杭州），2013（3）：164-171.

240. 行为金融与资本结构动态调整：基于损失规避视角的探讨/王化成（中国人民大学商学院教授，100872）；高升好，张伟华//财贸经济（北京），2013（10）：49-58.

241. 行业周期、两类代理冲突与研发费用投入——来自企业和行业层面的证据/梅波（重庆三峡学院会计系，404120）//财经论丛（杭州），2013（4）：73-80.

242. 核心文化价值观和内部控制执行：一个制度协调理论架构/郑石桥（南京审计学院国际审计学院，211815）；郑卓如//会计研究（北京），2013（10）：28-96.

243. 横向并购中单边效应的经济分析/黄勇（对外经济贸易大学法学院，100029）；王晓茹//价格理论与实践（北京），2013（10）：26-28.

244. 红利上缴与国有企业经理人激励——基于多任务委托代理的研究/丁永健（大连理工大学经济学院，116023）；王倩，刘培阳//中国工业经济（北京），2013（1）：116-127.

245. 宏观环境、产权性质与企业非效率投资/佟爱琴（同济大学经济与管理学院，200092）；马星洁//管理评论（北京），2013（9）：12-20.

246. 宏观经济波动、股权结构与融资偏好/邵毅平（浙江财经大学会计学院，310018）；张昊//财经论丛（杭州），2013（5）：88-94.

247. 宏观经济环境、控股股东性质与上市公司现金持有价值/肖明（北京科技大学东凌经济管理学院，100083）；吴慧香//中央财经大学学报（北京），2013（5）：85-89.

248. 宏观经济环境、投资机会与公司投资效率/陈艳（厦门大学经济学院，361005）//宏观经济研究（北京），2013（8）：66-99.

249. 宏观经济政策如何影响公司现金持有的经济效应？——基于产品市场和资本市场两重角度的研究/陆正飞（北京大学光华管理学院，100871）；韩非池//管理世界（北京），2013（6）：43-60.

250. 湖北上市公司货币资金使用效率问题研究/岳正坤（中南财经政法大学湖北金融

研究中心，430073)；丰君柏，冯艳琴，李阳//统计与决策（武汉），2013（19）：168-170.

251. 环境不确定性、财务柔性与上市公司现金股利/邓康林（西南财经大学期刊中心，610074)；刘名旭//财经科学（成都），2013（2）：46-55.

252. 会计报表中衍生产品的信息披露研究——美国的经验与启示/颜延（南京大学法学院，210093)//会计研究（北京），2013（4）：32-95.

253. 会计稳健性、盈余管理和投资效率——来自中国上市公司的经验证据/张国源（中国人民大学商学院，100872)//证券市场导报（深圳），2013（6）：44-55.

254. 会计稳健性或高管股权激励——不同代理冲突下的治理方式选择/周军（山东大学管理学院，250100)；翟燕//证券市场导报（深圳），2013（2）：54-58.

255. 会计稳健性与公司融资约束——基于两类稳健性视角的研究/张金鑫（北京交通大学经济管理学院，100044)；王逸//会计研究（北京），2013（9）：44-96.

256. 会计信息估值作用与激励作用相互关系研究——基于模型的视角/许静静（华东师范大学商学院，200240)；吕长江//会计研究（北京），2013（5）：11-95.

257. 会计信息披露质量与资本市场配置效率的相关性研究/钱红光（湖北工业大学管理学院，430068)；陶雨萍//统计与决策（武汉），2013（23）：191-193.

258. 会计信息质量影响权益资本成本的实证分析/徐晟（中南财经政法大学金融学院，430073)//经济管理（北京），2013（10）：100-108.

259. 会计信息质量与公司投资效率——基于 2006 年会计准则趋同前后深沪两市经验数据的比较研究/蔡吉甫（江西财经大学会计学院，330013)//管理评论（北京），2013（4）：166-176.

260. 会计准则变革对企业投资效率的影响研究/顾水彬（江苏大学财经学院，212013)//山西财经大学学报（太原），2013（10）：92-103.

261. 会计准则改革、实际控制人性质与盈余管理/白露珍（中南财经政法大学会计学院，430073)//财经理论与实践（长沙），2013（1）：47-51.

262. 会计准则趋同、海外并购与投资效率/毛新述（北京工商大学商学院，100048)；余德慧//财贸经济（北京），2013（12）：68-76.

263. 货币紧缩政策对上市公司投资行为的影响/陆宇建（南开大学，300071)；洪义曼//经济问题探索（昆明），2013（1）：180-185.

264. 货币薪酬能激励高管承担风险吗/张瑞君（中国人民大学商学院，100872)；李小荣，许年行//经济理论与经济管理（北京），2013（8）：84-100.

265. 货币政策、集团内部资本市场运作与资本投资/刘星（重庆大学经济与工商管理学院，400030)；计方，付强//经济科学（北京），2013（3）：18-33.

266. 货币政策、内部控制质量与债务融资成本/郑军（安徽工业大学管理学院，243002)；林钟高，彭琳//当代财经（南昌），2013（9）：118-129.

267. 货币政策、资产可抵押性、现金流与公司投资——来自中国制造业上市公司的经验证据/李青原（武汉大学经济与管理学院，430072)；王红建//金融研究（北京），2013

（6）：31–45.

268. 机构投资者、终极股东控制与现金持有价值的关系研究/姜毅（东北财经大学会计学院，116023）//经济与管理研究（北京），2013（5）：84–91.

269. 机构投资者持股、避税寻租与企业价值/陈冬（武汉大学经济与管理学院，430072）；唐建新//经济评论（武汉），2013（6）：133–143.

270. 机构投资者持股、盈余管理与市场反应/丁方飞（湖南大学工商管理学院，410082）；李苏，何慧，郭娜瑛//财经理论与实践（长沙），2013（4）：59–63.

271. 机构投资者持股稳定性对代理成本的影响/杨海燕（广西大学商学院，530004）//证券市场导报（深圳），2013（9）：40–46.

272. 机构投资者串谋对 IPO 价格的影响/刘善存（北京航空航天大学经理管理学院，100191）；林千惠，宋殿宇，高雅琴//管理评论（北京），2013（12）：15–24.

273. 机构投资者类型、股权特征和自愿性信息披露/牛建波（南开大学中国公司治理研究院，300071）；吴超，李胜楠//管理评论（北京），2013（3）：48–59.

274. 机构投资者治理与公司现金持有价值/叶松勤（中国人民大学商学院，100872）；徐经长//经济与管理研究（北京），2013（8）：15–27.

275. 基金持股与现金股利水平的相关性研究——基于公司治理视角的经验证据/彭珏（西南大学经济管理学院，400715）；郑开放，卢介然//中央财经大学学报（北京），2013（7）：90–96.

276. 基于财务报告的内部控制对会计信息质量的影响——来自深交所上市公司的经验证据/刘彬（天津财经大学商学院会计系，300222）//经济与管理研究（北京），2013（11）：101–108.

277. 基于策略信息传递的外部董事占优型董事会投资决策机制研究/万伟（电子科技大学经济与管理学院，610054）；曾勇//管理科学（哈尔滨），2013（2）：72–80.

278. 基于产业演进、并购动机的并购绩效评价体系研究/周绍妮（北京交通大学经济管理学院，100044）；文海涛//会计研究（北京），2013（10）：75–97.

279. 基于电子商务平台的供应链融资模式绩效评价研究/屠建平（武汉理工大学管理学院，430070）；杨雪//管理世界（北京），2013（7）：182–183.

280. 基于二元性视角的家族企业重要研究议题梳理与评述/李新春（中山大学管理学院，510275）；宋丽红//经济管理（北京），2013（8）：53–62.

281. 基于公司治理视角的上市公司抗金融危机能力问题研究/沈达勇（西安交通大学经济与金融学院，710061）；白少卫；刘志勇//当代经济科学（西安），2013（4）：53–126.

282. 基于流动性风险的资本资产定价模型/周芳（天津大学理学院，300072）；张维，周兵//中国管理科学（哈尔滨），2013（5）：1–7.

283. 基于买方市场理论的 CEO 声誉与商业信用融资关系研究/李辰颖（北京林业大学经济管理学院，100083）；刘红霞//经济与管理研究（北京），2013（8）：39–47.

284. 基于平衡计分卡的企业质量绩效指标体系的构建/王文文（山东师范大学管理科

学与工程学院，250014）；于涛//统计与决策（武汉），2013（22）：177-179.

285. 基于企业价值评估的 DCF 与 RIV 定价模型的比较/刘任重（哈尔滨商业大学金融学院，150028）//统计与决策（武汉），2013（2）：59-61.

286. 基于区间分析的投资组合 VaR 计算新方法/李汶华（天津大学管理与经济学部，300072）；于珊珊，郭均鹏//数理统计与管理（北京），2013（3）：564-570.

287. 基于全球价值链视角的企业对外投资模式分析——以北京为例/谢光亚（北京工业大学经济与管理学院，100124）；崔君//财经理论与实践（长沙），2013（4）：50-53.

288. 基于三阶段 DEA 的房地产公司债务融资效率研究/林宇（成都理工大学商学院，610059）；邱煜，高清平//科研管理（北京），2013（8）：147-157.

289. 基于上市公司股利政策改革下的投资者保护——现金分红与股票回购的选择/林奇（辽宁大学经济学院，110136）//河北经贸大学学报（石家庄），2013（4）：64-69.

290. 基于数据包络分析的内部控制有效性评价/宣杰（燕山大学经济管理学院，066004）；刘园慧//统计与决策（武汉），2013（21）：185-188.

291. 基于双重成本控制标准的企业成本核算系统研究/孟凡生（哈尔滨工程大学经济管理学院，150001）；张明明//管理评论（北京），2013（3）：171-176.

292. 基于投融资关系的我国上市公司过度投资实证研究/胡元林（昆明理工大学，650093）；徐军，潘华//经济问题探索（昆明），2013（4）：124-129.

293. 基于投资价值类型的评估理论研究述评/陈蕾（中央财经大学，100000）//经济问题探索（昆明），2013（5）：167-172.

294. 基于投资者关系的投资者行为国外理论研究综述/卞娜（石家庄经济学院，050031）；马连福，高丽//管理学报（武汉），2013（7）：1086-1092.

295. 基于投资者异质性的投资组合选择与证券市场价格/李腊生（天津财经大学中国经济统计研究中心）；刘磊，李婷//统计研究（北京），2013（2）：40-48.

296. 基于拓展贝叶斯决策模型的云计算类企业财务风险实证/廖阳（厦门大学管理学院，361005）//统计与决策（武汉），2013（24）：179-182.

297. 基于信用共同体的中小企业融资创新/邹高峰（天津大学管理与经济学部，300072）；张维，熊熊//中国软科学（北京），2013（1）：135-142.

298. 基于真实活动操控的盈余管理实证研究——来自中国上市公司的经验证据/林永坚（厦门大学管理学院，361005）；王志强，林朝南//山西财经大学学报（太原），2013（4）：104-113.

299. 基于资产处置的盈余管理研究/王福胜（哈尔滨工业大学管理学院，150001）；程富，吉姗姗//管理科学（哈尔滨），2013（5）：73-86.

300. 基于资源演化的跨国公司在华合资企业控制权的动态配置——科隆公司的案例研究/崔淼（大连理工大学工商管理学院，116024）；欧阳桃花，徐志//管理世界（北京），2013（6）：153-169.

301. 基于自由现金流的高管激励与研发投入关系研究/王燕妮（西安电子科技大学经

济管理学院，710071)；李爽//科学学与科学技术管理（天津），2013（4）：143-149.

302. 激励水平、约束机制与上市公司股权激励计划/肖星（清华大学经济管理学院，100084)；陈婵//南开管理评论（北京），2013（1）：24-32.

303. 集群式供应链跨链间库存协作模型/朱海波（哈尔滨工业大学管理学院，150001)；李向阳//系统管理学报（武汉），2013（1）：74-84.

304. 集团公司内部财务经营状况分析——以连云港迎雁毛纺有限公司为例/马生逊（江苏驻富实业投资有限公司，222000)//财经问题研究（大连），2013（S1）：108-112.

305. 家族控制、支付方式与并购绩效关系的经验研究/李井林（东北财经大学会计学院，116025)；刘淑莲，杨超//财经论丛（杭州），2013（1）：76-82.

306. 家族控制、职业化经营与公司治理效率——来自 CEO 变更的经验证据/陈德球（对外经济贸易大学国际财务与会计研究中心，100029)；杨佳欣，董志勇//南开管理评论（北京），2013（4）：55-67.

307. 家族控制权结构与银行信贷合约：寻租还是效率？/陈德球（对外经济贸易大学国际财务与会计研究中心/国际商学院，100029)；肖泽忠，董志勇//管理世界（北京），2013（9）：130-188.

308. 家族企业关联大股东的治理角色——基于关联交易的视角/魏明海（中山大学管理学院，510275)；黄琼宇，程敏英//管理世界（北京），2013（3）：133-188.

309. 家族社会资本、企业所有权成本与家族企业分拆案例研究/吴炯（东华大学工商管理学院，200051)//管理学报（武汉），2013（2）：179-190.

310. 交叉上市、股价信息含量与公司价值——基于面板数据联立方程模型/陈培如（暨南大学经济学院，510632)；田存志//经济与管理研究（北京），2013（11）：40-50.

311. 交叉上市公司的内部控制信息披露研究——基于我国 A+H 股上市公司 2011 年数据/陈国辉（东北财经大学会计学院/津桥商学院，116025)；黄秋菊//财经问题研究（大连），2013（9）：76-81.

312. 交叉上市股票价格发现能力差异及交易信息含量测度/陈学胜（山东大学覃家琦（威海）商学院，264209)//中国管理科学（哈尔滨），2013（2）：9-16.

313. 交叉上市降低了控股股东与中小股东的代理冲突吗/吕秀华（北京大学光华管理学院，100871)；张峥，周铭山//财经科学（成都），2013（8）：39-47.

314. 交叉上市与盈余管理：基于以 ADR 赴美上市企业的证据/李双燕（西安交通大学经济与金融学院，710061)//当代经济科学（西安），2013（5）：115-128.

315. 金融发展、内控质量与银行贷款——来自中国上市公司的经验证据/郑军（安徽工业大学，243002)；林钟高，彭琳//财贸研究（蚌埠），2013（6）：142-151.

316. 金融发展、融资约束缓解与高新技术企业研发投资效率研究/翟淑萍（天津财经大学统计学院，300222)；顾群//经济经纬（郑州），2013（2）：138-143.

317. 金融发展、商业信用融资与企业成长——来自中国 A 股上市公司的经验证据/应千伟（四川大学商学院，610064)//经济与管理研究（北京），2013（9）：86-94.

318. 金融发展、政府补贴与研发融资约束——来自 A 股高新技术上市公司的经验证据/王文华（南京航空航天大学经济与管理学院，213164）；张卓//经济与管理研究（北京），2013（11）：51-57.

319. 金融发展对企业 R&D 融资约束的影响研究——来自中国高新技术上市公司的经验证据/胡杰（陕西师范大学国际商学院，710062）；秦璐//河北经贸大学学报（石家庄），2013（5）：59-62，83.

320. 金融结构对企业融资约束影响的实证研究——基于 20 个国家制造业上市公司面板数据/成力为（大连理工大学管理与经济学部，116024）；严丹，戴小勇//金融经济学研究（广州），2013（1）：108-119.

321. 金融市场化、股权集中度与内部控制有效性——来自中国 2009~2011 年上市公司的经验证据/李志斌（南京大学工程管理学院，210093）；卢闯//中央财经大学学报（北京），2013（9）：85-90.

322. 金融危机背景下的所有权性质与投资现金流敏感性研究/杜勇（上海交通大学安泰经济与管理学院，200030）；李连军//经济与管理研究（北京），2013（5）：55-62.

323. 金融危机冲击、财务柔性储备与企业投资行为——来自中国上市公司的经验证据/曾爱民（浙江工商大学财务与会计学院，310018）；张纯，魏志华//管理世界（北京），2013（4）：107-120.

324. 金融危机冲击、管理者盈余动机与成本费用黏性研究/马永强（西南财经大学会计学院，611130）；张泽南//南开管理评论（北京），2013（6）：70-80.

325. 金融危机对公司现金股利政策的影响研究——基于股权结构的视角/祝继高（对外经济贸易大学国际财务与会计研究中心，100029）；王春飞//会计研究（北京），2013（2）：38-94.

326. 金融危机下房地产企业现金股利分配倾向的实证研究/王珊（对外经济贸易大学国际商学院，100029）；蔡安辉，高海梅//管理评论（北京），2013（4）：158-165.

327. 金融业上市公司社会责任信息披露质量的影响因素研究/王建玲（西安交通大学管理学院，710049）；王青云，贾晚晴//统计与信息论坛（西安），2013（3）：43-48.

328. 金融抑制论视角下的会计信息披露与股利政策/郭露（江西财经大学统计学院，330013）；范德维，戴志敏//华东经济管理（北京），2013（11）：131-136.

329. 金字塔股权结构下企业的零负债现象——基于中国民营上市公司的实证研究/张信东（山西大学管理学院，030006）；张莉//经济与管理研究（北京），2013（8）：48-56.

330. 金字塔结构、股权制衡与上市公司股价信息质量/方政（山东大学管理学院，250100）；徐向艺//经济管理（北京），2013（3）：45-53.

331. 金字塔结构与股价信息含量——基于审计师声誉的调节效应研究/方政（山东大学管理学院，250100）；徐向艺//华东经济管理（北京），2013（7）：96-101.

332. 金字塔式持股结构的纵向层级、横向跨度与公司价值——来自中国上市公司的实证研究/王蓓（对外经济贸易大学公共管理学院，100029）；姚惠宇，马丽亚//财政研究

（北京），2013（9）：60–64.

333. 晋升激励与盈余管理行为研究/何威风（中南财经政法大学会计学院，430073）；熊回，玄文琪//中国软科学（北京），2013（10）：111–123.

334. 经济周期、行业景气度与盈余管理——来自中国上市公司的经验证据/陈武朝（清华大学经济管理学院，100084）//审计研究（北京），2013（5）：96–105.

335. 经济周期、行业周期性与盈余管理程度——来自中国上市公司的经验证据/陈武朝（清华大学经济管理学院，100084）//南开管理评论（北京），2013（3）：26–35.

336. 经济周期、融资约束与营运资本的动态协同选择/吴娜（天津财经大学商学院会计系，300222）//会计研究（北京），2013（8）：54–97.

337. 经理激励、资本结构与上市公司绩效/阮素梅（安徽财经大学商学院，233041）；杨善林//审计与经济研究（南京），2013（6）：64–70.

338. 经理薪酬、轰动报道与媒体的公司治理作用/李培功（厦门大学管理学院，361005）；沈艺峰//管理科学学报（天津），2013（10）：63–80.

339. 经营活动现金流量操控的经济后果研究/池兆念（四川大学商学院，610064）//统计与决策（武汉），2013（9）：181–183.

340. 经营性营运资金管理效率与企业绩效的相关性——来自中国上市公司的经验证据/曹玉珊（江西财经大学会计发展研究中心/会计学院，330013）//当代财经（南昌），2013（8）：109–120.

341. 具有多元权值约束的鲁棒LPM积极投资组合/凌爱凡（江西财经大学应用金融研究中心，330013）；杨晓光，唐乐//管理科学学报（天津），2013（8）：31–46.

342. 科技型初创企业股权价值评估方法/黄涛珍（河海大学公共管理学院，210098）；陈昕；李公根//统计与决策（武汉），2013（9）：179–181.

343. 可回售可赎回可转换债券的定价分析/蒋致远（厦门大学经济学院，361005）；张顺明；李江峰//统计与决策（武汉），2013（5）：154–158.

344. 控股股东行为与管理层业绩预告披露策略——以我国A股上市公司为例/高敬忠（天津财经大学商学院，300222）；韩传模，王英允//审计与经济研究（南京），2013（4）：75–83.

345. 控股股东攫取私利下中小股东的行为选择——"理性冷漠"还是"积极监督"？/郑秀田（浙江工商大学工商管理学院，310018）；许永斌//经济评论（武汉），2013（6）：11–16.

346. 控股股东利益侵占、信息不对称与高管更换/陈燕（中国社会科学院财经战略研究院/中央财经大学会计学院，100081）；廖冠民，孙荣//财政研究（北京），2013（1）：72–75.

347. 控股股东增持、减持与资金占用——基于2009~2011年中国A股上市公司的研究/倪慧萍（南京大学管理学院，210093）；赵珊//证券市场导报（深圳），2013（4）：62–72.

348. 控股水平、负债主体与资本结构适度性/张会丽（北京师范大学经济与工商管理学院，100875）；陆正飞//南开管理评论（北京），2013（5）：142-151.

349. 控制股东、现金股利与会计稳健性/张子健（西南交通大学经济管理学院，610031）；陈效东//管理评论（北京），2013（10）：157-165.

350. 控制权防守、利益侵占与终极股东资本结构决策/韩亮亮（辽宁大学商学院现代公司治理与成长研究中心，110136）；吕翠玲//软科学（成都），2013（9）：38-42.

351. 控制权与现金流权分离下的上市公司成长性实证研究/胡进（长江大学经济学院，434023）//统计与决策（武汉），2013（24）：191-193.

352. 控制权转移、盈余管理与业绩变化——基于股东特质的视角/刘博（安徽财经大学会计学院，233030）；干胜道，王宏昌//山西财经大学学报（太原），2013（7）：102-113.

353. 库存成本预算约束下大规模定制生产系统的零部件库存策略/邵晓峰（上海交通大学安泰经济与管理学院，200052）//系统管理学报（武汉），2013（4）：441-447.

354. 跨国并购"经济—文化"综合博弈模型/齐善鸿（南开大学商学院，300071）；张党珠；程江//管理学报（武汉），2013（11）：1588-1595.

355. 跨国并购还是绿地投资？——FDI进入模式选择的影响因素研究/李善民（中山大学管理学院，510275）；李昶//经济研究（南京），2013（12）：134-147.

356. 跨国公司在华投资的新趋势和新特点/樊增强（山西师范大学政法学院，041004）；李捷//经济问题（太原），2013（10）：15-18.

357. 跨国企业对外直接投资行为的分化与整合——基于上市公司市场价值的实证研究/王凤彬（中国人民大学商学院，100872）；杨阳//管理世界（北京），2013（3）：148-171.

358. 跨境并购视角的制度距离、董事会能力与组织后果的研究和展望/方刚（中央财经大学商学院，100081）；崔新健，刘小元//中央财经大学学报（北京），2013（3）：45-55.

359. 跨期融资约束条件下企业投资决策的模型研究/张春景（南京大学会计与财务研究院，210093）；陈永泰//软科学（成都），2013（2）：90-98.

360. 冷漠是理性的吗？中小股东参与、公司治理与投资者保护/孔东民（武汉市华中科技大学经济学院，430074）；刘莎莎，黎文靖，邢精平//经济学（季刊）（北京），2013（1）：1-28.

361. 理性程度与投资行为——基于机构和个人基金投资者行为差异研究/左大勇，上海财经大学经济学院，200433）；陆蓉//财贸经济（北京），2013（10）：59-69.

362. 历史成本、公允价值与资源配置悖论/任世驰（西南财经大学会计学院，611131）；陶晶//财经科学（成都），2013（11）：102-108.

363. 连锁董事与并购绩效——来自中国 A 股上市公司的经验证据/田高良（西安交通大学管理学院，710049）；韩洁，李留闯//南开管理评论（北京），2013（6）：112-122.

364. 联合创业投资中领投机构的特质、合作模式、成员异质性与投资绩效——基于我国上市企业的实证研究/刘伟（重庆大学经济与工商管理学院，400030）；程俊杰，敬佳琪//南开管理评论（北京），2013（6）：136-148，157.

365. 两化深度融合条件下企业分阶段构建内部控制体系研究/张继德（北京工商大学

商学院，100048) //会计研究（北京），2013（6）：69-96.

366. 两种财务困境程度判别模型的构建与比较/刘蓉晖（天津工业大学管理学院，300387）；雷怀英，付景莉//统计与决策（武汉），2013（7）：176-180.

367. 零售商提前支付与贷款担保下的供应商融资策略/王文利（上海交通大学中美物流研究院，200030）；骆建文//管理工程学报（杭州），2013（1）：178-184.

368. 垄断企业高管薪酬制度的有效性研究——来自沪深上市公司的经验证据/马强（南京理工大学经济管理学院，210093）；孙剑平//江西财经大学学报（南昌），2013（2）：35-45.

369. 论独立董事制度与公众股东权益保护/陈永忠（四川省社会科学院产业经济研究所，610071) //西南金融（成都），2013（8）：24-26.

370. 论高质量审计与提升负债的治理效应——基于代理成本与代理效率视角的经验检验/廖义刚（江西财经大学会计学院，330013）//财经理论与实践（长沙），2013（4）：72-77.

371. 论公司控制权配置的结构性修正——以股东与债权人的"异质性"理念向"同质性"理念的演进为路径/赵树文（中国政法大学民商经济法学院，100088）//河北经贸大学学报（石家庄），2013（2）：84-90.

372. 论内部控制环境的主导与环境优化——基于内部控制系统构建与持续优化视角/杨有红（北京工商大学，100048) //会计研究（北京），2013（5）：67-96.

373. 满足以担保为主各参与方利益的中小企业融资新模式/张维（天津财经大学经济学院，300222）；张旭东//财经理论与实践（长沙），2013（1）：2-6.

374. 媒体关注下的 CSR 信息披露与企业财务绩效关系研究及启示——基于我国 A 股上市公司 CSR 报告的实证研究/陶文杰（清华大学经济管理学院，100084）；金占明//中国管理科学（哈尔滨），2013（4）：162-170.

375. 美国高收益债券市场对中国中小企业私募债券的借鉴与启示/李训（四川外语学院国际商学院，4000311）；李萍，刘涛//财经理论与实践（长沙），2013（2）：45-82.

376. 面向层次结构的高管胜任特征竞优评价研究/贾建锋（四川外语学院国际商学院，400031）；赵希男，朱珠，孙世敏//系统管理学报（武汉），2013（2）：257-262.

377. 民营高科技企业终极控制人股权结构与资本运营绩效研究/刘新燕（中南财经政法大学工商管理学院，430074）；李雪妮，李小玲//宏观经济研究（北京），2013（5）：90-111.

378. 民营经济发展的融资困境研究——基于金融抑制视角/余力（西安交通大学经济与金融学院，710061）；孙碧澄//财经科学（成都），2013（8）：19-27.

379. 民营企业多元化投资的负债治理效应研究/孟丁（广东外语外贸大学国际工商管理学院，510006) //统计与决策（武汉），2013（16）：173-175.

380. 民营企业高层管理团队的综合评价/刘德光（中南财经政法大学工商管理学院，430074）；罗明//统计与决策（武汉），2013（14）：176-179.

381. 民营企业家的政治关联、贷款融资与公司价值/何镜清（中山大学管理学院，

510275)；李善民，周小春//财经科学（成都），2013（1）：83-91.

382. 母子公司治理研究脉络梳理与演进趋势探析/方政（山东大学管理学院，250100）；徐向艺//外国经济与管理（上海），2013（7）：35-53.

383. 内部控制、高管权力与并购绩效——来自中国证券市场的经验证据/赵息（天津大学管理与经济学部）；张西栓//南开管理评论（北京），2013（2）：75-81.

384. 内部控制、公司诉讼和公司价值/林斌（中山大学管理学院，510275）；周美华；舒伟，刘春丽//中国会计评论（北京），2013（4）：431-456.

385. 内部控制、股权集中度与投资者关系管理——来自A股上市公司投资者关系调查的证据/李志斌（扬州大学商学院，225009）//会计研究（北京），2013（12）：72-78.

386. 内部控制、审计师行业专长、应计与真实盈余管理/范经华（武汉大学，430072）；张雅曼，刘启亮//会计研究（北京），2013（4）：81-96.

387. 内部控制、审计师选择与控股股东侵占/史忠党（吉林大学商学院，130012）；韩丽荣，赵晓红//经济问题（太原），2013（7）：125-129.

388. 内部控制、银企关联与融资约束——来自中国上市公司的经验证据/程小可（北京交通大学，100044）；杨程程，姚立杰//审计研究（北京），2013（5）：80-86.

389. 内部控制的可能性边界研究：一个分析框架/董红星（郑州航空工业管理学院会计学院，450015）//当代财经（南昌），2013（11）：120-128.

390. 内部控制对盈余持续性的影响及其市场反应——来自A股非金融类上市公司的经验证据/方红星（东北财经大学会计学院/中国内部控制研究中心，116025）；张志平//管理评论（北京），2013（12）：77-86.

391. 内部控制环境与经营绩效——基于中国银行业的实证分析/刘春志（中南财经政法大学金融学院，430073）；吉琳//统计与信息论坛（西安），2013（6）：28-33.

392. 内部控制监督最优投资分配模型及决策研究/张蕾（天津大学管理与经济学部，300072）；李敏强，陈富赞，赵秀云//管理科学学报（天津），2013（7）：34-44.

393. 内部控制能否抑制真实活动盈余管理？——兼与应计盈余管理之比较/程小可（北京交通大学经济管理学院，100044）；郑立东，姚立杰//中国软科学（北京），2013（3）：120-131.

394. 内部控制缺陷披露的经济后果：述评与展望/梅丹（南开大学商学院，300071）//华东经济管理（北京），2013（12）：152-155.

395. 内部控制信息披露对审计意见影响的研究——基于2011年深市主板上市公司的数据/章雁（上海海事大学经济管理学院，201306）；周艳秋//中国管理科学（哈尔滨），2013（S1）：244-248.

396. 内部控制研究的困惑与思考/李心合（南京大学会计学系，210093）//会计研究（北京），2013（6）：54-96.

397. 内部控制有效性、会计稳健性与商业信用模式/徐虹（安徽工业大学会计系，243002）；林钟高，余婷，何亚伟//审计与经济研究（南京），2013（3）：65-73.

398. 内部控制与免疫系统：基于功能分析法的思考/杨兴龙（重庆理工大学财会研究与开发中心，400050）；孙芳城、陈丽蓉//会计研究（北京），2013（3）：65-71.

399. 内部控制质量、盈余持续性与公司价值/肖华（厦门大学会计发展研究中心，361005）；张国清//会计研究（北京），2013（5）：73-96.

400. 内部嵌入性与跨国子公司成长能力关系的实证研究/蒲明（哈尔滨理工大学管理学院，150040）；毕克新//中国软科学（北京），2013（8）：136-143.

401. 农业上市公司投资调整成本特征与投资行为研究/陆桂琴（南京农业大学经济与管理学院，210095）；王军伟//经济问题（太原），2013（12）：106-109.

402. 女性CFO与资金配置/李小荣（中央财经大学财政学院，100081）；刘行，傅代国//经济管理（北京），2013（12）：100-110.

403. 女性高管、过度投资与企业价值——来自中国资本市场的经验证据/李世刚（厦门大学管理学院，361005）//经济管理（北京），2013（7）：74-84.

404. 品牌权益与股东价值关系实证研究/赵蓓（厦门大学管理学院，361005）；张小三//厦门大学学报（哲学社会科学版）（厦门），2013（6）：125-132.

405. 破解科技型小微企业融资难问题的对策/茹莉（宜春学院经济与管理学院，336000）//经济纵横（长春），2013（9）：91-93.

406. 谱风险预算投资组合保险模型研究/刘鹏（中原工学院经济管理学院，450007）//华东经济管理（北京），2013（1）：170-173.

407. 企业并购中CEO权力寻租行为分析——基于国企与民企比较视角的实证研究/张洽（中南财经政法大学会计学院，430073）；袁天荣//山西财经大学学报（太原），2013（5）：81-93.

408. 企业并购中目标企业价值评估方法的创新模型分析/俞小江（华中师范大学经济与工商管理学院，430079）；周杨//统计与决策（武汉），2013（12）：171-175.

409. 企业财务保守、财务冗余与财务弹性的比较研究/王文兵（四川大学商学院，610064）；干胜道，段华友//华东经济管理（北京），2013（7）：139-143.

410. 企业财务风险预警状态空间模型的构建及检验/魏金萍（重庆城市管理职业学院工商管理学院，401331）//统计与决策（武汉），2013（24）：183-185.

411. 企业的避税活动会影响投资效率吗？/刘行（东北财经大学会计学院，116025）；叶康涛//会计研究（北京），2013（6）：47-96.

412. 企业分红能力之理论研究/谢德仁（清华大学经济管理学院，100084）//会计研究（北京），2013（2）：22-94.

413. 企业风险、产权性质与高管薪酬—业绩敏感性/陈震（中南财经政法大学会计学院，430073）；凌云//经济管理（北京），2013（6）：54-61.

414. 企业管理团队人力资本、研发投入与企业绩效的实证研究/朱焱（湖南大学工商管理学院，410082）；张孟昌//会计研究（北京），2013（11）：45-96.

415. 企业规模、资本结构与供应链社会责任风险/郭毅（北京工商大学经济学院，

100048）；丰乐明，刘寅//科研管理（北京），2013（6）：84-90.

416. 企业合并的所得税特殊性税务处理问题/孙亚华（江苏省国家税务局）；林晓岚//税务研究（北京），2013（4）：48-51.

417. 企业环境会计信息披露存在问题与对策/高建立（河北科技师范学院财经学院，066004）；马继伟，李国红，肖艳，陈晓敏//河北经贸大学学报（石家庄），2013（3）：64-77.

418. 企业集权度与项目管理成熟度匹配关系研究/朱方伟（大连理工大学管理与经济学部，116024）；孙秀霞，杨筱恬//科学学与科学技术管理（天津），2013（8）：148-158.

419. 企业集团统一审计与权益资本成本/王春飞（中央财经大学会计学院，100081）；陆正飞，伍利娜//会计研究（北京），2013（6）：75-96.

420. 企业集团资金安全预警体系研究/吴战篪（暨南大学会计学系，510632）；李晓龙//会计研究（北京），2013（2）：63-95.

421. 企业家能力、信息披露质量与上市公司绩效——基于 CCEIBNU 指数的实证研究/赵峰（北京工商大学经济学院，100048）；高明华//广东商学院学报（广州），2013（4）：57-66.

422. 企业价值信息披露对投资者交易行为影响研究/郑军（中南民族大学管理学院，430074）//经济管理（北京），2013（4）：105-113.

423. 企业间高管联结与并购溢价决策——基于组织间模仿理论的实证研究/陈仕华（东北财经大学工商管理学院，116025）；卢昌崇//管理世界（北京），2013（5）：144-156.

424. 企业间高管联结与财务重述行为扩散/陈仕华（东北财经大学工商管理学院，116025）；陈钢//经济管理（北京），2013（8）：134-143.

425. 企业间交易治理机制研究述评与展望/万俊毅（华南农业大学经济管理学院，510642）；敖嘉焯//外国经济与管理（上海），2013（3）：22-46.

426. 企业进入权、组织控制与跨国公司专用性投资激励/洪联英（长沙理工大学经济与管理学院，410004）；刘兵权，张在美//中国管理科学（哈尔滨），2013（3）：169-177.

427. 企业经营活动现金流量与财务危机的关系研究——基于我国制造业上市公司的经验数据/武晓玲（西安交通大学管理学院，710049）；乔楠楠//山西财经大学学报（太原），2013（12）：113-124.

428. 企业可持续增长模型的重构与应用/韩俊华（四川大学商学院，610064）；干胜道//华东经济管理（北京），2013（1）：165-169.

429. 企业跨国并购决策中的国别选择——"逆势"跨国并购模式的驱动因素/薛有志（南开大学中国公司治理研究院/南开大学商学院，300071）；吴超，周杰//经济与管理研究（北京），2013（9）：55-60.

430. 企业跨国并购战略中的财务风险控制研究——基于中国移动并购巴基斯坦 Paktel 公司案例/吴茹月（东方资产南京办，210000)//财经问题研究（大连），2013（S1）：103-107.

431. 企业内部控制经济合理性分析——基于企业风险和成本效益原则/赵息（天津大学管理与经济学部，300072）；苏秀花//审计与经济研究（南京），2013（3）：58-64.

432. 企业内部控制有效性影响因素的实证研究/张继德（北京工商大学商学院，100048）；纪佃波，孙永波//管理世界（北京），2013（8）：179-180.

433. 企业内部控制综合评价模型与沪市上市公司内部控制质量研究/戴文涛（南开大学中国公司治理研究院，300071）；李维安//管理评论（北京），2013（1）：128-176.

434. 企业内部审计质量控制的博弈分析/王奇杰（盐城工学院经济与管理学院，224051）//统计与决策（武汉），2013（14）：187-188.

435. 企业内部资本配置效率问题研究——基于融资歧视和内部人控制的一般均衡视角/钱雪松（华中科技大学经济学院，430074）//会计研究（北京），2013（10）：43-96.

436. 企业内控信息化实施的规范化方法研究——基于领域分析与形式化方法/陈潇怡（武汉大学经济与管理学院，430072）；欧阳电平//会计研究（北京），2013（3）：72-96.

437. 企业内源融资能力和外源融资约束对投资支出的影响——以文化创意上市公司为例/魏亚平（天津工业大学管理学院，300387）；宋佳//软科学（成都），2013（10）：74-77.

438. 企业融资约束对劳动收入份额的影响/阎曼华（四川省能源投资集团有限责任公司，610000）；刘婷婷//软科学（成都），2013（11）：62-65.

439. 企业社会责任对融资约束的影响/肖翔（北京交通大学经管学院，100044）；孙晓琳，谢诗蕾//统计研究（北京），2013（6）：106-107.

440. 企业社会责任信息披露能缓解融资约束吗？——基于A股上市公司的实证分析/管亚梅（南京财经大学会计学院，210023）；王嘉歆//经济与管理研究（北京），2013（11）：76-84.

441. 企业社会资本、投资机会与投资效率/赵瑞（福建师范大学经济学院，350108）//宏观经济研究（北京），2013（1）：65-72.

442. 企业特征、融资模式与科技型中小企业信贷风险/郭文伟（广东财经大学金融学院，510320）//软科学（成都），2013（12）：72-75.

443. 企业无形资产投入财务溢出效应研究/黄洁莉（中南财经政法大学会计学院，430070）；蒋占华，夏喆//统计与决策（武汉），2013（21）：161-164.

444. 企业无形资产资本化与分析师盈余预测：理论分析与实证检验/苏治（中央财经大学统计学院/会计学院，100081）；魏紫//会计研究（北京），2013（7）：70-76.

445. 企业现金持有的影响因素研究综述/袁卫秋（南京财经大学，210046）；于成永，邹苏苏//经济问题探索（昆明），2013（1）：134-138.

446. 企业异质性、融资模式与科技型小微企业信用/钟明（华南理工大学工商管理学院，510641）；郭文伟，宋光辉//中国科技论坛（北京），2013（11）：117-123.

447. 企业异质与可比公司赋权——基于并购的非上市公司估值模型构建与应用/胡晓明（南京财经大学会计学院，210046）；赵东阳，孔玉生，赵弘//会计研究（北京），2013（11）：53-96.

448. 企业盈利能力、负债水平和生产效率的实证分析——基于我国国有企业与私营企业比较视角/张洽（中南财经政法大学会计学院，430073）//华东经济管理（北京），2013（3）：140–145.

449. 企业增长速度与投融资行为相关性研究——来自创业板高新技术企业的数据/刘桂英（天津工业大学管理学院，300387）；张梦婉//财经问题研究（大连），2013（S1）：177–182.

450. 企业知识治理绩效影响因素研究/王影（景德镇陶瓷学院，333403）；吴晟，刘冰峰，梁祺//软科学（成都），2013（1）：112–115.

451. 企业重组所得税政策探析/魏志梅（国家税务总局税收科学研究所）//税务研究（北京），2013（4）：42–47.

452. 契约环境、代理成本与企业投资—债务期限关系/李泽广（南开大学经济学院金融系）；马泽昊//管理世界（北京），2013（8）：183–185.

453. 嵌入供应链的公司财务理论研究/李心合；叶玲（南京大学会计系，210093）//当代财经（南昌），2013（5）：109–114.

454. 强化现金分红政策是在迎合投资者么——来自中国内地和台湾的经验证据/于瑾（对外经济贸易大学国际经贸学院，100029）；张婷，吕东锴//当代财经（南昌），2013（2）：58–66.

455. 融资与可持续增长视角下的企业财务危机中长期预警模型/蒋尧明（江西财经大学，330013）；章丽萍，张旭迎//中央财经大学学报（北京），2013（3）：84–89.

456. 融资约束、财务柔性与企业投资—现金流敏感性——理论分析及来自中国上市公司的经验证据/曾爱民（上海财经大学工商管理博士后流动站，200433）；魏志华//财经研究（上海），2013（11）：48–58.

457. 融资约束、超额现金持有与企业价值/谭艳艳（中南财经政法大学会计学院，430073）；刘金伟，杨汉明//山西财经大学学报（太原），2013（1）：95–105.

458. 融资约束、代理成本与现金股利政策信息含量/钟勇（西南交通大学经济管理学院，610031）；陆贤伟//软科学（成都），2013（12）：140–144.

459. 融资约束、高额现金持有和投资效率/张莉芳（南京大学会计系，210093）//山西财经大学学报（太原），2013（4）：114–124.

460. 融资约束、营运资本管理与企业创新可持续性/鞠晓生（中国人民大学经济学院，100872）；卢荻，虞义华//经济研究（南京），2013（1）：4–16.

461. 融资约束、政府支持与中国本土企业研发投入/康志勇（扬州大学商学院，225009）//南开管理评论（北京），2013（5）：61–70.

462. 融资约束对企业 R&D 投资的影响研究——来自中国高新技术上市公司的经验证据/卢馨（暨南大学管理学院，510632）；郑阳飞，李建明//会计研究（北京），2013（5）：51–58.

463. 融资约束下并购绩效：规模与方向的作用/于成永（南京财经大学，210046）//经济与管理研究（北京），2013（5）：112-118.

464. 商业银行现金股利政策：迎合股东还是迎合市场/孙菲（重庆大学公共管理学院，400044）；刘渝琳//经济体制改革（成都），2013（2）：126-130.

465. 上市公司并购绩效实证研究/李汉君（渤海大学，121000）；张丽，艾杰//统计与决策（武汉），2013（12）：166-168.

466. 上市公司并购重组标的资产价值评估与交易定价关系研究/程凤朝（中央汇金有限责任公司，100010）；刘旭，温馨//会计研究（北京），2013（8）：40-96.

467. 上市公司财务绩效影响因素/吴昉（上海交通大学安泰经济与管理学院，200052）；顾锋，张佳懿//系统管理学报（武汉），2013（5）：715-719.

468. 上市公司大股东增持的市场时机选择能力及其影响因素研究/姜英兵（东北财经大学会计学院中国内部控制研究中心，116025）；张晓丽//经济管理（北京），2013（12）：88-99.

469. 上市公司定向增发方式选择：基于投资者异质信念视角/邓路（北京航空航天大学经济管理学院，100191）；廖明情//会计研究（北京），2013（7）：56-97.

470. 上市公司定向增发融资偏好分析/郭巧莉（内蒙古农业大学经济管理学院，010018）；张心灵，杨艳艳//财经理论与实践（长沙），2013（6）：50-53.

471. 上市公司股权结构对现金股利政策的影响——基于股权分置改革的股权变化数据/武晓玲（西安交通大学管理学院，710049）；翟明磊//山西财经大学学报（太原），2013（1）：84-94.

472. 上市公司股权再融资择机行为研究——定价择机、需求量择机与政策择机/郎香香（厦门大学管理学院，361005）；李常青//证券市场导报（深圳），2013（7）：22-30.

473. 上市公司控制权转移的市场反应研究/王培欣（哈尔滨工业大学管理学院，150001）；谭雪//管理科学（哈尔滨），2013（6）：48-57.

474. 上市公司亏损逆转质量评价指标体系的构建与检验/杜勇（西南大学经济管理学院，400715）；陈建英，鄢波//软科学（成都），2013（1）：123-136.

475. 上市公司两类代理问题，孰轻孰重——以118家农业类上市公司为例/张宁（西北农林科技大学经济管理学院，712100)//当代经济科学（西安），2013（2）：115-128.

476. 上市公司内部控制报告的可靠性评价——基于2008~2010年沪市公司年报重述的分析/崔志娟（山东财经大学会计学院，250014）；刘源//南开管理评论（北京），2013（1）：64-69.

477. 上市公司内部控制缺陷认定标准研究/丁友刚（暨南大学会计学系，510632）；王永超//会计研究（北京），2013（12）：79-97.

478. 上市公司内部控制实质性缺陷与债务融资约束/刘焱（辽宁大学商学院，110036）；姚海鑫//软科学（成都），2013（10）：78-82.

479. 上市公司现金分红能力分析——基于上证红利50指数成份股的数据/谢德仁（清华大学经济管理学院，100084）；林乐//证券市场导报（深圳），2013（12）：43-55.

480. 上市公司虚假陈述与独立董事监管处罚——基于独立董事个体视角的分析/辛清泉（江西财经大学财税与公共管理学院，330013）；黄曼丽，易浩然//管理世界（北京），2013（5）：131–188.

481. 上市公司治理结构对货币资金留存比率的影响研究——以北京市上市公司为例/韩世君（中央财经大学财经研究院，100081）；谷泽北//财贸经济（北京），2013（5）：54–61.

482. 上市公司终极控制权与大股东利益侵占行为研究——基于中国 A 股市场的经验数据/陈红（中南财经政法大学金融学院，430073）；杨鑫瑶，王国磊//当代经济研究（长春），2013（8）：31–37

483. 上市公司自愿性会计信息披露区域影响因素研究——融资约束视角/齐萱（天津商业大学商学院，300134）；谷慧丽，刘树海//云南财经大学学报（昆明），2013（2）：122–128.

484. 上市还是并购：信息不对称视角下的风投退出方式研究/汪炜（浙江大学经济学院金融系，310027）；于博//经济学家（成都），2013（7）：69–78.

485. 上市降低了国有企业的股权代理成本吗？/曾庆生（上海财经大学会计与财务研究院，200433）；万华林//财经研究（上海），2013（2）：37–123.

486. 社会融资规模的内涵、变化与政策调控/尹继志（河北金融学院金融系，071051）//经济体制改革（成都），2013（1）：117–121.

487. 社会责任报告降低了企业权益资本成本吗？——来自中国资本市场的经验证据/李姝（南开大学商学院/中国公司治理研究院，300071）；赵颖，童婧//会计研究（北京），2013（9）：64–97.

488. 社会责任融合视角的企业价值创造机理/王欣（中国社会科学院工业经济研究所，100836）//经济管理（北京），2013（12）：182–193.

489. 社会资本对企业价值创造影响研究：理论、机理与应用/隋敏（济南大学管理学院，250002）；王竹泉//当代财经（南昌），2013（7）：111–121.

490. 什么驱动了中国上市公司并购浪潮？/余瑜（西南交通大学经济管理学院，610031）；王建琼//中央财经大学学报（北京），2013（9）：71–96.

491. 审计行业专业性、债务代理成本与违约成本——来自中国上市公司的经验证据/谢盛纹（江西财经大学会计发展研究中心/会计学院，330013）；闫焕民//当代财经（南昌），2013（6）：110–120.

492. 生物技术研发不确定性与投资研究/朱新财（苏州大学东吴商学院，215000）//管理评论（北京），2013（1）：149–154.

493. 生物医药公司股权结构对现金股利的影响/师青（中南财经政法大学公共管理学院，430071）//统计与决策（武汉），2013（16）：164–166.

494. 时机选择、停牌操控与控股股东掏空——来自中国上市公司定向增发的证据/吴育辉（厦门大学管理学院，361005）；魏志华，吴世农//厦门大学学报（哲学社会科学版）

（厦门），2013（1）：46–55.

495. 时间偏好不一致委托代理问题的优化与决策/邹自然（湖南大学工商管理学院，410082）；陈收，杨艳，张红浩//中国管理科学（哈尔滨），2013（4）：27–34.

496. 实际控制人监督、行业竞争与经理人激励——来自私人控股上市公司的经验证据/林乐（清华大学经济管理学院，100084）；谢德仁，陈运森//会计研究（北京），2013（9）：36–96.

497. 市场错误定价、投资机会与并购对价方式/李井林（东北财经大学会计学院，116025）；刘淑莲，杨超//山西财经大学学报（太原），2013（1）：30–40.

498. 市场化改革、过度投资与企业产能过剩——基于我国制造业上市公司的经验证据/修宗峰（中南大学商学院，中南大学金属资源战略研究院，410083）；黄健柏//经济管理（北京），2013（7）：1–12.

499. 市场化进程、实际控制人与内部控制有效性——来我国上市公司的经验证据/李志斌（扬州大学商学院，225009）//财经科学（成都），2013（6）：63–70.

500. 市场化进程、真实活动盈余管理与公司未来业绩/王亮亮（南京大学管理学院，210093）；王跃堂，王娜//经济管理（北京），2013（9）：101–112.

501. 市场竞争、EVA评价与企业过度投资/刘凤委（上海国家会计学院/上海财经大学博士后流动站，201702）；李琦//会计研究（北京），2013（2）：54–95.

502. 市场竞争、负债融资与过度投资/黎来芳（中国人民大学商学院，100872）；叶宇航，孙健//中国软科学（北京），2013（11）：91–100.

503. 市场竞争视角下的管理者权力和企业投资关系研究/赵纯祥（中南财经政法大学会计学院，430073）；张敦力//会计研究（北京），2013（10）：67–97.

504. 市场情绪、会计信息质量与IPO首日回报/朱红军（上海财经大学会计与财务研究院，200433）；陈世敏，张成//财经研究（上海），2013（9）：70–81.

505. 市场时机、定向增发与财富转移/郭思永（上海立信会计学院会计与财务学院，201620）；刘春江//经济与管理研究（北京），2013（2）：27–34.

506. 双渠道下库存与定价策略的研究/金磊（清华大学深圳研究生院，518055）；陈伯成，肖勇波//中国管理科学（哈尔滨），2013（3）：104–112.

507. 税率差异、关联交易与企业价值/黄蓉（中山大学现代会计与财务研究中心/广州工业大学，510275）；易阳，宋顺林//会计研究（北京），2013（8）：47–97.

508. 税收征管、政企关系与上市公司债务融资/潘越（厦门大学经济学院，361005）；王宇光；戴亦一//中国工业经济（北京），2013（8）：109–121.

509. 所有权结构对组织冗余与企业绩效的影响研究——基于委托人—委托人冲突视角/赵洁（西安交通大学管理学院，710049）//西安交通大学学报（社会科学版）（西安），2013（3）：46–51.

510. 所有权性质、高管货币薪酬与在职消费——基于管理层权力的视角/傅颀（浙江财经大学会计学院，310018）；汪祥耀//中国工业经济（北京），2013（12）：104–116.

511. 所有权性质、企业并购决策与经营绩效——来自 42 家钢铁上市公司的证据/汪波（上海对外经贸大学国际经贸学院，201620）；章韬，王纯洁//中央财经大学学报（北京），2013（9）：57-63.

512. 探析"融资难"：解中小企业发展之困——常州市中小企业融资成本相关调研报告/王世春（江苏省常州市物价局）；钱红燕，陈勇//价格理论与实践（北京），2013（8）：41-42.

513. 投资机会、高质量审计与盈余的价值相关性/廖义刚（江西财经大学会计学院，330013）；徐影//财经论丛（杭州），2013（4）：88-94.

514. 投资机会集、代理冲突与上市公司审计师选择——来自我国 A 股上市公司的经验证据/廖义刚（江西财经大学会计学院，330013）；吴斯卉//江西财经大学学报（南昌），2013（4）：26-35.

515. 投资强度变化：基于绩效偏差和冗余资源的视角/李晓翔（安徽大学商学院，230601）；刘春林//管理科学（哈尔滨），2013（1）：26-37.

516. 投资银行政治联系与公司增发/饶品贵（暨南大学管理学院，510632）；岳衡，罗炜//金融研究（北京），2013（8）：165-179.

517. 投资者保护、大股东持股比例与现金持有量/姜毅（东北财经大学津桥商学院，116023）//财经理论与实践（长沙），2013（2）：58-63.

518. 投资者保护、公司特征与控制权配置/叶建宏（浙江大学经济学院，310027）；封丽萍，汪炜//经济与管理研究（北京），2013（11）：5-13.

519. 投资者保护制度变革、融资偏好与资本结构/蒋俊贤（上海财经大学金融学院，200433）//经济问题（太原），2013（3）：65-68.

520. 投资者利益保护与股权融资成本研究——基于原始股东视角看 IPO 融资/王晓梅（滁州学院经济管理系，239001）//经济与管理研究（北京），2013（5）：49-54.

521. 投资者情绪、承销商定价与 IPO 新股回报率/邵新建（对外经济贸易大学国际经贸学院，100029）；薛熠，江萍，赵映雪，郑文才//金融研究（北京），2013（4）：127-141.

522. 投资者情绪、股权结构与企业实际投资/张庆（对外经济贸易大学国际经贸学院，100029）；朱迪星//财经问题研究（大连），2013（3）：101-108.

523. 投资者情绪、资产估值与股票市场波动/胡昌生（武汉大学经济与管理学院，430072）；池阳春//金融研究（北京），2013（10）：181-193.

524. 投资者情绪、资产证券化与公允价值信息含量——来自 A 股市场 PE 公司 IPO 核准公告的经验证据/曲晓辉（厦门大学会计发展研究中心/管理学院，361005）；黄霖华//会计研究（北京），2013（9）：14-96.

525. 投资者情绪与管理层业绩预告策略/王俊秋（华东理工大学商学院，200237）；花贵如，姚美云//财经研究（上海），2013（10）：76-90.

526. 投资者情绪与上市公司投资决策——基于迎合渠道的研究/朱朝晖（浙江工商大学财务与会计学院，310018）//商业经济与管理（杭州），2013（6）：60-85.

527. 投资者需求视角下的内部控制信息质量评价/邓德强（南京大学会计学系，210093）；刘玉//华东经济管理（北京），2013（4）：104-108.

528. 投资组合中一种极大极小优化算法及其应用/杨焕云（聊城大学数学科学学院，252059）//统计与决策（武汉），2013（23）：62-64.

529. 退市制度对创业板上市公司盈余管理行为的影响——基于应计与真实盈余管理的分析/谢柳芳（西南财经大学会计学院，611130）；朱荣，何苦//审计研究（北京），2013（1）：95-102.

530. 外部性视角下债权人双重治理效应研究——来自中国上市公司的经验数据/王旭（山东大学管理学院，250100）//财贸研究（蚌埠），2013（1）：149-156.

531. 外部治理环境、行业管制与过度投资/李延喜（大连理工大学管理与经济学部，116024）；陈克兢，刘伶，张敏//管理科学（哈尔滨），2013（1）：14-25.

532. 完善我国商标权价值评估方法及其制度体系的理论探讨/刘红霞（中央财经大学会计学院，100081）//中央财经大学学报（北京），2013（4）：81-85.

533. 网络舆论的公司治理影响机制研究——基于定向增发的经验证据/沈艺峰（厦门大学管理学院，361005）；杨晶，李培功//南开管理评论（北京），2013（3）：80-88.

534. 为什么企业偏好保守资本结构？——一个支持财务柔性理论的经验证据/曾爱民（浙江工商大学财务与会计学院，310018）；傅元略，梁丽珍//商业经济与管理（杭州），2013（6）：48-59.

535. 委托代理理论下的寡头竞争机制研究——基于中国电信业的模型分析/赵蜀蓉（电子科技大学政治公共管理学院，611731）；陈绍刚；王少卓，段聪菲，陈美君//管理科学（哈尔滨），2013（6）：105-114.

536. 委托代理视角下的管理层股权激励实证研究/牛雪（山东大学管理学院，250100）；张玉明//统计与决策（武汉），2013（8）：160-163.

537. 稳健会计信息、权益资本成本与公司投资效率——基于中国 A 股市场的经验性证据/王静（上海交通大学安泰经济与管理学院，200052）；郝东洋，张天西//经济与管理研究（北京），2013（2）：52-61.

538. 我国创业板上市公司高管和大股东减持股份的动因及后果——从风险偏好转向风险规避的"偏好逆转"行为研究/陈维（厦门大学管理学院，361005）；吴世农//经济管理（北京），2013（6）：43-53.

539. 我国创业板上市公司资本结构与盈利能力相关性研究/杨远霞（湖南涉外经济学院商学院，410205）//统计与决策（武汉），2013（3）：171-173.

540. 我国非上市公司治理机制有效性的检验——来自我国制造业大中型企业的证据/郑志刚（中国人民大学财政金融学院，100872）；殷慧峰；胡波//金融研究（北京），2013（2）：142-155.

541. 我国高新技术企业人力资本投入对 EVA 的贡献研究/刘叶云（湖南师范大学，410081）；朱洪慧//科研管理（北京），2013（S1）：95-105.

542. 我国企业集团实施财务共享服务的关键因素的实证研究/何瑛（北京邮电大学经济管理学院，100876）；周访//会计研究（北京），2013（10）：59–97.

543. 我国企业跨国并购中的逆向知识转移/吴先明（武汉大学经济与管理学院，430072）//经济管理（北京），2013（1）：57–69.

544. 我国上市公司非效率投资研究——基于利率与投资之间的关系/阎石（东北财经大学金融学院，116025）；王万超//价格理论与实践（北京），2013（3）：86–87.

545. 我国上市公司风险厌恶程度分析/乔坤元（北京大学光华管理学院，100871）//经济科学（北京），2013（4）：93–102.

546. 我国上市公司高管背景特征与公司治理违规行为研究/顾亮（南开大学公司治理研究中心，300071）；刘振杰//科学学与科学技术管理（天津），2013（2）：152–164.

547. 我国上市公司会计信息披露暨审计质量分析/杨世忠（首都经济贸易大学，100070）；刘赛顶//审计与经济研究（南京），2013（2）：42–48.

548. 我国上市公司内部控制评价信息披露：问题与改进——来自 2011 年内部控制评价报告的证据/李颖琦（上海立信会计学院立信会计研究院，201620）；陈春华，俞俊利//会计研究（北京），2013（8）：62–97.

549. 我国上市公司内部控制效率与盈余质量的动态依存关系研究/佟岩（北京理工大学管理与经济学院，100081）；徐峰//中国软科学（北京），2013（2）：111–122.

550. 我国上市公司社会责任信息披露问题的实证/程华安（湖南大众传媒职业技术学院，410100）//统计与决策（武汉），2013（2）：186–188.

551. 我国上市公司资本结构的扩散效应研究/魏锋（重庆大学，400030）；孔煜//证券市场导报（深圳），2013（10）：19–23.

552. 我国上市公司资本结构决定因素的实证研究/邢天才（东北财经大学工商管理学院，116025）；袁野//宏观经济研究（北京），2013（2）：34–55.

553. 我国私募股权投资市场发展的问题与对策/张兴巍（天津财经大学经济学院，300222）；李浩；张茜//经济纵横（长春），2013（8）：98–101.

554. 我国中小企业财务管理研究/石晓虹（大连市上方房地产有限公司，116000）//财经问题研究（大连），2013（S1）：134–136.

555. 吸收能力、制度环境与跨国公司逆向知识转移——基于中国海外投资企业的问卷调研/杜丽虹（中南财经政法大学，430074）；吴先明//科学学研究（北京），2013（4）：596–604.

556. 现金分红、盈余管理方式选择与企业价值/刘衡（中山大学岭南学院，510275）；苏坤，李彬//中国会计评论（北京），2013（3）：277–300.

557. 现金分红、债务政策稳健性与公司业绩/李彬（西安交通大学经济与金融学院，710061）//商业经济与管理（杭州），2013（9）：48–58.

558. 现金股利分配倾向、公司业绩与大股东减持规模/陆位忠（重庆大学经济与工商管理学院，400044）；林川//财贸研究（蚌埠），2013（3）：142–156.

559. 现金股利政策与企业生命周期——基于中国上市公司的实证研究/王傅强（中南大学商学院，410083）//财经理论与实践（长沙），2013（2）：74-77.

560. 限售股减持：利润平滑还是投资收益最大？/王玉涛（中央财经大学会计学院，100081）；陈晓，薛健//金融研究（北京），2013（1）：164-176.

561. 新创型公司治理、外部环境与高管变更的实证研究/刘阳（河南财经政法大学会计学院，450002）//统计与决策（武汉），2013（5）：178-181.

562. 新会计准则对盈余管理影响的实证研究/吴克平（中国人民大学商学院，100872）；于富生//山西财经大学学报（太原），2013（2）：107-115.

563. 新兴市场投资者情绪与价值溢价异象——基于中国内地、香港和台湾地区的比较分析/张婷（对外经济贸易大学国际经济贸易学院，100029）；于瑾，吕东锴//国际金融研究（北京），2013（1）：87-95.

564. 薪酬差距与盈余管理/于富生（中国人民大学商学院，100089）；张颖//经济问题（太原），2013（4）：112-117.

565. 薪酬激励、雇佣风险和预期偏差对我国开放式基金风险调整行为的影响/王燕鸣（中山大学岭南学院，510275）；蒋运冰//管理评论（北京），2013（11）：12-22.

566. 信贷政策与企业资本结构——来自中国上市公司的经验证据/伍中信（湖南大学工商管理学院，410079）；张娅，张雯//会计研究（北京），2013（3）：51-96.

567. 信息不对称、银企关系与企业投资效率/罗付岩（西南交通大学经济管理学院，610031）//金融经济学研究（广州），2013（6）：86-98.

568. 信息不对称视角下定向增发动因研究——来自中国上市公司的经验证据/叶陈刚（对外经济贸易大学国际财务与会计研究中心，100029）；武剑锋，萧蔚//审计与经济研究（南京），2013（1）：87-94.

569. 信息环境、审计质量与IPO抑价——以A股市场2009~2011年上市的公司为例/胡丹（南京大学商学院会计学系，210093）；冯巧根//会计研究（北京），2013（2）：78-85.

570. 信息技术投资与企业绩效的关系研究——制度理论与社会网络视角/李继学（北京大学光华管理学院，100871）；高照军//科学学与科学技术管理（天津），2013（8）：111-119.

571. 信息披露、公司治理与现金股利政策——来自深市A股上市公司的经验证据/徐寿福（上海对外贸易学院，201620）//证券市场导报（深圳），2013（1）：29-36.

572. 信息披露质量、代理成本与企业融资约束——来自深圳证券市场的经验证据/顾群（天津财经大学商学院，300222）；翟淑萍//经济与管理研究（北京），2013（5）：43-48.

573. 信息透明度、公司治理与中小股东参与/黎文靖（暨南大学管理学院，510632）；孔东民//会计研究（北京），2013（1）：42-95.

574. 信息透明度对企业贷款融资的影响/解青芳（中国矿业大学管理学院，221116）；卜华，彭冲//统计与决策（武汉），2013（19）：179-182.

575. 信用风险、融资担保和动态保费估值/吴建华（山东大学经济学院，250100）；王新军，张颖//统计与信息论坛（西安），2013（6）：10-15.

576. 询价制下的 IPO 定价及融资契约的形成与特征/魏霄（中南财经政法大学会计学院，430074）；孟科学//统计与决策（武汉），2013（4）：34-37.

577. 循环经济下企业价值流成本控制创新研究/王普查（河海大学企业管理学院，213022）；李斌//华东经济管理（北京），2013（11）：137-140.

578. 以制度距离为视角的跨国并购绩效影响机制——基于我国上市公司 OFDI 的经验分析/周森（盐城工学院经管学院，224000）//经济问题（太原），2013（11）：54-57.

579. 异质机构投资与上市公司现金持有/蒲文燕（中南财经政法大学会计学院，430073）；张洪辉//宏观经济研究（北京），2013（12）：113-129.

580. 异质投资者行为与价格形成机制研究/陈炜（厦门大学中国资本市场研究中心，361005）；袁子甲，何基报//经济研究（南京），2013（4）：43-54.

581. 异质信念、融资决策与投资收益/马健（北京航空航天大学经济管理学院，100191）；刘志新，张力健//管理科学学报（天津），2013（1）：59-73.

582. 异质信念与投资风险/尹慧（山东师范大学经济学院，250014）；赵国庆//金融经济学研究（广州），2013（1）：46-58.

583. 异质性机构对企业集团关联交易影响的实证研究/冯照桢（西安交通大学经济与金融学院，710061）；温军//财贸研究（蚌埠），2013（2）：129-137.

584. 异质预期下股权制衡对公司并购绩效的影响/刘星（重庆大学经济与工商管理学院，400044）；蒋弘//中国管理科学（哈尔滨），2013（4）：144-151.

585. 银行风险控制下的供应链订单融资策略研究/王文利（太原科技大学经济与管理学，030024）；骆建文，张钦红//中国管理科学（哈尔滨），2013（3）：71-78.

586. 银行竞争、代理成本与借款期限结构——来自中国上市公司的经验证据/马君潞（南开大学经济学院，300071）；郭牧炫，李泽广//金融研究（北京），2013（4）：71-84.

587. 银企关系、政治联系与银行借款——基于中国民营上市公司的经验证据/杜颖洁（上海大学管理学院，200444）；杜兴强//当代财经（南昌），2013（2）：108-118.

588. 银企关系缓解了中小企业融资约束吗——基于投资—现金流模型的检验/张晓玫（西南财经大学金融学院，611130）；宋卓霖，何理//当代经济科学（西安），2013（5）：32-125.

589. 隐含资本成本估算技术：模型推演、评述与展望/邹颖（首都经济贸易大学会计学院，100070）；汪平//经济与管理研究（北京），2013（2）：42-51.

590. 盈余管理与应计项目定价效率/高荣婧（浙江大学经济学院，310021）；曾振；张俊瑞，李彬//山西财经大学学报（太原），2013（10）：104-112.

591. 影响金融投资的诱致性制度变量测度及其检验/蒲勇（西南石油大学体育学院，610500）；孙愉//统计与决策（武汉），2013（18）：139-141.

592. 应计项目、现金流与股利发放/赵西卜（中国人民大学商学院，100872）；曾令会//审计与经济研究（南京），2013（3）：50-57.

593. 预算软约束下金字塔结构对企业投资效率影响——基于中国国有上市公司的实证研究/冯宝军 (大连理工大学管理与经济学部研究员, 116024); 陈艳, 孙丕海//财贸经济 (北京), 2013 (5): 47–61.

594. 约束条件、IPO 盈余管理方式与公司业绩——基于应计盈余管理与真实盈余管理的研究/蔡春 (西南财经大学会计学院, 611130); 李明, 和辉//会计研究 (北京), 2013 (10): 35–96.

595. 增值税转型对企业创新投资的影响——以江西三大行业上市公司为例/张云 (暨南大学经济学院, 510630); 匡勇//广东商学院学报 (广州), 2013 (1): 50–54.

596. 债务期限保证作用的传导机制研究/张伟 (新疆财经大学会计学院, 830012); 王海洋//经济管理 (北京), 2013 (7): 104–111.

597. 债务期限结构、产品市场竞争和审计收费——来自中国 A 股上市公司的经验证据/张路 (北京大学光华管理学院, 100871); 岳衡, 王会娟//中国会计评论 (北京), 2013 (2): 151–166.

598. 债务融资多样化效应的关联性分析——基于中国上市公司的经验证据/李洋 (四川师范大学商学院, 610101); 吕沙//云南财经大学学报 (昆明), 2013 (6): 126–135.

599. 债务融资与盈余管理的关系及其控制人性质差异分析——基于非平衡面板数据的经验研究/薄澜 (辽宁大学商学院, 110036); 姚海鑫, 王书林, 刘丽莉//财政研究 (北京), 2013 (4): 73–77.

600. 真实活动盈余管理与权益资本成本/王亮亮 (南京大学管理学院, 210093) //管理科学 (哈尔滨), 2013 (5): 87–99.

601. 真实盈余管理与现金股利政策——来自中国上市公司的经验证据/鲍学欣 (重庆大学经济与工商管理学院, 400044); 曹国华, 王鹏//经济与管理研究 (北京), 2013 (2): 96–104.

602. 政府科技投入对企业 R&D 支出影响的再审视——基于分位数回归的实证研究/肖丁丁 (华南理工大学工商管理学院, 510640); 朱桂龙, 王静//研究与发展管理 (上海), 2013 (3): 25–32.

603. 政府控制、政治关联与企业信息披露——以内部控制鉴证报告披露为例/张志平 (东北财经大学会计学院, 116025); 方红星//经济管理 (北京), 2013 (2): 105–114.

604. 政府质量与企业研发投资/林洲钰 (对外经济贸易大学国际商学院, 100029); 林汉川//中国软科学 (北京), 2013 (2): 102–110.

605. 政府治理、终极产权与公司投资同步性/陈德球 (对外经济贸易大学国际财务与会计研究中心, 100029); 陈运森//管理评论 (北京), 2013 (1): 139–148.

606. 政治关联、企业并购特征与并购绩效/张雯 (中国人民大学商学院财务与金融系, 100872); 张胜, 李百兴//南开管理评论 (北京), 2013 (2): 64–74.

607. 政治关联、融资渠道与民营企业非效率投资研究/姚德权 (湖南大学工商管理学院, 410082); 郑威涛//财经理论与实践 (长沙), 2013 (6): 34–39.

608. 政治关联与企业绩效：促进还是抑制？——来自中国上市公司资本结构视角的分析/田利辉（南开大学金融发展研究院，300071）；叶瑶//经济科学（北京），2013（6）：89-100.

609. 政治关联与企业价值——民营企业与国有企业的比较分析/贺小刚（上海财经大学国际工商管理学院，200433）；张远飞，连燕玲，吕斐斐//中国工业经济（北京），2013（1）：103-115.

610. 支付方式、关联并购与收购公司股东收益/陈涛（广东海洋大学经济管理学院，524088）；李善民，周昌仕//商业经济与管理（杭州），2013（9）：59-67.

611. 知情交易者在公司 IPO 前五年扮演何种信息角色？/潘婉彬（中国科学技术大学管理学院统计与金融系，230026）；武亚楠，陶利斌//经济管理（北京），2013（3）：96-106.

612. 职位补偿、攀比效应与高管薪酬差距——以中国上市公司为例/葛伟（北京师范大学经济与工商管理学院，100875）；高明华//经济经纬（郑州），2013（1）：94-98.

613. 制度背景、公司价值与社会责任成本——来自沪深 300 指数上市公司的经验证据/万寿义（东北财经大学会计学院，116025）；刘正阳//南开管理评论（北京），2013（1）：83-121.

614. 制度环境、国企分红与企业价值关系的实证检验/杨汉明（中南财经政法大学会计学院，430073）；刘广瑞，向伶双//统计与决策（武汉），2013（9）：159-162.

615. 制度环境对融资方式选择的影响研究——基于地区差异视角的实证分析/张敏（大连理工大学管理与经济学部，116024）；李延喜//当代经济科学（西安），2013（4）：42-125.

616. 制度环境改善有助于提高管理层持股效率吗？——基于 2002~2010 年股权分置改革前后的实证检验/周靖（华中科技大学经济学院，430074）//财经论丛（杭州），2013（2）：87-92.

617. 制度环境与商业信用融资有效性/曹向（江西财经大学财税与公共管理学院，330013）；匡小平//当代财经（南昌），2013（5）：115-128.

618. 制造业股权结构对企业非效率投资的影响研究/韦琳（天津财经大学商学院，300222）；石华//江西财经大学学报（南昌），2013（2）：5-16.

619. 质押贷款质押率决定的期权定价方法/张燃（北京科技大学东凌经济管理学院，100083）；徐爽，王凤敏//中国管理科学（哈尔滨），2013（1）：16-22.

620. 治理环境、终极股东控制与公司并购绩效/曾春华（海南大学经济与管理学院，570228）；胡国柳//商业经济与管理（杭州），2013（9）：68-77.

621. 中国 PE 投资阶段前移的策略研究/张斌（东北大学工商管理学院，110819）；巴曙松//经济学家（成都），2013（3）：69-76.

622. 中国并购评估审查中如何引入效率抗辩/余东华（山东大学经济学院，250100）//经济学家（成都），2013（3）：53-60.

623. 中国的投资增长及其与财政政策的关系/许宪春（国家统计局，100826）；王宝滨，徐雄飞//管理世界（北京），2013（6）：1–11.

624. 中国对外经济贸易会计学会研究经济全球化背景下的财务与会计对策/叶陈刚（对外经济贸易大学，100029）//会计研究（北京），2013（12）：92.

625. 中国对外直接投资区位分布及其决定因素——基于水平型投资的研究/罗伟（南开大学国际经济研究所，300071）；葛顺奇//经济学（季刊）（北京），2013（4）：1443–1464.

626. 中国股市新股发行内在价值模型的选择/丁度（南京大学会计学系，210093）//会计研究（北京），2013（7）：82–97.

627. 中国亏损上市公司的财务价值：概念、特征与度量/杜勇（东北财经大学投资学院，116025）；陈建英//宏观经济研究（北京），2013（5）：97–105.

628. 中国农业上市公司股权结构的财务治理效应研究/郝晓雁（山西财经大学，030006）；任配莘，淮莹莹//经济问题（太原），2013（8）：109–115.

629. 中国企业"管理病"的治理与EVA体系的应用/王雍君（中央财经大学财经研究院，102206）//广东商学院学报（广州），2013（2）：40–46.

630. 中国企业并购潮动机研究——基于西方理论与中国企业的对比/苏敬勤（大连理工大学管理与经济学部，116024）；刘静//南开管理评论（北京），2013（2）：57–63.

631. 中国企业对美直接投资方式选择的实证研究/张晗（中央财经大学国际经济与贸易学院，050051）；修媛媛//财经理论与实践（长沙），2013（5）：55–58.

632. 中国企业海外并购的股权策略选择/林季红（厦门大学经济学院国际经济与贸易系，361005）；张璐//财贸经济（北京），2013（9）：76–84.

633. 中国企业海外并购的困境与对策/杨波（山西大学工商管理研究所，030006）；魏馨//宏观经济研究（北京），2013（6）：98–103.

634. 中国企业海外并购绩效研究——以并购整合为视角/林季红（厦门大学经济学院，361005）；刘莹//厦门大学学报（哲学社会科学版）（厦门），2013（6）：115–124.

635. 中国企业集团实施财务共享服务有效性的实证研究——来自2004~2008年的经验数据/何瑛（北京邮电大学经济管理学院，100876）；周访，李娇//经济与管理研究（北京），2013（8）：57–65.

636. 中国企业盈余管理方法选择与企业价值关系的实证研究——基于沪市A股的数据/张斌成（西安交通大学经济与金融学院，710061）；白少卫，黄谦//统计与信息论坛（西安），2013（6）：34–38.

637. 中国上市公司并购绩效的实证研究/叶璋礼（淮北师范大学经济学院，235000）//统计与决策（武汉），2013（7）：165–168.

638. 中国上市公司非财务信息披露影响因素研究/刘瑛（太原科技大学经济与管理学院，030024）；赵颖，陈璐//经济问题（太原），2013（2）：119–123.

639. 中国上市公司高额现金持有动机、后果及成因/李维安（东北财经大学工商管理学院，116024）；戴文涛//山西财经大学学报（太原），2013（8）：96-104.

640. 中国上市公司股权再融资时机选择行为研究/汤胜（广东外语外贸大学财经学院，510006）//财经理论与实践（长沙），2013（3）：59-63.

641. 中国上市公司内部控制经营效率效果指数分析/杨菁（内蒙古工业大学呼和浩特，010051）；李睿，赵岩//中央财经大学学报（北京），2013（4）：92-96.

642. 中国上市公司融资方式影响因素的实证研究/李斌（东北财经大学MBA学院，116025）；孙月静//中国软科学（北京），2013（7）：122-131.

643. 中国上市公司实施股权激励的效果/刘广生（北京交通大学经济管理学院，100044）；马悦//中国软科学（北京），2013（7）：110-121.

644. 中国上市公司营运资金管理调查/王竹泉（中国海洋大学管理学院，266100）；孙莹，王秀华，张先敏，杜媛//会计研究（北京），2013（12）：53-97.

645. 中国上市公司资本结构稳定性研究/张东祥（武汉大学经济与管理学院，430072）；刘斯文，张标//经济评论（武汉），2013（6）：124-132.

646. 中国上市公司资本结构与绩效的关系研究——国有与民营上市公司的差异/张红（清华大学，100084）；杨飞//经济问题探索（昆明），2013（9）：1-7.

647. 中国上市企业高管离职影响因素的跨层研究/卫旭华（中南大学商学院，410083）；刘咏梅，车小玲//管理科学（哈尔滨），2013（6）：71-82.

648. 中国制度环境下私募股权投资现状与趋势/朱灿（新沃资本控股有限公司，110819）；云佳祺//经济与管理研究（北京），2013（5）：124-128.

649. 中国制造业企业对利率和融资约束敏感度的检验/丁剑平（上海财经大学，200433）；王婧婧//当代财经（南昌），2013（7）：47-54.

650. 中国制造业企业对外直接投资和母公司竞争优势/葛顺奇（南开大学跨国公司研究中心，300071）；罗伟//管理世界（北京），2013（6）：28-42.

651. 中国中小企业融资结构、融资成本与影子信贷市场发展/李建军（中央财经大学金融学院，100081）；胡凤云//宏观经济研究（北京），2013（5）：7-11.

652. 中国资本配置效率的实证研究/蒋海涛（北京师范大学，100875）；周国斌//统计与决策（武汉），2013（21）：146-149.

653. 中美R&D经费投入模式比较分析——基于工业化第二阶段的研究/陈实（北京师范大学地表过程与资源生态国家重点实验室，100875）//科学学与科学技术管理（天津），2013（9）：17-26.

654. 中美交叉上市与权益资本成本研究——基于美国股票交易所上市的A股公司数据/张晓明（北京交通大学经济管理学院金融系，100044）；李金耘，贾骏阳//国际金融研究（北京），2013（6）：78-87.

655. 中美可转换债券比较研究/吴海燕（湖南大学工商管理学院，410082）；兰秋军，马超群//财经理论与实践（长沙），2013（2）：49-52.

656. 中外企业联盟中的"合资—亏损—并购"路径沦陷/刘婷（湘潭大学商学院，

411105）；张宇杰//管理世界（北京），2013（11）：184–185.

657. 中小板上市公司募集资金投向变更动机与效果的实证分析/徐小阳（江苏大学财经学院，212013）//统计与决策（武汉），2013（24）：170–172.

658. 中小创新型企业高管特征与R&D投入行为研究——基于高阶管理理论的分析/郭葆春（上海财经大学会计学院，200433）；张丹//证券市场导报（深圳），2013（1）：16–27.

659. 中小高新技术企业关系型融资的价值分析/杨楠（河海大学商学院，210098）//软科学（成都），2013（1）：96–103.

660. 中小企业集合融资预期违约率及影响因素——基于40家科技型上市企业数据的实证分析/霍源源（西安交通大学，710061）；冯宗宪，李悦//经济管理（北京），2013（10）：143–155.

661. 中小企业集合债券的关键特征对其融资效率影响的实证研究——对优化和推动中小企业集合债券产品的启示/周颖（中南大学商学院，410083）；沙磊//管理工程学报（杭州），2013（1）：185–190.

662. 中小企业融资创新研究/陈守东（吉林大学数量经济研究中心，130012）；王寅，秦晓微//经济纵横（长春），2013（6）：110–112.

663. 中小企业融资理论新范式：借贷技术述评/徐晓萍（上海财经大学金融学院，200433）；敬静，张顺晨//上海财经大学学报（上海），2013（6）：63–71.

664. 中小企业融资约束研究新进展：对申请贷款望而却步的借款者/梁迪（中央财经大学，100081）//经济问题探索（昆明），2013（1）：175–179.

665. 中小企业融资租赁模式创新问题研究/曾庆学（宜宾学院工商管理研究所，644000）//统计与决策（武汉），2013（12）：180–182.

666. 终极控股股东差异、财务松懈与公司绩效——来自2007~2011年中国证券市场的经验证据/王文兵（四川大学工商管理学院，610064）；干胜道，段华友//财经理论与实践（长沙），2013（1）：52–56.

667. 终极控制人两权分离、多元化并购与公司并购绩效/陈旭东（石河子大学经济与管理学院，832000）；曾春华，杨兴全//经济管理（北京），2013（12）：23–31.

668. 终极控制人特征对资本结构的影响——基于中国上市公司的经验证据/闫华红（首都经济贸易大学会计学院教授，100070）；王安亮//经济与管理研究（北京），2013（2）：12–17.

669. 重组选择与财务困境恢复——基于2003~2011年沪深A股ST公司数据/和丽芬（中国矿业大学管理学院，221116）；朱学义，杨世勇//河北经贸大学学报（石家庄），2013（5）：53–58.

670. 转型经济改革与企业投资的资本成本敏感性——基于中国国有工业企业的微观证据/徐明东（复旦大学金融研究院，200433）；田素华//管理世界（北京），2013（2）：125–135，171.

671. 转型经济中公司资本结构对企业价值有影响吗？——基于中国上市公司面板数据

的实证分析/李勇（中国药科大学医药产业发展研究中心，210009）；李鹏//经济经纬（郑州），2013（2）：105–110.

672. 状态变化和学习行为下的最优资产组合选择/陈志英（西南政法大学经济学院，401120）//管理科学（哈尔滨），2013（2）：81–89.

673. 资本结构、在职消费与企业投资——来自我国垄断企业的经验证据/程浩（西南财经大学会计学院，611130）//宏观经济研究（北京），2013（2）：61–79.

674. 资产定价理论实证研究的扩展与应用——2013 年度诺贝尔经济学奖得主主要经济理论贡献述评/李宝良，郭其友//外国经济与管理（上海），2013（11）：70–80，封73.

675. 资产减值会计准则变更与盈余管理行为研究/周冬华（江西财经大学会计学院，330013）//证券市场导报（深圳），2013（5）：22–28.

676. 资金流入对私募股权价值的影响——来自中国私募股权市场的证据/周翔翼（西安交通大学金禾经济研究中心，710049）；魏宇航，肖晟//山西财经大学学报（太原），2013（6）：42–90.

677. 自愿披露可以提高财务透明度吗？/程新生（南开大学中国公司治理研究院，300071）；谭有超//经济管理（北京），2013（6）：95–102.

678. 自愿性内部控制审计是否增加了企业的审计负担？/张国清（厦门大学会计发展研究中心，361005）；夏立军//经济管理（北京），2013（5）：96–107.

679. 自愿性信息披露的影响因素——基于董事会治理视角/张洁梅（河南大学工商管理研究所，475004）//经济管理（北京），2013（7）：154–160.

680. 自愿性信息披露水平高的上市公司治理特征研究/李慧云（北京理工大学，1000081）；郭晓萍，张林，黄奕松//统计研究（北京），2013（7）：72–77.

681. 宗教的公司治理作用机制和影响效应研究述评与未来展望/朱国泓（上海交通大学安泰经济与管理学院，200052）；张璐芳//外国经济与管理（上海），2013（7）：23–34.

682. 总经理私有收益与并购绩效的实证研究/张洽（中南财经政法大学会计学院，430073）//统计与决策（武汉），2013（16）：156–160.

683. 组织冗余、政治联系与民营企业 R&D 投资/连军（山东工商学院经济学院，264005）//科学学与科学技术管理（天津），2013（1）：3–11.

第二节　英文期刊索引

1. Aapo Länsiluoto, Marko Järvenpää and Kip Krumwiede. Conflicting Interests But Filtered Key Targets：Stakeholder and Resource –Dependency Analyses at a University of Applied Sciences［J］. Management Accounting Research，2013（24）：228–245.

2. Abe De Jong, Eric Duca and Dutordoir Marie. Do Convertible Bond Issuers Cater to

Investor Demand? [J]. Financial Management, 2013 (42): 41–78.

3. Abigail S. Hornstein. Corporate Capital Budgeting and CEO Turnover [J]. Journal of Corporate Finance, 2013 (20): 41–58.

4. Alan Gregory, Rajesh Tharyan and Angela Christidis. Constructing and Testing Alternative Versions of the Fama–French and Carhart Models in the UK [J]. Journal of Business Finance & Accounting, 2013 (40): 172–214.

5. Alberta Di Giuli. The Effect of Stock Misvaluation and Investment Opportunities on the Method of Payment in Mergers [J]. Journal of Corporate Finance, 2013 (21): 196–215.

6. Alessio Saretto and Heather E. Tookes. Corporate Leverage, Debt Maturity, and Credit Supply: The Role of Credit Default Swaps [J]. Review of Financial Studies, 2013 (26): 1190–1247.

7. Alexander W. Butler and M. Sinan Goktan. On the Role of Inexperienced Venture Capitalists in Taking Companies Public [J]. Journal of Corporate Finance, 2013 (22): 299–319.

8. Alexei V. Ovtchinnikov. Merger Waves Following Industry Deregulation [J]. Journal of Corporate Finance, 2013 (21): 51–76.

9. Ali Hortaçsu, Gregor Matvos, Chad Syverson and Sriram Venkataraman. Indirect Costs of Financial Distress in Durable Goods Industries: The Case of Auto Manufacturers [J]. Review of Financial Studies, 2013 (26): 1248–1290.

10. Ali Nejadmalayeri, Ike Mathur and Manohar Singh. Product Market Advertising and Corporate Bonds [J]. Journal of Corporate Finance, 2013 (19): 78–94.

11. Alice A. Bonaimé and Michael D. Ryngaert. Insider Trading and Share Repurchases: Do Insiders and Firms Trade in the Same Direction? [J]. Journal of Corporate Finance, 2013 (22): 35–53.

12. Alok Bhargava. Executive Compensation, Share Repurchases and Investment Expenditures: Econometric Evidence from US Firms [J]. Review of Quantitative Finance and Accounting, 2013 (40): 403–422.

13. Aloke Al Ghosh and Yong Gyu Lee. Financial Reporting Quality, Structural Problems and the Informativeness of Mandated Disclosures on Internal Controls [J]. Journal of Business Finance & Accounting, 2013 (40): 318–349.

14. Ana Simpson. Does Investor Sentiment Affect Earnings Management? [J]. Journal of Business Finance & Accounting, 2013 (40): 869–900.

15. Anatoli Bourmistrov and Katarina Kaarbøe. From Comfort to Stretch Zones: A Field Study of Two Multinational Companies Applying "Beyond Budgeting" Ideas [J]. Management Accounting Research, 2013 (24): 196–211.

16. Andrew K. Prevost, Erik Devos and Ramesh P. Rao. The Effects of Relative Changes

in CEO Equity Incentives on the Cost of Corporate Debt [J]. Journal of Business Finance & Accounting, 2013 (40): 470-500.

17. Anna M. Cianci, Steven E. Kaplan and Janet A. Samuels. The Moderating Effects of the Incentive System and Performance Measure on Managers' and Their Superiors' Expectations about the Manager's Effort [J]. Behavioral Research in Accounting, 2013 (25): 115-134.

18. Baozhong Yang. Dynamic Capital Structure with Heterogeneous Beliefs and Market Timing [J]. Journal of Corporate Finance, 2013 (22): 254-277.

19. Benjamin Lansford, Baruch Lev and Jennifer Wu Tucker. Causes and Consequences of Disaggregating Earnings Guidance [J]. Journal of Business Finance & Accounting, 2013 (40): 26-54.

20. Bill Francis, Iftekhar Hasan, Kose John and Zenu Sharma. Asymmetric Benchmarking of Pay in Firms [J]. Journal of Corporate Finance, 2013 (23): 39-53.

21. Brian Bratten, Preeti Choudhary and Katherine Schipper. Evidence that Market Participants Assess Recognized and Disclosed Items Similarly When Reliability is Not an Issue [J]. The Accounting Review, 2013 (88): 1179-1210.

22. Bruce I. Davidson and Douglas E. Stevens. Can a Code of Ethics Improve Manager Behavior and Investor Confidence? An Experimental Study [J]. The Accounting Review, 2013 (88): 51-74.

23. Chao Chen, Haina Shi and Haoping Xu. Underwriter Reputation, Issuer Ownership, and Pre-IPO Earnings Management: Evidence from China [J]. Financial Management, 2013 (42): 647-677.

24. Chen Chen, Danqing Young and Zili Zhuang. Externalities of Mandatory IFRS Adoption: Evidence from Cross-Border Spillover Effects of Financial Information on Investment Efficiency [J]. The Accounting Review, 2013 (88): 881-914.

25. Cheng-Yi Shiu and Hui-Shan Wei. Do Private Placements Turn Around Firms? Evidence from Taiwan [J]. Financial Management, 2013 (42): 875-899.

26. Chia-Ling Chao and Shwu-Min Horng. Asset Write-Offs Discretion and Accruals Management in Taiwan: The Role of Corporate Governance [J]. Review of Quantitative Finance and Accounting, 2013 (40): 41-74.

27. Chii-Shyan Kuo, Jow-Ran Chang and Shih-Ti Yu. Effect of Mandatory Pro forma Earnings Disclosure on the Relation between CEO Share Bonuses and Firm Performance [J]. Review of Quantitative Finance and Accounting, 2013 (40): 189-215.

28. Christian Andres, Andre Betzer, Inga Van Den Bongard, Christian Haesner and Erik Theissen. The Information Content of Dividend Surprises: Evidence from Germany [J]. Journal of Business Finance & Accounting, 2013 (40): 620-645.

29. Christian Andres, Inga Van Den Bongard and Mirco Lehmann. Is Busy Really Busy?

Board Governance Revisited [J]. Journal of Business Finance & Accounting, 2013 (40): 1221-1246.

30. Christian Hofmann and Naomi R. Rothenberg. Interim Performance Measures and Private Information [J]. The Accounting Review, 2013 (88): 1683-1714.

31. Christian Riis Flor and Kevin Berg Grell. Venture Capital Budgeting: Carry and Correlation [J]. Journal of Corporate Finance, 2013 (21): 216-234.

32. Christin Rudolph and Bernhard Schwetzler. Conglomerates on the Rise Again? A Cross-Regional Study on the Impact of the 2008-2009 Financial Crisis on the Diversification Discount [J]. Journal of Corporate Finance, 2013 (22): 153-165.

33. Christine A. Botosan and Marlene A. Plumlee. Are Information Attributes Priced? [J]. Journal of Business Finance & Accounting, 2013 (40): 1045-1067.

34. Christine Cooper and Yvonne Joyce. Insolvency Practice in the Field of Football [J]. Accounting, Organizations and Society, 2013 (38): 108-129.

35. Christine I. Wiedman and Kevin B. Hendricks. Firm Accrual Quality Following Restatements: A Signaling View [J]. Journal of Business Finance & Accounting, 2013 (40): 1095-1125.

36. Christopher T. Edmonds, Ryan D. Leece and John J. Maher. CEO Bonus Compensation: The Effects of Missing Analysts' Revenue Forecasts [J]. Review of Quantitative Finance and Accounting, 2013 (41): 149-170.

37. Cory A. Cassell, Shawn X. Huang and Juan Manuel Sanchez. Forecasting without Consequence? Evidence on the Properties of Retiring CEOs' Forecasts of Future Earnings [J]. The Accounting Review, 2013 (88): 1909-1937.

38. D. Ran and Ds. Divisional Managers and Internal Capital Markets [J]. Journal of Finance, 2013 (68): 387-429.

39. Darren Duxbury, Robert Hudson, Kevin Keasey, Zhishu Yang and Songyao Yao. How Prior Realized Outcomes Affect Portfolio Decisions [J]. Review of Quantitative Finance and Accounting, 2013 (41): 611-629.

40. David Cicero, M. Babajide Wintoki and Tina Yang. How Do Public Companies Adjust Their Board Structures? [J]. Journal of Corporate Finance, 2013 (23): 108-127.

41. David Gregory Deboskey and Peter R. Gillett. The Impact of Multi-Dimensional Corporate Transparency on Us Firms' Credit Ratings and Cost of Capital [J]. Review of Quantitative Finance and Accounting, 2013 (40): 101-134.

42. David J. Cooper and Mahmoud Ezzamel. Globalization Discourses and Performance Measurement Systems in a Multinational Firm [J]. Accounting, Organizations and Society, 2013 (38): 288-313.

43. Devra L. Golbe and Ingmar Nyman. How Do Share Repurchases Affect Ownership

Concentration? [J]. Journal of Corporate Finance, 2013 (20): 22–40.

44. Dhananjay Dj Nanda. Discussion of: Knowing versus Telling Private Information about a Rival [J]. Journal of Management Accounting Research, 2013 (25): 59–63.

45. Di Guo and Kun Jiang. Venture Capital Investment and the Performance of Entrepreneurial Firms: Evidence from China [J]. Journal of Corporate Finance, 2013 (22): 375–395.

46. Dimitris Vrettos. Are Relative Performance Measures in CEO Incentive Contracts Used for Risk Reduction and/or for Strategic Interaction? [J]. The Accounting Review, 2013 (88): 2179–2212.

47. Dirk E. Black and Shane S. Dikolli. Discussion of: Divestitures of Equity by Executives and Future Equity Granting Patterns [J]. Journal of Management Accounting Research, 2013 (25): 25–33.

48. Donghua Chen, Saqib Khan, Xin Yu and Zhou Zhang. Government Intervention and Investment Comovement: Chinese Evidence [J]. Journal of Business Finance & Accounting, 2013 (40): 564–587.

49. Douglas Dejong and Zhejia Ling. Managers: Their Effects on Accruals and Firm Policies [J]. Journal of Business Finance & Accounting, 2013 (40): 82–114.

50. E. Han Kim and Yao Lu. Corporate Governance Reforms around the World and Cross-Border Acquisitions [J]. Journal of Corporate Finance, 2013 (22): 236–253.

51. Elena Skouratova and John K. Wald. How Crosslisting Affects Merger and Acquisition Activity [J]. Review of Quantitative Finance and Accounting, 2013 (40): 319–339.

52. Elizabeth A. Gordon, Elaine Henry, Marietta Peytcheva and Lili Sun. Discretionary Disclosure and the Market Reaction to Restatements [J]. Review of Quantitative Finance and Accounting, 2013 (41): 75–110.

53. Feng Chen and Yue Li. Voluntary Adoption of More Stringent Governance Policy on Audit Committees: Theory and Empirical Evidence [J]. The Accounting Review, 2013 (88): 1939–1969.

54. Francesca Cornell, Zbigniew Kominek and Alexander Ljungqvist. Monitoring Managers: Does It Matter? [J]. Social Science Electronic Publishing, 2013 (68): 431–481.

55. Francisco Prez–Gonzlez and Hayong Yun. Risk Management and Firm Value: Evidence from Weather Derivatives [J]. The Journal of Finance, 2013 (68): 2143–2176.

56. François Marini. Bankruptcy Litigation and Relationship Banking [J]. Journal of Business Finance & Accounting, 2013 (40): 272–284.

57. Frank Figge and Tobias Hahn. Value Drivers of Corporate Eco –Efficiency: Management Accounting Information for the Efficient Use of Environmental Resources [J]. Management Accounting Research, 2013 (24): 387–400.

58. Gang Xiao. Legal Shareholder Protection and Corporate R&D Investment [J]. Journal of Corporate Finance, 2013 (23): 240-266.

59. George Alexandridis, Kathleen P. Fuller, Lars Terhaar and Nickolaos G. Travlos. Deal Size, Acquisition Premia and Shareholder Gains [J]. Journal of Corporate Finance, 2013 (20): 1-13.

60. Gergana Jostova, Stanislava Nikolova, Alexander Philipov and Christof W. Stahel. Momentum in Corporate Bond Returns [J]. Review of Financial Studies, 2013 (26): 1649-1693.

61. Gordon M. Phillips and Alexei Zhdanov. R&D and the Incentives from Merger and Acquisition Activity [J]. Review of Financial Studies, 2013 (26): 34-78.

62. Guochang Zhang. Accounting Standards, Cost of Capital, Resource Allocation, and Welfare in a Large Economy [J]. The Accounting Review, 2013 (88): 1459-1488.

63. Hae-Young Byun, Sunhwa Choi, Lee-Seok Hwang and Robert G. Kim. Business Group Affiliation, Ownership Structure, and the Cost of Debt [J]. Journal of Corporate Finance, 2013 (23): 311-331.

64. Halil D. Kaya. and Gaurango Banerjee. Impact of Monetary Policy and Firm Characteristics on Short-Term Financial Management Measures: Evidence from U.S. Industrial Firms [J]. Social Science Electronic Publishing, 2013 (26): 1-11.

65. Hamed Mahmudi and Michael Pavlin. Corporate Payout Policy, Cash Savings, and the Cost of Consistency: Evidence from a Structural Estimation [J]. Financial Management, 2013 (42): 843-874.

66. Hann-Shing Ju, Ren-Raw Chen, Shih-Kuo Yeh and Tung-Hsiao Yang. Evaluation of Conducting Capital Structure Arbitrage Using the Multi-Period Extended Geske-Johnson Model [J]. Review of Quantitative Finance and Accounting, 2013 (44): 89-111.

67. Haul D. Kaya. Empirical Study of Market Conditions and IPOs Public Offerings: US Economy in Perspective [J]. Journal of Financial Management & Analysis, 2013 (26): 65-74.

68. Hengjie Ai, Mariano Massimiliano Croce and Kai Li. Toward a Quantitative General Equilibrium Asset Pricing Model with Intangible Capital [J]. Review of Financial Studies, 2013 (26): 491-530.

69. Henock Louis. Are Stock -for -Stock Acquirers of Unlisted Targets Really Less Overvalued? [J]. Financial Management, 2013 (42): 901-929.

70. Henri C. Dekker, Junya Sakaguchi and Takaharu Kawai. Beyond the Contract: Managing Risk in Supply Chain Relations [J]. Management Accounting Research, 2013 (24): 122-139.

71. Henri C. Dekker, Tom Groot and Martijn Schoute. A Balancing Act? The Implications of Mixed Strategies for Performance Measurement System Design [J]. Journal of Management

Accounting Research, 2013 (25): 71-98.

72. Hong-Da Wang and Chan-Jane Lin. Debt Financing and Earnings Management: An Internal Capital Market Perspective [J]. Journal of Business Finance & Accounting, 2013 (40): 842-868.

73. Hsihui Chang, Guy D. Fernando, Dhinu Srinivasan and Arindam Tripathy. A Re-Examination of Diversification and Firm Productivity [J]. Journal of Management Accounting Research, 2013 (25): 99-118.

74. Hubert De La Bruslerie. Equal Opportunity Rule vs. Market Rule in Transfer of Control: How Can Private Benefits Help to Provide an Answer? [J]. Journal of Corporate Finance, 2013 (23): 88-107.

75. Hui Ling Lin, Kuntara Pukthuanthong and Thomas John Walker. An International Look at the Lawsuit Avoidance Hypothesis of IPO Underpricing [J]. Journal of Corporate Finance, 2013 (19): 56-77.

76. Hung-Chia Scott Hsu. Technology Timing of IPOs and Venture Capital Incubation [J]. Journal of Corporate Finance, 2013 (19): 36-55.

77. Hyo Jin Kim, Hoje Jo and Soon Suk Yoon. Controlling Shareholders' Opportunistic Use of Share Repurchases [J]. Review of Quantitative Finance and Accounting, 2013 (41): 203-224.

78. I. Serdar Dinc and Isil Erel. Economic Nationalism in Mergers and Acquisitions [J]. The Journal of Finance, 2013 (68): 2471-2514.

79. Ilham Riachi and Armin Schwienbacher. Securitization of Corporate Assets and Executive Compensation [J]. Journal of Corporate Finance, 2013 (21): 235-251.

80. Imants Paeglis and Parianen Veeren. Speed and Consequences of Venture Capitalist Post-IPO Exit [J]. Journal of Corporate Finance, 2013 (22): 104-123.

81. Incheol Kim, Christos Pantzalis and Jung Chul Park. Corporate Boards' Political Ideology Diversity and Firm Performance [J]. Journal of Empirical Finance, 2013 (21): 223-240.

82. Iulian Obreja. Book-to-Market Equity, Financial Leverage, and the Cross-Section of Stock Returns [J]. Review of Financial Studies, 2013 (26): 1146-1189.

83. J. Chris Leach, Nathalie Moyen and Jing Yang. On the Strategic Use of Debt and Capacity in Rapidly Expanding Markets [J]. Journal of Corporate Finance, 2013 (23): 332-344.

84. Jacob M. Rose, Cheri R. Mazza, Carolyn S. Norman and Anna M. Rose. The Influence of Director Stock Ownership and Board Discussion Transparency on Financial Reporting Quality [J]. Accounting, Organizations and Society, 2013 (38): 397-405.

85. Jaimin Goh, Ho-Young Lee and Jung-Wha Lee. Majority Shareholder Ownership and

Real Earnings Management: Evidence from Korea [J]. Journal of International Financial Management & Accounting, 2013 (24): 26–61.

86. Jamal Ali Al-Khasawneh. Pairwise X-Efficiency Combinations of Merging Banks: Analysis of the Fifth Merger Wave [J]. Review of Quantitative Finance and Accounting, 2013 (41): 1–28.

87. James Jianxin Gong and Siyi Li. CEO Incentives and Earnings Prediction [J]. Review of Quantitative Finance and Accounting, 2013 (40): 647–674.

88. James R. Brown, Gustav Martinsson and Bruce C. Petersen. Law, Stock Markets, and Innovation [J]. The Journal of Finance, 2013 (68): 1517–1549.

89. James S. Linck, Jeffry Netter and Tao Shu. Can Managers Use Discretionary Accruals to Ease Financial Constraints? Evidence from Discretionary Accruals Prior to Investment [J]. The Accounting Review, 2013 (88): 2117–2143.

90. James Schallheim, Kyle Wells and Ryan J. Whitby. Do Leases Expand Debt Capacity? [J]. Journal of Corporate Finance, 2013 (23): 368–381.

91. Jap Efendi, Rebecca Files, Bo Ouyang and Edward P. Swanson. Executive Turnover Following Option Backdating Allegations [J]. The Accounting Review, 2013 (88): 75–105.

92. Jarl Kallberg, Crocker H. Liu and Sriram Villupuram. Preferred Stock: Some Insights into Capital Structure [J]. Journal of Corporate Finance, 2013 (21): 77–86.

93. Jeffrey Jaffe, David Pedersen and Torben Voetmann. Skill Differences in Corporate Acquisitions [J]. Journal of Corporate Finance, 2013 (23): 166–181.

94. Jens Hilscher and Elif Şişli-Ciamarra. Conflicts of Interest on Corporate Boards: The Effect of Creditor-Directors on Acquisitions [J]. Journal of Corporate Finance, 2013 (19): 140–158.

95. Jeong-Bon Kim, Byron Yang Song and Judy S. L. Tsui. Auditor Size, Tenure, and Bank Loan Pricing [J]. Review of Quantitative Finance and Accounting, 2013 (40): 75–99.

96. Jeremy Bertomeu and Edwige Cheynel. Toward a Positive Theory of Disclosure Regulation: In Search of Institutional Foundations [J]. The Accounting Review, 2013 (88): 789–824.

97. Jia He, Xinyang Mao, Oliver M. Rui and Xiaolei Zha. Business Groups in China [J]. Journal of Corporate Finance, 2013 (22): 166–192.

98. Jianxin Wang and Minxian Yang. On the Risk Return Relationship [J]. Journal of Empirical Finance, 2013 (21): 132–141.

99. Ji-Chai Lin and Yilin Wu. SEO Timing and Liquidity Risk [J]. Journal of Corporate Finance, 2013 (19): 95–118.

100. Jill F. Solomon, Aris Solomon, Nathan L. Joseph and Simon D. Norton. Impression Management, Myth Creation and Fabrication in Private Social and Environmental Reporting:

Insights from Erving Goffman [J]. Accounting, Organizations and Society, 2013 (38): 195–213.

101. Jing Zhao. Entrenchment or Incentive? CEO Employment Contracts and Acquisition Decisions [J]. Journal of Corporate Finance, 2013 (22): 124–152.

102. John D. Finnerty. The Impact of Stock Transfer Restrictions on the Private Placement Discount [J]. Financial Management, 2013 (42): 575–609.

103. Jonathan B. Cohn and Uday Rajan. Optimal Corporate Governance in the Presence of an Activist Investor [J]. Review of Financial Studies, 2013 (26): 985–1020.

104. Jongmoo Jay Choi, Connie X. Mao and Arun D. Upadhyay. Corporate Risk Management under Information Asymmetry [J]. Journal of Business Finance & Accounting, 2013 (40): 239–271.

105. Jördis Hengelbrock, Erik Theissen and Christian Westheide. Market Response to Investor Sentiment [J]. Journal of Business Finance & Accounting, 2013 (40): 901–917.

106. José Filipe Abreu and Mohamed Azzim Gulamhussen. Dividend Payouts: Evidence from U.S. Bank Holding Companies in the Context of the Financial Crisis [J]. Journal of Corporate Finance, 2013 (22): 54–65.

107. Joseph P. H. Fan, Jun Huang and Ning Zhu. Institutions, Ownership Structures, and Distress Resolution in China [J]. Journal of Corporate Finance, 2013 (23): 71–87.

108. Joseph P. Ogden and Shanhong Wu. Reassessing the Effect of Growth Options on Leverage [J]. Journal of Corporate Finance, 2013 (23): 182–195.

109. Julian Atanassov. Do Hostile Takeovers Stifle Innovation? Evidence from Antitakeover Legislation and Corporate Patenting [J]. The Journal of Finance, 2013 (68): 1097–1131.

110. Jung Chul Park, Dipanwita Sarkar, Jayanta Sarkar and Keven Yost. Business in Troubled Waters: Does Adverse Attitude Affect Firm Value? [J]. Journal of Corporate Finance, 2013 (22): 221–235.

111. Jungshik Hur and Vivek Singh. Does Long-Term Disequilibrium in Stock Price Predict Future Returns? [J]. Review of Quantitative Finance and Accounting, 2013 (41): 753–767.

112. K. C. Chen and Amir Jassim. Pedagogical-Cum-Analytical Tool For Teaching Business Valuation [J]. Journal of Financial Management & Analysis, 2013 (26): 69–83.

113. Kathryn Barraclough, David T. Robinson, Tom Smith and Robert E. Whaley. Using Option Prices to Infer Overpayments and Synergies in M&A Transactions [J]. Review of Financial Studies, 2013 (26): 695–722.

114. Kaun Y. Lee and Kee H. Chung. Liquidity and Returns to Target Shareholders in the Market for Corporate Control: Evidence from the US Markets [J]. Journal of Business Finance & Accounting, 2013 (40): 142–171.

115. Kenneth N. Daniels, Fernando Díaz Hurtado and Gabriel G. Ramírez. An Empirical

Investigation of Corporate Bond Clawbacks (IPOCs): Debt Renegotiation versus Exercising the Clawback Option [J]. Journal of Corporate Finance, 2013 (20): 14-21.

116. Kevin Krieger, Bong -Soo Lee and Nathan Mauck. Do Senior Citizens Prefer Dividends? Local Clienteles vs. Firm Characteristics [J]. Journal of Corporate Finance, 2013 (23): 150-165.

117. Khaled Amira, Kose John, Alexandros Prezas and Gopala K. Vasudevan. Leverage, Governance and Wealth Effects of Asset Purchasers [J]. Journal of Corporate Finance, 2013 (22): 209-220.

118. Kim Soin and Paul Collier. Risk and Risk Management in Management Accounting and Control [J]. Management Accounting Research, 2013 (24): 82-87.

119. Kissan Joseph and M. Babajide Wintoki. Advertising Investments, Information Asymmetry, and Insider Gains [J]. Journal of Empirical Finance, 2013 (22): 1-15.

120. Kun Yu. Does Recognition versus Disclosure Affect Value Relevance? Evidence from Pension Accounting [J]. The Accounting Review, 2013 (88): 1095-1127.

121. Lawrence D. Brown and Stephannie Larocque. IBES Reported Actual EPS and Analysts' Inferred Actual EPS [J]. The Accounting Review, 2013 (88): 853-880.

122. Lawrence D. Brown, Kelly Huang and Arianna Spina Pinello. To Beat or Not to Beat? The Importance of Analysts' Cash Flow Forecasts [J]. Review of Quantitative Finance and Accounting, 2013 (41): 723-752.

123. Lawrence Kryzanowski and Ying Zhang. Financial Restatements and Sarbanes-Oxley: Impact on Canadian Firm Governance and Management Turnover [J]. Journal of Corporate Finance, 2013 (21): 87-105.

124. Lee Pinkowitz, Jason Sturgess and Rohan Williamson. Do Cash Stockpiles Fuel Cash Acquisitions? [J]. Journal of Corporate Finance, 2013 (23): 128-149.

125. Lin Guo, Liang Tang and Shiawee X. Yang. Corporate Governance and Market Segmentation: Evidence from the Price Difference between Chinese A and H Shares [J]. Review of Quantitative Finance and Accounting, 2013 (41): 385-416.

126. Mai Iskandar -Datta and Yonghong Jia. Valuation Consequences of Clawback Provisions [J]. The Accounting Review, 2013 (88): 171-198.

127. Malcolm J. Beynon and Mark A. Clatworthy. A Fuzzy-Based Approach to Residual Income Equity Valuation [J]. Review of Quantitative Finance and Accounting, 2013 (40): 675-690.

128. Manoj Kulchania. Catering Driven Substitution in Corporate Payouts [J]. Journal of Corporate Finance, 2013 (21): 180-195.

129. Marc Goergen, Salim Chahine, Chris Brewster and Geoffrey Wood. Trust, Owner Rights, Employee Rights and Firm Performance [J]. Journal of Business Finance & Accounting,

2013 (40): 589–619.

130. Mark Bagnoli and Susan G. Watts. Knowing versus Telling Private Information about a Rival [J]. Journal of Management Accounting Research, 2013 (25): 35–57.

131. Mark J. Flannery and Kristine Watson Hankins. Estimating Dynamic Panel Models in Corporate Finance [J]. Journal of Corporate Finance, 2013 (19): 1–19.

132. Mark J. Garmaise and Gabriel Natividad. Cheap Credit, Lending Operations, and International Politics: The Case of Global Microfinance [J]. The Journal of Finance, 2013 (68): 1551–1576.

133. Markus Glaser, Florencio Lopez–De–Silanes and Zacharias Sautner. Opening the Black Box: Internal Capital Markets and Managerial Power [J]. The Journal of Finance, 2013 (68): 1577–1631.

134. Matt Pinnuck and Chander Shekhar. The Profit versus Loss Heuristic and Firm Financing Decisions [J]. Accounting, Organizations and Society, 2013 (38): 420–439.

135. Matteo P. Arena and Marcus V. Braga–Alves. The Discretionary Effect of CEOs and Board Chairs on Corporate Governance Structures [J]. Journal of Empirical Finance, 2013 (21): 121–131.

136. Matthäus Tekathen and Niels Dechow. Enterprise Risk Management and Continuous Re–Alignment in the Pursuit of Accountability: A German Case [J]. Management Accounting Research, 2013 (24): 100–121.

137. Matthew J. Clayton and Natalia Reisel. Value Creation from Asset Sales: New Evidence from Bond and Stock Markets [J]. Journal of Corporate Finance, 2013 (22): 1–15.

138. Matthew Spiegel and Heather Tookes. Dynamic Competition, Valuation, and Merger Activity [J]. Journal of Finance, 2013 (68): 125–172.

139. Melanie Cao and Rong Wang. Optimal CEO Compensation with Search: Theory and Empirical Evidence [J]. The Journal of Finance, 2013 (68): 2001–2058.

140. Michael Burkert and Rainer Lueg. Differences in the Sophistication of Value–Based Management—The Role of Top Executives [J]. Management Accounting Research, 2013 (24): 3–22.

141. Michael Daniel Fischer and Ewan Ferlie. Resisting Hybridisation between Modes of Clinical Risk Management: Contradiction, Contest, and the Production of Intractable Conflict [J]. Accounting, Organizations and Society, 2013 (38): 30–49.

142. Michael Firth, Stephen X. Gong and Liwei Shan. Cost of Government and Firm Value [J]. Journal of Corporate Finance, 2013 (21): 136–152.

143. Michael K. Fung. A Trade–Off between Non–Fundamental Risk and Incentives [J]. Review of Quantitative Finance and Accounting, 2013 (41): 29–51.

144. Michael. J. Lacina, Barry R. Marks and Haeyoung Shin. Earnings Benchmarks and

the Information Content of Quarterly Foreign Earnings of U.S. Multinational Companies [J]. Journal of International Financial Management & Accounting, 2013 (24): 62–98.

145. Nan-Ting Kuo. Dividend Tax Signaling and the Pricing of Future Earnings: A Case of Taxable Stock Dividends [J]. Review of Quantitative Finance and Accounting, 2013 (40): 539–570.

146. Natàlia Cugueró -Escofet and Josep M. Rosanas. The Just Design and Use of Management Control Systems as Requirements for Goal Congruence [J]. Management Accounting Research, 2013 (24): 23–40.

147. Nick Wilson and Mike Wright. Private Equity, Buy-Outs and Insolvency Risk [J]. Journal of Business Finance & Accounting, 2013 (40): 949–990.

148. Nicola Gennaioli and Stefano Rossi. Contractual Resolutions of Financial Distress [J]. Review of Financial Studies, 2013 (26): 602–634.

149. Nicos Koussis and Michalis Makrominas. Growth Options, Option Exercise and Firms' Systematic Risk [J]. Review of Quantitative Finance and Accounting, 2013 (44): 243–267.

150. Nihat Aktas, Eric De Bodt and Richard Roll. MicroHoo: Deal Failure, Industry Rivalry, and Sources of Overbidding [J]. Journal of Corporate Finance, 2013 (19): 20–35.

151. Oksana Pryshchepa, Kevin Aretz and Shantanu Banerjee. Can Investors Restrict Managerial Behavior in Distressed Firms? [J]. Journal of Corporate Finance, 2013 (23): 222–239.

152. Om Sai Ram Centre for Financial Management Research. Financial Management Indicators to Aid Decision Making (Statistics) [J]. Journal of Financial Management and Analysis, 2013 (26): 5–14.

153. Paige Parker Ouimet. What Motivates Minority Acquisitions? The Trade-Offs between a Partial Equity Stake and Complete Integration [J]. Review of Financial Studies, 2013 (26): 1021–1047.

154. Paolo Colla, Filippo Ippolito and Kai Li. Debt Specialization [J]. The Journal of Finance, 2013 (68): 2117–2141.

155. Pascal Frantz and Norvald Instefjord. Corporate Governance and the Cost of Borrowing [J]. Journal of Business Finance & Accounting, 2013 (40): 918–948.

156. Pascal Frantz, Norvald Instefjord and Martin Walker. Executive Compensation: A Model of Disclosure Choice [J]. Journal of Business Finance & Accounting, 2013 (40): 1184–1220.

157. Peng-Chia Chiu, Siew Hong Teoh and Feng Tian. Board Interlocks and Earnings Management Contagion [J]. The Accounting Review, 2013 (88): 915–944.

158. Peter R. Demerjian, Baruch Lev, Melissa F. Lewis and Sarah E. Mcvay. Managerial Ability and Earnings Quality [J]. The Accounting Review, 2013 (88): 463–498.

159. Petri Kyröläinen, Irene Tan and Pasi Karjalainen. How Creditor Rights Affect the Value of Cash: A Cross-Country Study [J]. Journal of Corporate Finance, 2013 (22): 278-298.

160. Philippon Thomas and Schnabl Philipp. Efficient Recapitalization [J]. Cepr Discussion Papers, 2013 (68): 1-42.

161. Pierre Perron, Sungju Chun and Cosme Vodounou. Sampling Interval and Estimated Betas: Implications for the Presence of Transitory Components in Stock Prices [J]. Journal of Empirical Finance, 2013 (20): 42-62.

162. Pongrapeeporn Abhakorn, Peter N. Smith and Michael R. Wickens. What Do the Fama-French Factors Add to C-CAPM? [J]. Journal of Empirical Finance, 2013 (22): 113-127.

163. Prince Umor C. Agundu and John Ohaka. Capital Allowance: Captivating Nuance of Investment Incentives in the Nigerian Manufacturing Sector [J]. Journal of Financial Management & Analysis, 2013 (26): 26-32.

164. Qiang Cheng, Ting Luo and Heng Yue. Managerial Incentives and Management Forecast Precision [J]. The Accounting Review, 2013 (88): 1575-1602.

165. Qigui Liu, Jinghua Tang and Gary Gang Tian. Does Political Capital Create Value in the IPO Market? Evidence from China [J]. Journal of Corporate Finance, 2013 (23): 395-413.

166. Rajiv D. Banker, Masako N. Darrough, Rong Huang and Jose M. Plehn-Dujowich. The Relation between CEO Compensation and Past Performance [J]. The Accounting Review, 2013 (88): 1-30.

167. Raymond Kan, Cesare Robotti and Jay Shanken. Pricing Model Performance and the Two-Pass Cross-Sectional Regression Methodology [J]. The Journal of Finance, 2013 (68): 2617-2649.

168. Rebecca N. Hann, Maria Ogneva and Oguzhan Ozbas. Corporate Diversification and the Cost of Capital [J]. The Journal of Finance, 2013 (68): 1961-1999.

169. Rebel A. Cole. What Do We Know about the Capital Structure of Privately Held US Firms? Evidence from the Surveys of Small Business Finance [J]. Financial Management, 2013 (42): 777-813.

170. Saeyoung Chang, Eric Mais and Michael J. Sullivan. The Effect of Target Managerial Ownership on the Choice of Acquisition Financing and CEO Job Retention [J]. Review of Quantitative Finance and Accounting, 2013 (40): 423-442.

171. Sagi Akron and Simon Benninga. Production and Hedging Implications of Executive Compensation Schemes [J]. Journal of Corporate Finance, 2013 (19): 119-139.

172. Salim Chahine and Marc Goergen. The Effects of Management-Board Ties on IPO

Performance [J]. Journal of Corporate Finance, 2013 (21): 153-179.

173. Sam Sunghan Lee, Shailendra Pandit and Richard H. Willis. Equity Method Investments and Sell-Side Analysts' Information Environment [J]. The Accounting Review, 2013 (88): 2089-2115.

174. Sami Attaoui and Patrice Poncet. Capital Structure and Debt Priority [J]. Financial Management, 2013 (4): 737-775.

175. Sami Keskek, Lynn Rees and Wayne B. Thomas. Earnings Announcements, Differences of Opinion and Management Guidance [J]. Journal of Business Finance & Accounting, 2013 (40): 769-795.

176. Santhosh Ramalingegowda, Chuan-San Wang and Yong Yu. The Role of Financial Reporting Quality in Mitigating the Constraining Effect of Dividend Policy on Investment Decisions [J]. The Accounting Review, 2013 (88): 1007-1039.

177. Seungmook Choi, Mel Jameson and Mookwon Jung. The Issuance of Callable Bonds under Information Asymmetry [J]. Journal of Empirical Finance, 2013 (21): 1-14.

178. Shane S. Dikolli, Susan L. Kulp and Karen L. Sedatole. The Use of Contract Adjustments to Lengthen the CEO Horizon in the Presence of Internal and External Monitoring [J]. Journal of Management Accounting Research, 2013 (25): 199-229.

179. Shannon W. Anderson and Karen L. Sedatole. Evidence on the Cost Hierarchy: The Association between Resource Consumption and Production Activities [J]. Journal of Management Accounting Research, 2013 (25): 119-141.

180. Sharif Mozumder, Ghulam Sorwar and Kevin Dowd. Option Pricing under Non-Normality: A Comparative Analysis [J]. Review of Quantitative Finance and Accounting, 2013 (40): 273-292.

181. Sheng-Syan Chen, Wen-Chun Lin, Shao-Chi Chang and Chih-Yen Lin. Information Uncertainty, Earnings Management, and Long-run Stock Performance Following Initial Public Offerings [J]. Journal of Business Finance & Accounting, 2013 (40): 1126-1154.

182. Shu-Hui Sue, Chen-Lung Chin and Ann Ling-Ching Chan. Exploring the Causes of Accounting Restatements by Family Firms [J]. Journal of Business Finance & Accounting, 2013 (40): 1068-1094.

183. Shveta Singh, Surendra S. Yadav and P. K. Jain. Financial Management Analysis of Profitability of Selected Industries in India: Empirical Research Findings [J]. Bioscience, 2013 (53): 823-832.

184. Silvia Jordan, Lene Jørgensen and Hermann Mitterhofer. Performing Risk and the Project: Risk Maps as Mediating Instruments [J]. Management Accounting Research, 2013 (24): 156-174.

185. Soon Hong Park, Jungwon Suh and Bernard Yeung. Do Multinational and Domestic

Corporations Differ in Their Leverage Policies? [J]. Journal of Corporate Finance, 2013 (20): 115-139.

186. Sreedhar T. Bharath, Sudarshan Jayaraman and Venky Nagar. Exit as Governance: An Empirical Analysis [J]. The Journal of Finance, 2013 (68): 2515-2547.

187. Stefano Gatti, Stefanie Kleimeier, William Megginson and Alessro Steffanoni. Arranger Certification in Project Finance [J]. Financial Management, 2013 (42): 1-40.

188. Stepano Dellavigna and Joshua M. Pollet. Capital Budgeting versus Market Timing: An Evaluation Using Demographics [J]. Journal of Finance, 2013 (68): 237-270.

189. Sudip Datta, Mark Gruskin and Mai Iskandar-Datta. Lifting the Veil on Reverse Leveraged Buyouts: What Happens during the Private Period? [J]. Financial Management, 2013 (42): 815-842.

190. Susan Elkinawy and David Offenberg. Accelerated Vesting in Takeovers: The Impact on Shareholder Wealth [J]. Financial Management, 2013 (42): 101-126.

191. T. J. Boulton, S. B. Smart and Cjz. Industrial Diversification and Underpricing of Initial Public Offerings [J]. Financial Management, 2013 (42): 679-704.

192. Tao Shu. Institutional Investor Participation and Stock Market Anomalies [J]. Journal of Business Finance & Accounting, 2013 (40): 695-718.

193. Teng Yuan Cheng, Chun I. Lee and Chao Hsien Lin. An Examination of the Relationship between the Disposition Effect and Gender, Age, the Traded Security, and Bull-Bear Market Conditions [J]. Journal of Empirical Finance, 2013 (21): 195-213.

194. Thierry Post and Miloš Kopa. Aggregate Investor Preferences and Beliefs: A Comment [J]. Journal of Empirical Finance, 2013 (23): 187-190.

195. Tyler J. Hull. Does the Timing of Dividend Reductions Signal Value? Empirical Evidence [J]. Journal of Corporate Finance, 2013 (22): 193-208.

196. Ulf Axelson, Tim Jenkinson, Per StrÖmberg and Michael S. Weisbach. Borrow Cheap, Buy High? The Determinants of Leverage and Pricing in Buyouts [J]. The Journal of Finance, 2013 (68): 2223-2267.

197. Utpal Bhattacharya, June H. Lee and Vkp. Conflicting Family Values in Mutual Fund Families [J]. Journal of Finance, 2013 (68): 173-200.

198. Vic Naiker, Farshid Navissi and Cameron Truong. Options Trading and the Cost of Equity Capital [J]. The Accounting Review, 2013 (88): 261-295.

199. Vikrant Vig. Access to Collateral and Corporate Debt Structure: Evidence from a Natural Experiment [J]. The Journal of Finance, 2013 (68): 881-928.

200. Viral V. Acharya, Heitor Almeida and Murillo Campello. Aggregate Risk and the Choice between Cash and Lines of Credit [J]. The Journal of Finance, 2013 (68): 2059-2116.

201. Viral V. Acharya, Oliver F. Gottschalg, Moritz Hahn and Conor Kehoe. Corporate

Governance and Value Creation: Evidence from Private Equity [J]. Review of Financial Studies, 2013 (26): 368-402.

202. Vojislav Maksimovic, Gordon Phillips and Liu Yang. Private and Public Merger Waves [J]. The Journal of Finance, 2013 (68): 2177-2217.

203. Walter I. Boudry, Jarl G. Kallberg and Crocker H. Liu. Investment Opportunities and Share Repurchases [J]. Journal of Corporate Finance, 2013 (23): 23-38.

204. William Rees and Aljosa Valentincic. Dividend Irrelevance and Accounting Models of Value [J]. Journal of Business Finance & Accounting, 2013 (40): 646-672.

205. Wolfgang Bessler, Wolfgang Drobetz, Rebekka Haller and Iwan Meier. The International Zero-Leverage Phenomenon [J]. Journal of Corporate Finance, 2013 (23): 196-221.

206. Xiaotao Kelvin Liu and Robert A. Leitch. Performance Effects of Setting Targets and Pay-Performance Relations before or after Operations [J]. Management Accounting Research, 2013 (24): 64-79.

207. Xiaoyan Cheng and David Smith. Disclosure versus Recognition: The Case of Expensing Stock Options [J]. Review of Quantitative Finance and Accounting, 2013 (40): 591-621.

208. Y. Lee and W. Chang. How Controlling Shareholders Impact Debt Maturity Structure in Taiwan [J]. Journal of International Financial Management, 2013 (24): 99-139.

209. Y. Peter Chung, Hyun Seung Na and Richard Smith. How Important Is Capital Structure Policy to Firm Survival? [J]. Journal of Corporate Finance, 2013 (22): 83-103.

210. Yan Sun, Weimin Wang, Xu Frank Wang and William Zhang. Shareholder Activism and Earnings Management Incentives: An Empirical Examination of Shareholder Proposals in the United States [J]. Journal of International Financial Management & Accounting, 2013 (24): 234-260.

211. Yawen Jiao and Pengfei Ye. Public Pension Fund Ownership and Firm Performance [J]. Review of Quantitative Finance and Accounting, 2013 (40): 571-590.

212. Yongtae Kim, Siqi Li, Carrie Pan and Luo Zuo. The Role of Accounting Conservatism in the Equity Market: Evidence from Seasoned Equity Offerings [J]. The Accounting Review, 2013 (88): 1327-1356.

213. Yow-Jen Jou, Chih-Wei Wang and Wan-Chien Chiu. Is the Realized Volatility Good for Option Pricing during the Recent Financial Crisis? [J]. Review of Quantitative Finance and Accounting, 2013 (40): 171-188.

214. Z. Ayca Altintig, Hsin Hui Chiu and M. Sinan Goktan. How Does Uncertainty Resolution Affect VC Syndication? [J]. Financial Management, 2013 (42): 611-646.

215. Zhan Gao, James A. Ohlson and Adam J. Ostaszewski. Dividend Policy Irrelevancy

and the Construct of Earnings [J]. Journal of Business Finance & Accounting, 2013 (40): 673-694.

216. Zhan Jiang, Kenneth A. Kim, Erik Lie and Sean Yang. Share Repurchases, Catering, and Dividend Substitution [J]. Journal of Corporate Finance, 2013 (21): 36-50.

217. Zhihong Chen, Bin Ke and Zhifeng Yang. Minority Shareholders' Control Rights and the Quality of Corporate Decisions in Weak Investor Protection Countries: A Natural Experiment from China [J]. The Accounting Review, 2013 (88): 1211-1238.

218. Zhihong Chen, Yuyan Guan and Bin Ke. Are Stock Option Grants to Directors of State-Controlled Chinese Firms Listed in Hong Kong Genuine Compensation? [J]. The Accounting Review, 2013 (88): 1547-1574.

219. Zhiyan Cao, Fei Leng, Ehsan H. Feroz and Sergio V. Davalos. Corporate Governance and Default Risk of Firms Cited in the SEC's Accounting and Auditing Enforcement Releases [J]. Review of Quantitative Finance and Accounting, 2013 (44): 113-138.

220. Zhonglan Dai, Douglas A. Shackelford, Harold H. Zhang and Chongyang Chen. Does Financial Constraint Affect the Relation between Shareholder Taxes and the Cost of Equity Capital? [J]. The Accounting Review, 2013 (88): 1603-1627.

221. Zijun Wang. Do the Investment and Return-on-Equity Factors Proxy for Economic Risks? [J]. Financial Management, 2013 (42): 183-209.

后　记

　　一部著作的完成需要许多人的默默贡献，闪耀着的是集体的智慧，其中铭刻着许多艰辛的付出，凝结着许多辛勤的劳动和汗水。

　　本书在编写过程中，借鉴和参考了大量的文献和作品，从中得到了不少启悟，也汲取了其中的智慧菁华，谨向各位专家、学者表示崇高的敬意——因为有了大家的努力，才有了本书的诞生。凡被本书选用的材料，我们都将按相关规定向原作者支付稿费，但因为有的作者通信地址不详或者变更，尚未取得联系。敬请您见到本书后及时函告您的详细信息，我们会尽快办理相关事宜。

　　由于编写时间仓促以及编者水平有限，书中不足之处在所难免，诚请广大读者指正，特驰惠意。